KB180012

어셈블리

어셈블리

21세기 새로운 민주주의 질서에 대한 제언

ASSEMBLY

안토니오 네그리
마이클 하트 지음

이승준 · 정유진 옮김

무자비한 억압에 굴하지 않고 자발적으로 저항한 사람들과의 신의를 지키는 것은 밤 동안은 괜찮다. 그러나 다음날 동이 트면 그것으로는 충분하지 않다. 머지않아 우월한 무기와 정교한 대응법을 들고 나타날 어마무시한 최전방 부대가 어두운 밤 사이 우리의 청년 일부를 이 길 중 하나로 토끼몰이한 뒤 복수할 것이기 때문이다.

— 스튜어트 홀^{Stuart Hall}, 「차갑고 안락한 농장」

공유지의 매력을 안다는 것은 우리가 단지 뭔가를 새로 시작하는 것이 아니라, 대신 다행스럽게도 더 넓고 부분적이고 미완이면서도 계속 커지고 있는 것에 참여하는 것으로도 충분하다는 것을 아는 것이다.

— 호세 무뇨스^{José Muñoz}, 「구릿빛 공유지」

미완의 사업

『어셈블리』는 2011년에 모습을 드러낸 새로운 투쟁들의 순환에서 영감을 받았다. 주자들이 전속력으로 달리고는 기진맥진하며 다음 주자에게 바통을 넘기는 올림픽 육상 계주처럼, 투쟁들은 전 지구를 가로질러 한 나라에서 다른 나라로 이어졌다. 권위주의 체제에 맞서 싸운 튀니지와 이집트의 투쟁들에서 시작해, 북아프리카와 중동, 스페인, 그리스로, 그리고 미국의 월가 점거로 뻗어나갔다. 그에 뒤이은 시기에는 투쟁들이 전 세계의 여러 나라들, 브라질, 터키, 홍콩 등으로, 그리고 다시 미국으로 돌아가 블랙라이브스매터*로 출현했다. 2016-2017년 박근혜 정부에 맞서 일어난 한국의 촛불투쟁 역시 이 순환에 중요하면서도 강력한 기여를 했다. 그리고 순환은 지금도 계속된다.

물론 이 투쟁들 각각은 독특하며, 국지적이거나 일국적인 상황과 연

---

* '블랙라이브스매터(Black Lives Matter)' 운동에 대해서는 이 책 55쪽 옮긴이주 참고.

관된 특수한 성격을 가지고 있지만, 적어도 두 가지 결정적인 속성을 공유한다. 첫째, 이 투쟁들은 모두 (공공연하든 암묵적이든) 우리가 새로운 민주주의 사회를 만들어야 한다고 요구한다. 시위로는 충분하지 않다. 트럼프의 미국, 에르도안의 터키, 푸틴의 러시아, 보우소나루의 브라질 등과 같은 반동적인 정부와 마주할 때, 물론 저항이 본질적이고 필수적이지만, 또한 우리는 해방으로 향하는 대안적인 길을 기획하고 창출해야 한다. 이 대안의 한쪽 면에 민주주의에의 요구가 있다.

우리가 민주주의 국가에서 살고 있다고 오랫동안 얘기 들었지만, 그것이 진실이 아님을 아주 잘 알고 있다. 2011년 스페인의 인디그나도스들은 "진짜 민주주의는 이제부터!"라고 요구함으로써 이러한 거짓을 돌파하고자 했다. 그들의 슬로건은 적어도 현재 우리의 민주주의가 진짜가 아님을 지시한다는 점에서 유용하다. 이것은 과거의 어떤 민주주의를 되찾는 문제가 아니며, 대신 우리는 오늘날의 시대에 맞는 민주주의 사회를 발명해야 한다. 사실 우리의 기존의 정치적 어휘들인 민주주의, 자유, 평등과 같은 개념들 대부분이 부패했기 때문에, 새로운 개념들을 창출할 필요가 있다. 지난 세기의 사회적 투쟁들은 이러한 방향에서 커다란 진전을 이루었다. 새로운 민주주의를 요구한 것만으로도, 그것이 무엇이 될지 우리가 아직 정확하게 표명할 수 없을 때조차, 이미 위대한 한걸음을 내디딘 것이다.

이 운동들이 전 지구에 걸쳐 공유하는 두 번째 결정적인 속성은 그것들 모두가 다중의 투쟁이라는 점이다. 실제로 다중의 투쟁은 민주주의에 대한 요구와 강하게 중첩되어 있다. 이 운동들은 중앙집중화된 리더십을 가지지 않으며, 그 안에는 다양한 요구를 제기하는 광범위한 사회적 주체들이 포함되어 있다. 추상적인 언어로 말하자면, 이 운동들은

어셈블리

오늘날 유일한 정치적 지평은 다양성이라고 선언한다. 실천적인 의미에서 운동들은 새로운 민주주의 형태들을 실험함으로써 조직화를 시도한다. 그리고 모두가 모이는 총회總會, general assembly야말로 이 새로운 민주주의 형태들 중에서 가장 두드러진 것이다.

하지만 운동들의 다양성은 보다 심오한 사회적 분석을 반영한 것이기도 하다. 계급투쟁 개념이 다양성이라는 프리즘을 통해 어떻게 새로이 해석되어야 하는지를 이해한다면, 우리는 운동들의 다양성을 계급투쟁의 재발명으로 생각할 수 있을 것이다. 노동계급은 획일화된 통일체로 이해되어서는 안 되며, 어떤 이상적인 노동자 유형으로 대표되어서도 안 된다. 대신 노동계급은 공장 노동자, 무급 가사노동자, 불안정 노동자, 그리고 불법적인 노동 착취 공장에서 일하는 노동자에 이르는 엄청나게 다양한 노동의 형상들로 채워져야 한다. 하지만 어쩌면 그보다 더 중요한 것은 노동계급 투쟁과 반자본주의 투쟁은 페미니즘, 반인종차별, 탈식민주의, 퀴어, 장애인 차별 반대 등 다른 지배의 축에 맞서는 투쟁과 같은 기반 위에서 함께해야 한다는 것이다. 이러한 의미에서 다중의 개념과 실천은 미국의 흑인 페미니즘의 이론적 실천에서 연원하는 교차성 분석 및 실천과 밀접하게 연결되며, 실제로 그에 힘입은 바가 크다. 이런 식으로 다양성의 정치를 구축하고 실행하는 것은 엄청난 도전이지만, 바로 그것이 지난 세기들의 사회운동들, 다중의 투쟁들이 시도하고자 했던 것이다.

『어셈블리』에서 우리는 운동들의 정치적 발전과 민주적 협치 구조를 향한 잠재력을 분석하고, 이에 더해 경제적·사회적 조건들이 민주주의적 미래의 씨앗을 배태하는 방식을 탐구한다. 가령 분석 중 일부는 오늘날의 세계에서 일어나는 공통적인 것의 확장을 탐구하고, 그래서 그것이 사적 소유의 지배(그리고 모든 것을 사유화하려는 신자유주의적 광기)를 무너뜨리고 전복시킬 잠재력을 갖는 방식에 대한 탐구를 포함한다. 이러한 분석에서 한 가지 중요한 목적은 민주적 의사결정을 진정으로 해낼 수 있는 사회적 주체들이 오늘날 출현하고 있다는 것을, 그리고 사회적으로 가장 중요한 의제를 함께 결정할 수 있는 사회가 형성되고 있다는 것을 입증하는 데 있다. 물론 우리의 분석의 다른 목적에는 그러한 민주적 해방 과정의 길에 놓여 있는 모든 장애물들을 인식하는 것도 있다. 이를 위해 우리에게 가장 중요한 것은 신자유주의의 구조들과 오늘날의 자본주의적 지배, 특히 자본이 다양한 추출 형태 및 금융 메커니즘을 통해 사회를 통제하고 착취하는 방식을 분석해야 한다는 것이다. 자본이 형태를 바꿀수록 우리의 반자본주의 투쟁 또한 변화해야 하기 때문이다.

우리는 지난 세기에 일었던 다양한 다중의 투쟁들을 존중하지만, 다양성 자체로는 충분하지 않다는 것도 인식한다. 이것은 우리가 전통적인 정치적 형태인 통일성이나 중앙집중화로 회귀해야 한다는 것이 아니라, 다양성들이 조직화되어 효과적이면서 오래 지속되는 정치 세력이 될 수 있어야 한다는 것을 의미한다. 때때로 이것은 연대, 연합, 수렴의 형태를 취한다. 가령 반자본주의 투쟁들은 페미니즘 투쟁들 및 반인종주의 투쟁들과의 공감sympathy을 표현해야 할 뿐만 아니라, 또한 그들의 목적이 실제로 수렴한다는 것을 인식해야 한다. 즉 가부장제나 백인 우월주의 그리고 다른 지배의 축들 또한 공격하지 않는다면 자본은 결코 도전받지 않게 될 것이다. 왜냐하면 그러한 지배 형태들은 실제로 서로 맞물려 있고, 서로를 구성하고 있기 때문이다. 조직된 다중들은 현재 우리의 다양한 정치적 욕망을 고려하여 대항권력이나 이중권력과

어셈블리

같은 공산주의 전통에서 쓰던 핵심 개념들 중 몇 가지를 재발명해야 할 것이다. 오늘날 해방으로의 길이 경유해야만 하는 것은 바로 이러한 조직화 과정이다.

근래에 있었던 다중의 투쟁들에 공감한 목격자들, 그리고 심지어 투쟁에 참여한 사람들조차 투쟁의 결과를 두고는 낙담하곤 한다. 운동들이 많은 경우에서 극劇적인 정치적 변화(심지어 독재자 타도와 같은)를 만들어냈지만, 그것은 오래 지속되지 못했고, 몇 년 뒤에는 다시 억압 장치가 돌아와 있곤 했기 때문이다. 하지만 이것을 실패로 보는 것은 잘못이다. 무엇보다도 실패라기보다 차라리 패배라고 보는 것이 더 정확한 진단이다. 그러한 투쟁들 모두와 맞서는 억압 세력들이 경찰 폭력, 비밀정보 작전, 정치적 탄압 등을 가하면서 반대편 극단에 서 있기 때문이다. 그러나 더 중요한 것은 우리가 이러한 극적인 역사적 과정의 끝이 아니라 중간 지점에 있음을 이해해야 한다는 것이다. 다중의 투쟁들은 좌절되고, 한동안 지연될지언정 중단되지 않을 과정과 욕망을 가동시키고, 촉발시켰기 때문이다. 운동들은 미완의 사업unfinished business이며, 머지않아 세계 전역에서 그들은 자신들이 시작했던 것을 완성하려고 거리에 설 것이다. 우리는 한국의 활동가들이 이 과정에 앞장서길 진심으로 바란다!

2020년

마이클 하트, 안토니오 네그리

Ⅲ부 금융통제와 신자유주의적 협치

IV부 새로운 군주

가장 탁월하신 폐하께

옛 저자들은 그들의 작품을 폐하에게 헌사하는 특권을 자랑스러워했습니다. 그 고귀한 관습을 우리는 되살려야 합니다. 우리가 인정하든 하지 않든, 전하께서는 우리 주변의 모두이십니다. 우리는 날마다 더 우스꽝스럽게 커지는 왕의 혈통의 잔재를 말하려는 것이 아닙니다. 또한 분명 대부분 형사 고발되어야만 하는 거만한 정치인들이나 금융 수장들을 말하려는 것이 아닙니다. 우리는 소로, 에머슨, 휘트먼의 전통에 더 공감하고 있습니다. 그들은 산의 영광과 숲의 신비를 숭배한 사람들이죠. 허나 그것도 우리가 말하고자 한 것은 아닙니다. 대신 우리는 온갖 악조건에도 계속해서 자유를 위해 싸운 이들, 지배세력과 싸우려고 불굴의 의지로 다시 섰기에 패배를 겪어야 하는 이들에게 이 책을 바칩니다. 여러분이야말로 진정한 폐하이십니다.

　—— 멜빌과 마키아벨리를 기리며

서문

여기서 시는 봉기에 버금간다.

— 에메 세제르

  사회운동이 불의와 지배에 맞서 치솟았다가 전 세계 언론의 헤드라인을 잠깐 장식하고는 시야에서 사라지기—이는 이제 익숙한 이야기이다. 사회운동들은 독재자 개인을 쓰러뜨린 경우에도 새롭고 지속가능한 대안을 창출할 만큼 멀리 나아가지는 못했다. 사회운동들은 몇몇 예외적 경우를 제외하고는 그 급진적 포부를 버리고 기존 제도 안에서 뛰는 선수들이 되었거나 강력한 억압에 패배당했다. 그토록 많은 사람들의 욕구와 욕망을 다룬 운동들이 왜 지속적인 변화를 성취하지 못하고, 더 민주적이고 공정한 새로운 사회를 만들지 못했는가?

  이 물음은 세계 전역에서 우익 정치세력들이 등장해 권력을 잡으면서 더 긴급해진다. 이 세력들은 정적을 공격하기 위해 정상적 법 절차를 정지시키고, 사법부와 언론의 독립을 와해하며, 광범위한 감시 활동을 하고, 다방면으로 종속된 주민들 사이에 공포 분위기를 조성하며,

인종적 순수성이나 종교적 순수성을 사회적 귀속성의 조건으로 제시하고, 이주민들에게 대대적인 추방의 위협을 가한다 등등. 사람들은 이 우익 정부들의 조치에 항의할 것이며, 그들이 그렇게 항의하는 것은 옳다. 그러나 항의로는 충분하지 않다. 사회운동들은 또한 지속적인 사회 변형을 실행해야 한다.

오늘날 우리는 이행 국면을 살고 있다. 이는 우리의 기본적인 정치적 전제들 일부에 물음을 던지는 것을 요구한다. 단지 '어떻게 권력을 잡는가'를 묻기보다 우리가 원하는 종류의 권력은 무엇인가를 물어야 하며, 더 중요하게는 우리가 무엇이 되고 싶은가를 물어야 한다. 헤겔이 말했듯, "모든 것은 진리를 실체로서뿐만이 아니라, 또한 주체로서 파악하고 표현하는 일에 달려 있다."[1] 우리는 이 운동들이 어떻게 사회적 관계를 근본적으로 재정의하는 잠재력을 지니는지를, 그래서 그들이 어떻게 현재 있는 그대로의 권력을 잡는 것이 아니라 다르게 권력을 잡으려 하고, 근본적으로 새로운 민주주의 사회를 성취하며, 결정적으로는 새로운 주체성을 생산하려 하는지를 인식하기 위해 우리의 두 눈을 단련해야 한다.

오늘날 가장 강력한 사회적 운동들은 리더십을 더러운 단어로 취급한다. 그럴 만한 이유가 많다. 지난 50년 이상 동안 활동가들은 카리스마적 인물, 지도부 위원회, 정당구조, 관료제 등을 포함하는 중앙집중화된 수직적 형태의 조직화가 민주주의의 발전과 정치적 삶에 모두가 완전히 참여하는 일에 족쇄가 된다고 올바르게 비판해 왔다. 한편으로 정치적 전위가 대중의 이름으로 권력을 성공적으로 잡을 수 있는 시절은 지나갔다. 그런 중앙집중화된 리더십이 정치적으로 실재하며, 또 현실적 유효성을 가진다는 주장은 완전히 환상적인 것으로 판명되었다.

그러나 다른 한편 리더십에 대한 타당한 비판을 지속적인 정치조직 및 정치제도에 대한 거부로 번역하는 것, 수직성을 추방한 결과로 수평성을 물신화하는 것, 지속가능한 사회적 구조를 위한 필요를 무시하는 것은 끔찍한 잘못이다. '리더 없는' 운동들은 지속적인 사회적 관계들을 창출하는 데 필요한 주체성 생산을 조직해야 한다.

리더십을 완전히 떨쳐버리는 대신, 우리는 리더십의 핵심적인 정치적 기능들을 포착하여 그것을 성취할 새로운 메커니즘과 실천을 발명해야 한다. (이것이 여전히 '리더십'으로 불릴지 어떨지는 그다지 중요하지 않다.) 리더십의 두 가지 핵심적 기능은 의사결정과 '모으기/모이기^{assembly}'이다. 생각해 보면 지도자들은 개별 목소리들의 불협화음과 정치적 과정의 마비가 일어나지 않도록 사람들을 혼연일체로 모을 수 있어야 하며, 운동을 유지하고 궁극적으로는 사회를 변형하는 데 필요한 어려운 선택을 해야 한다. 리더십이 의사결정 능력에 의해 규정된다는 사실은 근대 민주주의관의 역설로 나타난다. 즉 지도자들은 상대적 고독을 느끼며 멀리서 결정을 하지만, 그 결정은 어떤 점에서는 다중과 연결되어 그들의 의지와 욕망을 대의해야 한다. 이러한 긴장 혹은 모순은 근대 민주주의 사상의 일련의 별종들을 낳았다. 다중을 모으는 지도자들의 능력도 이런 긴장을 보여준다. 그들은 사람들을 모아 새로운 사회적 결합체를 만들고, 그들이 서로 협력하도록 길러내는 정치적 기업가가 되어야 한다. 하지만 이런 식으로 사람들을 모으는 이들은 모인 사람들에게서 떨어져 있으며, 필연적으로 지도자와 추종자, 통치자와 피통치자의 역학관계를 창출한다. 민주적 리더십이란 궁극적으로 형용모순으로 나타난다.

의사결정과 모으기는 중앙집중화된 지배가 필요하지 않으며 그 대신 다중에 의해서 민주적으로 함께 성취될 수 있다는 것이 우리의 가설이다. 물론 쟁점들이 존재하며, 앞으로도 계속 있을 것이다. 그 쟁점들의 긴급함이나 기술적 본성이 다양한 종류의 중앙집중화된 의사결정이 필요하기 때문이다. 하지만 그 '리더십'은 계속해서 다중에게 종속되어야 하며, 때에 따라서 펼쳐지고 해산되어야 한다. 만일 지도자들이 이런 맥락에서 아직 필요하고 가능하다면, 이는 오직 그들이 생산적 다중에 복무하기 때문이다. 이는 리더십의 제거가 아니라 리더십을 이루는 정치적 관계의 발명이며, 수평적 운동과 수직적 리더십이라는 두 극의 관계의 전도이다.

그래서 오늘날 다중의 운동들은 무엇을 원하는가? 그들은 분명 평등, 자유, 민주주의를 요구하지만, 또한 복지와 부도 원한다. 더 많은 소유가 아니라 그 대신 모두를 위한 접근 및 이용의 지속가능한 관계를 창출하기를 원한다. 예전에 이 요구들은 행복과 함께 생각되었다. 오늘날 정치적·사회적 행복은 비현실적인 꿈이 아니다. 그 대신 그것은 사회적 생산의 현실에 새겨져 있다. 즉 함께 사회를 생산하고 자유와 평등의 조건에서 함께 사회적 관계들을 생산한 결과에 새겨져 있다. 이것만이 진정으로 민주적인 사회로 가는 경로이다.

하지만 세계를 변형할 민주적 조직화의 잠재적 효과를 오직 정치적 용어로만 본다면, 그리고 정치적인 것을 사회적 욕구와 사회적 생산으로부터 분리된 자율적 영역으로 본다면, 우리는 계속 불가피하게 그 자리에서 쳇바퀴를 돌거나 막다른 골목에 다다른다. 사실 우리는 모든 것이 표면에서 이루어지는 시끄러운 정치 영역을 떠나서 사회적 생산과 재생산의 숨겨진 거처로 내려갈 필요가 있다. 우리는 조직화, 효율성, 모이기, 의사결정의 문제들이 사회적 지형에 뿌리내리도록 해야 한다.

거기에서만 우리는 영속적인 해결책들을 발견할 것이기 때문이다. 이 것이 이 책의 중심적 장들의 과제이다. 우리는 스스로를 조직하고 협력의 조건을 정하고 함께 의사결정하는 다중의 잠재력을, 사람들이 사회적 생산의 영역에서 이미 행하고 있는 것을 연구함으로써만, 그 재질과 능력을 연구함으로써만 입증할 수 있다.

오늘날 생산은 이중의 의미에서 점점 더 사회적인 것이 되어가고 있다. 한편으로 사람들은 협동과 상호작용의 네트워크들에서 훨씬 더 사회적으로 생산한다. 다른 한편으로 생산의 결과는 상품만이 아니라 사회관계이며 궁극적으로 사회 자체이다. 사회적 생산의 이 이중 지형에서 스스로를 조직하고 다스리는 사람들의 재질과 능력이 양성되고 드러난다. 또한 여기서 다중에 대한 가장 중요한 도전들과 가장 가혹한 형태의 지배가 작동하는데, 여기에는 금융, 화폐, 신자유주의적 행정의 통치 메커니즘이 포함된다.

사회적 생산의 지형에서의 한 가지 핵심적인 투쟁은 공통적인 것, 즉 우리가 공유하고 함께 관리하는 지구의 부와 사회적 부의 사용, 관리, 전유를 두고 벌어진다. 공통적인 것은 오늘날 사회적 생산의 토대이자 주된 결과가 되어가고 있다. 즉 우리는 생산하기 위해서 자원에 대한 접근을 공유하는 것과 함께 지식의 공유·언어·관계 및 협동의 회로에 의존한다. 그리고 우리가 생산한 것은 (적어도 잠재적으로는) 공통적인 것이 되는, 즉 사회적으로 공유되고 관리되는 경향이 있다.

오늘날 공통적인 것에 대한 주요한 두 개의 접근법이 있는데, 이는 서로 다른 방향을 향한다. 첫 번째 접근법은, 공통적인 것을 사유재산으로 전유할 권리를 긍정한다. 이는 처음부터 자본주의적 이데올로기의 원칙이었다. 오늘날 자본주의적 축적은 점점 더 공통적인 것의 추출extraction

을 통해, 즉 엄청난 양의 석유 및 천연가스 공사, 거대한 광산사업, 단작 농업 등을 통해 기능한다. 하지만 또한 공통적인 것의 사회적 형태에서 생산된 가치—차세대 지식, 사회적 협력, 문화 생산물 등과 같은—의 추출을 통해서도 기능한다. 금융이 이 추출 과정의 꼭대기에 존재한다. 이 추출 과정은 그것이 포획한 지구와 사회적 생태계를 동시에 파괴한다.

다른 접근법은 다중이 이미 상대적으로 자율적일 뿐 아니라 더 자율적이게 될 잠재력을 가진다는 점을 입증하면서 공통적인 것에의 접근을 개방적인 채로 두려고 하고 우리의 부를 민주적으로 관리하려고 한다. 사람들은 함께, 어떻게 서로 사회적으로 협력할지, 서로가 맺는 관계를 어떻게 관리할지, 어떻게 인간의 힘과 비인간의 힘, 사회적 기계와 디지털 기계, 물질적 요소와 비물질적 요소 등의 새로운 결합을 만들어낼지를 더 많이 결정할 수 있다. 이 입장에 서면 우리는 사실상 공통적인 것을 사유재산으로 변형하고 접근을 봉쇄하며 그 사용과 개발에 대한 의사결정을 독점하는 것이 미래의 생산성에 족쇄가 된다는 것을 알 수 있다. 우리는 지식에 더 많이 접근할수록, 더 많이 서로 협력하고 소통할수록, 자원과 부를 더 많이 공유할수록 더 생산적이다. 공통적인 것의 관리와 돌봄은 다중의 책임이며 이 사회적 능력은 자치, 자유, 민주주의에 대해 직접적인 정치적 함의를 가진다.

그런데 오늘날 세상 돌아가는 게 상서롭지 못하다고 사악한 천재가 귀에 속삭인다. 신자유주의가 공통적인 것과 사회 자체를 자신의 지배 아래 흡수한 듯이 보이며, 화폐가 경제적 가치만이 아니라 우리의 모든 상호관계와 세계와 맺는 관계의 배타적 척도로 제시된다고 한다. 금융이 거의 모든 생산관계들을 지배하며, 생산관계를 전 지구적 시장이라는 차가운 얼음물에 빠뜨렸다고 한다. 사악한 천재는 계속해서 속삭인다. 너희들의 정치적 역할이 뒤바뀐 것도 기업가들이 과거 시절을 자랑하는 자본가와 같다면, 즉 혁신의 미덕을 장려하는 인물이라면 이해가 쉬웠을 것이라고 한다. 그런데 이제 그런 기업가들은 점점 사라지고 있다. 벤처 자본가, 금융가, 펀드 매니저가 이제는 명령을 내리는 자들이다. 더 정확하게 말하자면 화폐가 명령을 내리며 이들은 단지 가신家臣들이고 행정가들이다. 오늘날의 자본주의적 기업가는 자기 배를 미지의 바다로 이끄는 에이해브 선장이 아니라 금융 축적의 끊이지 않는 잔치를 주재하는 엉덩이 무거운 사제일 뿐이다.*

더욱이 신자유주의는 사적 목적으로 부를 축적하고 공통적인 것을 추출하기 위해 생산의 재조직화를 강제했을 뿐만 아니라, 지배계급의 정치적 힘도 재조직했다. 빈곤을 심각하게 만들고 악화시키는 이례적인 폭력이 권력의 행사 안에 구조적으로 포함되었다. 경찰력은 빈자, 유색인, 비참한 사람들, 피착취자들을 사냥하는 민병대처럼 되었으며 이에 상응하여 전쟁은 일국의 주권이나 국제법과는 무관한 전 지구적 경찰력의 행사가 되었다. 예외의 정치로부터 모든 카리스마의 광택——만일 그런 것이 있다면——이 벗겨졌으며, 예외 상태는 권력의 정상 상태가 되었다. '불쌍한 기만당한 것들'이라고 우리의 사악한 천재는 결

---

* 에이해브 선장은 허먼 멜빌의 소설 『모비딕』에서 거대한 흰고래 모비딕을 잡기 위해 바다로 나서는 피쿼드 호의 선장이다. 소설에서는 바다를 항해하다 죽은 이들을 추모하고, 고래잡이를 위해 바다를 나서는 이들에게 설교하는 메이플 목사가 등장한다. 저자들은 혁신을 위해 모험을 감행하는 기업가 정신의 소유자들을 에이해브 선장에, 공통적인 것에 기생해 화폐를 축적하는 데 만족하는 오늘날의 금융자본가들을 메이플 목사에 비유하고 있다.

론짓는다. 힘 있는 자가 반란자의 순진성에 대해 보내는 온갖 오만, 경멸, 생색의 태도를 지으면서 말이다.

그러나 이것만이 아니라 다른 많은 것들도 함께 작용하고 있다. 다행히도 수많은 형태의 일상적 저항들이 있고 간헐적으로 반복되는 강력한 사회운동의 분출이 있다. 힘 있는 자가 반란과 시위들의 고군분투에 대해 갖는 경멸(그리고 그들이 전통적인 리더십에 종속되지 않는다면 조직화에 성공하지 못할 것이라는 암시)은 그 운동들이 저항에서 봉기insurrection로 발전할 것이라는, 따라서 자기들이 통제를 잃을지도 모른다는 두려움을 감추지 못하기 때문은 아닌지 의문스럽다. 권력은 결코 겉모습처럼 안전하거나 자족적이지 않다는 것을 저들은 안다(혹은 의심한다). 전능한 리바이어던의 이미지는 빈자와 종속된 사람들에게 겁을 주어 순종하게 만드는 데 복무하는 우화일 뿐이다. 권력은 항상 힘의 관계이다. 더 정확하게는 많은 힘들의 관계이다. 라나지트 구하가 말하길, "종속은 이원적 관계에서 한 쪽이 지배적일 때, 다른 한 쪽을 구성하는 항으로만 이해될 수 있다."[2] 사회 질서를 유지하는 것은 이 관계에 항상 관여하여 협상하는 과정이 있어야 한다.

이 갈등이 오늘날 우리의 사회적 존재의 일부이다. 이런 의미에서 이는 존재론적 사실이다. 있는 그대로의 세계—이것이 우리가 존재론을 이해하는 방식이다—는 사회투쟁, 저항, 종속민의 반란, 자유와 평등을 위한 싸움으로 특징지어진다. 그러나 이 세계는 극소수가 지배하고 있다. 이들은 다수의 삶을 지배하면서 사회를 생산·재생산하는 사람들에 의해 창조된 사회적 가치를 강탈한다. 바꾸어 말하자면, 이 세계는 사회적 협력에 의해 구축되지만 지배계급에 의해 분할된, 즉 전유를 위한 그들의 맹목적인 열정과 부를 비축하려는 그들의 만족할 수 없는 갈증에 의해 분할된 세계이다.

이렇듯 사회적 존재는 전체주의적 명령의 형상으로 나타나거나 저항과 해방의 힘으로 나타난다. 권력의 '일자'는 '둘'로 나뉘며, 존재론은 각자 역동적이고 구축적인 상이한 관점들로 쪼개진다. 이러한 분리로부터 인식론적 분할 또한 나온다. 한편으로는 자연에 의해 지시받은, (비록 그것이 구축된 것일지라도) 영구적이고 유기적인 고정된 질서로 간주되어야 하는 진리의 추상적 긍정이 존재하고, 다른 한편으로는 실천에서 구축되는 아래로부터의 진리의 탐구가 존재하는 것이다. 전자는 예속subjugation의 힘으로 나타나고, 후자는 주체화subjectification, 즉 자율적인 주체성 생산의 능력으로 나타난다. 주체성 생산은 그러한 진리가 주어지는 것이 아니라 구축되는 것이라는 사실, 실체가 아니라 주체라는 사실에 의해 가능하게 된다. 여기서는 만들고 구축하는 힘이 진리의 표지標識이다. 실천에서 발전되고 실행되는 주체화의 과정에서, 진리와 윤리는 이렇게 아래로부터 발생한다.

리더십이 아직도 어떤 역할을 하려면 기업가적 기능을 발휘해야 한다. 다른 사람들에게 명령하거나 그들의 이름으로 행동하거나 심지어는 그들을 대표한다고 주장하지 말고 다중 안에서 '모으기'의 운전자가되면 된다. 다중은 부를 생산하기 위해 자유롭고 평등하게 자기-조직되고 협력하기 때문이다. 이런 의미에서 '기업가 정신'은 행복의 작인agent이 되어야 한다. 그래서 우리는 이 책에서 최근 수십 년 동안의 다중의 저항과 봉기를 연구하고 긍정하는 것에 더해, 다중의 민주적 기업가 정신이라는 가설을 제안하고자 한다. 우리는 사회를, 있는 그대로와 앞으로 될 모습으로, 즉 공통적인 것을 다양한 형태로 생산하고 사용하는 광범한 이질적 주체성들 사이의 협력의 회로들로 볼 때에만, 공통적인 것의 생산에 상응하는 정치적 기업가 정신의 강력한 형상을 구축하면서 해방의 기획을 수립할 수 있다.

신자유주의 이데올로그들이 기업가 정신의 미덕에 대하여 끊임없이 수다를 떨어대고, 기업가 사회의 창출을 옹호하며, 위험을 즐기는 용감한 자본가에게 경외심으로 고개 숙이고, 우리 모두에게 유치원에 들어갈 때부터 은퇴할 때까지 자기 삶의 기업가가 되라고 권유하는 상황에서 기업가정신을 찬양하는 것이 우리와는 어울리지 않는 것으로 보일 수도 있다. 우리는 그런 자본주의 기업가들의 영웅담이 공허한 소리라는 것을 안다. 그러나 다른 곳을 보면 오늘날 주변에 기업가 활동이 풍부하게 이루어지고 있다. 이들은 새로운 사회적 결합을 조직하고 새로운 형태의 사회적 협력을 발명하며 공통적인 것에의 접근, 그 사용, 그것에 대한 의사결정에의 참여를 위한 민주적 메커니즘들을 만들어내고 있다. 우리 자신을 위한 기업가 정신 개념을 주장하는 것이 중요하다. 실로 정치사상의 중심적 과제들 가운데 하나는 개념들을 둘러싸고 투쟁하며 그 의미를 밝히거나 변형하는 것이다. 기업가 정신은 사회적 생산에서의 다중의 협력의 형태들과 정치세력으로서의 다중의 '모이기' 사이를 연결하는 돌쩌귀로서 기능한다.

우리는 다른 저작에서 이미 이 기획에 필요한 경제적 주장 가운데 일부를 개진하였는데, 여기서 그것을 계속 이어나갈 것이다. 그 목록의 개략적인 형태는 다음과 같다. (1) 공통적인 것, 즉 우리가 함께 공유하고 접근하며 다루는 다양한 형태의 사회적 부와 자연적 부가 자본주의적 생산양식에서 점점 더 중심이 되고 있다. (2) 이러한 늘어나는 공통적인 것의 경제적 연관성에 발맞추어 노동이 변형되고 있다. 일터에서나 사회에서 사람들이 가치를 생산하는 방식은 협력, 사회적·과학적 지식, 돌봄, 사회적 관계의 창출에 점점 더 그 토대를 두고 있다. 더욱이 협력관계를 활성화하는 사회적 주체성들은 자본주의 명령과의 관계에서 일정한 자율을 부여받는 경향이 있다. (3) 노동은 또한 새로운 내포적 관계들 및 생산에 필수적인 다양한 종류의 물질적 · 비물질적 기계들——사회적 · 과학적 지식의 광범위한 저장고를 포함하는 디지털 알고리즘, '일반지성' 등——에 의해 변화되고 있다. 우리가 제안하는 하나의 과제는 다중이 사회적 생산의 필수적 수단인 고정자본 형태들을 재전유하여 자신의 것으로 만드는 것이다. (4) 자본주의적 생산의 무게중심은 대공업에서의 노동 착취에서 공통적인 것, 즉 지구와 협력적인 사회적 노동으로부터의 (대체로 금융 도구들을 통한) 가치 추출로 이동하고 있다. 여기서는 양적인 이동이 주된 측면이 아니다. 전 지구적으로 보면 공장에서 노동자들의 수가 감소하지 않을지도 모른다. 더 중요한 것은 공통적인 것으로부터의 추출이 가지는 질적 의미로, 이러한 추출은 지구(석유, 채굴, 단작 농업 등)로부터, 그리고 사회적 생산(교육, 보건, 문화적 생산, 일상적이고 창조적인 인지노동, 돌봄노동 등)으로부터 다양한 형태로 이루어진다. 공통적인 것으로부터의 추출은 전 지구적 자본주의 경제 일반을 재조직하고 재구성하는 경향이 있다. 자본주의 발전에서 매뉴팩처와 대공업 이후 새로운 단계, 즉 높은 수준의 자율, 협력, 산 노동의 '공통화commoning'를 필요로 하는 사회적 생산으로 특징지어지는 새로운 단계가 출현하고 있는 것이다. (5) 이러한 자본주의적 생산과 노동력에서의 변형은 그 핵심에서 착취와 가치 추출에 맞서는 저항을 조직화하는 조건을 변화시킨다. 이제 상황이 전도되어 다중이 공통적인 것을 자본으로부터 재전유하여 진정한 민주주의를 구축하는 것이 가능해진다. 조직화의 문제(그리고 수평적 운동의 수직화)가 여기에서 공통적인 것의 '제헌화constitutionalization'의 문제와 함께 놓여 있다. 사회적 투쟁과 노동자 투쟁의 분명한 목표로서, 또한 자유롭고 민주적인 삶형태의 제도화로서 말이다.

이러한 논의들을 통해 우리는 다중이 권력관계를 유리한 쪽으로 기울여서 궁극적으로 권력을 잡는 것이, 그러나 결정적으로는 전과는 다르게 잡는 것이 가능하고 바람직하다고 생각하기에 이르렀다. 만일 운동들이 사회를 변형하는 데 필요한 전략을 정식화할 수 있게 된다면, 운동들은 또한 공통적인 것을 움켜잡고 자유, 평등, 민주주의, 그리고 부를 재편할 수 있을 것이다. 바꾸어 말해서 '다르게'라는 말은, 자유를 (평등 없이) 우파의 개념으로 제시하고 평등을 (자유 없이) 좌파의 명제로 제시하는 위선을 반복하는 것을 의미하지 않고 공통적인 것과 행복을 분리하지 말자는 것을 의미한다. 운동들은 권력을 잡음으로써 가장 예리한 차이와 가장 광범위한 복수성을 하나의 다중으로 긍정할 필요가 있다. 그러나 이것으로 충분하지는 않다. '다르게'는 또한 다중이 권력을 잡음으로써 정체성들을 그리고 권력의 중앙집중성을 탈신비화할 독립적인 제도들을 만들어내야 한다는 것, 즉 국가권력의 가면을 벗기고 비주권적인 제도들을 구성하는 것을 의미한다. 주권을 물리치기 위해 권력에 맞서 전복적 투쟁을 생산하는 것, 이것이 저 '다르게'의 본질적 구성요소이다. 그러나 그조차도 충분하지 않다. 이 모든 것이 물질적으로 구축되어야 한다. 그리고 이는 다중이 부를 재전유하는, 즉 다중의 생산적인 사회적 협력의 계획schema에 고정자본을 병합하는 데로 이르는 길을 연다. 이 길은 공통적인 것에 그 힘의 뿌리를 둔다.

새로운 군주가 지평선 위로 출현하고 있다. 이 군주는 다중의 열정에게서 태어났다. 은행가, 금융가, 관료, 그리고 부자의 여물통을 끊임없이 채우는 부패한 정책에 대한 의분^{indignation}, 사회적 불평등과 가난의 끔찍한 수준에 대한 격분, 지구와 그 생태계의 파괴에 대한 분노와 격정, 멈출 수 없는 듯이 보이는 폭력과 전쟁에 대한 규탄. 사람들 대부분이 이 모두를 인식하지만, 변화를 일으키기에는 힘이 없다고 느낀다. 의분과 분노는 결과를 낳지 못하고 질질 끌게 되면 절망이나 체념으로 무너질 위험이 있다. 이러한 상황에서 새로운 군주란 자유와 평등의 길, 모두에 의해 민주적으로 관리되는 공통적인 것을 모두의 손에 쥐어 주는 과제를 제시하는 길을 가리킨다. 물론 우리가 여기서 군주라고 부르는 것은 어떤 개인 혹은 심지어 어떤 당이나 지도자 회의를 가리키지 않고, 오늘날의 사회에서 일어나는 상이한 형태의 저항과 투쟁이 마디마디 이어져서 이루어진 정치적 결합체를 가리킨다. 따라서 이 군주는 일관된 배열로 움직이며 암묵적으로 어떤 위협을 가하는 떼, 다중으로서 나타난다.

　'어셈블리^{Assembly}'라는 이 책의 제목은 함께 모여드는 힘과 정치적으로 합심하여 행동하는 힘을 포착하려는 의도에서 붙였다. 그러나 우리는 모이기에 대한 이론이라든가 모이기의 어떤 특수한 실천에 대한 자세한 분석을 제공하지는 않는다. 그 대신 우리는 이 개념에 횡단적으로 접근하여 그것이 어떻게 정치적 원칙들과 실천들의 광범한 망과 공명하는지를 보여준다. 현대의 사회운동들에 의해 제도화된 총회에서 근대 정치의 입법의회까지, 법적 전통에서 옹호된 집회의 자유에서 노동조직에 핵심적인 결사의 자유까지, 종교 공동체들의 다양한 회중 형태에서 새로운 주체성들을 구성하는 기계적 배치$^{machinic\ assemblage}$라는 철학적 개념까지. '모으기/모이기'는 그것을 통해 새로운 민주적인 정치

적 가능성들을 인식하는 렌즈이다.[3]

이 책의 리듬을 끊는 여러 지점에서 우리는 요구들과 응답들을 제안한다. 이것들은 응답이 요구를 잠재우는 것과 같은 질문과 답이 아니다. 요구들과 응답들은 서로 열린 대화의 형태로 주고받아야 한다. 고전적인 아프리카계 미국인 스타일의 설교가 우리가 염두에 두고 있는 것과 같은 어떤 것이다. 이 스타일은 전체 회중의 참여를 요구하기 때문이다. 그러나 정확하게 맞지는 않다. 설교 방식에서는 응답을 요구하는 사람들과 응답하는 사람들의 역할이 엄격하게 나뉘어 있기 때문이다. 설교자가 발언하고 회중이 '아멘' 하고 긍정하며 더 진행하기를 촉구한다. 우리는 역할이 평등하며 서로 교체될 수 있는 더 온전한 형태의 참여에 관심을 가지고 있다. 19세기에 상선들에서 흔했던 뱃노래처럼 부르고 화답하는 노동요労動謠들이 더 부합한다. 노래들은 시간을 보내고 노동을 동기화하는 데 유용했다. 그런데 이렇게 부지런하게 복종하는 노동요들도 딱 맞는 것은 아닌 듯하다. 아프리카계 미국인의 문화의 역사로 되돌아가서 볼 때 우리에게 더 영감을 주는 것은 농장의 밭에서 노예들이 주고받아 부르는 '호, 에마, 호'* 같은 제목의 노래들이다. 서아프리카 음악 전통들에서 파생된 이 노예 노래들은 다른 노동요들처럼 노동의 리듬을 유지했지만, 또한 때로는 노예들이 서로 메시지를 전달하는 가사를 암호화해서 넣었다. 주인의 채찍질을 피하거나 작업 과정을 뒤엎거나 심지어는 탈출을 계획할 수 있게 도울 수 있는 메

---

* '호, 에마, 호(Hoe, Emma, Hoe)'는 노예들의 노동요로, 미국의 버지니아 주 윌리엄스버그 지역에서 유래된 것으로 알려져 있다. 1633년부터 정착이 시작된 윌리엄스버그는 당시에는 영국의 식민지령으로 플랜테이션 농장이 성행했다.

어셈블리

시지를 바로 옆에 서 있는 주인도 모르게 전달하는 것이다. 이제 서로를 발견하고 모일 시간이다. 마키아벨리가 종종 말했듯이, 호기를 놓치지 말자.

1부

리더십 문제

여러 지도자를 가진다고 선(善)이 도래하는 것은 아니다.
한 명의 책임을 지는 자, 한 명의 통치자가 있게 하자.
그는 비뚤어진 마음을 가진 크로노스의 아들에게서
홀笏과 법을 받아 자기 백성을 통치할 것이다.

—호머, 『일리아드』

저는 우리 실험 결과 사람들이 지배자 없이도 스스로를
다스리게 될 것이라는 점에 어떠한 두려움도 없습니다.

—토머스 제퍼슨이 데이비드 하틀리에게 보낸 편지, 1787

1장
지도자들은 모두 어디로 갔는가?

우리는 매년 '지도자 없는' 사회운동의 폭발을 계속해서 목격한다. 북아프리카와 중동에서 유럽, 아메리카 지역들, 동아시아까지 운동들은 언론인들, 정치평론가들, 경찰들, 정부들이 방향을 잃고 당황하게 만들었다. 활동가들 역시 수평적인 운동들의 힘과 효과를 이해하고 평가하는 데 고전했다. 운동들은 민주주의적 이상을 제기할 수 있고, 때로는 개혁을 강제하고 체제에 압력을 넣고 심지어 무너뜨릴 수 있음을 입증했다. 그래서 실제로 광범한 사회 과정들이 협력을 통해 혹은 그 과정의 결과로 가동되었다. 하지만 운동들은 짧게 끝나버리는 경향이 있고, 지속적인 사회적 변형을 낳을 수 없는 듯하다. 마키아벨리가 말했듯이 그것들은 악천후에서 살아남을 수 있는 뿌리와 가지를 키우지 못했다.[1] 여러 사람들은 사회운동이 새로운 지도자를 발견할 수 있기만 한다면 그들은 이전에 누리던 영광으로 되돌아가고 사회적 변형과 해방의 기획을 유지하고 성취할 수 있다고 가정한다. 그들은 묻는다. 새로운 마틴 루터 킹들, 루디 두치케들, 파트리스 루뭄바들, 스티브 비코들은 어디에 있는가?* 그 모든 지도자들은 어디로 갔는가?

리더십은 수수께끼가 되었다. 오늘날의 운동들은 이것을 해결할 능력이 없는 듯 보이고 혁명운동과 진보운동의 리더십은 전혀 새롭지 않기 때문이다. 오늘날의 이 막다른 골목에서 도약하기 위해서 몇 걸음 뒤로 돌아가 출발점에서 시작해 보자.

:: 코뮈나르들의 '오류들'

부르주아 정부와 그 군대가 베르사유로 퇴각한 1871년 3월 코뮈나르들은 파리를 장악하고 재빨리 근본적으로 새로운 종류의 민주주의를 위한 제도적 구조, 즉 인민의, 인민에 의한 정부를 발명하는 데 착수한

---

* 마틴 루터 킹(Martin Luther King Jr., 1929-1968)은 미국의 침례교 목사이자 인권운동가이다. 1950-60년대 동안 미국 안에서 흑인 민권운동과 반전운동을 이끌었으며, 1964년 노벨 평화상을 받았다. 1968년 4월 멤피스의 한 호텔에서 백인 우월주의자 제임스 얼 레이에 의해 암살되었다. 루디 두치케(Rudi Dutschke, 1940-1979)는 68혁명 당시 독일 학생운동의 주요 지도자였다. 1968년 4월 요세프 바흐만이라는 나치주의자에 의해 총격을 받고 11년 동안 살아남았지만, 그 후유증으로 사망했다. 파트리스 루뭄바(Patrice Lumumba, 1925-1961)는 콩고의 독립 운동가이자 콩고 민주공화국의 초대총리(1960년)를 지낸 정치인이었으나, 미국과 벨기에의 지원을 받은 군사 쿠데타 세력에 의해 총살당했다. 스티브 비코(Stephen Biko, 1946-1977)는 남아프리카공화국에서 반아파르트헤이트 운동을 펼친 활동가이다. '검은 것은 아름답다'는 슬로건으로 잘 알려진 그는 '흑인인민회의(BCP)' 초대명예회장직을 맡았는데, 1977년 테러리즘법으로 구금된 뒤 경찰에 의한 고문 과정에서 뇌손상으로 사망했다.

다. 보편적 투표권과 자유교육이 확립되고 상비군이 폐지되었다. 대표들은 노동자들의 임금을 지불하고, 아마도 가장 중요한 것으로, 모든 정치인들의 권한이 언제든 무효화될 수 있게 했다. 코뮈나르들은 모든 정치적 의사결정에 능동적으로 참여하는 모두를 위한 수단을 창출해 스스로를 대표하고자 했다.

런던에서 보낸 글에서 마르크스는 코뮈나르들의 대담함에 감탄하면서 그들의 제도적 혁신의 힘, 민주주의를 재발명하는 그들의 능력에 극찬을 보낸다. 그러나 그는 또한 코뮈나르들은 너무 좋은 의도들로 인해 두 개의 결정적 오류를 범했다고 주장했다. 첫째, 코뮈나르들은 코뮌 중앙위원회를 너무 빨리 해체하고, 의사결정권을 민중의 손에 넘기는 등 민주주의에 대한 그들의 애착에 지나치게 몰두했다. 둘째, 3월에 코뮈나르들은 군사적으로 유리했음에도 불구하고 베르사유로 퇴각한 제3공화국의 군대를 추격하지 않는 등 비폭력과 평화에 대한 애착에 미혹되었다. 마르크스가 보기에 너무나도 천사 같던 코뮈나르들의 리더십 부재는 역사적 승리가 있고 두 달 뒤인 5월에 그들의 패배에 기여한다. 파리 코뮌이 파괴되고, 수천에 달하는 코뮈나르들은 천사를 억압하는 데 어떠한 거리낌도 없었던 승리한 부르주아지들에 의해 처형되고, 추방된다. 하지만 코뮈나르들이 이 '오류'를 범하지 않았다면 그들은 감동적인 그들 기획의 민주적 핵심을 (그들이 살아남았다 할지라도) 부인하지 않았을 거라고 말할 수 있을까? 여러 가지로 이것은 고르디우스의 매듭이다.[2]

파리 코뮌의 승리와 패배 이후 대략 150여 년이 지난 지금도 여전히 진보적·혁명적 정치조직의 딜레마를 논의할 때 우리는 순진하게 리더십을 거부한 이들과 반대로 중앙집중화된 위계적 구조로 빠져든 사람들 모두를 반복해서 비난하는 것을 듣는다. 그런데 이것들만이 우리의 유일한 선택지라는 생각이 너무 오랫동안 지속되었다.

이 막다른 길을 넘어서려는 시도들은 우리의 전임자들——파리 코뮌 이후 전 세계에서 정치적·이론적으로 혁명을 지도했던 이들, 즉 제1, 제2, 제3인터내셔널의 공산주의자들, 라틴아메리카와 동남아시아의 산악 게릴라 지도자들, 중국과 인도 서벵골 지역의 마오주의자들, 미국의 흑인민족주의자들 등——에 의한 전략적 모호함 아니 과도한 '전술적 현실주의'로 인해 대부분 가로막혔다. 여러 가지 변이를 가진 이 전통은 이중적 지위를 유지한다. 혁명의 전략적 목표는 지휘자나 중앙위원회 없이 스스로를 함께 통치할 수 있는 사회를 만드는 것이지만, 현실주의적 관점에서 보면 때가 되지 않았음을 인식해야 한다. 근대의 해방운동들은 현재의 조건 아래에서가 아닌 미래의 목표로서 민주주의에 온 힘을 기울인다. 이 생각에 따르면 진정한 민주주의를 위한 외적 조건도 내적 조건도 존재하지 않는다. 파리의 입구에서 부르주아지와 프로이센인들의 지속적 힘(이후에는 시베리아에서 폴란드에 이르는 백군^{白軍}들, 혹은 그 뒤로는 CIA와 코인텔프로,* 암살단 등등이 주도하는 반혁명 세력들)이 모든 민주적 실험을 파괴할 것이다. 나아가 그리고 이것이 더 큰 장애물인데, 사람들은 아직 그들 자신을 통치할 준비가 되지 않았다. 혁명은 시간이 필요하다.

이 이중적 입장이 넓게 공유된 신념을 특징짓지만, 그럼에도 불구하

---

* 코인텔프로(COINTELPRO)는 '역 지능 프로그램(Counter Intelligence Program)'의 약칭으로, 미국의 FBI가 미국 내부의 저항 조직 및 그 수뇌부들을 조사하고 파괴하려는 목적으로 설립한 비밀 방첩 프로그램이다.

고 주목해야 할 흥미로운 점은 그것이 이미 150년 전에 수많은 공산주의자들을 불안하게 만들었다는 점이다. 그들은 진정한 민주주의로 향해 가는 유토피아적 욕망을 공유했지만 그것이 무한정 지연되는 것을 두려워했고, 그래서 자신들의 꿈을 실현하는 신비한 사건이 종국에는 일어나리라고 헛되이 기다렸다. 여기서 우리가 흥미를 두는 것은 프루동, 주세페 마치니, 바쿠닌 같은 이들이 마르크스와 인터내셔널의 지도부를 향해 가한 이데올로기적 비판*이 아니라, 네덜란드, 스위스, 스페인, 이탈리아의 상호부조론자들 및 아나코-코뮤니스트들이 제공한 비판

---

* 아나키스트의 고전적 사상가인 피에르 조세프 프루동(Pierre Joseph Proudhon, 1809-1865)은 죽기 직전 노동자들의 국제적 연대가 제1인터내셔널로 실현된 것에 상당한 만족감을 표한 바 있다. 하지만 그는 노동해방에 대한 '공산주의'적 해법에 대해서는 분명한 반대 의견을 표했는데, 그의 생각에 노동자들의 국제적 연대는 노동자들의 경제적 해방을 제1의 목표로 삼아야 하고 모든 정치적 운동은 이 목표에 종속되어야 했기 때문이었다. 주세페 마치니(Giuseppe Mazzini, 1805-1872)는 비밀 혁명 단체인 '청년 이탈리아당'(1832)을 창당했고 '리소르지멘토(Risorgimento)'로 알려진 이탈리아의 독립 및 애국운동을 주도하면서 당시 이탈리아의 청년 사회운동가들에게 깊은 영향을 주었다. 1860년 전후로 제1인터내셔널 회원들과 잠시 교류하기도 했으나, 파리 코뮌이 유물론과 사회주의라는 위험하고 해로운 사상에 물들었다는 이유로 비난하면서 인터내셔널은 물론 파리 코뮌을 지지하던 여러 청년 아나키스트들과도 멀어지게 되었다. 러시아의 아나키스트인 미하일 알렉산드로비치 바쿠닌(Mikhail Aleksandrovich Bakunin, 1814-1876)은 1868년에 제1인터내셔널에 가입했는데, 마르크스와 엥겔스는 그가 인터내셔널 내부에서 분파적 활동을 벌이고 있음을 경계한 바 있다. 마르크스는 1869년 7월 엥겔스에게 보내는 편지에 "이 러시아인은 유럽 노동운동의 지도자가 되고 싶어하는 것이 분명하다. 그를 조심해야 한다. 그게 아니라면 그를 공식적으로 추방해야 할지 모른다"고 쓴다. 바쿠닌은 1872년 9월에 있었던 '헤이그 대회'에서 찬성 27명, 반대 7명으로 인터내셔널에서 추방되었고, 이후 바쿠닌은 새로운 형태의 독재자들이 인터내셔널 안에 출현했다면서 마르크스와 공산주의자들을 맹렬히 비난했다.

들'인데, 이들의 비판이 인터내셔널과 그것의 조직화 방법이 근대적인 권력관과 정치관을 반복하는 중앙집중주의적 조직을 이룬다는 점과 대결하기 때문이다.[3] 이들 혁명가들은 토마스 홉스가 그들 자신의 혁명조직 내부에도 잠입해 들어와 있으며, 그래서 주권적 권위라는 가정이 그들의 정치적 상상을 오염시킬 것이라고 예견했다.

리더십과 민주주의의 관계는, 사회주의자들과 혁명가들이 근대 내내 겪었던 것만큼이나 자유주의자들을 괴롭혔던 정치적 딜레마로, 우리 글 서론에서 제시한 대의의 이론 및 실천으로 명확히 표현된다. 대의의 이론에 따르면 모든 정당한 권력은 대의되어야 하며, 그에 따라 민중 의지에 견고한 토대를 둔다. 그런데 그러한 고결하게 들리는 선언에 깔린 대의자의 행동과 피대의자의 의지 사이의 관계는 무엇인가? 일반적으로 이 질문에 대한 두 가지 주된 응답은 대립하는 방향을 띤다. 하나

---

* 대표적인 인물들로, 이탈리아의 에리코 말라테스타(Errico Malatesta, 1853-1932), 프랑스, 스위스, 스페인 등지에서 반제국주의·반파시즘 운동에 동참한 폴 브루스(Paul Brousse, 1844-1912)와 나탈리아 랜스버그, 그리고 정치적 결정기관으로서의 소비에트와 '공장평의회'를 구별하고자 했던 이탈리아의 마우리치오 가리노, 레닌주의를 비판한 『독재와 혁명』의 저자 루이지 파브리, 독일·네덜란드에서 아나키스트 활동을 했던 루돌프 로커(Johann Rudolf Rocker, 1873-1958), 평의회 공산주의자인 네덜란드의 안톤 판네쿡(Anton Pannekoek, 1873-1960) 등을 들 수 있다. 이들을 단순히 하나의 생각을 가진 것으로 묶는 것은 위험하지만, 이들이 모두 러시아 혁명 이후 레닌과 볼셰비키의 중앙집중주의, 위계적 조직구조에 강한 반대 의사를 표명하면서 운동조직 안에서의 수평주의를 실현코자 했다는 점에서 일정한 공통점을 지니고 있으며, 이들 대다수는 러시아의 크로포트킨과 교류하면서 '상호부조'의 관점을 견지했던 것으로 보인다. 이에 대해서는 장 프레포지에, 『아나키즘의 역사』, 이소희·이지선·김지은 옮김, 이룸, 2003과 폴 애브리치, 『아나키스트의 초상』, 하승우 옮김, 갈무리, 2004 그리고 에리코 말라테스타, 『국가 없는 사회』, 하승우 옮김, 포도밭출판사, 2014 등을 참고하라.

는 권력이 그것의 민중적 구성에, 즉 대의를 통해 인민의 의지가 권력에 표현되는 것에 단단히 근거지어질 수 있고 또 그래야만 한다는 점을 긍정한다. 다른 하나는 주권 권위는 (비록 민중주권일지라도) 대의 메커니즘을 통해 구성자들의 의지와 분리되고 그로부터 차단되어야 한다고 주장한다. 비결은 근대적 대의의 모든 형태들이 다른 척도에서 이 두 가지 그럴듯해 보이는 모순적 명령을 결합시키는 것이다. 대의는 연결하면서 차단한다.

랑시에르는 이렇게 쓴다. "오늘날 '대의 민주주의'는 중복된 모습〔대의제-민주주의〕을 보여주고 있다. 그러나 본래 이 제도는 모순된 것이었다."[4] 근대 역사 그리고 자본주의 사회의 역사에서 권력과 동의, 중앙과 자율을 함께 만들 가능성은 환상으로 드러났다. 근대는 우리에게 사회주의적 형상과 자유주의적 형상 모두에서 유산을 남겼는데, 그 유산이란 권력의 주권적 통일의 필연성과 동시에 두 당파들〔사회주의와 자유주의〕이 관계맺는 그러한 통일성의 허구이다.

코뮈나르들은 근대적 대의의 요구들이 지닌 허위성을 분명하게 인식했다. 이것은 오류가 아니었다. 그들은 4-6년마다 그들을 대의하고 그들의 이해관계에 따라 행동하겠다고 약속하는 통치계급의 성원을 선택하는 데 만족하지 않았다. 많은 이들이 코뮈나르들의 생각을 따라잡고 근대적 대의제의 허위성을 간파하는 데 여러 해가 걸렸다. (이 괴물스러운 역사에서 한 가지 특수한 비극적 에피소드를 알고 싶다면, '프롤레타리아 독재'에서 흐루시초프와 브레즈네프의 시대의 '전 인민의 국가'로의 이행을 겪었던 사람들에게 물어보라.*) 하지만 이제 이러한 인식이 일반화

---

* 흐루시초프(Nikita Khrushchyov, 1894-1971)는 1953년 스탈린 사후 벌어진 분파 간

되어 가고 있다. 그럼에도 불구하고 불행하게도 지도자들이 실제로 우리의 욕망을 대의하지 않는다는 인식은 대체로 체념적으로 받아들여진다. 무엇보다도 대의는 권위주의적인 통치보다는 더 낫다고 말이다. 그결과 근대의 대의 패러다임은 아직 진정한 민주주의적 대안을 갖추지도 않고 끝나가고 있다.

:: 잘못된 가정: 리더십 비판 = 조직화와 제도의 거부

오늘날의 사회운동들은 전통적인 중앙집중화된 형태의 정치조직을 일관되고 단호하게 거부한다. 카리스마적이거나 관료적인 지도자, 위계적 정당구조, 전위조직, 심지어 선거 및 대의구조들조차 지속적으로

권력 투쟁에서 승리해 소련공산당의 실권을 장악했다. 1956년 제20차 소련공산당 대회의 비밀연설에서 '스탈린에 대한 개인숭배'를 비판한 그는, 1920-30년대 동안 스탈린이 행한 대숙청의 무자비한 처사와 범죄 행위를 사과 및 고발하면서, '전 인민의 국가'라는 이름으로 공산당의 중앙집중주의에 대한 변화와 개혁을 단행하고자 했다. 독일과의 2차 세계대전 동안 흐루시초프의 신임을 받으면서 당내 입지를 다졌던 브레즈네프(Leonid Brezhnev, 1906-1982)는 1964년 흐루시초프의 후임으로 공산당 제1서기장이 되었고, 흐루시초프가 약속했던 희생자들의 명예회복, 소비에트의 탈중앙집중화 등을 계승할 것을 약속했다. 그러나 이들이 실권을 가졌던 1953-1982년 동안 그들의 약속은 1956년 헝가리 봉기에 대한 무력진압과 1968년 체코에서 개혁파 알렉산데르 둡체크가 집권하면서 시작된 '프라하의 봄'을 군대를 동원해 강제 진압하는 사건들로 무색해졌다. '프라하의 봄'을 무력진압하고 브레즈네프는 "사회주의에 적대적인 세력들이 몇몇 사회주의 국가의 발전을 자본주의로 되돌리려 할 때, 그것은 해당 국가의 문제만이 아니라 모든 사회주의 국가의 공통된 문제이자 관심사가 된다"고 말한 바 있는데, 이는 '전 인민의 국가'가 사실 그 반대의 의미인 '한 국가의 전 인민'에 다름 아니었음을 보여준다.

비판되고 나쁜 평판이 내려진다. 운동들의 면역 체계가 너무 발전되어서 모든 리더십 바이러스의 출현이 항체에 의해 즉각 공격된다. 하지만 결정적인 것은 중앙집중화된 권위에 대한 반대가 모든 조직 및 제도 형태의 거부와 동일시되는 것은 아니라는 점이다. 오늘날 너무 자주 건강한 면역반응이 자가면역질환이 된다. 실제로 사회운동들은 전통적 리더십을 피하기 위해서 그러한 형태들의 발명과 설립에 관심과 에너지를 오히려 더 많이 써야 한다. 이 새로운 형태들 및 그것들을 길러낼 수 있는 기존의 사회세력들 일부의 성격을 탐구하기 위해 우리는 아래에서 이 문제로 돌아올 것이다.

하지만 이러한 대안을 실현하는 길에 여러 위험이 도사리다 보니 가끔 너무 멀리 돌아가고는 한다. 대체로 풍부한 활동가 경험을 가진 오늘날 가장 지적인 정치 이론가들 대부분은 조직화의 문제를 과거의 패배가 남긴 곪아터진 상처로 간주한다. 그들은 대체로(그리고 이론적으로도) 조직화가 필요하다는 점에 동의하지만, 현실적인 정치적 조직 일체에 대해서는 본능적인 반감을 가지는 듯하다. 그들의 글을 보면 박살난 희망──우세한 병력에 의해 좌절된 감동적인 해방운동들, 수포로 돌아간 혁명 기획들, 내부에서 썩고 무너진 전도유망한 조직들──에서 비롯된 쓴맛을 맛볼 것이다. 우리는 이러한 반응을 이해하며 우리 역시 이런 여러 패배들을 겪으며 그들과 함께 살아왔다. 하지만 우리는 패배하지 않는 패배를 인식해야 한다. 가시를 뽑아내고 상처를 치료하자. 마키아벨리가 조롱했던 '비무장의 예언자들'*처럼 조직화를 거부하는

---

* 1497년 3월 8일 「리차르도 베키에게 보낸 편지」에서 마키아벨리는 교회 혁신을 위한 설교와 예언으로 신도들을 지도했던 지롤라모 사보나롤라를 '비무장의 예언자'로 묘

사회운동들은 쓸모가 없을 뿐만 아니라 그 자신과 다른 이들 모두에게 위험하기까지 하다.

실제로 근래 대부분의 중요한 이론적 발전들(우리가 지지했던 것을 포함해)은 조직화에 대한 거부의 보편화를 지지하기 위해 인용되곤 했다. 가령 점점 더 늘어나는 노동력의 지적·정서적·소통적 능력 일체에 대한 이론적 탐구들은 때로는, 새로운 미디어 기술의 잠재력에 관한 주장들과 짝을 지어, 활동가들이 자생적으로 조직할 수 있고 어떤 종류의

사한 바 있다. 1494년 프랑스 국왕 샤를 8세의 이탈리아 원정을 '신이 내린 벌'로 묘사한 사보나롤라는 샤를 8세의 군사력을 등에 업은 대중연설로 메디치 가가 피렌체에서 추방되는 계기를 마련하기도 했다. 이후 프랑스군이 철수한 뒤, 사보나롤라는 반대파들에 의해 1498년 광장에서 화형에 처해졌다. 마키아벨리는 『군주론』에서 이 일화를 적극 활용하는데, 예컨대 "무기를 든 예언자는 모두 성공한 반면 말뿐인 예언자는 실패했다. …… 지롤라모 사보나롤라 신부는 그에 대한 인민들의 신뢰를 상실하자마자 새로운 질서와 더불어 몰락하고 말았다."(6장), "용병과 원정군은 무용하고 위험하다. …… 프랑스의 샤를 왕은 [용병에 의존해 있던] 이탈리아를 백묵 하나로 점령할 수 있었다. 우리의 죄악으로 인해서 이러한 사태에 처하게 되었다고 말한 사람[사보나롤라]은 진리를 말한 셈이다. 그러나 문제는 그가 의미한 죄악이 아니라 내가 설명한 죄악이다."(12장) 마키아벨리, 『군주론』, 강정인·문지영 옮김, 까치, 2003, 42쪽, 86쪽. 또한 네그리는 『제헌권력』 2장에서 '비무장의 예언자'에 대해 이렇게 서술한다. "마키아벨리는 지롤라모 사보나롤라를 혐오했다. 자신의 저작 곳곳에서 마키아벨리는 아이러니컬하게도 이 '비무장의 예언자'와 대결하기를 주저하지 않았다. 1497년에 이미 그는 수도사 운동—즉 새로운 시뇨리아[정무위원회/정부]의 공격을 두려워해 그들에게 위협을 가해 부드럽게 만들고, 그래서 그들을 교황권에 대항하는 자신의 행동과 결합하려 했던 사보나롤라가 주동한 운동—을 조심스럽지만 반감을 가지고 묘사했다. 이후 마키아벨리와 사보나롤라 사이의 차이는 결국 그들의 불화로 이어진다. …… 마키아벨리는 새로운 정치가의 본질적 특성과 제헌적 역량, 실천의 차원을 사보나롤라의 업적으로 돌릴 어떠한 가능성도 없다고 보았다." Antonio Negri, *Insurgencies: Constituent Power and the Modern State*, trans. Maurizia Boscagli, University of Minnesota Press, 1999, p. 81.

어셈블리

제도도 필요하지 않다는 가정을 강화하는 데 이용되었다. 그 경우들에서 내재성에 대한 철학적·정치적 긍정은 (종종 급진적 개인주의의 가정과 결합되어) 모든 규범 및 조직구조에 대한 거부로 잘못 번역된다. 반대로 내재성에 대한 긍정과 새롭게 보편화된 사회적 능력에 대한 인식은 새로운 유형의 조직 및 제도를 요구하며 그와 양립가능하다. 이 유형은 새로운 형태에도 불구하고 리더십 구조를 이용한다.

요약해 보자. 우리는 권위에 대한 비판과 사회운동의 민주주의와 평등에의 요구를 대체로 지지한다. 하지만 우리는 오늘날의 수평적 운동들 자체로 충분하면서 아무 문제가 없고, 리더십의 쟁점을 대체했다고 주장하는 이들에는 동의하지 않는다. 리더십 비판의 이면에는 종종 운동 안에 연속성과 효과를 보장할 수 있는 조직 및 제도 형태를 창출하려는 모든 시도에 저항하는 (우리가 지지하지 않는) 입장이 숨어 있다. 이렇게 권위와 리더십 비판이 있을 때, 이는 운동들에게 골칫거리가 된다.

우리는 그 반편향으로 기존의 수평적 운동들이 선출된 진보정당이나 혁명적 전위정당을 소생시키려고 노력할 필요가 있다는 견해에도 동의하지 않는다. 첫째, 선출된 정당의 잠재력은 특히나 국가가 자본주의적 권력에 의해 훨씬 더 장악되어 있고(혹은 때로는 실제로 식민화되고) 그래서 정당들의 영향력에 개방되어 있지 않은 경우에는 극히 제한된다. 둘째, 아마도 더 중요한 것으로 다양한 형태의 정당은 그들이 대의를 하겠다는 주장을 지킬 수 없다. (우리는 뒤에서 이러한 대의의 문제를 더 자세히 다룰 것이다.) 선출된 진보정당들은 여당이든 야당이든 운동을 대신하지 않고 보완할 때에만 전술적으로 긍정적인 효과를 가진다. 우리는 운동들이 약하고 선거 수단을 통한 개혁은 환상일 뿐이니 근대의 전위당이나 과거의 해방운동의 카리스마적 인물의 시체를 부활시켜 썩

어빠진 리더십 구조를 지원할 필요가 있다고 주장하는 이들에게 공감하지 않는다. 우리는 또한 우리 자신이 그토록 많은 정당들을 낳은 근대적인 혁명 전통과 해방 전통의 일부분임을 인정한다. 하지만 오늘날 전위정당 형태에 생명을 불어넣을 수 있는 주술작용은 없다. 우리는 또한 그것이 가능하다 할지라도 바람직하다고 생각하지 않는다. 죽은 것은 죽은 것으로 묻어두자.

:: 역사적 이행의 징후로서의 지도자 없는 운동들

리더십 문제를 다루기 위해 우리는 우선 오늘날 운동에 지도자들이 부족하다는 것이 우연한 일도 아니고 예외적인 일도 아니라는 점을 인식할 필요가 있다. 대의제의 위기와 민주주의에의 깊은 열망으로 인해서 사회운동 안에서 위계 구조들이 전복되고 해체되었던 것이다. 오늘날 리더십 문제는 실제로 심오한 역사적 변형의 징후이다. 근대적 조직 형태들이 파괴되었지만 적절한 대체물들이 아직 발명되지 않은 상태이다. 우리는 이러한 과정을 완성된 것으로 볼 필요가 있지만 그렇게 하기 위해서는 결국 정치 영역 너머에 있는 경제와 사회에서 일어나는 변화를 탐구하는 것으로 분석을 확대해야 할 것이다. 이는 나중에 하기로 하고 우선은 정치 영역과 정치적 조직화의 도전들에 초점을 맞추어보자.[5]

'지도자들은 모두 어디로 갔는가?'라는 물음에 그들은 철창에 갇혀 있거나 땅에 묻혀 있다고 대답하는 것이 가장 간단하다. 공권력과 반동 세력에 의해 (때로는 제도권 좌파 정당과의 협력 아래) 혁명 지도자들이 투옥되거나 사살당한 것이다. 각 나라에는 쓰러진 영웅들과 순교자들의 고유한 목록이 있다. 로자 룩셈부르크, 안토니오 그람시, 체 게바라, 넬슨 만델라, 프레드 햄턴,* 이브라힘 카이파카야** 등등. 이와 다른 목록을 만들어볼 수도 있다. 살해와 정치적 수감이라는 가장 스펙터클한 것들 말고도 눈에 띄진 않지만 훨씬 더 효과적인 다른 여러 억압 무기들이 계속 이용된다. 시위를 범죄화하는 조치에서 '용의자 해외 인도'*** 및 관타나모 스타일의 구금에 이르는 전문화된 법을 통한 박해, '정보 제압 프로그램'****과 위장공작원에 의한 도발 및 잠재적 활동가들을 못살게 굴어 불법행위를 유도하는 함정수사 등을 포함하는 비밀공작, 검열하기, 거짓 정보를 유포하고 이데올로기적 혼란을 야기하거나 사회정치적 문제를 스타일·유행·관습으로 번역해 사건을 왜곡하는 지배언론 이용하기, 지도자들을 유명인으로 만들어 포섭하기 등등 너무나도 많

---

* 프레드 햄턴(Fred Hampton, 1948-1969)은 1969년 12월 4일 시카고의 한 아파트에서 총격에 의해 암살된 흑인해방운동가이다. 당시 흑표범당 일리노이 주 지부장이었던 그에게 총을 쏜 사람들은 14명의 지역경찰들이었는데, 불법 무기수색 명목으로 이뤄진 정당한 발포였다는 이유를 들어 한 명도 처벌받지 않았다. 이후 그의 암살은 코인텔프로의 공작에 의한 것으로 밝혀졌다.

** 이브라힘 카이파카야(Ibrahim Kaypakkaya, 1949-1973)는 터키 공산주의 운동의 주요 지도자로, 1973년 1월 터키 정부에 의해 연행되어 4개월 간 모진 고문을 받은 뒤, 1973년 5월 18일 총살되었다.

*** '용의자 해외 인도(extraordinary rendition)'는 기존의 법적 절차에서는 금지되었던 불법구금이나 고문, 학대 등이 법적으로 허용된 곳으로 용의자를 인도하는 것을 말한다.

**** '정보 제압 프로그램(counterinformation programs)'은 내·외부의 적이 정보를 이용해 공격하는 것을 저지하거나 혹은 그들로부터 자신들의 정보를 보호하는 군사 및 안보기관의 정보전술을 지시하며, 여기에는 군사기만, 심리전, 전자전, 작전 보안, 통신 보안, 컴퓨터 보안 및 방첩 등이 포함된다.

다.[6] 그래서 이 각각의 억압 방식의 부수적 피해로 '실수로' 폭격당하거나 수감된 자들만 있는 것이 아니라 또한 수감자의 아이들, 파괴된 공동체, 전반적인 공포 분위기가 있음을 잊지 말자. 지배권력은 이러한 피해를 목적을 달성하기 위한 기회비용쯤으로 여긴다. 모든 반란진압 매뉴얼은 어떤 방식으로든 혁명적 지도자의 제거가 중요하다고 가르친다. 머리를 자르면 몸이 죽는다는 것이다.

그러한 진압 형태의 효과와 피해를 누구도 과소평가하지 않지만, 그것들이 그 자체로 사회운동에서의 리더십의 쇠퇴를 드러내는 것은 아니다. 우선 혁명 지도자나 해방운동의 지도부를 표적으로 삼아 억압하는 일이 새로운 일은 아니다. 사실 그러한 외적 원인에 초점을 두는 것은 운동의 진화에 대한 빈약한 이해를 가져온다. 변화의 진정한 동력은 내부에 있다. '지도자들은 모두 어디로 갔는가?'라는 질문에 대한 더 깊이 있는 대답은 지도자들이 계속해서 운동 내부로부터 비판받고 무너졌다는 것이며, 운동 내부에서는 반권위주의와 민주주의가 중심적인 토대가 되었다는 점이다. 그 목적은 모든 사람의 의식과 능력을 고양하는 것이며, 그 결과 모두가 정치적 의사결정에서 동등하게 말하고 참여할 수 있게 된다. 그러한 노력은 종종 지도자를 자처한 모든 이들을 약화시킴으로써 성취된다.

이러한 계보에서 하나의 강력한 계기는 1960년대 후반과 1970년대 초반에 여러 페미니즘 조직들이 운동 안에서 민주주의를 증진하는 도구들을 개발하려고 노력한 것인데, 이는 전 세계의 활동가들에게 여전히 반향을 일으키고 있다. 예를 들어 의식 고양의 실천과, 모임 안에서 모든 사람의 발언을 보장한 것은 정치 과정에 모두가 참여하는 것을 양성하고 모두가 관여된 의사결정을 가능하게 만드는 수단이었다. 페미니즘 조직들은 또한 예를 들어 전체의 허가 없이는 미디어에 아무도 발언하지 못하게 함으로써 구성원들이 대표자나 지도자의 자리를 차지하지 못하게 하는 규칙들을 발전시켰다. 한 개인이 집단의 지도자나 대표자로 지명되면 힘들게 얻은 민주주의, 평등, 조직 내 활력 강화 등의 성취를 무너뜨릴 것이었다. 누군가가 지도자나 대변인으로 자처하거나 그렇게 지목되는 것을 받아들이면 그녀는 '트래싱'*이라 불리는 공격을 받았는데, 그 과정에서 잔혹할 정도의 비판과 고립이 일어나기도 했다. 그러나 그 뒤에는 반권위주의적인 정신이 있었으며 더 중요하게는 민주주의를 창출하려는 욕망이 있었다. 1960-70년대 페미니즘 운동은 민주적 실천을 생성하고 발전시키는 이례적인 인큐베이터였다. 이 실천은 현재의 사회운동에서 일반화되기에 이른다.[7]

실천에서 민주주의를 지향하고 대의제를 비판하는 이러한 경향은 1960-70년대의 다른 운동들에서도 번성했다. 이 운동들은 남성 입법자들이 여성의 이익을 대변하겠다고 주장하는 것이나 백인의 권력구조가 흑인을 대변하겠다고 주장하는 것을 거부했을 뿐만 아니라 운동의 지도자들이 조직을 대표하겠다고 주장하는 것도 거부했다. 운동의 많은 부문들에서 대의제의 해독제로서 참여가 장려되었고 참여민주주의가 중앙집중화된 지도에 대한 대안으로 제시되었다.[8]

오늘날 리더십 구조의 쇠퇴를 탄식하는 이들은 특히 미국의 맥락에서 흑인정치의 역사를 반대 사례로 지적하곤 한다. 1950-60년대의 시민권운동의 성공은 대부분 '남부 기독교 지도자회의' 소속의 흑인 남성

---

* 트래싱(trashing)은 스래싱(thrashing) 즉 매질이나 몽둥이질과, 트래시(trash) 즉 상대를 엉망으로 망가뜨린다는 의미가 혼재되어 있는 것으로 보인다.

설교자들인 (마틴 루터 킹 2세를 필두로 한) 지도자들의 지혜와 실력 덕분으로 돌려진다. 맬컴 엑스, 휴이 뉴턴,* 스토클리 카마이클** 등과 연관된 흑인 시민권운동의 경우도 마찬가지이다. 그러나 아프리카계 미국인의 정치에는 소수 노선도 있는데, 이는 지도자를 미화하는 전통적인 경향에 반대하는 흑인 페미니즘 담론에서 가장 분명하게 발전했다. 에리카 에드워즈에 따르면, "카리스마적인 리더십을 정치적 소망(즉 '우리에겐 지도자가 없어'라고 탄식하는 것)으로서, 그리고 서사적 설명의 메커니즘(흑인 정치의 이야기를 흑인 리더십의 이야기로서 말하는 것)으로서 그릇되게 활용하는 것은 …… 역사적으로 부정확한 것만큼이나 …… 정치적으로 위험하다." 그녀는 '카리스마적 리더십의 폭력'의 주요한 세 가지 양태를 분석한다. 첫째, 과거를 허구적으로 제시함(다른 역사적 행위자들의 효과를 침묵시키거나 가리기). 둘째, 운동 자체의 왜곡(민주주의를 불가능하게 하는 권위구조 창출). 셋째, 이성애규범적 남성성(카리스마적 리더십에 함축된, 젠더와 섹슈얼리티에 대한 규제적 이상).[9] 마르시아 채털린이 주장했듯이, "소독 처리되고 지나치게 단순화된 시민권 이야기의 가장 해로운 영향은 카리스마적 남성 지도자들이 사회운동에 필수적이라는 생각을 여러 사람들에게 불어넣은 것이다. 이는

---

* 휴이 뉴턴(Huey Newton, 1942-1989)은 아프리카계 흑인 해방운동가이자, 흑표범당의 창시자 중 한 명이다. 1967년 경찰관 살해 혐의로 징역형을 선고받기도 했지만, 이후 무죄로 풀려났고, 1989년 흑인 게릴라 동료인 타이론 로빈슨의 총에 맞아 사망했다.

** 스토클리 카마이클(Stokely Carmichael, 1941-1998)은 아프리카계 미국인의 자치공동체를 설립하자는 교의를 내세웠으며, 1968년에는 흑표범당 총리를 맡았다. 1969년 흑표범당을 사임하고 기니로 이주해, 그곳에서 크와메 투레(Kwame Ture)란 이름으로 흑인해방 활동을 이어갔다.

정말로 잘못된 것이다."[10] 일단 주류적인 역사 너머를 보면 미국 흑인운동을 포함한 근대 해방운동 전체에 걸쳐서 민주적 참여의 여러 형태들이 제안되고 실험되었고, 그것이 오늘날 규범이 되었음을 볼 수 있다.

2014년 이후 반복되는 경찰 폭력에 대응하여 미국 전역에서 폭발적으로 일어난 강력한 항의운동들의 연합인 '블랙라이브스매터'[*]는 리더십에 반대하는 운동들의 면역 체계가 어느 정도로 발전했는지를 잘 보여준다. '블랙라이브스매터'는 전통적인 흑인 정치제도의 리더십 구조와 기율을 따라가지 못했다고 종종 비판받는다. 그러나 프레더릭 해리스가 설명했듯이, "그들은 지난 반세기 동안 흑인 정치를 지배해온 카리스마적 리더십 모델을 거부하고 있었으며 그럴 만한 충분한 이유가 있었다."[11] 이전 세대들이 가르친 중앙집중화된 리더십은 이들의 생각으로는 민주적이지도 않고, 효율적이지도 않았다. 그래서 '블랙라이브스매터'에는 카리스마적인 지도자도 운동의 대변인도 없다. 그 대신 디레이 맥케슨[DeRay Mckesson]이나 패트리세 컬러스[Patrisse Cullors] 같은 상대적으로 익명성을 유지하는 촉진자들의 넓은 네트워크가 거리와 소셜미디어에서 연결을 구축하고 때로 집단행동의 '안무[choreograph]'(파올로 거바우도의 용어를 쓰자면)를 연출하곤 한다.[12] 물론 네트워크 안에는 차이

---

[*] '흑인의 생명은 소중하다'는 의미를 가진 '블랙라이브스매터(Black Lives Matter/BLM)' 운동은 아프리카계 미국인을 향한 폭력과 제도적 인종주의에 반대하는 사회운동이다. 2012년 2월 미국 플로리다 주에서 무장하지 않은 17세의 흑인 소년 트레이본 마틴을 백인 방범요원 조지 짐머만이 독단적인 판단(후드티를 입은 위험인물이었다는 이유)으로 총으로 쏴 죽인 사건이 있었는데, BLM은 짐머만이 정당방위를 이유로 무죄평결을 받고 방면된 것에서 촉발되었다. '블랙라이브스매터'는 현재까지도 경찰에 의한 흑인의 죽음, 인종 프로파일링에 대한 광범위한 사안, 경찰의 가혹행위, 미국의 형사사법제도 안의 인종 간 불평등에 대해 항의하기 위해 정기적으로 조직되고 있다.

들이 존재한다. 일부 활동가들은 질서 잡힌 중앙집중화된 리더십을 거부할 뿐만 아니라 명시적인 정책적 목표와 줄리엣 후커가 말했듯이 "흑인의 점잖음"[13]도 거부하고 반항과 분노의 격렬한 표현으로 나아가는 한편, 다른 활동가들은 수평적 조직구조를 정책적 요구들과 결합하려고 노력한다. 2016년의 '흑인 생명 운동'* 플랫폼이 후자의 사례이다.[14] 달리 말해서 '블랙라이브스매터' 안팎의 활동가들은 민주적 조직을 정치적 효율성과 결합하는 새로운 방식들을 시험하고 있다.

'블랙라이브스매터' 활동가들이 보여주는 전통적인 지도구조에 대한 비판은 젠더 및 섹슈얼리티 위계에 대한 거부와 강하게 중첩된다. 알리샤 가자가 주장하듯이, 과거의 지배적 조직 모델들에서는 "이성애[시스젠더] 흑인 남성들이 운동의 전면에 부각된 반면, 우리 자매들, 퀴어, 트랜스젠더, 장애인들은 뒷전에 있거나 아니면 아예 존재하지 않았다."[15] 반면 '블랙라이브스매터'의 조직화 활동에서는 여성들이 중심 역할을 담당하는 것으로 인정된다. (세 명의 여성들——알리시아 가자, 패트리세 컬러스, 그리고 오팔 토메티^Opal Tometi——이 #BlackLivesMatter라는 해시태그를 만든 것이 종종 그 예로 들어진다.) 지도자의 젠더와 섹슈얼리티의 자격에 대한 전통적인 사고방식은 운동에서 발전된 조직 형태들을 흐리는 경향이 있다. 마르시아 채털린이 주장하듯이, "해방을 위해 흑인 여

---

* '흑인 생명 운동(Movement for Black Lives/M4BL)'은 '블랙라이브스매터 네트워크', '전미 흑인 변호사 협회', '엘라 베이커 인권센터' 등이 포함된 흑인 공동체들의 연합체이자, '흑인 생명을 위한 비전: 흑인 권력, 자유, 정의를 위한 정책요구들(A Vision for Black Lives: Policy Demands for Black Power, Freedom and Justice)'이라는 이름의 정치적 플랫폼으로 2014년에 결성되었으며, 현재 150여 개 이상의 단체들이 참여하고 있다.

성들——그 가운데 다수가 퀴어이다——의 재능을 한데 모으는 운동이 지도자가 없는 운동으로 간주되는 것은 우연이 아니다. 흑인 여성들은 매우 자주 보이지 않는 것처럼 취급되었기 때문이다."[16] '블랙라이브스 매터' 운동은 과거로부터 (때로는 지하에 잠복했던) 민주적 경향들을 한데 모으는 새로운 조직 형태들을 실험하는 장이다. 오늘날의 많은 운동들과 마찬가지로 이 운동도 새로운 조직 모델보다는 역사적 이행의 징후를 나타낸다.

오늘날 운동들에서 지도자들의 결핍을 탄식하는 바로 그 사람들이 또한 '공적인 지식인'의 부족을 한탄한다. 때로 정치조직에서 리더십을 거부하는 것이 학자나 지식인들에게 자신들의 운동을 대변해 달라고 호소하는 것과 상응하기도 한다는 점을 잊지 말자. 이러한 쟁점이 1968년의 봉기에서도 강하게 나타났는데, 당시에는 새로운 사회적 주체들이 '단상에 올라' 발언을 했다. 이 시기의 위대한 도덕주의자이자 주의 깊은 역사학자인 미셸 드 세르토는 이러한 '말을 잡기^{prise de parole}' 자체가 혁명을 구성했다고 올바르게 강조했으며 이는 분명 진실이다.[17] 그러나 발화를 하는 행동만으로는 무엇을 말할지의 문제를 해결하지 못한다. 그래서 공인된 지식인에게 공적이고 정치적인 지식인이 되어달라고 즉 정치노선을 지시해 달라고 (종종 암묵적이지만 지속적으로) 호소하는 것이다. 프랑스 등지에서는 사르트르가 주된 모델이다. 그런데 일부 학생들이 교수들에게 운동을 대변해 달라고 요청했던 1960년대 후반에 학생들은 지식인들의 이러한 대변 행동이 다른 목소리들을 들리지 않게 만드는 잠재적 위험을 인식했다. 가령 프랑크푸르트에서의 하버마스가 그 사례이다. 그는 운동을 지지했고 운동에 대한 아도르노의 근거 없는 비판을 공격했지만, 그 또한 운동을 개인주의 윤리와 형식적 민주주의에 대한 존중에 묶어놓음으로써 운동을 붕괴시켰다.[18] 하지만 활동가 자신들은 개인주의에 대항해서 집단적 기획을 표현하려 했고 지배적인 정당과 국가 관료제로 구성된 순전히 형식적인 민주주의에 대항해서 피착취자의 진실과 혁명의 필연성을 표현하려 했다.

가장 총명한 지식인들은 이 교훈을 가슴에 새겼다. 그들은 운동을 지지할 때에는 대변인으로 행세하기보다 운동으로부터 배우려고 하거나 운동에 기여하는 역할을 하고자 했다. 질 들뢰즈, 미셸 푸코, 에드워드 사이드, 가야트리 스피박, 주디스 버틀러, 스튜어트 홀이 그 좋은 사례들이다. 최고의 지식인들이 배운 근본적 교훈은 '결코 다른 사람들의 이름으로 말하지 말라'이다. 이제 운동들이 지식인들에게 안내자가 되어 정치적 방향을 표시해 주어야 한다. 이미 1960년대 초에 마리오 트론티가 '당 지식인'의 역할이 끝났음을 이해했다. 이제는 실천 활동을 하는 가운데 모든 이론적 지식이 새겨지는 경향을 가지기 때문이다. 그렇다면 이제는 공적인 지식인에 대한 미련을 버리자! 물론 학자들이 상아탑에 갇혀 있어야 한다거나 잘 모르는 소리로 글을 써야 한다는 말이 아니다. 재능과 의향을 가진 사람이라면 모두 공동연구 과정에 협동적으로 참여해야 한다는 말이다. 그리하여 운동으로부터 나오는 이론적 지식과 정치적 의사결정을 가치화하고 그에 기여해야 한다는 말이다.[19]

그렇다면 오늘날의 '리더십 문제'를 이해하는 첫걸음은 그 정치적 계보를 구축하는 것이다. 앞에서 얘기했듯이, 운동의 지도자들은 법적이거나 법 외적인 다양한 전술을 가진 국가와 우익세력으로부터 공격을 받아왔지만 더 중요하게는 그들이 운동 자체 내에서 출현하는 것이 가로막혀 왔다. 운동에서 권위와 수직성에 대한 비판은 매우 일반화되어서 이제 리더십은 운동의 목표를 거스르는 것으로 간주되고 있다. 해

어셈블리

방운동은 더 이상 지도자를 산출할 수 없다. 아니, 리더십이 운동과 양립될 수 없다고 말하는 것이 더 정확할 것이다. 운동들이 대의를 비판하고 타자들을 대신하여 말하는 실천을 비판하면서, 권위, 비민주적 구조, 중앙집중화된 의사결정에 도전하기 때문이다. 말하자면 운동들은 머리 없이 스스로를 조직하고 자율적으로 행동할 수 있다는 생각 아래 자신의 머리를 스스로 베어냈다. 리더십에 대한 내적 비판은 이제 곧바로 조직화의 문제로 이어진다.

하나의 예외가 이 규칙을 입증한다. 오늘날 해방운동의 지도자들이 등장할 때에는 가면을 써야 한다.[20] 최근까지 사파티스타의 주된 목소리였던 가면을 쓴 부사령관 마르코스는 상징적이다. 그의 가면은 멕시코 경찰과 군대가 알아보는 것을 막았을 뿐만 아니라 사파티스타 공동체들의 민주주의와 애매한 관계를 유지했다. 가면은 그의 지위를 부사령관*subcommandante* (이는 전통적인 군사적 칭호를 약화시킨다)으로 표시했으며 '마르코스'가 개인이 아니라 모든 종속된 민중의 자리를 나타냄을 강조할 수 있게 했다. 그가 주장하길, "마르코스는 샌프란시스코의 게이이며 남아프리카의 흑인이고 유럽의 아시아인이며 산이시드로의 멕시코계 미국인이고 스페인의 아나키스트이며 이스라엘의 팔레스타인인이고 산크리스토발 거리의 원주민이다."[21] 베아트리스 프레시아도는 마르코스의 가면에서 가장 급진적인 퀴어와 트랜스젠더 실천들과 나란히 비동일시*disidentification*의 행동을 인식한다. "사파티스타, 퀴어, 트랜스젠더의 경험들은 우리가 얼굴과 이름을 사유화하지 않도록 초대하며, 그래서 다중의 몸을 집단적인 혁명의 행위자로 변신시킨다."[22] 그러나 가면으로도 충분하지 않다. 2014년 5월 25일 마르코스는 자신의 모습은 항상 운동을 위한 홀로그램일 뿐이었으며 이제 그만 존재할 것이라고 공표했다.[23] 지도자의 가면조차도 사라져야 한다.

　오늘날의 문제. 우리는 현재의 조건 하에서 리더십 문제를 다루고, 다음 두 가지 주요 과제를 탐구할 필요가 있다. 어떻게 위계 없는 조직을 구축할 것인가? 어떻게 중앙집중화 없는 제도를 창출할 것인가? 이 두 기획 모두에는 지속적인 정치적 틀을 구축하기 위해서는 사회적 삶 위나 뒤에 서 있는 초월적 힘이 필요하지 않다는 유물론적 직관이 담겨 있다. 즉 정치조직과 제도에는 주권이 필요하지 않다.

　이는 근대의 정치 논리와의 심오한 단절을 나타낸다. 오늘날 이러한 진실을 인식하게 하는 '근대의 황혼기'의 밝은 빛이 근대 여명기의 빛을 닮은 것은 놀라운 일이 아니다. 예를 들어 16세기와 17세기에 요하네스 알투지우스Johannes Althusius와 바뤼흐 스피노자를 포함한 유럽 중부의 여러 저자들은 영국과 프랑스의 주권 및 절대주의 국가의 이론가들인 홉스, 보댕 등에 맞서 싸우며 대안적인 정치적 비전을 제시했다. 수세기 동안 군주들과 그들이 지배하는 사회계급들, 즉 통치자들과 피통치자들이 각자의 힘을 시험하며 의회에서 충돌했다. 산드로 치뇰라가 설명하듯이, 최초의 헌장 및 헌법 문서들은 피통치자의 힘을 인정했다. 그의 말에 따르면 지배자와 피지배자는 하나의 중심을 가진 원이 아니라 두 개의 중심을 가진 타원을 형성했다. "역사적으로 피지배 사회계급들은 군주들에게 압박을 가해서 자유권과 면책을 인정하는 법들과 문서들을 작성하게 만든 계급들이었다. 역으로 군주들은 그 사회계급들의 도전을 관리하고 다른 방식으로는 어쩔 수 없는 저항을 다스리려고 하면서 그 계급들에게 자극을 가하여 타원의 윤곽을 그리는 것을 돕는다."[24] 물론 우리에게 전근대 유럽의 정치적 배치로 돌아가고 싶은 욕망이 있는 것은 아니지만, 당시에 벌어진 투쟁의 진실 일부는 지금도 우리에게 여전히 유용하다. 우리는 근대적 주권을 반복하는 모든 리더십 형태에 저항해야 한다. 맞다. 그러나 또한 우리는 많은 사람들이 오래전에 알았던 것을 재발견해야 한다. 주권이 정치의 전체 영역을 규정하는 것은 아니며 비주권적 형태의 조직 및 제도들이 강력하고 지속적일 수 있다는 것을.

2장
켄타우로스의 전략과 전술

근대 정치의 진부함—혁명조직에서 관료구조, 선출된 정당에서 시민 조직에 이르는—은 누군가는 이끌어야 하고 다른 이들은 따라야만 한다는 데 있을 뿐만 아니라 전술과 전략의 책임이 그 둘 사이에서 나뉜다는 데 있다. 지도자는 전략을 책임진다. 그리스어 어원에 따르면, 전략은 장군 즉 스트라테고스^{strategus}의 명령을 가리키는데, 이때 정치와 전쟁의 유비는 우연이 아니다. 전략가에게 주로 요구되는 것은 전체 사회장을 가로질러 멀리 내다보는 것이다. 언덕 꼭대기에 선 지도자는 우리가 직면한 세력의 강점과 약점을 분석하는 힘을 가져야 한다. 전략가는 당파적 이익과 분파들로부터 거리를 두거나 균형을 잡으면서 일반이익의 관점을 취해야 한다. 마지막으로 리더십의 전략적 역할은 장기적으로 계획하고 계속 이어지는 곡선운동을 만들어내면서 시간적 의미에서 멀리 내다보는 것, 즉 신중함이 필요하다.

어셈블리

세력들의 배치와 관련된 전술은 추종자들의 영역이다. 그들은 특정 집단의 이익에 따라 행동하고 단기적 관점에서 생각한다는 점에서 한계가 있다. 그들의 작전은 시공간적으로 당면한 상황에 대한 지식만을 필요로 한다. 오직 전략적 전망에 맞춰 조정될 때에만 전술적 작업은 장기적으로 전체에 기여할 수 있다.

반인반수의 켄타우로스는 지도자와 추종자의 통합체를 상징한다. 상부의 반인^{半人}은 전략적 능력, 따라서 지성, 사회 전체에 대한 지식, 일반 이익에 대한 이해, 포괄적인 장기 계획들을 연결할 수 있는 능력을 가리킨다. 반면 하부의 반수^{半獸}는 전술적 노력을 달성하기 위해 당면한 상황에 대한 지식만을 필요로 한다. 분파적·전술적 투쟁들은 우리가 직면한 지배 형태에 대한 본능적 혐오와 자유를 향한 우리의 열정을 표현한다.

:: 지나간 혁명들의 박물관

근대의 혁명 이론가들은 끊임없이 리더십의 문제, 전략과 전술의 문제와 씨름했다. 그들의 해법은 대략 두 집단으로 나뉘는데, 둘 다 자생성과 권위의 변증법을 취한다. 첫 번째 집단은 양에 초점을 둔다. 자생성과 권위는 적당한 척도로 결합될 필요가 있는데, 그래야 인민의 힘이 표출되면서 동시에 대의의 구조에 포함된다는 것이다. 민중 투쟁과 노동자 봉기는 정치 과정을 추동시키는 발전기이지만, 이 관점에 의하면 인민의 의지만으로는 일관성, 지혜, 전문성, 지식이 부족하다. 지도자들은 인민을 대표해야 하지만 필요한 때에는 민중 의지의 표출을 중단시키는 방어책을 갖고 있어야 한다. 따라서 보안 유지와 투명성, 비밀스러운 것과 공적인 것 간의 균형이 요구된다. 켄타우로스가 다시금 이 균형에 대한 상상의 짐승인 것이다. 이성과 법을 통해 기능하는 반인은 인민의 동의를 구하고 민중의 행위를 촉구하는 반면에 반수는 권위의 힘을 적용하며 필요한 경우에는 강제한다. 마키아벨리가 말했듯이, 한쪽은 다른 쪽 없이는 존속할 수 없으며 그들은 서로 균형을 이뤄야 한다. 지도자의 지나친 권위나 인민의 지나친 권력, 지나친 강제나 지나치게 합의에 의존하는 것, 지나친 보안 유지나 지나친 투명성은 재앙이 될 것이다. 정확한 균형, 적당한 척도가 열쇠이다.[1]

트로츠키는 소수의 근대 정치 이론가들만이 표현할 수 있거나 표현하고자 하는 것을 다음과 같이 분명한 말로 표명했다. "권력을 장악하기 위해서 프롤레타리아트는 자연발생적인 봉기 이상이 필요하다. 즉 적절한 조직·계획·음모 등이 필요하다."[2] 사실상 혁명적 조직화라는 근대적 문제는 '혁명＝자생성＋음모'라는 일반 공식으로 표현할 수 있다. 트로츠키가 보기에 논쟁의 주된 전선은 비율에 관한 것이다. 그는 블랑키*가 지나치게 음모적인 반면 바쿠닌**은 지나치게 자생적이라고

---

* 루이 오귀스트 블랑키(Louis Auguste Blanqui, 1805-1881)는 프랑스의 혁명가로, 1830년 7월 혁명과 1848년 2월 혁명을 이끌었다. 1830년 7월 혁명이 왕정 복고로 귀결되자 크게 실망하고 있던 블랑키는 1789년 프랑스 대혁명 당시의 주도자 중 한 명인 필리포 부오나로티의 사상에 빠져들었다. 블랑키는 부오나로티와 프랑스 대혁명 기간 중 인민 봉기에 대한 연구를 통해 계급투쟁과 비밀 결사를 중요시하게 되었으며, 계급투쟁 개념을 통해 부자와 압제자를 동일시하면서 결국 그들에게 승리하기 위해서는 잘 훈련된 음모자들로 이루어진 비밀결사가 필요하다는 믿음을 갖게 되었다. 이러한 신념으로 그는 '가족회(Société des Familles)'와 '계절회(Société des Saisons)'와 같은 비밀결사를 조직하기도 했다.

** 혁명을 위해서는 음모와 계략, 테러를 모두 동원해야 된다고 생각했던 세르게이 네차

비판했다. 정치과학은 요리사에게 적절한 양을 알려주는 요리책의 형태로 나타난다.

조직화 문제에 대한 근대적 해법의 두 번째 집단은 시간 순서를 강조한다. 자생성과 인민의 의지가 첫째로 오며, 따라서 인민이 지도자의 권위보다 우선한다. 예를 들어 로자 룩셈부르크는 "'질서 있고 잘 훈련된' 투쟁을 좋아하는 사람들", 즉 정치적 행동은 위로부터 시작되어야 하며 "최고 위원회의 결정에 따라 이뤄져야 한다"고 생각한 사람들에 대한 조롱은 합당한 것이었다.[3] 그녀는 지도자들은 민중봉기와 노동자 투쟁의 힘을 인식하고 그들의 지성으로부터 배워야 한다고 주장한다. 대중 행동은 교육적이며 더 많은 이들을 투쟁으로 불러 모은다. 그러나 루카치로부터 "혁명의 자생적이고 자연적인 힘"을 과대평가했다고 비난받는 룩셈부르크조차도 그런 자생적 행동은 적절한 시기에 권위와의 변증법으로 옮겨가야 한다고 주장한다.[4] 그녀의 주장에 따르면, 당의 역할이 정치행동을 개시하는 것은 아니지만 일단 투쟁이 충분히 발생하면 당은 "혁명적 시기의 한가운데서 정치적 리더십을 떠맡고", "전체 운동의 정치적 리더십"을 책임져야 한다.[5] 대중들의 반란과 봉기가

예프와의 개인적인 친분에도 불구하고, 미하일 알렉산드로비치 바쿠닌 자신은 좌익 인민주의에 보다 가까웠던 것으로 보인다. 그는 자신의 『참회록』에서 1848년 2월 혁명 당시의 군중들을 떠올리며 "이렇게 나는 노동자들을 보고 아침부터 저녁까지 그들을 연구할 기회가 있었다. …… 나는 그 어디에서도, 그 어떠한 다른 사회 계급 속에서도 그런 고귀한 희생, 정말로 감격할 만한 일사불란함, 세련된 방법, 배우지 못한 단순한 사람들을 그들의 지도자들보다 천 배는 더 가치가 있는 사람들로 만들어주는 유사 영웅주의가 지니고 있는 사랑스러운 쾌활함을 본 적이 없다"고 말한 바 있다. 장 프레포지에, 『아나키즘의 역사』, 이소희 · 이지선 · 김지은 옮김, 이룸, 2003, 230쪽에서 재인용.

초기의 역할을 담당하더라도 이후에 그들의 행동은 구성권력의 형태로 통합되어야 한다. 즉 리더십의 전략적 방향 또는 당은 운동을 '완성'시키고, 일반이익을 표명한다. 민중행동이 먼저 도래하더라도, 끝에는 리더십의 권위가 우세한다. 따라서 두 번째 집단의 해법인 이러한 시간적 순서는 첫 번째 집단이 표현한 자생성과 권위의 변증법이라는 실체를 반복한다.

　노동자를 중심에 놓으려 했던 근대적 혁명 기획조차 종종 동일한 리더십의 틀에 빠졌다. 가령 프롤레타리아의 '기술적 구성'이 혁명조직의 '정치적 구성'을 이끌어야 한다는 관념을 생각해 보라. 여기서 '기술적 구성'은 경제적 생산에서의 노동력의 조직화와 사회화를 가리킨다. 그리고 현재의 기술적 구성을 인식하는 것은 사람들이 노동할 때 무엇을 하는지, 그들이 어떻게 생산하고 또 생산적으로 협력하는지 철저히 연구할 필요가 있다. 기술적 구성이 정치적 구성을 이끌어야 한다는 생각은 노동자들은 스스로를 대의할 수 없다는 관념을 허물어뜨린다. 즉 노동자들이 생산에서 발전시키는 협동 및 조직화의 능력이 정치에서도 동일하게 쓰일 수 있다는 것이다. 그런데 이러한 노력이 건강한 본능에서 나온 것이라고는 해도 근대의 노동자 투쟁의 맥락에서 왜곡된 효과를 낳았다. 지도자와 추종자 간의 동일한 동학으로 되돌아가 위계와 대의의 도식을 재도입한 것이다. 오랜 기간 도시의 백인 남성 공장 노동자가 자본주의 생산의 정점에 있는 것으로 인식되었고, 임금노동이든 비임금노동이든 다른 형태의 노동에 참여하는 이들을 대의할 수 있다고 생각되었다. (물론 농민, 페미니스트, 유색인, 원주민 활동가 등은 이 공식을 거부했다.) 그 결과 자본주의 생산의 위계가 혁명조직으로 옮겨간다.[6]

리더십과 인민의 관계, 권위와 민주주의의 관계에 대한 근대의 다양한 혁명적·진보적 생각들은 '민주집중제'라는 역설적 표현으로 요약할 수 있다. 두 항 사이의 긴장은 둘 간의 분리를 인식하고, 또한 그들 간의 가능하거나 진보적인 종합을 나타내는 데 기여한다. 그람시는 이 이중적 관계(분리와 종합)를 역동적인 위상학으로 그려낸다. 그는 민주집중제가 "운동 안에서의 중앙집중주의, 말하자면 현실 운동과 조직화의 연속적 일치, 아래로부터의 추진력과 위로부터의 명령의 동시적^{un} ^{contemperare} 합치, 경험의 연속성 및 규칙적 축적을 보장하는 방향 장치의 견고한 틀에 따라 대중들이라는 심층에서 자라나 꽃을 피운^{sbocciano} 원칙들의 연속적 삽입"[7]이라고 설명한다. 따라서 민주집중제는 대립물의 통일, 즉 고유한 변증법 과정의 산물로 나타난다. 그러나 민주적 개시와 중앙 리더십이라는 두 반쪽은 실제로는 대립물이 아니라 다른 능력을 가지고 다른 역할——전술과 전략, 자생성과 정치적 계획——을 수행하는데, 바로 이것이 두 반쪽이 일렬로 맞물린 톱니바퀴처럼 그람시의 상상에서 함께 부합하는 이유이다.

:: 첫 번째 요구: 운동에게 전략을

혁명운동과 해방운동 안에서 지도자와 추종자, 전략과 전술이라는 정치적 노동분업은 다양한 행위자들이 지닌 능력에 대한 평가에 기초한다. 이러한 생각을 이어가면 오직 소수만이 전략적 계획에 필요한 지성·지식·전망을 가지며, 따라서 수직적이고 중앙집중화된 의사결정 구조가 요구된다. 그러나 오늘날 전략을 짜는 능력이 일반화되고 있다고 입증할 수 있다면 어떻게 될까? 민주적이고 수평적인 사회운동이 사회적 장 전체를 포착하고 지속적인 정치 기획을 만들어낼 수 있는 능력을 발전시키고 있다면 어떤가? 이것이 중앙집중화된 의사결정 구조가 폐지될 수 있고 순수한 수평성으로 충분하다는 것을 의미하는 것은 아니다. 사실 우리가 보기에 현재의 조건 아래에서는 수직성과 수평성, 중앙집중화된 의사결정구조와 민주적 의사결정구조 사이의 동학은 여전히 필수적이다. 그러나 오늘날 변화하고 있는 사회적 능력을 인식한다면 이 동학의 양극을 뒤바꿀 수 있을 것이며, 이러한 이행은 놀라운 효과를 가질 것이다. 따라서 우리의 첫 번째 요청은 역할들을 뒤바꾸는 것이다. 즉 운동에게는 **전략**을, 리더십에게는 **전술**을.[8]

물론 근대 내내, 리더십을 거부한 운동들이 계속해서 등장했다. 가령 프러시아 왕의 군대가 패배한 1807년 이후, 프러시아와 오스트리아의 조직된 농민들(클라우제비츠는 이들을 강력한 횃불powerful torch이라 불렀다)은 나폴레옹 군대에 맞서 싸웠다. 하지만 그 결과는 프러시아 군주제에 의한 보편적 징병제의 수립으로, 이는 게릴라군을 국가 이데올로기에 그대로 복속시킨 것이다.[9] 1808-1813년 스페인에서의 민중봉기 경험도 이와 유사했다.[10] 우리와 보다 더 관련이 있는 것으로는 프랑스와 미국에 맞선 베트남 민중전쟁의 다양한 국면들이 있는데, 이는 20세기의 여러 반제국주의 투쟁들과 유사한 성격을 갖는다. 민중봉기들은 반식민주의 투쟁의 토대였으나 결국 당과 군사조직의 지시 아래로 흡수되었다. 오늘날에는 운동들이 자율적이고 지속적인 정치적 전략의 능력을 발전시키는 것이 가능하고 또 그것이 바람직하다.

전술적 리더십

사회운동과 민주적 의사결정 구조는 장기적 과정을 계획해야 하는 반면에 리더십은 단기적 행위에 제한되고 특정한 경우로 한정되어야 한다. 그래서 리더십이 전술적이라고 따라서 임시적·부분적·가변적이라고 말한다고 해서 조직화가 필요하지 않다는 것을 의미하지 않는다. 반대로 조직화의 문제에 더 많은 관심이 요구되는데, 그때 필요한 것은 운동에 복무하면서 운동에 종속되는 새로운 유형의 조직화다.

전술적 리더십 개념에 대해서는 뒤에서 더 충분히 분석할 것이다. 지금은 일반적인 의미에서 신속한 대응을 해야 하는 상황, 가장 분명하게 폭력의 위협을 포함하는 상황만을 다루고자 한다. 최근에 여러 사회운동들이 대규모로 참여하는 의사결정을 실험해 왔지만, 우리는 (아직) 민주적 방식으로 즉각적인 문제들에 대응할 적절한 수단을 갖고 있지 않다. 전술적 리더십이 필요한 한 가지 위협 유형은 대항권력이라는 주제로 묶을 수 있다. 즉 기존 권력구조와의 대치, 특히 힘의 문제와 관련해 폭력의 위협 하에서는 종종 즉각적인 의사결정이 필요하다. 가장 민주적인 거리 시위조차 폭력에 맞서 활동가들을 보호할(예를 들어 경찰이나 폭력배들이 공격해올 때 경로를 바꿔줄) 사수대가 없다면 무책임한 것이다. 보다 큰 규모에서 진보운동이나 혁명운동들이 과두 정부, 암살단, 언론 공격, 민병대, 우익의 반동 등의 폭력에 위협받을 때도 마찬가지이다.

효과적인 정치적 조직화를 위해서, 그리고 제도들을 유지하고 이끌기 위해서 리더십이 요구된다는 전통적인 전제들에 직면했을 때에는 문제가 훨씬 더 복잡해진다. 앞에서 말했듯이, 우리는 정치적 조직화 및 제도화가 여전히 필요할 뿐만 아니라 심지어 전보다 더 필요하다고 본다. 우리는 이것을 양쪽에서 접근할 필요가 있다. 한편으로 우리는 어떻게 다중이 정치적으로 조직화할 뿐만 아니라 제도를 유지 · 혁신할 수 있게 되었고 또 될 수 있는지에 대해 탐구할 것이다. 가령 다중은 사회와 정치(및 경제적 관계)에서 기업가의 역할을 해내고 있다. 다른 한편으로 조직화와 제도 안에서 리더십 구조가 필요할 때 그 기능은 일반적인 사회적 전략을 변화하는 상황들에 적용하는 방식과 관련한 전술적 판단에 제한되어야 하며, 리더십은 다중에게 완전히 종속되어 다중 속으로 빠져들어 가야 한다.

우리의 많은 친구들이 너희들은 불장난하고 있거나, 착각에 빠져있을 뿐이라고 말할 것이다! 너희들은 지도자들(가장 정직한 자들이라 할지라도)의 권력을 절대 제한할 수 없을 것이다! 지도자들에게 약간이라도 권력을 주게 되면 그들은 더욱더 많이 가질 것이다! 독재적인 정치인들이 자신들은 국민의 충복일 뿐이라고 외치는 것을 얼마나 많이 들어왔던가! 사회운동을 통해 권좌에 오른 정치활동가들이 그 이후 거만하게 그 운동들을 지배하는 것을 얼마나 많이 보아왔던가! 어떠한 법적 보호나 형식적 구조, 권력 분립도 권력의 찬탈을 효과적으로 막을 수 없다는 점에서 이 친구들의 말은 옳다. 이는 궁극적으로는 힘의 관계이며, 심지어 같은 편들 사이에서도 마찬가지이다. 리더십을 전술적 역할로 제한할 유일하고 확실한 수단은 다중이 완전하고 확고하게 전략적 위치를 점하는 것이며 기필코 그 위치를 방어하는 데에 있다. 다시 말해 우리는 다중의 전략적 능력을 발전시키는 일에 집중하고, 그 다음에는 리더십을 전술에 제한하는 일에 집중해야 한다.

전략적 운동들

　운동들을 전략과 동일시하는 것은 운동들이 이미 사회 현실에 대한 적절한 지식을 갖고 있고(또는 발전시킬 수 있고) 자신들의 장기적인 정치적 방향을 구상할 수 있다는 것을 의미한다. 우리는 한편으로는 사람들이 이미 획득한 지식과 조직화 능력을 인식해야 하며, 다른 한편으로는 다중 전체가 지속적인 정치 기획의 구성 및 수립에 능동적으로 참여하는 데 무엇이 필요한지를 인식해야 한다. 사람들은 당 노선이 그들이 실천할 바를 알려주거나 인도하는 일을 필요로 하지 않는다. 사람들은 그들이 겪는 억압을 인식하고 그들이 원하는 바를 알 수 있는 잠재력을 갖고 있다.

　사회운동들에 이미 널리 퍼져 있는 전략의 능력이 직접 분명하게 나타나는 것은 아니다. 이 능력을 발굴하는 올바른 첫걸음은 '자생성' 개념을 탈신비화하는 것이다. 사회운동이나 반란을 자생적이라고 부르는 이들을 믿지 말자. 물리학에서와 마찬가지로 정치학에서의 자생성에 대한 믿음은 단지 원인에 대한 무지——우리의 의도에서 보면 자생성이 출현하게 된 기존 사회조직에 대한 무지——에 기인한 것이다. 가령 1960년 2월 노스캐롤라이나의 그린즈버러에서는 4명의 젊은 흑인 청년들이 백인 전용 간이식당에 앉아서 떠나기를 거부한 일이 있었다. 언론인들과 여러 학자들은 이를 자생적 시위라고 기술했는데, 외부에서 보면 이는 분명 아무런 기반 없이 나온 것으로 보인다. 그러나 알돈 모리스가 말했듯이 운동 내부에서 보면 그것이 출현할 수 있는 풍부한 조직구조들을 확인할 수 있다. 여기에는 학생 연합, 교회 및 공동체 집단, 전미 흑인지위향상협회[NAACP]의 지부들, 그리고 1950년대 미국 남부 전역으로 확산된 '앉아 있기 시위'의 순환 등이 있다. 그린즈버러의 '앉아 있기 시위'는 자생적인 것이 아니라 계속 이어지는 조직적 활동의 광범한 네트워크의 표현이었다.[11] 이는 1960-70년대 유럽 전역에서 벌어진 여러 노동자 투쟁들도 마찬가지인데, 지배적인 노동조합과 당 지도자들은 이 투쟁들의 신뢰도를 떨어뜨리기 위해 그것을 '자생적'이라고 불렀다. 그러나 이 투쟁들 역시 공장 안팎에서의 연속적이고 지치지 않는 선동의 결실이었다.[12] 자생성에 대한 믿음은 하나의 이데올로기적 입장——무지는 실제로 순수하지 않다——이며, 이는 (의식적이든 아니든) 시위와 봉기의 사건 배후에 있는 노동과 지식, 조직구조를 퇴색시키고 불신하게 만든다. 우리는 '자생성'이 발생하는 구조와 경험을 탐구해 그 사회체들이 무엇을 할 수 있는지를 밝혀낼 필요가 있다.[13]

하지만 전략의 능력이 얼마나 확산되어 있는지를 밝히기 위해서는 활동가 조직 및 정치 영역의 너머를 살펴보아야 한다. 즉 사회적 영토를 철저히 탐구할 필요가 있다. 이러한 이유로 2부와 3부에서 우리는 오늘날의 사회를 구성하는 사회적 · 경제적 협력관계를 탐구하기 위해 정치의 영역 아래로 내려갈 것이다. 우리는 오로지 이런 방식으로만 사람들의 현재의 능력들을 정확히 가늠하고, 기존의 부 및 그 결점을 인식할 수 있으며, 따라서 무엇을 해야 하는가를 구상할 수 있을 것이다.

새로운 문제를 향하여. 전술과 전략의 전도는 실질적으로 새로운 문제의 전조가 된다(또는 암시한다). 이러한 전도는 근대의 혁명적 · 진보적 · 해방적 전통에 대한 이론들처럼 대중들과 리더십 간에, 자생성과 중앙집중주의 간에, 민주주의와 권위 간에 고유한 관계를 제기하기보다는 근본적으로 양쪽의 의미를 바꾸며, 따라서 전체 정치 패러다임을 변형시킨다. 다중의 행위는 더 이상 전술적이지 않고, 근시안적이지도 않으며 사회의 총이익을 보지 못하는 것도 아니다(그래도 안 된다). 다중의 소명^Beruf^은 전략적인 것이다. 이에 부합해 리더십은 근본적으로 다른 것, 즉 주어진 상황에 따라 사용되고 또 처분되는 무기가 되어야 한다.

:: 운동들의 당?

강력한 사회운동들로부터 출현한 라틴아메리카와 남부 유럽의 진보정당들은 특정한 계기에서, 그리고 특정한 측면에서 전략과 전술의 역할을 전도시키라는 우리의 요청에 이미 부응한 것처럼 보였다. 1990년대에서 21세기의 첫 십 년까지 라틴아메리카의 일련의 진보정당들은 사회운동의 등에 올라타 권력으로 인도되었다. 2002년에 처음으로 당선된 '브라질 노동당'은 군사 독재에 대한 반대와, 노동조합 조직화의 오랜 역사로부터 등장했다. 2005년 처음으로 당선된 '볼리비아 사회주의운동'은 2000년대 초반의 대중적이고 반신자유주의적인 원주민 투쟁으로부터 직접 출현했다. 다양한 측면에서 특정 시기에 여러 한계들을 가지고서 에콰도르, 베네수엘라, 아르헨티나, 우루과이 등에서 선출된 진보정당들은 사회운동의 힘과 연결되어 있다는 공통점을 지닌다. 그리스의 '시리자*', 그리고 그보다 훨씬 더 분명하게 2014년 스페인에

---

*   시리자(Syriza)는 그리스의 좌파연합 정당으로, 2004년 사회민주주의, 민주사회주의, 좌파 민족주의, 여성주의, 녹색 좌파, 마오쩌둥주의, 트로츠키주의, 유로코뮤니스트 그룹을 포함한 13개의 정파들과 무소속 정치들의 연합체로 시작해, 2013년 단일 '정당'

서 창당한 '포데모스'*는 라틴아메리카의 경험을 뒤따른다. 포데모스는 사회운동들의 물결로부터 탄생했는데, 여기에는 2011년 여름 긴축정책 및 사회적 불평등에 대한 분노로 표출된 주요 도시들에서의 텐트농성인 '15M 운동'**, 의료와 교육 및 기타 부문들에서의 예산삭감에 항의한 '시민들의 파도'***, 퇴거반대운동인 '주택담보대출로 고통받은 이들의 플랫폼'**** 및 그 밖의 다양한 대도시의 풀뿌리운동들이 있다. 이들 정당들

이 되었으며, 이후 2015년 1월 총선에서 승리해 집권당이 됐다. 시리자의 당수 알렉시스 치프라스는 총선 승리 이후 그리스의 총리에 취임했다. 단일 정당이 될 때, 당명에 '연합사회주의전선(United Social Front)'을 추가해, 영어로는 'SYRIZA-USF'로 표기된다.

* 포데모스(Podemos)는 2014년 1월에 창당된 스페인의 좌파 연합정당으로, 당원수로만 보면 스페인 최대의 정당 규모를 지닌다. 2014년 5월에 열린 유럽 의회 선거에서 7.98%의 득표를 받아 총 54석 중 5석이 유럽 의회에 진출했으며, 이후 2019년 4월 28일에 열린 스페인 총선거에서 350석 중 30석을 얻었다.

** '15M 운동'은 2011년 5월 15일에 마드리드의 '푸에르타 델 솔(Puerta del Sol)' 광장을 점거한 텐트농성시위로 촉발되었다. 이것은 정치적·사회적 운동인 '인디그나도스(Indignados, 분노한 사람들)' 운동의 일환이었다. '인디그나도스'는 프랑스 레지스탕스 출신 스테판 에셀(Stéphane Hessel)의 『분노하라(Indignez Vous!)』(2011)라는 책의 이름에서 영감을 얻어 정부의 긴축정책 반대, 실업문제 해결, 빈부격차 해소, 부패 일소, 기성 정당의 정치적 기득권 해소 등을 요구했다.

*** '15M 운동'은 스페인 내부의 각종 사회문제들, 즉 주거, 공공보건, 교육, 문화에서 제기되는 각각의 이슈를 발전시켜 횡단적으로 연결했는데, 그것을 '라스 마레아스(las mareas)' 혹은 '시민들의 파도(citizen's tides)'라고 부른다. 이들은 노동조합과 정당들과 같은 전통적인 조직들을 포함하면서 세력이 커졌고, 자기조직된 항의들의 논리를 발전시켰다. 예를 들어 공공보건 마레아는 공공보건 서비스의 지지자들만이 아니라 건강관리 전문가들, 환자들, 보건개혁가들, 병원 직원들, 특수한 질병에 초점을 맞춘 연대조직들, 협조 기관들 등을 포함하고자 했다.

**** '주택담보대출로 고통받는 이들의 플랫폼(Platform of those Affected by Mortgages/

은 수평적 요소와 수직적 요소의 새로운 관계를 실험하긴 했으나 그들이 실제로 전략과 전술이 전도된 새로운 조직 형태──운동들의 당──를 구성한 것일까?

우리는 아직 이 모든 특수한 경험들을 자세히 평가할 입장에 서 있지 않으며, 이 경험들 중 일부의 운명은 여전히 열려 있다. 우리는 다만 지금까지의 분석에 근거해서 이 실험들을 평가하기 위한 기준 몇 가지를 제시하고, 그 실험들이 빠질 함정들에 대해 경고하고자 한다. 이 기획들이 직면한 위험 중 하나는 포퓰리즘[인민주의]으로 표현할 수 있는데, 이때 포퓰리즘은 '인민'을 통일된 형상으로 구축하며 인민의 대의요구에 응하는 헤게모니 권력의 작동으로 이해된다.[14] 포퓰리즘적 정치구성체들은 권력을 가져다줄 운동들 안에 자신의 원천이 있다고 인식하지만, 늘 스스로 그 원천과 갈라지고 정치권력이 사회적인 것과 분리된 자율적 영역이라고 단정 지으며 자신들이 인민의 일반의지를 식별 및 재현할 수 있다고 주장하는 것으로 귀결된다. 포퓰리스트들은 국가권력의 중요성은 과대평가하면서도 사회운동들의 정치적 표현에 대해서는 그 정당성뿐 아니라 기획의 효과도 과소평가한다. 따라서 포퓰리즘은 이런 핵심적 역설로 특징지어진다. 즉 인민의 힘에 대해 끝없이 입에 발린 소리를 하지만 결국 소수 정파들이 통제하고 의사결정을 내린다는 것. 이런 점에서 좌파 포퓰리즘과 우파 포퓰리즘은 이따금 너

PAH)'은 2009년에 창설되었다. PAH는 당시 나타난 사회조직 중 가장 중요하고 큰 사회단체로, 주택담보대출을 상환하지 못한 이들의 강제 퇴거를 막으면서, 극단적 상황에 처한 고통받는 가정을 지원하는 것을 목표로 하였다. 이 조직은 15M 운동의 열기 속에서 더욱 크게 성장했다.

무 불편할 정도로 가깝다. 그래서 정치인들(심지어 운동들에서부터 나온 이들조차)이 우선은 국가를 통제할 필요가 있고 그다음에 운동들에게 권력을 되돌려주겠다고 말하는 것을 믿지 말자. 포퓰리즘은 이러한 틀에서 리더십의 수중에 전략을 쥐여주고 운동들은 전술적 행위로 제한한다.

하지만 라틴아메리카와 지중해에서의 최근의 모든 정치적 경험들에서 리더십과 운동의 관계는 종종 중요한 시너지 효과를 일으키는 끊임없는 내부투쟁 중 하나이다. 예컨대 15M 운동에 깊이 관여했으며 포데모스를 지지하기로 결정한 다수의 스페인 활동가들은 운동들의 강력함이, 지도부의 편에 서서 '정치적인 것의 자율'을 주장하는, 그리고 실제로 리더십 고유의 전략적 의사결정 권력의 자율을 주장하는 모든 경향을 극복할 수 있다는 데에 기대를 걸었다. 훨씬 더 중요한 것은 국가 조직들과 아오라 마드리드^Ahora Madrid, 바르셀로나 엔 코무^Barcelona en comú, 발렌시아의 참여연합^Coalició compromís 등과 같은 성공적인 지방정부들의 발의권 사이에서 일어난 상호작용일 것이다. 분명 그 결과는 권력관계에 의해 결정될 것이다. 활동가들은 각자 다른 경험들에서 유사한 기대를 했으며, 그중 극소수만이 완전히 성공적이었다고 볼 수 있다. 그러나 기대를 저버렸다고 해서 그것이 늘 나쁜 도박인 것은 아니다.

역사적 사례로 끝맺어보자. 모든 역사적 참조가 그렇듯 부적절한 것일지언정 거기에는 어떤 진실이 담겨 있다. 유럽의 1848년의 혁명기는 2007-2008년 경제 위기에 뒤이어 2011년에 (특히 지중해 지역에서) 발발해 중동으로 확장되었던 봉기의 계절과 강하게 공명했다. 그리고 그들이 처한 운명도 아주 유사하다. 1848년 유럽에서의 민주적 봉기들은 스스로 혁명운동으로 변형할 수 없었다. 그들은 권리와 부를 요구하면서 사회 세력으로 발전했지만 머지않아 지배권력에 잔혹하게 패배하거나 그들의 전복적 뿌리가 벗겨진 채 근대 국민국가를 구축하는 것을 목적으로 했던 국가 및 민족주의 이데올로기에 흡수되었다. 오늘날 수많은 봉기 및 시위운동들은 이와 유사한 형태의 억압과 훨씬 더 위험한 형태의 협박에 시달린다. 가령 몇몇 경우들에서 자본주의 발전 기획과 접목되었던 반자유주의적 · 군사적 · 독재적 체제에 맞서 자유와 민주주의를 위해 싸운 이들은 자신들이 종교적 신비화, 광신주의, 성직자의 포악한 교리에 빠져 있는 다른 세력들과 대면하고 있음을 발견한다. 한쪽 전장에서 싸우다가 의도하든 하지 않았든 다른 전장에 휘말리게 되는 것처럼 보인다. 다중들이 저항하는 것은 분명 올바르지만, 많은 이들이 이러한 거친 장애물들을 헤쳐나가다 좌초되었던 것이 놀라운 일은 아니다. 마르크스는 1848년 6월 파리의 바리케이드 위에서 프롤레타리아가 처음으로 조직된 정치세력으로 등장했으며, 그들이 곧이어 진압되었다는 사실이 그 전투의 역사적 중요성을 약화시키는 것은 아니라고 기록했다. 오늘날 싸우다 패배한 자들의 지속적인 힘을 과소평가하지 말자.

3장
루소에 반대하여 혹은 주권의 종말을 위하여

리더십을 전술적 역할로 축소하고 다중을 전략의 수준으로 끌어올리는 것은 근대 정치에서의 주권의 지위를 무너뜨린다. 칼 슈미트의 유명한 말처럼, 주권자가 결정하는 자로서의 일자^{一者}라면 주권은 이러한 역할 바꿈에서는 살아남을 수 없고, 적어도 인식할 수 있는 형태로는 살아남을 수 없다.[1] 지도자들은 여전히 특정한 때에 단기간 위임받아 전술적 문제를 결정할 수 있지만, 그 결정은 다중의 지시에 단호히 종속된다. 핵심적이고 전략적인 정치적 결정과 관련해서 '일자'는 결코 결정해서는 안 된다. 다자^{多者}만이 결정권을 갖는다.

주권의 상실을 애석해하지 말자. 그 반대이다! 주권은 독립이나 민족자결과 너무 자주 혼동된다. 이 생각과는 반대로 주권은 항상 권력관계와 지배를 표시한다. 즉 주권은 정치적 권위를 행사하는 배타적 권리이다. 주권은 항상 주체들과 관련해 그들 위에 서서 정치적 의사결정을

어셈블리

내리는 최종적인 권력이다. 주권 권위의 자율성은 로마에서 콘스탄티노플로의 제국권력이 이행하는 시기에 유럽에서 탄생했다. 이 시기 로마의 제국^{imperium}관이 기독교 신학에 의해 변형된다. 그때부터 주권권력은 절대주의의 특성을 띠었고 이후 제국의 영토가 해체되고 국민국가가 탄생하자 근대국가의 토대로 재해석되고 권력의 연속적 집중의 원동기가 된다. 이러한 주권관이 국가주권들의 질서를 세운 베스트팔렌 국제법의 형성에 기여했던 것이다.[2]

근대 초 유럽에서 기능했던 주권관이 정복과 식민화의 이데올로기적 정당화의 기둥이기도 했음을 명심하자. 례예스와 카우프만이 설득력 있게 주장했듯이, 세풀베다*에서 홉스와 로크에 이르는 유럽의 정치사상가들에게 주권 개념은 식민지적 사고관에서 비롯되며, 이는 '아메리카' 원주민들을 자연상태에 머물러 있는 주민들로 간주하는 데에서 노골적으로 드러난다. 주권은 스스로를 다스릴 수 없는 이들을 지배하는 것이기 때문이다. 하지만 주권은 식민지들에 한정되지 않는다. 례예스와 카우프만이 주목했듯이, 정복자의 무기고로 쓸 요량으로 그리고 식민지 행정관의 통치술의 일환으로 여러 정치적 모델들 및 정치제도들이 유럽에서 식민지로 이식된 반면, 그중 몇 가지는 역수출되어 유럽의 통치구조의 중심에 세워진다. 식민지 주권은 처음에는 아메리카에 대한 정복과 식민화를 정당화하는 이데올로기적 틀의 일부로 나온 것이지만, 유럽으로 옮겨와 일종의 내부 식민주의, 즉 통치자와 피통치자를

---

* 후안 히네스 데 세풀베다(Juan Ginés de Sepúlveda, 1494-1573)는 식민지 정복의 권리를 옹호하면서 자연법 논리에서 원주민들은 천성이 노예라고 주장했던 에스파냐의 르네상스 인문주의자이다.

분리하고 정치적 의사결정을 중앙집중화하는 지속적인 정치적 지배구조를 유지시킨다.[3]

주권권력을 억제하는 근대적 전략 중 하나는 그것을 법의 통치에 종속시키는 것, 즉 주권의 의사결정권을 기존의 규범 체계 안에 제한하는 것이었다. 이것은 효과적인 방어책이긴 했으나 실제로는 문제를 해결하기보다는 대체했다. 관습이나 전통 혹은 자연법 중 어떤 것도 정치적 의사결정의 필요성을 부정할 수 없으며, 법의 통치는 대안적인 의사결정권을 제공하지 않기 때문이다. 다른 근대적 전략은 통치자에게서 주권을 빼앗아 구조 내부에서 그 지위를 전도해 새로운 주권권력을 세우는 것이었다. 제3신분과 국가가 주권이 되고 심지어 인민이 주권이 되게 하는 것이다. 프롤레타리아 독재——이 개념은 기존의 부르주아 독재를 상쇄시키는 것으로 발명되었다——는 주권이 규정한 관계 내부의 위치를 뒤바꾸고자 한 오랜 근대적 시도의 연장선상에 있다. 지배구조들은 그러한 대안적 주권관에 의해 보존될 뿐만 아니라, 또한 앞서 말했듯 주권의 통일성과 동질성, 즉 의사결정을 내리는 주체도 필요로 한다. 인민이나 국민 혹은 프롤레타리아트는 그것이 하나의 목소리로 말할 때만 주권일 수 있다. 반대로 다중은 일자가 아니라 다자이기에 결코 주권일 수 없다.

주권의 결단은 그것이 군주든 당이든 인민이든 어떤 점에서는 항상 신, 즉 지상에 강림한 신의 판단이다. 아르토가 '마지막으로 신의 판단을 끝장내자'라는 제목의 라디오 방송에서 천명했듯이, '마지막으로 신의 판단을 끝장내자.'* 주권을 끝장내기 위해서는, 정치적 의사결정에

---

* 앙토냉 아르토(Antonin Artaud, 1896-1948)는 프랑스의 시인이자 연출가로, 1927년

더욱더 많은 관심이 요구된다. 우리는 집단적 결단을 뒷받침할 수 있는 과정 및 구조들에 더 많이 집중해야 한다. 이런 식으로 주권에 반대하는 것은 우리 분석의 핵심 과제 중 하나를 제기한다. 다자가 결정할 방법, 그래서 주인 없이 다 같이 자기를 다스릴 방법을 발견하자.

:: 대의 비판

'운동에게 전략을, 리더십에게 전술을'이라는 우리의 요청은 사회운동과 정치제도가 서로를 키우고 발전시키면서 뒤섞일 수 있고, 그래서 사람들이 자신들을 위한 정치적 의사결정을 내리는 데 있어 대표가 필요하지 않으며, 그 결과 사람들이 스스로를 대의할 수 있다는 가정에 근거한다. '스스로를 대의한다는 것'은 아주 흥미로운 한계 개념이지만 실제로는 모순어법이다. 대의는 주권과 마찬가지로 필연적으로 정치적 의사결정에서의 불평등한 권력관계에 기초한다. 사람들이 스스로 의사결정을 내릴 권력을 요구하는 것은 주권과 대의를 동시에 무너뜨린다.

루소는 '정치적 대의가 불가능하다'고 공언한 사람으로 잘 알려져 있다. 그의 설명에 따르면, 의지는 대의될 수 없다. 의지는 당신의 것이거

극작가 로제비트라크와 '알프레드 자리 극장'을 창립했으며, 이후 잔혹극을 연출하면서 초현실주의 연극의 대표인물이 되었다. 영화에도 관심이 있어 영화 「잔 다르크의 수난」에도 출연했다. 1947년 11월 22-29일 동안 라디오 방송 「마지막으로 신의 판단을 끝장내자(Pour en Finir avec le Jugement de dieu[Let's finally be done with the Judgment of god)」를 녹음했고 방송이 된 1948년 2월 2일까지 보류되기도 했다. 지저분한 얘기를 하고, 반미적이며, 반종교적이라는 이유로 방송 일부분이 금지되기도 했다.

나 당신의 것이 아니거나 둘 중 하나이지 중간 지대는 없다.[4] 누군가는 그의 대의와 위임에 대한 거부를 참여민주주의와 직접민주주의를 긍정하는 것으로 생각할 것이다. 하지만 루소가 '전체의지'가 아닌 '일반의지'를 찬양할 때, 그는 실제로는 주권권력에 동의하는 대의의 형태를 이론화한다. 일반의지는 대의적인 '공민public'을 구축할 것이며, 이때 공민은 복수적 목소리들의 토론장이 아니라 모두의 의지를 신비화하고 대리하는 만장일치로 통일된 정치적 주체이다. 당신이 어떻게 일반의지와 의견을 달리하거나 그와 대립할 수 있겠는가? 결국 루소가 우리에게 말하는 것은 일반의지는 당신의 의지이고 당신의 이익을 표현한다는 것이다. 전체의지가 그 복수성으로 인해 주권을 거스르는 데 반해, 통일되어 나눠질 수 없는 일반의지는 곧 주권자이다. 사실상 주권은 일반의지의 실행에 불과하다. 루소가 주장하기를, "자연이 각각의 인간에게 그의 구성요소에 대한 절대 권력을 부여한 것처럼, 사회계약은 사회체에게 그 구성요소 전체에 대한 정치적 절대 권력을 부여한다. 그리고 내가 앞서 말했듯이 바로 이와 동일한 권력이 주권이라는 이름으로 불리는 일반의지를 가리킨다."[5] 루소가 이러한 대의적 공민이라는 정치체 안에서 받아들일 수 있는 유일한 복수성은 개인주의라는 극단으로 내몰린다. 왜냐하면 개인들의 목소리는 일반의지에서 무효화될 수 있기 때문이다.[6]

역사적 맥락, 특히 당시의 사회적 · 정치적 갈등의 맥락에서 보면 루소의 일반의지와 공민 개념은 복잡하고 심지어 모순적이기까지 하다. 사실 그의 이론에서 서로 충돌하는 측면들은 18세기 유럽에서 일어난 계급투쟁의 모순적 국면에 상응한다. 일반의지는 다음 두 극단을 함께 묶고 그 사이에서 협상한다. 한쪽 편에서 일반의지는 혁명을 가리키며

어셈블리

구체제의 지배와 귀족 영주의 손아귀에서 공통적인 것을 해방시켜 다중에게 돌려주고자 한다. 다른 편에서 일반의지는 부르주아를 가리키며 대의를 명령의 형태이자 새로운 초월성의 형태로 만들고 공민을 사적인 것을 방어하게 하는 권위로 구축한다. 이 후자의 입장은 자코뱅의 공화주의뿐 아니라 근대정치사상의 지배적 조류의 근간이 되는 것으로, 반드시 탈신비화되어야 한다. 일반의지가 대의를 명령의 형태로 제기하는 방식을 이해하기 위해서는 공민이라는 용어의 다양한 의미 및 공적인 것과 사적인 것의 관계를 풀어내야 하는데, 여기에는 공적인 것에 대한 이론들이 사적 소유의 힘을 은폐하고 보호하는 데 복무하는 방식이 포함된다. 18세기 맥락에서 루소의 이론에 관한 역사적 질문은 한쪽으로 치워두고, 대신 오늘날 민주주의와 공통적인 것에 맞서 그의 개념들이 사적 소유를 뒷받침하고 보호하는 대의제를 지칭하는 방식에 집중해 보자.

우리는 2부와 3부에서 현대의 자본주의적 관계의 본성을 자세히 분석할 것이며, 여기서는 오늘날 소유와 생산이 변화하는 방식의 몇몇 측면들만을 예측해 보고자 한다. 우리를 포함해 새로운 자본주의, 인지자본주의, 소통자본주의, 비물질생산, 정동생산, 사회적 협력, 지식 순환, 집단지성 등에 대해 말하는 이들은 한편으로 자본주의의 생명 약탈, 즉 자본주의의 투자와 착취 방식이 공장뿐만이 아니라 전 사회로 새롭게 확장하는 것에 대해 기술하려 애쓴다. 다른 한편으로 이들은 투쟁 영역의 확산, 저항 장소의 변형, 그리고 오늘날의 메트로폴리스가 생산의 장소일 뿐만 아니라 저항을 가능하게 하는 장소가 된 방식에 대해 기술하려 애쓴다. 이러한 맥락에서 자본은 계속해서——개인화 및 도구화 과정을 통해——사람들을 탈주체화하고 그들의 살을 갈아 넣어 두 개의 머리(생산단위로서의 개인과 대량관리의 대상으로서의 인구)를 가진 골렘 golem으로 만들 수 없다. 자본은 더 이상 이렇게 할 여력이 없다. 오늘날 경제적 가치를 가장 집중적으로 창출하는 것이 공통적인 주체성 생산 이기 때문이다. 생산이 공통적인 것이 되고 있다고 말하는 것이 더 이상 노동자들이 착취당하지 않고 공장 바닥 위에서 지쳐 쓰러지지 않는다는 것을 의미하는 것은 아니다. 그것이 의미하는 것은 단지 생산의 원리와 그 무게중심이 이동했으며, 가치를 창출하는 일이 점점 더 하나의 네트워크 안에서 주체성들을 활성화하고, 그 주체성들이 공동으로 만든 것을 포획·흡수·전유하는 것을 포함한다는 것이다. 오늘날 자본은 주체성들을 필요로 하며, 그들에 의존한다. 따라서 역설적이게도 자본은 자신을 무너뜨리는 것에 묶여 있다. 저항 그리고 사람들의 자유에의 긍정이 정확히 주체적 발명의 힘, 그 특이한 다양성, 공통적인 것을 (차이들을 통해) 생산하는 능력에 달려 있기 때문이다. 공통적인 것 없이 자본은 존재할 수 없다. 그러나 공통적인 것과 함께 갈등, 저항, 재전유의 가능성이 무한히 증가한다. 바로 이것이 종국적으로 근대의 넝마에서 벗어나려 했던 시대의 유쾌한 역설이다.

오늘날 자본주의적 관계들의 신비화는 사적인 것과 공적인 것이라는 두 항을 거의 항구적으로 재차 제시하는 것에 의존한다. 사적인 것과 공적인 것은 일종의 미끼로서 함께 기능하지만 각각은 공통적인 것을 전유하는 두 가지 방식에 상응한다. 첫째, 루소가 말했듯 사적 소유는 개인에 의한 공통적인 것의 전유이며, 다른 이들에게서 공통적인 것을 빼앗는다. "땅 한 떼기에 울타리를 친 첫 번째 사람, 그에게는 이건 내 거야라는 말이 떠오른다. 이 말을 곧이곧대로 믿을 사람들을 발견한 그는 시민사회의 참된 창시자이다. 말뚝을 뽑거나 도랑을 메우면서 '이 사기

꾼의 말을 듣지 말게. 과일이 만인의 것이고 대지는 누구의 것도 아니라는 것을 잊는다면 끝장나는 거라네'라고 동료들에게 외친 자가 있었던들 그가 이토록 많은 범죄 · 전쟁 · 살인에서, 또 이토록 많은 비참과 공포에서 인류를 벗어나게 해주었을까?"[7] 오늘날 사적 소유는 사람들의 권리, 즉 지구와 그 생태계의 부뿐만이 아니라 우리가 서로 협력하면서 생산할 수 있는 부를 공유하고 함께 돌볼 사람들의 권리를 부정한다. 사적 소유의 부정의에 대한 루소의 분노는 200년 전만큼이나 오늘날에도 극히 중대한 것으로 남아 있다.

〔둘째〕사적 소유를 모든 종류의 부패의 원천이자 인간 고통의 원인으로 파악할 때는 매우 명료하고 엄격했던 루소가, 공적인 것을 사회계약의 문제로 대면할 때는 휘청거린다. 루소가 말했듯이 사적 소유가 불평등을 창출한다는 점을 고려해 보면, 어떻게 우리는 모든 것이 모두에게 속하면서도 누구에게도 속하지 않는 정치제도를 발명할 수 있을까? 이 덫이 루소를 궁지로 몰아넣었고 우리 모두도 마찬가지다. 공적인 것이 이 질문에 답하려고 고안된다. 즉 모두에게 속하고 누구에게도 속하지 않는 것은 실제로는 국가에 속한다. 공통적인 것에 대한 국가의 지배를 그럴싸하게 꾸미고 국가가 우리를 대의한다고 설득하기 위해서는 뭔가를 생각해 낼 필요가 있다. 논증은 계속 이어져, 그것은 공적인 것이 우리가 생산한 것에 대한 권한이 있다고 가정하고 그에 대한 결정권이 있다고 정당화한다. '우리'는 실제로 선험적 토대, 즉 우리를 존재하게 만든 것 덕분에 있기 때문이라는 것이다. 국가가 우리에게 말하길, 공통적인 것은 우리에게 속하지 않는데 왜냐하면 공통적인 것은 우리의 토대, 우리의 발밑에 있는 것, 우리의 본성, 우리의 정체성이지, 우리가 창조한 것이 아니기 때문이라는 것이다. 만일 실제로 공통적인 것

이 우리에게 속해 있지 않다면(존재는 소유가 아니기에), 공통적인 것에 대한 국가의 지배는 전유라기보다는 (경제적) 관리이자 (정치적) 대의라 불린다. 걱정하지 마시라. 공적인 것의 행위와 표현은 실제로 당신의 의지이며, 일종의 선행하는 표현이자 무한한 채무이다. 이상이 내가 증명하려는 바이다. 즉 공적 실용주의의 무자비한 아름다움을 보시라.

보수적 지식인들은 오랫동안 정치적 대의와 낭만적 루소주의의 민주적 요구를 묵살해 왔다. 비록 그들의 주장이 종종 민주주의 자체를 겨냥하긴 했으나 그들은 핵심적인 진실을 표현한다. 가령 20세기 초에 로베르트 미헬스는 '과두정의 철의 법칙'을 이론화한 것으로 유명한데, 그에 따르면 정당들은 구성원들을 대의한다고 주장하고 또 대의하려 애쓰는 당조차도 결국 불가피하게 작은 파벌에 의해 통치된다. 미헬스의 주장은 근대적 기구들과 그 병폐에 대한 일련의 분석들을 강하게 상기시키는데, 그 분석들에는 그의 스승인 막스 베버의 관료제 연구와 모스카^{Gaetano Mosca}와 파레토^{Vilfredo Pareto}가 발전시킨 엘리트 이론이 포함된다. 미헬스는 사회주의 정당들(특히 당시에 가장 두드러졌던 사회주의 정당인 독일사회민주당)의 민주적 요구들을 표적으로 삼으면서 노골적으로 마르크스주의의 신빙성을 떨어뜨리려 했지만, 그의 이론은 모든 정당들에, 보다 일반적으로는 모든 대의구조들에 똑같이 적용된다. 그의 주요 목표는 거짓 주장들을 물리치는 데 있다. 즉 '당신을 대의한다고 주장하는 정당들에 속지 말라. 모든 정당들은 소수의 집단들이 통치하며, 사회주의 정당들도 마찬가지다.'[8] 실제로 오늘날 정당들과 정당을 둘러싼 연합체들은 무수한 개혁을 시도했음에도 불구하고 실질적으로는 여전히 선거 및 정치적 삶의 여러 핵심 문제들을 결정한다.[9]

어셈블리

오늘날 가장 영향력 있는 일부 보수주의자들은 미헬스가 들어올렸던 기치를 실행에 옮기며, 적어도 암묵적으로는 대의의 민주주의적 가면이 거짓이라고 전제한다. 복잡하지만 엄청나게 중요한 한 가지 사례는 '2010년 시티즌스 유나이티드' 판결*(이 판결은 개인과 기업이 선거와 정책을 흔드는 데 쓸 수 있는 자금의 한도를 제거해 버렸다)에 대해 미국 연방대법원 법관들이 든 논거이다. 정치에 무관심한 이들에게조차 제한 없는 기부는 몇몇 소수가 다른 이들보다 훨씬 큰 영향력을 갖도록 허용하기에 대의제의 명백한 부패처럼 보였다. 실제로 제피르 티치아웃이 확신에 차서 주장했듯이, 이 판결은 미국 헌법사상의 첫 200년을 특징지은 반부패 전통에서 근본적으로 이탈한다. 누군가는 법관 대다수가 부자(개인이든 기업이든)가 통치해야 한다는 생각을 갖고 있다고 결론지을 수 있을 것이다. 하지만 이 판결이 대의제는 이미 부패했고, 민주적인 대의제에의 요구는 대체로 유효하지 않다는 가정과 연결되면 그것은 더 지적인 일관성을 갖는다. 가령 다수파를 대표하는 앤서니 케네디^Anthony Kennedy 법관이 유권자에 대한 대의자의 응답과 후원자에 대

---

* 2010년 미국에서 '시티즌스 유나이티드 대 연방선거관리위원회' 재판에서의 판결을 말한다. 시티즌스 유나이티드(Citizens United)는 보수 성향의 비영리단체이다. 2007년 대선 기간에 이 단체가 민주당 힐러리 클린턴 후보에 불리하게 작용할 수 있는 기록물을 방영하려고 하자 연방선거관리위원회가 선거광고가 될 수 있다는 이유로 방송을 금지하면서 사건이 불거졌다. '시티즌스 유나이티드'는 연방선거위원회를 상대로 법인도 개인과 같이 정치 기부 행위를 할 수 있도록 허락하라는 헌법소원을 냈다. 당시 대법원은 5대 4로 시티즌스 유나이티드의 손을 들어주며, 헌법 수정안 제1조에 따라 "언론의 자유는 선거 과정에서 특정 후보를 지지하는 데에도 적용되어야 한다. 따라서 특정 후보를 지원/반대하기 위해 비영리조직이 독자적으로 지출하는 정치적 비용을 정부가 제한하는 행위를 금지한다"는 내용의 판결을 내렸다.

한 대의자의 응답 사이에 설정한 수수께끼 같은 동일시를 생각해 보자. "당선된 대표가 특정 정책을 선호하는 것은 당연하다. 그리고 그 필연적 귀결로 그 정책을 지지하는 유권자와 후원자를 선호하는 것도 당연하다. 다른 후보자가 아니라 한 후보자에게 표를 주거나 그에게 기부하는 실질적이고 합당한 이유(비록 이것이 유일한 이유는 아닐지라도)는, 그 후보자가 지지자들이 선호하는 정치적 성과를 냄으로써 응답할 것이라는 점에 있다는 것은 쉽게 이해할 수 있다. 이 응답이 민주주의의 전제이다."[10] 우리는 케네디의 추론 뒤에는 미헬스의 생각을 반복하는 '민주적인 정치적 대의에의 요구가 실제로는 진실이 아니다'라는 암묵적 전제가 깔려 있음을 읽어낼 수 있다. 두 가지 유형의 '응답'을 동일시하면서, 그가 실제로 한 것은 기부를 대의의 수준(또는 '민주적 발언')으로 격상시킨 것이 아니라 대의를 격하시키는 것이었다. 모든 정치인들, 정당들, 정치구조는 그들이 대의를 주장함에도 불구하고 엘리트에 의해 통치된다. 이는 좌파나 우파나 똑같다. 따라서 이 논거는 다음으로 나아가는 것처럼 보인다. 즉 (대의제와 선거에 묶여 있는) 과두적 통제의 한 형태를 선호하면서 (금전적 후원에 기반한) 다른 통제를 금지할 납득할 만한 이유란 없으며, 부유한 엘리트보다 정당과 언론 엘리트를 더 선호할 이유란 없다.[11]

이러한 이른바 보수주의 사상의 현실주의적이고 확실히 냉소적인 전통에 포함된 진실의 핵심은 민주적인 대의에의 요구가 거짓이라는 점이다. 즉 정치적 대표들과 그들의 선거 정당들은 의사결정을 소규모 집단, 엘리트, 일종의 과두제로 한정하는 경향이 있다. 이것은 단지 정당제도가 부패하였던 방식——푸틴의 러시아나 그 밖의 무수한 사례들에서 '관리된 민주주의'가 가진 위선을 생각해 보라——에 대한 비판이 아

어셈블리

니라 근대의 대의정치 자체의 숙명에 대한 분석이다. 보수주의 이론가들이 믿고 있는 것처럼 정치는 결국 엘리트에 의해 통치되는 것으로 귀결되며, 민주적 대의를 내세우는 위선적인 좌파 엘리트들이 자신들이 지닌 엘리트주의에 대해 더 솔직한 우파 세력보다 이점이 있다고 말할 이유는 없다. 우리가 앞서 말한 내용으로 돌아가자면 대의는 또 다른 형태의 주권이다.

그런데도 이러한 보수주의적 사유 노선의 합리적 핵심은 철저하게 신비적인 외피로 둘러싸여 있는데, 그들이 민주주의가 조직과 제도와는 양립할 수 없으며 궁극적으로는 민주주의 사회를 창출하는 것은 비현실적이고 바람직하지 않다고 주장하기 때문이다. 그러나 민주주의 조직을 하나의 현실로 만드는 것이 우리의 첫 번째 요구의 목표이다. 이를 위해 우리는 또한 정치적 대의가 민주주의로 가는 지름길이라는 '진보적' 전제를 의문시하고, 오히려 그것을 엄청난 장애물로 인식할 필요가 있다. 우리를 오해하지 말라. 우리는 은밀하게 몇몇 전위적(따라서 대의적이지 않은) 해법을 지지하기 위해서 또는 대의와 민주주의적 요소를 섞어놓은 제도적 구조들에 참여하는 것 일체를 거부하기 위해서 대의에 의문을 제기하는 것이 아니다. 오히려 우리의 기본 전제는 이것들이 우리의 유일한 선택지가 아니라는 것이다.

오늘날의 사회운동은 줄곧 대의와 민주주의의 갈등을 강조하고 '진정한' 민주주의를 이룰 가능성을 긍정하기 위해 대의적 선거제가 불충분하다고 비판해 왔다. 가령 2001년 정부의 긴축정책에 맞선 아르헨티나의 봉기에서 시위자들은 '모두 다 꺼져^{Que se vayan todos}'라는 구호를 외쳤는데, 이는 특정한 지도자와 당을 반대하는 것이 아니라 정치체제 전체를 반대하는 것이었다. 훨씬 더 직접적으로는 2011년 5월 스페인의 인디그나도스들은 '그 누구도 우리를 대의하지 못한다'[no nos rapresentan] 라는 구호를 외쳤던 사례가 있다. 이러한 거부들은 대의의 문제에 대한 공화주의적─아니 루소주의적이라고 하는 게 더 낫겠다─해법이 점점 더 널리 근본적으로 비판되고 있음을 알려주는 징후이다.[12]

:: 제헌권력 비판

근대 헌법 이론의 전통에서 '제헌권력'─이는 이미 확립된 '입헌권력'과는 다르다─은 혁명적 사건, 법질서로부터의 예외를 지시한다. 이것은 무로부터 창출된 새로운 정치질서를 표현하는데, 자주 인용되는 사례로는 미국혁명과 프랑스 혁명이 있다. 바로 이 예외적 성격에서 법적 용어인 제헌권력의 주권이 비롯된다. '권력을 장악하는' 행위는 그 사건적 본성, 승리한 혁명세력의 사회적 단위, 그리고 여러 주석가들에 따르면, 그 순수하게 정치적인(사회적이거나 경제적이기보다는) 성격 등에 의해 구별된다.[13]

그러나 오늘날 자본주의적 전 지구화의 몇 가지 측면은 근대의 법 전통에 따라 근원적이고 무제약적인 권력으로 규정된 일국적 틀에서의 제헌권력 개념을 무너뜨린다.[14] 전 지구적 시장의 구축은 국민국가의 권력을 약화시키고 그 헌법적 자율성을 위축시켰다. 물론 국민국가들은 중요한 법적·경제적·행정적 권력을 유지하고 있지만, 한편으로는 점점 더 전 지구적 협치의 구조 및 제도에, 다른 한편으로는 점점 더 자본주의적 세계시장의 요구에 종속되고 있다. 따라서 근대적 전통에서 대체로 그랬던 것처럼 국민국가적 공간은 제헌권력의 무대를 더 이상 제공할 수 없다. 더욱이 전 지구적 자본의 경제구조는 법 장치와 행정 장치들을 제약하는(그리고 점점 더 흡수하는) 경향이 있다. 사회 전체가 주로 금융자본과 화폐권력의 작동을 통해 신자본주의적 합리성과 자본주의적 통제의 회로 내부로 포섭되고 있는 것이다. 따라서 자율적 정치 영역(그 안에서 제헌권력이 작동할 수 있었다)이 있다는 생각은 더 이상 받아들이기 어렵다.

제헌권력 개념을 훨씬 더 손상시킨 것은 그러한 혁명적 요구에 의문을 던진 철학적 분석들인데, 그들은 제헌권력이 실제로는 입헌권력과 분리될 수 없음을 증명하려 했다. 아감벤은 제헌권력이 "입헌권력과 분리될 수 없고, 그와 함께 어떤 체계를 형성한다"(법 이론가들의 주장은 이와 반대되긴 하지만)는 사실을 '제헌권력의 역설'이라고 불렀다.[15] 이와 유사하게 데리다도 제헌적 폭력이 실제로는 국가폭력과 구별될 수 없으며, 오히려 국가폭력을 반복한다는 문제를 강조했다. "법 정립적 폭력$^{Rechtsetzende\ Gewalt}$은 법 보존적 폭력$^{Rechtserhaltende\ Gewalt}$을 반드시 포함하며, 그와 단절될 수 없다."[16] 아감벤과 데리다는 예외 상태에 대한 주장에서는 의견이 갈리지만, 제헌권력이 입헌권력과 구별되는 혁명적인 힘으로 인식될 수 없다는 데에는 의견이 일치한다.

이 지점에서 누군가는 우리가 제헌권력을 깨끗이 단념했으며 그에 관해 말하는 것을 중단했다고 결론지을 것이다. 그러나 이 결론은 오늘날의 저항과 반란의 형태들을 이해하고 또 그것들이 지닌 사회적 변형의 잠재력을 알아볼 중요한 수단들을 우리에게서 빼앗는 것이다. 제헌권력이 실천적으로 다시 작성될 방식을 추적함으로써 이 개념을 다시 생각하는 것이 더 나을 것이다. 실제로 아감벤과 데리다가 근대의 법 전통에서의 제헌권력 개념을 설득력 있게 비판하지만, 우리가 그들에게 완전히 찬성하지 않는 유일한 이유는 그들이 근대의 혁명 투쟁들에서 제헌권력이 실제로 무엇이었는지, 그래서 오늘날의 운동들에서 그것이 무엇이 되고 있는지를 파악하지 못한 데 있다. 우리는 혁명 과정의 물질성과 복수성의 진면목을 인식함으로써 그들의 비판적 입장을 보완하고, 법 개념으로서의 제헌권력에서 작동 중에 있는 정치적 장치dispositif로서의 제헌권력으로 나아갈 필요가 있다. 여기서 우리는 제헌권력을 통일된 사건이 아니라, 사회적 이질성과 시간적 지속temporal duration의 관점에서 복수적·복제적이며 연속적인 힘으로 인식할 수 있다. 통일성을 포기한다면 제헌권력은 혁명적 잠재력을 상실하지 않고 오히려 획득할 것이다.

제헌권력 개념을 재평가하는 데 가장 유용한 수단은 냉전의 종식 이후에 꽃핀, 특히 2011년 이래 전 지구를 가로지른 텐트농성과 점거의 경험에서 발명된 투쟁 형태들(이것들은 삶의 형태가 되는 경향이 있다)을 해석하고 분석하는 것이다. 하지만 2011년에 탄생한 투쟁의 순환이 가진 중요성을 인식하기 위해 우선 우리는 그 이전 30년간 라틴아메리카에서 발전된 놀라운 정치적 실험실을 간략히 돌아볼 필요가 있다. 그것은 사회운동과 진보적인 정부들 사이에서 전진하거나 후퇴하는 궤적을 그리며, 때로는 서로 충돌하고 때로는 서로를 강화했다. 몇 가지 점에서 오늘날 이 발전은 끝났다.

이러한 라틴아메리카의 경험들의 한 가지 중요한 특징은 경제적·사회적·정치적 행위가 함께 나아갔으며 계속해서 혼합되었다는 점이다. 근대의 지배적인 제헌권력 형태가 '정치적인 것의 자율' 개념에 기반을 두었던 방식, 즉 그 형태가 정치적 동학을 경제적·사회적 욕구로부터 고립시키고 형식적 헌법이라는 사법적 권력으로 번역하는 경향을 띠었던 방식과는 대조적으로, 라틴아메리카의 제헌 과정들은 그 최선의 형태에서는 '정치적인 것의 자율' 관념 일체를 사회해방의 존재론에 관한 이론과 실천에 종속시켰다. 이때 사회해방은 인종주의와 식민주의로부터의 해방, 착취와 생태 파괴로부터 해방, 그리고 이 지역의 파괴적인 제국주의적 잔재인 군부 독재, 반복되는 쿠데타, 암살단, 실종 등으로부터의 해방을 의미한다. 경제적 참여와 삶정치적 의사결정이라는 쌍둥이 욕망은 제헌권력 개념이 새롭게 정의되도록 한다. 이것은 제헌권력에 대한 근대적 정의로 지칭되는 인권에서 좀 더 실질적인 사회적 권리 관념으로 이행하는 데에서 부분적으로 인식될 수 있다.

또한 우리는 라틴아메리카에서 제헌권력의 제도들을 단일한 정치권력과 중앙집중화된 행정의 결과로서가 아니라 정치적 · 사회적 주체성들의 광범위한 복수성의 산물로 구축하려는 일련의 (부분적으로 성공한) 시도들을 목격했다. 가장 성공적인 경험들에서 제헌권력은 형식적 헌법을 변형하려고 봉기^{uprising}, 반란^{insurrection}, 권력 장악이라는 단선적 순서를 추구하는 통일된 혁명^{revolt} 형태를 취하지 않았다. 오히려 제헌권력은 연이어 입헌적 발의로 이어진 연속적인 갱신 작용을 통해 발전했는데, 이 과정은 사회운동들과 진보적인 정부들 간에 협력하면서도 갈등하는 동학을 열어두었다. 이러한 제헌 과정들은 여전히 권력에 이르는 서사들에서 상징적 사건들을 기념한다. 그러나 실제로 그 본질적 핵심은 대체로 급진적이면서도 어쨌든 연속적인 일련의 단기적 · 장기적인 동학에 있다. 이러한 발전들이 성공적으로 이루어진 곳에서 제헌권력은 새롭고도 심원한 본성을 드러냈다. 그것은 자유와 평등을 향한 욕망의 광범위하고 다중적인 발아였다. 요약하면 제헌권력의 시간〔순서〕적이고 사회적인 통일들은 복수적인 것이 되었다. 즉 시간 순서를 따르는 상상 속 사건이 연속적인 과정으로 확대되었고 통일된 국민이라는 환상이 방대한 다중으로 확대되었다.

2011년 이후 발전한 강력한 사회운동들의 순환에서 이러한 다양한 요소들이 재등장했을 뿐만 아니라 더욱 발전되고 심화되었다. 즉 '정치적인 것의 자율' 개념을 정치적·경제적·사회적 해방을 함께 엮는 기획에 종속시켰으며, 제헌권력을 연속적인 변형 과정으로 재정의했고, 다양한 사회적 주체성들의 복수성을 증진하고 입법화했다. 이 운동들을 관통하는 강력한 흐름은 첫째, 불평등, 사유화, 금융권력 등에 대한 비판을 통해 정치적인 것, 경제적인 것, 사회적인 것을 함께 엮었다. 가령 타흐리흐(카이로)에서 탁심(이스탄불), 솔 광장(마드리드), 주코티 공원(뉴욕), 오가와 광장(오클랜드), 시넬란디아(리오 데 자네이로)에 이르는 다양한 도시의 텐트농성에서, 활동가들이 일시적으로 **도시 공간을 공통적인 것으로 만들** 때, 즉 더 이상 사적이거나 공적인 것이 아닌, 민주적 관리의 열린 접근과 실험적 메커니즘으로 특징지어지는 공통적인 것으로 만들 때 어떻게 마법이 일어난 듯한 느낌들이 생겨났는지를 생각해 보라. 공통적인 도시공간은 신자유주의적 사유화라는 독에 대한 일종의 해독제로 경험되었다. 그리고 이러한 경험들은 사적 소유와 금융의 헤게모니에 맞서 공통적인 것을 제기하는 더 큰 투쟁의 징후이다. 사적 소유를 공격하고 사회적 협력과 공통적인 것을 새로운 제헌 과정의 원동기로 주장하는 것이 사회적 재화에 접근하고 삶의 안전을 이룰 욕망을 포기하는 것을 의미하지 않는다. 그와는 반대로 (6장에서 주장하겠지만) 사적 소유는 대다수가 이용하는 생활필수품을 보호하고 그에 접근하는 데 있어 핵심적인 장애물이다. 게다가 오늘날 점점 더 늘어나는 생산의 사회적·협력적 본성을 고려하면, 소유권은 더 이상 재화를 독점하고 개인의 의사결정 권한을 유지하는 권리일 수 없다. 소유권은 더 이상 자신의 전리품을 다른 늑대들로부터 소중히 방어하는 늑대의 권리일 수 없다. 오히려 그것은 공통적인 것의 권리로, 즉 협동생산을 통한 고독으로부터의 탈출구이자 평등과 연대의 사회적 실존으로 변형되어야 한다.

둘째, 또한 이러한 투쟁의 순환이 증명한 것은 언론이 잠깐 조명하고 마무리 짓는 사건을 넘어서는 제헌권력의 복수적 시간성들이다. 제헌권력은 행위로서만이 아니라 잠재력(이는 미래 행동의 힘이자 과거의 축적된 잠재력을 지시한다)으로도 표현된다. 활동가들의 과제는 그 본질상 평온해 보이는 시기에도 '구성성^{constituency}'을 생산——즉 제헌적 잠재력을 창출——하는 데 있으며, 그래서 위기가 발발할 때 겹겹이 쌓인 모든 잠재력이 폭발하게끔 불을 붙이는 데 있다. 위기는 이런 식으로 이전 시기에 축적되었던 것을 드러낼 것이다. 누군가는 제헌권력이 (들뢰즈·가타리가 말했듯이) 정치적 '주장^{insistence}'일 뿐만 아니라 존재론적 '일관성^{consistency}'이라고 결론 내릴 수도 있을 것이다. 그렇다고 2011년의 운동들이 끝나지 않았다는 것을 알기 위해서 예언자가 필요한 것은 아니다. 그들의 폭발이 강력했고, 그에 대한 진압은 가혹했지만 그 효과들은 지속될 것이다. 시야에서 사라지긴 했어도 그 운동들은 다음 방출을 기다리며 충전 중인 배터리처럼 잠재력을 축적하고 있다. 이와 유사하게 2015년 7월 신자유주의적 긴축을 두고 부쳐진 그리스의 국민투표*는 고립된 사건이나 실패가 아니라 기저에 흐르던 강물이 터져 나온 것임이 분명하다. 이 강물은 결국 갱신되고 있는 민족주의, 인종주의,

---

*   찬성 39%, 반대 61%로 구제금융안이 기각되었다.

안보장치라는 장애물에도 불구하고 전 유럽으로 퍼져나갈 것이다. 바로 이것이 신자유주의적 위기체제에 맞선 제헌적 일관성의 한 사례이다.

　마지막으로 제헌권력을 복수적이고 연속적인 과정으로 변형하는 것은 제헌권력이 삶 정서에 스며듦으로써 심화되었다. 즉 제헌권력의 내용은 삶 자체가 되는 경향이 있다. 시위자들과 활동가들은 소득 증대와 복지서비스의 강화를 요구했을 뿐만 아니라 모든 삶이 위협과 착취에 종속된다는 사실에 빛을 비추었다. '블랙라이브스매터'는 오늘날의 투쟁들의 삶정치적biopolitical 본성을, 그리고 삶 자체가 경찰의 권한 남용과 다양한 형태의 일상적인 권력 기능에 의해 어느 정도로 위기에 처해 있는지를 성공적으로 강조했다.[17] 흑인의 생명이 대체로 중요하게 다루어지지 않는다는 사실은 인종 체제의 죽음정치적necropolitical 본성을 확인시켜 주는데, 이는 물론 미국의 경계선 바깥으로 확대된다. 또한 이것은 삶정치의 관점이, 웨헬리이가 주장했듯이, "인종과 인종주의가 얼마나 깊이 근대적 인간관을 형성했는지"[18]를 인식해야만 하는 이유를 보여준다. 2013년 6월 도시 통행료 인상으로 점화된 브라질의 시위들은 삶정치의 다른 얼굴을 드러내는데, 이는 저렴한 운송비에 대한 권리를 도시 생활의 중대한 요소로 제기한다. 이러한 투쟁들은 제헌적 행동의 시간적 연속성뿐 아니라 사회적 확장, 즉 필요·욕망·사회적 수요의 확장을 보여준다. 제헌권력은 다양한 제헌적 특이성들의 합성composition이 되어야 한다. (이런 점에서 이제 통상적인 선거 프레임을 벗어나 합성 과정의 요소로 이해되는 '복수의 구성성' 개념을 실험하는 것이 유용할 것이다.) 제헌권력을 떼swarm 개념으로, 다중의 복수주의로 인식하는 것은 정치적 연합에 대한 일체의 물신주의적 관념과 단절하는 것을, 따라서 전통적으로 통일체의 형상으로 이해된 국민 개념과 국가 개념을 비판

　　　　　　　　　　　　　　　　　　　어셈블리

하는 것을 의미한다.

이 점에서 최근 수년간 등장한 투쟁 형태들과, 이 투쟁들이 제헌권력을 연속적이고, 근본적으로 복수적이며, 또한 삶정치적인 과정으로 재정립하는 방식을 고려하면, 우리는 근대적 법 개념과의 거리를 인식하고, 특히 제헌권력이 더 이상 대의 및 주권과 양립할 수 없는 방식을 인식할 수 있는 더 유리한 위치에 있다. 우리가 앞서 살펴보았듯이, 정치적 대의에 대한 민주적 요구는 어느 때보다도 공허한 것으로 널리 인식되고 있으며, 타자의 이름으로 말하는 것 역시 어느 때보다도 사회운동들에서 금지되고 있다. 협력과 합성이 대의를 대체하면서 다양한 정치세력들의 복수성이 공동으로 행동하는 메커니즘으로 등장한다. 대의로부터 멀어지는 이러한 이행에 상응하는 일이 경제적 장에서도 일어난다. 경제활동이 사회적 삶을 생산 및 재생산할(사회를 주체화할) 목적으로 광범위한 사회적 협력 네트워크를 구성한다면 대의의 위임통치는 더 이상 아무 의미가 없게 된다. 이런 맥락에서 일반의지 개념에 대한 일체의 호소는 완전히 부적절하고 부당한 것으로 보이게 될 것이다. 전체의지가 협력 속에서 조직될 수 있고, 또 조직되어야 한다.

제헌권력에서 주권을 배제하는 것은 특히 중요하다. 오늘날 초월성이나 '예외'로 생각된 제헌권력 형태를 수립하는 일은 불가능하다. 주권은 통합을 필요로 하는데, 통합은 오늘날 출현하고 있는 제헌권력 개념의 근본적 복수주의에 의해 돌이킬 수 없을 정도로 파괴되기 때문이다. 주권의지가 사회와 분리되고 사회 위에 세워지는 한, 그리고 주권이 예외를 지배하는 한 주권의 결정은 항상 **공허한** 반면, 오늘날의 제헌권력은 흘러넘칠 정도로 늘 사회적 내용으로 충만해 있다. 그렇기에 제헌권력을 다시 생각하기 위해서는, 주권권력의 예외가 초과로, 즉 사회적 생산 및 협동의 흘러넘치는 성격으로 대체되어야 한다.

:: 두 번째 요구: 비주권적 제도들을 발명하자

근대의 정치사상과 법사상에서, 제도는 늘 주권의 한 사례로 제기된다. 18세기에서 20세기까지의 유럽의 공법 이론을 창시하고 발전시킨 독일 사회과학자들——구스타프 휴고$^{Gustav Hugo}$, 프리드리히 카를 폰 사비니$^{Friedrich Carl von Savigny}$, 파울 라반트$^{Paul Laband}$, 게오르크 엘리네크, 칼 슈미트, 한스 켈젠 등——은 그들이 가진 심원한 방법론적·정치적 차이에도 불구하고 언제나 주권과 공공제도 사이의 끊을 수 없는 결합을 주장한다. 20세기에 법 이론에서의 다양한 발전이 제도에 대한 전통적 인식을 캐묻는 것은 분명 사실이다. 가령 프랑스의 모리스 오리우$^{Maurice Hauriou}$와 이탈리아의 산티 로마노$^{Santi Romano}$로 대표되는 제도주의적 공법 이론들은 제도에 대한 그들의 인식을 연합의 사회적 힘들에 기초를 둔다. 맥락과 관습을 중시하는 미국의 실용주의자들은 다른 방식으로 제도에 대한 토대적 원천을 전부 거부한다. 그러나 이 경우들에서조차 제도와 주권의 본질적 연결은 결코 끊어지지 않는다. 20세기 후반에 이르러서야 이 관계에 최초의 균열이 나타나기 시작했다. 특히 전 지구적 협치의 법 제도들의 등장에 대한 분석과 보다 일반적으로는 '통치'에서 '협치'로의 이행에 대한 분석은 법제도를 국민국가 주권으로부터 상대적으로 자율적인 것으로 인식한다. 예를 들어 루만의 체계 이론을 법사상으로 발전시킨 귄터 토이브너는 전 지구적 협치를 자기 생성적^{autopoietic} 체계로 제시한다.[19] 그러나 이러한 혁신적 분석들에서도 제도적 주권이라는 전제는 비록 새롭고 약화된 형태일지라도 유지된다.

우리는 제도적 주권이라는 전제를 아주 실질적인 방식으로 넘어서야 한다. 앞에서 말했듯이 주권을 폐기하는 것이 자율과 자결을 포기하는 것을 의미하지 않는다. 그것은 한편으로 권력 및 지배에 대한 주권적 관계를, 다른 한편으로 통합을 위한 위임통치를 뒤에 남겨두고 떠나는 것을 의미한다. 이 이행에서 다중은 그 어느 때보다도 제도를 필요로 한다. 즉 우리를 지배하는 제도가 아니라, 연속성과 조직화를 키우는 제도, 우리의 실천을 조직하고 우리의 관계를 관리하며 함께 의사결정을 내리도록 조력하는 제도를 필요로 한다.

20세기 중반부터 몇몇 탈식민주의 기획은 비주권적 제도들에 관한 영감을 주었다. 예를 들어, 에메 세제르와 레오폴 상고르^{Léopold Senghor}는 게리 와일더가 말한 "자기-결정^{self-determination}은 국가 주권을 필요로 한다는 견해"를 받아들이길 거부한다. 그들은 해방을 민족의 독립과 새로운 주권국가의 수립으로 규정하는 표준적인 서사를 경계하면서, 대신에 다양한 형태의 자기-결정을 실험했다. 와일더가 주장했듯이, 옛 프랑스 식민지들에 대한 세제르의 (결과적으로는 실패한) '구획화^{departmentalization}' 기획은 비주권적 형태의 자유를 만들어내려는 하나의 시도였다.[20] 오늘날의 쿠르드 해방운동도 비주권적인 용어로 탈식민지화를 제기한다. 1990년대에 압둘라 외잘란*은 운동의 목표를 민족해방

---

* 압둘라 외잘란(Abdullah Öcalan, 1949-1999)은 쿠르디스탄 노동자당(PKK)의 창립 멤버 중 한 명인 쿠르드족의 정치 지도자이다. 외잘란은 1999년 나이로비의 중앙정보국의 지원을 받은 터키 국가정보부에 의해 체포되었고 터키로 이송된 이후, 무장 단체

(과 그에 따른 주권)에서 '민주적 자율'로 이행시키는 것을 옹호한 바 있다. 나잔 위스튄다크에 따르면 "외잘란은 현대 문명의 세 가지 병폐가 국민국가, 자본주의, 가부장제이며, 이것들은 그가 '자본주의적 근대'라고 부른 것을 함께 구성한다. 민주적 자율의 목표는 자본주의적 근대에 의해 파괴된 정치적 · 도덕적 사회를 재창조하는 것이다."[21] 오늘날 로자바(시리아령 쿠르티스탄)에서의 정치실험들은 탈식민주의적인 민주적 자율이 어떤 것이 될지에 대한 단서를 준다.

소유에서 공통적인 것으로의 이행(우리는 이를 6장에서 다룰 것이다) 역시 새로운 제도들의 창출을 필요로 한다. 접근권과 의사결정의 독점으로 특징지어지는 사적 소유는 기본적으로는 주권의 심급이거나 주권의 파생물이다. 공통적인 것을, 즉 우리가 평등한 접근권을 가지는 재화이자 부의 형태를 주장하는 것은 이 부를 민주적으로 관리하고 그에 접근할 구조를 창출하는 것을 필요로 한다. 공통적인 것을 유지하는 것은 민주적 협치의 네트워크와 사회적이면서도 정치적인 집단적 의사결정의 제도를 필요로 한다. 2011년 시작된 텐트농성의 투쟁 순환은 사적 소유나 공적 소유의 논리를 벗어나서 자신들이 점거한 도시 영토들을 다스릴 수단을 실험함으로써 우리에게 이러한 공통적인 것의 제도들이 지닌 성격에 대해 힌트를 준 바 있다.

그렇다면 다중이 권력을 잡는다는 것은 무엇을 의미하는가? 권력을 잡는 것이 우리에게는 여전히 중요한 목표이다. 우리가 설명하려고 했듯이, 그것은 지배관계를 역전하고, 타자들을 지배하며, 결국 통치자의 자리에 앉아 있는 사람만을 바꿀 뿐 주권권력이라는 기계는 그대로 유

설립에 관한 법률을 어겼다는 이유로 사형에 처해졌다.

지하는 것을 의미하지 않는다. 권력을 잡은 다중에게 첫째로 요구되는 것은 새로운 비주권적인 제도들을 발명하는 것이다.

:: 첫 번째 응답: 정치 기획의 기초를 사회적 삶에 두자

우리가 정치 영역만을 살펴본다면, 전략과 전술의 관계를 역전시키 자는 첫 번째 요구와 다중의 구성적인 운동 안에서 새로운 제도 형태들 을 만들어내자라는 두 번째 요구에 응답하려는 모든 시도는 늘 좌초될 것이다. 우리의 눈을 정치적인 것에 고정한다면, 사람들이 장기적 전망 을 조직 및 유지하는 일에, 지속하는 제도들을 집단적으로 관리하는 일 에 필요한 능력들을 갖고 있다고──즉 사람들이 민주주의를 할 수 있 다고──전제하는 것은 필연적으로 환상임이 드러날 것이다. 당신은 소 위 제임스 매디슨^{James Madison}의 현실주의를 떠올리며 사람들이 천사들 인 경우에만 진정한 민주주의가 가능할 것이라고 말하고 싶은 유혹을 느낄지도 모른다. 오늘날 그에 응답하는 진정 유일하게 효과적이고 현 실주의적인 방법은 우리의 관점을 정치 영역에서 사회 영역으로 옮기 는 것, 더 올바르게 말하자면 둘을 결혼시키는 것이다. 오직 그 경우에 만 우리는 협력과 조직화를 향한 기존의 광범위한 회로들 및 능력들 을 인식하고 키워낼 수 있으며, 또한 사회적 협동의 재능이 정치적 조 직화를 위한 넓고 단단한 토대임을 이해할 수 있을 것이다.

1920년대 초 소비에트 사회는 소비에트들의 근본적으로 민주적이고 구성적인 활동을 사회적·경제적 변형의 제도적 과정들과 연결하는 데 (부분적이고, 일시적으로) 성공했다. 짧은 기간 동안 혁명은 실질적이고 적절한 '제도적^{instituent}' 기계가, 아니 그보다는 구성적 제도들의 복합체가 되었다. 가령 1920년에 레닌이 공표한 공식 "코뮤니즘=소비에트들+전력화"는 정치적 조직화 형태와 경제발전 기획을 결합한 것이다.[22] 소비에트의 산업발전 기획은 곧바로 극복할 수 없는 장애물에 부딪혔는데, 이는 부분적으로 당시 러시아의 아주 낮은 수준의 산업화와, 주민의 사회적·교육적 자원에 있어 기존의 협소한 산업의 토대에서 비롯된 것이다. 그런데도 우리가 레닌의 공식으로부터 배울 수 있는 것은 혁명적인 정치적 조직화와 사회변형의 기획을 짝지을 필요가 있다는 점이다.

물론 그와 같은 경제적 근대화 계획을 다시 제안하는 것은 시대착오적이다. (2부에서 우리는 오늘날의 사회적·생태적 조건들을 고려할 때 경제발전 개념을 근본적으로 다시 생각해야 하는 이유와 직접적으로 대면할 것이다.) 오늘날 민주적 조직화는 사회적·경제적 탈근대화 또는 (후기)근대화 기획과 짝지어져야 하는데, 이 기획은 파괴적이고 비극적인 근대화를 올바로 인식할 뿐 아니라, 또한 오늘날의 사회적 생산·재생산의 능력을, 즉 기존의 삶형태의 잠재력을 파악하고 또 조직한다. 이러한 기획은 발전을 단지 더 많은 재화를 생산하는 것으로서가 아니라 사회적 존재의 존재론적 확장으로 제시해야 할 것이다.

오늘날의 도전 과제는 자본주의적 발전 국면 안에 그것을 위치시킬 때 분명한 형태를 갖추게 된다. 마르크스가 설명했듯이 18세기와 19세기 사이에 자본주의 생산의 무게중심, 즉 지배적인 자본주의 생산양식은 매뉴팩처(이것은 주로 노동분업에 의존해서 생산성을 증대시킨다)에서 대공업(이것은 복잡한 기계와 동시에 새로운 협동 계획을 도입함으로써 생산성을 증대시킨다)으로 이행했다. 카를로 베르첼로네는 마르크스의 시대구분을 우리가 도달한 21세기의 끝까지 확장하는데, 이때 자본의 무게중심은 대공업에서 '일반지성'의 국면으로 이행한다. '일반지성'의 국면에서는 생산이 점점 더 강해지고 넓어지는 사회적 협력의 회로들에 기반을 둘 뿐만 아니라, 또한 사회적 삶의 생산·재생산으로부터 가치를 추출하는 토대인 기계적 알고리즘에 기반을 두며, 나아가 경제적인 것과 사회적인 것 간의 구분이 점점 더 흐려지게 된다. 이러한 전환 démarche은 자본주의적 생산양식이 (사회의 자본 아래로의 형식적 포섭과 절대적 잉여가치의 추출이 일어나는) 매뉴팩처 국면에서 (사회의 실질적 포섭과 상대적 잉여가치의 추출이 일어나는) 대공업 국면으로, 그리고 마지막으로 (점점 더 늘어나는 협동을 향한 사회의 '인지적' 포섭이라고 불릴 법한 것과 추출적인 금융 착취가 일어나는) 일반지성의 생산적 조직화 국면으로 변형한다고 보는 분석과 정확히 연결된다. 사회화된 생산 및 재생산은 삶정치적 활동이다. 물론 이러한 이행——아니 실제로는 자본주의의 발전 곡선에서의 이러한 변곡점——을 언급하는 것은 대공업이 끝났다거나 심지어 양적으로 감소했다는 것을 의미하지 않는다. 이것은 농업생산이 산업화의 첫 시기 동안 양적으로 우세했던 것과 마찬가지다. 대신 이 이행은 전 지구적 노동분업과 권력 분화의 선을 다시 그려, 자본주의적 명령의 메커니즘들과 그에 도전하는 적대의 형태들에 대한 우리의 인식 방향을 다시 설정하게 만든다.[23] 우리는 10장에서 이러한 시대구분뿐 아니라, 관련된 모든 개념들을 더 자세히 다룰 것이다.

소외된(즉 고립되고, 개인화되고, 도구화된) 노동에 맞서 공통적인 저항이 일어나는데, 이는 산업 체제에서는 노동 거부로서 가장 강력하게 표출되었고, 오늘날에는 전 사회적 지형을 가로질러 작동하는 새로운 적대의 형태로 표출된다. 따라서 순수한 정치적 용어로는 더 이상 제헌권력을 구상할 수 없다. 사회적 행위들, 그리고 생계·저항·생명 변형의 테크놀로지들과 제헌권력을 혼합시켜야 한다. 새로운 제도들의 구축 과정을 이 새로운 물질성 안으로 흡수시켜야 한다.

따라서 우리의 응답은 아직은 실질적인 제안문이기보다는 방법론적 안내문에 가깝다. 무엇보다도 응답이 해법을 제공하거나 문제를 잠재울 것이라고 기대하면 안 된다. 대신 좋은 응답은 요구라는 배구공을 잡은 다음 반대 방향으로 넘기는 것, 그래서 랠리를 주고받게 될 동학을 창출하는 데 있다. 그래서 여기 우리의 첫 번째 응답은 '새로운 민주적 형태의 정치적·제도적 조직화의 토대를 발견하려면 사회적 삶의 생산 및 재생산을 활성화하는 협력 네트워크를 탐구하는 데에서 시작하라'이다.

:: 정치적인 것의 자율에 반대하여

오늘날 많은 사람들이 '정치적인 것의 자율'을 좌파를 구원할 힘으로 파악한다. 그러나 사실 이는 우리가 피해야 할 저주이다. 여기서 말하는 '정치적인 것의 자율'이란, 정치적 의사결정이 사회적·경제적 삶의 압박으로부터, 사회적 필요의 영역으로부터 보호될 수 있고 또 그렇게 되어야 한다는 주장을 가리킨다.

오늘날 정치적인 것의 자율의 가장 명민한 지지자들 가운데 일부는 정치적인 것의 자율이 자유주의 정치사상을 신자유주의 이데올로기의 지배로부터 구원할 수단이라고 보며, 사유화와 규제 완화를 포함하는 신자유주의의 파괴적 경제 정책들에 대한 해독제이자 신자유주의가 공적 담론과 정치적 담론을 변형시키는 방식──신자유주의가 정치적 발언에 경제적 합리성을 부과하고 그래서 시장 논리에 복종하지 않는 모든 정치적 추론을 효과적으로 무너뜨리는 방식──에 대한 해독제라고 본다. 웬디 브라운이 말했듯이, "자유민주주의가 경제와 정치조직 간에 조심스러운 윤리적 간극"을 제공한 반면, 신자유주의적인 정치적 합리성은 이 간극을 메워버리고 그래서 "정치적·사회적 삶의 모든 측면을 경제적 계산에 굴복시킨다."[24] 이러한 관점에 따르면 신자유주의는 자본 아래로 사회가 실재적으로 포섭되는 담론적·이데올로기적 얼굴, 혹은 브라운이 썼듯이, "자본에 의한 사회적·정치적 영역의 포화 상태"이다.[25] 정치적 추론을 시장 논리에 종속시키려는 이데올로기적 기획은, 비록 이것이 지금은 더 극심해지긴 했으나, 신자유주의로부터 나온 것은 아니다. 사회과학──미국에서는 특히 케네스 애로와 같은 저자들의 작업──에서 냉전 이데올로기의 핵심 요소였던 '방법론적 개인주의'와 '사회적 선택' 조사 모델도 과학적인 조사를 위해서는 경제적 선택 논리에 따른 정치적 합리성에 기반을 둬야 한다고 주장한다.[26] 이러한 맥락에서 정치적인 것의 자율을 주장하는 것은 시장 논리의 지배를 거부하고 그러한 종말 상태에서 정치적 담론을 구출하며, 자유시장의 경제적 자유주의가 아니라 자유주의 정치사상 전통 즉 권리와 자유 그리고 평등(에티엔 발리바르의 말에 따르면 '평등자유equaliberty')을 중심으로 하는 자유주의 전통을 복원하기 위한 방법이다.[27] 이 전통은 아렌트의 작업과 공명하는 바가 많으며 적어도 존 스튜어트 밀까지 거슬러 올라간다.

신자유주의에 대한 이러한 자유주의적 비판들 중 최고의 것들은 진술하면서도 가치 있는 시도들이긴 하지만 민주주의 기획에는 부적절하다. 한편으로 정치적이기만 한 자유와 평등에 대한 관념은 (소유의 지배와 우리의 생산적·재생산적 삶에 대한 통제를 포함하는) 불평등과 비자유의 사회적·경제적 원천을 직접적으로 공격하지 않는데, 이는 계속해서 부적절한 것으로 드러날 것이다. 다른 한편으로 자유와 평등이 정치적으로만 고려되는 한 사람들의 자치 능력은 영원히 모호하게 남을 것이며, 따라서 다중(이들은 정치적 결단을 내릴 수 있다)에 의해 지속되는 실질적 민주주의는 고결하지만 비현실적인 생각으로 나타날 것이다. 정치적인 것의 자율이라는 기차 위에 올라탄 자유주의 이론가들은 결코 종착지에 도달하지 못할 것이다.

두 번째 부류의 좌파의 논증——이 역시 의도는 좋지만 마찬가지로 무익하다——은 신자유주의의 경제적 얼굴, 즉 신자유주의의 사유화 및 규제 완화의 기획을 겨냥한다. 그들에게는 정치적인 것의 자율이 주로 국가 통제나 공공 통제의 형태로 귀환하는 것을 의미한다. 이 저자들은 국가의 주권 권력을 무너뜨리는 신자유주의적 지구화에 대응하여 케인즈적 혹은 사회주의적 메커니즘으로 돌아가 경제에 대한 국가의 통제력을 재천명하고 그럼으로써 금융과 기업의 괴물 같은 힘을 제어하고자 한다. 폴 크루그먼^{Paul Krugman}, 알바로 가르시아 리네라^{Alvaro Garcia Linera}, 토마스 피케티^{Thomas Piketty} 같은 여러 진보적 지식인들의 저작에는 신자유주의를 막아낼 힘으로 '국가의 귀환'이 공공연하게, 또는 암묵적으로 요청되고 있음을 인식할 수 있다. 우리는 이러한 부류의 '정치적인 것의 자율'의 지지자들이 우군이라고 생각하며 또 (국가와 공적 권위에의 열망을 잠깐 제쳐놓으면) 그들의 목적에 공감한다. 그러나 우리 생각에 작금의 케인즈적 혹은 사회주의적 국가 통제에의 호소는 대단히 실용적인 것으로 보이긴 하나 비현실적이고 실현될 수 없는 것이다. 이러한 기획들이 기반을 두었던 20세기의 사회적·정치적 조건은 더 이상 존재하지 않는다.[28] 신자유주의의 지배 하에서 전통적인 노조들과 노동계급 조직들은 완전히 망가졌고 조합주의적으로 되었으며 사회적 헌법질서나 복지구조도 알맹이가 다 빠져나갔고 전문직 연합들(과 시민들 자체)도 우파 엘리트들에게서조차 향수를 불러일으킬 정도로 산산이 흩어졌다. 말하고자 하는 바는, 희망을 버리고 신자유주의의 지배에 투항해야 한다는 것이 아니라, 오늘날 존재하는 다중의 생산과 재생산의 삶으로부터 (그 안에 있는 조직과 협력의 능력을 인식하면서) 대안적인 출발점을 구축해야 한다는 말이다. 이것은 우리가 2부에서 다룰 과제 중 하나이다.

마지막으로 소수의 좌파·지식인 집단은 전위적인 형태로 정치적인 것의 자율을 주장한다. 이 주장은 종종 오늘날의 수평적인 사회운동들이 기존의 자본주의 구조를 전복하고 스스로 권력을 장악하지 못하는 무능력에 대한 대응으로 제시된다. 가령 지젝은 바디우를 따라서 "새로운 주인의 형상이 필요하다. …… 좌파 마가렛 대처, 즉 대처의 제스처를 반대방향으로 되풀이할 지도자가."[29]라고 언명한다. 우리는 지젝의 작업을 알기에 이 말을 액면 그대로 읽지 않는다. 즉 어떤 좌파 지도자를 궁극적 권위의 지위에 올리자는 제안으로 읽지 않는다. 그의 선언들은 한편으로는 지도자 없는 운동의 붕괴라는 이해할 수 있는 좌절(그의 이 말은 주코티 공원, 타흐리흐 광장, 솔 광장이 경찰에게 깨끗이 쓸려나간 2013년 초에 나왔다)에 의해, 다른 한편으로는 집단 형성에 대한 독단적이고 정신분석학적인 가정들(우리는 이에 공감하지 않는다)에 의해 활성화된 자극적 몸짓들로 보면 더 잘 이해된다. 조디 딘은 월가 점거의 패배에서 이와 유사한 좌절을 표현하면서(단 그는 지젝이 가진 능력, 즉 농담조의 도발이 띠는 애매함 뒤로 숨는 능력은 없다), 전위적 리더십에 대한 논거를 확대한다.[30] 앞에서 주장했듯이, 고도로 발달된 면역체계를 고려했을 때 오늘날에는 중앙 권위와 전통적 리더십을 역동적이고 창조적인 사회운동들에 부과하는 것은 (다행히도!) 불가능할 것이다.

자유주의에서 급진 좌파에 이르는 정치적인 것의 자율을 긍정하는 여러 주장들은 신자유주의의 권위를 두려워하고 그것에 홀려 있다는 사실을 공유할 뿐만 아니라 주권이 좌파의 힘을 복원하는 처방이라는 믿음도 공유한다. 이 저자들 중 다수가 주장하듯이 신자유주의가 전통적인 정치적 주권권력을 붕괴시킨 것은 맞다. 이는 2008년 이후 유럽에서 전 지구적 자본의 힘들이 위기를 관리해 오고 금융자본의 지도자들이――"시장들"의 압력을 통해 모든 장애물을 돌파해 나가면서――빚을 진 국가들만이 아니라 모든 유럽 나라들에 자신들의 의지를 얼마나 천박하게 부과해 왔는가를 보기만 해도 알 수 있다. 유럽 사회는 위계적 기준들에 따라 말 그대로 재구축되었다. 이 위계적 기준은 화폐권력, 노동분업의 새롭고 강제적인 배열(불안정노동, 대량해고 등), 우발적이지만 체계적인 생산적 하부구조의 조직화, 사회적 재생산 규범을 재조정하는 가변적인 봉급 규모, 다양한 계획, 위기로부터 출구전략이라고 불리지만 실제로는 (위기를 통해) 계급분화를 심화하는 프로그램으로 엄격하게 확립된 대안적 척도 등등에 의해 창출된다. 이러한 맥락에서 신자유주의의 지배 아래에서의 금융자본은 대의정치의 전통적 구조들과 일국 정부들의 기능에 대응할 필요에 얽매여 있지 않다. 선거제도, 기본적인 법 구조 등등이 깨끗이 치워진 것이다.

유럽과 세계 전역에서 이 모든 것이 사실이다. 그러나 우리는 신자유주의가 정치적인 것을 무너뜨리기 때문에 신자유주의와 싸울 유일한 수단(유일하게 효과적이라거나 유일하게 바람직하다는 단서도 없이)은 곧 정치적인 것의 자율을 회복하는 것이고, 또한 이런 식으로 대결하는 것이 우리의 정치적 가능성을 규정한다고 추론하는 것에 반대한다. 우리의 주장은 다른 선택지가 있으며, 특히 사회를 비주권적이고 진정으로 민주적으로 조직하는 것이 가능하다는 것이다. 정치적인 것의 자율을 부활시키는 대신에 정치적인 것이 사회 영역으로 다시 흘러들어가고 사회 영역에 의해 회수되어야 한다. 정치적 합리성과 정치적 행동은 더 이상 자율적인 것으로서가 아니라 사회적 · 경제적 삶의 회로들에 항상 완전히 새겨진 것으로 간주되어야한다.

우리는 하나의 역설과 대면하고 있는 듯하다. 시위와 사회운동이 정치적인 것의 자율에 맞서서 민주주의관을 더 발전시킬수록 일부 좌파 지식인들은 '정치적인 것으로의 귀환'을 더 강하게 주장한다. 그런데 이는 이 저자들의 관점에서 보면 전혀 역설이 아니다. 이들은 일반적으로 주권적 정치권력을 사회적 지형에서 민주적 실험들과 발전들을 완결하고 공고화하는 필연적 수단으로 보기 때문이다. 우리는 코뮈나르드들이 빠진 이중구속으로 다시 돌아간다. 중앙위원회를 해체하고 의사결정의 힘을 모두에게 분산시킨 그들의 '오류'는 패배를 낳았지만, 중앙위원회를 해체하지 않았더라면 그들의 전체 기획의 민주적 성격이 부정되었을 것이라는 이중구속 말이다. 그런데 우리의 정치적 대안들은 이 이중구속으로 규정되지 않는다. (그리고 절대 그렇게 규정되지 않을 것이다.) 정치 기획들을 효과적으로 만들어 승리하고 권력을 잡기 위해 주권은 필요하지 않다. 비주권적인 정치 제도들 및 민주적 조직의 효율성과 그것을 뒷받침할 기존의 조건들을 보여주는 것이 이후의 장들에서 우리가 다룰 과제이다.

좌파 개념은 17세기 청교도혁명의 신형군*의 맹세에서 혹은 18세기 말

---

* 신형군(新型軍)은 영국 내란기의 여러 의회파 군대 가운데 가장 널리 알려진 것으로 1645년 2월에 조직된 의회파 군대이다. 귀족 출신 지휘자가 아니라 훈련된 장군들이 이끌던 전문 군인들로 이루어져 있었다. 1644년 내전의 처리를 놓고 의회파 내에 생긴 분열로 말미암아 탄생했다. 아래로부터의 혁명의 관점에서 보다 자세히 다룬 것으로, 피터 라인보우 · 마커스 레디커, 『히드라: 제국과 다중의 역사적 기원』, 정남영 · 손지태 옮김, 갈무리, 2008, 4장(169-227쪽)을 참고하라.

프랑스 혁명의 테니스코트 서약*에서 탄생했다고 할 수 있다. 이 맹세들은 재산과 권력을 재분배하고 자유를 새롭게 설정하려는 고결한 노력이었다. 그러나 저 기획들과 오늘날 명목상 좌파라고 자임하는 사람들 사이에는 심연이 가로놓여 있다. 신좌파가 50년 전에 시작한 물음을 다시 한 번 재개하는 것이 이치에 닿을까? 좌파는 오늘날의 사회적 투쟁들에 기반을 둔 무언가 새로운 것이 될 수 있는가? 혹은 좌파라는 개념 자체가 뒤에 남겨져야 할 어떤 것인가? 우리가 좌파라고 부르든 아니든 오늘날의 운동들은 새롭게 시작할 필요를, 근본적으로 새로운 시작을 발견할 필요를 여러 번 확인했다. 대안지구화 투쟁**에서 보인 분배적 정의에 대한 요구에서든, 지중

---

* 테니스코트의 서약은 1789년 6월 20일 프랑스 대혁명 기간 중에 파탄 직전의 국가 재정을 보전하기 위해 특권 계층에 대한 과세 문제를 어떻게 해결할지를 논의하기 위해, 제3신분이 베르사유 궁전 내 테니스코트에 모여 맹세했던 서약을 말한다. 왕권에 공공연한 반대 의사를 표명한 최초의 사건이 되었으며, 헌법이 제정될 때까지 국민의회를 해산하지 않을 것을 맹세했다.

** 대안지구화 투쟁은 1990년대 후반과 2000년대 초반에 걸쳐 북아메리카와 유럽에서 전 세계의 지도자들이 경제, 정치, 군사, 에너지 등에 대해 회담하기 위해 모인 장소에서 일어난 대규모 시위를 말하며, 미디어에서는 '반세계화 운동'으로 통용된다. 이에 대해 네그리 · 하트는 『공통체』에서 다음과 같이 말한 바 있다. "대규모 시위가 일어나고 있던 때에, 미디어는 재빨리 그들에게 '반지구화'라는 딱지를 붙였다. 운동의 참가자들은 이 용어를 불편해했다. 현재 지구화가 진행되는 형태에 반대하는 것은 사실이지만, 대다수가 지구화 그 자체에는 반대하지 않았기 때문이다. 사실 그들의 제안은 대안에 초점을 맞추고 있었으며, 그 대안은 마찬가지로 전 지구적인 교역관계, 문화적 교류, 정치적 과정이었다. 그리고 다름 아닌 운동들 자체가 전 지구적 네트워크를 구축하고 있었다. 이런 맥락에서 그들 스스로가 제안한 이름은 '반지구화'가 아니라 '대안지구화'였다." 하트 · 네그리, 『공통체』, 정남영 · 윤영광 옮김, 사월의책, 2014, 159-160쪽.

해의 봄'에서 보인 실질적 민주주의에 대한 요구에서든 이들은 근본적으로 혁신적인 방식으로 '무엇을 할 것인가'라고 선동한다. 분명한 것은 '정치적인 것의 자율'은 어떤 형태로든 새로운 진보적 혹은 혁명적 기획을 양성하는 도구로서 사용될 수 없으며, 오히려 주요한 장애물이라는 점이다.

---

* 보통은 '아랍의 봄'으로 불리지만, 하트 · 네그리는 그것이 아랍 지역에서 끝나지 않고, 지중해 북쪽 지역의 시위들, 예컨대 그리스의 긴축 반대 시위나 스페인의 인디그나도스 등을 포괄하는 '전 지구적 투쟁 순환'의 형태를 표현하고자 한 것으로 보인다.

4장
우익운동이라는 어두운 거울

모든 사회운동들이 물론 진보적인 것은 아니다. 나치스에서 종교적 광신도들에 이르는 우익운동들은 지난 세기 동안 가장 파괴적이고 야만적인 정치를 발전시키는 데 생기를 불어넣었다. 오늘날 우익운동들이 종종 우익정부들과 협력하면서 또다시 부흥하고 있다. 그들의 본성과 내부 작용을 이해하는 일은 긴급한 과제이지만 이는 훨씬 더 긴 연구를 해야 하는 만큼, 이 장에서의 우리의 목적을 한참 넘어서는 것이다. 여기서 우리는 다만 우익운동을 규정하는 몇 가지 특징들을 파악하고자 하며, 이들로부터 진보운동과 해방운동이 어떤 교훈을 끌어낼 수 있는지를 알아보고자 한다.

사회운동들이 파괴적일 수 있고, 심지어 우익운동들이 때로는 해방투쟁들의 몇몇 특성들을 이용한다는 사실이 우리를 사회운동 일반의 정치를 불신하거나, 극좌와 극우가 여기서 어떻게든 만난다고 주장하

　　　　　　　　　　　　어셈블리

는 쪽으로 이끌어서는 안 된다. 우익운동들은 실제로 해방운동을 반영하긴 하지만 그 주요 요소를 뒤집는 왜곡된 거울로서 반사해 정체성을 가장 중요한 것이 되게 만들고 민주주의는 지연되거나 부정되게 만든다. 정체성과 국민통합을 복원하거나 되살리려는 노력은 실제로 종교적이든 세속적이든, 유럽의 반이민운동에서 티파티, 그리고 ISIS에서 인도의 반이슬람운동에 이르는 오늘날의 다양한 범위의 우익운동들을 관통하는 하나의 실로 나타난다.

우파의 사상과 실천은 실제로 대개는 보수적이기보다는 반동적이다. 그들은 지금 현재 있는 것을 보존하거나 보호하는 대신에 이전 질서를 복원하고자 한다. 최근에는 사회적 권력과 특권을 상실한 자들——가령 미국의 백인 남성, 유럽의 백인 노동계급, 라틴아메리카의 정치 귀족들——이 우파의 대중 동원의 중심부를 구성하는데, 이때 인종 · 종교 · 국민 정체성이 가장 빈번하게 핵심 통합요소가 된다. 사실 그들이 구체제를 재창조하려는 목적은 복고에 있다기보다는 상상된 과거의 허상을 발명하는 데 있다.[1]

우익운동들은 좌파운동에 대한 **반작용**이자 반응이라는 의미에서도 반동적이다. 그들이 해방운동을 봉쇄하려 할 뿐 아니라 시위 레퍼토리, 담론, 심지어 공식 목표도 종종 왜곡된 형태로 선택적으로 전유하려 하기 때문이다. 예를 들어 1980년대 후반 미국의 낙태 반대 집단인 '수술 구조대'*는 1960년대의 흑인민권투쟁의 모델을 따라 낙태시술소 앞에

---

* '수술 구조대(Operation Rescue)'는 1986년 미국에서 랜달 테리(Randall Terry)에 의해 창립한 단체로 '낙태가 살인이라고 생각한다면, 살인이 일어날 때와 똑같이 행동하라'라는 슬로건을 갖고 있다.

서 연좌시위를 벌였으며, 이번 세기에는 라틴아메리카의 정치 귀족들과 불만 가득한 중산층이 진보정부에 항의하기 위해 냄비와 프라이팬을 들고 거리로 나왔는데, 이는 진보정부에게 권력을 가져다준 '카세롤라소*'를 미러링한 것이었다. 우익운동들은 지난 수십 년 동안 해방운동들의 요소들이었던 리더십, 조직구조, 시위 레퍼토리를 전유한다. 이는 우리의 일반 가설인 '저항이 권력에 선행한다'를 보여주는 사례이다. 혁명운동들과 해방투쟁들이 정치적 혁신의 원천이지만, 우익운동들은 이 혁신의 일부만을 흉내 낼 뿐이며, 종종 끔찍하게 파괴적인 결과를 초래한다.

:: 국민통합을 복원하기

20세기 동안에는 권위와 정체성이라는 두 가지 주된 특징이 우익운동을 규정했는데, 이는 특히 리더십을 찬양하고 국민통합을 방어하거나 복원하는 것이었다. 21세기에는 권위에 초점을 두는 일이 다소 약화되거나 변화를 겪었지만, 국민이 사방으로 공격당하고 있으니 방어될 필요가 있다는 감각은 우익운동의 핵심에 남아 있다.

나치 운동에 대한 칼 슈미트의 분석은 분명 극단적 사례이지만, 투명한 평가서이기도 한데, 그것이 오늘날의 우익운동을 가늠할 기준을 제

---

*   '카세롤라소(cacerolazo)'는 브라질, 칠레 등의 남미 지역에서 정부의 긴축정책에 항의해서 일어난 '냄비를 두드리는 시위'를 말한다. '카세롤라(cacerola)'는 스페인어로 '손잡이가 달린 냄비'를 뜻한다.

공하기 때문이다.[2] 1933년 독일 국가사회주의 국가의 '임시헌법'을 찬양하는 슈미트의 팸플릿 『국가, 운동, 국민』은 아니나 다를까 리더십을 최우선적인 것으로 간주한다.[3] "국가사회주의 국가의 강점은 리더십 Führung이라는 생각이 그 국가의 머리끝에서 발끝까지, 그 안의 모든 원자를 지배하고 물들였다는 사실에 있다."[4] 그가 자유민주주의 법 이론에 대해 한탄한 것은, 그것이 리더십을 제거하려 하고 그래서 리더십을 감시Aufsicht의 구조로 대체하는 데 주력했기 때문이다.

오늘날 우익운동의 리더십은 슈미트의 분석에서 등장한 리더십과 닮은 점이 거의 없다. 심지어 최근에 유럽 극우정당의 가장 저명한 지도자들——가령 프랑스 국민전선의 마린 르 펜, 영국 독립당의 나이젤 패라지, 스웨덴 민주당의 임미 오케손, 그리스 황금새벽당의 니콜라오스 미할로리아코스*——도 절대적 권위보다는 슈미트가 혐오한 자유민주주의 구조에 더 가까운 역할을 한다. 도널드 트럼프도 그의 변덕스럽고 독재적인 성향에도 불구하고 슈미트가 찬양한 리더십과는 분명 거리가

---

* 마린 르 펜(Marine Le Pen, 1968~)은 2011년부터 '국민전선'의 총재를 맡고 있으며, 2012년, 2017년 대선에 출마했으나, 각각 니콜라 사르코지와 에마뉘엘 마크롱에 패배해 낙선했다. 나이젤 패라지(Nigel Farage, 1964~)는 2010년에서 2016년까지 영국 독립당 대표를 지냈다. 2019년에는 2018년부터 당대표를 맡고 있는 '브렉시트당'의 비례대표로 유럽의회에 당선되었다. 임미 오케손(Jimmie Akesson, 1979~)은 스웨덴 민주당의 당수로, 2010년부터 국회의원이 되었다. 스웨덴 민주당은 2018년 총선에서 국회 전체 의석의 18%를 차지하면서 스웨덴 제4당에 올라섰다. 니콜라오스 미할로리아코스(Nikolaos Michaloliakos, 1957~)은 1993년 그리스 황금새벽당을 정당으로 등록했으며, 2012년 그리스 의회선거에서 총 7%를 득표하며 300석 중 18석을 차지하면서 의회에 진출했다. 2013년 9월 인종차별주의를 비판한 가수 파블로스 피사스가 살해되고 황금새벽당에 대한 규탄시위로 일어나면서 2019년 총선에서 기존의 의석을 모두 잃었다.

멀다. 우파 사회운동들에서 리더십은 훨씬 덜 중요한 요소이다. 예를 들어 페기다^{PEGIDA}의 창시자인 루츠 바흐만은 종종 언론에 단체명으로 발표하긴 하지만 상대적으로 중요한 인물은 아니다.* 티파티의 카리스마적 지도자의 부재는 훨씬 더 두드러진다. 세라 페일린^{Sarah Palin}과 같은 비주류 정치인, 글렌 벡^{Glenn Beck}과 같은 유명 언론인, 코크^{Koch} 형제와 같은 자금책들이 티파티의 지도자로 언급되긴 하지만, 실제로 이러한 권위적 인물들이 운동에서는 상대적으로 중요하지 않다.

ISIS나 알카에다와 같은 군사조직들에서 권위적 인물들——상상의 칼리프 지역을 통치하는 자칭 '칼리프'인 이라크의 아부 바크르 알바그다디**와 같은——은 눈에 잘 띄고, 또한 여러 우파 정치-종교 운동들은 모스크, 사원, 교회 등을 정치 교의를 확산하는 장소로 이용하면서 카리스마적인 종교적 권위구조를 유지한다. 그러나 실제로 이 지도자들은 어느 정도는 대체가 가능한 부류의 인물들이다. 전통적 리더십 구조와 명령의 연쇄에서 벗어나는 이러한 이행은 유럽과 북아메리카에서의

---

* 페기다(PEGIDA) 또는 '서양의 이슬람화를 반대하는 애국 유럽인(Patriotische Europäer gegen die Islamisierung des Abendlandes)'은 독일의 극우정치 단체이다. 2014년 10월 20일 반이슬람 시위로부터 파생되었으며, 루츠 바흐만(Lutz Bachmann)이 주도하고 있다. 바흐만은 소셜네트워크에 망명이나 난민을 차별하는 발언을 기재하거나 히틀러를 연상시키는 사진을 게재한 건으로 검찰에서 민중 선동죄 혐의으로 수사를 받았고, 2015년 1월에 대표와 간부위원회를 자진 사퇴했다.

** 아부 바크르 알바그다디(Abu Bakr al-Baghdadi, 1971~2019)는 이라크 바그바드 대학에서 석·박사 학위를 취득했으며, 2005년 미군에 체포되어 이라크 남부 부카 기지 수용소에 수감되었고 2009년 석방되었다. 2010년 ISIS(The Islamic State of Iraq and Syria)의 총사령관이 되었으며, 2014년 소셜미디어를 통해 스스로 칼리프를 선언했다. 미군의 공식 발표에 따르면, 2019년 10월 미군의 기습 생포 작전 중에 폭탄조끼를 터트려 자살한 것으로 보고되었다.

ISIS의 징집 전략의 익명적 성격에 의해 보다 분명히 예시되며 이는 소름 끼칠 정도로 효과적이라는 것이 입증되었다. 때때로 ISIS 요원들은 잠재적 신병들과 사적으로 접촉하고 난 뒤 그들을 전통적인 방식으로 심사하고 훈련시키지만, 대부분은 조직 또는 리더십과 직접 접촉하지 않았던 이들——소셜미디어에서 방송하는 공개적인 폭력의 소환에 의해 '모집된' 자들——이 야만적인 대량학살 행위를 저지름으로써 ISIS에 충성을 맹세한다. 이처럼 지도자나 리더십 구조가 없는 형태의 징집은 전통적인 반란 진압 전략들을 좌절시킨다.

리더십과는 달리 정체성은 계속해서 핵심 역할을 담당한다. 슈미트는 우익운동의 가장 오래 지속하는 특징을 국민의 정체성을 복원 및 복구하라는 명령으로 파악했는데, 이 정체성이 그와는 이질적인 외부인들로 인해 지속적으로 위협받는다는 것이다.[5] 우익운동은 문명의 충돌이라는 논리로 작동하는데, 이 논리는 대개 종교나 인종 혹은 둘 다로 규정된다. 슈미트는 이러한 문명적 정체성이 정치적 이해관계와 욕망의 심리적이고 존재론적인 기반이라고 주장한다. "인간 감정의 가장 깊고, 가장 충동적인 동요의 밑바닥, 그 내부, 그리고 인간 두뇌의 가장 미세한 조직에서도, 인간은 이러한 국민 및 인종에의 소속감이라는 현실에 서 있다." 그렇다면 가장 주된 정치적 의무는 그들 자신의 소속 인종을 외부인에 맞서 방어하는 것이다. 슈미트는 외부인을 전형적인 유대인의 특성으로 그려냈다. 그러나 그의 악의적인 묘사를 남아프리카의 나이지리아인, 유럽이나 인도의 무슬림, 미국의 유색인, 아르헨티나의 볼리비아인, 사우디아라비아의 시아파, 그 밖의 무수한 '외부자들'로 번역하는 데 많은 상상력이 필요하진 않다. 슈미트에 따르면, "외부인은 비판적으로 행동하길 원하며, 또한 교활하게 적응하기를 원하며,

책을 읽고 책을 쓰기를 원한다. 그는 딴마음을 갖기 때문에 다르게 생각하고 다르게 이해한다. 그리고 자신이 속한 부류가 지닌 모든 결정적인 일련의 사유에, 실존적 조건에 머물러 있다."[6] 핵심 논점은 국민통합은 항상 (실재이든 상상이든, 때로는 시원적이든) 과거의 사회질서의 특징이며, 우익운동은 이것을 외부인에 맞서 방어하고 회복하고 복원하고자 한다는 것이다. 이 운동들은 엄밀히 말해 국민이라는 정체성과 타자의 배제에 초점을 둔다는 점에서 포퓰리즘적이다.

앞서 우리는 티파티를 '지도자 없음'으로 묘사했다. 그러나 사실 버락 오바마 대통령과 연관 지어 생각해 보면 티파티는 슈미트의 주장, 즉 국민 정체성과 국민주권을 공유하고 따라서 그것을 방어할 수 있는 자만이 유일하게 합법적인 지도자라는 주장을 흥미롭게 비튼 것으로 나타난다. 크리스토퍼 파커와 매트 바레토에 따르면 티파티 지지자들은 '전통적 보수주의자들'이 아니라 '반동적 보수주의자들'이라고 생각해야 한다. 그들이 자신들의 자유주의적인 경제적 주장에 더해 "시계를 거꾸로 돌려" 주로 백인·기독교도·이성애자로 이루어진 상상된 국가 정체성을 복원하고자 하기 때문이다.[7] 그들은 자신들이 국민통합을 위협한다고 인식하는 자들—빈민, 이주민, 복지 수혜자, 무슬림 등—을 악마화하며, 오바마 대통령이 그들 모두를 대표(심지어 구현)한다고 믿는다. 실제로 그는 티파티의 수괴급 적敵이다. 티파티 지지자들에게 오바마는 그들의 상상된 국가 정체성의 통합을 확증시킨다. 국민은 오바마의 '흑인성'에 맞서 훨씬 더 밝게 부각된다. 이 운동은 2008년 오바마의 당선 이후 성장했으며, 대체로 오바마가 국가 정체성과는 이질적인 외부인이라는 믿음(그가 미국 바깥에서 태어났다고 기이할 정도로 끈질기게 주장하는 것은 이 믿음의 한 증상일 뿐이다)에 근거한다. 그래서 대통령

어셈블리

임기가 끝난 지금부터는 그가 시야에서 서서히 사라질 공산이 크다. 슈미트의 진단은 오바마가 '제왕적 대통령'이며, 그의 행정부가 '폭정'을 일삼는다는 티파티의 쉴 새 없는 고발 뒤에 숨겨져 있는 근거를 아주 분명하게 설명해 준다. "인종 정체성만이 지도자의 권력이 독재적이고 자의적이게 되는 것을 방지해 줄 수 있다. 그것만이 외부에서 유입된 의지가 지닌 일체의 역할(그것이 설사 영리하고 이로운 것일지라도)과의 차이를 정당화한다."[8] 티파티의 주요 임무는 국민통합을 긍정하고, 모든 외부인들에 맞서 국민통합을 방어하고 복원하는 것이다. 그리고 바로 이것이 오늘날의 우익운동 일반을 이해하게 해주는 열쇠이다. 주권은 이런 식으로만 달성할 수 있다. 우익운동들이 인종주의 슬로건을 공공연하게 설파하지 않을 때조차, 그들은 바위를 아주 살짝 돌려놓는 척하면서 뒤로는 외부인들에 맞서 상상된 국민의 인종·민족·종교 정체성을 방어하는 주된 소임을 스리슬쩍 행사한다.

:: 포퓰리즘과 인종화된 소유

우익 포퓰리즘 운동들, 특히 선진국의 우익운동은 주권을 찾아오고자 사회적 위계를 유지하려는 노력과 반-엘리트주의 정치를 역설적으로 결합시키고 있어서 분석하는 이들의 골치를 썩이게 한다. 이 매듭을 푸는 한 가지 방법은 소유의 선을 따라가는 것이다. 이 선은 우익 포퓰리즘의 본질이며, 동시에 인종 정체성으로 점철되어 있다. 포퓰리즘이 정체성에 대한 사랑(우리가 보기에는 끔찍하고 파괴적인 형태의 정치적 사랑)에 기반한다고 말하는 것은 의심의 여지 없이 사실이지만, 정체성

뒤에는 소유가 도사리고 있다. 주권과 인종화된 소유는 우익 포퓰리즘이라는 몸에 찍힌 낙인이다.

우리가 앞서 말했듯, 우익운동들은 과거의 사회질서를 복원하려 한다는 점에서뿐 아니라 좌파의 저항운동과 해방운동의 시위 레퍼토리, 어휘, 심지어 공식 목표도 (종종 왜곡된 형태로) 차용한다는 점에서 반동적이다. 이는 특히 우파 포퓰리즘 운동들이 엘리트에 저항하기 위해 국민의 이름으로 사회의 가난하고 종속된 사람들을 동원하지만, 사회적 위계를 유지하거나 복원하는 데 복무할 때 분명해진다. 코리 로빈이 주장하길, "우익 포퓰리즘의 과제는 엘리트들의 권력을 손상하지 않으면서 대중에게 호소하는 것, 더 정확하게는 엘리트들의 권력을 강화하고 복원하려고 대중의 에너지에 굴레를 씌우는 것이다. 최근 기독교 우파나 티파티 운동의 혁신과는 상당히 다르게, 반동적 포퓰리즘은 처음부터 보수주의 담론을 관통하는 붉은 실처럼 작동했다."9 로빈이 우익 포퓰리즘이 일부 엘리트의 권력을 강화하는 데 기여한다고 본 것은 분명 옳지만, 이를 이해하기 위해서 우리는 다양한 종류의 사회적 위계를, 실제로는 다양한 형태의 소유를 구분해야 한다.

한편으로 자유주의 엘리트들이 보이는 소위 우월감과 방종함은 종종 우익 포퓰리즘 운동에 기름을 붓는다. 그리고 실제로 자유주의 엘리트들이 빈자와 노동계급을 착취하면서도 무시하는 일들의 증거를 찾기란 쉽다. 우리는 금융계, 전 지구적 기관들, 정부의 엘리트들에 맞서는 여러 우익 활동가들의 시위가 지닌 진정성과 지성을 의심하지 않는다. (실제로 포퓰리즘의 일부 요소들은 지혜로운 좌파운동들에 의해 회복될 수 있다.) 포퓰리즘의 반엘리트주의 정치는 소유의 지배에 대한, 즉 몸과 분리되고 유동적이며 정체성에 매이지 않은 소유 형태에 대한 분노를 표현하곤 한다. 통화의 '가치를 떨어뜨리는' 화폐 권력, 전 지구적 시장, 심지어 각국의 중앙은행들도 비판의 특정 대상이 된다. 다른 한 편으로 포퓰리즘은 특히 인종 · 종교 · 문명 등으로 규정된 국민을 방어 하려고 다른 종류의 소유〔재산〕, 즉 이동이 없고 몸에 부착된 소유, 궁극적으로는 정체성에 매여 있는 소유를 긍정한다. 따라서 토지소유권은 통화가치의 고정성(예를 들어 금)만큼이나 매번 반복해서 다뤄지는 주제이다.

정체성과 소유의 관계는 두 가지 주된 형태를 취한다. 첫째, 정체성은 특권화된 권리와 소유물에의 접근권을 제공하는 것을 의미한다. 포퓰리즘 운동의 주된 호소는 그들이 상실했다고 상상하는 경제적 권력과 사회적 특권을 (최소한으로라도) 복원하는 데 있다. 이때 경제적 권력과 사회적 특권은 명시적이든 암묵적이든 대개는 인종 정체성으로 생각된다. 아렌트가 주목했듯이, '우월한 인종'이라는 생각은 "개인적 노력과 공적 없이, 단지 출생 덕분에 특권을 누리는 것에 대한 긍지"라는 귀족적 경험을 가져와서 공통의 본성을 공유한다고 얘기되는 일반인들이 그에 접근하게 만든다.[10] 전 유럽에 확산된 포퓰리즘적인 반反이민운동들에서는 국민이라는 정체성——이것은 때로는 명시적으로 백인과 기독교인으로 규정되며, 다른 경우에는 자유주의적 가치에 중점을 둔 '문명인'으로 규정된다——이 소유라는 전제와 강하게 혼합된다. 그리스의 황금새벽당과 이탈리아의 카사 파운드$^{Casa Pound}$와 같이 이민자들을 폭력적으로 공격하는 범죄적 운동들과, 이들보다는 '점잖은' 쪽인 프랑스의 국민전선과 스웨덴 민주당에게 인종주의적이고 반이민주의적인 수사학은 그들이 상실했다고 믿는 사회적 지위, 특히 백인 노동계급의 인종적 특권을 복원하겠다는 약속에 의해서, 그리고 듀 보이스와 데이비드 로디거가 발전시킨 개념을 빌리자면 그들이 받아 마땅한 '백인 임금^{wages of whiteness}'을 지불하겠다는 약속에 의해 뒷받침된다.[11]

둘째, 정체성은 그 자체로 소유의 한 형태이며, 여기에는 경제적인 것, 문화적인 것, 인종적인 것이 불가분하게 뒤얽혀 있다. 소유 이론가들의 말을 빌리면, 정체성은 그 자신만 배타적으로 점유한 것을 함축한다. 이때 정체성이 대체로 비물질적이라는 점은 문제가 되지 않는데, 오늘날 다양한 소유 형태들이 물질적 형태와 비물질적 형태 모두로 이뤄지기 때문이다. 체릴 해리스가 주장하듯이, 법은 백인성의 '보유자'에게, 다른 유형의 재산 보유자들에게 수여했던 것과 똑같은 종류의 특권과 혜택을 부여한다. "종속된 '타자들'을 배제하는 것은 백인성과 관계한 소유의 중심 부분이었고 여전히 그러하다. 또한 실제로 그것은 [소유] 보호의 일환으로 법원은 이를 특권이 지속되고 있다는 백인들의 안정적인 기대감으로 확장한다."[12] '당신이 가진 백인성은 타자들을 배제한 당신의 점유물이며, 당신의 주권을 약속해 준다.' 소유와 주권은 점유와 배제라는 쌍둥이 작용과 긴밀히 결합하는데, 우리는 이를 2부에서 다룰 것이다.

이러한 인종적 소유관은 가난한 백인 노동계급 주민들이 우파 정치집단을 지지하는(심지어 이 집단들이 그들의 경제적 이해관계와는 반대로 행동할 때조차) 동기를 이해하는 데 있어 유용한 틀을 제공한다. 아렌트가 "특권에 대한 긍지"라 부른 것은 항상 경제적 혜택을 가져다주지 않으며, 금전적 부를 얻지 못하는 것이 반드시 우익운동들의 가난한 노동계급 지지자들을 실망시키는 것도 아니다. 정체성과 그 특권을 방어할 필요성—그들이 상실했다고 믿는 인종적 소유의 복원—이 때로는 모든 다른 목표들을 덮어버린다. 따라서 정체성과 소유는 우익 포퓰리즘

어셈블리

과 이중 관계를 맺는다. 즉 정체성은 소유를 위한 특권적 수단으로 복무하며, 또한 소유 형태 자체는 사회질서의 위계를 유지하고 복원할 것을 약속한다.[13]

:: 종교 정체성들의 폭력

오늘날 가장 악랄한 우익운동 중 일부가 종교적 열광에 의해 추동된다 하더라도 신앙이 그들의 정치적 행동을 지시한다고 가정해서는 안된다. 적어도 직접적인 방식에서는 아니다. 오늘날의 여러 종교운동들을 이해하는 하나의 열쇠는 그들이 종교 정체성의 방어와 외부 세력에 대한 원한을 결합하는 방식에 있다. 중요한 것은 한편으로 분노의 실제 원인과 이 운동들에 동원되는 반동적 기획을 인식하는 것이며, 다른 한편으로 종교 정체성들의 파괴적 성격을 파악하는 것이다.

물론 모든 종교운동들이 반동적인 것은 아니며, 종교운동의 정치적 방향은 역사적으로도 매우 다양했다. 이는 의심의 여지 없는 가장 위대한 종교사회학자 중 한 명인 에른스트 트뢸치가 종교적 관념의 상대적 자율이라 부른 것만으로는 설명되지 않는다.[14] 대신 이는 종교운동이 발생하는 특정한 역사적 상황에 주로 달려 있으며, 같은 상황이라도 다양하고 모순적인 정치 발전으로 나아갈 수도 있다. 가령 이슬람교에 대항한 로마 가톨릭교의 십자군과 그에 따른 신앙의 군사화가 일어난 시기 동안에도 프란체스코주의와 같은 평화적이고 자비로운 분파들의 위대한 경험이 있었다. 이슬람교의 역사에서도 같은 시기에 전제적인 군사적 정복 기획(피정복민에게 개종을 강요하는)과 신비주의적인 삶의 형태가 동시에 탄생한 것 역시 사실이다. 보편적 이슬람 공동체라는 정치적·영적 지도로 통치한 아바스 왕조*가 절정에 이른 시기에는 다양한 금욕적인 탁발 형제애, 즉 '빈자의 종교'가 발전했으며, 이는 아랍 무슬림 문명의 발전에서 핵심 역할을 담당했다. 마찬가지로 유대교에서도 선택받은 이들의 사원을 되찾으려는 교리적·정치적 시도들이 예언적, 메시아적, 혁명적 실천들과 동시에 일어났다. 샤바타이 체비**의 삶을 둘러싼 전설은 유대인의 종교적 체험이 지닌 모순적 힘을 담고 있는데, 이 주제에 대한 게르숌 숄렘의 놀라운 책은 이러한 모순에 대한 고전적 분석으로 읽을 수 있을 것이다.[15] 이후에도 마찬가지로, 자본의 시초 축적기에는 종교운동들이 한편으로 (베르너 좀바르트와 막스 베버 등의 저자들에 따르면) 자본주의 발전의 주요 요인이었으며, 다른 한편으로 (에른스트 블로흐, 비토리오 란테르나리, 라나지트 구하 등이 분석했듯이) 자본에 대한 저항의 특권적 형태로 기여했다.[16]

앞에서 말했듯이, 오늘날의 우익종교운동의 가장 중심적인 두 가지 특성 중 하나는 정체성을 구축하고 그 순수성을 방어하는 것을 목표로 하는 것이며, 다른 하나는 외부 정치세력이 저지른 잘못에 대한 원한

---

* 아바스 왕조는 아랍 제국의 두 번째 이슬람 바그다드 칼리파 왕조의 이름이다. 아바스 왕조는 750년 초대 칼리프 왕조인 우마이야 왕조를 무너뜨리고 왕조를 세웠고 1258년 몽골족이 바그다드를 함락시킬 때까지 아랍 제국을 다스렸다. 바그다드가 무너진 이후에는 이집트로 옮겨서 종교적 권위를 내세웠다. 아바스라는 이름은 예언자 무함마드의 숙부인 알아바스의 이름에서 유래했다.

** 스페인계 유대인이었던 샤바타이 체비(Sabbatai Zevi, 1626-1676)는 유대인의 해방을 기다리고 이끄는 카발라주의에 매료되었고, 이후 유대 신비주의 경전인 '조하르'를 근거삼아 스스로를 '메시아'로 선포하고, 자신의 추종자들과 함께 샤바타이 운동을 일으켰다.

감정이다. 종교운동이 종종 신학적이면서 정치적인 용어로 표현되는 교의적 폐쇄성으로 향하는 경향이 있는 이유, 그리고 종교운동이 인종 정체성이나 문명 정체성에 기반한 운동들과 그토록 자유롭게 소통하고 혼합될 수 있는 이유는 종교운동이 정체성의 순수성과 안정성에 초점을 두기 때문이다. 어떤 이들은 전 지구화의 비인격적이고 소외를 일으키는 효과가 공적 영역에서 종교가 부흥하게끔, 그리고 신앙의 정치화라는 오랜 전통을 따라 종교 정체성들의 힘이 성장하게끔 기여했다고 주장한다. 그러한 정체성들이 불안정과 위기의 시대로 돌아가는 것은 놀라운 일이 아니다. 그러한 운동들은 전형적으로 도덕에서 정치로 재빨리 이동하여, 곧바로 (그들이 헤게모니를 장악하자마자) 신앙을 지배의 도구로 변형시킨다.

이 정체성들은 외부의 권력들에 의해 겪게 된 굴욕이나 그들에 의해 강제된 빈곤에 관한 원한과 분노를 동원함으로써 활성화되고 공고화된다. 간혹 들먹여지는 잘못들은 유사 신비적 사건들이긴 하지만 그것들은 종종 아주 실제적이다. 오늘날의 여러 종교운동들은 신앙인들의 관심을 신자유주의 정치가 낳은 비참함에 집중시키며, 다른 경우들은 유럽, 미국, 그리고 현재의 초국가적 권력.구조에 의한 식민 지배의 유산들 및 그 지속적 형태를 강조한다. 실제로 이러한 것들은 유럽 도시들에서 일어나는 인종적 형태의 배제와 종속에 대한 원한에 의해 반복된다. 알랭 베르토가 파리의 가난한 교외 지역에 관해 썼듯이, "우리는 이슬람의 급진화와 마주하는 것이 아니라 끔찍한 시대에 길을 잃은 아이들의 분노, 혼란, 그리고 희망 없음의 이슬람화와 마주하고 있다. 이 아이들은 지하드에서 자신들이 가진 분노의 의미와 무기를 찾는다."[17] 한편으로 우리는 그러한 원한과 분노가 명령에 의해 근절될 수 없음을 인식해야 한다. 거기에는 어느 정도 진실이 있기 때문이다. 그러나 다른 한편으로 이러한 분노가 현실의 부조리에 대한 반작용이고, 해방운동의 논리를 반복한다 할지라도, 그것은 다른 형태의 노예화 기획에 가담하는 것이다. 정체성에 대한 숭배, 종교적 광신주의, 그리고 사회적 보수주의는 치명적이고 폭발적인 슬픈 열정으로 서로 뒤얽히며, 이 열정은 폭력과 전체주의적 경향을 키운다.

2014년에서 2015년까지 ISIS와 알카에다 분파에 의해 조직된 시리아와 이라크에서의 군사적 발전은 이렇게 종교라는 미명하에 저항과 지배가 폭발적으로 혼합된 극단적 사례이다. 여기서 종교적 분파주의가 현실의 몇몇 잘못들에 대한 대중적 원한과 교차하는데, 이 잘못에는 20세기 동안은 식민지배자들에 의해 단조롭게(장기적 효과와 함께) 확립된 중동의 영토적 조직화가 있으며, 뒤이어 21세기에는 외국의 개입, 특히 미국이 행한 테러와의 전쟁, 아프가니스탄 및 이라크 점령이 있다. 종교적 극단주의와 반식민주의 감성의 결합은 이 힘들을 좌파나 우파에 속한 것이라고 추상적·정치적으로 지칭하는 것을 의미 없게 만든다. (비록 이들이 20세기 후반 이 지역에 등장한 나세르주의* 같은 사회주의적이면서 세속적 성격이 강한 경향들을 명시적으로 거부하긴 하지만 말이다.) 이들의 원한이 부분적으로 실재적 토대를 갖는다고 인식한다는 이유를

---

* 나세르주의(Nasserism)는 1956년부터 70년까지 이집트의 대통령이었던 가말 압델 나세르(1918-1970)가 주장한 사회(민주)주의, 아랍 사회주의, 범아랍주의, 반(反)시오니즘, 세속주의 비동맹주의 등이 결합된 이념이다. 그는 1952년 이집트 혁명을 통해 군주제를 폐지하고 이집트에 일어난 광범위한 토지개혁을 주도했다. 1956년 6월 이집트 총선에서 당선된 나세르 대통령은 무슬림이었지만 세속주의를 내세웠기 때문에 이슬람주의 우익들의 정치참여에 반대하면서 그들과 대립했다.

들어 우리가 '테러리스트에게 공감한다'거나 그들의 행위를 정당화한 다고 생각하지 말라. 아니 오히려 그들에게 반대하는 유일하게 효과적 인 방법은 거짓으로부터 진실의 가닥을 풀어내는 것이며, 경제적 비참 과 식민적 예속에서 벗어나려는 평등주의와 해방의 기획을 적어도 흉 내 내고 있는 요소들을 운동 전반의 야만적이고 전체주의적인 틀과 분 리해 내는 것이다. 이 지점에서 사람들의 자유와 자율에의 욕망이 현재 가장 두드러지는 광신적 종교 체제에서 빠져나올 수 있는지, 그래서 이 욕 망이 해방 기획의 방향으로 재설정될 수 있는지, 또는 그러한 기획이 종교 영역 위에서 행해질 수 있는지 어떤지의 여부를 말하는 것은 불가능하다. 설혹 이것이 가능하다 해도, 우리에게 두려운 것은 그들이 여전히 정체성 의 구축 및 방어에 중점을 두는 한 그들이 야만적이고 파시스트적인 국가 의 재건에 이를 수밖에 없는 가능성이 강하게 남아 있다는 점이다.

　오늘날 다수의 반동적인 종교운동들, 특히 이슬람운동의 한 가지 두 드러지는 요소는 원한, 정체성, 광신주의 위에 세워진 극단적 형상인 순교자를 찬양한다는 점이다. 모든 주요 종교들에 걸쳐 실제로 두 가지 구별되는 순교의 전통이 있다는 것을 기억해야 한다. 하나의 전통은 순 교자들이 죽을 때까지 자기 신앙을 지키고 정의를 증명하려 한다는 점 이다. 가령 산살바도르에서 미사를 주재하다 우익 암살단에게 살해당 한 대주교 오스카 로메로*는 위협을 받고 있었고, 빈자를 위한 그의 정

---

*　오스카 로메로(Óscar Arnulfo Romero y Galdámez, 1917-1980)는 엘살바도르 로마 가 톨릭교회의 대주교로, 군사독재 정권이 민주화 운동을 탄압하자 빈곤층을 돕고 인권 침해를 고발하는 방식으로 항거했다. 1980년 3월 엘살바도르 산살바도르의 한 병원 에서 미사를 집전하다 4명의 무장괴한들에 의해 저격을 받아 사망했으며, 사후 30여 년이 지난 2009년 군사정권에게 암살당했음이 정부에 의해 공식 인정되었다.

치적 선언이 생명을 위태롭게 할 것을 알고 있었다. 다른 전통은 오늘날 보다 만연한 것으로, 순교자들은 자신들의 적과 마찬가지로 공격하고 파괴하며, 극단적 형태의 테러를 찬양하며, 순교를 더 이상 증거의 형태가 아니라 정치적 정체성의 종교적 표현으로 만든다. 따라서 종교 운동들은 재앙적인 정치 기획과 나란히 간다. 즉 성스러움이 증오하고 파괴하는 자들에게 주어진다. 우리가 앞서 언급했듯이, 유럽과 북아메리카에서의 익명의 ISIS 모집 활동은 이러한 순교에의 호소에 강하게 의존하며, 순교라는 미명하에서 소셜미디어를 통한 ISIS의 공개모집은 소름 끼치도록 효과적인 것으로 입증되었다. 스피노자를 따라서 우리는 이러한 종교적 믿음과 관행들을 보며 미신에 대한 거부로 나아가야 할 것이다.[18]

모든 종교적 정체성이 이러한 야만성과 죽음의 메시지를 이런저런 형태로 전하는가? 볼테르도 마찬가지로 의심한다. "신학은 정신을 타락시키거나 때로는 국가를 타락시키는 데 기여할 뿐이다."[19] 에릭 피터슨도 일신론에 대한 이러한 불신을 증명하려 했다.[20] 다양한 종교들이 공통 기반을 찾으려 하거나 단지 평화롭게 서로를 관용한다거나, 또는 더 나아가 세상과 삶에 대한 사랑을 절대적 가치로 채택하기를 희망한다거나 하는 것은 순진하다. 간디는 인도 독립일 전야에 힌두교인과 무슬림이 야만적 폭력을 '서로 주고받은intercommunal' 것을 목격하고, 분할통치 기간과 그 이후에 대규모 학살과 비극이 분명히 일어날 것이라고 예견하였다. 이후 간디는 종교 정체성을 세속주의가 아닌 방식으로 종결내고자 했다. 물론 간디는 종교인으로 남았지만, 종교 정체성을 계속 분리시키면서 다른 종교를 존중하자는 의미에서의 종교적 관용만으로는 평화를 위해서 불충분하다고 보았다. 대신 간디는 '상호공동체주의

intercommunalism'를 주창하고 그 행위를 모델화했는데, 이는 무슬림과 기독교의 문헌과 관습을 모두 받아들여 결과적으로 종교 정체성들을 더 늘려 그것을 내부로부터 파괴하는 것이다. 말하자면 그는 힌두인 되기를 덜한다기보다 더욱더 무슬림이 되고 기독교인이 되고자 하였다. 우리가 생각하기에, 오늘날에도 생명력이 남아 있는 간디의 핵심 통찰은 종교 자체가 아니라 종교 정체성(즉 종교인의 구축 및 방어)이 필연적으로 폭력과 야만을 초래하니 파괴해야 한다는 것이다.[21]

마지막으로 우익운동들이 종종 해방운동들의 구조 및 실천에서 파생된다 할지라도, 그들은 일련의 교훈을 제공한다. 첫째, 해방운동들은 어두운 거울에 비친 자신의 굴절된 상을 응시함으로써 자신과 어두운 거울에 비친 상이 적대적이어야 한다는 점을 인식해야 한다. 운동들은 단순히 지배권력을 강화하거나 사회질서의 위계를 유지·복원하는 일을 뒷받침하는 데에 기여해서는 안 된다. 대신 반드시 자율적이고, 파열을 만들어내는 논쟁적인 행위자들이어야 한다. 둘째, 운동들은 민주적이어야 하며, 조직화와 제도에의 필요를 거부하지 않으면서 중앙집중화된 리더십을 비판하는 태도를 유지해야 한다. 우리는 뒤이은 장들에서 수평주의와 수직성이 맺는 필연적 관계를 계속해서 표명할 것이다. 마지막으로 운동들은 비정체성적^{nonidentitarian}이어야 한다. 인종, 민족, 종교, 섹슈얼리티 및 여타 사회요소에 기반하는 정체성은 운동의 복수성을 차단하는데, 대신 운동들은 내적으로 다양하고 다중적이어야 한다. 이러한 교훈들에서 배우지 못한 해방운동들은 (머지않아) 오른쪽으로 표류할 위험이 있다.[22]

:: 부로서의 가난

태곳적부터 종교의 권위자들은 빈자 다중을 지배권력에 결속시키고자 했다. 지배적인 종교 논리는 정치권력과 세속적 부의 점유 모두를 정당화하는데, 대개는 가난을 자연적 결과, 심지어 연민의 가치도 없는 것으로 제시한다. '신이 빈자를 용서하고 자기 처지를 감내하는 자에게 보상을 줄지니.' 그러나 각각의 종교 전통에는 가난을 긍정하고 주권권력에 맞서 무소유의 실천을 긍정하는 소수적 흐름도 있다.

근대의 여명기에 봉건 질서와 결탁한 가톨릭교회가 그리스도가 가난을 권고했음을 부정하면서 가난하게 태어난 그리스도가 아니라 그리스도 왕을 공공연하게 강조했던 반면, 프란체스코회 교인들은 가난이 최고 형태의 영적 삶이며 모두가 그것을 실천해야 한다고 단언했다. 이러한 선언은 곧바로 사회적·정치적 실천으로 번역되었으며, 프란체스코회 교인들은 자신들의 '교회 맹세'가 소유의 포기일 뿐만 아니라 재화의 사용을 엄격하게 제한하는 것을 지시한다고 주장했다.[23] 이 이야기는 태동하는 근대 세계에서(그리고 그에 맞서) 가난의 실천을 혁명적으로 발견하고 소유를 종교적이자 정치적인 문제로 만든 한 사례이다. 프란체스코회 교인들(그리고 이들 전에는 순결파, 발도파 등이 있었다)은 소유 비판을 보급하면서 무소유의 실천을 제안했는데, 이는 지배권력에 균열을 일으키고 그들을 전복하는 전조가 되었다.[24] 소유의 방어가 제거될 때, 종교 생활과 주권의 동맹은 해체된다. 근대의 황혼기인 오늘날 새로운 사회계층은 '자연적인' 봉건질서와 식민질서에 맞서 투쟁할 뿐만 아니라, 여러 교회들의 귀족적 조직화에 맞서 투쟁하는데, 이는 이전의 전통을 갱신하고, 무소유의 실천을 다시금 혁명적 잠재력으로 채우는 것이다.

결정적인 것은 가난의 긍정과 소유에 대한 비판이 궁핍이나 금욕이 아니라 풍요라고 생각한다는 점이다. 프란체스코회는 '우수스 파우퍼usus pauper[가난한 사용]', 즉 재화에 대한 절제되고 제한된 사용을 제안하면서 다음의 성서 구절을 급진적으로 해석한다. "믿는 자들의 다중이 한 마음 한 뜻이었다. 그가 가진 물건 중 어느 것도 자기 것이라고 말하는 이가 없었으며, 그들은 모든 물건을 공동으로 가졌다."[25] 물질적 측면에서 가난을 풍부한 것으로 긍정하는 것과 사적 소유를 전복하자는 권고는 우리의 협동적 생산 능력이 가진 가치와 정치적 힘을 강조한다. '우수스 파우퍼'에는 공유된 부가 풍요롭다는 생각과 공통적인 것의 잠재적 구성에 대한 예감이 있다.[26] 따라서 프란체스코회에 따르면 소유의 거부는 영적 변화에 있어 필수적일 뿐 아니라, 풍요로운 삶에게도 필수적이다. 가난은 부의 부재가 아니라, 어쩌면 역설적이게도, 부의 근본적 전제조건이다. 사파티스타의 슬로건을 인용하자면, '모두에게 모든 것을'은 가난의 삶이 내리는 근본적 명령이다.

교회가 가난의 혁명적·인본주의적 사업을 박살내고 나자, 여러 가지 점에서 근대는 자본주의적 관계 속에서 가난을 성공적으로 길들임으로써 탄생했다고 규정할 수 있다. 자본주의적 세계에서 가난은 착취와 불가분하게 연결된다. 빈자는 더 이상 인간 종의 변두리에 있는 노예, 짐을 진 짐승, 불가촉천민이 아니라 생산자로 통합되고 예속된다. 토지와 다른 모든 자급자족 수단과 분리된 후에 노동자들은 한편으로 더 이상 봉건적 예속 관계에

---

*   인용된 구절의 한국어 성서 번역은 이렇다. "믿는 무리가 한 마음과 한 뜻이 되어 모든 물건을 서로 통용하고 제 재물을 조금이라도 제 것이라 하는 이가 하나도 없더라." (「사도행전」 4장 32절)

종속되지 않으며, 다른 한편으로 더 이상 생산수단과 생계수단에 접근할 수 없다는 점에서 '자유롭게' 되었다. 마르크스에 따르면, 노동 능력 즉 "모든 대상성을 빼앗긴 순수하게 주체적인 노동의 실존"은 따라서 "절대적 가난"이다. 그리고 가난의 순전한 인격화로서 노동자는 빈자이다.[27] 프롤레타리아트, 즉 노동력의 자유로운 판매자들인 다중은 팔 수 있는 것이 아무것도 없고 다른 생존수단이 전혀 없이 '제2의 자연'에 들어가게 되는데, 이 '제2의 자연'은 자본에 의해 구축되어 노동윤리 및 위계화된 사회질서에 대한 신학적 정당화로 인해 강화된다. 빈자는 자기 자신의 착취에 책임감 있게 참여할 것을 요청받으며, 그러한 참여는 품위 있음으로 여겨지게 될 것이다. '신의 크나큰 영광을 위하여$^{Ad\ majorem\ Dei\ gloriam}$'. 자본주의적 금욕주의는 빈자와 피착취자의 지옥살이가 된다.

그러나 이러한 자본주의적 가난 구축은 또한 다른 진실을, 즉 부의 생산과 사회적 삶의 재생산이 실질적이면서도 심원한 의미에서 노동자의 손에 달려 있다는 점을 드러낸다. 이 사실은 빈자와 착취당하는 노동자를 예속하는 자본의 '자연사'와는 잠재적으로 모순된다. 앞서 인용한 마르크스의 말을 계속 이어보면, 그는 노동자들의 빈곤을 고발한 뒤 그것을 그들의 힘과 연결하는데, 이것이 의미하는 것은 자본주의 사회에서 노동자들의 산 노동이 생산수단의 박탈에도 불구하고 "물질적 부의 일반적 가능성"이라는 점이다. 가난과 잠재력을 혼합하는 이러한 폭발력은 생산수단의 사적 소유권을 치명적으로 위협한다.

자본주의 발전의 탈산업화 시기인 오늘날 가난과 잠재력의 혼합은 한층 더 휘발적인 것이 되며, 근대의 여명에서 보인 프란체스코회의 직관은 근대의 황혼에서 완전한 힘으로 되돌아온다. 한편으로 현재의 신자유주의적 구성체 및 금융의 지배 하에서 생산적 노동의 소외는 극단적인 수준에 도달했다. 빈자와 전체 노동 인구의 삶이 점점 더 불안정해지기 때문인데, 우리는 이 점을 3부에서 더 자세하게 다룰 것이다. 고용불안──선진국의 종속된 주민들과 후진국의 거의 모든 주민들은 이를 오랫동안 경험해 왔다──이 규칙이 되어가는 동시에, 공공 지원 구조 및 제도들은 파괴되는 중이다. 불안정성은 일반화된 실존적 조건과 같은 것이 되었다. 다른 한편 임금노동의 세계 안팎 모두에 관여하는 우리의 협동적인 생산 능력은 점점 더 공통적인 것의 영역을 발전시키고 그에 참여하며, 공통적인 것은 불안정 노동자들이 필요로 하고 요구하는 안전의 형태를 제공할 잠재력을 가진다. (우리는 2부에서 이 주장을 더 발전시킬 것이다.) 불안정성과 공통적인 것은 신자유주의 시대에 다중의 가난과 잠재력을 인식하기 위한 핵심 용어들이다.

빈자 자신이 오늘날의 이러한 신자유주의적 조건에 응답할 수 있는 두 가지 주요한 방식이 있다. 하나는 점점 더 늘어나는 불안정한 삶을, 국민 정체성의 구성·방어·복원의 필요성을 강화하는 것으로 보는 것과 관련된다. 이는 전 지구적 자본, 금융, 선진국들, 초국가적 권력, 이주민, 외부인, 그리고 여타 실재적이거나 상상된 박탈의 원천 등등이 제기한 위협에 맞설 방어벽으로 기여할 것이다. 신앙인의 공동체와 그들의 복원된 정체성이 불안정한 삶으로부터의 도피처를 제공한다고 상상되는 것이다. 하지만 우리가 살펴보았듯이, 종교 공동체의 정체성을 긍정하고 강화하는 것은 이러한 맥락에서 왜곡된 파괴적 실천을 발생시키는데, 여기에는 순교자의 죽음을 억압자들과 삶의 박탈에 맞서는 도전이자 무기로 배치하는 것이 포함된다.

두 번째 응답은 정체성이라는 사이렌의 노래를 거부하고 대신에 우리의 불안정한 조건에 기초해서 공통적인 것을 기반으로 안전한 삶의 형태를 구축하는 것이다. 주디스 버틀러는 여러 권의 책에서 불안정성^{precarity} 개념을 희생자화와 고통으로서가 아니라(혹은 그에 더해) 주요한 잠재력의 장소로서 발전시켰다. 젠더 · 섹슈얼리티 · 인종의 맥락에서 빈자 · 장애인 · 피종속자의 취약성^{vulnerability}은 우리 모두가 공유하는, 피할 수 없는 타자에의 의존을 인식하게 만든다. 즉 상호의존성의 회로들을 발전시키는 것이 실질적인 안전으로 가는 주요한(어쩌면 유일한) 경로이다.[28] 우리는 상호의존성에 대한 버틀러의 긍정을, 공통적인 것에 대한 이론들 즉 자본주의 경제 안팎에서 자유롭고 자율적인 삶의 형태를 발생시키는 강력한 토대로서 생산적인 사회적 협력 네트워크를 개방하고 확장하기를 제안하는 이론들과 이어진다고 읽는다. 이 사례들에서 빈자는 불안정성의 고통에 대해서 정체성의 벽 뒤로 후퇴하는 것으로 반응하는 게 아니라 공유된 삶의 새롭고 유동적인 성좌들을 구축하는 것으로 반응한다.

이러한 불안정성과 가능성의 결합은 특히 이주민의 삶에서 강력하게 표현된다. 국경을 넘나들고, 에둘러가고, 통과하는 다중은 고정된 정체성을 무너뜨리고 전 지구적 질서의 물질적 구성을 불안정하게 할 잠재력을 갖고 있다. 이주민들이 전 지구적인 삶정치적 생산에서 능동적 행위자로 반드시 포함될 수밖에 없을 때, 단지 빈자 중에서도 빈자라는 것만으로 이주민들을 예속시킬 수는 없으며 그들의 다언어적 · 다문화적 능력들이 사회적 생산에 필수적인 것이 될 때, 그들의 현존과 행위는 필연적으로 전통적인 정체성의 위계를 무너뜨릴 것이다. 전례 없이 혼합된 이러한 주체성들은 그들을 융합시키고 정체화하려는 통제 권력을 더욱더 피해갈 수 있을 것이다. 가난의 화염과 이민의 오디세이 안에 새로운 힘이 거주하는 것이다.

여기서 우리는 다시금 프란체스코회가 가진 기획의 본질과 만난다. 즉 결핍으로서의 가난이 아니라 부와 풍요의 상태로서의 가난은 모든 형태의 주권과 초월적 권력을 위협한다. 12세기 당시에 기벨린파*와 연합하여 봉건적 종교질서를 전복하고자 했던 프란체스코회 교인들이 보여준 무소유의 실천은 오늘날 또다시 자본의 금융 권력에 맞서는 공통적인 것의 투쟁에서 혁명적 잠재력을 가지며, 심지어 그 힘의 깊이는 훨씬 더하다. 가난이 정체성에 대한 근본적 거부의 씨앗, 나아가 공통적인 것에 기반한 적대적이고 다중적인 주체의 탄생의 씨앗을 포함하고 있는가? 실제로 가난에는 종교 정체성을 포함한 모든 종류의 정체성을 해체할 신성모독적이면서도 그 정체성을 부식시키는 요소가 있다. 강력한 정체화 개념들(민족, 인종, 가족 등)이 없다면 신 자체와 그의 현현을 투사(이것이 광신주의와 미신이 나란히 가는 종교 정체성의 본질이다)할 방법은 없다.[29] 그런 것이 없다면 그것을 여전히 종교라고 할 수 있을까?

---

*   12-13세기 중세 유럽(특히 지금의 이탈리아 북부지역)에서 교황권과 신성로마황제의 권력을 지지하는 두 분파인 구엘프(Guelf, 교황파)와 기벨린(Ghibelline, 황제파)의 대결을 말한다. 귀족 가문들인 벨프 가와 호엔슈타우펜 가는 신성로마제국의 황제 자리를 놓고 치열하게 대결했는데, 이 대결의 승리자인 호엔슈타우펜 가문의 프리드리히 1세 신성로마제국 황제는 이탈리아 도시국가들에 영향력을 확대하기 위해 수차례 원정에 나섰다. 호엔슈타우펜 가문의 성 바이블링겐 성(Waiblingen)의 이탈리아어 표기에서 유래한 기벨린파(아레초, 크레모나, 포를리, 시에나, 피사 등의 도시국가)는 프리드리히 1세의 편에 섰으며, 벨프 가문의 이탈리아어 표기에서 유래한 구엘프파(볼로냐, 크레마, 제노바, 페루자, 피렌체 등의 도시국가)는 교황 알렉산데르 3세의 편에 서서 롬바르디아 동맹을 맺었다.

5장
진짜 문제는 다른 곳에 있다

앞에서 제기한 혁명운동과 해방운동의 역사를 통해 드러난 리더십의 문제를 풀기 위해 우리는 다음을 인식해야 한다. 첫째, 정치적 행동의 사회적 조건은 어느 정도로 변했는가. 근대 및 근대화의 종식은 몇 가지 핵심적인 점에서 정치적 가능성들의 배열을 재배치했다. 둘째, 아마도 더 중요한 것일 텐데, 현재의 정치적 난국은 정치적인 것의 자율이라는 전제에 기반을 두는 순전히 정치적인 방식으로는 적절하게 타개할 수 없다. 마르크스가 말했던 것처럼 우리는 이 시끄러운 정치적 담론의 영역을 떠나서 사회적 생산과 재생산이라는 숨겨진 거처로 내려가야 한다. 우리는 과연 (근대를 넘어서) 다중과 공통적인 것 사이의 길에 놓인 '다른' 영역을, 즉 다중이 공통적인 것을 생산·재생산하는 경로를 발견할 수 있을까?[1]

:: 댐을 무너뜨려라!

마키아벨리가 우리에게 가르쳐준 것은 운運을 길들이고, 예측할 수 없는 정치적 사건의 폭풍우를 이겨내기 위한 방어선으로서 제도화된 덕ordinata virtù을 구축해야 한다는 것이다. 그가 조언하길 제방과 둑은 날씨가 잠잠할 때 세워야 하는데, 그래야 강물이 거세게 일 때 피해가 줄어들 수 있기 때문이다.[2] 우리는 마키아벨리의 지혜 어린 충고를 진심으로 지지한다. 앞서 말했듯이 운동들은 모든 형태의 역경을 견디고 이겨내기 위해 조직화와 제도들이 필요하다. 오늘날 중앙집중화된 지도와 권위를 정당하게 비판하는 것(그리고 이 일은 꼭 필요하다)이 정치조직과 제도가 더 이상 필요하지 않다는 의미로 받아들여서는 안 된다. 그런데 구성constitution보다는 해체destitution의 행위가 필요한 때가 있다. 그때 가장 절박하게 필요한 것은 다른 새로운 제도를 위한 길을 내기 위해 지배의 견고한 제도를 파괴하는 것이다. 달리 말해 우리는 때로는 다른 경로를 취해야 한다. '댐을 무너뜨려라!'

'댐을 무너뜨리는 것'은 우선 자본주의 세력이 오늘날 우리의 사회관계와 정치관계의 총체를 지배하고, 우리의 욕망을 신비화하고, 그들의 목표를 위해 우리의 생산성에 멍에를 씌워놓는 극점을 이해하는 것을 수반한다. 둘째, 그것은 또한 삶정치적 지배의 쇠우리cage, 중앙은행이 부과하는 화폐적 명령, 정치구조가 합작해서 규정하는 권위, 경제적 충동이 부과하는 규율 등을 폭파할 수단을 발견할 것을 요구한다.

오늘날의 이러한 조건의 계보학을 큰 틀에서 개괄해 보자. (보다 세밀한 내용은 다음 장에서 분석할 것이다.) 1968년의 전 지구적 사건을 특징짓는 다양한 형태의 저항—반식민·반제국주의 투쟁, 반인종주의 운동, 페미니즘 운동, 노동자 봉기, 자본주의적 훈육과 통제를 거부하는 여러 형태의 운동 등등——에 대한 대응으로 오늘날의 자본주의적 지배구조가 등장했다. 특히 지배국가들에서 공공지출이 그 한계를 넘고 한동안 공공부채가 발전 및 사회 불안 통제의 유일한 열쇠였던 과정에서 이 투쟁의 효과를 알 수 있다. 그 이후에는 확대된 사회적 억압과 사회질서의 재편을 통해서만 자본주의 체제가 다시 조직되고 유지될 수 있었다.(1970년대 초가 핵심이었다.)[3] 이 시기에 신자유주의가 탄생한다. 1973년 칠레의 쿠데타가 신자유주의를 실험하고 시카고학파의 경제학을 철저하게 적용하는 길을 열었다. 마거릿 대처와 로널드 레이건은 자국에서 신자유주의 전략을 개시했지만 이를 실제로 공고히 한 것은 토니 블레어와 빌 클린턴(조금 나중에는 게르하르트 슈뢰더)이었다. 이들은 복지구조 및 노동보호를 파괴하고 전 지구적 금융을 지배 지위로 승격시켰다. 블레어, 클린턴, 슈뢰더는 자본가 계급을 위해서 '더러운 일'을 했으며 개혁주의적인 중도주의의 탈을 쓰고 '신자유주의 혁명의 승리'(그들은 정말 이렇게 말했다)를 방관했다. 이 '더러운 일'은 공식적 좌파의 죽음을 나타냈으며, 오늘날 그 시체가 모든 사회민주주의 정당을 무겁게 짓누르고 있고 민중계급을 대표하려는 그들의 노력을 봉쇄한다.

그 당시 자본주의적 관계는 생산과정을 탈산업적이고 삶정치적인 디지털 방식의 개혁으로 가동시켰다. 이 과정에서 일어난 노동력의 사회적 구성과 자본의 새로운 기술적 구성 사이의 갈등에서 이전에 존재했던, 생산적 사회와 자본주의적 정치 간의, 저항 형태와 지배 형상 간의 모든 상응관계가 무너졌다. 자본주의 명령은 오늘날 점점 더 순전한 권력 행사로 기능하며 엄격한 한계 범위 안으로 사회 불안을 억제하는 것을 목표로 한다. 사회관계에 대한 주권적 권력 행사가 증가하면서 또한 금융 엘리트와 부동산 엘리트를 위한 혜택과 특혜의 다양한 메커니즘, 즉 부패가 증가한다. 이러한 착취 및 분배의 도식에서 더 이상 균형을 유지하려 하지 않는 권력을 우리는 뭐라고 불러야 할까?

이것이 1968년에서 1989년까지의, 노동계급의 정치적 구성과 자본의 정치적 구조 사이의 상호작용의 약사略史이다. 그런데 우리가 앞서 간략히 살펴보았듯이 사회 투쟁이 분명 가만히 멈춰 서 있기만 한 것은 아니었다. 반대로 투쟁은 이러한 위기 가운데 저항의 새로운 경로를 여는 길을 발견했다. 하나의 주기, 1995년 치아파스 혹은 1999년 시애틀에서 탄생한 대안지구화 투쟁의 주기는 여러 가지 의미에서 9·11 공격 이후 단행된 '테러와의 전쟁'의 부산물로 종식되었으나, 그 핵심 요소는 사라지지 않았다. 또 하나의 주기—텐트농성과 도시 공간의 점거로 특징지어지는 여러 '봄'의 주기—가 2008년 이후에 탄생했다. 이 투쟁은 타올랐다가 급속히 소진되는 듯했지만, 다른 곳에서 훨씬 더 큰 힘으로 다시 등장했다. 그런데 이 투쟁 주기도 아직은 오늘날의 필요에 부합하는 새롭고 효과적인 조직 형태를 발명하는 데에는 성공하지 못했다. 우리는 투쟁—긴 기간, 폭넓고 다양한 국가적 맥락 및 정치적 맥락에서 일어난—이 이토록 풍성한데, 왜 조직화는 여전히 빈약한지 그 이유를 이해해야 한다.

과거에는 조직화의 필요성을 이해하기 위하여 '즉자'와 '대자'의 변증법(이에 따르면 즉자적 계급, 계급의 경험적 실존은 그 지위와 잠재력에 대한 고양된 의식을 가진 대자적 계급으로 변형될 것이다)이라는 헤겔식 개념을 교육적 목적으로 활용했었다. 지금은 이것이 완전히 낡은 것이 되었다. 이 변증법을 늘 짓누르고 있었던 것은 의식 안에서 더 높은 자연의 반성적 작용을 보는 이원론적 사고방식이다. 이 이론에 따르면 의식, 정신, 이성 그리고 개인의 의지는 삶, 신체, 열정, 존재 자체를 지배하는(지배해야만 하는) 인간 능력이다. 다른 길로 가기 위해 우리는 근대 정치사상의 '켄타우로스'로, 즉 근대 혁명사상의 지배적 계열이 전적으로 신봉한 관점으로 되돌아간다. 오늘날 삶정치의 맥락에서는 새로운 조직 유형의 성찰이 가능하다. 이 성찰은 켄타우로스의 몸의 두 절반을 뒤집는 것에서 시작해 재빨리 그 이분법 전체를 거부하는 것으로 끝난다. 욕구의 체제가 감각과 의식을 조직하고, 상상력이 이성과 열정 사이의 관계에 영향을 미치면서 그 단계를 재설정한다. 그리고 성찰은 수행적 과정과 미래에 열려 있는 장치^{dispositifs}의 구축을 통해 온다.

앞에서 말했듯이 투쟁의 정치적 구성이 새로운 노동 형식의 기술적 구성(이것이 산업적으로 상상되든 네트워크 형태로 기획되든)에 상응하거나 그로부터 직접 도출되어야 한다고 주장하는 것은 소용이 없음을 명심하라. 고맙게도 노동계급이 혹은 더 구체적으로는 자본주의 생산의 가장 중심부에 있는 계급부문이 투쟁에서 다른 이들을 대표한다고 주장할 수 있던 시절은 지나갔다. 산업노동자들이 농민들을 대표한다, 남성 노동자가 재생산 영역의 여성 노동자를 대표한다, 백인 노동자가 흑인 노동자를 대표한다 등등의 주장을 할 수 있던 시절은 지나갔다. 오늘날에는 자본의 구조에 부합하도록 정치조직을 발명하는 것은 그 조직이 전복적 형태일 때조차 공허한 몸짓이거나 더 나쁜 것이다. 사회적 생산과 재생산의 영역들을 가로질러 뻗어가는 사회적 협동만이 적절한 조직을 제공할 수 있다.

강조하고 싶은 것은, 노동계급(혹은 더 올바르게는 자본주의적 삶권력의 명령 하에서 노동하고 착취당하는 다중)의 정치적 구성과 기술적 구성의 관계에 의문을 던지는 것이 문화적·정치적 상부구조를 경제적 토대가 결정한다는 식의 전통적인 규정(이는 마르크스적이기보다는 엥겔스적이다) 또한 무너뜨린다는 점이다. 그람시와 알튀세르는 오래전부터 이 틀을 유심론 철학의 간접적인 산물이며 조야한 유물론의 잔재로 비판했다. 이는 실로 정신을 물질에서 분리하는 인식·사회·인간에 대한 형이상학의 단순한 반영으로서 탄생했다. 그람시에 따르면, "만일 구조 개념이 '사변적으로' 파악된다면 그것은 분명 '숨은 신'이 된다. 바로 그 때문에 그것은 '사변적으로'가 아니라 역사적으로 즉 실재하는 인간들의 움직임과 행동이 이루어지는 사회관계의 총체^{ensemble}로, '문헌학'의 방법으로 연구할 수 있고 연구해야 하는 객관적 조건의 총체로 파악되어야 한다."[4] 알튀세르는 이데올로기와 관련해 이와 유사한 논점을 제기한다. 그에 따르면 "이데올로기는 순수한 환상(오류)이 아니라 제도와 실천 안에 존재하는 재현들의 집합일 뿐이다. 이데올로기는 상부구조에서 형상화되면서 계급투쟁에 뿌리를 두고 있다."[5] 이런 대목을 거쳐 형이상학적인 이분법(그 양극이 혁명 이론에 스며들어 있을 때조차)을 넘어서는 것이 오늘날의 마르크스주의의 오래도록 고통스러웠지만 승리로 끝났던 경험을 해석하는 방법이다. 이렇게 어떤 것도 투쟁을 위로부터 규정^{overdetermine}하도록 내버려두지 않는 것이 자본주의적 삶권력의 새로운 특징과 그것을 전복할 다중의 전략을 놓고 볼 때 훨씬 더 결정적이다.

:: 두 번째 응답: 협동적 연합의 복수적 존재론을 추구하자

이 점에서 리더십 문제의 해법은 다중의 운동 안에서만 찾을 수 있다. 따라서 단지 전술적 용도의 리더십을 발명하는 방법(우리는 이것이 어렵고 심지어 위험하기까지 하다는 점을 인정한다)을 다루기 전에, 우리는 다중의 존재론을 탐구할 필요가 있으며, 또한 오늘날의 사회적 생산의 변형이 다중으로 하여금 전략적 기획을 가능하게 만들 방법을 확인하기 위해 사회적 현실로 내려갈 필요가 있다. 우리가 제시하고자 하는 것은 사회 운동이 전부이며 그 자체로 충분하다는 것이 아니라, 그것이 강력한 존재론적 실체를 제시한다는 것이며, 또한 오늘날의 정치 문제를 적절한 프레임으로 파악하기 전에 먼저 이 운동의 성격을 이해해야 한다는 것이다. 우리의 관심을 끄는 운동은 종종 '카르스트 지형과 같은 성질'을 가진다. 운동은 때로는 잘 보이게 흐르다가도 어떤 시기에는 지하터널로 가라앉는다. 하지만 그럼에도 불구하고 운동은 다 같이 실천과 주체성의 축적을 발생시킨다. 이 흐름은 사회적 존재의 지질학적 침전층을 낳는다. 우리는 정치의 이러한 복수적 존재론을 특징짓는 불연속적이고 다양한 흐름들에 잠시 초점을 맞출 필요가 있다.

여기서 우리가 말하는 존재론은 우리의 집단적 실존에 굳게 뿌리를 두고 형성되는 존재——현존재$^{Da\text{-}sein/being\ there}$——에 대한 역사적 서술이다. 그런데 '역사성이란 상대주의를 함축하는데 역사에 뿌리를 둔 존재론적 방법——역사 속 존재와 역사의 존재——을 어떻게 제안할 수 있느냐'는 이견이 가능하다. 이 이견에서 보면 존재는 필연적인 반면에 역사는 항상 우연적이다. 그러나 이 이견은 확실성을 의식의 (초월론적^{transcendental})

토대나 초월성의 숭고한 차원에서 찾는 형이상학적 입장을 함축한다. 이와 달리 우리의 역사적 존재론은 경험 속에 완전히 몰입해 있으며 경험의 역사성에 닻을 내리고 있다. '현존재'의 역사와 역사성은 무차별하거나 우연한 현상(이 현상은 절대적 진리를 전제한 상태에서 위에서 보면 상대화될 수 있다)이 아니라 오히려 인간의 행동에서 그 행동에 의해 진실한 표현을 창출한다. 그 진리는 새로운 공통적 존재를 구성하는 힘에 의해 결정되며 반대로 그 허위성은 공통적 존재를 파괴하거나 제한하는 정도에 의해 규정된다. 딜타이는 하이데거의 주장——'역사적'인 것이 빈곤해지고 '존재적^{ontic}' 수준(하이데거에게는 '현재적 존재'에 불과한 것)으로 축소된다——에 응답하면서 진리에 대한 해석학적 정의를 제안했다. 딜타이에 따르면 경험 영역, 존재적인 것의 **체험** 영역에서는 인간 행동을 효과적으로 무력화하는 상대주의를 넘어서는 표현 작용이 실존의 진리를 구축할 수 있다.[6]

이러한 역사적 존재를 탐구하기 위해 텐트농성과 도시 공간의 점거로 특징지어지곤 하는 2011년 운동의 경험으로 되돌아가보자. 그 경험은 2011년 여름 이스라엘과 영국에서 강력한 반향을 일으키고, 2012년 퀘벡, 2013년 터키와 브라질, 2014년 홍콩, 2014년 미국의 '블랙라이브스매터' 시위 등으로 다시 폭발했다. 이 투쟁들은 상이한 정치적 맥락——예를 들어 튀니지와 이집트에서는 권위주의 체제를 타도했던 반면, 스페인·미국·브라질에서는 중도좌파 정부와 대결했다——에서 등장했다. 그리고 그 주역들은 상이한 삶의 형태를 띠며 살아간다. 그런데 우리는 왜 이 운동들을 동일한 순환의 부분으로, 동일한 삶 현실의 형상으로 간주하는 것일까? 이 운동들 간의 한 가지 분명한 연속성은 시위 레퍼토리를 공유한다는 점이다. 말하자면 그들은 동일한 악보로 연주를 하는데, 이는 여러 경우에서 공적인 공간을 일시적으로 공통적인 것으로 만드는 텐트농성과 점거를 포함한다. 여기에서 공통적인 공간은 모두에게 접근 가능하며 집회나 토론장에서 결정한 혁신적인 규칙에 따라 집단적으로 관리된다. 또 다른 복잡하면서도 현실적인 측면에서 그들은 새로운 민주적 체계에 대한 요구를 공유하고 있는데, 이 체계는 텐트농성의 협치에서 축소 형상으로 예시되어 나타났다.[7]

이렇게 공유된 실천 및 열망 뒤에는 더 근본적인 사실이 있는데, 그것은 운동이 표현하는 '복수적 존재론'이다. 특수한 지역(동네) 문제—경찰의 만행, 높은 임대료, 주택담보대출 체납, 성폭력 등—에 초점을 두는 소그룹과 공동체는 강력한 네트워크 형태로 서로를 연결하는데, 이러한 연결과 그것을 뒷받침하는 공통의 언어가 본질적인 것이다. 운동은 의식하든 아니든 연방 모델에 의거하는데, 이것은 국가주권의 연방주의적 전통에서 보는 그런 것이 아니라 연합^{association}과 접합^{articulation}의 연방주의적 양태이다. 광범한 복수적 그룹과 주체성이 각자의 자율과 차이를 포기하지 않고 연합^{coalition}을 형성하고 공통의 사회적·정치적 기획에서 협동할 수 있다. 그렇다면 억압세력이 이러한 연합 논리를 깨는 데 집중한 것은 놀랄 일이 아니다. 북아프리카에서 종교적 광신주의는 종종 분리를 낳는 효과적 쐐기가 된다. 브라질과 영국에서는 인종주의 운동이 성공적으로 도시와 교외의 집단을 분리시키는 데 성공하곤 한다. 북아메리카 지역에서는 일부 시위자들이 폭력 행동을 하도록 유도하는 자극이 불화를 일으킨다. 그리고 모든 곳에서 경찰의 구태의연한 억압과 언론 캠페인이 연결을 깨부수는 도구가 된다.

　　　　　　　　　　　　　　　　　　　　어셈블리

이 운동들은 복수적 존재론의 맥박 뛰는 심장을 긍정한다. 상이한 전통에서 나오고 상이한 목적을 표현하는 복수적 주체성, 다양한 시간성 모델, 아주 다양한 투쟁 양태가 협동적 논리에 의해 묶이는 강력한 떼^swarm를 함께 형성한다. 그 목적은 차이들이 상호작용하여 새로운 제도를 함께 만들어낼 수 있는 구성적 민주주의 모델을 창출하는 것이다. 전 지구적 자본에 맞서고 금융 독재에 맞서며 지구를 파괴하는 삶권력에 맞서고 인종 위계에 맞서며 공통적인 것에 대한 자주관리에의 접근을 긍정하는 모델을 말이다. 그래서 운동의 다음 단계는 새로운 인간관계를 활성화하고 구체화하는 이러한 의지를 확인하는 것만이 아니라 새로운 제도의 구축에 아래로부터 참여하는 것이다. 지금까지 운동이 주로 '복수성의 정치'를 구축했다면 이제 운동은 복수성의 '존재론적 기계'를 가동시켜야 한다.

우리는 이 복수적 존재론의 행위자에게 다중이라는 이름을 붙인다. 우리는 다른 곳에서 다중은 자생적으로 함께 형성되는 것이 아니라 정치적 조직화 기획을 필요로 하는 사회적 주체성의 근본적 다양성을 지칭한다고 강조한 바 있다.[8] 정치적 기획으로 이해된 바의 다중은 복수적인 사회적 존재론과 진정한 민주주의의 가능성을 잇는 돌쩌귀이다. 그런데 이 복수적 존재론을 온전하게 이해하려면 혹은 이러한 정치적 기획에 도달하려면 우리의 시야를 정치적 지형에 고정해서는 안 된다. 가장 강력한 시위, 반란, 봉기을 분석할 때조차도 그렇다. 운동 자체는 다중의 일상적 실천과 능력에, 그리고 사회적 생산 및 재생산의 회로에 구현된 더 깊은 사회적 현실의 징후일 뿐이다.

:: 세 번째 요구: 권력을 다르게 잡자

우리는 세상을 바꾸려면 권력을 잡을 필요가 있다는 사실을 회피하지 않는다. 우리는 힘을 거부하면서 순수성을 유지하며, 손을 깨끗하게 유지하고 싶어하는 사람들에게 공감하지 않는다. 그러나 우리는 또한 기존의 권력의 자리를 단지 더 많은 정직하고 도덕적이며 의도가 훌륭한 사람으로 채우는 것이 (비록 그렇지 않은 경우보다는 낫지만) 우리가 추구하는 변화를 낳지 않으리라는 것도 알고 있다. 우리는 마치 이중구속에 잡힌 듯하다. 권력을 잡을 수도 잡지 않을 수도 없다. 그러나 이는 문제를 빈약한 방식으로 제시한 것이다. 우리는 권력을 잡는 것이 무슨 의미인지를, 권력 자체가 과연 무엇을 의미하는지를 더 자세히 살펴볼 필요가 있다.

많은 유럽 언어에는 힘을 나타내는 단어가 두 개씩 있다. 라틴어에는 potestas–potentia, 프랑스어에는 pouvoir–puissance, 스페인어에는 poder–potencia, 독일어에는 Macht–Vermögen 등이 있는 반면 영어에는 power 한 단어만 있다.[9] 얼핏 보면 영어의 빈곤함이 지닌 한 사례인 듯하다. 과거에 우리는 소문자 'power(활력)'와 대문자 'Power(권력)'로 구분함으로써 이것을 자본화와 관련지어 상당히 투박하게 처리하려 애썼다. 수직적이고 중앙집중화된 지배권력, 자본주의 명령, 삶권력에는 권력이라 이름붙이고, 저항의 수평적 과정, 산 노동의 힘, 삶정치의 창조적 측면에는 활력을 썼다. 그런데 더 면밀하게 생각해 보면, 다른 용어를 써서 '힘'을 그렇게 구분하지 않는 것이 역설적으로 영어의 힘일 수도 있다. 그것이 두 힘 개념 사이의 관계를 가지고 씨름하고 그들 사이의 가능한 이행을 표현할 수밖에 없게 해주기 때문이다.

마키아벨리의 힘〔권력〕에 대한 정의로 시작해 보자. 그는 힘을, 동의를 필요로 하고 복종을 요구하는 통치 관계를 구축하고 정당화하는 데에서의 결단과 덕, 간지^{奸智}와 운으로 정의한다. 이는 푸코의 권력에 대한 정의와 관련이 있는데, 그가 "권력의 행사를 다른 사람들의 행동에 작용하는 양태로" 정의하며, 따라서 권력에 종속된 이들에게 자유의 여지가 있음을 강조하기 때문이다.[10] 이 두 정의^{定義} 모두 힘이 행위자 사이의 관계에 그 토대를 두고 있다는 점을 공유한다. 이 행위자들이 질적으로 상이하고 그 지위에 고정된 것으로 파악된다면, 즉 한쪽은 권위로 다른 쪽은 저항으로, 혹은 한쪽은 지배로 다른 쪽은 종속이나 동의로 파악되면, 그렇다면 우리는 만족스럽게 권력(potestas, pouvoir, Macht)과 활력(potentia, puissance, Vermögen) 사이의 구분을 유지하고 분석의 초점을 양자가 어떻게 상호작용하고 서로 대립되는가에 맞출 수 있다. 이것이 예를 들면 독단적 마르크스주의의 경제주의적 통설이 '불변자본'과 '가변자본' 사이의 힘의 관계에 대해 말할 때에 채택하는 해석틀이다. 한편에 자본이 있고, 다른 한편 종속되고 적대적인 위치에 노동력이 있다는 것이다. 문제는 이런 식으로 관계가 고정되면 한쪽의 우월성과 다른 쪽의 종속성이 결코 극복될 수 없다는 데 있다. 독단적 마르크스주의의 사례로 말하자면 가변자본의 불변자본에의 종속이라는 문제는 외생적 요소 즉 정치의식의 발전을 들먹이지 않고서는 그 관계의 두 항 내에서는 근본적으로 해결할 수 없다.

하지만 마키아벨리와 푸코로 되돌아가서 더 자세히 살펴보면 권력관계가 어떻게 전복될 수 있고 어떻게 '활력'이 '권력'을 재구성할 수 있는지 볼 수 있다. 열쇠는 권력이 그 자체로는 약하고 불충분하다는 점, 활력과의 관계로부터만, 그것이 통치하려는 피지배자들로부터 생명에너지를 빨아들임으로써만 살 수 있다는 점을 인식하는 데 있다. 사자의 측면에서 파악되든 여우의 측면에서 파악되든, 힘의 측면에서 파악되든 간지의 측면에서 파악되든, 야수의 측면에서 파악되든 인간의 측면에서 파악되든, 기술의 측면에서 파악되든 기계의 측면에서 파악되든, 이 모든 이미지는 권력이 살아 있고 파괴 불가능한 상대와 마주하고 있다는 사실을 숨긴다. 그런데 권력은 악한 실재일 뿐만이 아니다. 힘의 관계 안에서 벌어지는, 권력에 맞서는 투쟁은 권력의 현재 특징(명령과 지배)을 흐트러뜨리려는 노력일 뿐만이 아니며, 또한 권력의 구조적(경제적 · 국가적) 골격을 부수어서 주체화와 노동해방의 강력한 과정을 가동시키려는 노력일 뿐만이 아니다. 그것은 또한 권력과 활력 사이의 관계를 해체하여 균형을 무너뜨리고 활력 개념 및 실재를 관계의 중심에 두어 활력에 우선권과 헤게모니를 주는 대장정이기도 하다.

그렇게 해서 우리는 세 번째 요구에 도달한다. 첫 번째 요구는 진보적인 해방투쟁에서 전략의 책임을 운동에게 부여하고, 리더십을 전술적 지위로 제한하자는 것이었다. 두 번째 요구는 지배적인 근대적 전통이 민주주의를 이해했던 방식인 대의와 규제의 전통적 메커니즘을 넘어서 운동의 구성 행동에 의해 활성화된 새로운 제도를 발전시키자는 것이었다. 첫 번째 응답과 두 번째 응답이 사회적 생산의 협동 네트워크에 토대를 두고 정치조직의 연합체를 읽어내는 것과 복수적인 사회적 존재론을 창출하자는 것이었음을 염두에 두면서 우리는 세 번째 요구를 준비한다. 즉 권력을 잡되 기존의 지배 직위를 더 나은 지도자로 채우는 것이 아니라 권력이 지칭하는 관계를 근본적으로 바꾸어 권력 자체를 변형시키자는 것이다. 이를 성취하기 위해 우리가 이용할 수단

어셈블리

을 포착하는 것이 4부의 주요한 과제이다.

하지만 이 문제와 곧바로 대면하기에 앞서 우리는 자본주의 권력관계의 위기를 이중적 관점으로 읽어야 하는 이유를 탐구해야 할 것이다. 2부에서 우리는 아래로부터, 종속된 자의 관점에서 오늘날 다중이 자본주의적 명령 조직에 맞설 뿐만 아니라, 권력을 행사하는 자본의 능력을 넘어서는 삶형태 및 생산·재생산 형태를 발명하는 방식을 생각할 것이다. 3부에서 우리는 자본과 그 제도가 이러한 사태 전개에 어떻게 대응하려 했는가를 살펴볼 것인데, 이는 신자유주의적 협치를 구성하는 착취 메커니즘의 조정과 금융명령 양태의 개발로 나타난다. 이러한 변형의 중심에서조차 어떻게 저항과 투쟁이 발생하는가를 분석하는 것 역시 우리의 과제 중 일부이다. 마지막으로 4부는 이러한 순환을 끊으면서, 새로운 지속 가능한 민주적 사회조직——공통적인 것의 군주——의 구축에 이르는 저항과 전복적 실천의 경로를 설명할 것이다.

:: 『자본론』에 반대하는 마르크스주의

루카치는 『역사와 계급의식』에서 로자 룩셈부르크가 청년 마르크스로 돌아가 마르크스가 자신의 능력을 발전시킨 방식을, 말하자면 그가 자본주의적 발전의 경제적·법적 범주와 겨루면서 혁명적 주체성의 구축으로 나아갔다고 본 것을 극찬한다. 레닌이 『국가와 혁명』에서 했던 것처럼 로자도 마르크스주의 이론의 중심적 역설을 해결했다는 것이다. 그녀는 이 역설이 자유와 필연을 대립하는 것으로 세움으로써 혁명 행동의 전망을 19세기 메커니즘의 일종으로 환원하고 그렇게 함으로써 그 잠재력을 부정했다고 보았다. 루카치는 이어서, 레닌이 혁명 이후에 러시아에서 사회주의를 건설하는 과제에 휘말렸던 반면, 로자는 마르크스주의의 '정통성'을 갱신하고 그리하여 근대의 지배적인 권력관──이것은 권력을 '분할할 수 없는 일자 one and indivisible'로 본다는 점에서 절대주의적이며 또한 여러 공산주의 사상을 병들게 만들었다──을 극복할 수 있었다고 말한다. 루카치에 따르면 로자를 계승함으로써 '서구 마르크스주의'는 파국을 피할 수 없었던 제2, 제3 인터내셔널의 기계론적 존재론에서 벗어날 수 있었다. 새로운 정통성은 그람시가 원했듯이 『자본론』에 반대하는 마르크스주의'로 정식화되었고, 계급투쟁의 동학을 존재론적 힘과 구성적 주체화의 배치에 열어두어 과학적 객관성이 지닌 물신주의에 의문을 제기했다. '자본의 힘은 노동계급에 반하여 존재한다' '노동계급의 권력 장악은 자본에 반대하여 제기되어야 한다' '그래서 권력이라는 개념과 자본이라는 실체가 이중성과 갈등의 조건으로 규정된다' 등등. 그것은 분할할 수 없는 일자로서의 근대적인(그리고 두말할 나위 없이 신학적인) 권력관을 종식시킨다.

루카치는 마르크스를 읽고 헤겔을 재해석하면서 철학적 행동을 총체성의 해석으로 자리매김했다. 1917년 이후 총체성은 공산주의 운동으로 조직된 소비에트와 노동계급의 혁명 과정에 의해 재편된다. 이 과정은 총체성을 두 측면, 총체성을 생산하는 측면과 총체성의 생산물인 측면, 즉 주체와 객체로 변형시킨다. 프롤레타리아 주체는 역사적 과정, 즉 자본에 의해 생산되고 지배되는 '사물'의 산물일 뿐만 아니라, 자신을 자본주의 관계로부터 해방시켜 자본 너머로 나아가는 윤리적 · 정치적 행동의 양태이기도 하다는 것이다. 혁명적 실천은 투쟁 행동의 다양한 특이한 양태의 연계된 힘을 드러내는데, 서구 마르크스주의는 바로 이런 식으로 태어났다. 서구 마르크스주의는 스탈린주의의 독단주의에 의해 질식되었지만, 2차 대전 이후에 그리고 특히 1968년 이후에 이전보다 더 강하게 재탄생하였다.[11]

유럽의 지리학을 지방 단위로 엄밀하게 나누어 생각해 보면, 서구 마르크스주의에서 '서구적인 것'이란 소비에트의 과학적 사회주의가 가진 동구적 독단성과 대비된다. 이 이외에 제한적인 유럽 지도 바깥에는 서구적이지도 동구적이지도 않은 20세기 마르크스주의 이론의 강력하고 창조적인 거대한 흐름이 있다. 브라질의 로베르트 슈바르츠$^{Roberto\ Schwartz}$, 볼리비아의 알바로 가르시아 리네라$^{Alvaro\ Garcia\ Linera}$, 중국의 왕후이$^{Wang\ Hui}$, 인도의 라나지트 구하와 디페시 차크라바르티$^{Dipesh\ Chakrabarty}$, 미국의 세드릭 로빈슨$^{Cedric\ Robinson}$, 가이아나의 월터 로드니$^{Walter\ Rodney}$와 같은 사람을 포함하여, 크리스틴 델피$^{Christine\ Delphy}$, 마리아로사 달라 코스타$^{Mariarosa\ Della\ Costa}$, 낸시 하트삭$^{Nancy\ Hartsock}$ 같은 사회주의 페미니즘의 저자도 비록 유럽이나 미국에 머물렀을지라도 마르크스주의의 또 하나의 비서구적 영토로 간주해야 할 것이다. 이 다양한 비서구적 마르크스주의는 이례적으로 두드러진 기여를 했지만, 우리는 여기서는 관행적으로 서구 마르크스주의에 국한해 그 이론적 풍부함과 한계에 대해 평가해 보고자 한다.

루카치에 대한 비판은 많다. 한편으로 노동계급을 일종의 프로메테우스로, 이상적인 혁명 과정의 장본인으로 만든 것, 다른 한편 노동계급을 유일하게 가능한 해방 주체로 본 것을 이유로 그를 책망하는 것은 쉽다(그리고 옳다). 그러나 마르크스주의를 재발명한 루카치의 리얼리즘 또한 부정할 수 없다. 그는 세계를 자유로운 생산으로 재구축하는 사회적 주체를 노동자들이 지닌 욕망의 총체성으로 본다. 루카치에 따르면, "정치혁명은 사회-경제적 상황을 승인한 것에 불과하다. 그것은 적어도 그 일부분을 경제적 현실에 두도록 강제할 수 있었다. …… 하지만 사회혁명은 바로 사회적 환경을 변혁하는 데 관계된다. 그러한 모든 변화는 평균적 인간의 본능을 너무 깊게 위반해서 이 평균적 인간은 그 변화를 지진이나 홍수처럼 불가항력의 자연력으로 나타나는 삶 자체의 파국적 위협으로 간주한다."[12] 루카치의 프로메테우스가 행동하는 지점, '현행 질서가 자연적이고 필연적'이며 그래서 '변혁은 이상적'이라는 두 개의 가정을 격파하는 지점은 바로 여기에 있다. 이것은 이상적 주체가 아니라 대중적 현실ᵃ ᵐᵃˢˢ ʳᵉᵃˡⁱᵗʸ인데, 이 현실은 혁명화된 노동의 힘에 의해 구성되고, 삶의 전부를, 그 총체를 혁명화하려는 노동계급의 정신에 의해 추동되며, 또한 볼셰비키에서 보았던 새로운 세계의 씨앗이다.

1968년 이후 서구 마르크스주의는 총체성 개념을 강렬하게 회복하고 그것을 시간 속에서 전개시킴으로써 재탄생한다. 즉 과정으로서의 역사이면서 자본주의적 생산양식의 연속적 변이로, 사회혁명과 정치혁명 사이에서 주체성의 생산을 함축하는 운동으로서 노동계급의 행동으로 말이다. 메를로-퐁티는 역사성의 이 새로운 경험——생산물이자 생산작용——을 언어와 20세기 후반부의 프롤레타리아의 실천으로 옮겨놓음으로써 어떤 점에서는 1968년을 앞질러 구현한다. 메를로-퐁티는 루카치의 『역사와 계급의식』에 명시적으로 준거하면서 역사의 주체성을 통합하고, 주체화를 루카치의 프로메테우스주의로부터 (그 힘은 건드리지 않고 유지한 채) 해방시킨다.

우리는 우리의 범주에 따라 역사에 형태를 부여한다. 하지만 우리의 범주들은 역사와 접촉하여 스스로를 자신이 지닌 부분성에서 해방시킨다. 우리가 주체와 대상의 관계라는 낡은 문제를 역사적인 용어들로 적어가자마자 곧바로 그 문제는 변형되고 상대주의는 극복된다. 왜냐하면 여기서의 대상은 다른 주체가 남겨놓은 흔적이며, 역사의 구조 안에 붙들린 주체——역사적 인식——는 바로 그 사실에 의해 자기비판이 가능해지기 때문이다. …… 루카치는 주체성을 부수현상으로 만들지 않고 역사 안에 통합하는 마르크스주의를 보존하고자 했다. (그래서 그의 적들은 그를 공격하려 했다.) 그는 마르크스주의의 철학적 정수를, 그 문화적 가치를, 마지막으로는 그 혁명적 의미를 보존하려 했다.[13]

여기서도 의식적 생산물과 의식적 생산성이라는 두 관계가 결합되어 있다.

폴티는 또한 루카치의 사상을 확대하고 심화함으로써 총체성 개념을 변형시킨다. 이제 관념론적이고 총체화하는 관점이 자본의 신비화로써 제시된다. 이 신비화에 따르면 사회는 명령에 '포섭된 것', 시장에서 '사물화된 것'으로서 재현된다. '실질적 포섭＝삶권력.' 그러나 명령에는 항상 저항이 있고 시장의 위계에 반하는 전복적 충동이 존재한다. 즉 자본주의적 객관성을 내부로부터 뒤흔들어 혁명적 주체화의 장을 열고자 하는 반란 계급이 존재한다.

폴티는 프랑크푸르트학파의 저자들(이들은 한스-위르겐 크랄이 주장했듯이 루카치의 작업을 무력화하려는 목적을 가진 듯하다)처럼 자본주의적 총체성을 신격화하지 않으면서도, 어떻게 계급투쟁이 권력의 실재 총체를 뒤흔들고 연속적으로 다시 여는지를 부각시킨다.[14] 그는 루카치의 담론에서 사물화된 총체성이 역설적이게도 바로 그것이 총체화되어 있기에 열려 있음을 발견한다. 이는 질서를 복구하는 극복의 변증법, 관념론적인 '지양Aufhebung'이 아니라 파열의 '초변증법hyperdialectic'이다. 폴티는 혁명의 변증법적 절차를 삼위일체(정-반-합) 내부의 화해로 보지 않고 환원 불가능한 갈등으로 파악하게 하려는 사유의 실천을 개시했다. 즉 유물론적이고 신체적이며 살아 있는 변증법을 개시했다.

지금의 우리를 1968년에 끝난 '단기 20세기'와 분리시키는 긴 기간 동안에 자본주의는 가만히 멈춰 있지 않았다. 그러나 그 반대쪽에서 사회를 생산하고 재생산하는 사람들, 자본주의 발전의 적대적 추동력인 사람들도 마찬가지였다. 노동과 노동력의 변형은 삶정치적 생산의 시기를 낳았으며, 이 시기에는 주체성 생산이 경제적 가치의 창출에서 중요한 역할을 한다. 자본주의는 이 이행을 이해하고 생산의 사회화를 더 촉진함으로써 그 생산성을 발전시킨다. 자본에 포섭된 사회에서 생활세계 및 인간 자체의 사물화를 통해 종속시키는 자본의 관행은 노동력에게 총체성 수준에서 구속복을 입힌다. 자본의 관리 이론들을 보면 노동자들의 주체화를 지배하기 위한 이러저러한 정도의 명시적 제안들을 만나게 될 것이다. 무엇보다도 이 끔찍한 현실에도 불구하고 자신의 일을 사랑하라고 노동자들에게 애원하면서 말이다.

서구 마르크스주의가 이룬 한 가지 성취는 사회변형의 과정에 대한 우리의 이해를 갱신하는 것이었다. '진리로서의 총체'는 주체성의 해방적 차원에 우선권을 부여하면서 특이성에 기반을 두어 총체를 구축하는 것을 의미한다. 퐁티에게서는 이 인식론적 모델이 소련식 독재에 대한 비판에 의해 틀지어진다. 소련식 독재는 주체성에 반하는 전체주의로 제시된다. 퐁티가 말하길, 코뮤니즘은 근대와 단절하는 변증법 개념을 통해, "통치를 혁명으로 대체하는 영속적인 위기와 계속적인 불균형의 사회"가 된다.[15] 이러한 의미의 코뮤니즘은 전통적인 진보관이나 진보주의와는 아무런 관계가 없다.

명시적으로 표현된 적은 별로 없지만, 서구 마르크스주의의 또 하나의 성취는 권력관을 갱신했다는 점에 있다. 권력은 초월적 통합성이나 신학적 연속성의 표현 없이, 사유와 통치의 전 지구적 중앙집중화 없이, 그 요소들이 통합되거나 통합될 수 있다는 전제 없이 완전히 내재적인 것으로 이해된다. 이는 들뢰즈가 푸코의 권력관을 (우리가 보기에는 올바르게) 해석한 것과 호응한다. "권력은 본질이 없다. 단지 작동할 뿐이다. 권력은 속성이 아니라 관계이다."[16] 푸코가 말했듯이 권력은 피지배자에게 '투여되어' 그들과 그들의 실천에 속속들이 작용한다. 그러나 반대로 피지배자도 또한 권력에 대한 투쟁에서 권력이 자신들에게 행사한 온갖 실천과 행위를 이용한다. 권력에 대한 그의 최후의 말은 '저항이 먼저 온다'이다. 들뢰즈는 계속해서 이렇게 말한다. "푸코에게는 '노동자'의 저항이 자본의 전략에 비해 우선한다는 마리오 트론티의 마르크스주의적 해석의 메아리가 있다."[17] 권력관계는 다이어그램 안에 완전히 갇혀 있는 반면, 저항은 다이어그램이 그로부터 파생되는 '외부'와 직접적인 관계를 가지고 있다. 푸코에게서 저항이 완전히 횡단적 복수성을 긍정한다는 것은 이런 점에서 결코 우연이 아니다.

그렇다면 푸코가 서구 마르크스주의의 최종 대표자인가? 우리에게 중요한 것은 이런 딱지를 붙이는 것이 아님이 확실하다. 이러한 전적으로 이론적인 시기, 마르크스주의에 대한 명백하고 암묵적인 재해석의 시기에는 저항과 투쟁의 연속성을 발견하는 것이 중요하다. 무엇보다도 우리는 이러한 유추를 통해 이 책의 앞부분에서 다른 용어로 제기했던 문제를 파악하고 싶다. 즉 권력을 '본질'로 보는 것이 더 이상 유지될 수 없을 때, 총체가 파편화된 것으로 나타날 때, 운동이 스스로 혁명의 전략을 주장할 때, 리더십은 어디에 있는가?

2부

사회적 생산

날 멈춰 세운 높은 벽이 있었죠

색칠된 표지가 말하네요 사유재산이라고.

하지만 뒷면에는 아무것도 쓰여 있지 않네요

이 땅은 당신과 나를 위해 만들어진 것이죠.

—우디 거스리, 「이 땅은 당신의 것」(1940년 앨범)

지도를 그리는 이들이 산과 고원의 본성을 알아보기 위해서

평지의 낮은 곳에 자기를 위치시키고, 평지를 연구하기 위해서

산 정상의 높은 곳에 자리잡는 것처럼, 같은 식으로

인민의 본성을 잘 알기 위해 우리는 군주가 되어야 하며,

군주의 본성을 잘 알기 위해 우리는 인민이 되어야 한다.

—마키아벨리, 『군주론』

정치적 문제의 본성을 발견하기 위해 우리는 현재의 사회적 지배 형태, 특히 신자유주의적 협치와 금융권력이 오늘날 자본주의적 착취 양식과 통제 양식을 확장하면서 변형하는 방식을 연구해야 한다. 적을 아는 문제가 적과 싸우기 위해서만은 아니다. 투쟁 무기 중 일부는 (그 사용 방법을 알 수만 있다면) 자본주의 사회의 발전에 의해 변함없이 제공된다. 금융자본이 더 야만적이고 견고한 포획과 통제의 메커니즘을 창출한다 해도, 그것은 새롭고 더 강력한 저항과 변형의 수단도 준다. 다시 말해 오늘날 지배 형태에 대한 탐구는 또한 다중들이 그들의 일상생활에서 가지는 실질적인(그리고 점점 더 늘어나는) 생산적 힘과 자율의 능력을 밝힐 수 있다.

그러나 권력으로 시작하는 정치적 현실주의는 우리에게 전도된 세계의 이미지를 제공하며, 사회발전의 실재 운동을 은폐한다. 권력으로 시작한다면 불가피하게 권력만을 보는 것으로 끝날 것이다. 오늘날 신자유주의와 금융통제의 형태들은 실제로 자유와 해방의 기획에 대한 반작용으로 이해되어야 한다. 즉 지적인 언어로 축약하면 '저항이 권력에 우선한다.' 이러한 방법론적 원리가 강조하는 것은 자유를 위한 투쟁이 연대기적으로 새로운 권력구조 앞에 온다는 데에만 있지 않고(물론 이것 역시 사실이다) 투쟁이 사회적 혁신과 창조의 주요한 당사자이며, 존재론적 의미에서 우선한다는 데 있다.

　정치적 현실주의의 첫 번째 방법론적 원리는 다중에서 시작하기이다. 마키아벨리가 말하고 그에 뒤이어 스피노자가 말했듯이 정치적 현실주의는 우리가 인민이 이랬으면 하고 바라는 인민의 토대에 대한 추론이 아니라 그들이 실제로 지금 여기서 어떠한가에 대한 추론을 필요로 한다. "많은 저자들이 본 적도 없고 현실에 존재하는지도 알지 못하는 공화국이나 공국들을 상상했다. 우리가 어떻게 사는지와 우리가 어떻게 살아야 하는지 사이의 그러한 거리로 인해 했어야만 하는 일에 대해 무엇을 할지를 포기한 이들은 자기 보존보다는 자기 몰락에 이른다."[1] 이는 우리가 아래로부터, 사람들이 있는 곳으로부터 세계를 봐야 한다는 것을 의미한다. 오늘날 다중은 무엇을 할 수 있는가? 그리고 이미 하고 있는 것은 무엇인가? 우리는 다중의 열정에 대한 유물론적 분석에서 시작할 필요가 있다.

　생산의 점점 늘어나는 사회적 성격을 '다중이 어떻게 생산하고', '다중이 무엇을 생산하는가'의 이중의 의미에서 파악하는 것이 열쇠이다. 첫째, 다중은 자본주의 관계 안팎에서, 확장하는 협동 네트워크에서 사회적으로 생산한다. 둘째, 그 생산물은 물질적·비물질적 상품만이 아니다. 다중은 사회 자체를 생산하고 재생산한다. 다중의 사회적 생산은 이러한 이중의 의미에서 반란의 토대일 뿐만 아니라, 대안적 사회관계 구축의 토대이다.

:: '아래로부터'가 의미하는 것은 무엇인가?

앞서 제사에서 인용한 마키아벨리의 주장은 단 몇 마디 말로 최상의 권력관을 표현한다. 아래로부터만 저 위의 본성을 알 수 있다. 즉 우리는 시민의 관점으로부터만 군주의 본성을 알 수 있으며, 노동자의 관점으로부터만 자본의 본성을 알 수 있다. 이러한 구절은 일부의 사람이 말하는 '마키아벨리즘' 즉 '정치적인 것의 자율'이나 '국가이성'의 여지를 남기지 않는다. 반대로 권력은 저 아래, 즉 권력에 복종하거나 그에 반란할 수 있는 이들에 의해서만 이해하고 판단할 수 있다. 근대의 여명에서 마키아벨리는 리바이어던으로서의 근대의 권력관을 탈신비화시킨다. 마키아벨리의 직관이 통용되고 그 결과 저 유기적 권력관──자율적이고 단일하다로 정의되는──이 허물어지기 전까지는 수년이 필요했다. 하지만 권력 개념을 관계 형태로 표현한 것만으로도 이미 지적으로 대담한 기획이 된다.

여러 학자들이 마키아벨리가 걸었던 길을 따랐다. E. P. 톰슨, 하워드 진, 서발턴 연구집단 등을 거론하지 않아도 여러 역사학자가 충분히 아래로부터, 피지배자의 관점으로부터 글을 쓰는 방법을 증명했으며 이는 역사 발전에 대한 더 선명하고 더 포괄적인 이해를 제공한다.[2] 듀 보이스도 피지배자의 관점이 사회를 훨씬 더 완전하게 인식할 잠재력을 제공한다고 단언한다. 그가 주장하길 흑인 아메리카인들의 의식은 이중 의식, 즉 고난의 표지이자 동시에 우월성의 표지이다. 그들은 "제2의 시각을 선물받았다."[3] 그들은 흑인 문화와 지배적인 백인 문화의 인식을 동시에 지니고 사회를 보다 완전하게 본다. 그들은 자신 안에 바로 자신의 몸으로 쓰여진 지배의 역사를 포함한다. 듀 보이스와 나란히 제임스 볼드윈은 흑인 아메리카인은 "자기 삶의 모든 면에서 경매대에 선 기억을 드러낸다"고 말한다.[4] '아래로부터'는 실로 광범한 해방 기획의 입각점이며 우리의 분석에서 발전시킬 관점이다.[5]

하지만 한걸음 물러나 근대 전통에서 권력에 대한 몇몇 위대한 이론가가 어떻게 마키아벨리의 여러 분석을 공유하면서도 그 결론에는 그다지 흥미를 느끼지 못했는지를 추적해보자. 가령 막스 베버는 권력^{Macht}은 지배^{Herrschaft}와 변증법적 관계에 있다고 주장한다. 그래서 전자(권력)는 "사회 관계 안에 있는 한 행위자가 저항에도 불구하고 자신의 의지를 관철하는 위치에 있을 개연성으로, 이 개연성이 어떤 토대에 의존하는지는 상관이 없다." 반면에 후자(지배)는 "주어진 집단의 사람들이 주어진 특정한 내용을 가진 명령에 복종할 개연성"이다.[6] 여기서 정당화 문제 혹은 어떻게 명령이 동의에 의해 구속되어야 하는가의 문제 그리고 명령이 복종자의 이해를 대변할 필요가 나온다. 이것이 '정치적인 것의 자율'이라는 생각과 (마키아벨리의 사상에 역행하는) '현실주의적' 버전의 마키아벨리주의를 형성한다. 이어서 베버는 이렇게 말한다.

좀 더 구체적으로 말하자면, 따라서 지배는 통치자나 통치자가 선언한 의지(명령)가 여러 다른 이들(피통치자)의 품행^{conduct}에 영향을 미치려고 의도된 상황을 의미할 것이다. 그리고 실제로 지배는 피통치자의 품행이 사회적으로 적절한 정도에서, 마치 피통치자가 자기가 받은 명령의 내용을 스스로를 위해 가져야 할 품행의 최대치로 여기게 했던 것과 같은 방식으로 그들에게 영향을 미친다.

어셈블리

반대편에서 본 이 상황이 이른바 복종이다.[7]

  권력 개념, 즉 크라토스〔권력〕와 에토스〔습관〕의 변증법적 종합은 따라서 그것의 마키아벨리적 종합——관념적 관계가 아니라 효율적effective 종합——을 발견한다. 이 종합에서 권력과 복종은 조화를 이루며 작동한다. 그래서 결국 베버는 관계로서의 권력이라는 정의를 무너뜨린다. 명령, 즉 지배가 복종의 예시豫示/prefiguration로 찬양되면 저항은 시야에서 사라진다.

  아렌트 또한 유기적 권력관을 반박하려고, 즉 리바이어던을 깨부수려고 한다. 그녀의 작업에서도 권력은 관계로 제기되지만, 베버와는 반대로 그녀는 그 관계를 끝내지 않는다. 그녀가 보기에 마키아벨리는 세계에서의 변화, 즉 무타티오 레룸mutatio rerum〔사물의 변이〕의 영웅이다. 우선 이러한 변이들은 변형에 열려 있는 정당화 개념——이것은 고정된 이상형이 아니라 다양한 정치적 목소리와 관련된다——에 상응한다. 이 열려 있음이 민주주의를 특징짓는다. 아렌트는 얼핏 보면 숙명처럼 보이는 듯한 역사적 서사를 마키아벨리적 '계기'에서 발견하는데, 이는 14세기 피렌체의 치옴피 반란에서 20세기 초 세인트 피츠버그 노동자 소비에트로 길게 이어진다. 마키아벨리 사상에는 군주제를 지지할 어떠한 기반도 없다. 마키아벨리는 혁명, 항상적 변이, 구성권력을 말한 사람이다. 이에 반해 국가이성은 폐쇄적인 기존의 권위가 지닌 하나의 기능이자 그러한 권위에 대한 하나의 해석에 불과하다. 권력의 고정된 토대가 있어야 할 자리에, 상호작용하는 정치적 차이들의 확장적 구성expansive composition이 있는 것이다. 아렌트는 이렇게 쓴다. "토대의 정신은 그것이 늘어날 수 있는 덕을 통해 자신의 생명력을 드러낸다. 즉 덕은 토대를 확장시킬 수 있다."[8] 이런 맥락에서 아렌트는 반복해서 마키아벨리를 긍정적으로 참조하며 그래서 그를 비관주의적으로 보게 하는 '정치적인 것의 자율' 개념은 시야에서 사라지게 하는 것처럼 보인다. 권력은 주체들의 손에 쥐어지며 아렌트에게 '진정한' 실천은 공적·정치적 행동이다. 활동적 삶$^{vita\ activa}$은 완전히 시민적 삶과 관계맺고, 그러한 관계로 인해 단조로워지는 것이 아니라 '사이–존재$^{inter-esse}$'를 향해, 즉 인간의 상호작용을 향해 열리게 된다.

권력(및 권력관계의 정당화)에 대한 베버의 분석도, 아렌트의 (그녀의 초기 작업에서의 객관적 정당화 개념에서 후기 작업에서의 그것의 민주적 형태에 이르는) 발전하는 관점도 우리를 권력에 대한 근대의 지배적 정의로부터 빠져나오게 하기에는 충분하지 않다. 그들 모두 사회적 관계를 잘 파악했음에도 불구하고 결국에는 항상 일자가 승리하는 것으로, 적대적 저항의 내재성에 맞서 명령의 초월성이 승리하는 것으로 나아가기 때문이다. 아렌트가 제시하는 것은 "군주에게 조언하는 자"로서의 마키아벨리라기보다는 (레이몽 아롱의 말을 빌리자면) '섭리의 친구'로서의 마키아벨리이다. 베버가 제시하는 것은 어떠한 대안적 가능성도 남기지 않는 권력의 정당화 메커니즘이다. 관료적 기능의 기계론적이고 객관적 성격이 그 나름대로는 주체성 생산 형태를 띠긴 하지만, 베버는 정동, 열정, 심지어 혁신조차도 추방해 버린다. 그에 따르면 그 모두가 "계산에서 벗어나기 때문이다."[9]

반대로 마키아벨리의 작업을 규정하는 본질적 요점은 권력을, 관계로서 볼 뿐만 아니라(이것은 '정치적인 것의 자율'을 깨부순다) 아래로부터 탄생하는 것으로 보는 데 있다. 권력은 항상 고정된 관계를 초과한다. 권력은 사회적 갈등의 장을 흘러넘치고, 그로부터 솟구쳐 나온다. 다중은 권력자들을 겁먹게 만들고 그들이 느끼는 공포의 원천은 억제되지 않고 흘러넘치는 힘에 있다. 마키아벨리가 산 아래에서만 정상을 볼 수 있고 그에 대해 쓸 수 있다고 말할 때, 그 말은 군주의 비천한 충복의 지위에 서자는 것도, 권력자에게 아부하는 자를 수사학적으로 묘사한 것도 아니다. 그 말이 지시하는 것은 인식론적 입장(권력을 더 분명하게 보는 것)일 뿐만 아니라 아래로부터 위를 향하여 구축하는 정치적 궤적이다. 이것이 다중의 경로이다. 이 경로는 스피노자가 『정치론』에서 말했듯이 민주주의를 자유의 도구로서 해석하는 동시에 자유를 민주주의의 산물로서 제시한다.

    푸코는 지배적인 근대적 권력관에 대한 이러한 도전을 우리가 사는 오늘날의 세계의 조건으로 옮겨놓을 수 있게 해준다. 1979년 삶정치에 대한 강의를 시작하면서 그는 방법론적 결단^{decision}에 대해 설명한다. "일단 다음과 같은 사실을 곧바로 지적하고자 합니다. 통치실천에 대해 논하거나 통치실천에서 출발하는 것 중에서 하나를 고르는 것은 분명하고 명백하게 주권자, 주권, 인민, 신민, 국가, 시민사회와 같은 관념을 우선적이고 본래적이며 이미 주어진 대상으로 여기지 않는 방식입니다. …… 국가, 사회, 주권자, 신민과 같은 것의 존재를 선험적으로 받아들이지 않는다면 역사 기술은 어떻게 가능할까요?"[10] 이것은 매우 근본적인 '아래로부터의 경로'를 규정하며, 그래서 우리는 그것이 어디로 나아가는지 알 수 있다. 진리는 새로운 존재를 생산하는 제작적^{poietic} 지형에서 구축된다. 예를 들어 해방 투쟁들은 자유의 '자동사적^{intransitive}' 실천, 진리를 창조하는 자유를 발전시킨다. 푸코는 촘스키와의 논쟁에서 프롤레타리아의 행동이 정의에 기반을 둔다는 촘스키의 발언에 대해 그 관계를 전도시킨다. "스피노자 식으로 당신께 답하고 싶군요. 프롤레타리아가 지배계급과 전쟁을 벌이는 것은 그 전쟁이 정당하다고 생각하기 때문이 아니라고 말하고 싶습니다. 프롤레타리아가 지배계급과 전쟁을 벌이는 것은 역사상 최초로 권력을 잡기를 바라기 때문입니다. 그리고 지배계급의 권력을 전복할 것이기 때문에, 프롤레타리아는 그런 전쟁이 정당하다고 여기는 것입니다."[11]

그러나 아주 많은 이론가들이 푸코의 아래로부터의 힘에 대한 인식론의 선언을 받아들이길 거부한다! 그들은 푸코가 어떠한 주체에게도 저항을 허용하지 않는 프랑크푸르트학파의 것과 같은 자동적이고 전체화하는 권력관을 제안한다고 생각한다. 이는 푸코의 1960년대와 70년대 저작과 관련해서도 사실이 아니다. 푸코는 이 시기에 강한 구조주의적 틀에도 불구하고 점차 구조주의적 제약을 돌파하는 데 성공했다. 첫째, 그는 처음에는 모든 개체화 작업, 데카르트적 주체성을 되풀이하는 모든 작업에 맞서 격렬한 논쟁을 벌임으로써, 그리고 다음에는 주체의 '해체destitution'를 통해 이를 성취했다. 이는 '우리'——즉 나와 우리의 관계——를, 생성becoming으로서만이 아니라 다양체multiplicity의 실천으로서 발굴하고 탐구하는 식으로 제시된다. 푸코가 1970년대에 미시권력 개념을 발전시킨 것이 권력 개념을 일반화하는 새로운 차원을 연 것은 사실이지만, 결코 그것에 자동적이고 전체주의적인 형상을 부여한 것은 아니다. 반대로 그는 그러한 형상을 파괴하기 시작했다. 중요한 것은 그의 미시권력이 관계적인 권력 개념이라는 점에 있다.

푸코의 작업은 1970년대의 주요한 정치적 긴장 안에 위치시켜야 한다. 그의 작업은 사회적 적대가 공장들에서 광범한 사회적 지형으로 확대된 것을 뒤따랐으며 새로운 형태의 투쟁의 주체화를 분석했다. 푸코는 완전히 이 작업에 몰입되어 있었으며 이를 통해 마르크스를 '넘어서' 나아갔다. 물론 (일부 활동가들이 채택하는 바대로) 마르크스주의에 대한 경제주의적 관점을 넘어서 마르크스주의 사상을 사회적인 것 안에서 변모시켜 회복하는 것이 필요했다. 바로 이것이 '삶정치' 개념이 궁극적으로 나타냈던 것이다. 경제적인 것을 부정하는 것이 아니라 삶 양식에서, 따라서 주체적인 것에서, 주체화에서 다시 채택하는 것이다. 그리하여 1970년대 운동들에서 발전했던 것은 푸코의 강의들에 반영되거나 함께 진행되었으며, 여기서 구조주의적이고 경제주의적인 권력관과의 단절이 명시적으로 나타났다.

그렇다면 '아래로부터'가 의미하는 바는 무엇인가? 첫째, 그것은 종속된 자의 입장에서 권력을 정의하는 것, 즉 '위'에 있는 자의 지배에 맞서는 저항과 투쟁을 통해서 종속된 자가 자신이 가진 지식을 변형하는 것을 의미한다. 아래에 있는 자가 사회 전체에 대해 더 풍부한 지식을 가지고 있으며, 이 재능은 공통적인 것을 구축하는 다중의 기획의 토대로서 기여한다. 둘째, '아래로부터'는 또한 정치적 궤적을 지시한다. 즉 명령을 전복할 힘만이 아니라 대안 사회를 정치적으로 구축할 능력을 가진 제도적 기획을 나타내는 것이다.

6장
어떻게 소유를 공통적인 것에 개방할 것인가

수세기 동안 지배권력은 사적 소유가 신성하고 양도할 수 없는 권리이며, 혼돈에 맞서 사회를 보호하는 방어벽이라고 말했다. 사적 소유가 없다면 자유와 정의, 경제발전이란 없으며, 자아의 의미도 우리 주변의 이들을 묶어주는 것도, 우리가 아는 사회적 삶도 없다고 말이다. 소유의 권리는 헌법에 적혀 있고, 더 중요하게는 우리의 상식을 규정하는 사회구조에 아주 깊이 스며들어 있다. 우리가 아는 사적 소유는 근대와 더불어 발명되었고, 근대 시기 동안은 정치적 열정의 기반 및 궁극적 지평을 규정하는 피할 수 없는 것이 되었다. 소유 없이는 우리 자신과 세계를 이해할 수 없는 것처럼 보인다.

하지만 오늘날 소유가 점점 더 우리의 경제적 필요나 정치적 열정을 뒷받침할 수 없게 됨에 따라 이러한 상식적 이해에 균열이 가기 시작한다. 사적 소유는 자유, 정의, 발전의 기반이 아니다. 오히려 그 반대다.

즉 경제생활의 장애물이자, 불공정한 사회적 통제 구조의 토대이며, 사회적 위계와 불평등을 창출하고 유지하는 제1의 요소이다. 소유가 지닌 문제는 누군가는 갖고 다른 이는 갖지 못한다는 것만이 아니다. 사적 소유 자체가 문제이다.

현재 등장하고 있는 사회적·정치적 기획들은 사적 소유의 지배를 거스르며, 대신 공통적인 것의 권리를, 즉 민주적 의사결정 절차와 더불어 열려 있고 평등한 부에의 접근권을 제기한다. 하지만 여전히 사적 소유로 규정이 되지 않는 용어로는 우리의 사회 세계와 우리 자신을 상상하는 것이 지극히 어렵다는 것이 남는다. 우리는 사적 소유가 폐지된 세상을 생각하는 것은 고사하고 소유 바깥을 생각하기에도 벅찬 지적 자원만을 가지고 있다. (또한 소유의 권력을 유지한 채 그것을 국가의 수중에 모아준 사회주의 체제는 빈약한 안내서이다.) 역설적으로 소유법 자체의 전통에서 자원들을 이용 가능하다. 일부 대안적인 법 전통은 소유에서 멀어져 공통적인 것을 향하도록 이끈다. 하지만 뒤에서 살펴보겠지만 그 전통은 낭떠러지와 맞닥뜨리게 되고 도약하지 못한 채 결국 공통적인 것을 신비화하기에 이른다.

:: 한 다발의 권리

오늘날의 상식, 소유에 대한 대중적 인식은 18세기의 고전적 자유주의의 정의에 아주 가까이 다가가 있다. 휴고 그로티우스가 썼듯이, "소유권^{dominium}이란 어떤 것의 점유"가 다른 자를 배제한 "누군가의 고유의 것임을 함축한다."[1] 윌리엄 블랙스톤의 정의는 이러한 관점을 시적 과장을 더해 반복한다. "소유만큼 일반적으로 상상되고 인류의 정서를 사로잡는 것은 없다. 혹은 소유만큼 세계의 외부 사물에 대해 한 사람이 주장하고 행사하는 유일하고 전제적인 지배는 없으며 이는 우주에서 다른 어떤 개인의 권리도 철저하게 배제한다."[2] 소유는 다른 이들을 배제하면서 개별 소유자에게 접근과 의사결정의 독점을 부여한다.

하지만 법학부 1학년 학생들은 고전적 정의와는 달리 소유가 사회적 이해관계의 복수적 집합, 즉 '한 다발의 권리'*를 지칭한다는 점을 배우곤 한다.[3] 이러한 추론 방식은 19세기 후반과 20세기 초반 미국에서 법 현실주의자legal realist들에 의해 발전되었는데, 그것이 비록 한편으로는 소유의 규칙을 완전히 받아들이긴 하지만, 다른 한편으로는 타인을 배제할 근거를 무너뜨리고 그 결과 복수성을 도입함으로써 소유의 논리를 그 내부로부터 변경시킨다. 펠릭스 코헨은 블랙스톤의 배제적 관점에 분명하게 응답하면서 이렇게 쓴다. "우리가 알고 있듯이 사적 소유는 항상 우주 안에 있는 다른 개인들의 권리에 기반한 제한에 종속된다."[4] 법 현실주의자들이 실제로 주장하는 것은 사적 소유에 대한 고전

---

* 한 다발의 권리 혹은 권리 다발(a bundle of rights) 개념은 재산 소유자가 가지는 법적 특권들의 집합을 지시하는 용어로, 통상적으로는 부동산 구매자가 권리증서를 양도받으면서 제공되는 일련의 권리들, 예컨대 점유권, 통제권, 출입금지권, 향유권, 처분권 등을 통칭하는 데 쓰인다. 한 다발의 권리 혹은 권리 다발은 미국에서 처음 소유법을 배우게 되는 법학부 학생들을 대상으로 하나의 소유가 여러 다양한 몫을 동시에 갖게 된다는 점을 설명하는 용도로 설명되곤 하는데, 이 논리를 확장하면 모든 사람에게는 자기가 가진 소유물에 대한 여러 권리를 갖게 되는 만큼, 어떤 특정한 대상(예컨대 공장이나 토지, 물품)은 소유권이 한 사람에게만 배타적으로 적용되기 힘들고 여러 사람의 소유권이 중첩될 수 있게 되어 역설적으로 해당 이해당사자 간의 협의없이는 대상의 점유, 통제, 처분권을 독점적으로 행사할 수 없게 된다.

어셈블리

적 정의에서 보이는 과장된 개인주의와 배제에 대한 초점이 너무나 반사회적이라는 점이다. 즉 그 정의는 우리가 사회 안에서 살아가고, 각자의 행동과 소유가 다른 이들에게 영향을 미친다는 사실을 설명해 내지 못한다는 것이다. 이렇게 그들의 논증은 다음 2가지 이유로 사실상 소유를 사회화한다. 첫째, 소유가 항상 이미 사회적이며 우주의 다른 이들에게 영향을 미치고 있음을 인정함으로써. 둘째, 다른 이들로 하여금 그들의 권리를 표현할 토대를 창출함으로써. 어떤 영향을 받는다는 점이 권리를 가질 토대인 것이다. 예를 들어 석탄 공장이 그 주변에 사는 이들과 공장 내의 노동자 모두에게 영향을 미치기 때문에 영향을 받는 이들은 소유자일 뿐만이 아니라 그러한 소유의 권리를 가진다. 앞서 얘기했듯이 이러한 생각은 개별적인 재산 소유자들의 권리를 보존하면서도 또한 그들을 종종 갈등이 일어나는 불평등한 사회적 권리의 더 크고 복수적인 장에 집어넣는 것이다. 이러한 다발 관념이 도입하는 권리들은 실제로는 소유 내부에서 균형이나 도전으로서 작용하도록 권한이 부여된 대항권리들counterrights인 것이다.

법 현실주의자들의 소유권 관념이 특별히 강력한 것은 다발 관념이 지닌 복수주의를 소유가 곧 주권이라는 요구, 즉 소유는 정치적이면서 경제적인 지배 형태를 함축한다는 점과 결합시키기 때문이다. 모리스 코헨이 말했듯이, "소유법이 공장감독관에게, 나아가 금융감독관에게 주권권력을 부여한다는 데에는 의심의 여지가 없다."[5] 코헨이 이 글을 쓴 1927년 이후 권력이 기하급수적으로 늘어난 공장감독관이나 금융감독관은 오늘날 그들의 소유에 기초한 권위를 심지어 가장 빈약한 대의에의 요구 없이도 행사한다. 법 현실주의자들의 논거는 경제학과 정치학이 얼마나 깊이 서로 관계맺고 있는지를 증명할 뿐만 아니라, 또한 민법과 공법 간에 나타나는 법사상과 법실천의 전통적 분화를 그 간극을 이음으로써 흐릿하게 만드는데, 이는 로마법의 도미니움^{dominium}(사물에 대한 개인의 지배)과 임페리움^{imperium}(사회에 대한 주권의 지배) 간의 분화까지 거슬러 올라간다. 코헨이 주의를 줬듯이, "우리는 사물에 대한 지배도 우리의 동료 인간에 대한 임페리움이라는 실제적 사실을 간과해서는 안 된다. 법질서가 이른바 소유자들에게 부여하는 다른 이들의 삶에 대한 권력의 범위가, 법을 사람들이 점유한 것을 보호하는 것으로만 생각하는 이들에게는 충분히 인식되지 않는다."[6] 따라서 소유는 주권권력인데, 그것이 개인적 규모에서 주권의 기능을 반복한다는 의미(나는 나의 존재에 대한 주권적 권위를 갖는다)에서가 아니라 소유가 사회적 규모에서 주권 작용을 가지는 한에서 그렇다.[7]

법 현실주의자들이 소유를 한 다발의 권리이자 주권으로 인식함으로써 도달하는 한 가지 중요한 정치적 결론은 소유권에 국가가 개입하지 못하게 막는 것을 옹호하는 자유방임주의적 주장을 반박하는 것이다. [법 현실주의자들에 따르면] 소유권은 늘 강제를 동원하는데, 이는 타인의 권리를 규제하거나 억압하기 위함이며, 심지어 (그리고 특히) 고전적 자유방임주의자들이 자유에 대한 찬가를 부를 때에도 그렇다. 한편으로 소유권을 가진 자들은 그들 주변의 사람들에게 하나의 주권으로서 정치적 강제력을 행사하며, 이는 국가의 강제력 형태에 필적한다. 다른 한편 자유방임주의자들의 소유권 보호와 '자유' 역시 국가가 강제력을 행사하기를 요구한다. 로버트 헤일이 주장하기를, "소유를 보호하기 위해 정부는 단지 평화를 유지하는 것과는 거리가 먼 뭔가를 행하고 있다. 정부는 각각의 소유주를 보호할 필요가 있는 곳이면 어디든 강제력을 행사하는데, 이는 폭력뿐만이 아니라 소유주가 자기가 가진 물건을 사용할 배타적 권리를 평화적으로 침해하는 것도 보호한다."[8] 우리는 법 현실주의자의 주장의 두 주요 요소—소유가 항상 경제적·정치적 강제를 포함한다는 인식, 복수적인 사회적 권리에 대한 긍정—에 기초해 소유가 폐지되어야 하고 사회적 부에 대한 더 민주적이고 평등한 관리, 즉 우리가 공통적인 것이라 부른 것과 같은 것이 확립되어야 한다고 주장할 수 있다. 그러나 법 현실주의자들은 그 길로는 나아가지 않는다. 그들은 소유권에는 늘 강제력과 국가가 이미 포함된다는 사실을 들어 자유방임주의자들의 자유 요구를 무너뜨리지만, 이는 권리 다발의 일부인 여러 사회적 행위자가 지닌 완전한 복수성을 다루고 보호하려는 국가의 행위를 정당화하기 위한 것이다. 이러한 추론의 노선이 얼마 지나지 않은 20세기에 어떻게 뉴딜 정책의 몇몇 기조를 세우는 길을 닦았는지를 이해하기란 쉽다.

1960년대 시작된 '비판법학연구'** 운동은 법 현실주의자들의 급진적 잠재력을 소생시키고 복수적이고 사회적인 소유권 개념과 그것의 주권

---

* 던컨 케네디와 카를 클레어에 따르면, 비판법학연구(the critical legal studies/CLS) 운동은 더욱 인간적이고 평등주의적이고 민주적인 사회를 창조하기 위한 투쟁과 법학 및 법실천의 관계를 주목하는데, 그 특징에는 다음과 같은 것이 있다. '첫째, 이데올로기로서 법적 자유주의를 거부하고 대안적인 인간관에 호소한다. 둘째, 개인의 자유와 통제 간의 근본적인 모순을 통찰하고, 그 밖에 다양한 모순들을 폭로한다. 셋째, 법언어의 근본적 불확정성을 주장하고 해체적인 해석 전략을 추구한다. 넷째, 지배적인 법관행이 이익충돌 상황에서 특정한 이익을 우대함으로써 법과 원리를 차별적으로 적용한다고 비판하면서 법이 중립적이라는 주장을 배격한다. 다섯째, 법해석이 정치적·경제적·사회적 맥락과 무관하게 규칙, 원칙, 선례의 유사연역적 과정이라는 형식주의적 태도를 거부한다. 여섯째, 이러한 주장과 명제들이 경험적 증거 판단의 문제가 아니라 규범적 판단의 문제이자 법의 적절성에 관한 문제라고 주장한다.' 보다 자세한 내용은, 로베르토 웅거, 『비판법학 운동』, 이재승 옮김, 엘피, 2019를 참고하라.

적이고 강제적인 성격에 대한 인식 모두를 확장했다. 비판법학연구 운동의 핵심 기조 중 하나는 법이 경제로부터 자율적이지 않다는 것이다. 던컨 케네디는 법 현실주의자들 중 특히 로버트 헤일을 계승해, 법이 일부 집단에게 타 집단에 비해 권한을 강화시키는 방식으로 경제생활의 '기본 규칙'을 명령한다고 주장한다. 이러한 맥락에서 소유가 곧 한 다발의 권리, 더 올바르게는 "일련의 사회관계"[9]라는 생각은 소유에 의해 창출되고 뒷받침되는 사회적 위계를 강조한다. 비판법학연구의 두 번째 핵심 기조는 법은 정치로부터 자율적이지 않다는 것 즉 법은 그 자체로 정치적 무기라는 것이다. 사회적 위계—인종 위계와 젠더 위계는 비판적 인종 이론과 페미니스트 법학자들의 주요한 초점이다. 그들은 비판법학연구 학자들의 작업을 계승하고 종종 비판한다—는 헌법, 법원, 그리고 법관행에 의해 창출되고 유지된다. 비판법학연구는 법, 특히 재산법이 권력의 무기이지만 내적으로는 복수적임을 인식하는데, 그것이 법을, 위계들이 효과적으로 도전될 수 있는 투쟁의 장으로서 열어두기 때문이다.

그러나 비판법학연구 학자들은 법 현실주의자들과 마찬가지로 자신들의 주장이 가진 함의를 소유의 폐지로 확장하지 못하며 오히려 소유를 내부에서 개혁하는 쪽으로 애쓴다. 즉 그들은 소유법의 복수주의를 종속된 자의 권리를 긍정하는 데에 사용한다. 이러한 전략은 비판법학연구가 지지했던 몇몇 실천 기획에서 분명해진다. 가령 던컨 케네디는 '지분제한형 주택조합Limited Equity Co-ops'을 빈자에게 알맞은 가격의 주거를 제공하는 대안적 소유 형태로 제시하는데, 이것이 비영리적 소유권을 거주자들의 제한된 의사결정 참여 및 더 큰 공동체의 이익에의 관심과 결합시킴으로써 한 다발의 권리라는 개념을 실행한다는 것이다. 부동산 시장과 젠트리피케이션의 압력을 완화하기 위해서, 케네디는 거주자가 자기 소유물을 팔 때 그들이 지불했던 금액에다 물가상승분과 자산가치 증가분을 더한 것만 받을 수 있는 체계를 옹호하였다. 이런 식으로 몇몇 권리를 다른 권리보다 긍정하는 것은 사회적 위계와 싸우고, 소유주의 권력을 무디게 하는 데 기여한다. 비판법학연구 운동과 직접 교류하지 않는 다양한 법 전략도 이들의 유산과 공명한다. 예를 들어 '크리에이티브 커먼스' 프로젝트는 저작권의 대안으로서 저자들에게 그들의 문화생산물에 대한 제한적 통제권을 위한 옵션을 제공해 창작물에 대한 권리 다발을 재조직했으며, 다른 예로 안나 디 로빌런트는 적정 가격의 협동 주거와 공동체 텃밭을 제안했는데, 이는 '자율성의 평등'을 증진하기 위해 권리 다발을 재혼합한 것이다. 이 사례들 및 이와 유사한 경우들에서 우리는 복수적 권리를 주장하는 것이 어떻게 소유 패러다임을 유지시키면서도 소유주들의 주권권력과 싸우는 데 기여하는지를 알 수 있다.[10]

그러나 권리 다발 개념의 복수주의가 특히나 소유가 곧 주권이라는 인식에 의해 보완되지 않을 때는 반드시 진보적인 것은 아님을 명심하자. 실제로 몇몇 경우는 그 정반대를 가리킨다. 아르멘 알치안과 해럴드 뎀세츠 같은 시카고학파의 경제학자들은 소유가 한 다발의 권리임을 받아들이지만 재빨리 이 권리의 주요 기능이 최고의 생산성을 위한 자원 배분에 우선권을 주게 하며, 거래 비용을 감소시켜 외부효과를 내부화하게 한다고 덧붙였다. 다시 말해 복수적 소유권은 경제적 '합리성'의 도구가 된다는 것이다.[11] 권리 다발 개념은 심지어 블랙스톤의 주장, 즉 다른 이를 배제하는 소유주의 "유일하고 전제적인 지배"라는 주장을 역설적으로 강화하는 쪽으로 되돌려 갈 수도 있다. 1979년 미 대법원 판결에서 윌리엄 렌퀴스트[William Rehnquist] 판사는 "통상 소유라고 특징지어지는 권리 다발 중 가장 본질적인 권리는 타인을 배제할 권리이다"라고 썼다.[12] 이 사례들에서 권리 다발 개념은 소유권의 정치적·경제적 강제력과 그것이 창출하고 유지하는 사회적 위계를 약화시키는 것이 아니라 강화시키는 데에 이용된다.

그 밖에 권리 다발을 사용하는 이들은 그들이 진보적일지라도 그것을 정치적으로 유효한 기획으로보다는 대개는 윤리적 명령으로 남겨둔다. 가령 '진보적인 소유' 이론가들은 소유의 정치적 본성을 주장하려고 복수적인 소유권이라는 생각을 채택하는데, 그렇게 함으로써 신자유주의적인 '법 경제학'의 주장에 대응한다.[13] 소유는 단순히 사물에 대한 법이 아니며, 소유법도 조정의 메커니즘에 불과한 것이 아니라는 것이다. 조셉 싱어가 주장하듯이, "그것〔소유〕은 사회적 삶의 유사 헌법적 토대이다."[14] '2009년 진보적 소유 진술'과 같은 선언의 저자들은 이렇게 적었다. 소유법은 "공동체 내부의 관계를 착취적이고 굴욕적인 것으로 만들 수도, 해방적이면서 고귀한 것으로 만들 수도 있다."[15]* 그러

---

* 이것은 다음 5가지 진술로 이루어져 있다. "첫째, 소유는 관념이자 제도로 작동한다. 상식적인 소유관은 가치 있는 자원에 대한 개인적 통제를 보호하는 것으로, 이는 직관적으로나 법적으로 강력한 힘을 갖고 있다. 어떤 경우에는 이러한 생각의 표출은 타인들을 배제할 권리에 초점을 두며, 다른 경우에는 누군가 소유한 것을 자유롭게 사용하는 것에 초점을 둔다. 소유관에 이렇게 직관적으로 호소하는 것은 미국에서 소유권에 대한 논의에 지극히 큰 영향을 미쳤다. 하지만 이러한 관점 내부의 내적 긴장들 및 타인들에 대한 한 사람의 소유권이 미치는 피할 수 없는 파급력이 소유를 둘러싼 갈등을 해결하거나 소유 제도를 계획하는 데 있어 유일한 토대가 되는 것은 부적절하다. 이러한 과제를 위해 우리는 소유가 제공하는 근본적인 인간 가치들과 그것이 형성하고 반영한 사회적 관계를 면밀히 살펴보아야 한다. 둘째, 소유는 복수적이고 측

어셈블리

나 법 현실주의자들과 비판법학연구 학자들과는 달리 진보적 소유 이론가들은 소유의 경제적 효과에 대해서는 큰 관심을 기울이지 않았는데, 그들에게는 법 경제학자들과 어떤 연관성이라도 있으면 자신들의 적대자인 신자유주의 진영에 들어가고 말 것이라는 두려움이 있었을 것이다. 더 중요한 것은 그들의 정치적 비전이 소유는 주권의 한 형태라는 인식에 기반을 두지 않는다는 점이다. 그 결과 진보적인 소유의 정치는 대부분 가치와 윤리에 대한 창백한 호소를 통해 표현되곤 한다.[16] 따라서 이러한 접근법에는 우리가 3장에서 다룬 바 있는 '정치적인 것의 자율'의 흔적이 역력하다. 어쨌든 이 저자들이 소유의 복수적이고 정치적인 성격에 대해 알고 있다고는 하지만 그 이상을 생각하게끔 도와주지는 않는다.

우리는 지적 재산권과 같은 비물질적 소유 형태를 다루는 법학자들이 소유법의 불충분함과 복수적 권리의 정치적 잠재력을 인식하는 가

정불가능한 가치를 함축한다. …… 셋째, 소유 자격에 관한 선택은 피할 수 없다. 가치의 측정불가능성에도 불구하고 합리적인 선택은 이성적인 숙고를 통해 가능하다. 그러한 숙고는 연역적이지 않은 성찰이나, 알고리즘적이지 않은 성찰을 포함해야 한다. 그것은 원칙적이면서도 맥락적이어야 하며, 또한 비판적 판단, 전통, 경험, 분별력 등에 의지해야 한다. 넷째, 소유는 권력을 부여한다. 그것은 인간의 삶, 발전, 존엄 등에 필수적인 희소한 자원들을 배당한다. 각각의 인간의 가치는 동등하기 때문에, 소유법은 완전한 사회적·정치적 참여에 필수적인 물질적 자원을 획득하기 위해서 각 개인의 능력을 증진시켜야 한다. 다섯째, 소유는 공동체적 삶을 살게 하면서 또한 그것을 형성한다. 소유법은 공동체 내부의 관계를 착취적이고 굴욕적인 것으로 만들 수도, 해방적이면서 고귀한 것으로 만들 수도 있다. 소유법은 자유롭고 민주적인 사회에 부합하는 일종의 사회적 삶을 위한 기틀을 마련해야 한다." Gregory Alexander, Eduardo Peñalver, Joseph Singer, and Laura Underkuffler, "A Statement of Progressive Property", *Cornell Law Review*, 94, 2009, pp. 743-744.

장 좋은 위치에 있다고 가정할 수 있다. 당신이 공통적인 것이라고 당연하게 여기며 사용한 것이 사유재산으로 바뀔 때마다——그들은 다음에는 우리가 숨 쉬는 공기를 사유재산으로 만들 방법을 찾고 있지 않을까?——, 그것은 소유 일반의 비일관성과 부정의를 돌아보고 인식하게할 비판적 입각점을 제공한다. 오늘날 소유 세계의 무게중심은 물질적 소유 형태(이것은 점유와 배제에 대한 생각의 고전적 준거로 기여했다)에서 비물질적 소유 형태로 이행하고 있다. 아이디어·이미지·문화·코드와 같은 비물질적 소유물에 대한 권리는 어떤 점에서는 즉각적으로 복수적이고 사회적이다. 물질적 소유물을 위해 만들어졌던 낡은 배제 및 희소성의 체제에 순응해서 비물질적 소유물을 만들기가 점점 더 힘들어질뿐더러, 결국에는 실패할 가능성이 크다. 비물질적 소유는, 네트워크 문화에 의해 열린 자유 및 협동의 형태와 더불어, 우리가 사회적 부와의 비소유적 관계를 맺을 잠재력——즉 평등한 접근과 민주적 의사결정으로 부를 공유하고 관리할 수 있는 방식——을 감지하도록 돕는다. 그리고 이는 우리가 비소유적 관계를 통해서 물질적 부를 공유할 잠재력을 볼 수 있도록 도와줄 것이다. (이러한 가능성은 새로운 노동 형태에 대해 논의하는 다음 절에서 더 분명해질 것이다.) 허나 지적 재산권에 대한 여러 이론가들은 소유의 가장자리는 유심히 보지만, 공통적인 것은 힐긋 한번 쳐다보고 마는 듯한데, 그들이 연구한 현상이 그런 방향으로 나아가게 하는 것이다. 그들의 작업은 매우 유용하지만 결국 모험을 감수하지는 않는데, 소유 패러다임에 맞서는 길이 아닌 그 패러다임 안에서 자신들의 기획을 표현할 길을 찾는다.[17]

지난 세기 동안의 소유법의 발전은 그 이론가들 및 종사자들의 의도에도 불구하고 소유를 넘어서 공통적인 것의 이론을 향하는 것처럼 보일 수 있다. 가령 1970년대에 토머스 그레이^{Thomas Grey}는, 소유를 한 다발의 권리로 받아들이면 소유권을 사물에 대한 개인의 권리로 생각하는 고전적인 자유주의적 소유관을 무너뜨릴 뿐만 아니라, 소유를 파편화하게 되어 소유는 붕괴하고 따라서 소유가 더 이상 법 이론과 정치 이론에서 일관된 범주가 될 수 없다는 것을 알았다. 그레이는 자본주의 발전 안에서 발생한 이 과정이 결국 자본주의적 지배의 토대를 침식시킨다고 주장한다. 그가 내린 결론에 따르면, "사적 소유가 성숙한 자본주의의 발전 안에서 해체되는 경향이 있다면 그것이 혁명에 의해 폐지될 필요가 없기" 때문에 마르크스는 틀렸다. 우리가 생각하기에 소유 너머(그리고 궁극적으로는 자본 너머)를 지시하는 역사적 경향에 대한 그레이의 직관은 올바르지만, 이것이 저절로 이뤄질 것이라고 보는 것은 잘못이다. 역사는 우리를 어떤 심연으로 이끌었고 거기서 도약하려면 약간의 미는 힘이 필요하다. 공통권^{the rights of the common}의 설립은, 그 권리가 앞으로 실현될 예정일지라도, 다양한 전선에서의 투쟁의 결과로 나온 것이다. 이 장 끝에서 우리는 투쟁의 지형을 연구하고 사회적 파업 형태를 제안할 것이다. 하지만 지금은 소유를 공통적인 것을 향해 개방하는 법이론 안에서의 다른 길을 조사해 보도록 하자. 이 길은 어느 정도는 권리 다발 주장을 보완하며, 미국보다는 유럽에서 더 우세한, 소유권의 토대에서 노동으로 나아가는 사유의 흐름이다.

:: 노동의 사회적 소유

자본주의 사회에서 사유재산의 점유는 (적어도 원칙상) 노동에 의해
정당화된다. 만일 사람들이 자본주의 이데올로기의 논리를 그대로 따
른다면, 오늘날의 생산 형태는 사적 소유를 무너뜨릴 것이다. 이 논리
에 따르면, 노동과 경제적 생산이 점점 더 사회화될수록, 소유권의 개
별적 성격은 점차 무너져야 된다. 생산의 사회적 성격은 부의 사용, 부
에의 접근, 부를 둘러싼 의사결정 등에 대한 동등한 사회적 기회를 함
의할 것이다. 물론 자본주의의 법 구조는 이 경로를 따르지 않는다. 그
러나 노동의 변형은 항상적인 긴장 상태를 창출하고, 공통적인 것을 가
리키면서 변화를 위한 자원을 제공한다.

존 로크는 고전적이면서도 아마도 가장 분명한 형태로 노동에 기초
한 소유의 정당화를 논증한다. 즉 공통적인 것은 개인이 그것에 자기
노동을 추가할 때 사적인 것이 된다는 것이다. "그의 몸의 노동과 손
의 작업은 당연히 그의 것이라 말할 수 있다. 그렇다면 그가 자연이 제
공하고 그 안에 남겨둔 것을 그 상태에서 꺼내어 거기에 자신의 노동
을 섞고 무언가 그 자신의 것을 보태면, 그럼으로써 그것은 그의 소유
가 된다."[18] 이 주장의 핵심 전제 중 하나는 자연상태에서 개인이 비어
있는 땅(주권이 결여된 테라 눌리우스$^{terra\ nullius}$, 즉 '누구에게도 속하지 않
은 땅')과 만나며, 이 땅은 소유권에 열려 있다는 것이다. 가령 로크는
식민주의적 상상력으로 아메리카 대륙이 그러한 상태에 있다고 간주했
다. 두 번째 전제는 모두(또는 적어도 모든 자유로운 남성 시민)가 자기만
의 신체, 특히 그 자신만의 노동 능력을 소유한다는 것이다. 자기 자신
의 노동에 대한 소유권이 그 구성요소$^{building\ block}$이다. 소유권이 공통적

인 것에 관계되고 그와 혼합되면, 공통적인 것 역시 전염의 논리에 의해 소유가 된다. 노동은 점유와 소유라는 광범한 파동을 가동한다. 노동에 기초한 소유의 논리는 일련의 수정을 거치고 단서가 달리지만(이미 로크의 글의 뒤이은 구절들에서 그리고 그 이후 수세기 동안의 자본주의적 사유를 거치면서 그러했다), 여전히 자본주의적 상식의 기초 요소로 남아 있다. 만약 당신이 집을 짓는다면, 그것은 당신의 것이어야 한다. 예를 들어 어떻게 노동의 논리가 또한 소유법 일부를 지속적으로 활성화시키는지를 생각해 보자. 누군가 새롭고 유용한 공정, 기계, 제조법, 또는 물질조합을 발명하거나 발견하면 그는 특허권을 신청할 자격이 있다.[19] 지식 노동은 적어도 원칙상 또는 이데올로기 수준에서 지적 재산권을 정당화한다.

노동에 기반한 개인 소유라는 자본주의 이데올로기가 지속함에도 불구하고, 자본주의적 소유는 물론 그것을 생산한 이에게 속하지 않는다. 마르크스는 특별히 코뮤니즘이 마땅히 사람들에게 귀속되어야 할 것을 빼앗을 것이라는 선동을 고려해 이렇게 말하길 좋아했다. 자본은 그 산업적 형태에서 이미 "소유자의 노동에 기초한 것인 개인의 사적 소유"를 부정했다고 말이다.[20] 자본주의적 소유는 생산한 자들에게 발생하는 것이 아니라 생산수단을 소유한 이들에게 발생한다는 것이다. 그는 자본주의 이데올로기가 고취시킨 생산과 소유의 등가를 진지하게 받아들이고 채택했는데, 말하자면 자본이 자신의 전제를 무너뜨린다는 것을 보여주려 한 것이다.

말이 나온 김에 우리가 주목해야만 하는 것은, 누군가는 이러한 인식에 기초해 자본의 한계를 넘어서 소유의 실질적 토대를 노동으로 확립하려고 애쓰는 마르크스를 상상할 수도 있겠지만 마르크스는 그와 정반대, 즉 사적 소유의 폐지가 또한 노동 거부를 필요로 한다는 것으로 나아간다.

'노동'은 사적 소유의 살아 있는 기초이다. 노동은 그 자신의 창조적인 원천으로서의 사적 소유이다. 사적 소유는 대상화된 노동에 다름 아니다. 만일 노동이 사적 소유에 치명적인 일격을 가하길 바란다면, 우리는 사태의 물질적 상태로서만이 아니라, 또한 활동으로서, 노동으로서 사적 소유를 공격해야 한다. 자유롭고 인간적인 사회적 노동, 즉 사적 소유 없는 노동에 대해 말하는 것은 가장 큰 오해 중 하나이다. '노동'은 바로 그 본성에 의해 자유롭지 못한 비인간적이고 비사회적인 활동으로, 사적 소유에 의해 규정되면서 또한 사적 소유를 창출한다. 따라서 사적 소유의 폐지는 오직 '노동'의 폐지로 생각될 때에만 하나의 현실이 될 것이다. (물론 이러한 폐지는 노동 자체의 결과로서만, 말하자면 물질적인 사회활동의 결과로서 가능해질 것이며, 그것은 무슨 일이 있어도 결코 하나의 범주를 다른 범주로 대체하는 것이라고 생각해서는 안 된다.)[21]

마르크스의 관점에서는 사적 소유와 노동의 등가는 결국 다음과 같이 그에 대한 도전을 배가시킨다. 즉 우리는 소유 없는 사회적 유대 및 사회적 결집뿐만이 아니라 노동을 넘어서는, 즉 임금노동의 체제를 넘어서는 협력적인 사회적 활동 및 창조성의 체계 역시 상상하고 발명해야 한다.

그러나 오늘날 노동의 본성과 조건은 마르크스가 분석했던 산업 형태로부터 근본적으로 변화했으며, 로크의 농업적 · 식민지적인 상상으로부터는 훨씬 더 멀리 떨어져 있다. 현대적 소유 관계를 탐구하기 위해서 우리는 먼저 오늘날의 사회적 생산 및 재생산의 형태를 살펴보아야 한다. 지금은 두 주요 측면만을 언급하겠다. 첫째, 사람들은 보다 더 유연하고, 유동적이며, 불안정한 배치arrangement 안에서 노동한다. 심지어 월가의 은행가들도 매일 오후 5시 즈음에는 책상을 비워놓고 떠날 채비를 해야 하며, 더 중요한 것은 대다수가 실업과 빈곤의 항구적 위협 하에서 노동한다는 점이다. 둘째, 노동은 점점 더 사회적으로 되고 타인과의 협력에 기초하며 소통 네트워크와 디지털 접속의 세계에 스며드는데, 이것이 산업적 배치, 농업 체계, 그리고 이 밖의 모든 경제적 형태들을 관통한다. 자본은 협력 흐름을 통해 가치화되며, 그 흐름에서는 언어 · 정동 · 코드 · 이미지들이 물질적 생산과정에 포섭된다.

생산이 오늘날의 자본주의 사회에서 전례 없이 협력적이고 사회화된다는 사실은 자본주의 이데올로기가 조장한 개인 노동과 사적 소유 간의 연결을 그 한계점까지 밀어붙인다. 어떤 물건을 만들어 내거나 혹은 특허법이 상상하듯 어떤 아이디어를 만들어내려고 한 사람이 고립되어 노동한다는 것은 더 이상 말이 되지 않는다. 그는 결코 생산할 수 없다. 우리는 오로지 사회적으로 함께 생산할 뿐이다. 다시 말해 부는 계속 점점 더 늘어나는 노동 협력의 사회적 네트워크 안에 있는 노동으로 생산되는 반면, 사적 소유가 노동에 기초한다는 생각은 이제 이데올로기적 잔재가 될 뿐이며, 근대적 소유관(일정 부분은 마르크스 자신의 소유관과 더불어)은 낡은 것이 된다.

이러한 파열은 근본적으로 상이한 두 가지 발전으로 이어진다. 첫째, 소유가 노동에서의 모든 이데올로기적 근거에서마저도 '해방'되는 것처럼 보일수록, 사적 소유의 논리는 더욱더 절대적인, 순전한 명령의 권력이 된다. 우리는 3부에서 금융과 화폐가 소유를 재규정하기에 이르는 방식과 신자유주의 시대에 어떻게 사적 소유가 금융적·화폐적 형태에서 훨씬 더 완전하게 생산과 사회 전체를 지배하는지를 분석할 것이다. 그러나 이러한 극단적 지점에서조차, 자본주의적 소유와 가치는 여전히 노동이라는 기호를 마치 모반^{母斑}처럼 지닌다. 안드레 올리언과의 대담에서 장 마리 아리베는 더 이상 실질적·물질적 형태로 출현하지 않을 때조차도 가치는 단지 회계상의 환상만은 아니라고 올바르게 주장했다. 가치는 비록 신비화되긴 했으나 유효하며, 더 집약적이고 광범위하게 계속 발전하는 생산적인 사회적 네트워크의 기호이다.[22]

둘째, 전보다 더 협력적인 생산의 사회화된 성격을 통해 공통적인 것을 이해할 수 있다. 소유의 사회적 기능에 대해 말하기보다는(소유는 [사회 쪽이 아니라] 자본 쪽으로 흘러들어가 완전히 금융 안에 자리잡을 것처럼 보이기 때문이다), 노동의 사회적 소유에 대해 말하는 것이 더 나을 것이다. 우리는 공통적인 것에, 즉 지속적이면서도 혼돈스러운 생산 및 재생산의 협력적 순환에 스며들어가 있다. 소유권의 기반을 생산에 두는 로크 류의 자본주의 이데올로기를 따라가 그 결론에 도달하는 사고 실험을 해보자. 만일 오늘날의 부가 개인에 의해 생산되는 것이 아니라 광범한 사회적 협동 네트워크에서 생산되는 경향이 있다면, 그 산물은 생산 네트워크 전체, 즉 전 사회의 소유, 말하자면 누구의 것도 아닌 소유여야 할 것이다. 즉 소유는 비소유가 되어야 하며, 부는 공통적인 것이 되어야 한다.

국가와 관련해 노동권의 발전으로 되돌아가 추적해 보면 우리는 같은 지점, 즉 오늘날 공통적인 것에 뿌리를 둔 권리관이 필요하다는 점에 도달한다. 노동조직이 전 세계의 국가들에서 아주 잔인하게 공격당하는 오늘날에는, 20세기만 하더라도 제도화된 노동운동(특히 선진국들에서)이 자본과 국가의 기능을 안정화하는 중심 역할을 담당했었다는 점을 기억해 내기가 좀처럼 쉽지가 않다. 예를 들어 1948년 이탈리아 헌법 1조는 "이탈리아는 노동에 기초한 민주공화국이다"라고 선언한다. 노동은 '입헌화'되었고, [국가의] 지주支柱가 되었다. 복지정책의 창출과 구성은 한편으로는 시장을 길들이고 사적 소유와 계약의 배타적 규범 권력을 극복하는 데 기여했을 뿐만 아니라 다른 한편으로 급진적인 노동 전투성을 순화시키는 데에도 기여했다. 복지국가는 위기의 원인, 즉 객관적 원인(경제)과 주관적 원인(노동자) 모두를 다루는 것을 목적으로 했다.[23] 따라서 임금은 복지체제가 제공하는 다양한 '간접'소득(연금, 보건의료 및 기타 다양한 사회 프로그램 등)으로 보완되었다. 국가 행위, 특히 화폐적 조치는 '유효 수요'를 유지해야 했으며, 경제발전은 노동자와 시민의 욕구의 발전에 상당 부분 의존했다. 20세기 동안에는 이러한 공적 조치 및 사회적 서비스라는 실을 엮어서 단단한 삶정치적 직물이 짜여졌다.

그러나 최근 수십 년간 신자유주의가 노동의 사회적 조건을 폭력적으로 공격해 시장 규범을 새로 부과하고, 그래서 노동이 경제발전의 공적 조절의 기초로서 일체의 자율권을 가질 수 있다는 생각은 부정되었다. 따라서 공법은 더욱더 명시적으로 사법에 종속되었으며, 수천 개의 주체의 권리로 분쇄되었다. 그리고 마찬가지로 모든 재정적·사회적 법안이 사유화의 소용돌이에 휩쓸려 들어갔으며, 그 소용돌이에 진보적 조세 제도의 도구들이 수장되었다. 즉 공공 서비스에 대한 무차별 공격이 규칙이 되었고, 그것은 실제로 사회 집단 간 연대를 금지시켰다. 또한 국가의 공적 기능이 시장에 종속된다. 복지국가에서 '공공 권리'로 격상되어 노조의 교섭권을 국가가 지지하고 인정하게 만들었던 '노동권'은 이제 격하되어 다시금 사법과 세습법으로 번역되기에 이른다.[24]

신자유주의의 약탈에 대응하기 위해, 유럽의 몇몇 법학자는 실용주의적 노력에서 사적 소유를 공적 관심과 공적 욕구에 묶어놓는 일에 참여했다. 가령 스테파노 로도타와 우고 마테이는 여러 가지 방식으로 이탈리아 헌법과 이탈리아 법 전통이 제공한 수단을 이용하여 사유화에 맞서 천연자원(국가적 물 공급과 같은)을 보호하고, 로마의 '테아트로 바에'와 같은 국가 유적지를 사익의 손에 넘겨주는 일을 막으려는 대중점거를 쉬지 않고 방어하고자 했다.* 그들의 주요한 목표는 사회적 연대를 위해 공법의 힘을 재확립하고 법의 '사회적 기능'과 일반이해를 긍정하여 '공통적인 것'(이는 현실에서는 '공적인' 형태를 띤다)을 규정하려는 데에만 있지 않았다. 또한 그들의 목표는 사법 내부로부터 사회적으로 보호되는 주체적 권리를 확장하고, 이 권리들을 엄격하게 규정된 소유권에서 떼어내, 사회적 이익이 되는 방향으로 제시하는 데 있었다. 예를 들어 로도타는 '권리들을 가질 권리'를 증진시키는 일에 선봉에 섰고, 마테이는 사법의 위기가 가진 다른 측면을 주장하면서 사적인 것의 사회적 기능으로부터 '공통재common goods' 개념을 발전시켰는데, 이때 '공통재'는 '공통권'이라는 새로운 범주로 여겨졌다.[25]

---

* 이탈리아 로마에 있는 테아트로 바예(Teatro Valle)는 1726년에 오페라 극장으로 건설되었다. 18-20세기 동안 역사에 남을 무수한 오페라가 상연되었지만, 2010년 이탈리아 정부의 예술분야 예산삭감과 함께 운영이 중단되었다. 2011년 사기업에 판매될 것이라는 소문이 퍼지자 예술의 독립성 훼손을 우려한 배우, 음악가, 연출가, 기술자, 무대연출가 등으로 이루어진 사람들의 시위와 공간 점거가 이어졌다.

전 지구적 신자유주의의 맥락에서 일반적으로 사적 소유의 지배가 이데올로기적으로 찬양되고, 국가권력이 침식되고 있는 가운데, 이러한 실용주의적 법 기획들은 특히나 하나의 방어선으로서 절실하다. 그러나 이와 동일한 조건이 이 전략들의 개념적·실천적 가능성을 변화시킨다. 다시 말해 국가권력이 쇠약해질수록, 소유권을 복수화하고 사회화하려는 시도는 공적인 것을 넘어서, 다른 지원수단은 없는지 살펴봐야 한다. 사실 좌파 법 이론가들이 사적 소유의 과도한 지배와 싸우기 위한 중심 전략으로 공적인 것과 국가권력에 호소할 때—예를 들어, 로도타가 '공적인 것의 재공공화'ripubblicizzazione del pubblico'에 대해 말할 때—, 우리에게는 오늘날의 조건에서는 이것이 실현 가능하지도 바람직하지도 않은 것처럼 들렸다.[26] 이러한 국가적 대응은 프랑스와 독일에서 훨씬 더 만연하고 있다. 그곳에서는 '제도주의적' 노선이 여전히 우세하며, '공통권'의 증진이 대개는 공법을 확장하고 심화시키는 것으로 이해된다. 불행하게도 이 겉보기에는 그럴싸한 요구가 유럽의 사회주의 좌파의 거대 분파에게는 여전히 근본적인 것으로 남아 있으며, 이들의 상상에서는 국가 행위와 국가권력이 사회의 유일하고 정당한 방어자로 고정된다.

반대로 이 경우에서만은 자본주의적 엘리트들(또는 실제로는 그들의 집단 무의식)이 '진보적' 이론가들보다 더 명료한 분석을 가지고 있을지 모른다. 우리가 앞서 지적했듯이, 신자유주의 기획의 일환으로 20세기 내내 자본주의 지배를 뒷받침했던 제도화된 사회적 권리와 노동권은 비극적으로 무너졌다. 이는 마치 자본주의적 정치계급이 편집증에 사로잡혀 이런 '합리적' 권리를, 즉 과거에는 자본주의를 위기로부터 보호해 줬던 권리를, 훨씬 더 위협적인 권리인 '공통권'으로 오해한 것과 같다. 이것은 1848년 혁명이 실패한 후에 프랑스 부르주아들이 '사회 공화국'에 대한 다소 온순한 요구에서 코뮤니즘의 유령을 보고, 이 요청과는 반대로 루이 보나파르트의 제국을 수용하는 쪽으로 뛰어 들어갔던 순간과도 같다.[27] 아마도 히스테리에 사로잡혀 있는 오늘날의 자본주의 엘리트들도 진실을 직감적으로 알 수 있다. 위기를 초래할 위험을 감수하면서까지, 복지국가를 사유화하려는 과장되고 과도한 폭력은 시장 헤게모니와 사법의 우선성을 복원한다는 주장을 넘어서 근본적으로는 사회적 권리가 공통적인 것의 긍정으로 불가피하게 미끄러질 것이라는 공포에 의해 추동된다는 사실을 누설하는 것이다. 바로 이것이 자본이 파괴해야만 하는 가능성이다!

요컨대 한편으로 노동의 사회적 소유는 불합리한 개인 소유권을 폭로하면서, 사회적으로 생산된 부를 사회적으로 공유할 권리를 긍정한다. 다른 한편 노동의 사회적 소유는 유산 계급과 금융 엘리트, 신자유주의적 정부의 공포심을 유발하는데, 그들은 사회권에의 주장 배후에서 공통권의 출현을 (정확히) 감지하기 때문이다.

:: 세 번째 응답: 공통적인 것은 소유가 아니다

소유를 개혁하고 그 힘을 제한하는 법 기획은 분명 유익한 결과를 가져오지만, 이제 우리는 결국 그것을 넘어 도약할 필요가 있다. 우리가 앞서 살펴봤듯이 소유법 안에서의 몇몇 작업이 이런 방향을 지시하지만, 결국에는 항상 소유를 특징짓는 이러저러한 배제, 위계, 중앙집중화된 의사결정을 유지함으로써 벼랑 끝에서 주춤하면서 결정적 한 걸

어셈블리

음을 내딛는 데에는 실패한다. 예를 들어 만일 법학자들이 이론화시킨 권리 다발이 사회 전체로 동등하게 확대된다면, 양은 질을 넘어설 것이고, 권리 내부의 복수성은 소유가 유지하는 위계를 폭발시킬 것이다. 이와 마찬가지로 노동이 사회화되고 전 사회가 가치화의 영역이 될 때, 즉 지성, 신체 활동, 문화적 창조성, 온갖 창의적인 힘이 협동적으로 연결되어 함께 사회를 생산 및 재생산할 때, 공통적인 것은 생산성의 열쇠가 되는 반면, 사적 소유는 생산 능력을 저해하는 족쇄가 된다. 다시 말해 소유의 주권적 성격을 벗겨내 공통적인 것으로 변형시킬 수 있고, 또 그래야만 한다는 것이 점점 더 분명해질 것이다.

그래서 우선 공통적인 것은 공적 소유든 사적 소유든 소유와는 반대로 규정된다. 공통적인 것은 새로운 소유 형태가 아니라 비소유 nonproperty이다. 즉 부의 사용과 관리를 조직하는 근본적으로 다른 수단이다. 공통적인 것은 민주적 의사결정 메커니즘과 더불어 부에 접근하는 평등하고 개방적인 구조를 지시한다. 누군가는 더 일상적인 언어로 공통적인 것은 우리가 공유하는 것 혹은 공유를 위한 사회적 구조이며 사회적 테크놀로지라고 말할 것이다.

소유와 공통적인 것의 역사는 소유관계를 중립화하는 데 유용하다. 우리가 기억해야 할 것은 사적 소유가 인간 본성에 내재하는 것이거나 문명사회에 필연적인 것이 아니라 역사적 현상이라는 점이다. 그것은 자본주의적 근대에 들어와서 생겼으며 언젠가는 사라질 것이다. 그렇지만 전 세계에서 폭력과 피로 물든 사적 소유의 구축이 부를 공유하는 사회적 형태의 억제를 포함했다는 점을 인식한다고 해서, 공통적인 것을 전자본주의적 사회 형태로 인식하거나 그 사회 형태의 재창조를 열망하는 것으로 이끌려서는 안 된다. 많은 경우 부를 공유하는 공동체 및 체계의 전자본주의적 형태는 넌더리 나는 가부장적이고 위계적인 분할 및 통제 방식으로 특징지어진다. 자본주의적 사적 소유가 있기 이전 형태에 우리의 시선을 두는 대신 그 너머를 바라볼 필요가 있다.[28]

오늘날 우리는 평등하고 열려 있는 부의 공유 방식을 수립하고, 사회적 부의 접근, 이용, 관리, 분배에 관해 함께 민주적으로 결정할 권리를 제도화할 잠재력을 갖고 있다. (혼동을 피하기 위해 말하자면, 이러한 공통적인 것의 관점은 사회적 부에 대한 것이지 개인 소유에 대한 것이 아님을 명심하자. 당신의 칫솔을 사람들과 공유할 필요는 없다. 또는 당신이 스스로 만든 대부분의 것에 대한 권리를 남들에게 넘길 필요도 없다.) 공통적인 것의 대상은 다양한 특징을 가지며, 그것을 공유하는 방식에 관한 우리의 추론은 일정 정도는 다양한 형태를 취해야 한다. 가령 무한정 복제 가능한 부의 형태가 있는가 하면, 어떤 부의 형태는 제한되어 있고 부족하다. 따라서 우리가 그것을 공유하는 방식을 다루는 것은 다양한 도전에 직면할 것이다. 아래의 아주 거친 도식은 공통적인 것의 다양한 형태를 생각하기 위한 몇 가지 도입부 가이드라인을 제공하는 것이다.

— 첫째, 지구와 생태계는 불가항력적으로 공통적인 것으로, 우리 모두가 그것의 손상과 파괴에 의해 영향을 받는다(비록 그 정도는 다양할지라도)는 점에서 그렇다. 그러나 우리는 사적 소유나 국가의 이해관계의 논리가 그것들을 보존할 것이라고 믿을 수는 없다. 대신 우리는 지구를 공통적인 것으로 다뤄야 하며, 그래서 지구와 생태계 및 우리의 미래를 돌보고 보장하는 집단적 의사결정을 내려야 한다.

— 둘째, 주로 비물질적인 부의 형태인 아이디어, 코드, 이미지, 문

화생산물들 등은 이미 소유관계에 의해 부과된 배제에 맞서는 데 전력을 기울이고, 공통적인 것으로 향하는 경향이 있다.

―― 셋째, 점증하는 사회적 노동의 협동 형태에 의해 생산되거나 추출되는 물질적 상품은 공동의 사용을 위해 개방될 수 있고 개방되어야 한다. 그리고 그만큼이나 중요한 것은 그 계획(가령 땅에 묻힌 일부 자원을 남겨둘 것인지 아닌지)이 가능한 한 민주적으로 결정되어야 한다는 점이다.

―― 넷째, 환경을 만들고 문화적 회로를 수립하는, 사회적 상호작용과 협동의 결실인 메트로폴리스와 시골의 사회적 영토들은 공통적인 것을 사용하고 관리하는 데 개방되어야 한다.

―― 다섯째, 건강, 교육, 주택, 복지가 목표인 사회 제도 및 서비스는 모두의 이익을 위해 사용되고, 민주적 의사결정에 따르도록 변형되어야 한다.[29]

공통적인 것을 이해하는 데 결정적인 것은 이 모든 형태에서 부의 사용과 접근을 관리해야 한다는 점이다. 특히 엘리너 오스트롬(그녀의 작업은 오늘날 우리가 공통적인 것과 연관된 것을 그토록 많이 접할 수 있게 하는 데 핵심적 역할을 했다)은 협치와 제도가 필요하다는 데 올바르게 집중한다. 오스트롬은 '공유지의 비극'에 관한 논거 일체의 오류, 즉 '모든 부가 효과적으로 이용되고 또 폐허가 되는 일을 막기 위해서는 공적으로 소유되거나 사적으로 소유되어야 한다'는 주장의 오류를 설득력 있게 드러낸다. 그녀는 '공유 자원'이 관리되어야 한다는 점에는 동의하지만, 국가와 자본주의 기업이 그렇게 할 수 있는 유일한 수단이라는 점은 부정한다. 집단적인 자주관리 형태가 있을 수 있고, 그런 형태가 이미 존재한다. "자치적인 공통재산common property 협의에서는 규칙이 참여자 자신들이 고안하고 수정하며, 또한 감시하고 강제한다."[30] 우리는 공통적인 것이 민주적으로 참여하는 제도를 통해 관리되어야 한다는 오스트롬의 주장을 진심으로 승인한다. 그러나 우리는, 접근과 의사결정을 공유하는 공동체는 작아야 하고 안팎을 구분하는 명확한 경계에 의해 제한되어야 한다는 그녀의 주장과는 생각을 달리한다. 우리는 더 큰 포부를 가지고 있으며 다른 이들에게 열리고 더 확장적인 민주적 경험에 관심을 가지고 있다. 그래서 우리는 이어지는 장들에서는 오늘날 새롭고 더 완전한 민주주의 형태가 실행 가능하다는 점을 증명하고자 한다.

우리는 모든 '공통권'이 궁극적으로 사법 및 공법과 구별되어야 할 뿐만 아니라, 우리가 앞서 언급했던 특히 유럽에서 '사회법', '사회권'이라 불리는 것과 구별되어야 한다는 점을 강조하고자 한다. 사회법은 실제로 공통적인 것의 일부 기능을 발전시키면서 일종의 명암 대조법 속에서 살아간다. 그것을 밝히는 것은 우리로 하여금 현재 출현하고 있는 공통적인 것의 더 나은 다른 특성들을 규정하게끔 허용한다. 첫째, 사회법과 사회권이 근본적으로 정태적──사회법과 사회권은 사회관계의 규제라는 가면을 쓰고 시장 안에서 긍정되었던 법 규범을 등록한다──인데 반해, 공통적인 것은 근본적으로 생산적이며, 단지 기존의 사회관계를 규제하는 것이 아니라 오히려 새로운 '함께 있음'의 제도를 구축한다. 둘째, 사회법이 1930년대까지 거슬러 올라가 이 전통이 지닌 국가주의적 모호함(좌·우파 모두에게서 비롯된다는 점에서) 일체를 유지하면서, 국가에 복무하는 공법의 비호를 받아 일종의 '총동원'을 강제하는 반면, 공통적인 것은 민주적 협동 관계를 아래로부터 관리하는 사회를 구축한다. 셋째, 사회법이 한 덩어리의 개인들을 그 대상으로 전제하는 반면, 공통적인 것은 특이성의 협력을 먹고 사는데, 특이성 각각이 제도를 구축하는 데 특수하게 기여하기 때문이다. 마지막으로 넷째, 사회법은 노동운동으로부터 탄생했을지라도, '인적 자본'을 관리하고, 삶권력——이것은 인간행동 및 관계를 화폐와 금융의 통제에 따라 질서지우고 그에 종속시킨다——의 메커니즘에 참여하는 신자유주의에 의해 변형되었던 반면, 공통적인 것은 법의 매개 없이 전진하여 다중으로, 즉 주체의 특이성을 부와 자유의 생산적 제도로 모으는 능력으로 출현한다.

따라서 공통적인 것은 제3종$^{tertium\ genus}$——마치 그것이 그저 소유의 제3형태를 의미하기라도 하는 듯——이 아니라, 사적 소유와 공적 소유를 넘어서는 것이다. (실제로 '공유재'에 대한 오스트롬의 정식과 '공통재'에 대한 우고 마테이의 생각은 또 다른 형태의 소유를 지칭하는 듯 보이기도 한다.) 보다 근본적인 방식에서 보면, 즉 사용권과 의사결정권으로부터의 배제라는 특성을 제거하고, 대신 개방적이고 공유되는 사용 및 민주적 협치의 도식을 제도화한다면 공통적인 것은 소유와는 대비되는 것으로 나타난다.

:: 꿀벌의 우화 혹은 공통적인 것의 열정

앨버트 허시먼은 근대 초 유럽에서 자본주의 축적을 뒷받침하는 이데올로기가 어떻게 열정의 작용에 기반하여 발전했는지를 추적한다. 이 이야기는 16-17세기에 마키아벨리와 그 밖의 저자들의 현실주의적 인식으로 시작한다. 그들에 따르면 실재하는 바로서의 인간(우리가 원하는 대로의 인간이 아니라)은 대체로 그들 자신과 타자들에게는 파괴적일 수 있는 열정에 의해 추동된다는 것이다. 이러한 생각에 따르면, 정치적 배치가 지속가능하려면 열정을 길들여야 하는데, 이는 인간들에게 덕을 갖추거나 합리적이 되라고 훈계하거나 애원하는 것이 아니라, 해롭거나 위험한 열정에 맞서 유익한 열정이 일어나게 하는 것이다. 몽테스키외가 말했고 허시먼이 좋아하는 구절 중 하나로, "인간의 열정이 그들을 사악하게 만들지라도, 그들이 사악해지지 않는 데 관심을 가지는 상황에서는 그들에게 행운이 있을지니."[31] 이해관계, 즉 습득의 열정, 소유의 열정이 허시먼의 이야기에서는 덕 있는(혹은 적어도 유순한) 열정——이 열정은 위험한 열정을 길들일 수 있다——의 열쇠로 나타난다. 이해관계는 변함없고 질서 있으며, 따라서 다스릴 수 있는 것으로 간주된다. 더욱이 이해관계는 욕심, 이기심, 탐욕과 같은 전통적인 죄악을 덕으로 변화시키는 힘을 가지고 있다.

그러므로 자본주의 이데올로기로 출현하는 주체에 대한 이론은 점유possession에 기반을 둔다. 프라퍼티property라는 말 자체는 근대 초를 경유하면서 본성이나 자질을 의미하는 속성(인간이나 사물에게 고유한 것)에서 점유 혹은 사물을 갖는 것을 의미하는 소유로 변형된다. 프라퍼티가 인간에게 의미하는 바——심지어 살아 있는 것에게 의미하는 바이기도 하다——는 다양한 점유 유형으로 상상되기에 이른다. 땅이나 재화 같은 외적인 물품뿐만이 아니라 힘이나 지성 같은 '내적인' 비물질적 속성도 점유의 논리에 복종시키기 위해 사물 같은 것이 되어야 한다. 당신은 곧 당신이 가진 것이다.[32]

이해관계와 습득을 파괴적인 열정에 대한 해독제로 제기하는 지적인

어셈블리

인식틀은, 허시먼이 적고 있듯이, 19세기와 20세기에는 그 중요성이 약해지긴 했지만 자본주의적 이데올로기가 닻을 내리는 배경으로서 주어진다. 즉 소유와 축적의 추구가 안전, 번영, 자유 등을 보증해 준다. 하지만 오늘날 소유에 대한 덕 있는 열정(그런 열정이 늘 실제로 있었다고 한다면)은 거의 사라지고 그 공백에는 진정으로 지속가능한 덕인 공통적인 것의 열정이 뿌리를 내리고 있다. 여기에서 핵심적인 몇 가지 열정을 소개하고자 한다.

안전(공포에 맞서)

사적 소유가 당신을 공동체와 연결하겠다고 약속하지만, 그것은 단지 당신과 타인을 분리시키고는, 당신을 타인의 무리로부터 보호하는 은신처를 제공할 뿐이다. 사적 소유는 당신을 배고픔, 집 없음, 종속, 경제위기로부터 보호할 것이며 심지어 상속을 통해 당신의 자녀를 보호할 것이다. 당신이 재산을 갖고 있기에 다른 이들은 당신보다 먼저 배고플 것이고, 먼저 집이 없을 것이다 등등. 하지만 오늘날 당신의 재산은 이조차도 할 수 없다는 것을 쉽게 알 수 있다. 재산은 당신을 구해주지 못한다.

사적 소유가 덮고 있는 안전이라는 허울의 외피를 걷어내 보라. 그러면 당신은 그것의 진정한 토대가 공포임을 발견할 것이다. 사적 소유의 사회는 공포를 관리하고 전파한다. 가령 퍼거슨과 볼티모어에서 상파울로, 런던, 파리에 이르는 인종이 분리된 메트로폴리스는 매 시기 분노와 반란으로 넘쳐나는 공포의 용광로이다. 사적 소유는 인종적 종속과 폭력이라는 병기고의 유일한 무기이며, 적어도 노예제 이래로 계속해서 배치된 기본 무기이다. 흑색과 갈색의 주민들은 가장 직접적으로는 경찰을 두려워하지만 빈곤과 궁핍의 전망에도 공포를 느낀다. 더 백색의 주민들은 자신들의 소유를 유지하려 그 벽 뒤로 숨는다. 하지만 실제로 어느 누구도 안전하지 않다.

긴축과 부채는 사적 소유가 약속한 안전이 곧바로 공포로 드러나는 방식의 다른 면을 보여준다. 전 지구를 가로질러 국민국가의 경제들이 공황의 먹이가 된다. 공황은 부채와 긴축의 순환을 통해 소유를 파괴하고 자신들은 보호받는다고 생각하는 중간계급의 예금을 황폐화시킨다. 가장 부유한 자들을 제외한 모든 이들이 오늘의 불안정과 무기한의 미래에 닥칠 불안정과 대면하며 여태껏 비축해 왔던 이들조차 은행의 위기와 주식시장 붕괴의 뉴스를 보며 공포에 떤다.

사회주의 전통은 소유가 사회적 규모의 안전을 제공할 수 있다는 주장을 오랫동안 비판해 왔으며, 대신 안전이 국가에 의해서만 제공될 수 있다고 주장해 왔다. 하지만 안전을 창출할 국가권력(그것이 늘 존재해 왔다고 가정해 보면)은 신자유주의 지구화 시대에 무참히 무너져 내렸다. 국가, 특히 사회주의 국가는 자신이 가진 공포라는 무기를 휘두른다.

진정한 안전은 완전히 다른 것이다. 스피노자가 정의했듯이, 안전은 불확실성이 제거된 희망이다. 안전은 우리의 기쁨이 미래에 지속하리라는 확신이다. 공포를 물리치는 것이 안전이다.[33]

오늘날 안전은 특이성이 공통적인 것에서 누리는 자유와 협동에서만 나올 수 있다. 우리는 이 진정한 안전의 힘을 사적 소유도 국가도 아닌 사회적·생태적 재앙의 한가운데에서 출현하는 공동체와 협력의 형태에서 맛볼 수 있다. 가령 최근에 브라질과 아르헨티나, 스페인, 그리스,

일본에서는 빈곤과 위기로부터 나와 연대의 경제를 발전시키고, 생산, 소득, 서비스, 음식, 주거를 국지적 수준에서 조직한 사람들이 있었다. 연대 경제는 협력과 자주관리를 이윤 및 자본주의 통제 체제에 대한 대안으로 강조하는데, 이는 더 평등주의적일 뿐만 아니라 더 효율적이고 더 안정적이다. 생태적 재난이 일어난 곳에서 사람들이 공유하고 함께 하는 방식도 공통적인 것이 제공하는 안전을 암시한다. 레베카 솔닛이 사회적 협력과 연대의 형태에 감탄하면서 말했듯이, "재난이 사회적 욕망과 사회적 가능성을 보게 하는 놀라운 창문을 제공했다. 그리고 거기서 선언한 것은 모든 곳에서, 일상적인 시간과 여타 예외적인 시간에서 중대 사안이 된다."[34] 사람들이 위기의 시기 동안 공통적인 것에서 안전을 발전시킨 방식은 공통적인 것의 사회가 무엇을 할 수 있는지를 맛보게 해준다.

번영(비참에 맞서)

번영은 사적 소유가 사회를 지배하게 만드는 또 다른 기본적 근거이다. 우리는 이렇게 말하곤 한다. '극단적인 사회적·경제적 불평등을 견딜 필요가 있다. 사적 소유의 지배는 발전을 보장하는 유일한 길이기 때문이다.' 오늘날 이 이른바 발전이라는 도살장이 경제적 멸망에서 생태적 재난에 이르는 우리를 둘러싼 모든 것이다. 하지만 사적 소유가 경제발전을 만들어내는 데 실패한다는 것이 신자유주의로부터 연원한 것은 아니다. 슘페터가 1940년대 초에 마지못해 인정했듯이, "자본주의 과정은 재산이라는 관념으로부터 생명력을 빼앗는다. …… 탈물질화되고 기능 정지된 부재자 소유는 재산의 활력적인 형태처럼 인상을 강하게 주어 도덕적 충의를 끌어내는 방식이 아니다. 결국 진정으로 사업을 지지하고자 하는 사람이 하나도 남아 있지 않게 될 것이다. 거대 회사의 안에든 바깥에든."[35] 사적 소유가 경제적 혜택을 가져다준다는 생각은 이미 당시에도 순전히 이데올로기적 허울이 되고 있었지만, 반공주의 이데올로기 덕분에 일정 부분 지탱되었다.

새로운 상품이 끊임없이 시장에 나온다고는 해도 사적 소유가 실제로 욕구의 세계를 협소하게 만든다는 점에서 사적 소유도 번영을 무너뜨린다. 마르크스가 말했듯이 정치경제학은 "그러므로 (그 세속적이고 타락한 외양에도 불구하고) 진정한 도덕학, 모든 것 중에서도 가장 도덕적인 학문이다. 자기부정, 삶의 부정, 모든 인간 욕구의 부정이 그 주된 교의이다. 덜 먹고, 덜 마시고, 책도 사지 말고, 극장도 가지 말며, 춤도 추지 말고, 취하지도, 생각하지도, 사랑하지도, 이론을 세우지도, 노래를 부르지도, 그림을 그리지도, 울타리를 치지도 말라 등등. 네가 더 **많이 모을수록**──나방도 구더기도 먹을 수 없는 그 보물을── 너의 **자본**은 더 커질 것이다. 네가 너 자신이 아닐수록, 네가 네 삶을 덜 표현할수록, 너는 더 많이 가지리라."[36] 사적 소유라는 이데올로기는 부자와 빈자를 똑같이 감염시키는 욕구의 빈곤을 이끈다. 취득을 향한 열정이 병적으로 비대해져 사람들로 하여금 다른 모든 욕구, 특히 그들의 사회적 욕구를 보지 못하게 만든다. 과도한 향유라는 우리의 사회적 질병을 치료하려면 많은 걸 단념하라고 설교하는 좌파 도덕주의자들의 말을 경청하지 말자. 마르크스가 말하길, 향유 능력 자체가 생산력이며, 생산성의 척도이다.[37] 사적 소유 너머에는 발견하고 발명하는 욕구와 욕망의 세계가 있다.

번영이 있을 것이라는 사적 소유의 거짓 약속은 안전을 창출하겠다는 실현 불가능한 맹세와 교차한다. 아주 오래전 자본주의 이데올로기는 고용보장을, 따라서 미래에의 확신을 약속한 적이 있다. 선택받은 선진국 주민에게만 해당되겠지만 말이다. 노동을 보장하는 계약은 지금은 어디 론가 증발하였고, 그래서 종속된 나라의 노동자와 선진국의 종속된 주민 이 오랫동안 경험했던 불안정이 이제는 보편적인 것이 되고 있다.[38] 현대 사회에서 삶은 일자리에서만이 아니라 삶의 모든 국면에서 불안정해지 고 있다. 이주민 공동체, 유색인 공동체, LGBTQ 공동체, 장애인 공동체 등의 일부 공동체는 이 불안정을 제일 먼저 인식하고 그것을 가장 첨예 하게 겪고 있지만, 그들의 경험은 다른 이들이 겪을 경험의 전조前兆이 다. 불안정 사회는 비참한 형태로 나타난다.

그러나 불안정한 삶도 부의 결정적인 자원을 드러낸다. 주디스 버틀 러가 주장했듯이, 우리가 공유하는 취약성vulnerability은 진정한 안전을 발 생시킬 수 있는 사회적 유대의 토대이다. 취약하다는 것은 상처에 민 감하다는 것일 뿐 아니라, 또한 더 중요하게는 사회세계에 열려 있다 는 것이다. 버틀러가 말하길, "우리 모두가 취약한 존재라고 말하는 것 은 타자에 대한 우리의 근본적 의존성뿐 아니라 존속하면서도 지속가 능한 세상에 대한 의존성을 나타내는 것이다."[39] 계속해서 그녀는 취약 성이 타자들과 함께 모일 때에는 강함의 한 형태가 될 수 있다고 말한 다. 공유된 취약성의 토대 위에서 우리는 공통적인 것의 제도, 사회 제 도를 구축하는 일을 시작할 수 있으며, 이 제도는 진정한 안전과 번영 을 제공할 것이다. 이것은 계속해서 손해를 보상하고 복지구조의 후퇴 로 남겨진 구멍을 채우는 데 급급한, 신자유주의에 대한 수동적 보완물 이어서만은 안 되고, 또한 유해한 불안정화 형태를 파괴한 자리에 보장 된 사회적 유대를 제도화하는 공격적 전략이어야 한다.[40]

자유(죽음에 맞서)

"사적 소유 없이는 자유도 없다." 이러한 반복구가 법으로, 즉 부동산, 산업자본, 금융, 화폐자본 등과 같은 모든 소유 형태를 방어하는 법으로 충실하게 번역되었다. 익숙한 교리문답에 따르면, '국가 규제＝강제'인 반면, '사적 소유의 지배＝자유'다. 앞서 살펴보았듯이, 19세기 말과 20세기 초에 법 현실주의자들은, 이른바 자유방임적인 고전적 시장 자유주의의 자유도 강력한 국가 강제력을 포함한다고 주장함으로써 이 이데올로기적 장막을 찢어놓았다. 국가의 행동은 항상 사적 소유를 보호하고 그 사용으로부터 배제된 모든 이들에 맞서 강제력을 행사할 것을 요청받는다. 아마도 그러한 국가의 강제력은 자기 재산이 방어되는 이들에게는 보이지 않지만, 배제당한 이들에게는 다른 어떠한 폭력 형태보다도 실재적이고 강력하다. 던컨 케네디가 주목했듯이, 법 현실주의자들에게는 "자본주의가 사회주의만큼이나 그 방식에 있어 강압적이었다."[41] 자본주의든 사회주의든 사실 각자가 제공하겠다고 주장하는 것을 스스로 무너뜨린다. 이기적이고 개인주의로 고립된 사적인 것은 자유를 파괴한다. 특이성의 부를 보지 못하는 공적인 것은 사회 연대를 절멸시킨다.

자기 이익에 매몰된 개인과 달리 특이성은 자유와 협동이 내적으로 연결될 때에만 탄생한다. 한편으로 자유의 확장만이 협력을 구축하고 공통적인 것을 조직하며 사회적 안전을 보장할 수 있다. 다른 한편으로 협력 규칙과 민주주의 규범만이 자유롭고 능동적인 주체성을 구축할 수 있다. 공통적인 것은 사적인 것과 공적인 것이라는 낡고 파괴적인 짝을 넘어서 자유로운 인간의 공생공락conviviality을 구축한다.

맥퍼슨의 말을 빌리자면, 자본주의 이데올로기로부터 나온 근대의 주체 이론은 '소유적 개인주의'로 특징지어진다.[42] 개별 주체는 그가 가진 것에 의해 정의된다. 근대의 주체는 그 모든 점유물들을 떠받치는 옷걸이 같은 것이다. 개인은 노동할 능력과 발명한 역량을 가지는 것처럼 부동산과 아이디어를 가지며, 모든 것은 시장에서 교환 가능하다. 콜론타이는 점유의 논리가 너무 깊이 몸에 배어 그것이 근대의 사랑관에도 스며든다고 주장한다. 사람들은 소유가 아니라면 서로에 대한 자신들의 유대를 생각할 방법이 없다. 너는 내 것이고, 나는 네 것이다.[43] 반대로 공통적인 것 안에서의 주체성은 점유가 아니라 다른 이들과의 상호작용과 그들에 대한 열림에 근거를 둔다. 주체성은 '가짐having'이 아니라 '있음being'으로 더 올바르게는 함께 있음, 같이 행동함, 함께 만듦으로 정의된다. 주체성 자체가 사회적 협력에서 발생한다.

그렇다면 이 모든 면에서 우리는 오늘날 공통적인 것의 열정이 가진 덕을 알아보아야 한다. 비록 소유의 지배가 사회복지와 발전에 족쇄로 작용한다는 것이 점점 더 명확하게 인식되고 공통적인 것이 현실적인 대안으로서 등장하는 역사적 시점에 도달했지만 사적 소유는 (토머스 그레이가 생각한 것과는 반대로) 스스로 해체되지는 않을 것이다. 우고 마테이가 옳게 말했듯이 공통적인 것은 "자신의 공간을 되찾기 위해 길고 지난한 전투를 치를 준비가 된 대중운동의 물리적 존재로서만 방어하고 다스릴 수 있다."[44] 인류가 절벽을 넘어 공통적인 것으로 도약하기 위해서는 미는 힘이 필요하다.

7장
우리, 기계적 주체들

공통적인 것의 열정은 사적 소유를 넘어서 새로운 주체관을 필요로한다. 아니 더 올바르게는 그 열정이 적실한 주체화 과정을 요구한다. 나아가 여기서 우리는 다중이 스스로를 통치하고 이끌 수 있게 되었으며, 1부에서 말했듯이, 전략적 목표를 구상하고 실행할 능력이 있음을 입증할 필요가 있다. 이러한 잠재력은 아래로부터, 협동적인 사회적 생산 및 재생산의 과정 내부로부터 나오지만, 이 과정에서 생산된 가치는 끊임없이 포획되고 추출된다. 이 문제는 우리가 기술, 생산양식, 삶의 형태가 점점 더 함께 얽히고, 이러한 기술발전 중 일부가 인류와 지구에 대재앙을 낳고 있음을 인식할 때는 훨씬 더 복잡해진다. 하지만 이는 기술로부터 우리를 해방시키면 되는 문제가 아니다. 그런 식의 기획은 의미가 없는데, 우리의 몸과 마음이 다양한 기술과 불가분하게 혼합되기(그리고 항상 혼합되었기) 때문이다. 그리고 노동이 자본과 관련해 수동적이지 않은 것처럼, 우리는 기술과 능동적인 관계를 맺는다. 즉 우리는 기술을 창출하고 그 기술로 고통받고, 그것을 개조하고 그것을 넘어선다. 그래서 우리는 기술을 거부하는 대신 우리 삶의 기술적·삶 정치적인 구조 내부에서 출발해 그로부터 해방을 향한 지도를 그려야 한다.

:: 인간과 기계의 관계

생산하고 재생산하는 새로운 주체성들이 어떻게 존재하고 또 형성될 수 있는지를 살펴보기에 앞서, 우리는 기계와 기술의 비인간화 효과들에 관한 널리 퍼져 있는 환영 몇 가지를 떨쳐버릴 필요가 있다. 영향력 있는 철학적 명제 두 가지를 생각해 보자. 이 두 명제는 실제로 인간과 기술의 대립에 관한 세련된 버전의 전제이며, 또한 오늘날 대체로 상식으로 기능한다.

호르크하이머·아도르노의 『계몽의 변증법』(1947)은 나치 체제가 저지른 범죄의 그림자가 드리운 시절에 쓰여 20세기 후반에 커다란 영향을 미쳤다. 이 책은 계몽이 그 제도 및 기술과 더불어 자유와 진보를 추구하는 것이 다음과 같은 아포리아[난점]에 이른다는 주장에 기반을 둔다. "[계몽] 사상과 뒤얽혀 있는 구체적인 역사적 형태나 사회제도뿐만이 아니라, 바로 그 개념 자체가 이미 오늘날 도처에서 발생하는 퇴행의 싹을 품고 있다."[1] 공적인 삶의 모든 측면과 심지어 대중 자신이 계속해서 상품화되고 타락할 때, 따라서 진보하려는 시도가 불가피하게 그 반대를 초래할 때 무엇을 할 수 있을까? 부르주아 문명의 오디세이가 지배와 은밀히(혹은 공공연하게) 공모하면서 발전하기 때문에 이 질문은 답이 없는 것처럼 보인다. 실제로 근대 인류, 그 이데올로기, 그 기술에 대한 호르크하이머와 아도르노의 비극적 평가는 능동적 기획이 아니라 쓰라린 체념에 이를 뿐이다.

하이데거는 그로부터 몇 년 뒤에 출판한 「기술에 관한 물음」에서 과학과 기술이 중립적이지 않다는 호르크하이머와 아도르노가 제기한 중심 논점에 사실상 동의한다. 그의 주장에 따르면, 기술의 본질은 진리를 드러내거나 진리를 "닦아 세우는 것"인데, 오늘날 진리와의 이러한 관계가 깨지고 도구화되었다는 것이다. 대지를 일구는 농부들이 그 진리를 드러나게 하는 반면에 근대적 기술의 '닦달(몰아세움)'*은 진리를

* '닦아 세우는 것'과 '닦달(몰아세움)'을 지시하기 위해 네그리 · 하트가 쓴 단어는 각각 'enfram'과 'enframing'이다. 영어의 의미대로 번역하자면, '틀에 끼워 맞추다'와 '틀에 끼워 맞춤'으로 의미상으로는 크게 구별되지 않을 뿐만 아니라, 하이데거의 의미도 충분히 표현하지 못한다. 두 단어는 하이데거 원문에서는 가장 기본적인 의미에서 각각 '세우다'와 '세워지게 함'을 의미하는 독일어 '슈텔렌(Stellen)'과 '게슈텔(Gestell)'로 구별된다. 하이데거는 기술이 이전에는 세계에 나타나지 않았던 무언가를 세계에 드러나게 하는 하나의 방식이자 진리의 사건("기술은 탈은폐의 한 방식이다. 기술은 탈은폐와 비은폐성인 알레테이아, 즉 진리의 사건이 일어나고 있는 그곳에 본질적으로 존재한다" 마르틴 하이데거, 「기술에 대한 물음」, 『강연과 논문』, 이기상 · 신상희 · 박찬국 옮김, 이학사, 2008, 20쪽)이라고 말하면서, 기술의 고대 그리스어인 테크네(Techne)에서 관건이 무언가를 만들거나 조작하는 제작의 행위보다 세계 "바깥으로 끌어내어 앞에 내어놓음"에 있었던 반면 현대의 기술은 그러한 드러남(탈은폐)보다는 "채굴되어 저장될 수 있는 에너지를 자연에게 내놓으라고 무리하게 요구"하고 "최소의 비용으로 최대의 효과를 창출"하는 도구적 행위에 초점이 두어져 있음을 지적한다. 즉 진리의 사건으로서의 테크네가 자연에 에너지를 내놓으라고 도발하는 도구의 요청에 굴복한 인간 상황을 나타내는 기술(테크놀로지)로 전락했다는 것이다. 도구와 인간의 전도된 형태 속에서, 도구가 인간에게 에너지로 그리고 자신의 부품으로

드러내지 않고 단지 자원과의 도구적 관계만을 드러낼 뿐이다. 하이데거는 "지구는 이제 한낱 채탄장으로서, 대지는 한낱 저장고로서 탈은폐될[드러나게 될] 뿐이다"고 쓴다.[2] 인류를 주로 위협하는 것은 핵무기나 여타 치명적인 기술들이 아니다. 그가 경고하기를, "현실적인 위협이 이미 인간을 그 본질에서 갉아먹고 있다. 닦달[몰아세움]의 지배는, 인간이 어떤 더 근원적인 탈은폐에로 귀의하여 더 원초적 진리의 부름을 경험할 수도 있는 기회를 놓쳐버릴 수 있다는 가능성을 갖고 위협해 오고 있다."[3] 따라서 하이데거는 형이상학적인 관점에서 판돈을 키워 파국을 근본화하는 방식으로 호르크하이머와 아도르노에게 응답한다. 이는 더 이상 모순의 산물도, 인간 해방의 희망을 상실한 결과도 아니다. 그것은 부정의 변증법의 계기가 아니라, 반대로 존재 감각의 근본적 상실이다. 호르크하이머와 아도르노와 마찬가지로 하이데거도 진보 이론이 소멸 지점에 도달했다고 주장하지만 그는 역사적 관점이 아니라 형이상학적인 관점에서 그렇게 주장한다.[4]

그런데도 근대 기술은 실제로 이러한 인류의 손상과 운명에 책임이

쓸 것을 내놓으라고 강제한다는 점을 하이데거는 '게슈텔(Gestell, 닦달[몰아세움])'로 압축해서 표현한다. "현대의 기술을 속속들이 지배하는 있는 탈은폐는 도발적 요청이라는 의미의 닦아세움(Stellen)의 성격을 띠고 있다. …… 우리는 스스로를 탈은폐시키고 있는 것을 부품으로 주문 요청하도록 인간을 집약시키고 있는 그것을 이제 닦달[몰아세움](Getell)이라고 부르자. 닦달[몰아세움]은 인간으로 하여금 현실적인 것을 주문 요청의 방식을 써서 부품으로 탈은폐하도록 닦아세우는, 다시 말해 도발적으로 요청하는 그런 닦아세움의 집약을 말한다."(위의 책, 23-28쪽) 본문에서는 이러한 의미를 반영한 하이데거 글의 한글 번역을 따라 그것을 각각 '닦아 세우는 것'과 '닦달[몰아세움]'로 옮겼다.

있는 것일까? 얼핏 보면 부정할 수 없는 것처럼 보인다. 기술의 사회적·생태적 재앙은 비참과 질병을 창출했을 뿐만 아니라 인간 역사와 지구생태계를 파멸에 이르게 했으니 말이다. 우리는 이것을 결코 잊어서는 안 되지만 그것만으로는 충분치 않다. 우리는 인류와 인간문명이 기술 없이는, 즉 우리의 세계와 우리 자신을 형성한 전동 기계와 사유 기계 없이는 이해될 수 없다는 것도 잊어서는 안 된다. 기술 자체에 대해, 심지어 근대적 기술에 대해 판결을 내리려고 일종의 법정을 세우는 것은 의미 없는 일이다. 대신에 우리는 특정한 기술이나 그것의 사회적 이용과 통제에 대해서만 판결할 수 있다.

근대 기술에 내린 이러한 판결에 대한 첫 번째 응답은 그 판결의 주장을 역사화할 것을 요구한다. 귄터 안더스가 올바르게 지적했듯이, 하이데거의 분석이 서 있는 곳은 산업 이전, 심지어 자본주의 이전이다.[5] 심지어 호르크하이머와 아도르노의 분석도 대공업이 지배하는 자본주의 발전 국면에 제한되며, 이 점에서 그들의 현상학은 에른스트 윙거*와 그의 동료들이 쓴 1930년대의 우화보다 실제로 그다지 멀리 나아가지 못했다. 대공업의 세계는 저항, 혁명운동, 계급투쟁의 형태가 노동하는 주체성들의 재조직화를 필수적인 것으로 만들 때 자본주의 경제의 정점에서 사실상 내려왔다. 오늘날 현실은 다르며, 새로

---

* 에른스트 윙거(Ernst Jünger, 1895-1998)는 독일의 작가이다. 제1차 세계대전에 보병 소위로 참전하여 서부 전선의 최전방에서 싸웠다. 전후에는 민족주의 운동가이자 작가로 활약하며 보수주의 이론에 깊은 영향을 끼쳤는데, 당시 그가 집필한 「노동자: 지배와 형상」(1932)([한글본] 『노동자·고통에 관하여·독일 파시즘의 이론들』, 최동민 옮김, 글항아리, 2020)은 민족주의 볼셰비즘의 교과서라고 불리며 하이데거를 비롯한 여러 학자들로부터 높은 평가를 받았으며, '나치 이론의 선구자'의 호칭을 부여받았다.

어셈블리

운 생산 조건은 노동을 하게 만드는 '인간 기계들'에 의해 계속해서 변형된다.

그들의 주장에 대해 더 깊이 있게 응답하기 위해서는 그들이 인간의 삶과 기계를 존재론적으로 분리하고, 더 나아가 대립시키는 실수를 범했음을 인식할 필요가 있다. 인간의 사유와 행위는 늘 테크닉 및 테크놀로지와 뒤얽혀 있다. 스피노자가 설명했듯이, 인간의 정신은 스스로 그 기능에 내재하는 지적 도구를 구축해, 사유의 힘을 증가하게 만드는데, 그래서 이 도구는 인간이 더 복잡한 과제를 더 효율적으로 처리하도록 발전시킨 물질적 도구와 완벽하게 닮아 있다.[6] 우리의 지적·육체적 발전은 우리의 정신과 몸의 내·외부에 기계를 창조하는 일과 분리될 수 없다. 기계들은 인간의 현실을 구성하고 또 그 현실에 의해 구성된다.

이러한 존재론적 사실은 변하지 않으며, 오늘날의 탈산업화 세계에서 더 분명히 드러날 뿐이다. 초창기 사이버네틱스 이론가 다수는 인간과 기계의 존재론적 관계를 파악했지만 그 함의에 관해서는 혼란스러워했다. 그들은 새로운 기술발전을 사실상 인간을 기계 수준으로 낮추는 것으로 생각했다. 1943년에서 1954년까지 노버트 위너 등의 저명한 연구자들이 모인 역사적인 '메이시 회의'에서 사이버네틱스 이론가들은 대체로 인간의 신경 구조를 정보처리 과정으로 생각하면서 주체성을 육체와 분리된 형태로 파악했다.* 따라서 인간들은 캐서린 헤일스

---

* 메이시 회의(Macy Conferences)는 케이트 메이시 여사(1863-1945)가 자신의 아버지를 기리기 위해 1930년에 세운 박애단체 '조사이어 메이시 재단'이 뉴욕에서 주최해서, 1943-1954년 동안 총 160여 차례의 학술 컨퍼런스를 조직한 것을 지시한다. 이 회의는 사이버네틱스, 컴퓨터공학, 인공지능, 커뮤니케이션 및 정보 이론, 생명공학, 의학, 철학, 수학과 같은 과학을 비롯한 다양한 학문 분야의 학자들이 자신의 분야

가 설명하듯이 주로 "인공지능 기계와 본질상 유사한, 정보 처리 개체"로 간주되었다.[7] 하지만 이후 움베르토 마투라나$^{Humberto Maturana}$와 프란시스코 바렐라$^{Francisco Varela}$와 같은 사이버네틱스 이론가들은 육체화되고 분산된 인지$^{embodied and distributed cognition}$라는 점에서 기계와 인간을 유사한 것으로 인식하는 길을 열었다. 탈산업적 생산과 함께 등장한 사이버네틱스 이론의 제2물결과 제3물결은 더 이상 인간 개념을 [기계 수준으로] 격하시키는 것이 아니라 기계를 인간이라는 존재론적 평면, 육체화된 인지의 공통평면으로 격상시켰다. 헤일스가 주장하길, 오늘날 우리의 현실이 포스트인간이라면, 그것은 인류를 종말시킬 기계지배의 도래가 아니라, 기계 및 다른 살아 있는 존재들과 강하게 협력하는 인간의 새로운 잠재력의 개시를 알리는 것이다.[8]

질베르 시몽동이 인간 문화를 기술과 대립시키는 표준적인 관점을 비판할 때 그도 같은 방향으로 나아간다. 스피노자처럼 시몽동도 인간

을 뛰어넘어 서로 의미 있는 소통을 하는 것을 목표로 했는데, 노버트 위너(Norbert Wiener), 존 폰 노이만(John von Neumann), 클로드 섀넌(Claude Elwood Shannon), 위런 매컬러(Warrren McCulloch) 등이 참여했다. 이들은 동물과 인간, 기계에 똑같이 적용되는 커뮤니케이션 및 제어 이론을 만들기 위한 주요 개념을 정립하겠다는 희망을 품고 사이버네틱스 분야의 새로운 패러다임 형성에 기여했다. 이러한 새로운 패러다임 형성에는 정보이론(섀넌), 뉴런이 정보처리 시스템으로서 작용하는 방식을 보여주는 신경기능모델(매컬러), 이진부호를 처리하며 스스로 증식하여 생물학적 시스템과의 유사성을 강화하는 컴퓨터(존 폰 노이만), 사이버네틱스 패러다임의 더욱 커다란 함의를 분명히 보여주고 그 무한한 중요성을 설명할 수 있는 몽상가(위너)가 필요했다. 이들을 중심으로 사이버네틱스 이론의 제1물결이 형성되었다. 보다 자세한 내용은 N. 캐서린 헤일스, 『우리는 어떻게 포스트휴먼이 되었는가』, 허진 옮김, 플래닛, 2013. 31-32쪽과 노버트 위너, 『인간의 인간적 활용: 사이버네틱스와 사회』, 이희은·김재영 옮김, 도서출판 넥스트, 2011을 참고하라.

어셈블리

들과 기계가 동일한 존재론적 국면에 속한다고 인식했다. 그가 주장하길 "기계에 거주하는 것이 인간의 현실이다. 인간의 몸짓^{du geste humain}은 기계 안에서 고정되고 결정화된다."[9] 이른바 비인간적 기술의 발전으로부터 우리를 보호하는 일종의 바리케이트, 방호벽으로서 인간의 문화를 찬양하는 자들에 맞서, 시몽동은 존재론적인 평면에서 기계의 완전한 인간적 본성을 인식하는 기술 문화를 요청한다. 들뢰즈와 가타리는 시몽동의 요청에 주의를 기울이고 그것을 기반으로 삼는다. "목표는 더 이상 인간과 기계를 두고 한 쪽이 다른 쪽에 조응하고 그것을 확장하는지, 서로 대체가 가능한지 불가능한지를 평가하기 위해서 비교하는 데 있지 않고, 인간이 어떻게 기계의 구성요소인지를 혹은 하나의 기계를 이루려고 다른 것과 결합하는지를 보여주기 위해 인간과 기계를 소통하게 하는 데 있다."[10] 인간과 기계는 서로가 구성한 사회적 현실의 일부분인 것이다.

물론 기계가 인간 현실의 일부분이며, 인간의 지성에 의해 만들어진다는 사실이 모든 기계가 좋다거나 기술이 모든 문제를 해결한다는 것을 의미하지 않는다. 기계는 인간을 예속시킬 수도 있고 해방시킬 수도 있는 잠재력을 모두 갖고 있다. 문제는 존재론적 수준이 아니라 정치적 수준에 놓여 있다. 특히 우리는 인간의 행동 및 습관, 그리고 기술에서 결정화된 지성이 어떻게 인간으로부터 분리되며, 권력자에 의해 통제되는지를 인식해야 한다. 마르크스의 용어법에 따르면, 고정자본은 켜커이 쌓인 과학적 지식에, 기계에, 소프트웨어와 하드웨어에 담겨 있는 일종의 사회적 저장고이자, 산 노동과 살아 있는 지성의 성과물이다. 이는 마르크스의 용어로는 '사회적 두뇌'와 '일반지성'의 성과물 같은 것이다. 당신의 스마트폰을 생각해 보라. 그것은 다축 방적기나 철을 제련하는 특허공법 혹은 약물 제조법만큼이나 기업 CEO나 심지어 피고용자들의 지성의 구체적 결과일 뿐만 아니라 또한 가장 중요하게는 협력하는 행위자들의 광범한 사회적 네트워크의 구체적 결과이다. 하지만 스마트폰이 사회적으로 생산된다는 사실에도 불구하고, 고정자본은 자본가의 이윤이자 또한 전쟁과 파괴를 위해 반사회적으로 이용될 수 있는 무기가 되기도 한다. 그리고 연속되는 자본주의적 생산 시기(즉 매뉴팩처에서 대공업에 이르는, 그리고 오늘날 일반 지성이 지배하는 국면에 이르는)를 거치면서, 과학과 기술의 역할과 사회적 지성의 저장고가 훨씬 더 결정적이게 된다. 고정자본의 통제를 둘러싼 전장의 서막이 열리게 된 것이다.

벤야민이 1차 대전의 비극적 경험을 돌아보면서 기술 전체를 고발하려고 기술적 재앙의 증거를 이용하는 자들을 의심한 것은 옳았다.

처음으로 우주를 향한 엄청난 구애가 지구적 규모로, 즉 기술이라는 정신 속에서 일어났다. 그러나 지배계급의 이윤창출 욕망이 그것을 통해 만족하고자 했기 때문에, 기술은 인간을 배신하고, 신방新房을 피로 물들였다. 제국주의자들이 가르치는 것은 자연의 지배가 모든 기술의 목적이라는 것이다. 그러나 어른에 의한 아이의 지배가 교육의 목적이라고 언명하면서 매를 휘두르는 자를 누가 신뢰하겠는가? 교육은 무엇보다도 세대 간의 관계에 대한 필수불가결한 질서잡기가 아니겠는가? 그리하여 만일 우리가 지배라는 말을 쓰고자 한다면, 아이들을 지배하는 것이 아니라 세대 간의 관계를 지배하는 것이 아니겠는가? 마찬가지로 기술도 자연의 지배가 아니라 자연과 인간의 관계의 지배이다.[11]

오늘날 기술을 우리에 맞서 배치하는 지배세력과 대항하기 위해 우리는 기술의 핵심으로 들어가 기술을 우리 것으로 만들고자 노력해야 한다.

:: 변화하는 자본의 구성

1970년대 초 자본은, 선진국에서 포드주의 산업생산방식을 심각한 위기로 몰아넣은 투쟁의 순환에 직면하자 한편으로는 공장에서 자동화와 로봇을 이용해 반항하는 노동자들을 대체하고, 다른 한편으로는 정보 네트워크를 이용해 공장 벽을 넘어 생산을 사회적으로 확장하는 방식으로 반격했다. 사이버네틱스와 정보기술은 노동자들에 맞서 소유자에게 유리한 권력관계를 창출하는 동시에 사회적 협동 네트워크에서 훨씬 더 추상적인 상품의 생산에 헌신했던 복종 주체의 사회를 구축하는 데 조력했다. 우리는 이 거대한 기획을 일컬어 "산업적 **자동화**와 사회적 **시체화**^{necromation}"로 칭했는데, 이는 산업노동계급을 생산적인 사회의 중심적인(그리고 잠재적으로는 혁명적인) 행위자라는 지위에서 끌어내려, 거의 모든 이들을 빈곤하게 만들었다.

이 기획은 이제 현실이 되었다. 반세기가 경과하는 동안 자본주의적 생산 영역과 사회는 근본적으로 변형되었고, 생산의 주된 장소가 공장에서 사회로 확장되었다. 자동화는, 정치적 관점(노동계급의 힘을 파괴하고 선진국 노동자를 공장에서 퇴출시킴으로써)에서뿐만이 아니라, 기술적 관점(생산의 리듬을 강화함으로써)에서도 변형의 중심점이었다. 자본은 더 이상 공장에서는 획득될 수 없는 이윤을 재확립하기 위해 사회 영역〔전체〕을 노동하게 만들었고, 생산양식은 삶의 형태들과 더 긴밀하게 뒤얽혀야 했다. 자동화된 산업 과정이 더 많은 물질적 재화를 생산하는 동안, 로봇화된 공장의 바깥에는 생산적이면서도 훨씬 더 복잡하고 통합된 '서비스'(복잡한 기술과 기초과학, 산업적 서비스, 인간 서비스를 결합시킨)가 성장했다. 이 두 번째 국면에서 디지털화는 자동화보다 더 중요해졌다. 사실상 디지털화는 이미 공장에서 일어나던 노동력의 기술적 구성의 변형을 전 사회로 확장했다.

그리고는 이 야만적 행렬의 끝에 컴퓨터와 디지털 네트워크가 의기양양하게 들어선다. 이것들은 공장 자동화와 사회·생산양식·삶형태의 디지털화를 결합한다. 자동화는 디지털 알고리즘을 통해 사회를 관리하고 통제한다. 기계 및 기계 체제가 인간 지성과 인간의 존재 자체에 의존한다고는 해도, 하인리히 포피츠가 주장했듯이, 인간의 행위와 인간의 정신 능력은 점점 더 기계의 욕구에 적응해야 한다.[12] 이 점에서 산업 경제의 근본 요소가 극적으로 역전되어 사회(끊임없이 창조 및 재창조되는 '인공의' 사회)가 부의 생산에 중심적이게 된다.

마르크스는 이 전체 과정이 어떻게 단기간은 이윤을 극대화해도 궁극적으로는 자본의 이익 감소와 심지어 자본의 위기에 도달하는지를 강조한다. 마르크스는 생산에서 점점 더 늘어가는 기계와 기술의 실행 및 그에 따른 노동자 감소를 변화하는 자본의 '유기적 구성'으로, 더 자세히 말해 불변자본(원료, 기계 등)의 증가에 비례한 가변자본(전체 노동자 임금의 총합)의 감소로 특징지었다. 마르크스는 자본주의 발전에서 비록 노동이 가치를 창출하는 핵심 요소로 남아 있을지라도 불변자본이 임금에 비해 지속적으로 증가한다고 주장했다. 이런 일이 일어나는 이유는 "생산수단에 결합하는 노동력에 비교해 생산수단의 양의 증대는, 노동생산성 증대의 조건이든 결과이든, 노동생산성 증대의 표현이다. 따라서 노동생산성의 증대는 노동에 의해 움직이는 생산수단의 양에 비례한 노동량의 감소로, 혹은 노동과정의 객체적 요인에 비한 주체적 요인의 양적 감소로 나타나기" 때문이다.[13] 자본의 구성이 변화하고 생산에서 '객체적' 요인이 증가하여 직접적으로 거대 기업들에 자본이 집적되고 집중된다. 이것이 오늘날의 자본주의 발전의 전형적인 모습이다.

마르크스는 이 발전 과정의 확장 및 폭력을 강조하기 위해 세 권에 걸친 『자본론』에서 이러한 분석을 이어간다. 가령 『자본론』 2권에서 그는 축적과 집중의 관계가 생산에 영향을 미칠 뿐만 아니라 상품유통과 자본에도 영향을 미친다고 설명한다. 이러한 집중은 "자연의 기초 과정에 대한 폭력과 더불어" 전례 없이 방대한 규모로 작동한다. "각 개별 생산과정의 규모가 자본주의적 생산의 진행과 더불어 확대하며 그와 더불어 투하되어야 할 자본의 최소규모가 증가하고 있으므로, 이러한 사정이 여타의 사정에 추가되어 산업자본가의 기능이 점차로 대규모의 화폐자본가(개인이든 결합된 형태든)에 의해 독점되는 경향이 생긴다."[14] 『자본론』 3권에서, 마르크스는 자본주의 축적이 전례 없이 커다란 집적과 독점에 도달함에 따라, 자본 권력이 점점 더 현실의 생산자들에 맞서서 작동한다고 주장한다. "자본은 자본가를 자신의 직무수행자로 삼아 점점 더 스스로를 사회적 권력으로 나타낸다. 이 권력은 더 이상 어느 특정한 개인의 노동이 창출할 수 있는 것과의 일체의 가능한 종류의 관계가 아니라, 자율적인 지위를 획득한 소외된 사회적 권력이며, 그래서 사회를 하나의 사물로서, 말하자면 자본가가 이 사물을 통해 가지는 권력으로서 대면한다."[15] 자본주의 발전의 직접적 결과이자 더 많은 생산성을 추구한 결과로서, 사회적 권력으로 변모한 자본과, 생산 및 재생산의 사회적 회로에 대해 개별 자본가가 갖는 사적 권력 사이의 모순이 점점 더 극단적이게 된다.

변화하는 자본의 구성과 증대한 자본의 집적에 대한 이러한 분석의 끝에는 엄청난 비판을 받았던 마르크스의 가설, 즉 이윤율 저하 법칙이라는 가설이 있다. 간략히 말해 그의 추론은 이렇다. 자본의 구성과 자본의 집적이 절대적으로 커진다 할지라도, 불변자본 비율의 증가와 가변자본 비율의 감소로 인해—쉽게 말해 기계에 더 많은 가치가 투자되고, 노동자에게는 더 적은 임금이 투여되기 때문에—, 그리고 잉여가치와 이윤의 발생이 근본적으로 노동이 생산한 가치분의 포획에 의존하기 때문에, 그 토대가 좁아진 만큼 이윤율은 하락할 것이라는 점이다.[16] 분명 이 과정은 몇몇 요인이 일반 법칙의 효과를 상쇄하고 심지어 부정할 것이라는 점에서 '경향적'일 뿐이다. 예를 들어 불변자본과 가변자본의 관계가 회복할 수 없을 정도로 균형이 깨지고 그래서 노동자의 임금투쟁에 의해 산산조각 나는 포드주의의 위기 및 종언의 시기에 자본가의 응답은 무엇이었는가? 신자유주의 기획의 일환으로서, 자본은 착취 수준을 강화하여 봉급 삭감, '잉여' 인구의 증가 등 노동자에게 재앙이 되는 여러 공격적 행동 등을 개시했다. 이러한 것으로 자본은 이윤 저하를 상쇄시키는 데 성공했다.[17]

『자본론』에서의 이러한 '객관적' 논증이 결정적인 것처럼 보이긴 해도, 우리는 그가 『정치경제학 비판요강[이하『요강』]』에서 제시한 것에 훨씬 더 흥미를 느낀다. 『요강』에서는 변화하는 자본의 구성도 노동의 지위를 강화하는 데 주체적으로 기여하며, 또한 오늘날 일반지성이 경제적·사회적 생산의 주인공이 되고 있다는 점을 보여주기 때문이다. 또한 우리는 이제는 이런 마르크스를 넘어서 생산이 점점 더 사회화될

어셈블리

수록, 어떻게 고정자본이 삶 자체에 이식되어 기계적 인류를 창출하는지를 인식해야 할지 모른다. 마르크스는『요강』특유의 들쭉날쭉한 문장으로 이렇게 쓴다. "따라서 분명한 것은 물질적인 생산적 힘이 이미 주어져 있다는 점, 이미 작동하고 있다는 점, 인구 등과 더불어 고정자본의 형태에, 요컨대 부의 모든 조건에 즉 사회적 개인의 풍부한 발전에 존재하고 있다는 점이다. 말하자면 자본 자체의 역사적 발전에 의해 야기된 생산력 발전이 일정한 지점에 도달했을 때 자본은 자기실현을 중단하고 대신 그것[생산력의 발전]을 사실로 받아들인다는 점이다."[18] 고정자본 즉 과거의 육체노동과 지성노동의 기억이자 창고는 점점 더 '사회적 개인'(그 자체로도 매혹적인 개념)에 스며든다. 이 과정이 진행될수록 자본이 자기실현의 능력을 상실하는 그만큼 사회적 개인은 자율성을 획득한다.

그가 글을 쓸 당시를 고려해 볼 때, 마르크스는 여기까지만 분석할 수 있었다. 오늘날의 '삶정치적' 맥락에서 우리는 자본 구성의 변형과, 고정자본이 사회적 생산에 의해 그리고 그 안에 체현되고 있다는 사실이 어떻게 노동하는 주체의 새로운 잠재력을 나타내는지를 더 분명하게 이해할 수 있다. 카를로 베르첼로네가 주장했듯이, "비물질적·지성적 자본이라 불리기 시작한 것이 실제로는 그 본질상 인간에게 통합되었으며 따라서 근본적으로는 노동력의 지적·창조적인 능력과 일치한다." 그렇다면 이것은 자본에게는 하나의 도전이거나 심지어 잠재적 위협을 제기한다. 경영자와 경영학이 사용하는 죽은 지식이 아니라 노동에 스며들어 있고 노동에 의해 동원되는 살아 있는 지식이 사회적 생산 조직에서 주요한 역할을 맡게 되는 경향이 있기 때문이다.[19] 나아가 베르첼로네는 뒤이어 이 '대중지성' 또는 마르크스의 일반지성이 오늘날 사회적 장 전체에 투여되고 사회적 장을 형성하는 경향이 있으며, 고정자본의 전유에서 유래하여 노동하는 주체의 인류학적 변형을 함의한다고 말한다. 근본적으로 집단적이며 협력적인 생산 능력과 가치화 능력을 지닌 채 말이다. 고정자본에 부여된 노동자들의 생산적인 사회적 협력은, 비록 지금은 자신들이 생산한 잉여를 자본에게 넘겨주긴 하지만, 노동자들의 자율을 위한 잠재력을 제기하며, 노동과 자본의 힘 관계를 역전시킨다.

노동자들은 더 이상 자본이 자연을 변형하고 상품을 생산하는 데 이용하는 도구가 아니다. 자신의 정신과 몸에 생산도구와 지식을 결합시킴으로써, 노동자는 변형되어 점점 더 자본으로부터 자율적이고 이방인이 되는 잠재력을 가진다. 이 과정은 계급투쟁을 생산적 삶 자체에 투입한다. 우리는 전에 쓴 몇몇 저작에서 삶권력의 특징에 대해, 즉 삶이 어떻게 도구화되고 정치적 명령 아래 놓이는지뿐만 아니라, 푸코를 따라 어떻게 삶으로부터 저항의 성좌가 출현하고, 또 명령에 대한 굴복 거부가 출현하는지에 대해 분석했었다. 이 역동적이고 적대적인 관계는 우리가 삶정치적인 것이라고 적절하게 부를 수 있는 계급투쟁 형태를 제기한다. 하지만 이 문제는 뒤에서 좀 더 자세히 다룰 것이다.

:: 네 번째 요구: 고정자본을 되찾자
 ("이 고정자본은 인간 자신이다")

마르크스가 '인간 자신'이 고정자본(보통 기계로 간주하는)이 되었다고 말했을 때, 그는 우리 시대의 자본의 발전을 예측해 냈다.[20] 고정자본은 노동의 생산물이고, 타인의 노동이 자본에 의해 전유된 것에 다름 아니지만, 또한 과학적 활동의 축적과 마르크스가 사회적 두뇌라고 부르는 것의 생산성이 자본의 통제 아래에서 기계에 통합되지만, 그리고 자본이 이 모든 것을 무상으로 전유하지만, 자본주의 발전의 일정 지점에서 산 노동은 이러한 관계를 뒤집을 힘을 갖기 시작한다. 산 노동은 자신이 자본보다 우선한다는 점을, 사회적 생산에 대한 자본주의적 관리보다 우선한다는 점을 입증하기 시작한다. 산 노동이 생산과정을 반드시 제어하는 것은 아니긴 하지만 말이다. 다르게 말하자면, 산 노동(더 일반적으로는 삶의 활동)은 점점 더 사회적인 힘이 되면서 자본이 명령하는 규율의 구조 외부에서 점점 더 독립적인 활동한다. 한편으로 과거의 인간 활동과 지성이 고정자본으로서 축적되고 결정화^{結晶化}되지만, 다른 한편으로는 이와 반대되는 흐름으로서 살아 있는 인간이 고정자본을 자신의 내부와 사회적 삶으로 재흡수할 수 있다. 고정자본은 이 두 의미 모두에서 '인간 자신'이다.

하지만 노동력의 고정자본 재전유는 의기양양한 행진이 아니라 유혈이 낭자하는 과정이다. 그것은 물리적·정신적 고통이며 따라서 명령 아래로 '노동을 밀어넣는' 인류의 오랜 경험이 계속된다. 노동이 점점 더 협동적·비물질적·정동적으로 됨에 따라, 그리고 노동자들이 점점 더 생산적 배치에 책임을 지게 되고 심지어 협동하는 서로를 책임지게 됨에 따라, 고통이 증식되어 정치적 고통 같은 것이 된다. 자신의 노동의 존엄에 대한 의식, 자신의 전문적 능력이 가진 힘, 일할 때 짊어지는 책임 등은 인정의 결핍과 탈진감에 직면한다.[21] 더욱이 노동에서의 고통은 디지털 노동과 정동 노동이 생산조직화에서 중심적인 위치를 차지하면서 더 증가했다.[22] 노동과 연관된 병리 현상이 점점 더 사회적으로 되는 것은 우연이 아니다. 조르주 캉길렘Georges Canguilhem의 작업을 이어받는 크리스토프 데주르는 이런 상황에서 건강은 더 이상 정상적인 조건이거나 안정된 상태가 아니라 어쩌다 추구할 수 있는 목표가 된다고 지적한다. 그는 이어서 고통이 "질병을 건강과 구분하는 장"이라고 말한다.[23] 인간은 고정자본을 전유할수록 자신이 더 강력해진다는 것을 알지만 여전히 고통에 차 있으며, 이것이 반란을 해야 할 심원한 이유이다.

여기서 우리가 이 새로운 상황에서 누가 사장이고 누가 노동자인가를 스스로 물어야 한다. 3부에서 우리는 사장 즉 자본주의 명령의 새로운 형상을 집중적으로 다루고 노동의 새로운 사회적 생산성에 대한 대응으로 자본이 진행한 추상과 추출이라는 이중 작전을 분석할 것인데, 여기서 사장은 가치가 출현하는 사회적 생산과 재생산의 지형으로부터 점점 더 추상되고, 이에 따라 자본가는 가치를 추출(종종 금융 메커니즘들을 통해)함으로써 자본가로서의 기능을 수행하는 경향이 있다. 자본가의 가치 추출을 지원하기 위해서 신자유주의적 협치 및 행정구조가 발전하는데, 이는 사회적 생산성의 자율적 에너지를 울타리에 가두는 수단을 제공할 뿐 아니라 때로는 사람들로 하여금 지배 체제에 참여하고 그것에 공동 책임을 느끼도록 만든다.

대신 여기서는 새로운 노동 형상, 특히 노동자 스스로 구축한 사회적 네트워크 안에서 창조적인 일을 하는 사람들에 초점을 맞추고자 한다. 이 노동자들의 생산 능력은 점점 더 심화되는 협동 관계 덕분에 극적으로 증가했다. 노동은 협동적이게 되면서 점점 더 자본으로부터 추상화된다. 즉 특히 기계와의 관계에서 생산을 스스로 자율적으로 조직

어셈블리

할 수 있는 능력이 점점 더 커진다. 물론 자본에 의한 가치 추출 메커니즘에 여전히 종속된 채이긴 하다. 이 자율성은 우리가 자본주의 생산의 초기 국면과 관련해서 말한 노동자 자율성의 형태와 같은 것인가? 분명히 아니다. 지금은 생산과정과 관련된 자율성만이 아니라 존재론적 의미에서의 자율성의 정도도 존재하기 때문이다. 노동은 자본주의 명령에 완전히 종속된 상태에서도 존재론적 일관성〔함께 있음〕an ontological consistency을 획득한다. 시간적으로 연속적이고 공간적으로 넓어지는 노동자의 생산 기획, 집단적이고 협동적인 발명이 가치로서 고정되고 자본에 의해 추출되기에 이른 이 상황을 우리는 어떻게 이해할 수 있을까? 이는 노동자의 손에 쥐어진 생산과정과 자본주의 가치화 및 명령 메커니즘 사이의 관계가 점점 더 분리되는 상황이다. 노동은 자신에게 부과되는 가치화 형식을 잠재적으로 거부하고, 비록 명령 하에서이지만 자신의 자율성을 발전시킬 수 있는 정도의 존엄과 힘에 도달했다.

노동력의 증가는 협동이 확대되어 자율성이 증가하는 것에서뿐만 아니라, 생산구조 속에서 사회적·인지적 노동력이 보다 더 중요해지는 것에서도 알 수 있다. 첫 번째 요소, 즉 협동의 확대는 노동자들끼리의 물리적 접촉이 증가한 데 기인한 것도 있지만, 그보다는 '대중지성'의 형성에서 비롯된 것이다. 이때 '대중지성'은 언어적·문화적 능숙함, 정동 능력, 디지털 설비에 의해 활성화된다. 이로부터 사회적·인지적 노동력의 중요성이라는 두 번째 요소가 뒤따라 나오는데, 이를 통해 노동 능력 및 노동의 창조성이 생산성을 증가시킨다. 파올로 비르노는 사회적 노동의 수행적 성격, 즉 물질적 결과가 없는 생산 형태를 강조하는데, 그는 이를 "탁월한 기예"라 부른다.[24] 볼탕스키와 샤펠로도 이와 유사하게 노동의 '예술적' 성격을 부각한다.[25] 편의점, 콜센터, 공장에서 일어나는, 사람을 말라죽게 하는 일들을 생각하면 이는 과장처럼 들릴 수 있다. 이런 진술은 경향을 나타내는 것, 즉 전 사회에 퍼져 있으며, 심지어 임금을 받지 못할 때조차 생산에 참여하는 이들을 지시하는 것으로 이해되어야 한다. 예를 들어 자본-노동 관계의 역사에서 지식의 역할이 어떻게 바뀌었는지를 더 광범위한 도식적 용어로 생각해 보자. 매뉴팩처 국면에서도 장인의 지식이 생산에 고용 및 흡수되었지만, 이는 위계적이고 비인간적인 구조에 종속된 분리되고 고립된 힘으로서 그렇게 되었다. 이와 달리 대공업에서 노동자는 생산에 필요한 지식을 가지지 못하는 것으로 간주되었고 대신 지식은 관리자에게 집중되었다. 현대의 일반지성 국면에서는 지식이 생산과정에서 '다중적 형태'를 띤다. 비록 사장에게는 이것이 매뉴팩처에서의 장인의 지식처럼 고립된 것처럼 보일 수 있지만 말이다. 자본의 관점에서 볼 때 점점 더 생산의 토대가 되는 자기를 조직하는 노동 형상은 수수께끼로 남아 있다.

예를 들어 오늘날 강력한 노동 형상이 알고리즘의 기능에 가려져 있다. 우리는 오늘날 자본 명령의 필연성을 긍정하는 쉴 새 없는 선전과 자본의 힘의 효율성에 관한 최신의 설교 그리고 그와 함께 알고리즘의 지배에 대한 찬가를 종종 듣곤 한다. 그러나 알고리즘이란 무엇인가? 그것은 사회적·협동적 지성에서 나온 기계이자 '일반지성'의 생산물인 고정자본이다. 비록 생산활동의 가치가 자본에 의해 추출되지만, 잊지 말아야 할 것은 그 과정의 바탕에 산 노동의 힘이 있다는 것이다. 가상실효적virtual이면서도 잠재적으로 그 자신의 자율성을 긍정하는 경향이 있는 이 산 노동이 없다면 알고리즘도 없다. 그러나 알고리즘은 또한 몇 가지 새로운 특징을 갖고 있다.

아마도 가장 유명하고 가장 많은 수익을 올리는 알고리즘인 구글의 페이지랭크*를 생각해 보자. 웹페이지의 순위는 접속의 수나 양에 의해 결정되며, 높은 순위를 갖는 페이지와 연결될 때 그 페이지가 양질의 페이지임을 의미한다. 따라서 페이지랭크는 인터넷 이용자들이 드러낸 판단 및 관심의 가치를 모으고 병합하는 메커니즘이다. 파스퀴넬리가 언급했듯이, "각각의 링크와 관심의 벡터는 지성의 집적이다."[26] 그렇다면 구글의 페이지랭크 같은 알고리즘이 이전의 기계와 다른 한 가지 점은 산업 기계가 과거의 지성을 비교적 고정되고 정태적인 형태로 결정화하는 반면 알고리즘은 계속해서 과거의 결과에 사회적 지성을 더하여 개방 및 확대되는 동학을 창출한다는 것이다. 알고리즘 기계 자체가 지성적인 듯이 보이지만, 이는 인간 지성이 알고리즘 기계를 끊임없이 변경시킬 수 있다는 점에서 사실이 아니다. 우리가 '지성 기계'라고 말하는 대부분의 경우는 실제로는 인간 지성을 계속해서 흡수할 수 있는 기계를 지칭하는 것이다. 두 번째로 두드러지는 특징은 첫 번째 특징으로부터 비롯되는데, 그러한 알고리즘에 의해 확립된 가치 강탈 과정이 또한 노동과 삶의 경계를 흐리는 방식으로 인해 점점 더 개방적·사회적이 된다는 점에 있다. 가령 구글 사용자들은 관심(주목)과 즐거움에

---

*   페이지랭크(PageRank)는 월드 와이드 웹과 같은 하이퍼링크 구조를 가지는 문서에 상대적 중요도에 따라 가중치를 부여하는 방법이다. 이 알고리즘은 서로 간에 인용과 참조로 연결된 임의의 묶음에 적용할 수 있다. 페이지랭크는 스탠퍼드 대학교에 재학 중이던 래리 페이지와 세르게이 브린이 1995년에 새로운 검색 엔진에 대한 연구 기획을 시작하면서 개발한 것으로, 1998년 구글이라 불리는 시범 서비스로 발전하였다. 페이지와 브린은 페이지랭크에 기반한 검색 기술을 바탕으로 구글 사를 설립했다.

의해 이끌리지만 심지어 그들도 인식하지 못하는 사이에 그들의 지성, 관심, 사회적 관계가 포획될 수 있는 가치를 창조한다. 마지막으로 마르크스가 연구했던 생산과정과 이러한 방식의 가치생산 간의 또 다른 차이는 오늘날 협동이 더 이상 사장에 의해 부과되지 않고 사용자와 생산자가 맺는 관계에서 생성된다는 사실로 이루어진다. 오늘날 우리는 실제로 노동자에 의한 고정자본의 전유에 대해, 그리고 자율적인 사회적 통제 아래에서 인공지능 기계를 노동자의 삶으로 통합하는 것에 대해 생각하기 시작했다. 이 통합 과정은 예를 들어 그 모든 접합에서의 협동적인 사회적 생산 및 재생산의 자기가치화로 향하는 경향을 띤 알고리즘의 구축 과정이다.

여기에 추가해야 할 것은, 사이버네틱스 도구와 디지털 도구가 자본주의적 가치화를 위해 복무하고, 사회적 두뇌가 노동에 이용되고 복종하는 주체성을 생산하도록 요구받을 때조차도, 고정자본은 노동자의 신체와 정신에 통합되어 그들의 제2의 자연이 된다는 점이다. 산업문명이 탄생한 이래 노동자는 자본가와 관리자보다 기계 및 기계체제에 대한 상세하고도 내재적인 지식을 더 많이 가지고 있다. 오늘날 노동자가 지식을 전유하는 이 과정은 결정적인 것이 될 수 있다. 이는 생산과정에서만 이루어지는 것이 아니라 생산적 협동을 통해 심화되고 구체화되어 삶의 유통 및 사회화 과정 전체에 퍼질 수 있다. 노동자는 노동하는 동안 고정자본을 전유하여 그것을 다른 노동자와의 사회적·협동적·삶정치적 관계에서 발전시킬 수 있다. 이 모든 것이 새로운 생산적 자연을, 즉 새로운 생산양식의 토대가 되는 새로운 삶형태를 결정한다.

만일 상황이 그렇다면, 그리고 권력관계가 이런 식으로 기울어지고

어셈블리

있다면, 자본은 자신을 노동과정과 사회의 생산적 지형으로부터 점점 더 추상화함으로써만 통제력을 유지할 수 있다. 자본은 산업적 착취를 통해 그리고 노동조직화의 시간 관리를 통해서뿐만이 아니라 사회적 협동의 추출을 통해서도 가치를 포획하는데, 우리는 이 점을 3부에서 다룰 것이다. 이런 유형의 노동조직화 및 가치화에서는 주체성 생산이 행하는 역할이 점점 더 커지고 복잡해진다. 주체성 생산이란, 한편으로는 주체화^{subjectivation} 즉 사회적 협동의 자율적 회로들을 통한 주체성의 생산을 의미하며, 다른 한편으로는 예속화^{subjectification} 즉 표현적이고 협동하는 특이성을 명령받는 주체로 환원시키려는 자본 측의 계속적인 시도를 의미한다. 마르크스가 주장하듯이, 이 관계는 직접적인 정치적 함의를 가진다. "생산조건의 소유자가 직접적 생산자와 맺는 직접적인 관계——항상 해당 노동 유형 및 방식의 일정한 수준의 발전에 자연적으로 상응하고 따라서 그 사회적 생산력에 상응하는 특정한 형식을 띠는 그러한 관계—— 안에서 우리는 사회라는 구조물 전체의 가장 내적인 비밀, 숨겨진 토대를 발견한다."[27] 오늘날 주체성을 생산하는 두 과정의 다양한 혼합 형태가 탈산업주의 상황에서 산 노동의 다양한 형상들을 드러내 줄 뿐만 아니라 그들이 머무는 지형이 어떻게 중심적인 전장戰場이 되는지를 드러낸다. 고정자본의 재전유는, 다시 말해서 애초에 우리가 창출한 물리적 기계, 인공지능 기계, 사회적 기계 및 과학적 지식에 대한 통제력을 되찾는 것은 그 전장에서 우리가 착수할 수 있는 대담하고 강력한 하나의 사업인 것이다.

:: 기계적 주체성들

문화적 상투어에 따르면 오늘날 청년들은 대체로 자발적으로 디지털 세계에, 즉 이전 세대는 잘 모르며, 한참 뒤에야 어렵사리 사용하게 되는 그러한 세계에 발을 들여놓는다. 오늘날의 청년은 이 디지털 세계에서 성장하고, 거기서 기쁨을 느끼면서 자기가 머물 공동체를 찾는다. 종종 그들은 게임처럼 보이는 노동 형태에 접속한다. 그들은 때로는 자신들이 생산자일 때에만 소비자라고 생각한다. 크리스티안 푹스와 여러 저자들은 이를 일컬어 '프로슈머'*라 부른다.[28] 기업의 광고주들, 마케팅 담당자, 경영 전문가가 조장한 디지털 삶을 새로운 자유로 특징짓는 일이 신비화인 것은 분명하지만, 그것들도 형성 중인 기계적 주체성 및 기계적 배치의 성격을 인식하도록 도와준다.

우리는 '기계적인 것$^{the\ machinic}$'이라는 말을 기계론적인 것$^{the\ mechanical}$과는 다를 뿐만 아니라, 또한 인간 사회로부터 분리되고 심지어 그와 대립하는 기술 영역과도 다른 것으로 본다. 전통적으로 기계의 문제가 테크네나 기술의 문제에 비해 이차적인 것으로 생각되었던 반면, 가타리는 기계의 문제가 일차적이며 테크놀로지는 그 부분집합임을 인식해야 한다고 주장한다. 그는 계속해서 우리가 기계의 사회적 본성을 이해하게 되면 이것을 이해할 수 있다고 말한다. "'기계'가 그 기계적 환

---

*   프로슈머(prosumer)는 생산자(producer) 또는 전문가(professional)와 소비자(consumer)가 결합되어 만들어진 신조어이다. 프로슈머의 개념은 1972년 마셜 맥루언과 베링턴 네빗이 『현대를 이해한다』에서 "전기 기술의 발달로 소비자가 생산자가 될 수 있다"는 말로 처음 등장했으나, 이후 여러 저자들에 의해 사용되었다.

경을 향해 열리고, 또 사회 구성원 및 개별 주체성과 일체의 관계를 유지하기 때문에, 기술적 기계라는 개념은 따라서 **기계적 배치**^{agencements} machiniques 개념으로 확대되어야 한다."[29] 그래서 기계적인 것은 개체적이고 고립된 기계가 아니라, 항상 어떤 배치를 지칭한다. 이것을 이해하기 위해 기계론적 체계에 대해, 즉 다른 기계와 연결되고 통합된 기계에 대해 생각하는 것에서 시작하자. 여기에 인간 주체성을 더해 인간을 기계 관계에 통합된 것이라고, 기계를 인간의 몸과 인간 사회에 통합된 것이라고 생각해 보자. 마지막으로 가타리(그리고 들뢰즈와 함께 작업한 가타리)는 기계적 배치를 한층 더 앞으로 나아가 모든 종류의 인간적·비인간적 요소나 특이성을 통합하는 것이라고 생각한다.

20세기의 맥락에서 프랑스인들은 기계적인 것, 기계적 일관성, 기계적 배치라는 개념을 생각했는데, 이는 사실상 주체 이론을 병들게 했던 유심론적 존재론과 싸우면서 '주체 없는 과정'을 제기한 알튀세르와 같은 철학자들에게 응답하는 것이었다. 들뢰즈와 가타리는 분명 이 논쟁의 정치적 중요성을 알고 있었다. 알튀세르가 주장하길, "개인은 대문자 주체의 명령에 자유롭게 복종하도록 하기 위해서, 즉 자신의 예속을 (자유롭게) 받아들이게 하기 위해서, 다시 말해 자신의 예속을 나타내는 동작과 행위를 '혼자서 수행할 수 있도록' 하기 위해서 (자유로운) 주체로 호명된다. 주체의 예속에 의해서가 아니라면, 그리고 주체의 예속을 위해서가 아니라면 어떤 주체도 없다."[30] 하지만 우리는 이중구속에 사로잡힌 것처럼 보인다. '주체'는 지배장치의 일부로 기능하지만 우리는 주체의 순수하고 단순한 소거라는 토대 위에서는 살아갈 수도, 공동체를 구축할 수도 없다.[31] 들뢰즈와 가타리의 '기계적인 것'의 개념——다른 방식으로는 푸코의 생산 개념이 그렇듯——은 이러한 욕구에 답하며,

정체성을 버리고 인식과 행동의 주체성을 채택하며, 주체성 생산이 어떻게 물질적 연결에서 출현하는지를 증명한다. 이러한 연결은 존재론적 연결이기도 하다. 따라서 기계적인 것은 모든 형이상학적 환상을 제거함으로써 현재의 인간주의, 현재 안의 인간주의를, 말하자면 '인간의 죽음'이라는 니체의 선언을 비판적으로 채택한 인간주의를 구성한다.

그래서 기계적 배치는 정체성에서 벗어나 있지만, 그럼에도 불구하고 협동 속에서 주체적·사회적으로 함께 기능하는 이질적 요소들의 역동적인 합성이다. 따라서 기계적 배치는 우리의 다중 개념이 가진 특성을 공유한다. 다중 개념은 정치적 주체성을 이질적인 특이성으로 이루어진 것으로 보려는 시도이다. (둘 간의 한 가지 중요한 차이는 우리가 대체로 다중을 특이성의 인간으로서 배타적으로 규정하는 반면, 기계적 배치는 더 넓은 범위의 존재인 인간과 비인간으로 구성된다는 점에 있다.) 다나 해러웨이의 사이보그 개념과, 정체성 및 본질적 주체와 싸우려는 그녀의 다양한 노력은 그녀로 하여금, 우리가 가진 인간과 기계, 인간과 다른 동물 간의 표준적 분할의 위반을 인식함으로써 이 방향으로 더욱 나아가게 만든다.[32] 그러나 기계적 배치는 주체성 구성요소를 확장해, 심지어 내재성의 평면에 거주하는 모든 존재나 요소를 포함하는 데로 나아간다. 이 모든 것이 인간, 기계, 그리고 (이제는) 다른 존재를 동일한 존재론적 평면에 두려는 존재론적 요구에 근거를 둔다.

경제적인 용어로 기계적인 것은 고정자본이 노동력에 의해 재전유될 때, 즉 과거의 사회적 생산을 결정화하는 물질적·비물질적인 기계 및 지식이 현재의 협동적이고 사회적으로 생산적인 주체성으로 재통합될 때 출현하는 주체성에서 분명하게 나타난다. 따라서 기계적 배치는 일정 부분 '인간생성적 생산'이라는 생각에 의해 파악된다. 오늘날 가장 영리한 마르크스주의 경제학자들 중 일부(가령 로베르 부아예, 크리스티안 마라치와 같은 이들)는 오늘날의 경제적 생산의 새로움(그리고 포드주의에서 포스트포드주의로의 이행)을 인간에 의한 인간의 생산에 초점을 맞추는 것으로 특징짓는데, 이는 상품에 의한 상품의 생산이라는 전통적인 생각과는 다르다.[33] 주체성 및 삶형태의 생산이 점점 더 자본주의 가치화에 핵심이 되고, 이 논리는 직접적으로 인지적·삶정치적 생산이라는 생각에 이른다. 기계적인 것은 이러한 인간생성적 모델을 확대하여 다양한 비인간적 특이성을 (생산하고 생산되는) 집회/모이기로 병합하는 쪽으로 나아간다. 분명한 것은 우리가 고정자본이 노동하는 주체에 의해 재전유된다고 말할 때 단순히 그 주체가 고정자본을 갖게 된다는 것을 의미하는 것이 아니라, 고정자본이 주체성의 구성요소로서 기계적 배치로 통합된다는 것을 의미한다는 점이다.

앞서 말했듯이 기계적인 것은 항상 배치이며, 인간과 다른 존재들의 역동적 합성이다. 하지만 이 새로운 기계적 주체성의 힘은 그것이 사회적 협력에서, 공통적인 것에서 접합되어 현실화되지 않는 한 가상적일 뿐이다. 실제로 고정자본의 재전유가 개인적으로 발생하고, 사적 소유자를 한 개인에서 다른 개인으로 옮기는 것이라면, 피터의 것을 훔쳐 폴에게 파는 문제가 될 것이며, 이는 실질적으로는 아무런 의미도 없다. 반대로 부와 고정자본의 생산적 힘이 사회적으로 전유되고, 따라서 그것이 사적 소유에서 공통적인 것으로 변형된다면, 기계적 주체성의 힘과 협동 네트워크는 완전히 현실화될 수 있다. 기계적인 배치관, 생산적인 협동 형태, 그리고 공통적인 것의 존재론적 기초는 여기서 훨씬 더 단단히 함께 엮이게 된다.

우리가 오늘날 기계적 배치에 흡수되는 청년들을 살펴볼 때, 우리는 그들의 바로 그 존재가 저항임을 인식해야 한다. 그들이 알든 모르든 그들은 저항 안에서 생산한다. 자본은 하나의 굳건한 진실을 인식할 수밖에 없다. 자본은 주체성에 의해 생산된 저 공통적인 것의 발전을 다지고 그로부터 가치를 추출해야 하는 것이다. 하지만 공통적인 것은 오로지 저항 형태를 통해, 고정자본을 재전유하는 과정을 통해서만 구축된다. 모순이 훨씬 더 선명해진다. 자본이 생산적 주체에게 너 자신을 착취하라고 말하면, 그 주체들은 우리는 우리 자신을 가치화하길 원하고 우리가 생산하는 공통적인 것을 다스리기를 원한다고 답한다. 이 과정에서의 모든 장애물(심지어 이 장애물이 가상이 아닐까라고 의심할 때조차)이 충돌의 심화를 결정할 것이다. 자본이 주체성의 협동으로부터만 가치를 강탈할 수 있고, 주체성이 그러한 착취에 저항한다면, 자본은 명령의 수준을 높여야만 하고, 점점 더 임의적이고 폭력적으로 공통적인 것으로부터 가치를 추출하려고 작용해야 한다. 그러나 우리는 3부에서 이 문제를 더 자세히 다룰 것이다.

8장
베버를 전도하기

근대 행정국가의 관료제는 위기에 처해 있다. 우리는 이 과정을 아래로부터 읽을 필요가 있는데, 그것을 위에서 보는 것, 제임스 C. 스콧의 표현을 빌리면, '국가처럼 보는 것'은 그 진정한 동력을 포착하지 못하기 때문이다.[1] 아래에서 보면 우리는 점점 더 늘어나는 다중의 역량이, 즉 사회적 생산 및 재생산의 필수적 활동과 사회를 효과적으로 조직하는 능력이, 어떻게 행정 장치를 위기로 몰아넣는지를 볼 수 있다. 다중이 다른 방식으로 자율적으로 사회적 조직화 기능을 수행할 잠재성을 발전시킬수록 근대적 행정은 스스로를 다중에게 개방할 수밖에 없게 된다.

근대국가가 두 개의 전선에서 쓰이는 전쟁 무기로 구축되었음을 명심하자. 한편으로 근대국가는 빈자, 농민, 그리고 그 밖에 참정권이 없는 계급이 귀족 통치의 정치적·사회적 관습과 법적 소유 구조에 맞서 벌이는 투쟁과 싸우고, 그것을 관리하며, 그것에 홈을 파낼 수단으로 복무했다. 다른 한편 근대 국가는 부르주아지의 사회적·정치적 해방에 기여하는데, 이때 부르주아지는 스스로가 매개를 통해 사회 평화를 만들어낼 수 있는 유일한 사회적 행위자라고 상상한다. 이러한 '합리적 매개'는 갈등하는 사회세력들의 이해관계를 관리 및 규제할 수 있는 행정 기계――부르주아지의 경제적 힘에 의해 보장되는――의 형성으로 이뤄진다. 근대의 정치적 대의구조가 이 매개 기능 위에 건설된다. 즉 '전체의지'가 국가의 '일반의지'가 되는데, '일반의지'는 '주권적 국민sovereign people'(원문대로!)에 기초를 두는 것이 아니라 국민을 관리하고 구축하는 매개 장치에 기초를 둔다. 부르주아지는 매개적이면서 동시에 헤게모니적이며, 행정적이면서 동시에 정치적이다.[2]

근대 국가의 행정기계의 형성은 자본의 발전과 딱 맞아떨어지며, 근대의 행정은 점점 더 산업생산이 지닌 기계론적 특성을 띤다. 이는 이러한 행정 장치와 법 장치가 단지 사회의 경제적 토대에서부터 파생되었다거나 그에 의존한다거나, 또는 그에 의해 규정된다고 말하는 것이 아니다. 대신 근대 국가와 자본주의 경제의 평행적 발전은 그 둘 모두가 주로 계급투쟁에 의해 추동된다는 사실에 기인한다는 것이다. 작동하는 적대적 주체성의 본성과 능력을 파악하지 않으면 근대 행정국가의 형성이나 그것이 오늘날 겪는 위기를 이해할 수 없다.

:: 베버의 꿈과 카프카의 악몽

막스 베버는 전문가의 지식과 정당한 제도적 리더십에 기초한 합리적이고, 공정하며 효율적인 행정을 구상한다. 베버의 행정 장치에서 행위자의 역할은 우리가 1부에서 분석했듯이 근대의 군사적·정치적 배치^{deployment}를 따른다. 지도자는 전략적 기획과 장기적인 의사결정에 책임이 있는 반면에 관료제를 담당하는 간부단은 전술적 의무를 지니며 계획을 실행한다. 베버가 주장하듯이, 지도자 없이는 어떤 조직도 없으며, 따라서 근대 행정은 '헤어샤프트^{Herrschaft}'(탤컷 파슨스는 이것을 '리더십'으로 번역하지만, '지배'나 '권위'로 간주되는 일이 많다)와 분리될 수 없다. 지도자가 의지를 제공한다면, 행정가 집단은 그 의지를 실행하는 두뇌이자 수족이다.[3, 4] 베버에게 행정가는 단지 관료 기계의 톱니가 아니라 그 기계의 생각이자 합리적 핵심이다. 그가 주장하길, 근대의 관료적 행정의 최우수성은 기술적 지식과 기술적 유능함을 발휘한다는 데 있다. 그는 "관료적 행정은 근본적으로 지식을 통한 지배를 의미한다"고 단언한다.[5] 따라서 근대 행정은 이전의 행정 형태보다 우수한 지배의 형태, 권위의 형태이다. 그것이 이전 행정 형태의 비합리적 구조를 파괴하고 그 정당성의 기반을 주로 지식에 두기 때문이다.

베버의 관점에서 근대의 관료적 행정가는 일련의 분리로 특징지어지는 기묘한 동물이다. 첫째, 행정직원은 주민의 나머지와 분리된 사회기구를 형성한다. 베버가 계속해서 말하길, 그들의 지식이 그 자신들을 일반적인 (무지한) 주민과 분리하며, 또한 그들은 이해관계보다는 이성과 법에 기초해 행동하기 위해서 생산수단이나 행정수단의 소유권으로부터 완전히 분리되어야만 한다. 따라서 그는 근대의 관료 행정가를 분리된 사회기구로 구상하지만 그들은 결코 계급이 아니며, 사실상 반계급과 같은 것이다. 행정가들은 지식을 소유하지 않고 점유함으로써 근대의 계급투쟁 바깥에 놓이며, 따라서 그가 상상하듯이 순수하게 매개적인 지위에 놓인다.

둘째, 행정가는 내적 분리에 의해 정의된다. 베버에 따르면, 행정은 일생 동안 지속하는 직업·소명·의무여야 하지만 공직은 삶의 영역과 분리되어야 한다. 따라서 행정가는 이중 존재로 살아간다. 나아가 행정가를 특징짓는 지식과 기술적 유능함은 좁고 제한되어야 한다. 낡은 행정 형태가 넓은 사회적 지식을 자기 삶에 통합시킨 '교양 있는' 행정가를 구하는 반면에, 근대 관료제는 전공자와 전문가를 필요로 하는데, 이들의 제한된 지식은 그들에게 의사결정의 자격이 아니라, 공직의 의무를 수행할 자격을 준다. 관료적 지식과 행위의 비인격적 본성은 관료제가 합리성을 주장하는 토대이자 또한 사회갈등을 매개하는 능력의 토대이다.[6]

그러나 전문가적 지식에 기반한 합리적이고 공정하며 투명한 관료제라는 베버의 꿈은 많은 사람들에게는 악몽으로 경험된다. 프란츠 카프카의 작업에서 정점에 이르는 비판 노선에 따르면, 오히려 근대 관료제는 근본적으로 비합리성과 부조리로 특징지어진다. 이 논거에 따르면, 이것은 행정기획이 단지 미완성되거나 불완전하게 실현된 산물이어서가 아니라 모든 합리적 사회 행정의 기획이 그 내부에 비합리적 핵심을 지닌다는 점에서 그렇다. '전문가'는 진실, 옳음, 공정함을 알지 못한다. 오히려 전문가는 부조리와 허위로 점철된 이해 불가능한 체계를 제도화한다. 법 앞의 문지기와 마주하는 한 남자에 관한 카프카의 이야기와 성 안으로 들어가려는 K의 강박적인 시도는 모호하고 소외를 일으키는 형태를 띠는 근대의 관료권력에 관한 우화이다.[7] '이성의 비관주의'에 기반을 둔 근대 관료제에 대한 이러한 비판은 분명 설득력이 있으며, 그 〔비판의〕 좌절은 전 세계 모든 국가에서 매우 익숙하다. 근대의 행정 정신의 부조리와 비합리성을 손수 알기 위해서 형사법 제도로 들어가는 고생을 할 필요는 없다. 터무니없는 행정 업무를 끝내려고 한 없이 긴 줄에 서서 기다리는 고통을 누구든 겪지 않았던가? 우리 모두는 관료제의 불투명한 미궁의 통로를 매일 경험한다.

그러나 카프카풍의 묘사가 가진 문제는 근대 행정을 자동적이고 불가해한 〔일괴암적인〕 베헤못*으로 그려내는 경향이 있다는 점이다. 사실 이때 근대 행정은 모든 권력 형태가 그렇듯 하나의 관계이며 그래서 둘로 나누어진다. 한편으로 우리는 그것의 매개 기능을 파악해야 한다. 우리가 앞서 말했듯이, 근대 행정국가는 부르주아지와 나란히 헤게모니와 매개의 역설적 혼합으로 발전한다. 다른 한편으로 자신의 자유를 긍정하면서 관료제와 투쟁하는 부르주아지의 힘을 인식하지 못하는 일체의 관료제 비판은 절망의 원환에 갇힐 뿐 아니라, 왜 근대 행정이 위기에 빠지게 되었는가를 결코 밝혀낼 수 없을 것이다. 근대 행정은 일부 내부 부패로 인해 스스로 무너지는 것이 아니라, 그 권력을 공격할 뿐만 아니라 또한 그 본질적 기능들을 대체하는 잠재력을 가진 세력에 의해 위기에 빠진다.

우리는 이미 앞에서 근대 행정에 도전하는 세력을 분석할 몇몇 요소를 쌓아놓았다. 한 가지 분석 유형은 오늘날의 자본주의 생산에서 지배

---

* 베헤못(behemoth)은 구약성서에 등장하는 거대한 수륙양서 괴수의 이름이다. 베헤못은 '짐승'을 뜻하는 히브리어 베하마(behamah)의 복수형이며, 이는 한 마리임에도 불구하고 복수의 동물을 한데 모은 것과 같이 너무나도 거대한 크기였기 때문에 이와 같이 표현했을 것으로 추정된다. 아무도 잡을 수가 없으며 쓰러뜨릴 수도 없는 동물로, 그 모습에 대해서는 하마, 물소, 코뿔소 등 여러 가지 설이 있다.

적인 노동 형태가 어떻게 변화하고 있으며 그래서 지성, 사회적 지식, 복잡한 테크놀로지 기술, 그리고 가장 중요하게는 사회적 협동의 광범위한 회로가 작업장 안팎에서 중심적 능력이 되고 있다는 점에 초점을 맞춘다. 다른 분석 유형은 어떻게 사람들이 디지털 도구와 플랫폼에 점점 더 접근해서 고정자본을 자신들의 목적을 위해 재전유하고, 더 중요하게는 고정자본을 그들의 사회적 삶으로 통합하는지를 보여준다. 스마트폰이나 노트북을 가진 열여섯 살(또는 열두 살!) 아이는 지식과 도구, 그리고 다른 이들과 협동하는 수단이라는 어마어마한 부를 가진다. 셋째, 모든 종류의 정보에의 접근과 데이터를 보호하지 못하는 정부의 무능력도 핵심 역할을 한다. 억압적인 정부들이 인터넷 접근을 제한하려는 시도는 계속해서 실패하며, 위키리크스의 지속적인 폭로가 증명하듯이, 모든 국가의 정보 접근 통제 능력은 점점 더 약해지고 있다. 결과적으로 '지식을 통한 지배'라는 베버의 근대 행정은 지식·전문기술·정보에 대한 독점에 구멍이 나고, 사람들이 스스로 지식을 생산하는 데 필요한 유능함·기계·정보를 갖자 허물어지기 시작한다. 광범위하고 대안적인 지식의 생산은 시위와 해방운동의 병기고에 있는 핵심 무기이며, 시위와 해방운동은 지식이 권력뿐만이 아니라 자유에도 상응한다는 점을 알고 있다. 바로 이들이 한때는 행정가에게만 독점되었던 능력을 자신들도 가지고 있음을 보여줌으로써 행정 장치가 열리도록 강제한 세력이다.

:: 분노도 열정도 없이

근대 행정의 위기는 행정 주체성의 변형을 함의한다. 베버에 따르면 근대 행정가는 정동을 떨쳐내야만 한다. '분노도 열정도 없이^sine ira et studio'는 그가 좋은 행정의 주체적 태도를 기술하려고 타키투스로부터 차용한 모토이다.[8] 감정에 치우치지 않는 역사가답게 베버는 행정적 이성을 왜곡할 수 있는 정동을 피하고자 했다. 직업적 관료 집단은 사회에서 분리되고, 재산 소유권과도 분리되며, 자신의 업무를 자신의 비업무적 삶에서 분리해, 따라서 열정도 편견도 없이 비인격적인 공직을 담당하고 지식 · 정보 · 전문기술을 정리한다.

행정가 주체성에서 정동을 추방하는 것은 베버가 리더십의 카리스마적 형태와 합리적 형태를 구분한 것과 공명한다. 카리스마적 권위는 추종자의 열정을 이용해 종교적 회심과 유사한 어떤 것을 통해 사람들을 내부에서 변화시킨다. 반면에 관료적 행정과 같은 합리적 권위는 열정을 누그러뜨려 사회구조와 그 생활 조건을 변화시킴으로써 사람들을 외부에서 변화시킨다. 관료적 행정가와 같은 베버의 합리적 지도자는 순수하고 실용적인 이성을 지닌 이상적 주체이다.[9]

베버의 주장에 따르면, 정동이 가진 한 가지 문제는 측정할 수 없다는 것이다. 이것은 정동이 변덕스럽고 신뢰할 수 없다는 표준적인 합리주의적 생각을 다른 방식으로 표현한 것에 불과하겠지만, 근대 행정과 자본주의 생산의 필연적 결합을 명확히 밝히는 데 도움을 준다. 행정은 계산할 수 있는 사회적 요인만을 고려해야 하며, 정동과 고유하게 '인간적'인 다른 사회적 요인들을 배제하는데, 왜냐하면 (짐작건대) 그 것들이 척도 너머에 있기 때문이다. 이어서 베버는 "관료제는 더 '비인간화'될수록, 즉 더 철저하게 공직 업무에서 계산을 벗어나는 사랑, 증오, 모든 순수한 개인적 · 비이성적 · 감정적 요소를 모두 제거할수록, 더 완전하게 발전한다"고 말한다.[10] 다시 말해 근대 관료제는 특히 자본의 지배를 적절하게 보완하는데, 자본 또한 주로 척도(가치 척도)를 통해 기능하며, 관료제처럼 자본도 측정 불가능한 것에 의해 위협받기 때문이다. 11장에서 살펴보겠지만, 자본주의 화폐의 주요 기능 중 하나는 가치 척도를 고정하는 것이며, 오늘날 점점 더 파생상품과 같은 복잡한 금융 도구를 통해서 계산을 벗어날 위험이 있는 사회적 가치에 척도를 부과하는 것이다.

오늘날 근대 행정을 위기에 빠뜨린 기계적 주체성은 지성 · 지식 · 정보 · 전문기술을 지니고 있음에도, 열정을 추방하지 않는다. 이 주체성을 '분노와 열정을 지닌cum ira et studio'이라고 이름 붙이고 싶지만, 이것이 단지 베버의 합리성의 거울 이미지, 즉 비합리적 열정인 것만은 아니다.[11] 대신 이 새로운 주체성은 우선 베버가 근대 행정가를 정의하는 그 모든 분리가 붕괴한 것이라고 이해되어야 한다. 실제로 오늘날 자본주의 경제에서 점점 더 중심이 되는 것은 물질적 재화의 생산일 뿐만 아니라 또한 아이디어 · 이미지 · 코드 · 문화생산물 · 정동 등의 다양한 비물질적 재화의 생산(요약하면 주체성의 생산)이다. 따라서 오늘날 생산적 다중의 형성과 그 삶은 이성과 열정의 분리에 의존하지도 않으며 의존할 수도 없다. 오히려 다중은 주체성의 생산을 측정 가능하면서도 동시에 측정 불가능한 그 모든 정동들과 연결시킨다. 측정 불가능하고 주체적인 사회적 현상과 연결된 이러한 생산 능력은 정치의 잠재력을 지시한다. 계산 불가능하고 결정 불가능한 것을 결정하는 것은 고유한 정치적 능력이기 때문이다.[12]

오늘날의 경제적·사회적 위기의 맥락에서 베버식의 이성과 열정의 분리를 유지하기란 훨씬 더 어렵고 또 불가능하기까지 하다. 사회적 안정기에나 생각될 법한 열정이 없는 관료는 전쟁과 위기의 혼돈 속에서는 상상할 수조차 없다. 이러한 관점에서 보면, 베버의 사상은 상대적으로 평온한 자본주의 사회 질서라는 아름다운 시절의 산물로 보인다. 그러나 오늘날은 위기가 만연해 있다. 독일의 앙겔라 메르켈 총리는 법에 따라 한 시리아 아이에게 독일 시민권을 부여하길 거부해 놓고서는, 어쩔 수 없이 그녀의 결정을 재빨리 뒤집어 시리아 이민자들에게 문을 열었다가 또 얼마 지나지 않아 다시 문을 닫아 버렸다. 이것은 법적 추론, 연민, 공포, 냉담함이 정부 결정에서 복잡하게 뒤섞여 작동함을 보여주는 한 사례일 뿐이다. 특히 다중들의 이민과 관련해 오늘날 행정이 '분노도 열정도 없이' 행동하길 기대할 수는 없다.

법의 통치하에서 정동의 관리를 정상화하고 되살리는 것이 어렵다는 것은 유럽과 북미에서의 테러 공격(가령 미국의 9·11, 마드리드의 3·11, 런던의 7·7, 파리의 11·13, 브뤼셀의 3·22, 올랜도의 6·12)에 뒤이은 사회적 긴급 사태에서 더욱더 분명해진다. 적법성과 이성의 규범들은 이러한 비극에 뒤이은 열정과 긴급 사태의 선언에 의해 빠르게 쓸려나간다. 그러나 이러한 극적인 상황이 아니어도 법이 집행될 수 없을 때—가령 이민자들이 통제될 수 없을 때—, 법은 새로운 상황에서 기능하는 행정 행동으로 대체된다. 다시 말해 위기 상황에서 국민의 정부 government of the people 의 관료적 합리성은 다중의 협치를 이끄는 열정에 굴복한다. '분노와 열정'은 또다시 완전히 전도된 방식으로 이른바 법과 행정의 합리적 체계에 스며든다. 처음부터 합리적 행정에서 '분노와 열정'을 배제한다는 전제는 다중의 열정을 억압적으로 관리하는 데 필요한 환영적이고 위선적인 전제가 아니던가? 위기와 예외 상태의 시대에 행정 행동은 분명 우리를 그렇게 생각하게 만들 것이다.

:: 디지털 테일러주의

오로지 측정 가능하고 계산 가능한 것만 보도록 눈가리개가 씌워진 근대 관료는 인간이기보다는 기계로 보인다. 실제로 베버는 관료제의 합리적 주체를 산업 기계와 유사한 것으로 본다. 그의 설명에 따르면, "완전히 발전된 관료 장치는 정확히 기계가 비기계적 생산양식과 비교되는 것처럼 다른 조직들과 비교된다."[13] 잠시 멈춰 이 풍부한 유비에 대해 생각해 보자. 비기계적 생산양식에서 산업적 생산양식으로의 이행에서 필수적인 것은 주체와 대상의 전도이다. 가내수공업과 매뉴팩처에서는 기능공과 노동자가 구두 수선공의 송곳과 대장장이의 망치처럼 평생 도구와의 관계(이때 도구는 자기 신체를 확장한 인공 팔다리 같은 것이다)를 발전시켜 나갔던 반면, 대공업에서는 이 관계가 전도되어 노동자들이 복잡한 산업기계에 의해 배치되고 그것의 인공보철물이 된다. 이제 기계가 주체이고 노동자가 기계의 대상이다.[14] 찰리 채플린은 「모던 타임즈」의 시작 장면에서 산업기계가 요구하는 노동기계가 되려 한다(그리고 코믹하게 실패한다). 베버의 유비가 제시하듯이, 근대 행정은 이와 유사하게 주체와 대상을 전도시킨다. 이 전도는 모든 인간적·사회적 현상이 측정 가능하다고 꾸며내는 것이 아니라 '객관적' 데이터만을 걸러내 그것을 기계에 투여하는 것으로 받아들여진다. 계산을 벗어나는 모든 '주체적' 현상은 이 작업과는 상관이 없다(또는 해롭기까지 하다). 말하자면, 근대 행정 기계에서 당신은 하나의 숫자가 된다.

근대의 기계론적 행정이 인간 노동을 쓸모없는 것으로 만드는 것이 아니라 인간을 더 기계처럼 행동하도록 강제하듯이, 오늘날 기계적 행정은 일상적으로 반복되는 디지털 노동과 기계적 방식의 분석이라는 새로운 영역을 창출한다. 모든 움직임을 단순하고 측정 가능한 업무로 나누는 식으로 활동을 합리화하는 테일러주의의 방법은 근대 공장과 근대 관료제에 적용되었는데, 그것이 이제 새로운 디지털 형태의 테일러주의로 번역된다. 때로는 컴퓨터 시스템, 인공지능, 그리고 알고리즘 등이 인간 노동을 쓸모없는 것으로 만드는 것처럼 보이기도 하지만, 실제로는 기계가 완성할 수 없는 무수한 디지털 업무가 존재한다. 인간은 기계적 행정을 보조하고, 또 콜센터나 채팅 메커니즘을 통해 사용자들의 인터페이스를 제공하기 위해 하찮은 '클릭질'을 하도록 남겨진다. 모든 행정단위, 모든 은행 업무 부서, 모든 대규모 사업은 스크린을 앞에 두고서 구조화되지 않은 데이터를 적절한 필드 양식에 입력하고, 표준화된 질문에 답하고, 그 밖의 일상적으로 반복된 업무를 수행하는 일군의 노동자를 필요로 한다. 때때로 이 지루한 디지털 업무는 조직 안에서 완료되지만 종종 인도나 중국 같은 종속 국가에 외주화^{外注化}된다. 역설적으로 이 업무는 너무나 일상적으로 반복되어서 "머리를 쓸 필요가 없음"에도 불구하고, 상대적으로 높은 교육 수준을 요구한다. 세계의 대부분에서 고등교육 비율의 증가는 '미래가 없는 졸업생'을 창출할 뿐만 아니라 지루한 디지털 업무에 미래를 바칠 졸업생 군대를 창출한다.[15]

근대 관료조직의 출현이 베버에 따르면 비기계적인 것에서 산업적 기계화로의 이행과 비교되는 것처럼, 근대 행정을 넘어서는 현대적 이행도 기계론적인 것^{mechanical}에서 기계적인 것^{machinic}으로, 산업적 설비에서 디지털 알고리즘으로 옮겨갔다. 한 세대가 넘도록 공상과학 소설가들은 인공지능 기계의 출현이 어떻게 인간의 대상화를 강화시켰는지를 상상했다. 기계가 생각을 하게 되면, 인간은 기계의 노예가 될 것이라고 말이다. 그러나 기계적 생산은 산업적인 주체-객체 관계를 반복하는 것도, 단순히 디지털 기계를 개별 인간 주체의 손에 쥐여주면서 전산업적이거나 비기계론적인 배치로 되돌아가는 것도 아니다. 대신 기계적인 것은 주체-객체 관계 자체를 뒤섞어놓는다. 우리의 과거의 집단지성이 디지털 알고리즘으로 구현되는 만큼, 인공지능 기계는 기계적 배치를 구성하기 위해 우리의 몸과 마음의 필수 부분이 된다.

따라서 오늘날 경제적·사회적 생산의 국면에서는 자본의 객관적 계산에 대한 요구와 생산자의 기계적 주체성 사이에 하나의 역설이 출현한다. 한편으로 자본주의 생산이 점점 더 삶정치적으로 될 때조차, 즉 인간 주체성의 생산이 가치창출의 중심부가 될 때조차, 자본은 여전히 노동자의 몸과 마음이 상품(사고팔 수 있는 노동력)으로 변형되는 일을 필요로 한다. 노동력의 객관적 성격은 자본의 기능 및 그 이윤산출에서 불가피한 요소이며, 자본주의적 상상계는 이런 의미에서 산업 기계가 노동자를 이용하는 대공업의 주체-객체 관계에 여전히 묶여 있다. 다른 한편으로 삶정치적 생산에 필수적인 기계적 주체성은 계산, 척도 및 대상화에 저항한다. 노동력으로서의 그들 활동의 구매와 판매가 산 노동으로서의 그들의 실제적인 육체적·지적 생산성을 점점 더 약화시킨다. 그리고 주체성의 가치는 자본주의적 가치화 과정에서 그에 각인된 객관적 척도들을 항상 흘러넘치고 초과한다. 산업 노동자의 생산성이 주로 공장 안에 있는 것에 의존하는 것과 달리 기계적 주체성은 사회적 공간에서, 협동 회로 안에서 생산하곤 하며, 따라서 일정하게 제한된 자율을 실현할 여지가 있다.

노동자가 고정자본의 요소를 재전유하고, 가변적이고 종종 무질서한 방식으로 가치화 과정에서 협력하는 행위자로 스스로를 드러내는 한, 그래서 불안정하긴 하지만 자본의 가치화에서 자율적인 주체인 한, 노동의 기능은 자본과 관련해 전도되는 경향이 있다. 노동자는 더 이상 자본이 자연을 변형하고 물질적 상품들을 생산하려고 배치하는 도구들이 아니다. 노동자는 생산의 도구를 흡수해 인류학적으로 변신해서, 자본과는 분리되어 기계적이면서도 자율적으로 행동하고 생산한다. 이 지형 위에서 우리가 고유하게 삶정치적이라 부를 수 있는 계급투쟁의 형태가 열린다.

생명자본과 생산적·기계적 주체성 사이의 모순은 양극 중 하나를 제거함으로써만 극복될 수 있다. 그런데 자본가가 이윤을 창출하기를 바라는 한 노동자를 제거할 수가 없다. 따라서 이 모순은 정치에 고유한 지형, 비록 전진과 후퇴가 있지만 결정할 수 없는 것을 결정하는 지형이라 할 수 있다. 생산적 주체성에게 정치는 다중을 '제도적으로' 구축하는 것, 즉 다중의 사회적 경험을 정치적 제도로 변형하는 것을 의미한다. 3장에서 살펴보았듯이, 이러한 작용은 구성권력〔제헌권력〕과 구성된 권력〔입헌권력〕의 관계라는 근대의 부르주아 모델을 넘어서야 한다. 구성적 행동이 사라졌기 때문이 아니라 그것이 더 이상 단일한 권력의 구성으로 종결될 수 없기 때문이다. 반란은 권력을 그 자체로 잡는 것이 아니라 대항권력의 과정을 열어두는 것을 목표로 하는데, 이는 자본주의 기계가 창출하는 전례 없이 새로운 포획 장치에 도전하는 것이며, 그 과정에서 새로운 기계적 주체성이 창출할 수 있는 어떤 사회 유형을 발견한다.

:: 네 번째 응답: 국가를 분쇄하자

어떤 이들은 행정 자체의 종결을 열광적으로 긍정하면서 근대 행정 국가의 위기를 인식하는 일을 환영할지 모른다. 베버를 6피트 땅 아래에 매장하자고 말이다! 그 대신 우리의 관점——1장에서 우리가 전통적인 리더십 형태에 대한 비판이 조직화를 거부하는 일과 혼동되어서는 안 된다고 주장했듯이——은 근대 행정에 대한 비판이 대안적인 행정 형태의 창출을 동반해야 한다는 것이다. 이 관점은 베버를 끝장내는 것이 아니라 베버를 전도시키는 것이다. 바로 이것이 우리가 근대 관료제를 위기에 몰아넣은 그 동일한 주체성이 또한 사회적·조직적 능력을 보여준다는 점을, 즉 효과적이고 자율적인 사회적 행정에 요구되는 지성과 지식 및 정보에의 접근을 보여준다는 점을 강조하려 했던 이유이다.[16]

국가를 분쇄하자는 것은 무엇을 의미하는가? 마르크스에 따르면 그것은 파리의 코뮈나르들에 의해 성취된 영웅적 위업이다. 부르주아 세력이 베르사유로 퇴각할 때, 코뮈나르들은 국가 장치를 해체한다. 그러나 그들이 국가 장치가 부재하면 사회적 삶이 자생적으로 조직될 것이라고 가정하기만 한 것은 아니다. 국가를 분쇄하자는 것이 사회적 조직화의 필요성을 무시하자는 것을 의미하는 것은 아니다. 그들은 부르주아 국가를 대신해 코뮌의 삶을 다스리는 민주적인 정치적·행정적 실천과 제도를 발명한다. 국가가 사회 위에 서서, 사회를 지배하는 한, 국가가 통치자와 피통치자 간의 분리를 유지하는 한, 그것은 계급지배의 도구이다. 국가를 분쇄하자는 것은 이 간극을 깨부수자는 것이며, 따라서 주민 전체의 집단적이고 민주적인 의사결정을 내재적으로 조직하는 정치제도와 행정제도를 만들어내자는 것이다. 그렇다면 지식과 지성으로 충만한 오늘날의 기계적 주체성에 대한 질문은 어떻게 그 주체성이 다중의 삶을 효과적으로 조직할 민주적 실천 및 행정제도를 발명할 수 있는가이다.[17]

그 자체로 엄청나게 복잡한 이 과제는, 3부에서 살펴보겠지만, 신자유주의적 협치가 근대 관료제의 위기에 대한 반응으로 창출될 뿐만 아니라 더 직접적으로는 지식·재능·능력들로 충만한, 잠재적으로 자율적이고 협동적인 주체성들에 대한 반응으로 창출된다는 사실로 인해 훨씬 더 어려워진다. 신자유주의는 이 주체성들의 자유 및 자기-경영 〔행정〕self-administration의 능력을 행정 권력을 다시 끝내려는 것으로 해석한다. 지형이 또다시 이동했지만, 투쟁은 계속된다.

:: 중부유럽의 종말

우리는 스스로에게 이렇게 물을 필요가 있다. 아마 모두 그래야 할 것이다. 근대를 비판할 때조차 여전히 우리는 어느 정도로 지배적 근대관이 발생한 유럽의 부르주아 사상의 방법과 개념들에 구속되어 있는가? 수많은 저자들이 유럽을 '변방화'했고 반식민적·탈식민적·비식민적 근대 비판을 발전시켰으며, 이는 엄청나게 성공적이고 중요한 결과를 낳았다. 그럼에도 불구하고 우리는 근대 및 그 억압 방식에 대한 강력한 도전이 유럽 안에서도 반복적으로 일어났음을 기억해야 한다.[18] 여기서는 근대와 그 위기에 관한 우리의 시야를 유럽, 더 한정해 보면 '중부유럽Mitteleuropa'에 한정해 보자. 중부유럽에서 우리는 여전히 근대에 구속된 채 있는 근대 비판을 확인할 뿐만 아니라, 근대의 토대인 부르주아 주체의 종말도 엿볼 수 있다. 오늘날 중부유럽이라는 부르주아적 유럽을 바라볼 때, 우리는 마치 반항적인 아이라도 된 것처럼 그것을 미워할 수조차 없다. 비록 어떤 의미에서는 우리가 중부유럽에서 태어났다 할지라도 이제는 그것이 우리를 부인하며, 그래서 우리는 어떤 새로운 결백함에 자부심을 가질 수 있다.

중부유럽은 무엇이었는가? 그것은 시기였고, 장소이자 관념이었으며, 위기였다. 그것은 대략 1870년에서 1914년, 그리고 1917년에서 1945년의 시기였으며, 이 시기 유럽 열강이 아프리카, 아시아, 라틴아메리카에서 제국주의 기획을 밀어붙이는 동안 자국에서는 노동과 자본의 갈등이 공적 삶의 중심요소가 되었으며, 뒤이어 전쟁과 독재가 이어졌다. 대중사회는 군중으로 구성되었는데, 군중은 부르주아적 감성을 혐오하는 한편 부르주아 권력의 '합리적' 행정은 얕잡아 보았다. 부르주아지는 자신들의 풍부한 지적·도덕적 병기고를 배치해 반항하는 노동자들과 충돌했으며, 그들의 힘을 착취하면서도 또한 길들이려 애썼다. 이 드라마가 전 유럽에서 펼쳐졌지만, 여기서 우리는 독일과 오스트리아에서 폴란드와 헝가리에 이르는 유럽의 중앙부—그중에서도 특히 가장 최근에 통일을 이룬 독일—에 초점을 맞추고자 한다. 그러나 무엇보다도 중부유럽은 하나의 관념, 아니 더 올바르게는 두 개의 갈등하는 관념이다. 한편으로 중부유럽은 개인, 국민, 민족, 주권 등 서로 연합되는 정체성 개념을 포함하는 영웅적인 유럽 근대라는 관념이었다. 베토벤 교향곡 3번 '영웅'의 용맹하고 자신에 찬 운율이 여전히 이러한 단어들과 공명한다. 그렇지만 다른 한편으로 중부유럽은 불신을 키워가고 있었으며 그래서 갈등하는 사회세력, 특히 자본과 노동의 사회적 평형 상태를 이루려는 부르주아적 매개가 더 이상 가능하지 않다고 분명하게 인식했다. 부르주아지는 하나의 정치 계급으로 몰락했다. 비록 그들이 도덕적·문화적 리더십을 유지할 수 있기라도 하는 양 여전히 발버둥치고 있고, 때로는 무모할 정도로 그렇게 애쓰긴 했지만. 여기에는 말러의 교향곡 6번 '비극적^{Tragic}'이 적절한 배경음악이 될 것이다.

니체(독일인의 정신을 대표하는)와 로베르트 무질(그가 '카카니아^{Kakania}'라 부른 오스트리아-헝가리 제국을 대표하는) 사이에서 우리는 비극의 모든 요소를 인식할 수 있다. 문명의 운명을 결정할 위치에 있는 삶-보다-큰$^{larger-than-life}$ 주체들 간의 투쟁, 점점 더 비극의 무게를 재는 데 실패할 운명에 처한 이들의 영웅주의, 그리고 유럽의 근대 및 진보의 해체와 분해 등을 인식할 수 있다. 이것들은 1914-1945년 동안의 30년 전쟁이 보인 대학살과 야만성에 들어간 부르주아지를 예감한 것일 뿐이었다. 이 대화재^{大火災}로 인해 중부유럽은 결정적으로 완전히 소진되었다. 오늘날 여전히 우리는 중부유럽으로 고뇌하는 부르주아지의 영혼에 자리잡은 주제인 '문명의 위기'에 대한 말을 들으며, 또한 여전히 같은 이름들이 속삭여지는 것을 듣는다. 니체, 각자의 기호에 따라 이런저런 방식으로 이용되는 니체, 토마스 만, 허공에 날갯짓을 하는 '나프타와 제템브리니'*에게 이미 등을 돌린 토마스 만,

---

* 토마스 만의 작품 『마의 산』에 등장하는 인물들이다. 소설의 주인공인 23세의 상인 카스토르프는 알프스 산맥에 위치한 다보스의 요양원에서 7년간 요양원 생활을 하게 되는데, 나프타와 제템브리니는 이때 만나게 되는 인물들로 그들은 카스토르프의 내면의 성장을 돕는 역할을 한다. 제템브리니는 합리주의자이며 진보주의자를 자처하는 사람으로 '육체는 바로 정신'이라는 일원론에 따라 죽음의 세계에 친근감을 느끼는 카스토르프를 이성과 진보의 믿음이 존재하는 세계로 되돌려 놓기 위해 많은 노력

벤야민, 랍비인지 공산주의자인지 파악할 수 없는 벤야민, 하이데거, 나치 부역이 믿기 어려울 정도로 깨끗이 말소된 하이데거, 그리고 등등의 이름을 혼동스런 찬송가로 속삭이는 것을. 이런 식의 나약한 향수鄕愁는 현 상태status quo를 강화할 뿐이다.

따라서 중부유럽은 기묘하게 갈라지기 시작했으며, 이는 오늘날 더 분명해지고 있다. 즉 자본주의 지배는 지속되지만 부르주아는 종말에 이르렀다. 오늘날 자본가는 아주 많지만 부르주아지는 어디에서도 찾아볼 수 없다. 이미 1932년에 토마스 만은 "부르주아지는 사라졌다"[19]고 언급한 바 있으며, 중부유럽을 뒤따라서 부르주아들이 죽었다. 프랑코 모레티가 말했듯이, "부르주아적 정당성의 의미, 그저 지배만 하는 것이 아닌 그럴 만한 가치가 있는 지배계급이라는 이념이 증발해 버렸다."[20] 모레티는 분명 옳았지만 정당성만 죽은 것이 아닌 그 이상이 죽었다. 사회적 매개, 발전, 진보를 대변하는 문화적·도덕적 인물인 부르주아들도 죽었기 때문이다.

어쩌면 역설적이게도 중부유럽의 일부 잔재가 20세기 후반에 소련에서 분명하게 나타났다. 소련의 대중들은 위대한 혁명투쟁과 나치와의 전투 모두에서 승리했지만, 그들은 자신들이 서유럽과 동일한 형태의 권력, 따라서 동일한 위기의 효과에 직면했음을 깨달았다. 관료제의 엘리트는 내부의 사회갈등은 관리할 수 없었지만, 제국의 변방에서 제국주의적 시도에는 열중했다. '미래는 고대의 심장을 가졌다'는 기치가 소련 관료에게 적용될 수

을 한다. 나프타는 예수회 교도이며 허무한 반자본주의자이다. 육체를 타락되고 부패한 것으로 생각하고 건강을 비인간적인 것으로 보며, 오히려 병과 죽음을 찬양한다. '육체란 자연이며, 자연은 정신과 대립된다'고 하는 이원론자로서, 진보주의자 제템브리니와 자주 충돌하고 논쟁을 벌인다. 이후 나프타는 제템브리니의 휴머니즘의 허위성을 반박하다가 결투장에서 권총으로 스스로 목숨을 끊는다.

어셈블리

있는데, 어쩌면 약간 아이러니하게도 이때 고대적인 것은 중세적인 것도, 황제적인 것도, 혹은 귀족적인 것도 아닌 중부유럽적인 것이었다. 계급투쟁은 서유럽의 부르주아지들을 무찔렀으며, 결국 동유럽의 엘리트 관료도 파괴했다. 서유럽의 부르주아지와 동유럽의 엘리트 관료는 모두 충돌하는 사회세력(임금과 이윤, 삶과 생산, 복지와 군사)에 대한 안정적 매개를 추구했지만 실패하였다. 그것이 여전히 가능하기는 한 것일까?

그러나 중부유럽을 사망하게 한 대안적 주체성들이라는 장본인의 출현을 인식하지 못한 채 그 자체의 모순과 위기만을 살펴본다면, 우리는 중부유럽의 종말을 결코 이해할 수 없을 것이다. 유럽 전역에서 일어난 1848년 혁명, 1871년 혁명, 1905년 혁명, 그리고 그보다는 작은 규모의 사건들에서 자신들의 생산적 삶에 가해지는 자본주의 명령을 거부했던 봉기를 일으킨 주민들은 마지못해 고정된 사회적 위계에 따르는 하나의 통일된 국민으로 행동했지만, 국가의 영광에 복무하기를 거절하면서 여러 다른 반항 행동들에 끝없이 참여했다. 하지만 그러한 거부 행동은 아무리 강력할지라도 설명의 일부분일 뿐이다.

더 중요한 것은 봉기에서 발명된 새로운 사회형태이며, 이것은 특히 우리가 2부에서 밝히고자 했던 두 축을 따른다. 첫째 축은 사적 소유의 지배에 맞서는 봉기들을 수반하는 공통적인 것의 구성, 즉 우리가 동등하게 공유하고 민주적으로 관리하는 부의 형태이다. 공통적인 것에 직면하여, 부르주아지와 소비에트당의 행정 관례는 모두 실패했으며, 어느 것도 공통적인 것에 정치적 형태를 부여할 수 없었다. 서유럽에서는 부르주아 지도자들이 공통적인 것에 의해 목이 졸리는 기분을 느꼈는데, 그것이 자신들의 소중한 개인주의에 족쇄를 채울 것임을 알았기 때문이다. 동유럽에서는 소비에트 지도자들이 공통적인 것의 우두머리가 되고 싶어 그것을 국가 소유로 탈바꿈시켰기 때문이다. 공통적인 것은 헤어나올 수 없는 어떤 심연을 창출했고, 새로운 세계를 열었다. 그래서 누군가는 중부유럽의 잿더미에서 '공통적인 것의 계급'이 나왔다고 말할지 모른다. 그러나 여기서 우리가 계급을 동질적이거나 통일된 정체성으로 이해한다면 그건 올바르지 않다. 이 새로운 사회 형태의 둘째 축은 그 형태의 환원 불가능한 다양성으로, 이는 모든 정체성 구성체를 부식시킨다. 사회적 생산자 및 재생산자들은 국민으로 환원되길 거부했지만, 더 이상 군중이나 대중으로는 인식될 수 없었다. 그들은 이미 주인공 다중으로서, 기계적 배치로서 무대에 올랐다.

여기서 우리는 중부유럽과의 메울 수 없는 거리를 알아챌 수 있다. 이 거리는 어떠한 향수도 허용하지 않는다. 베를린, 비엔나, 레닌그라드에서 부르주아적 질서가 의존하던 낡은 합리성이 청산되고, 그 대신 정치적 합리성 자체를 근본적으로 갱신할 필요가 제기되었고 이는 공통적인 것 안에 있는 복수적 주체성 쪽으로 향하라는 것이기 때문이다. 이 기획은 결코 완료되지 않는다. 그것은 열려 있는 길이자 여행할 경로이며, 여기에서는 우리의 운명에 저항하는 영웅주의가 필요하지 않으며, 오히려 우리의 운명을 구축하기 위한 충실한 헌신이 필요하다. 이제 유령은 모두 사라졌으며, 이러한 점에서 고대나 바로크처럼 중부유럽도 우리에게는 그저 기록보관소에 불과한 것이 된다.

하지만 지난 수십 년 동안 일종의 중부유럽 신드롬이 반복되었다. 브뤼셀에서는 어떠한 사회적 현실에도 정박하지 않는 정치적 장치(계급 개념은 속삭여질 수조차 없다!)가 통일 유럽의 구축을 인도하고 있다는 믿음이 횡행했다. 그것은 희비극적인 경험이었다. 그것은 더 이상 공통된 가치를 형성할 수 없을 때조차, 그 가치의 허울을 유지하는 과거의 관료제를 희화화한다는 점에서 희극이지만, 유럽 대륙을 벼랑 끝으로 몰고 간다는 점에서는 비극이다. 공통적인 것의 욕망에서 태어난 신세대 유럽인의 투쟁만이 심연으로의 파국적 몰락을 막을 수 있다. 다음에는 어떤 악마가 자기가 유럽을 구하겠다고 외치면서 나타날까?

9장
다중의 기업가 정신

　우리는 앞서 말했듯이 모든 사람이 기업가로 불리는 기업가 사회에 살고 있다. 중요한 것은 기업가 정신의 활력, 책임, 미덕을 구현하는 것이다. 당신은 사업에 발을 들여놓고 당신만의 기업을 창업하거나 아니면 집 없는 이들을 위한 어떤 프로젝트를 조직할 수 있다. 임례 제만에 따르면, "예술생산이나 문화생산과 같이 흔히 비즈니스와 노동 영역 바깥에 놓여 있다고 여기는 현장조차도 기업가 정신이라는 담론에 의해 식민화되었다. 21세기에 기업가 정신은 피할 수 없고, 흠잡을 데 없으며, 외관상 변화할 수 없는 전 지구적 자본주의라는 현실을 항해하는 데 있어 상식적인 길로 존재한다."[1] 우리는 이후 12장에서 신자유주의의 기업가 이데올로기를 분석할 예정이지만, 여기서는 '기업가 정신'이 무엇보다도 다중에 속한다는 점을 주장하고 싶다. 이는 다중이 가진 협력을 통한 사회적 생산 및 재생산의 능력을 가리킨다. 우리가 사용하는 정치적 어휘의 다른 많은 용어들처럼 기업가 정신도 전도되고 왜곡되었다. 그것을 되돌려 우리 자신의 것이라고 주장할 필요가 있다.

우리는 다중의 기업가 정신을 간접적 경로와 직접적 경로를 통해, 즉 징후적 독해와 존재론적 독해를 통해 살펴보려 할 것이다. 전자(징후적 독해)의 경로는 슘페터의 기업가론을 정반대의 관점에서 다루는데, 이는 자본주의 기업가의 이데올로기 아래에 은폐되어 있는 다중의 협동적 힘에 대한 계속적인 강탈을 폭로한다. 이 관점에서 보면 도처에서 이뤄지는 기업가의 기능에 비춰볼 때 자본주의 기업가는 부당한 신뢰를 받고 있다. 하지만 이러한 도덕적 주장보다 우리에게 더 흥미로운 점은 자본주의 기업가가 다중의 잠재력을 어떻게 드러내는가 하는 것이다. 그와는 달리 후자(존재론적 독해)의 경로는 다중의 생산적인 사회적 힘을 직접적으로 탐구하는데, 이는 다중의 리더십이 얼마나 발전할 수 있는지를 탐구하고 또 이런 맥락에서 리더십이 의미하는 바가 무엇인지를 다룬다.

:: 어떻게 기업가가 되는가

슘페터의 고전적 이론은 오늘날의 표준적인 기업가 이미지와는 여러 가지 점에서 반대된다. 가령 그의 관점에서 기업가의 활동은 위험을 떠안는 것으로 규정되지 않는다. 기업가의 활동은 과학적 발견이나 새로운 테크놀로지의 발명에 관여하는 것이 아니라는 것이다. 슘페터가 주장하길 "발명가가 아이디어를 생산하는 데" 반해, "기업가는 '일이 되게 한다.' 그는 과학적으로 새로운 어떤 것을 구현하는 게 아니라 그것을 필요로 할 뿐이다."[2] 그는 이어서 기업가는 관리자도 아니고 대개는 생산수단의 소유자도 아니며, 단지 생산수단을 처분하는 사람일 뿐이라고 주장한다. 슘페터에 따르면 기업가의 본질은 기존의 노동자들, 아이디어들, 기술들, 자원들, 기계들 사이에 새로운 결합을 창출하는 것이다. 달리 말해 기업가는 새로운 '기계적 배치'를 창출한다. 나아가 이러한 배치는 시간이 갈수록 역동적이어야 한다. 대부분의 자본가는 단지 "변화에 적응하는 대응"만을 추구하는데, 이는 그들의 기존의 배열을 조정하는 것이다. 기업가는 자신들의 세계에 새로운 뭔가를 파악하고 가동하는 "창조적 대응"을 수행한다.[3]

이러한 결합을 실행하기 위해서는 당연히 기업가는 자원과 기계를 노동자와 결합시킬 뿐만 아니라, 또한 노동자가 함께 일하도록 그들에게 협동과 훈육의 방식을 부과해야 한다. 결합의 본질은 협력이다. 다시 말해 기업가는 새로운 사회적 · 생산적 관계를 수립하고 반복할 필요가 있다. 생산성 증가(따라서 더 많은 이윤)의 열쇠가 기계 체계와 연계된 노동자의 협력에 있다는 것을 인식하고 있다는 점에서 슘페터는 마르크스에 가깝다. 실제로 마르크스는 협력이 생산성을 증가시킬 뿐만 아니라 노동을 변형하고 새로운 사회적 생산력을 창조하는 힘을 가진다고 설명한다. "결합된 노동일의 특수한 생산력은 어떤 경우라도 노동의 사회적 생산력 혹은 사회적 노동의 생산력이다. 이 힘은 협동 자체로부터 나온다. 노동자가 계획된 방식으로 다른 노동자들과 협력할 때, 그는 그의 개인성의 족쇄를 벗어던지고 그의 유적 능력을 발전시킨다."[4] 인류의 힘은 협력 속에서 실현된다. 아니 실제로는 이 과정에서 새로운 사회적 존재, 새로운 기계적 배치, 인간 · 기계 · 아이디어 · 자원 등등의 새로운 구성이 창출된다.

더욱이 슘페터가 잘 알고 있듯이, 기업가는 그들이 고용하고 보수를 지급하는 노동자들의 협력 이외에 **보수를 지급하지 않는 협력**, 즉 방대한 사회적 장의 협력 역시 필요로 한다. "주권이 모든 시민 뒤에 선 일개 경찰에게 있을 수 없듯이, 기업가는 그가 필요로 하는 협력을 사회적·정치적 삶에서 해내는 모든 이에게 보수를 지급할 수 없다."[5] 주권과 경찰에 대한 비유는 기업가가 필요로 하는 무력이나 폭력의 위협을 강조한다. 마르크스도 협력을 감독하는 자본가를, 통솔 부대에게 전략을 지시하는 전쟁터의 장군에 비유한 바 있다.[6] 자본주의 사회에서 협력은 항상 무력의 위협 아래에서 성취된다. 그런데 슘페터의 비유는 기업가가 부과하거나 필요로 하는 협력이 공장에서만이 아니라 사회 전체에서 (보수를 받든 안 받든 모든 주민에게) 효과를 발휘한다는 것을 인정한다는 점에서 그보다 더 나아간다. 사회적 노동은 보수를 받지 않을 뿐만 아니라 기능적으로도 특수한 생산 목표에 종속되고 그 방향으로 지도되어야 한다. 바로 이것이 포드주의적인 산업 모델이 위기에 처했을 때 외부화(이는 새로운 생산의 사회적 조직화를 지원하는 공장의 분산, 복합 산업지대들의 구축과 나란히 진행된다)의 실행으로 이어졌던 가설이다. 실리콘밸리에서 인도의 소프트웨어 테크놀로지 파크까지, 북부 이탈리아와 바바리아의 혁신 생산센터에서 멕시코와 중국의 자유무역지대 및 수출가공지대까지, 방대한 사회적 장(즉 임금을 받거나 받지 않는 다양한 분야의 사회적 행위자)의 생산력을 관할하는 기업가적 '결합들'은 큰 성공을 거두었다.

그렇다면 기업가는 누구인가? 『경제발전의 이론』의 1911년 초판에는 들어 있으나 이후 판본에서는 삭제된 대목에서, 슘페터는 새로운 결합 및 기업가 정신에 기반해서 사회를 세 개의 집단으로 나누는 계몽적인 사회적 비전——니체를 미약하게 반복하며 실제로는 에인 랜드*를 예시하는——을 제공한다. 첫째, 관습적인 방식으로 살아가고 '쾌락주의적'인 대중은 새로운 결합의 잠재력을 보지 못한다. 둘째, "예리한 지성과 민활한 상상력을 가진" 소수의 사람들은 새로운 결합의 잠재력을 볼 수 있지만 행동으로 옮길 힘이 없거나 그런 특성을 지니지 않는다. 셋째, "그리고 더 적은 수의 사람들이 있는데, 이들은 행동한다. …… 이 유형의 사람들은 쾌락주의적인 마음의 평온상태를 싫어하며 용감하게 위험과 대면한다. …… 중요한 것은 행동하려는 성향이다. 그것은 자신의 목적을 위해 다른 사람들을 종속시키고 활용하는 힘, 명령하고 지배하는 힘, 그리하여 '성공적인 행동'으로 이르는 힘, 특별히 빛나는 지성이 없이도 그렇게 하는 힘이다."[7] 여기서 슘페터가 '기업가 정신은 위험

---

*　에인 랜드(Ayn Land, 1905-1982)는 러시아계 미국인 소설가이자 극작가로, 자수성가한 아버지 덕에 어린 시절을 유복하게 보냈으나, 1917년 러시아 혁명으로 전 재산을 몰수당한 뒤 미국의 개인주의에 매료되어 1926년 미국으로 이주했다. 1957년 대표작 『아틀라스: 지구를 떠받치기를 거부한 신』를 출판했으며, 죽기 전까지 잡지사를 설립하고 여러 수필 모음집을 발표했다. 그녀는 이타주의에 반대하면서 자신이 '객관주의'라고 부르는 윤리적 이기주의를 지지했다. 즉 객관적으로 보았을 때 인간의 최고 목표는 자기의 생명보존과 행복추구이며, 타인을 돕고 싶을 때에도 오로지 개인들만이 결정할 권리를 가진다. 조직화된 제도로서의 사회나 국가는 이를 침범할 권리를 갖고 있지 않다는 것이다. 그런데 이타주의가 팽배해지면서 인간을 남을 위해 희생제물로 바쳐진 존재로 보는 시각이 깊어진 탓에 서로를 타인의 희생으로 부당하게 이익을 챙기는 존재로 보는 인식이 강해졌고 애초의 이기심 개념이 많이 흐려지게 되었는데, 이러한 도덕적 혼돈 상태에서 벗어나기 위해서는 그 원래 의미를 되찾는 것이 중요하다고 보았다. 더 자세한 내용은 에인 랜드, 『이기심의 미덕』, 정명진 옮김, 부글북스, 2017를 보라.

을 감수할 필요가 없다'고 도처에서 강조한 것과는 모순되는 말을 하는 듯 보인다는 점은 흥미롭지만 별로 중요하지 않다. 더 중요한 것은 그가 말한 '행동인Man of Action', 즉 복종을 요구하는 인격체가 지닌 무게감이다. 경제 발전이 이루어지려면 그런 지도자가 있어야 한다고 그는 주장한다.[8] 이에 따라 슘페터는 노동자, 농민, 장인 등으로 이루어진 '대중들'을 쾌락주의적이고 수동적이고 새로운 것에 저항하는 존재로 제시한다.

슘페터의 '행동인'의 인간학은 확실히 조야하지만, 미디어가 주도한 오늘날의 기업가 열풍에서, 특히 닷컴들과 창업의 디지털 세계에서 뚜렷한 반향을 일으킨다. 활력과 대담함으로 특징지어지는 환한 백인 행동인의 얼굴이 잡지 가판대에서 우리를 자신만만하게 응시하고 있으니 말이다.

그러나 슘페터는 『경제발전의 이론』 1934년 개정판에서는 기업가라는 영웅적 형상을 버린다. 그는 이제 기업가가 "사람들에게 자신의 계획의 바람직함을 납득시키고 정치 지도자의 방식으로 자신의 지도에 대한 확신을 창출함으로써" 새로운 결합을 창출하는 것이 아님을 인식한다. "기업가가 납득시키고 감명을 줘야 하는 유일한 사람은 그에게 돈을 대줄 은행가이다. 사람들 자체나 그들의 서비스를 구매해 자신의 입맛대로 이용함으로써" 그는 새로운 결합을 창출하는 것이다.[9] 슘페터가 깨달았듯이 금융의 점점 더 강력해지는 지배가 기업가를 대중의 동의를 받은 인성이나 아이디어의 힘을 지닌 지도자에서 은행가에게 청구하는 사람으로 전락시킨다. 화폐, 금융, 재산의 힘과 그것들이 전개하는 경제적 강제가 리더십에 요구되던 전통적인 권위와 동의의 방식을 대체한다. 우리는 3부에서 이에 대해 더 자세히 다룰 것이다.

마지막으로 10년 뒤인 1940년대에 들어와서 슘페터는 이제는 대기업 속에서 조직된 재산과 소유조차도 더 이상 사회적 생산에 관여하는 모든 이들의 동의를 얻을 수 없음을 확신하게 된다. 그는 앞서 인용한 구절로 되돌아와 이렇게 탄식한다. "자본주의 과정은 재산이라는 관념으로부터 생명력을 빼앗는다. …… 탈물질화되고 기능 정지된 부재자 소유는 재산의 활력적인 형태처럼 인상을 강하게 주어 도덕적 충의를 끌어내는 식이 아니다. 결국 진정으로 사업을 지지하고자 하는 사람이 하나도 남아 있지 않게 될 것이다. 거대 회사의 안에든 바깥에든."[10] 이 시점에서 슘페터는 자본주의 생산이 전진하는 유일한 길은 중앙집중화된 계획임을 마지못해 인정한다.

그러나 슘페터가 보지 못한 점이 있다. 그는 기업가 형상을 그 크기에 맞춰 올바르게 재단하고 화폐와 재산의 힘에 의해 제기된 사회적 한계를 인식한 반면에, 대중을 근본적으로 수동적으로 보는 관점을 유지한다. 하지만 실제로는 자본주의 발전 과정에서 생산적 협력이 분산된 다중심적 회로 형태로 사회적 장 전체로 훨씬 더 넓게 확대되면서 새로운 결합들이 생산자 자신에 의해서 점증적으로 조직되고 유지된다. 우리가 앞서 논했듯이 고정자본을 재전유할 잠재력과 함께 다중이 생산적 협력의 생성과 실행에서 점점 더 자율적이게 되고 있다. 이제 사회적 생산이라는 전장에 장군은 더 이상 필요 없다. 말하자면 군대가 스스로를 조직할 수 있으며 자신의 고유한 방향을 그릴 수 있다.

사회적으로 생산하고 재생산하는 잠재적으로 자율적인 협동하는 힘들과 마주한 자본가적 소유자들은 두 가지 선택지를 갖는 것처럼 보인다. 한편으로 자본가적 소유자들은 자율적인 협동적 힘들을 산업적 훈육의 차원으로 축소하고, 이른바 과학적 노동조직화에 순응하도록 강제하며, 가령 '클릭질'과 디지털 테일러주의 체제와 같은 것으로 사람들의 지성·창조성 및 사회적 능력을 감소시키면서 그 힘을 가둬둘 수 있다. 이 선택지에 따르면 자본은 주체성 수준에 개입하고, 행복하게 회사에 평생을 바치는(혹은 적어도 바치려고 애쓰는) 노동자를 생산해야 한다. 하지만 그렇게 되면 자본은 생산적 힘을 감소시키고 그 자신의 이윤의 갈증을 좌절시키는 것으로 귀결된다. 다른 선택지(실제로 자본이 유일하게 실행할 수 있는 경로)는 노동자들의 자율적이고 협력적인 잠재력이 가치화와 증가된 생산성의 핵심임을 인정하기에 그것을 수용하면서도 동시에 억누르려고 애쓰는 것이다. 자본은 노동을 훈육하고 그 것을 내부로부터 통제하는 문제를 제기하는 것이 아니라, 노동을 외부로부터, 위로부터 지배하려 한다. 이 두 번째 선택지를 따라 자본은 생산적 협력을 강제하는 전통적인 방식에서 물러나 생산과정 및 그 협력회로의 외부에서 사회가 상대적 자율성에 따라 생산한 가치를 추출하는 경향을 띤다.

:: 다섯 번째 요구: 다중의 기업가 정신

우리는 슘페터에게는 기업가 정신에 대한 아주 다른 생각이 사회적 생산 및 재생산의 협동회로 안에서 출현하고 있음을 인식하는 데서 시작할 수 있다. 다중의 기업가 정신, 즉 사회적 협력의 자율적 조직화는 아마 처음부터 슘페터의 생각에 잠재해 있었다.

출현하고 있는 다중의 기업가 정신은 새로운 생산양식, 즉 자본주의 발전의 새로운 국면의 확립과 밀접히 관련되어 있는데, 여기서는 사회적 협력, 정동노동, 인지노동, 디지털 및 소통 테크놀로지가 지배적이게 된다. 새로운 생산양식에 대해 말할 때 우리는 동질적인 단계를 거치는 역사적 이행을, 즉 노동자운동과 식민주의적 이데올로기 모두에 치명적인 결과를 초래했던 관점을 생각하는 것이 아니다. 예컨대 노예노동의 조직화를 자본주의와 분리된 독특한 생산양식으로 생각하는 것은 개념적인 혼란과 함께 교활한 정치적 결과에 도달하게 만든다. 대신 우리는 새로운 생산양식을 이질적으로 형성되는 것으로 생각하며, 여기서는 과거로부터 이어진 노동과정이 새로운 것들과 혼합되지만 그럼에도 그 모두가 지배적인 일련의 요소에 의해 (질서 지어지는 것이 아니라) 새롭게 조명된다.[11] (우리는 10장에서 이 논의를 형식적 포섭 및 실질적 포섭에 대한 생각과 관련지어서 좀 더 자세히 다룰 예정이다.) 이 점에서 생산양식이란 삶형태를, 아니 더 정확하게는 삶형태의 생산을 다른 식으로 말한 것이다. 이는 점점 더 그렇게 된다. 사회적 생산에서는 상품보다도 사회 및 사회적 관계가 생산과정의 직접적인 대상이기 때문이다. 달리 말하자면, 생산한다는 것은 사회적 협력을 조직하고 삶형태를 재생산한다는 것을 의미한다. 그렇다면 사회적 노동, 일반지성, 공통적인 것의 생산양식이 바로 다중의 기업가 정신이 등장하는 장場이다.

하지만 다중의 기업가 정신이 자라는 것을 볼 수 있으려면 먼저 우리의 시야를 가로막는 잡초를 제거해야 한다. 우선 신자유주의 이데올로기는 모두에게 자기의 기업가가 되라고, 국가의 지원을 스스로 끊고 기업가 사회를 구축하라고 장려하지 않은가? 이런 식으로 기업가가 된다는 것은 우리 모두가 각자 개별적으로 스스로의 생계, 복지, 재생산 등을 책임져야 한다는 것을 의미한다. 그런데 이러한 신자유주의 기업가 정신이 놓치고 있고 신비화하는 것은 사회적 생산과 재생산을 활성화하는 협력 메커니즘 및 협력 관계이다. 12장에서 논의할 테지만, 사실 신자유주의 기업가 정신을 포함하는 신자유주의 실천 및 협치는 다중이 이미 방향을 잡은 자율로의 운동을 해석하고 억제하고 응답하려는 시도이다. 즉 개인에게 자기 삶의 기업가가 되라고 하는 신자유주의 명령은 달리 말하면 이미 아래로부터 등장하고 있는 위협적인 다중의 기업가 정신 형태를 회수하고 순치하려는 시도이다.

또 하나 제거해야 할 신비화는 '사회적 기업가 정신'이라는 생각이다. 때로는 사회민주주의자들과 중도좌파 정치가들이 이것을 지지한다. 사회적 기업가 정신의 등장은 사실 신자유주의 복지국가의 파괴와 일치하는데, 그 파괴의 이면으로서, 그 파괴의 보상 메커니즘이자 그것에 걱정하는 얼굴로서 '사회적 신자유주의'를 함께 형성하려는 것이다.[12] 이 용어를 만든 이로 알려진 찰스 리드비터는 토니 블레어의 전임 자문위원으로, 국가의 보조와 지원이 사라지고 남은 간극을 메우기 위해 사회적 기업가 정신을 주장한다. (우리는 일찍이 복지정책의 파괴가 레이건과 대처 정부 아래에서 시작되었지만 대부분은 그들의 중도-좌파 계승자들인 클린턴과 블레어에 의해 완수되었다고 주장한 바 있다.) 리드비터에 따르면, 사회적 기업가 정신은 자원봉사, 구호, 자선사업의 결합을 포함하는 비국가적 공동체에 기반한 서비스 시스템을 창출한다. "그 안에서 사용자들과 고객들은 그들 자신의 생계에 대한 더 많은 책임을 지도록 장려된다."[13] 리드비터는 공공병원이 폐쇄되도록 내버려두기보다 그것을 기독교 공동체 병원으로 전환시키는 용감하고 끈기 있는 여성, 가난한 청년들을 위한 스포츠 센터를 만들기 위해 기업 스폰서와 유명 운동선수들에게 호소하는 헌신적인 흑인 영국인을 사례로서 든다. 사회적 기업가 정신은 '역량강화empowerment' 라는 수사에도 불구하고 실제로는 영웅적인 비즈니스 기업가라는 전통적 이데올로기의 자선사업으로 번역되며, 슘페터가 자신의 초기 저작에서 말한 인간학(한편에는 극소수의 '행동인'이, 다른 편에는 쾌락주의적인 대중이 있는)과 같은 것을 채택한 것이다. 더욱이 사회민주주의적인 뿌리에 충실한 사회적 기업가 정신은 소유의 지배와 사회 불평등의 원천에 의문을 제기하지 않고 대신 최악의 고통을 완화하고 자본주의 사회를 보다 인도적으로 만들고자 한다. 이는 분명 그 자체로는 고귀한 과업이지만 사회적 기업가로 하여금 사회적 생산 및 재생산의 관계에서 출현하는 잠재적으로 자율적인 협동회로를 보지 못하게 만든다는 문제가 있다.

많은 학자들이 알려주듯이 사회적 기업가 정신이라는 환영적인 주장은 가장 종속된 나라들의 국제 원조, 자선, NGO 활동의 회로에서 훨씬 더 해롭다. 자율적 권한이라는 미명 아래 원조를 받는 사람들에게는 대체로 사회생활을 상품생산 쪽에 맞추고 신자유주의적 발전 문화 및 시장 합리성을 내면화할 것을 요구하며, 그에 따라 지역 공동체와 원주민 공동체의 조직과 가치를 포기하거나 그것들을 기업가의 자산으로 동원할 것을 요구한다. 예를 들어 소액대출 시스템—즉 표준 대출 구조에 접근하기 위한 담보물이 없는 이들 특히 여성들에게 소규모 대출을 확대하는 것—은 세계에서 가장 가난한 주민들에게 기업가 정신의 수단에 접근할 기회를 열어준다고 칭송받아 왔지만, 그 결과는 그러한 대출이 빈곤을 완화해 주기는커녕 끝없는 빚더미 위에 앉은 주민들만 양산한다는 점을 보여준다. 소액대출을 받는 여성들은 일반적으로 아래로부터 신자유주의에 복무하여 사회적 연대와 협력의 기존 네트워크들을 '기업화'해야 한다.[14] 같은 방식으로 사회적 기업가 정신의 다양한 기획은 최악의 빈곤을 제거하고 질병을 퇴치한다는 목표를 천명하는 국제원조——넓게 장려되는 케냐의 '밀레니얼 빌리지'* 에서 에콰도르의 원주민 공동체를 위한 관계수로 원조에 이르는——를 통해 신자유주의 합리성을 받아들일 것을 요구한다. 사회적 신자유주의와 사회적 기업가 정신의 연계는 사회적 삶을 지탱하는 공동체 네트워크와 자율적 협력 양식을 파괴한다.[15]

기업가 정신에 대한 이러한 신자유주의적 관점을 걷어내면, 우리는 잠재적인(혹은 심지어 이미 현존하는) 기업가적 다중——자율적인 사회적 생산 및 재생산을 키워내는 '새로운 결합'의 창조자인 다중——의 몇 가지 특성을 얼핏 읽어낼 수 있다. 첫째, 다중의 기업가 정신은 자본주의 생산 내외부에서 출현하는 협력 형태로부터 직접 나온다. 전에는 훈육을 반복하여 생산적 협력을 산출할 것을 자본가에게 요구했다면, 오늘날 협력은 점점 더 사회적으로, 즉 자본주의 명령으로부터 자율적으로 발생한다. 둘째, 다중은 생산수단에 접근할 수 있는 권리를 갖고 고

---

* 밀레니얼 빌리지(Millennial Villages)는 UN 개발 프로그램의 시범사업으로, 세계에서 가장 빈곤한 지역의 마을을 지원, 개발하는 것을 목표로 했다. 통상 MVP[새천년 마을사업](Millennium Village Project)로 불리는 이 기획은 사하라 사막 이남의 14개 지역을 대상으로 선정해 시작되었으며, 케냐 서부지방인 사우리(Sauri)의 11개 마을들에 대한 개발사업이 가장 규모가 컸다. 창립자인 제프리 삭스(Jeffrey Sachs) 박사와 배우 안젤리나 졸리가 홍보를 위해 MTV의 다큐멘터리에 출현해 화제가 되기도 했다. 이 사업은 세계은행으로부터 대출과, 5000만 달러를 기부한 조지 소로스 등의 개인들의 기부금을 결합해 자금을 마련했다.

정자본을 되찾아 그 자신의 기계적 배치를 창출할 수 있을 때 기업가가 될 수 있다. 셋째, 다중에 의해 결합된 기계, 지식, 자원, 노동은 사적 소유의 영역에서 빠져나와 공통적이게 되어야 한다. 사회적 부가 함께 공유되고 관리될 때에만 사회적 협력의 생산성은 그 잠재력을 실현할 수 있다.

2장 「첫 번째 요구」에서 우리는 전략과 전술을 전도하여, 리더십은 전술에 머물고 전략은 다중에 위임하자고 제시했다. 하지만 우리 논증의 현시점에서는 그러한 제안이 단지 하나의 소망처럼 보일 수 있다. 왜냐하면 현시점에서 우리는 전략의 과업을 성취하는 다중의 능력을, 즉 사회적 장의 윤곽을 이해하고 복잡한 사회적 기획을 조직하며 장기간의 계획을 조율 및 지속하는 다중의 능력을 확인할 위치에 있지 않기 때문이다. 이 장의 결론은 그러한 간극을 채우고 그 잠재력을 인식하는 정도에 한정되어 있기 때문이다. 생산적 협력의 네트워크, 생산과 재생산의 사회적 본성, 나아가 다중의 기업가로서의 능력 등이 전략적 힘의 견고한 토대이다. 결국 이러한 기업가 정신은 다중의 자기조직화와 자치를 가리키는데, 이 잠재력을 실현하기 위해서는 투쟁들이 있어야 한다.

:: 사회적 생산 → 사회적 조합 → 사회적 파업

2부에서 내내 주장했듯이 오늘날 생산은 두 가지 의미에서 점점 더 사회적이게 된다. 한편으로 생산 과정은 사회적이다. 즉 개인은 고립되어 생산하기보다는 협동 네트워크에서 생산을 수행한다. 더욱이 협동

방식, 서로 생산적으로 관계하는 방식에 대한 규칙 및 습관은 더 이상 위로부터 부과되지 않고 아래로부터 생산자 간의 사회관계에서 발생하는 경향이 있다. 다른 한편으로 생산의 결과도 사회적이게 되는 경향이 있다. 물질적·비물질적 상품들을 생산의 종착지로 간주하기보다 사회관계의 생산, 궁극적으로는 인간의 삶 자체의 생산(종종 상품을 경유하는)으로 이해할 필요가 있다. 이 점에서 우리는 오늘날의 생산을 '인간생성적anthropogenic' 생산 혹은 '삶정치적' 생산이라 부를 수 있다.

이 두 의미에서 생산의 사회적 본성은 곧바로 공통적인 것을 가리킨다. 생산을 발생시키는 협력 관계를 봉쇄하고, 생산의 결과인 사회관계를 무너뜨린다는 점에서, 사적 소유는 사회적 생산에 점점 더 족쇄로서 나타난다. 그러나 사회적 생산에서 공통적인 것으로 가는 경로는 직접적이지도, 필연적이지도 않다. 우리가 앞에서 말했듯 공통적인 것에의 권리를 천명하고 방어하기 위해서는 지속적인 행동 기획이 필요하다. 특히 사회적 생산이 창출한 잠재력은 사회운동과 노동투쟁의 결합이 이루어질 것을 요구한다. 이것이 다중의 기업가 정신의 핵심적 형태이다.

한편으로 공통적인 것의 권리〔공통권〕를 긍정하는 사회운동—물과 같은 자원에 대한 투쟁, 소규모로 도시 공간을 공통적인 것에 개방하려는 시도에서 2011년 이래 탄생한(그리고 계속해서 생겨나는) 무수한 도시의 텐트농성과 점거—은 새로운 결합과 새로운 사회적 협력 형태를 산출한다.[16] 더욱이 주거, 복지 서비스, 교육, 운송을 둘러싼 다양한 투쟁들, 우리의 공통적인 사회적 삶의 여타 제도—여기에는 스페인의 퇴거반대 및 주거권 캠페인(PAH 혹은 '주택담보대출로 고통받는 이들의 플랫폼**), 그리스의 건강 진료 연대와 같은 자주관리나 상호부조의 실험들이 포함된다——이 기업가 정신의 형태를 아래로부터 구성한다. 다른 한편으로 자본주의 생산의 무게중심이 공장 외부로 이행함에 따라 노동을 조직하는 일은 다중의 기업가 정신이 발생하는 사회적 생산 및 재생산의 지형에 따라야 한다. 이 지형 위에서 노동조합과 사회운동들은 서로 연대하거나 사회적 조합social union 형태의 혼합 조직을 만들어야 한다. 알베르토 데 니콜라와 비아조 꽈드로찌는 "우리는 다양한 투쟁 경험들에 함께한 집단을 '사회적 조합주의sindacalismo sociale'로 정의하는 것이 지극히 모호하다는 것을 알면서도 이 용어를 사용한다. 이 집단은 전통적인 노동조합이 자진해서 혹은 힘이 약해진 탓에 사회적 갈등을 막거나 누그러뜨리는 데 복무해 왔던 방식에 맞서 노동조합 조직 안팎에서 싸운다"고 쓴다.[17] 노동투쟁과 사회운동의 교차 혹은 교직을 구성하는 사회적 조합주의는 한편으로는 노동조직의 힘을 회복하고 기존 노조의 일부가 보인 보수적 행동을 극복하며, 다른 한편으로는 사회운동의 수명을 늘이고 그 효과를 강화하는 것을 약속한다.

사회적 조합주의는 전략과 전술이 맺는 관계의 다른 버전인 경제투쟁과 정치투쟁 사이의 전통적인 관계를 전복한다. 통상적인 견해에 따르면 경제투쟁과 노조투쟁(그중에서도 특히 임금투쟁)은 부분적이고 전술적이기 때문에, 포괄적이고 전략적인 시야를 갖는다고 생각되는 당이 이끄는 정치투쟁과 연대하고 그 지도를 받아야 한다. 사회적 조합

---

* PAH(Plataforma de Afectados por la Hipoteca) 혹은 '주택담보대출로 고통받는 이들의 플랫폼'은 2009년 2월 바르셀로나에서 설립된 풀뿌리 조직으로, 스페인 전역에 150여 개의 지부를 두고 있다.

어셈블리

주의가 제안하는 경제투쟁과 정치투쟁의 연대는 전술과 전략의 과제를 뒤섞는다. 경제적 운동이 구성된 힘이 아니라 구성하는 힘과 연결되기 때문이며, 정당이 아니라 사회운동과 연결되기 때문이다. 이러한 연대는 사회운동으로 하여금 안정되고 발전된 노조의 조직구조에 입각할 수 있게 하며, 빈민·불안정노동자·실업자의 투쟁에 그렇지 않았으면 결여했을 연속성과 사회적 범위를 제공하는 이점을 지닌다. 결국 이러한 연대는 노조의 사회적 영역을 확장하고, 노조투쟁을 임금과 직장을 넘어서 노동계급의 삶의 모든 측면으로 확대하며, 노조조직의 관심을 계급의 삶형태에 초점을 두게 할 뿐만 아니라, 노조의 **방법**을 쇄신해 노조들의 경직된 위계구조와 낡은 투쟁 방식을 사회운동의 활동이 가진 적대적 동학으로 부수게 해준다.[18]

영어권 세계에서 사회적 조합주의에 대해 참고할 만한 전통적 사례로는 남아프리카에서 형성된 반反아파르트헤이트 연합이 있다. 1900년에 '남아프리카 노동조합 위원회'는 '아프리카 민족위원회[ANC]', '남아프리카 공산당'과 함께 '3자 동맹'을 이뤘다. 이 동맹은 아주 다양한 반아파르트헤이트 사회운동의 우산이 되었으며, 노조조직이 사회운동의 발전과 행동을 육성할 수 있는 방식에 관하여 남아프리카 바깥에 영감을 주었다.[19] 남아프리카의 경험은 근래 수십 년간 세계 전역에서 일어난 [운동의] 산발적인 발전과 공명한다. 두 개의 중요한 사례로 1997년 축제와도 같았던 사회운동인 '거리 되찾기 운동*'과 해고된 리버풀 부두노

---

* '거리 되찾기 운동(Reclaim the Streets)'은 전 지구적 기업에, 그리고 지배적인 운송 수단이자 매연을 내뿜는 자동차에 반대하면서 공공장소인 도로를 공유하자는 슬로건을 내세운다. 1997년 5월 영국에서 최초로 열린 집회에서는 주요 도로나 고속도로를

동자들 간의 연합과, 1999년 시애틀에서 세계무역기구에 항의하는 트럭운전사들과 환경단체들인 '터틀스^{Turtles}'의 짧은 협력이 있다. 금속노동자연맹^{FIOM}과 교육·건강 등의 분야의 풀뿌리 연합들^{COBAS} 같은 이탈리아의 가장 역동적인 일부 노조들, 그리고 미국의 '국제 서비스업 노조'가 계속해서 사회운동 간 연합을 실험해 왔다.(성공의 정도는 각각 다르다)[20]

하지만 사회적 조합주의 전통은 오늘날 중대한 이행을 겪어야 한다. 이전에는 노조와 사회운동 간의 외적 연대 관계를 추구했는데, 이제는 사회적 생산과 공통적인 것을 중심으로 내적 관계를 구축해야 한다. 노동조직과 사회운동을 단지 친밀한 유대를 가진 것으로서만이 아니라 투쟁의 양상이나 대상에서 상호적으로 구성적인 것으로 보고, 노동의 지형이 점점 더 삶형태의 지형이 되고 있다는 것을 인식해야 한다. 사회적 조합주의의 잠재력을 이렇게 새로이 파악하기 위해서는 공장과 직장을 넘어서 넓은 틀에서 사회적 생산 및 재생산을 이해해야 한다. 이제는 메트로폴리스 자체가 사회적 생산 및 재생산의 거대한 공장이다. 더 정확하게는 (뒤를 돌아봤을 때는) 공동으로$^{in\ common}$ 생산된 공간이며 (앞을 내다봤을 때는) 미래의 공통적인 것의 생산·재생산 수단으로서 복무하는 공간이다. 오늘날 자본주의 사회에서 **공통적인 것은 생산수단과 삶형태에 동시에 붙여지는 이름이다.**

그렇다면 우리가 앞서 인용했듯, 이러한 틀에서 보면 오늘날 공통권을 요구하는 투쟁의 국제적 순환은 사회적 조합주의를 위한 새로운 가능성을 연다. 오늘날의 생산 및 재생산에서 공통적인 것이 중심적인 위

점거하는 '도로 파티'가 열렸다. 이후 유럽, 북미, 호주, 아프리카 등지로 확대되었다.

치를 차지한다는 사실은 경제투쟁과 정치투쟁의 구분을 부정하는 것은 아니지만 양자가 불가분하게 얽혀 있음을 보여준다. 투쟁은 '공통적인 것에의 동등하고 개방된 접근＋공통적인 것의 집단적 자주관리'를 새로운 형태의 민주주의를 구축할 가능성의 전제조건으로 삼는다. 이는 탈자본주의적 경제 관계를 구축하는 데도 필요하다. 예를 들어 2013년 스페인에서 보건복지 예산 삭감——이것은 의료 노동자들과 의료체계 이용자들을 거리로 불러냈다——에 맞선 '마레아 블랑카^{marea blanca}' 즉 '하얀 물결' 시위와, 2015년 바르셀로나, 마드리드 등 여러 대도시의 자치선거에서 보건복지 및 기타 사회적 서비스를 공통적인 것으로 만들려는 목적을 가진 선거연합이 승리한 것 사이에는 분명한 연결선이 존재한다.

사회적 조합주의의 주요한 무기(그리고 사회적 생산의 힘의 표현)는 사회적 파업이다. 조직된 노동거부가 보여준 위협은 처음부터 노동조합의 힘의 기반이었다. 노동이 공급되지 않으면 자본주의의 생산이 서서히 멈추기 때문이다. 역사적이고 영웅적인 전투가 이 지형에서 벌어졌다. 그러나 이러한 전통적인 틀에서는 비고용 노동자, 비임금 가사노동, 불안정 노동자 및 빈자가 힘이 없는 것으로 보인다. 노동 공급의 중단이 자본주의 생산 및 이윤을 직접 위협하지 못하기 때문에 통상적인 논리대로라면 그 영향력은 미미하다. 그러나 사회운동은 오래전에 거부의 전략이 모든 사회집단은 아니더라도 광범한 집단에게 효과적인 무기가 될 수 있음을 발견했다. 프랜시스 피번과 리처드 클로워드는 "어떤 빈자들은 중대한 제도적 참여로부터 너무나 고립되어 있기 때문에 그들의 유일한 '기여'인 시민적 삶 속에 가만히 있는 것을 철회할 수 있다. 즉 그들은 반란을 일으킬 수 있다"[21]고 설명한다. 누구나, 심지어 빈자조차 최종적으로는 자신들의 자발적인 예속을 철회하고, 사회질서를 파열하는 위협의 힘을 행사할 수 있는 것이다.

삶정치적 생산의 시대, 즉 공통적인 것이 사회적 생산·재생산의 기반이 되고 생산적 협력의 회로가 공장의 벽을 넘어서 사회 전역에 확대된 시대인 오늘날에는 거부의 힘이 사회 지형 전체를 가로지를 수 있다. 사회 질서의 파열과 자본주의적 생산의 정지는 구분이 불가능할 정도로 연결되어 있다. 이것이 바로 사회적 조합주의가 여는 잠재력이다. 두 전통 즉 노동운동의 산업 생산 차단과 사회운동의 사회 질서 파열의 전통이 합쳐져서 화학변화를 일으켜 폭발적 혼합물을 창조한다. 이런 맥락에서 전 생산 분야의 노동자들이 동시에 노동을 중단하는 전통적인 총파업 관념은 사실상 새로운 의미, 심지어 더 강력한 의미를 지닌다.

그러나 사회적 파업은 거부일 뿐만 아니라 긍정이기도 해야 한다. 바꿔 말해 사회적 파업은 또한 협력 회로와 사회적 생산의 잠재적으로 자율적인 관계——이 관계은 임금노동의 내부와 외부에 공히 존재하며 공동으로 공유하는 사회적 부를 사용한다——을 창조하거나 드러내는 기업가 정신의 행동이 되어야 한다.

:: 번역으로 말을 잡기

모든 사회·정치 운동의 중심 과제는 새로운 주체성들이 발언권을 잡는 것, 혹은 프랑스인들이 말하듯이, '말을 잡는 것$^{prendre le parole}$'이다. 예를 들어 2011년 이래 계속적으로 샘솟아오른 다양한 텐트농성과 점거 투쟁은 난점과 결점을 갖고 있음에도 불구하고 효과적으로 '말 잡기$^{taking the word}$'의 장소를 구축했다. 그러나 말 잡기는 자신을 표현할 수 있도록 허용을 받는 문제만은 아니다. 그것은 표현의 자유를 훨씬 넘어서는 것이다. 한편으로 말 잡기는 말 자체를 변형하는 것, 즉 새로운 사회적 행동 및 행위의 논리와 결합된 새로운 의미를 말에 부여하는 것을 의미한다. 다른 한편으로 또한 말 잡기는 당신의 자아로부터 빠져나오는 것, 고독으로부터 탈출하는 것, 타인들과 만나는 것, 그리고 공동체를 구축하는 것을 의미한다. 이 두 가지 의미에서 말 잡기는 번역의 과정이다.

첫째 의미에서의 말 잡기는 우리의 정치적 어휘목록에 있는 핵심적 용어들이 마치 우리가 오늘날 살고 행동하는 방식에 맞추어 번역할 필요가 있는 외국어인 양 취급한다. 이는 때로 새로운 용어들을 만들어내는 것을 포함하기도 하지만 더 많은 경우 그것은 기존의 용어를 다시 잡아서 그것에 새로운 의미를 부여하는 일이 된다. 오늘날 민주주의는 정말로 무엇을 의미하는가? 자유롭다는 것은 무슨 의미인가? 예를 들어 '공화주의'라는 말이 18세기에 유럽과 북미에서 변형된 것, 혹은 1871년 이후 코뮌이라는 말이 유럽 전역에서 '사회 혁명'을 의미하는 것으로 번역된 것, 혹은 소비에트라는 말이 1905년과 1917년 이후에 혁명과 민주주의의 밀도 있는 이론을 위한 이름이 되었다는 것을 생각해 보라. 이 용어들의 정치적 번역은 추상적으로 혹은 진공에서 발명된 것이 아니라 집단적 실천에서 실현되었다. 이런 식으로 발언권 쥐기, 말 잡기는 현실에서 출현한다. '현실 잡기taking of reality'를 산출한다고 말하는 것이 더 나을 것이다.

이러한 번역 작업이 정치 현실을 혼란스럽게 만들고 왜곡하는 데 전략적으로 복무한 적이 많다는 점에 주목하자. 예를 들어, 1997년 노동당 선언*

---

* "영국을 위한 새로운 노동, 새로운 삶"이라는 제목으로 발표된 토니 블레어가 주도

은 신자유주의 정책을 지지하기 위해 정치적 어휘를 수정했다. **사회적**이란 말이 완전히 중립적인 방식으로 제시되었고, **사회주의**는 '사회 서비스'와 혼동되었으며, '자유freedom' 개념은 사회적 투쟁과의 연결이 없는 '자유권liberty'으로 제시되었고, '당' 개념은 투쟁하는 노동자 공동체에 준거하지 않는 그저 개인들의 결사체가 되었으며, 계급투쟁 개념은 소수와 다수의 대립이 되었다 등등.[22] 토니 블레어와 새로운 노동당 지도자들은 정치적 목적을 이루기 위해서는 사회주의 전통의 언어를 훼손해야 한다는 것을 이해하고 있었다.

오늘날 우리는 주류 어휘목록에서 몇몇 결정적 용어가 가진 통상적 용례와 결별해야 한다. 예를 들어 우리는 이번 장에서 **기업가 정신**을 재정의하려고 시도했다. 그리고 우리는 또한 사회주의 어휘목록에 있는 개념을 번역해야 하는데, 신노동당과는 반대로 움직여서 **계급투쟁, 개혁, 복지, 당** 그리고 **혁명**에 오늘날의 현실에 맞는 의미를 부여해야 한다. 한때 전복적이었던 어떤 용어는 분명 그 의미가 잘못 사용되고 있거나 흐려졌거나 텅 비어버렸다. 그러나 우리는 그것들이 이전에 가졌던 활력을 복구할 수 있을지도 모른다. 더 의미심장하고 유용한 것은 전통적인 개념을 우리의 새로운 현실로 옮겨놓고, 단어를 사회적 실천을 구성하는 관계로 가져와서 열정과 운동을 활성화하여 앞으로 나아가게 하는 열쇠로 만드는 노력이다.

한 영국 노동당의 정치적 선언을 말하는데, 처음 발표된 시기는 1996년이다. 이 선언문은 1997년 영국 총선을 앞두고 새로운 '제3의 길'이라는 중도주의적 정책 접근법을 취한 것으로 최저임금 도입, 국가 건강서비스의 지출 증가, 학교 학급 규모 축소, 재판 기간의 단축, 소득세 및 이자율의 인하 등의 요구를 담고 있다. 총선의 결과, 노동당은 전체 418석 중 179명을 의회에 진출시켜 18년 동안 집권 중이었던 보수당을 누르고 의회의 다수당이 되었다.

어셈블리

정치적 사유에서의 모든 발본적인 기획은 우리가 쓰는 정치적 용어를 재정의해야 한다.

말 잡기는 또한 둘째 의미에서의 번역을 의미한다. 말 잡기가 항상 말하는 복수적 주체성을 포함하기 때문이다. 오늘날 그 누구도, 모두가 지긋지긋하게 반복해야 하는 당 노선을 말하기 위해서 발언(말 잡기)하기를 바라거나 상상해서는 안 된다. 이는 완전히 죽은 언어, 목석의 언어일 것이다. 살아 있는 방식의 말 잡기는 이질적인 목소리와 (나오키 사카이의 용어를 쓰자면) '이질언어적heterolingual' 공동체에 힘을 주어야 한다. 이 목소리와 공동체는 각자 마치 외국어로 말하는 듯하지만 그럼에도 불구하고 서로 번역하고 소통할 수 있다.[23] 이는 자멘호프보다는 조미아*의 세계이다. 즉 자멘호프가 발명한 에스페란토의 영역이라기보다는 제임스 C. 스콧이 근대에 대한 대항서사를 제공하는 것으로 보는 동남아시아 고원지대의 문화가 혼합된 지역이다.[24] 여기서 필요한 번역 과정──이는 언어적인 동시에 문화적·사회적·정치적이다──은 특이성을 공통적인 것 안에 위치시킬 수 있어야 한다. 이는 일종의 공통화이다. 그런데 앞에서 반복했듯이, 여기서 유의해야 할 것은 공통적인 것은 '같은 것'이 아니며 획일성을 함축하는 것도 아니다는 점이다. 실은 그 반대다! 공통적인 것은 이질성을 위한 플랫폼이며, 구성적 차이들 사이의 공유된 관계에 의해 특징지어진다.

---

* 조미아(Zomia)는 베트남, 캄보디아, 라오스, 태국, 미얀마에서 중국 남부의 윈난, 구이저우, 광시, 쓰촨 성, 인도 동북부에 걸쳐 있는 해발 300미터 이상의 고원 지대를 가리킨다. 이 지역은 오래전부터 반란자, 범죄자, 노예제와 징병제, 과세, 부역 등을 피해 도망친 사람들 등이 숨어들어가 이후 야만과 미개로 보이는 공동체를 이루게 되었다. 이동식 경작 방식인 화전농법은 국가와 지배의 눈을 피하기 위해 선택한 그들의 대표적인 생계 방식이다.

예를 들어 이주민을 보자. 국경과 나라, 사막과 바다를 가로지르고, 게토에서 불안정하게 살면서 생존을 위해 가장 굴욕적인 노동을 할 수밖에 없는 형편이며, 경찰 폭력과 이주에 반대하는 군중의 폭력에 시달리면서 현대 세계를 형성하는 데 그토록 근본적인 역할을 하는 이주민들은 번역 과정과 '공통화'의 경험 사이의 핵심적 연관들을 입증한다. 서로 잘 모르는 사람들로 구성된 다중은 이동할 때나 정지했을 때나 서로 소통하는 새로운 수단, 같이 행동하는 새로운 양태, 서로 마주치고 모이는 새로운 장소들을 발명한다. 요컨대 이들은 특이성을 잃지 않으면서 새로운 공통적인 것을 구성한다. 특이성이 번역 과정을 통해 함께 다중을 형성한다. 이주민은 장차 도래할 공통체이며, 가난하지만 언어가 풍요롭고, 피곤에 짓눌리지만 신체적 · 언어적인 사회적 협동에 열려 있다. 오늘날 정당하게 말을 잡으려 하는 모든 정치적 주체성은 이주자들처럼 말하는(그리고 행동하고, 살아가고, 창조하는) 법을 배워야 한다.

『리바이어던』의 원래 속표지 그림은, 이는 홉스 자신이 직접 맡긴 것인데, 왕의 신체가 영국의 모든 남성 신민의 신체로 구성되어 있음을 보여준다. 국민, 국가, 주권자 사이의 통일성을 우아하고 정교하게 묘사한 것이다. 이제 이 이미지를 근본적으로 이질적인 인종들과 젠더들의 특이한 신체들로 재창조할 수 있는지 상상해 보자. 더 나아가, 움직이고 서로 마주치고 서로 다른 말을 하는, 그러면서도 공유된 관계에서나 갈등하는 관계에서나 협동할 수 있는 그런 신체들로 재창조할 수 있는지 상상해 보자. 바로 이러한 다중의 이미지가 번역 과정——말 잡기——이 주권 구조를 전복하고 공통적인 것을 구축할 수 있는 방법을 묘사할 것이다.[25]

3부

금융통제와

신자유주의적 협치

이것은 구제를 위한 축적이다.
즉 비자본주의적 가치 체제로부터
자본주의적 가치를 창출하는 것이다.
——애나 칭, 『세계 끝에 있는 버섯』

모름지기 좋은 정책이란 국가의 귀중품과 화폐가
소수의 손으로 모이지 않도록 이용해야만 한다. ……
그리고 돈은 똥거름과 같아서 오직 흩뿌려질 때에만 좋은 것이다.
——프란시스 베이컨, 「시민과 도덕에 관한 에세이 혹은 조언들」

내 것, 네 것. 이 불쌍한 아이들은 말한다.
"이 개는 내 거야" "이것은 태양에서 내 자리다"
바로 이것이 모든 대지에 대한 강탈의 시작이자 그 이미지이다.
——블레즈 파스칼, 『팡세』

신자유주의를 이해하기 위해 우리는 다중에서 시작해야 한다. 자본의 '천재성'과 그것의 신자유주의적 '혁신'이 마치 내생적인 발전이기라도 한 것인 양 그것들의 용어만으로 이해할 수는 없다. 그 대신 그것들은 저항과 반란에 대한 반작용으로, 즉 점점 늘어나는 사회적 생산 및 재생산의 힘을 억누르려는 시도로 파악해야 한다. 19-20세기의 혁명 과정을 뒤이었던 수많은 운동이 그랬던 것처럼 신자유주의는 반작용이다. 낭만주의와 민족주의의 몇몇 계통은 계몽주의와 그것이 지닌 보편주의의 혁명적 지류에 대응했고, 파시즘은 혁명운동에 맞서 일어났으며, 국가사회주의는 공산주의적 국제주의에 반대해서 일어났고, 권위주의 체제는 대중봉기에 대응하여 일어났다. 신자유주의 역시 마찬가지로 반작용이지만, 그것은 철학과 정치라기보다는 주로 이데올로기적 · 경제적 조치를 통해 기능한다. 신자유주의는 '교리'라기보다는 '과학'이며, '교회'의 권위보다는 자본의 명령을 가동하며, 하나의 국민 정체성보다는 시장의 힘을 가동한다. 또한 신자유주의는 자신의 적을 물리치는 것이 아니라 적의 힘을 전유하려는 복수적이고 다양한 발전을 통해서 이 모든 것을 달성한다. 그와는 달리 신자유주의와 맞서는 다중은 자신의 자원, 부, 지성을 지니는데, 이것들은 완전히 새로운 사회적이고 생산적인 영역 위에서 발전했다. 이런 것이 전투의 양 당사자의 상황이다.

한 가지 표준적인 신자유주의 전술은 국가를 탈-민주화하기 위해 착취와 억압의 새로운 경제적 도구를 발명하는 것이다. 이는 케인즈주의(이는 복지국가 구조, 경제 조절, 공적 통제 등으로 특징지어진다)가 신자유주의 이데올로그들(가장 저속한 자들에서 가장 현학적인 자들에 이르는, 즉 로널드 레이건과 밀턴 프리드먼에서 프리드리히 하이에크와 제프리 삭스에 이르는)에 의해 지속적으로 제1의 적으로 선포되는 것과는 아무런 상관이 없다.[1] 그렇지만 신자유주의가 케인즈주의를 싫어했던 것은 케인즈주의가 지닌 진보적 성격에서 기인했을 뿐만 아니라, 또한 사회적 힘들을 가두고 억제하려고 한 케인즈주의의 타협이 더 이상 유효하지 않다는 사실에 기인한다. 1960년대 후반 무렵의 사회운동은 복지국가의 훈육 체제에 강력하게 도전했고, 그것을 훼손하였다. 새롭게 출현하는 위협에 대한 가장 명쾌한(그리고 영리한!) 해석자 중 한 명인 새뮤얼 헌팅턴은 1960~70년대의 '주변적인 사회집단'의 저항 및 해방운동들(이들은 노동자, 여성, 모든 유색인종을 포함하는 방대한 인구 대다수로 이루어져 있다)이 케인즈주의 국가에 너무 많은 짐을 지게 한다고 두려워했다. "참여의 전 사회적 팽창은 현저하게 높은 수준의 자의식으로 반영되었다. 흑인, 인디언, 멕시코계 미국인, 백인 인종집단, 학생, 여성들의 편에 선 이들 모두는 새로운 방식으로 그들이 '행동'과 그 보상에 대해 자신들이 가져갈 몫이라고 생각했던 것을 성취하려고 조직되었고, 시위에 동원되었다."[2] 헌팅턴의 진단은 정치체제가 "민주주의라는 전염병"을 앓고 있으며, 그래서 유일한 치유책은 권력을 전문가의 손에 맡기고, 다중의 참여와 힘을 축소함으로써 국가를 탈-민주화하는 것이었다. 즉 '주변적인 사람들'을 그들의 주변적인 지위로 되돌리기 위해서 말이다. 헌팅턴은 여러 다른 신자유주의 이데올로그들이 그저 본능적으로 감지했을 뿐인 것을 인식했다. 즉 케인즈주의 국가는 파괴되어야만 한다. 왜냐하면 사회적 요구의 홍수와 대면했을 때, 그것은 약한 방어책, 결함이 있는 징병제이며, 자본과 그것의 훈육 체제를 취약한 상태로 놔두기 때문이다.[3]

그래서 신자유주의의 한 가지 과업은, 자본주의적 통제와 사회적 요구 간의 매개를 파괴함으로써, 사회적 투쟁들이 일어나는 구조를 분쇄하는 것이다. 경제 위기가 이 전투에서 근본적인 무기가 되었다. 투자를 약화시키고, 케인즈주의 정부의 정책에 나타난 정치적 신념을 부정함으로써 말이다. 이 기획은 신자유주의가 초래했던 정치적 위기와 협력하여 (화폐와 금융권력의 새로운 사용법을 통해) 강탈 경제를 일반화할 수 있다. 여기서 부채의 추출 과정 및 부채의 메커니즘은 전 사회에 대한 착취를 확산시킨다. 따라서 사회주의 방향으로의 경제의 '거대한 전환'은, 새로운 이론에 의해서가 아니라 국가의 승인(이는 강력한 소량의 폭력에 의해 성취된다)에 의해서 역전되었는데, 이는 조지프 슘페터에서 칼 폴라니에 이르는 20세기의 저명한 경제학자들이 예견한 바이다.[4]

신자유주의는 정확히 저항 및 해방운동을 억누르려는 시도이자 그에 대한 반작용으로 볼 때 가장 잘 이해되는데, 이는 헌팅턴이 케인즈

국가와 그것의 자본주의적 통제 전략의 '상여꾼'으로서 인식했던 바이다. 예컨대 낸시 프레이저의 주장에 따르면, 신자유주의와 제2물결 페미니즘(1960-70년대의 다른 해방투쟁과 나란히) 사이에는 충격적인 공명이 있다. 그것은 복지국가의 가부장제와 사회민주주의 국가 정책에 대한 페미니즘적 비판을 포함한다. 이러한 공명은 그녀로 하여금 다음과 같은 결론에 이르게 한다. "제2물결 페미니즘은 신자유주의 헤게모니를 구축하는 데 필수불가결한 무언가에 기여했다."[5] 우리는 이러한 현상을 페미니즘의 실패(혹은 해방투쟁 일반의 실패)가 아니라, 어떻게 신자유주의가 투쟁에 응답하면서도, 투쟁이 표현한 주요한 주장과 개념들 중 일부를 왜곡된 형태로 전유했는지의 증거로 읽는다. 우리가 2부에서 분석했던 새로운 권력은 이제 자본 발전의 토대로, 그리고 오늘날의 사회적 통제 메커니즘으로 간주되어야만 한다. 명심해야 할 것은 신자유주의적 반작용은 그 모든 형태에서, 금융적인 추출 양식과 그 밖의 강탈 메커니즘의 경우처럼, 평화의 옷을 입고 있을 때조차도 끝없는 전쟁에서 폭력을 사용하고 있다는 점이다.[6]

신자유주의는 대개 자신의 경제적 얼굴을 보여주지만 정치적 심장 또한 갖고 있다. 신자유주의는 시장의 자유를 회복하는 대신 국가를 다시 발명했다. 즉 국가를 계급투쟁과 사회적 요구로부터 떼어놓으려고 함으로써, 자본주의 발전에 관한 이론 및 실천을 사회적 갈등의 위험으로부터 멀리 떼어놓음으로써, 민주주의를 완전히 알아볼 수 없게 만들 정도로 종속시킴으로써 말이다. 신자유주의의 이러한 '정치적' 형태가 체제의 다른 모든 부분을 지배한다.

국가적 조치를 통해 사회적 요구 및 계급투쟁의 평형 상태를 창출하고자 했던 이전의 케인즈주의나 그 밖의 해법으로 되돌아가는 것이 오늘날에는 불가능하다. 복지를 제공하면서 사회적 갈등을 억눌렀던 그러한 사회적 국가 모델*은 생산양식의 변형에 의해 보류되었다. 신자유주의와 그 통치 형태에 맞서고 그것을 전복할 수 있는 유일한 가능성은 신자유주의가 억누르려고 했던 동일한 사회적 힘들, 즉 다중과 그들의 해방 기획에 있다.

---

* 네그리 · 하트는 근대적인 국가 형태가 18-19세기의 자유주의 국가에서 19-20세기에는 국가가 직접적으로 사회적 통제를 주도하는 '사회적 (계획)국가'로 이행되었다고 보면서 케인즈주의적 복지국가와 사회주의 국가가 그러한 형태를 띤다고 보았다. 이에 대해서는 안토니오 네그리 · 마이클 하트, 『디오니소스의 노동 1』, 이원영 옮김, 갈무리, 1996을 참고하라.

10장
금융이 사회적 가치를 포획한다

금융은 19세기 후반과 20세기 초반에 자본주의 생산양식의 중요한 구성요소로 등장했을 때, 경제와 전체 사회구성체에서 지배적인 역할을 맡았던 산업자본에 대한 강력한 보완책을 제공했다. 금융은 추상과 중앙집중화의 도구를 제공했는데, 이것은 매뉴팩처에서 대기업의 통제 및 그들의 독점으로의 이행을 용이하게 했을 뿐만 아니라, 또한 제국주의적 기획의 병기고에 무기를 공급했다. 하지만 20세기 동안 산업과 금융의 관계가 역전되어 이제 금융이 지배적이게 되면서 생산과 착취의 근본 조건 몇 가지를 변형시킨다.

금융통제 및 그것의 복잡한 도구의 증가 아래에서 우리가 목도하게 될 것은, 자본이 주로 가치의 포획 및 추출을 통해 축적할 것이며, 이 가치는 마치 자연적 선물, 즉 테라 눌리우스〔누구에게도 속하지 않는 땅〕^terra nullius로 발견된 것처럼 보일 것이라는 점이다. 금융자본은 땅 속에 묻혀 있는 원료의 가치이든, 사회에 스며들어 있는 가치이든 공통적인 것으로부터 가치를 추출한다. 그러나 물론 이 가치는 실제로는 역사적으로 생산되며 그 추출은 엄청난 사회적 비용을 발생시킨다. 우리는 아래로부터 자본의 추출 과정을 추적해야 하는데, 이는 자본의 추출 과정이 초래할 파괴와 함께 저항과 반란의 잠재력을 인식하기 위함이다.

:: 위로부터의 금융과 아래로부터의 금융

금융자본의 힘이 어떻게 공고화되었는지, 그리고 금융이 실제로 어떻게 기능하고 있는지를 알기 위해서는 금융이 경제 및 사회 전체에서 지배적인 역할을 하기 시작했던 1970년대 무렵에 어떤 변화가 있었는지 살펴보는 것이 좋을 것이다. 우리의 가설은 이 경우에서도 아래로부터의 관점, 즉 사회적 생산 및 저항의 관점을 채택할 때 작용하는 힘과 해방을 위한 잠재력을 더 잘 이해한다는 것이다. 금융자본과 금융 추출 작용에 관하여 더 깊이 들어가기 전에, 먼저 거시적인 수준에서 이 가설이 어떻게 보이는지를 간략히 스케치해 보자.

금융의 성장에 대한 한 가지 설명(이것은 분명 어떤 설명력을 가진다)은 점점 늘어나는 전 지구적 시장의 역할과 그에 상응하는 일국적으로 조직된 산업경제의 몰락을 강조하는 것이다. 1970년대에 시작된 장기간의 경제위기와 브레튼우즈 국제통화체제의 붕괴(혹은 파괴)에 발맞춰 화폐통제는 국민국가에서 전 지구적 단위로 이행되었고, 공공 부채에 대한 통제는 점진적으로 일국적 주권체에서 벗어나 금융자본의 소유자들에 의해 전 지구적 시장에 따라 결정되는 가치 메커니즘에 따르게 되었다. 크리스티안 마라치의 설명에 따르면, 공공 부채에서 주식시장으로의 이행과 더불어 "금융시장은 과거에는 케인즈주의 국가의 책임이었던 역할, 즉 성장의 연속성을 보증하는 데 필수불가결한 유효수요창출을 떠맡았다."[1] 전 지구화 및 점점 늘어나는 전 지구적 시장의 힘과 맞닥뜨린 선진국에서의 산업생산 조직은 그 정당성과 기능을, 즉 그것의 주권적 토대로서의 국민국가의 핵심 요소를 상실했다. 산업의 중요성 감소(그리고 특히 세계의 지배 부분에서 종속 부분으로의 산업의 지리적 이동)는 성장하는 금융의 중요성에 정확히 상응한다.

하지만 이 관점에서 보면, 금융의 성장은 비록 전 지구화에 상응하기는 하지만 사회적 저항과 봉기 세력의 결과이자 그에 대한 대응으로 볼 때 더 잘 이해된다. 이 가설을 입증하려면 훨씬 더 자세한 분석이 요구되지만, 여기서 우리는 논증의 일반적 개요만을 제시할 것이다.[2] 선진국에서 복지구조, 제도화된 노조, 제국주의 체제를 지니고 2차 대전부터 출현했던 자본의 '개혁주의' 체제는 노동운동과 해방운동 그리고 그 밖의 여러 사회투쟁을 억누르도록 기획되었다. 그것은 이른바 '민주주의 규칙'에 따라 사회적 행위를 훈육했다. 이러한 체제에 맞서는 반란은 자본주의 훈육 체제와 제국주의 체제에 맞서는 운동들의 전 지구적 순환과 더불어 1968년경에 정점에 달했다. 식민지배를 받는 국가들이 남반구에서 독립을 쟁취하는 것과 나란히, 선진국의 노동자들과 종속민들은 점차 강력한 요구를 제기했다. 반란에 대응하면서 끌어들인 국가 부채는 재빨리 국가 재정의 위기로 이어졌다. 20세기의 마지막 수십 년간 전 세계 국가들에서 반복된 국가 재정 위기에 대한 유일한 '해결책'은 공공 부채를 민간은행으로 넘기는 것이었다. 그 과정에서 공공 협치 메커니즘에 대한 지배권을 금융시장이 쥐게 되었다. 부채 구조가 공적 영역에서 사적 영역으로 이동하자 경제발전과 사회 정의가 전 지구적 시장과 금융에 종속되게 된다. 결국 신자유주의 행정이 금융 메커니즘들을 사용하여 국가를 재조직하고 공공 부채와 국가 협치의 이중 위기를 관리하게 된다. 금융화로 이르는 과정은 일반적으로 아래와 같이 진행된다. 저항과 반란 → 정부 지출 → 재정 위기 → 금융화.

이러한 진행의 더 작은 버전(반란 → 공공 부채 → 재정 위기)이 특히 미국의 주요 도시들에서 분명하게 나타났다. 1960년대 다양한 형태의 사회저항과 도시봉기는 어떤 점에서는 인종 반란에서, 특히 1967년 〔뉴저지 북동부에 위치한〕 뉴어크Newark와 디트로이트의 봉기에서 그리고 마틴 루터 킹 2세의 암살 이후 널리 퍼진 1968년 봉기에서 정점에 이른다고 할 수 있는데, 이 일련의 봉기들의 순환에 뒤이은 것은 10년간 이 도시들을 감싼 비극적 재정 위기였다. 그렇지만 이 도시들의 재정 위기는 지출 증가에 기인한 것이 아니라 공적 자원(자금)을 대도시 중심에서 먼 곳으로 옮긴 것으로부터, 부유한 백인 인구가 도시에서 빠져나가자 세금 기반이 급속하게 약화된 것으로부터 기인했으며, 그 결과 건강에서부터 주택, 안전, 물 공급에 이르는 모든 종류의 사회적 서비스들이 극적으로 감소하게 되었다. 이 위기들은 민간은행, 금융펀드의 개입으로써만 '해소'되었으며, 은행과 펀드는 이 '비상사태'를 활용하여 공공재의 대부분을 전유하고 공공시설의 민주적 기능을 훼손하였다. 1970년대의 뉴욕은 이 과정의 고전적 사례였다. 데이비드 하비에 따르면, "뉴욕 재정 위기의 관리가 신자유주의적 과정으로 가는 길을 개척했다. 이 과정은 미국에서는 레이건 정권,

국제적으로는 1980년대에 IMF를 통해서 진행되었다."[3] 금융기관에 의한 디트로이트와 플린트(미시간 주 남동부)의 재정 위기의 '해소'가 오늘날 이 과정을 계속하고 있으며 비극적인 사회적 결과를 낳고 있다.[4]

하지만 신자유주의 행정과 금융통제의 창출은 대규모 과정에 초점을 두는 것이 아니라 어떻게 금융이 가치 일반과 관련해 기능하는지에 초점을 둘 때 더 잘 이해된다. 금융에 대한 통상적인 비판이 흔히 가정하는 것은, 금융은 가치의 생산과 무관하며 다만 현존 가치의 점유를 이동시킬 뿐이라는 것이다. 이러한 비판들은 종종 선진국이 더 이상 어떤 것도 생산하지 않으며, 지금은 '실질적' 생산이 모두 중국에서 이뤄진다는 식의 한탄으로 이어진다. 금융에 대한 가장 대중적인 묘사는 금융을 일종의 도박으로 혹은 카지노 자본주의로, 즉 자본주의가 주식이나 상품의 미래, 주택 시장, 통화 등등에 큰 판돈을 건 것으로 제시한다. 이러한 견해에 어떤 진실이 있는 것은 분명하다. 그리고 보다 학술적인 주장들에는 훨씬 더한 진실이 있는데, 그것은 금융을 도박이 아니라, 박탈dispossession의 장치로 본다. 실제로 금융은 철도, 통신, 제조업을 혹은 국가의 문화재와 같은 공공재 등을 개인의 손에 넘기는 과정에 기여한다. 또한 금융은 금속, 석탄, 석유와 같은 자연적 부로부터 사적으로 축적하는 것을 용이하게 만든다. 우리는 금융이 분명히 어떤 역할을 하는 이러한 '시초 축적' 과정을 뒤에서 다시 논의할 것이다. 도박에서 박탈에 이르는 이러한 설명들 각각은 부의 발생이 아니라 부의 이전에 대해서만 초점을 둔다.

하지만 아래로부터 보면 우리는 금융이 도박적인 투기에 덧붙여 사회와 자연 세계로부터 (종종 숨겨진) 가치를 포획하는 장치로 기능하는

어셈블리

것을 알 수 있다. 그래서 우리는 금융자본의 생산양식이 어떻게 한편으로 사회적 협력의 통제와 무수한 사회적 삶의 회로들에서 생산된 가치의 추출에 토대를 두는지, 다른 한편으로 땅으로부터의 가치 추출, 우리가 공통으로 공유하는 다양한 형태의 자연적 부의 추출에 토대를 두는지 검토해야만 할 것이다. 자본주의 생산양식의 무게중심은 오늘날 공통적인 것의 추출로 옮아가고 있다. 바로 이것이 우리의 일반적인 정의이다. 금융이 자본에서 헤게모니 역할을 할 수 있는 것은 오로지 공통적인 것이 탁월한 생산력으로서 그리고 주요한 가치 형태로서 출현하고 있기 때문인 것이다.

:: 추상/추출

금융자본에 대한 최초의 위대한 분석은 금융자본이 지닌 근본적으로 추상적인 성격을 강조하며, 그에 따라 생산하는 사람과 생산을 통제하는 사람 간의 늘어나는 거리를 강조한다. 20세기 초에 루돌프 힐퍼딩과 블라디미르 레닌은 산업자본가에서 은행가로의 통제의 이행과 관련해 금융자본의 새로움을 파악했다. 생산과정에 상대적으로 가까이 있으면서 그에 관여하고 특히 생산적 협력의 배치를 지시하는 산업자본가와 비교했을 때, 은행가는 생산과 분리되어 그로부터 멀리 떨어져 있다.[5] 이렇게 늘어나는 거리는 노동자들을 직접 조직하고 착취하는 데에서 생기는 이윤에서, 멀리 떨어져서 획득되는 지대로의 이행으로 나타난다. 레닌이 설명하듯이, "화폐자본은 산업자본 혹은 생산자본으로부터 분리되며, …… 화폐자본에서 얻은 수입에 전적으로 의존해 살아가는 금리 생활자는 기업가와 분리되며, 직접적으로 자본의 경영에 관여하는 모든 이들과 분리된다."[6] 지대가 산출되는 모든 활동들이 그렇듯 금융은 생산으로부터의 유리[추상]로 특징지어지며, 또한 그 통제력은 멀리 떨어져 있는 것으로 특징지어진다.

더욱이 은행과 공장이 더욱더 밀접한 관계망을 이루고 산업자본가가 오로지 은행을 통해서만 자본을 이용될 수 있게 됨에 따라, 금융자본은 생산에 대한 중앙집중화된 통제를 촉진한다. 추상은 중앙집중화를 함축한다. 그리하여 힐퍼딩과 레닌은 중앙집중화는 이전보다 훨씬 더 경쟁을 제거하고, 극소수의 거대 은행들에 통제를 집중시키는 경향을 창출한다고 보았다. 금융은 독점, 즉 생산을 지배하는 화폐의 독점을 낳는다. 이어서 레닌은 금융자본의 독점이 유럽의 제국주의 체제의 중추로 기여한다고 보았다.[7]

은행으로 화폐가 집중되고, 은행이 생산을 통제하는 것은 또한 경제 분야에서 그리고 세계 시장 전역에서 이윤율 균등화 경향을 낳는다. 이윤율 균등화는 더 높은 이윤을 찾아다니는 회사들의 이동을 통해 이루어지기도 하고, 그보다 더 낮은 정도이지만 한 생산 영역에서 다른 생산 영역으로, 그리고 한 나라에서 다른 나라로 일거리와 더 높은 임금을 찾아다니는 노동자들의 이주를 통해 이루어지기도 한다. 그러나 자본주의 회사의 이러한 이동, 그리고 그보다 훨씬 더한 노동의 이동은 지리적, 문화적, 정치적 요인들에 의해 엄격하게 제한된다. 마르크스는 이를 "이러저러한 정도로 중요한 지역적 차이들을 낳는 실질적 마찰"이라고 부른다.[8] 금융과 신용제도는 이윤율 균등화 과정에서 훨씬 더 효과적이다. 화폐의 이동은 회사나 노동력보다 제한을 덜 받기 때문이다. 금융자본이 최대한의 수익을 찾아 여기저기 흘러다닐수록, 그것은 울

통불퉁한 지형을 흐르는 물처럼 평평한 표면을 창출하는 경향이 있다. 생산에 대한 통제력이 소수의 은행들로 집중되고 중심화되는 것과, 이윤의 비교와 균등화를 향한 경향은 세계 시장의 창출에 기여하는 요인들이다. 마르크스가 설명하길, 총 잉여가치율의 수립과 세계 시장 전체에서의 착취의 균등화는 단지 하나의 경향일 뿐이며, 모든 경제법칙들과 마찬가지로 이론적 단순화이긴 하지만, 그렇다고 해서 실제적이지 않다고 할 수는 없다.[9]

생산에 대한 통제력이 은행과 화폐의 손아귀에 독점되어 추상화되고 중앙집중화되는 것, 그리고 이러한 통제력이 이윤율과 착취율을 균등화시키는 경향을 띠면서 세계 시장 전체로 확산되는 것은 오늘날에도 여전히 금융의 주요한 특징이다. 하지만 우리가 오로지 이런 식으로만 금융을 이해한다면, 우리는 금융이 '실질적' 산업생산에 기생할 뿐이며, 따라서 금융이 점점 더 중심적이게 된다는 것은 자본 일반의 토대가 불안정하고 쇠약해지고 있음을 나타내는 것이라고 전제하게 된다. 하지만 금융자본과 그것이 지배하는 생산은 산업자본만큼이나 실질적이다. 주요한 차이는 생산, 그중에서도 특히 생산적 협력이 지금은 자본이 직접 관여하는 영역 바깥에서 조직되는 경향을 가진다는 점에 있다. 금융(그리고 자본 축적 일반)의 열쇠는 다른 곳에 있는 부(대지의 부와 사회적 협력 및 상호작용이 낳은 부)로부터 어떻게 가치를 추출하는가에 달려 있다. 바로 이것이 추상과 추출 사이의 연결고리이다.

파생상품의 작동, 특히 파생상품이 척도와 측정의 메커니즘을 창출하는 방식은 금융과 사회적 생산이 1970년대부터 나란히 우세한 지위에 이르게 된 길을 보여주는 창문이다. 파생상품의 가장 기본적인 형태는 기초자산, 지수, 보안 등으로부터 가치를 도출하는 계약이다. 파생상품은 보통 미지의 미래를 참조하며 따라서 리스크를 방지하거나 투기의 수단으로 사용될 수 있다. 예를 들어 다음 추수 이후인 6개월 뒤에 브라질산 콩을 일정 가격의 헤이스[브라질 화폐 단위]로 구매하는 계약을 맺은 일본 기업을 상상해 보자. 일본 기업은 환율을 고정시키고 따라서 콩의 구매비용을 원가치보다 더 높게 만드는 엔화에 대한 실물가치의 상승을 방지하는 파생상품을 이용할 수 있다. 반대로 브라질 기업은 콩의 가치를 보장하고 그 계약에 손해를 입히는 흉작에 대비하는 파생상품을 이용할 것이다. 물론 이 각각의 기업들에게 파생상품은 위험을 방지하기 위한 것이지만, 다른 기업들은 실물가치가 하락할 것이라든가 콩이 풍작될 것이라고 예측하면서 투기하려 할 것이다.

파생상품은 수 세기 동안 존재해 왔다. 1960년대까지는 주로 쌀, 돼지, 밀 같은 상품들의 선물先物 시장에 국한되었다. 그러나 1970년대 이후 훈육에 기반을 둔 산업 질서와 재정에 기반을 둔 국가가 붕괴하면서 그리고 사회적 생산과 공통적인 것의 생산이 경제에서 주요한 위치를 차지하게 되면서 파생상품 시장이 기하급수적으로 증가했으며 기초자산의 범위가 점점 더 넓어졌다.[10]

파생상품은 매우 복잡하고 난해해서 여기서 그 작동에 대해 적절한 분석을 제시하는 것은 이 책의 범위를 훨씬 넘어서기에, 여기서는 특정한 기능, 즉 파생상품의 척도로서의 역할에 초점을 두고자 한다. 우리는 다른 곳에서 사회적 생산에 직면하여 자본이 더 이상 가치를 (적어도 이전의 방식대로는) 적절하게 측정할 수 없다고 주장한 바 있다. 마르크스와 리카도가 이론화했던 것처럼 분명 가치는 더 이상 노동시간의 양으로 측정될 수 없다. 노동은 더 이상 자본주의 사회에서 부의 원천

어셈블리

이 아니라는 말이 아니다. 여전히 노동은 부의 원천이다. 그러나 그것이 창출하는 부가 이제는 (혹은 더 이상) 측정 가능하지 않다. 지식, 정보, 돌봄이나 신뢰의 관계, 교육이나 건강 서비스의 기본적 결과 등등의 가치를 어떻게 측정할 수 있겠는가? 그러나 자본주의 시장은 사회적 생산성과 가치의 측정을 여전히 필요로 한다.[11]

파생상품은 측정 문제에 대한 금융의 대응에 속한다. 생산 활동의 현실적 짜임새와 관련한 파생상품의 추상적 지위──파생상품은 정의상 기초자산으로부터 추상된다──는 광범위한 부의 형태들이 서로 환산되는 복잡한 망을 형성할 수 있게 만든다. 예를 들어 여러 형태의 파생상품은 우리가 앞서 예시했던 통화의 미래 가치나 수확의 결과와 같은 미지의 휘발적인 자산을 파악하여 거래될 수 있는 상품으로 만든다. 딕 브라이언과 마이클 레퍼티가 말했듯이, 이러한 거래의 수립 덕분에 "파생상품들은 미지의 가치에 대한 시장의 기준점을 제공한다."[12] 브라이언과 레퍼티는 모든 파생적인 생산물은 "자본이 한 형태에서 다른 형태로 바뀌는 (미래 계약의 단순한 상품이든, 특수한 통화지표의 특수한 주식시장 지표로의 복잡한 전환이든) 전환의 패키지이다. 이 상품들이 모두 합쳐지면 자본 형태 전환의 복잡한 그물망 즉 **파생상품** 체계를 형성한다. 이 체계에서는 자본의 모든 '조각'은 어떤 시간이나 공간적 측면에 상관없이 모두 다른 '조각'과 대비하여 지속적인 토대로 측정될 수 있다."[13] 이렇듯 파생상품과 파생상품 시장은 계산 과정을 계속 작동시키고 동일 척도로 계량할 수 있는 가능성을 수립하여 이미 존재하거나 미래에 존재할 엄청난 범위의 자산들을 시장에서 서로 대비하여 측정 가능하게 만든다. 랜디 마틴에 따르면, "파생상품이 핵심적으로 하는 일은 계약이 맺은 기회의 범위를 통해 미래를 현재에 묶고, 상이한 영역의 위치, 부문, 특징을 가진 모든 종류의 자본들을 서로 동일한 척도로 측정 가능하게 만드는 것이다.”**14** 그 가치가 정확하냐고 반문할 수 있는데, 이는 제대로 된 물음이 아닐지도 모른다. 중요한 사실은 이 맥락에서 측정이 정밀하고 효과적이냐에 있다. 오늘날 사회적 생산의 가치는 미지의 것, 측정할 수 없는 것, 수량화할 수 없는 것일 수도 있다. 그럼에도 금융시장은 가치에 양을 각인시키고자 한다. 이 양은 어떤 의미에서는 자의적이지만 여전히 실제적이고 효과적이다.

　비판자들은 금융이 (그리고 파생상품은 더욱더) 허구적이고 기생적이라고 폄하한다. 사회적 부의 총체와 세계 시장 전체를 놓고 자본주의적 가치를 측정할 수 있는 (혹은 측정하는 척하는) 유일한 자들인 금융의 대장과 중개의 군주는 ‘맘대로 해봐’라고 코웃음을 친다. 이들은 공통적인 것으로부터의 추출을 통해 방대한 부를 축적할 수 있는 한 웃을 수 있다. 그러나 분명히 해두어야 할 것은 그런 금융 메커니즘은 위기를 방지하는 것이 아니라 심화시킨다는 점이다. 곧 살펴보겠지만, 금융의 휘발성은 영속적인 위기를 신자유주의적 협치의 주요한 양태로 만드는 요소이다.

:: 추출의 여러 얼굴들

　추출의 중요성, 특히 석유 · 천연가스 · 금속 · 광물과 같은 자연자원의 대규모 이용의 중요성이 증가하면서 자본은 시계를 거꾸로 되돌린 듯하다. 오늘날의 토지수탈과 난폭한 자원 사냥은 손쉽게 포토시의 은

어셈블리

광*과 요하네스버그의 금광** 그리고 토착민으로부터의 무자비한 토지 절도를 상기시킨다. 실로 정복 · 식민주의 · 제국주의의 역사는 다양한 형태의 부를 추출하려는 탐욕에 의해 추동되었다. 이 부는 물론 군대와 이데올로기의 지속적인 지원을 받아 지구를 가로질러 '발견'되며, 공짜로 취해진다. 물질적 자원만큼이나 인간 역시 동산^{動産}으로 추출될 수 있었으며, 대서양의 노예무역을 통해 그들의 가치가 식민지배자의 장부에 기입되었다. 그래서 토지, 귀금속, 모피, 향신료, 아편, 그리고 "덜 인간 같은 자들"이 모두 식민지배자에 의해 발견되고, 식민지배자은 이것들을 자신들의 대담한 노력에 대한 후식과 같은 선물로 행복하게 받아들이고 찬양하였다.

그러나 오늘날의 추출 또한 난폭하게 파괴적일지라도 추출이 점점 더 중심적으로 작용한다는 것이, 과거의 잔여이거나 순환적인 역사적 회귀의 지표는 아니다. 공통적인 것이 추출되고 변형되어 사유재산이 되므로, 오늘날의 추출을 이해하기 위한 가장 좋은 안내서는 추출이 의

---

*   포토시(Potosi)는 볼리비아 남부 포토시 주의 주도로, 해발 4,090m에 이르는 세계에서 가장 높은 도시로 불린다. 도시는 '세로 데 포토시 산' 아래에 있는데, 이 산의 상당 부분이 은광석으로 이루어져 있다. 1546년 광산이 세워지고 이후 식민 지배자들에 의한 강제적인 노역 채굴이 수많은 희생자를 낳기도 했다. 1800년대 이후에는 은광이 고갈되기 시작했고 사양길에 접어들었지만, 은 채굴은 여전히 계속되고 있다.

**   요하네스버그는 19세기 중반까지는 작은 원주민 마을이었으나, 1886년 인근의 '비트바테르스란트 산'('급류의 봉우리'를 의미한다)에서 황금광맥이 발견되자 이민자가 급증했다. 이곳을 둘러싼 갈등이 아프리카로 이주해 살던 네델란드계의 보어인들과 영국 제국 사이에서 벌어진 보어 전쟁의 원인이 되기도 했으며, 전쟁의 승리한 영국은 황금광맥을 자신들의 소유로 억류하고, 역시 많은 아프리카인들을 노예노동에 강제 동원해 금을 채굴했다.

존하는 공통적인 것의 형태들을 추적하는 것이다. 공통적인 것은 두 개의 일반적인 범주로 나뉜다고 얘기할 수 있다. 한편으로 지구와 그 생태계의 부는 흔히 경제적 어휘로는 자원이나 원료로 번역된다. 다른 한편으로 사회적 부는 협력의 회로에서 나오며, 문화적 생산에서 전통적 지식 그리고 도시 지역에서의 과학적 지식에 걸쳐 있다.[15] 공통적인 것의 이 두 가지 형태는 추출주의extractivism의 여러 얼굴들을 이해하게 만드는 첫 안내서가 될 수 있다.

지구와 그 생태계——석유·산림·강·바다·대기——는 우리 모두에게 공통적이다(혹은 공통적이어야 한다). 인간들이 "모든 대지를 …… 지배한다"(「창세기」 1장 26절)는 의미에서가 아니라 돌봄과 지속 가능한 사용의 관계를 함께 수립해야 한다는 의미에서 그렇다. 통상 지구의 표층과 심층에서 재생 불가능한 자원을 추출하는 것은 불의不義의 문제(공통적인 어떤 것이 사적 소유가 될 때는 항상 그렇다)를 제기할 뿐만 아니라 대규모의 파괴, 심지어는 파국적인 파괴를 예상하게 한다. 자본주의 산업과 상품화는 오랫동안 파괴적 영향을 미쳐왔다. 추출주의는 오늘날 어떤 점에서는 이 파괴 과정을 돌이킬 수 없는 지점으로 몰고 가고 있다. 자본 대 지구, 둘 중 하나만 생존할 수 있다. 둘 다 생존하지는 못한다.

추출산업, 특히 에너지 산업이 환경과 사회를 파괴한 것은 새로운 일이 아니다. 처음부터 해양 굴착에 따른 대규모 석유 유출과 운반사고는 석유산업의 항구적인 부작용이었으며, 갈리시아[스페인 북서부 지방], 멕시코 만, 우즈베키스탄, 쿠웨이트, 앙골라 등등 지구 곳곳에서 점점 그 파괴의 크기와 빈도가 증가할 뿐이다. 석탄 채굴과 금속 채굴 방식은 광부의 건강과 광산 주변의 환경을 계속 파괴한다. 추출이 더 중심

　　　　　　　　　　　　　　　　　　　　　어셈블리

적인 역할을 하게 되고 많은 나라들(페르시아만의 국가들, 러시아, 베네수엘라 등)이 화석연료 회사처럼 행동하게 됨——그들의 사업 전망이 석유 가격을 상승 및 하락시킨다——에 따라 어떤 측면에서는 마리스텔라 스밤파가 경제의 '재시초화'라고 부른 것이 발생했다.[16]

추출주의 전선의 극적인 팽창은 새로운 일이다. 지구의 어떤 구석도 이로부터 자유롭지 못하다. 테크놀로지 산업에서 금속이 지닌 중요성으로 말미암아 초소형 배터리를 위해 볼리비아의 소금평야에서 리튬광산을 개발하고, 다양한 디지털 및 하이테크 장비를 위해 중국에서 희토稀土 광산을 개발하는 방식으로 지구 전역에서 자본의 쟁탈전이 벌어진다. 더욱이 기술발전(그리고 일시적으로는 높은 석유 가격)이 석유 및 가스 추출을 위한 새로운 지형을 열었다. 캐나다 앨버타의 타르샌드** 유정, 미국의 프래킹***과 같은 방법은 새로운 지진 지대를 발생시키고, 대기와 지하수를 오염시켜서 전통적인 방법보다 더 위험하고 파괴적이

---

* 재시초화(reprimarization)는 채광, 석유, 목축과 같은 전통적인 1차 생산부문이 다시 경제의 중심이 되는 것을 말한다.

** 타르샌드(tar sands)는 점토나 모래, 물 등에 중질 원유가 10% 이상 함유된 것을 말하는데, 최근에 이것을 석유모래(oil sands)로 변형하는 기술이 석유 추출 방법 가운데 하나로 도입되었다. 원유가 굳어져 반쯤 고체 상태로 땅 표면 가까이 부존하는 경우 이를 역청(瀝靑)이라 부르며, 역청이 모래진흙 등과 섞여 있는 것이 바로 석유모래다. 석유모래에서 역청을 분리한 뒤 이를 가공하면 기름샘에서 뽑아 올린 원유와 성분이 같아진다. 이렇게 생산한 원유를 일반 원유와 구분해 '합성원유'라 부른다.

*** 프래킹(fracking)은 고압의 액체를 이용해 지반에 균열을 가해 분쇄하는 채굴 방법이다. 이것은 모래와 화학 첨가물을 섞은 물을 시추관을 통해 지하 2~4km 밑의 바위에 500~1000 기압으로 분사, 진흙이 수평으로 퇴적하여 굳어진 암석층(혈암, shale)에 함유된 천연가스가 바위 틈새로 모이면 장비를 이용해 이를 뽑아내는 방식이다. 이러한 방식을 통해 추출한 천연가스가 셰일 가스이다.

다. 대규모 농업도 여러 측면에서 추출 산업이 되었다. 대규모 농장에서 자란 옥수수나 콩이 식품이나 사료로의 숙명을 거슬러 에탄올과 플라스틱 생산에 직접 투입될 때, 옥수수 밭이나 콩 밭은 유정이나 광산과 다르지 않게 된다. 그것들은 땅으로부터 나오는 부를 에너지와 산업 자원으로 흡수한다. 삼림 파괴에서 농약 사용에 이르기까지 이것들이 가져오는 환경 파괴의 수준은 다른 추출 과정의 경우와 맞먹는다.

추출주의의 파괴적 효과는 기후변화의 전망에 의해 한 등급 더 높아진다. 과거에는 사고로 인해, 유정과 탄광으로 인해 생기는 오염과 파괴가 비교적 지역에 국한되고 잠재적으로는 복구가 가능한 현상으로 간주되었다. 그러나 지금은 전반적이고 불가역적인 파괴의 전망이 내재한다. 이제는 잘 알려진 인물인 빌 맥키번의 설명에 따르면, 지구 기온이 평균 섭씨 2도가 넘지 않으려면 석탄 및 석유 매장량의 80%가 땅속에 그대로 묻힌 채 이용되지 않아야 한다. 그는 계속해서 "이 난해한 계산을 생각해 보면, 우리는 화석연료 산업을 새로운 관점에서 볼 필요가 있다. 그것은 악당 산업이 되었다. 지구의 그 어떤 세력도 그와 같이 무모하진 않다. 그것은 우리의 행성 문명의 생존에 있어 제1의 공공의 적이다."[17] 기후변화는 추출주의에 건 명운을 새로운 수준으로 끌어올리며 그것에 대한 저항의 긴급성을 고조시켰다.

하지만 현대의 추출주의를 이해하기 위해서 우리는 지구로부터 벗겨낸 가치만이 아니라 우리가 얘기해 왔던 공통적인 것의 다른 범주인 사회적 생산 및 사회적 삶으로부터의 가치 포획도 알아야 한다. 먼저 기업이 어떻게 인간 신체 자체를 추출에 개방되어 있는 부의 저장소로 다루는지를 생각해 보자. 산드로 메차드라와 브렛 닐슨이 말했듯이, "여기서 위험한 것은 신체조직과 그 밖의 생물학적 물질을 인간 신체로부터 추출하는 데 있을 뿐만 아니라, 위험 예방과 투기의 논리에 따라 유전자 자료를 파괴 및 재구성하는 유전자 조작으로부터 파생된 지식의 산출과 그에 대한 특허권 설정에도 있다."[18] 우리의 신체에 담긴 유전자 정보도 재산으로 추출되어 특허권이 설정될 수 있다. 더욱이 기업은 반다나 시바 등이 '생명약탈'biopiracy'이라고 부른 것의 다양한 형태들을 통해 전통적인 지식으로부터 가치를 추출한다. 예를 들어 오래전에 전통적인 공동체에 의해 개발되어 공동으로 유지되던 식물의 약효에 대한 지식에 특허권을 설정하는 방식이 그렇다.[19]

추출의 두 번째 얼굴은 데이터의 형태를 띤다. '데이터 채굴'과 '데이터 추출'이라는 은유를 통해 사회적 데이터라는 구조화되지 않은 장에서 대담한 채굴자들이 사회적 데이터를 마치 지구의 석유나 광물처럼 획득할 수 있는 것에 대한 상을 그릴 수 있다. 실제로 오늘날의 디지털 골드러시는 캘리포니아와 유콘Yokon〔캐나다의 금광 지역〕을 차지하려고 다투던 당시의 골드러시와 비견된다. 데이터의 채굴과 추출이란 거대한 데이터 풀에서 패턴을 찾아 그 데이터를 저장하고 팔 수 있도록 구조화함으로써 가치를 포획하는 것을 의미한다.[20] 그러나 데이터 개념은 가치가 생산되고 포획되는 방식을 적절하게 설명하기에는 너무 빈약하고 활기가 없다. 앞에서 우리는 구글의 페이지랭크와 같은 검색엔진 플랫폼의 알고리즘이 사용자들의 지식과 지성에 의해 산출된 가치를 포획하는 방식을 서술한 바 있는데, 이는 사용자들이 만들어낸 의사결정과 그 연쇄고리를 추적하고 강화한다. 소셜 미디어도 사용자들 사이의 사회적 관계 및 연결로부터 가치를 포획하는 메커니즘들을 발견했다. 달리 말해 데이터의 가치 뒤에는 사회적 관계, 사회적 지성 그리고 사회적 생산의 부가 자리 잡고 있다.

추출의 세 번째 얼굴은 사회 영토 자체와 관련된다. 예를 들어 메트로폴리스는 건설된 환경 이상의 것으로서, 문화적 동학, 사회관계의 패턴들, 혁신적 언어, 정서적 감성 등을 포함하는 공통적인 것을 가마솥처럼 생산한다.[21] 젠트리피케이션은 도시 영토 자체에 내장된 공통적인 것을 추출하는 과정이라고 파악할 수 있다. 이는 암석층에서 석유를 퍼올리는 것, 그래서 때때로 파괴적인 결과를 낳는 것과 완전히 유사하다. 금융이 지배하는 부동산 시장은 도시 영토 및 시골 영토들을 가로질러 사회적 가치를 추출하는 방대한 장들로 이해되어야 한다.

추출의 그 다음 얼굴은 협력적인 사회적 생산의 여러 형태들로 구성되며, 이 얼굴은 다른 여러 얼굴들을 조합하도록 도와준다. 예를 들어 애너 칭은 야생버섯이 오리건에서 채취되어 일본에서 팔리기까지의 과정을 추적하면서 자본이 자율적으로 생산되는 가치를 포획하는 능력을 짚어낸다. "바로 이것이 내가 '상품 수집salvage'이라고 부른 것, 즉 자본주의적 통제 없이 생산되는 가치를 이용하는 것이다."[22] '상품 수집'은 실로 사회적 생산과 사회적 삶의 관계에서 생산되는 가치를 자본이 포획하고 추출하는 방식을 탁월하게 묘사한다.

이러한 추출, 그리고 그것의 여러 얼굴들은 공통적인 것의 흔적을 쫓는다. 추출은 산업과 달리 상당한 정도로 자본의 관여 이전에 이미 존재하는 부의 형태들에 의존한다. 자동차는 공장에서 생산되지만, 석유와 석탄은 땅 속에 이미 존재한다. (물론 추출 자체도 생산과정이며 추출된 재료는 정련되고 분배되어야 한다.) 이 구분은 사회적 지성, 사회적 관계, 사회적 영토와 관련하여 훨씬 더 명확해진다. 공장에서는 노동자들이 자본가가 부과하는 시간표와 규율에 따라 협력하지만, 여기서는 가치가 자본에 의해 직접 조직되지 않는 상대적으로 자율적인 사회적 협력을 통해 생산된다. 이렇듯 추출이 새로이 중심적이게 되는 것도 이윤에서 지대로의 역사적 이행이라는 맥락에 위치한다. 산업자본가가 이윤을 위해 노동을 훈육하고 착취하는 데 반해, 지대소득자는 공통적인 것을 추출하며 생산에 거의 관여하지 않고 기존의 부를 축적한다. 추출 메커니즘과 마찬가지로 지대소득이 새로이 중심적이게 되는 것은, 반복하는 것이지만, 단지 과거의 잔존이거나 순환적인 역사적 회귀를 나타내는 것이 아니다. 추출주의의 여러 얼굴들을 밝혀냄으로써 우리는 자본주의적 발전과 역사적 진행을 더 잘 이해할 수 있다. 이 발전과 진행은 단순히 직선형도 아니고 순환적이지도 않으며, 다양한 지리적·문화적 차이들을 통해 복잡한 혼종적 시간성에 의해 특징지어진다.

그래서 금융은 현대의 추출주의와 이중의 관계를 맺는다. 한편으로 금융(그리고 금융 투기)은 언제나 추출 사업에서 중요한 역할을 맡는데, 이는 추출 사업이 토지와 장비를 구입하기 위해 엄청난 액수의 초기지출을 필요로 한다는 데 일정 부분 기인한다. 추출 회사들(리오틴토에서 가즈프롬, 글렌코어에서 사우디아람코에 이르는 사기업이나 국가의 지원을 받는 회사*)과 그들의 프로젝트가 점점 더 커짐에 따라 금융의 통제력도

---

* 　리오틴토(Rio Tinto)는 1873년에 설립된 다국적 광산 및 자원업체로, 세계 2위의 광산기업으로 알려져 있다. 가즈프롬(Gazprom)은 러시아에서 가장 큰 국영 천연가스 추출 기업으로, 전 세계에서 생산되는 천연가스의 17%를 생산하고 있다. 글렌코어(Glencore)는 영국-스위스의 다국적 무역 회사이자 광산 기업으로 스위스에서 가장 큰 회사이자, 세계적 규모의 무역 회사 중 하나이다. 전 세계 시장에서 아연의 60%, 구리의 50%, 곡물의 9%, 석유의 3% 거래에 관여한다. 사우디아람코(Saudi Aramco)는 사우디아라비아의 국영 석유·천연가스 회사로, 확보한 석유매장량이 2600억 배럴 이상으로 세계 최대 규모이며, 일일 원유 생산량도 세계 최대이며 또한 세계에서 가장 큰 단일 탄화수소 공급망인 마스터 가스 시스템을 운영하고 있다.

점점 더 커진다. 금융은 또한 앞에서 말한 사회적 장과 생물학적 장을 '채굴'(데이터, 유전자 정보, 전통적인 지식, 사회적 지성, 사회적 관계 등이 있다)하는 다양한 기업들을 후원하고 통제한다. 그렇지만 다른 한편으로 금융은 직접 추출하기도 한다. 금융은 사회적 생산의 결과로부터의 가치 추출을 다양한 방식으로 관리한다.[23]

부채는 사회적 삶으로부터 가치를 추출하는 메커니즘 가운데 하나이다. 예를 들어 주택담보대출과 임대사업(압류와 퇴거를 동반하는)은 빈민과 중산층으로부터 부를 포획하고 추출하는 하나의 장치를 형성한다. 자기 집에서 퇴출된 밀워키의 주민들을 조사한 매튜 데스몬드는 주거의 경제적 관계를 둘러싼 추출의 금융적 실행의 망을 제시한다. 그의 말에 따르면, "페이데이론은 빈민의 호주머니에서 돈을 뽑아내기 위해 특별히 고안된 여러 금융 테크닉들—초과 인출 수수료, 사립대학의 학자금 대출— 가운데 하나일 뿐이다."[24] 그런데 그러한 장치들을 통해 추출된 사회적 가치는 활성화되지 않는 죽은 것이 아니라, 사회적 협력 회로의 결과라는 점을 이해하는 것이 중요하다. 베로니카 가고는 부에노스아이레스 교외의 이주민 공동체들을 연구하면서 가치의 사회적 생산과 그것의 상대적 자율성을 강조한다. 이는 금융이 때때로 빈민 공동체에서 소비하는 데 쓰기 위한 소액융자를 대출하는 것으로 민중의 삶에서 가치를 추출할 때 드러난다. "위로부터 추동되는 금융화는 민중의 자율적인 생산·재생산의 일정한 실천과 연결된 형태들을 독해

---

* 페이데이론(payday loan)은 월급 기반의 소액대출을 말하며, 초과 인출 수수료 (overdraft fee)는 카드를 사용하면서 통장 잔고 이상이 지출됐을 경우 은행에서 수수료를 부과하는 것을 말한다.

하고 전유하고 재해석하는 방식으로서 작동한다."[25] 금융은 그 자체가 추출 산업이다. 금융은 추상과 중앙집중화의 힘일 뿐만이 아니라 사회적 생산으로부터 가치를 직접 포획하고 추출하는 장치인 것이다. 아래로부터 보면 이 과정들은 사회 전역에 걸친 수많은 상호작용들 및 협력 형태들에 의해 구성되는 공통적인 것을 가리킨다.

추출을 위로부터 이해하고 싶으면 화폐를 따르라. 그러나 그것을 아래로부터 포착하고 싶으면 공통적인 것을 따르라.

:: 사회적 생산에서 금융으로

금융을 아래에서부터 보면 앞에서 말한 이중적 의미에서 사회적 생산을 인식할 수 있다. 즉 금융은 사회적 상호작용의 결과이면서 또한 사회를 생산한다. 또 우리는 금융의 우세가 사회적 생산의 점증하는 중심성에 대한 반작용으로 생겼다는 것, 궁극적으로 금융은 산업 체제 및 훈육 체제의 기반을 파괴한 저항과 봉기의 축적에의 대응이라는 점을 알 수 있다. 이렇듯 포드주의에서 포스트포드주의로의 이행은 자본과 노동의 새로운 관계에 의해 특징지어진다. 포드주의 시기에는 훈육 체제가 자본주의 생산을 구조화하였고, 산업노동의 계획된 협력에서 발생한 이윤이 축적을 가능하게 했던 반면, 포스트포드주의 시기에는 생산적 지식과 협력의 사회적 능력이 사회에 점점 더 널리 퍼지게 됨에 따라 금융이 사회적 생산을 통제하고 동시에 사회적 생산이 발생시키는 가치를 지대의 형태로 추출하는 데 이바지한다.[26]

이 새로운 추출——특히 공통적인 것에서 생산된 사회적 부의 추출——의 우세함은 착취의 성격을 변화시키는데, 이는 이제 새로운 기준으로 분석되어야 한다. 특히 마르크스의 착취 개념이 가진 '시간적' 분석틀은 더 이상 적용되지 않는다. 마르크스는 임금노동 하에서 노동자가 노동일의 처음 몇 시간 동안 생산된 가치에 대해 임금을 받고 노동일의 나머지 시간 동안 생산된 가치는 자본가가 수탈한다고 교육적으로 설명한다. 이 설명은 착취와 생산 조직 간의 긴밀한 연관을 드러내는 장점이 있다. 그러나 오늘날 착취 메커니즘과 생산 조직 메커니즘은 서로 갈라지는 경향이 있다. 자본주의 기업가는 멀리서 가치를 추출하며 생산 주체들을 추상적으로 하나의 덩어리로 보면서 사회적 생산의 결과를 자연이 주는 선물로, 하늘이 준 만나*로 간주하는 경향이 있다.[27] 파생상품 시장과 중개거래arbitrage 전략에 눈독을 들이는 그들은, 슘페터가 이론화했듯이, 더 이상 생산을 조직하고 새로운 결합을 만들어내며 노동협력을 발생시키는 중심적인 주인공들이 아니다. 반대로 가치를 생산하는 사람들의 자율적으로 협력하고 생산을 계획하는 능력은 점점 더 커진다.

그렇다면 핵심은 사회적 생산의 일반성과 그것을 활성화하는 노동 형상을 인식하는 것이다. 현대의 노동은 종종 지식 및 지성 능력, 인지 능력으로 특징지어지곤 한다.[28] 그러나 사회적 생산은 디지털 세계의 정점——가령 구글의 '알파벳'**처럼 '인지적 작업장'의 고상한 분위기——

---

* 만나(manna)는 성경과 쿠란에 등장하는 음식 이름으로, 이집트를 떠난(출애굽) 이스라엘 민족들이 사막을 지나면서 식량이 떨어지고, 이들을 인도하는 모세조차도 어찌할 줄 몰라 하자 하나님이 내려 보낸 음식이다.

** 알파벳(Alphabet) 주식회사는 2015년 10월 2일 구글의 공동 설립자 래리 페이지와 세르게이 브린이 설립한 미국의 복합기업으로, 미국의 구글을 비롯한 여러 구글 자회사

에서뿐만 아니라 경제 전체에 걸쳐서 이루어진다. 우리는 "노동의 상이한 층이 전적으로 분리되어 있고 러시아 인형처럼 차곡차곡 안에 넣어져 있다", 즉 건강, 교육, 가사 돌봄을 담당하는 핑크칼라 안쪽에, 공장의 블루칼라가 있고, 그 안쪽에 사무실 칸막이에서 일하는 화이트칼라가 있고, 그 안쪽에 키보드를 두들기는 칼라 없는 노동자가 있다는 생각을 버릴 필요가 있다. 더욱이 오늘날의 산업은 1930년처럼 기능하고 농업은 1830년대처럼 기능하는 식의 시차는 존재하지 않는다. 나라마다 다르게 나타나는 그리고 전 지구적 시장 전체에 걸쳐서 분명히 다르게 나타나는 노동 조건과 노동 과정은 동시대 안에서 불규칙적으로 교차하고 혼합된다. 오늘날 전 세계의 금속노동자는 디지털 도구로 극히 전문화된 산업 업무를 수행하고 인지노동자는 일관작업대로 들어가 데이터를 처리하며 건강 및 교육 노동자는 첨단 디지털 테크놀로지와 함께 지식과 돌봄, 지성과 정동을 사용한다. 그들이 비록 임금을 전혀 못 받거나 빈곤률을 겨우 넘기는 정도의 임금을 받고 있지만 말이다. 칼라 프리만은 바베이도스* 연안 지역의 데이터프로세싱 시설에 대한 연구에서 이러한 교차성에 대한 탁월한 사례를 제공한다. 이 시설에 고용된 여성들은 미국의 보험회사를 위해 의료(보험)청구 양식에 데이터를 입력하는 것과 같은 상투적인 디지털 과제를 수행한다. 이 시설은 어느 정도는 정신이 멍해질 정도로 반복되는 노동이라는 블루칼라 공장의 특징을 가지고 있다. 그러나 여성들은 화이트칼라 노동자처럼 하이

들이 모여서 설립된 기업집단이다. 2019년 12월 래리 페이지와 세르게이 브린은 선다 피차이를 CEO에 임명하면서 임원직에서 사임했다.

*   남아메리카 서인도제도의 독립 섬 국가.

힐을 신고 프로페셔널해 보이는 옷차림을 하고 있다. 그리고 디지털 작업은 비록 루틴화되었을지라도 지식과 지성을 필요로 하며, 전 지구적 노-칼라no-collar 장치의 일부를 이룬다. 마지막으로 그들의 노동은 핑크칼라로서 명시적으로 여성화되어 있다.[29] 오늘날 노동의 스펙트럼——델리의 법률사무소에서 스톡홀름의 편의점까지, 상파울로의 자동차 공장에서 오리건의 반도체 공장까지——은 이 모든 노동 체제들의 교차성으로 특징지어진다. 우리의 논의에서 가장 중요한 것은 경제 전체에 걸쳐서 사회적 생산이 생산 활동(가령 사회적·과학적 지식이나 협동조직, 돌봄의 관계 등을 이용하기)에서나 생산물(이것은 그에 상응해 사회적으로 공유되는 구성요소들을 포함한다)에서나 점점 더 중심적인 것이 되어가고 있다는 점이다.

또 다른 핵심은 금융이 부를 추출하고 축적할 수 있게 하는 사회적 생산의 특징들이 또한 저항과 봉기의 씨앗과 토대를 제공한다는 점을 인식하는 것이다. 우리는 마르크스의 논의를 끌어와 이 양날의 성격이 세 단계의 논리적 과정——추상에서 시작해 사회적 생산을 거쳐 주체성에 이르는——을 거쳐 발전함을 파악할 수 있다. 첫째, 추상. 마르크스에 따르면, 자본과 노동의 경제적 관계는 "노동이 예술/기예의 모든 특징을 잃는 데 비례해서 더 순전하고 적절하게 발전한다. 그 구체적 숙련이 더욱더 추상적이고 무차별적인 어떤 것이 되면 될수록 그리고 점점 더 순전히 추상적 활동이 되면 될수록 말이다."[30] 사회적 생산에서 추상은 여러 면에서 극적으로 증가한다. 예를 들어 노동자들이 지식을 내면화하고 협력을 통해서 지식을 사회적으로 발전시킬 때, 그들의 노동과 그 노동이 생산하는 가치는 더 추상적이 된다.[31] 그러나 마르크스는 장인이 평생 동안 자신의 전문 영역을 수행하면서 가지는 '기예'

의 상실에 대해 어떠한 향수도 갖지 않는다. 특수한 기예나 기술의 상실은 이득이기도 하기 때문이다. 마르크스는 계속해서 이렇게 말한다. "노동은 이런 노동, 저런 노동이 아니라, 순수하고 단순한 노동, 추상적 노동이다. 그 특수한 규정성에 절대적으로 무관심하지만 모든 규정성이 가능하다."[32] 그렇다면 노동의 추상은 공허한 것이 아니라 완전히 충만한 것, 특히 생산의 사회적 성격으로 충만한 것이다. 그리고 생산과정과 가치의 추상성이 더 높아질수록——오늘날은 언어와 코드의 실행에서, 함께함, 협동, 정서적 요소들 등의 비물질적 결합에서——, 자본에 대한 저항과 자본으로부터의 자율이라는 이례적인 잠재력이 생긴다.

둘째, 사회적 생산. 노동의 점점 더 일반화되는 능력은 생산의 사회적이고 공동체적인 성격을 전제한다. 특수한 개별 노동은 처음부터 사회적 노동으로 정립된다. 마르크스의 주장에 따르면, "생산의 사회적 성격이 전제되며, 생산물들의 세계에의 참여, 즉 소비에의 참여는 서로 독립된 노동 혹은 노동생산물의 교환을 통해 매개되지 않는다. 오히려 그것은 개인이 활동하는 사회적 생산조건을 통해서 매개된다."[33] 그렇다면 점점 더 늘어나는 생산과정의 추상은 사회적 관계망, 즉 생산을 가능하게 하는 사회적 관계망에 의존한다. 달리 말해 그것은 공통적인 것이라는 기초에 의존한다. 이런 공통적인 것에는 공유된 지식, 문화형태, 우리의 집단적 실존을 이루는 협력 회로가 포함된다.

마르크스에게 있어 셋째 단계는 이와 같은 사회적 토대를 주체적으로 가동하는 것이다. 자본의 총체성에 맞서는 것은 그와 마찬가지로 총체적이고 추상적인 노동이다. 마르크스가 계속해서 말하길, "노동은 물론 특수한 노동으로서는 주어진 자본을 구성하는 특수한 실체에 상응하기 마련이다. 그러나 **자본 자체**는 그 실체의 모든 특수성에 무관심하기 때문에 그리고 그 특수성들 모두로부터의 추상인 동시에 그 특수성들의 총체이기 때문에 자본에 맞서는 노동도 주체적으로는 동일한 총체성과 추상성을 자체 안에 지니게 된다."[34] 노동이 추상적이고 사회적이라는 사실에 (대개는 실현되지 않은 채 있는) 주체화의 잠재성이 담겨있다. 다만 여기서 총체성에 대한 마르크스의 언급과 '사회적 개인'에 대한 그의 이론에서 동질적이고 획일적으로 통일된 주체성이 작동하고 있다고 전제해서는 안 될 것이다. 대신 생산의 사회적 본성은 차이들에 열려 있는 장을 함의하는데, 이 장에서는 주체성들이 휘발성이 강한 합성$^{volatile\ composition}$을 이뤄내면서 서로 협동하고 또 갈등한다. 공통적인 것은 사회적 생산의 이 수많은 이질적인 주체성들로부터 구성된다.

자본의 공통적인 것에의 접근과 아래로부터의 공통적인 것의 자율적 조직화가 근본적으로 서로 갈라진다는 것은 분명하다. 이러한 갈라짐은 예를 들어 사회 복지의 부문 즉 넓게 보면 교육, 주택, 건강, 아이 및 노인 돌봄, 과학적·의학적 연구 등에서 특히 명백하다. 이 모든 활동들은 자본주의적 척도로 환원될 수 없는 인간적 가치를 지닌다. 이 부문들에서 우리는 생산성에 대한 자본의 이해와 사회적 이해 사이의 점증하는 극명한 격차를 인식할 수 있다. 이 격차는 다시 공통적인 것에 접근하는 방식에서의 차이를 보여준다. 한편으로 공통적인 것으로부터 최대의 이윤이 추출될 수 있다. 다른 한편으로 공통적인 것은 주민이 마음대로 이용할 수 있도록 열려 있다. 더욱이 이러한 격차가 주체적으로는 적대의 선을 구성한다. 마르크스에 따르면,

한편으로, 자본은 부의 창출을 바로 그 목적을 위해 사용되는 노동시간

으로부터 (상대적으로) 독립하기 위하여 과학과 자연의 모든 힘을 살리고 사회적 결합과 사회적 교류의 모든 힘을 살린다. 다른 한편, 자본은 그렇게 창출된 엄청난 사회적 힘들이 노동시간에 의하여 측정되기를 바라고 그 힘들을 이미 창출된 가치를 가치로서 유지하는 데 필요한 한계 안에 가두기를 바란다. 생산력과 사회관계—사회적 개인의 발전의 두 상이한 측면들—은 자본에게 단순한 수단으로 나타난다. 단순히 그 제한된 토대 위에서의 생산을 위한 수단이다. 그러나 실상 이 힘들은 그 토대를 하늘로 날려버릴 물질적 조건들이다.[35]

우리가 주체성들 안에서 작동하는 복수성과 이질성을 강조하게 되면, 상황은 훨씬 더 휘발적이게 된다.

이러한 비물질적·인지적·협동적·사회적인 생산양식의 복수적 차원이 일정한 휘발성을 함의하는 한, 이런 형태의 노동력이 사회 영역 전체에 퍼져 생산에서 헤게모니적으로 되는 경향이 있는 한, 그리고 이 생산과정의 추상화가 공통적인 것의 형태들의 발생을 함의하는 한, 그리하여 공통적인 것의 발생이 한편으로는 자본가에게는 생산자들의 종속subjection을 요구하도록 하면서도 다른 한편으로는 주체화subjectivation를 위한 잠재력을 열어젖히는 한, 그리고 이 모든 것이 사실이라면 자본은 딜레마에 처하게 된다. 만일 자본이 사회에 뛰어들어 사회적 생산의 삶에 긴밀하게 관여한다면, 이는 생산과정을 완전히 가로막게 될 것이다. 따라서 자본은 어쩔 수 없이 극단적이고 폭력적인 화폐 형태로 '멀리서' 자신의 명령을 부과해야 한다. 가치를 금융적 추상으로 구현하는 이러한 사태 전개는 전복적 주체들의 투쟁이라는 관점에서 본다면 확실한 계급 분할을 나타내며, 이는 계급 적대의 원천이 된다. 한쪽에는 금융시장에서 생성되는 이자로 먹고 살며 자신들이 축적한 사유재산에 대한 배타적 접근을 지키려는 사람들이 있다. 다른 쪽에는 집단적 지식과 지성 및 사회적 소통 능력, 돌봄 능력, 협력 능력을 통해 사회적 부를 생산하며, 또한 자신들이 생산한 공통적인 것에 대한 자유롭고 열려 있는 접근을 통해 안전을 추구하려는 사람들이 있다. 전선은 이렇게 형성되어 있다.

:: 사회적 공장의 로지스틱스와 하부구조

우리가 반복해서 말했던 자본주의적 가치 생산은 더 이상 공장 벽 안에서 주로 일어나지 않는다. 가치는 사회의 전 영역 그리고 생산 및 재생산 영역 전체에 걸쳐 있는 사회적 공장에서 생산된다. 그러나 이것으로는 충분하지 않다. 종종 경제적 분석들은 생산에 초점을 둠으로써 유통과 소비에 대한 고찰을 누락하거나 부수적인 것으로 보며, 개별 회사에 집중함으로써 자본의 총순환을 파악하지 못한다. 생산, 유통, 소비를 사회 전체의 수준에서 통합할 수 있는 확장적인 관점이 필요한 것이다.

최근 수십 년간 기업 이론과 그 실천은 점점 더 로지스틱스, 즉 원산지에서 소비지까지 상품과 물류의 흐름을 통제하는 것에 초점을 둠으로써 일정 부분 이러한 요구에 부응하려 했다. 비즈니스 사상가들은 로지스틱스 개념을 주로 군대에서 차용했다. 군수지원이 없어 전선에 도달하는 무기와 식량이 없다면 군대가 싸울 수 없듯이, 로지스틱스가 없어 소비자에게 도달하는 상품이 없다면 경제적 가치는 실현될 수 없다고 말이다. 경영학에서 '로지스틱스 혁명'은 생산 개념을 확장시켰는데, 이는 생산과정의 정점이 상품이 일관작업대 위로 굴러갈 때가 아니라 소비자가 상품을 사용할 때라고 본다. 생산에서 잉여가치를 최대로 창출하는 것뿐만 아니라, 또한 기업은 이러한 과정을 채택하여 운송과 전체 경제 순환에서 비용을 아끼고 낭비를 최소화해 여기서 추가되는 가치를 최대화하고자 했다.[36]

마르크스는 로지스틱스라는 용어를 쓴 것은 아니지만, 사회적 총자본 개념을 제시하면서 그것을 이론화한다. 그는 『자본론』 1권에서 자신의 관점을 개별 자본가의 생산과정에 한정시킨 뒤에, 『자본론』 2권에서는 관점을 유통과 소비를 포함하는 전체 경제 순환에 개방한다. 가령 상품 운송과 정보 전송은 생산과정과 분리 불가능하다. 운송 산업에서는 "가치가 지불되고 소비되는 것이 생산과정 자체이며, 생산물은 그와 분리될 수 없다."[37] 바꿔 말해 운송 산업은 한편으로 재생산이라는 분리된 분야를, 따라서 생산적 자본의 투자를 위한 특정한 영역을 구성한다. 다른 한편 운송 산업은 유통에서 생산과정을 지속하는 것으로 나타난다.[38] 상품들의 공간적 운동은 또한 상품들의 사회적 매개 및 사회적 상호작용을 변화시키면서 그 자체가 생산력이 된다.

마르크스는 사회적 총자본 개념을 발전시키면서 로지스틱스 이론을 한 걸음 더 나아가게 한다. 로지스틱스에 대한 오늘날의 기업 이론가들처럼 그는 한 축으로 생산, 유통, 소비의 회로라는 자본의 사회적 과정을 통한 가치의 지속적인 형태 변형을 강조한다. 그는 여기에 두 번째 축을 덧붙이는데, 우리는 이 축을 따라 관점을 넓혀야 한다. 개별 자본들의 회로가 서로 연결되고 서로를 전제하기 때문에, 우리의 관점을 개별 회사에서 모든 자본들의 총합, 즉 총자본으로 옮겨야 한다. 이 두 팔

혹은 두 축을 포괄하는 것이야말로 사회적 총자본의 운동을 분석하는 데 필수적이다.[39]

이 분석을 완성하기 위해서는 또 다른 요소가 필요하다. 브렛 닐슨과 네드 로지터가 주장했듯이, "비용 및 기타 다른 변수에 기초해서 볼 때, 로지스틱스는 다양한 회사 및 노동력을 찾아내 연결하는 체계 이상의 어떤 것이다. 로지스틱스는 또한 환경과 주체성을 능동적으로 생산한다."[40] 하부구조infrastructure, 즉 인조적 환경 및 법 구조는 노동, 자본, 상품의 흐름을 촉진하고, 로지스틱스와 생산 · 유통 · 소비를 경유하는 사회적 총자본의 운동을 보완한다. 20세기 후반 이래로 수출 가공 지구, 경제 특구, 자유무역 지구, 산업단지, 교통 허브, 국경 지역 산업화 계획* 등과 같은 일련의 '구획된 지구들'은 전 지구적인 경제적 지리학을 특징지었다. 로지스틱스가 중립적이지 않듯이, 하부구조는 비정치적이지 않다. 하부구조는 어떤 흐름은 촉진하고 다른 흐름은 차단하며, 자본 간의 경쟁에 영향을 미치면서도 노동에 맞서 이용되는 도구이다. 구획된 지구들은 통상적으로 법적 예외로 생각되지만, 실제 그것의 위상은 국민국가의 관점으로 볼 때만 예외적이다. 이 지구들은 제국을 형성하는 징후이자 제국의 전 지구적 협치가 출현하

---

* 국경 지역 산업화 계획(border industrial program)은 미국의 국경선에 맞닿아 있는 인근 지역들의 저렴한 노동력을 이용해 '외주 생산'하기 위해 국경 지역을 산업화하는 것을 말한다. 이는 멕시코에서는 흔히 '마킬라도라(Maquiladora)'로 알려진 것으로, 제품을 수출할 경우 해당 제품을 제조하는 데 사용되는 원료 · 부품 · 기계 등을 무관세로 수입할 수 있게 만들어 국내의 노동력과 결합하는 외주 생산 시스템을 지시한다. 멕시코가 대표적이지만, 다른 중남미 국가인 파라과이, 도미니카 공화국, 엘살바도르 등에서도 유사한 제도를 채택하고 있다.

는 징후로, 전 지구적 협치는 일군의 다양한 법적 구조와 경제 구조를 지배한다. 켈러 이스터링에 따르면, 구획된 지구는 "경제적 자유주의의 도구로 극찬받지만", "국가의 관료제를, 국가를 넘어선$^{extra-state}$ 협치, 시장 조작 및 규제라는 훨씬 더 복잡한 층과 맞바꾼다."[41] 질문: 국민국가가 구획된 지구를 지배하는가? 구획된 지구가 국민국가를 지배하는가? 대답: 둘 다 아니다. 제국은 법 형태와 경제 형태들이 서로 얼기설기 연결된 망으로서 출현하고 있다. 어쨌든 하부구조가 없으면, 일군의 특구가 없으면 로지스틱스 영역에서의 자본의 기획은 완전히 실패할 것이다.

사회적 총자본의 두 축을 따라 관점을 이동하는 것, 특히 자본이 사회적 관계라는 인식은 또한 사회 전체를 계급 갈등의 지형으로 인식하는 것을 의미한다. 자본이 로지스틱스 혁명을 실행에 옮길 때, 그것은 실제로 계급 갈등의 지형을 생산 영역을 넘어서 분배와 유통으로 확장시킨다. 가령 데보라 코원은 1970년대에 운송회사들이 표준적인 선박 컨테이너 적재를 채택한 방식, 즉 항만시설의 자동화 및 운송 부문의 규제완화와 함께 미군이 베트남에서 병참지원을 발전시키고 개선시켰던 테크놀로지를 채택한 방식을 설명한 바 있는데, 그녀에 따르면 이러한 로지스틱스 혁신은 항만 노동자들의 대량 해고를 가능하게 만들었으며, "국내의 운송 노동자들에 대한 사회적 전쟁"[42]의 일환으로 진행되어 강력하고 반항적이었던 노동조합들을 무너뜨렸다. 기업은 로지스틱스를 통해 자신의 시야를 생산 지형 너머로 확장하고 그에 개입해서, 한편으로 이윤은 늘어났지만, 동시에 다른 한편으로는 계급 전쟁의 장을 확장했다.

하지만 로지스틱스의 계급전쟁을 이윤의 실현에 자신의 온 관심을 쏟는 자본가의 독자적인 혁신으로 보는 것은 오류일 것이다. 로지스틱스를 통한 자본주의적 발전은 늘 그렇듯 반란을 일으키는 통제할 수 없는 생산 세력에 대한 대응에서 비롯된 것이다. 스테파노 하니와 프레드 모튼은 이러한 대응의 기원을 찾아 근대성이 탄생한 지점까지 거슬러 올라간다. 그들에 따르면 "근대의 로지스틱스는 상품들, 즉 말을 할 수 있는 상품들의 거대한 최초의 이동으로 생겨났다. 그것은 대서양 노예무역 안에서, 대서양의 노예들에 맞서서 설립되었다. …… 〔하지만〕 로지스틱스는 배의 짐칸으로 밀어 넣었던 것들을 억누를 수 없었다."[43] 로지스틱스 혁명 뒤에는 다루기 힘든 주체들, 새로운 반란 형태들이 있다.

로지스틱스의 영역에서 노동 투쟁들은 낡고도 새로운 형태들로 계속해서 나타난다. 〈국제 항만·창고 노동조합〉이 주도한 오클랜드와 미국 서해안 전역에서의 노동 반란들은 항만 투쟁의 오랜 역사를 잇는다. 하지만 노동조합은 디에이치엘[DHL], 아마존, 이케아[IKEA]와 같은 로지스틱스 산업에 고용된 다국적 노동 세력—이들은 대개 이주민들과 높은 여성 비율로 이루어져 있다—대부분을 대의하고 있지 못하다. 하지만 이 노동자들은 창조적인 반란 수단을 계속해서 찾아낸다.[44] 로지스틱스는 노동자가 효과적으로 행동을 조직할 수 있는, 노동자가 어떻게 다른 생산 및 재생산 부문의 노동자와 연계할 수 있는지에 대해 이해하려는 도전을 제기한다.

어셈블리

:: 마르크스주의 논쟁 1: 시초 축적

추출주의는 선형적 진보나 순환적 회귀라는 경제발전의 단순한 역사적 서사에서 벗어난다. 오늘날의 추출주의적 책략은 자본의 모든 과거를 담고 있는 역사 기록보관소와 같은 것을 보여주는데, 여기에는 가치 생산 및 가치 축적의 낡은 형태에서 가장 새로운 형태에 이르는 것과 광범위한 지리적·문화적 차이들과 함께 착취와 통제의 고대적 방식에서 탈근대적 방식에 이르는 것이 포함되어 있다. 현대의 마르크스주의 학자들은 추출주의 시대의 자본주의 발전의 복잡한 시간성을 탐구하기 위해 두 가지 개념, 즉 시초 축적과 형식적 포섭을 발전시키는데, 이때 그들은 발전의 비선형적nonlinear이고 비동시적인nonsynchronous 궤적을 강조한다. 이러한 분석은 또한 유럽중심주의에서 벗어나 있는 마르크스의 사상을 엿보게 하는 데 기여한다. 해리 하루투니언에 따르면, "마르크스를 지방성에서 탈지방화하는 것deprovincialize은 지리적 확장을 수반할 뿐만 아니라, 또한 헤게모니적인 단선주의의 구속에서 벗어나 시간적 가능성의 폭을 넓히는 것을 수반한다."[45] 실제로 지리적이고 시간적인 차이들에 대한 인식은 함께 이루어져야 한다.

마르크스는 자본주의 생산양식 이전에 발생한 폭력적 과정을 시초 축적이라고 명명한다. 이 과정은 자본주의가 시작하는 데 필수적인 과정이며 또한 두 개의 계급을 창출한다. 한편으로 마르크스는 영국에서 어떻게 토지를 사적 소유로 변형한 '인클로저'를 통해 농민들이 땅으로부터 분리돼 노동자 계급으로 변형되는지를 상세히 설명한다. 노동자 계급은 이중적인 의미에서 자유로운데, 즉 그들은 농노와 노예가 그렇듯 생산수단에 속하지 않는다는 점, 그리고 그들 스스로는 생산수단에 접근하지 못한다는 점에서 그러하다. 다른 한편으로 식민주의, 정복, 노예무역 등이 영국의 자본가 계급의 형성에 핵심 계기를 이루었다.[46] 여러 현대 마르크스주의자들은 마르크스가 이 이론에서 선형적인 역사발전과 전 지구적인 지리적 위계를 설정한다고(혹은 적어도 강력하게 암시한다고) 올바르게 비판한다. 마르크스가 보기에는 일단 자본주의 축적이 시작되면 시초 축적은 완성되고 성취된 국면이며, 다른 모든 국가들은 결국 영국이라는 그 시대의 가장 선진적인 자본주의 경제 모델을 따라 시초 축적을 겪어야 하기 때문이다. 이와는 달리 현대 마르크스주의자들은 시초 축적이 전 세계의 자본주의 축적과 나란히 계속되며, 공통적인 것을 울타리치고, 계급 분화를 창출하며, 전 지구적 위계를 산출하는 폭력적 메커니즘을 지속적으로 갱신한다는 점을 강조한다. 특히 신자유주의를 '박탈에 의한 축적'으로 보는 데이비드 하비의 분석은 지속적인 시초 축적의 메커니즘에 대한 가장 영향력 있는 번역이자 재진술이다.[47]

하지만 지속적인 시초 축적 과정을 추출주의의 현대적 양식을 파악할 수 단으로 제시하는 것은 〔자본〕 '외부'의 가치가 추출되고 축적되는 것을 그 '외부'의 본성인 양 혼동하는 경향이 있으며, 특히 사회적 상호작용과 협력이 산출한 공통적인 것의 형태에 대한 추출작용을 보이지 않게 한다는 점에서 위험하다. 달리 말해 우리가 시초 축적을 지속적인 역사적 과정으로 인정하고자 한다면, 우리는 시초 축적이 어떻게 근본적으로 변화하는지에 대해서도 분명히 해야 한다. 오늘날 인클로저 및 추출의 과정은 과거와는 다르며, 오늘날의 금융 소득자는 과거의 지대 소득자와 같지 않다. 더욱이 시초 축적에 대한 규탄이 자본주의 이전 시대에 대한 신화적 유토피아를 창출하는 것——마치 공통적인 것, 평등, 자유가 사회적인 현실을 규정하기라도 했던 것처럼——이 되어서는 안 된다. 그것은 분명 마르크스의 관점이 아니다. 그와는 달리 마르크스는 즉각적으로 세계 곳곳의 자본주의 이전 사회들의 야만적인 지배 형태들을 비난하며, 해방은 과거로의 회귀가 아니라 역사적 과정을 앞으로 밀어붙임으로써만 성취될 수 있다고 주장한다. 시초 축적에 관한 마르크스의 논의는 정치 팸플릿 스타일로 쓰인 일종의 우화로 읽혀야 한다. 왜냐하면 자본주의 이전의 조건은 단지 자본주의 발전의 극적인 폭력을 강조하는 하나의 기원으로서만 기능하기 때문이다.[48]

신자유주의와 그것의 추출 과정을 시초 축적으로 해석하는 것은 축적 방식에만 배타적으로 초점을 둔다는 점에서 또한 위험하다. 그와는 달리 우리는 생산양식의 변화 역시 파악해야 한다. 공통적인 것이 (특히 그것을 추출하는 자의 관점에서 보면) 단지 거기에 이미 존재하여 축적을 위해 이용될 수 있는 부로서 나타날지라도, 공통적인 것(그것의 '자연적' 형태에서조차)은 항상 어느 정도는 사회적 협력의 산물이며, 또한 계급투쟁의 압력에 의해 계속해서 재규정된다. 공통적인 것이 어떻게 수탈되고 축적되는지를 드러내는 것만큼 중요한, 아니 훨씬 더 중요한 것은 그것이 어떻게 사회적으로 생산되는지 탐구하는 것이다. 왜냐하면 바로 거기에서 가장 강력한 저항과 적대의 힘이 발생하기 때문이다.

마르크스의 '형식적 포섭' 개념은, 그것이 생산과정에서의 변화에 초점을 두면서 지리적·시간적 차이들 및 불연속성을 드러내는 한, 시초 축적보다 더 풍부한 개념틀을 제공한다. 마르크스의 설명에 따르면 자본은 그 발전의 일환으로 지역의 비자본주의적 기존 노동 관습(가령 전통적인 사탕수수 수확 방식)에 관여하며, 이를 단지 '형식적으로'만 변형해(예를 들어 노동자들에게 임금을 주는 식으로) 변형해 자본주의적 생산과정으로 가져온다. 그래서 자본 아래로의 노동의 형식적 포섭은 일정 부분 시초 축적에 상응한다. 이어서 마르크스는 자본주의 발전의 특정한 지점에서는 전통적인 노동 관습이 파괴되고 자본주의 생산에 어울리는 새로운 관습이 종종 새로운 기술의 도입을 통해 창출된다고 말한다. 이러한 이행은 자본 아래로의 노동의 형식적 포섭에서 실질적 포섭으로의 이행을 특징짓는데, 그는 이것을 고유한 자본주의 생산양식이라 부른다.[49]

형식적 포섭 개념은 자본주의 경제가 항상 얼마나 많이 선행 경제구성체들의 요소들을 포함하는지를 강조하는 데 특히 유용했다. 따라서 그것은 자본의 발전을 획일적이고 단선적인 단계로 보는 데서 기인하는 정치적인 막다른 길을 피하게 한다. 예를 들어 인도에서 1960년대에 시작된 격렬한 논쟁들에서 공산주의 이론가들의 지배적인 노선은 인도의 농업이 반半봉건적이고 반半식민지적인 형태로 남아 있는 이유는 농민들이 계속해서 지주소작 관계, 항구적인 부채 상태, 그 밖의 자본주의에 선행하는 사회구성체에 전형적인 조건들 하에서 생산하기 때문이라고 주장했다. 봉건주의의 잔재를 진보의 일차적 장애물로 생각하는 것, 그리고 일직선의 자본주의 발전관을 유지하는 것은 공산당 이론가들로 하여금 인도가 자본에 맞서 투쟁하기 이전에 더욱 완전히 자본주의화 되어야 했다는 점을 긍정하게 했다. 프라풀 비드와이가 주장했듯이, "정통 좌파 정당들은 봉건주의와 싸운다는 미명하에 결국 신흥 농업 자본주의 세력들에게 칼자루를 쥐여주었다."[50] 그러한 분석에 맞서서 자이러스 바나지는 인도의 농업이 반半봉건제가 아니라 형식적 포섭에 의해 규정된다고 주장했다. 그의 설명에 따르면, 이러한 개념적 이행의 중요성은 "일국적 규모에서 특유하게 자본주의 생산양식이 부재하다 할지라도, 자본주의적 착취관계는 광범위하고 지배적일 수 있다"[51]는 데에 있다. 바꿔 말해 인도에서는 자본주의적 착취에 맞선 농민 투쟁이 이미 충분히 왕성하고, 그래서 더 완전한 자본주의 사회의 설립을 기다릴 필요가 없다는 것이다. 따라서 형식적 포섭 개념은 우리로 하여금 과거로부터 온 다양한 생산관계들을 병합하는 자본주의적 통제의 복수적 본성과 더불어, 그 안에서 그에 맞서 싸우는 복수적 저항 형태들 모두를 보게 한다.[52] 이 모든 이행들——시초 축적에서 형식적 포섭으로, 형식적 포섭에서 실질적 포섭으로, 그리고 절대적 잉여가치의 축적에서 상대적 잉여가치의 축적으로——은 착취의 새로운 사회적 조직화만이 아니라, 또한 착취에 맞선 새로운 투쟁 형태들에 의해 이루어지며, 이에 상응하여 '포섭된' 노동에 맞서 투쟁하도록 하는 제도의 체계가 만들어진다.

마르크스의 형식적 포섭과 실질적 포섭 개념——그리고 특히 둘 사이의 이행——은 일부 현대 마르크스주의자들에 의해 올바르게 비판된다. 왜냐하면 그 개념들이 지닌 지구의 전 지역에 걸친 선형적인 역사적 단계관은 지역의 차이를 단순한 잔재로 묘사하면서, 결국 지배적인 지역의 모델을 뒤따를 것이라고 보기 때문이다. 그들의 주장은 첫째, 시초 축적에 대한 비판들과 마찬가지로, 우리가 형식적 포섭에서 실질적 포섭에 이르는 모든 목적론적 역사적 궤적을 차단해야 한다는 것이다. 예를 들어 알바로 가르시아 리네라는 원주민 정치의 관점에서, 오늘날의 지구화 과정을 형식적 포섭의 실행에 의해 추동되는 '영구적인 시초 축적'으로 묘사한다.[53] 둘째, 이 저자들은 실질적 포섭은 지리적·문화적 차이들에 무관심한 동질적인 자본주의 사회를 함축하는 반면, 형식적 포섭은 지속적으로 자본의 '외부', 따라서 지역적 관습과 문화에 의지하기 때문에, 문화적 차이와 역사적 차이 모두를 파악하고 그에 개입한다고 주목한다. 해리 하루투니언이 주장하길, 형식적 포섭은 모든 자본주의적 발전의 일반 규칙이며, 실질적 포섭과정과 나란히 존재한다. 형식적 포섭은 현재와 다양한 과거 간의 돌쩌귀로 기능하며, 다양한 사회에서 자본주의적 발전의 다양한 길을 드러낸다.[54]

형식적 포섭 범주는 자본주의적 생산 내부로 포섭된 노동·토지·사회·공동체의 경제적, 문화적 차이들을 드러내면서도 차이들이 영토 및 과거 역사, 특히 식민 역사와 맺는 연관성을 유지한다는 점에서 풍부하다. 하지만 형식적 포섭의 지속에 대해 인식하면서, 실제로 존재하는 실질적 포섭 과정을 놓쳐서는 안 된다. 형식적 포섭에서 실질적 포섭으로의 이행은 결코 형식적 포섭이 끝나지 않는 방식으로 이루어진다. 그것들이 오늘날의 사회에서 함께 나란히 공존한다고 보면 사실상 실질적 포섭이 동질적인 것이 아니라, 자본주의 체제 내부에서 창조되고 재창조되는 차이들로 가득 차 있음이 드러난다.

시초 축적과 형식적 포섭 및 실질적 포섭은 오늘날 다양한 얼굴을 가진─석유와 광물의 추출에서 사회적 협력 및 대중적인 삶형태를 통해 생산된 가치를 금융적으로 포획하는 것에 이르는─추출의 중심성이 어째서 일직선의 역사에서의 진일보한 한걸음이나, 과거로의 순환적 회귀를 가리키지 않는지를 우리가 분명히 이해하게끔 돕는다. 그 대신 현대 마르크스주의 논쟁은 자본주의 발전이 자본주의 이전의 방법이나 낡은 자본주의적 방법을 생산과 통제의 가장 새로운 기술들과 혼합하는 다양한 시간성들에 의해 규정된다는 점을 분명하게 보여준다. 게다가 이 다양한 시간성들에 대한 인식은 전 지구적 틀에서 자본주의적 통제를 구성하고 영구화하는 지리적·사회적·문화적 차이 및 위계를 폭로한다. 이 지점에서 우리의 도전은 이러한 복잡한 지형 위에서 저항과 반란이 어떻게 이미 출현하고 또 출현할 수 있는지를 파악하는 것이다.

11장
화폐가 사회적 관계를 제도화한다

화폐는 가장 널리 퍼져 있는 우리 일상의 실존 형태이지만 가장 적게 이해되는 것 중 하나이다. 화폐란 무엇인가뿐만 아니라 화폐가 어떻게 우리를 지배하는가 역시 파악하기 쉽지 않다. 표준적인 이론들은 화폐를 재화의 교환과 가치의 저장을 용이하게 하는 도구로, 따라서 중립적인 도구로서 제시한다. 이러한 관점에 따르면, 화폐가 권력자에 의해 휘둘려지고 심지어 그들의 권력을 표현할지라도, 화폐 자체는 어떠한 사회적 배치나 계급 구조를 지시하지도, 심지어 선호하지도 않는다. 화폐는 권력이지만, 화폐를 가진 자들이 자신의 의지를 실현하는 데 사용할 수 있다는 의미에서만 그러하다는 것이다.

화폐에 대한 여러 사회·문화적 분석은 화폐가 사회·문화적 관계들에 의해 영향을 받고 신용관계에 의존하며 관습에 의해 수용되는 방식 등을 설명함으로써 화폐에 가정되어 있는 중립성을 복잡하게 만든다. 이 모두가 사실이지만, 더 깊이 관찰하면 화폐가 사회관계에 의해 단지 영향을 받기만 하지 않는다는 점을 알 수 있다. 화폐는 그 자체로 하나의 사회관계이다. 바꿔 말해 화폐와 사회관계 사이의 동학은 외부적이지 않고 내부적이다. 사실 화폐를 그것이 무엇인가가 아니라 그것이 무엇을 行하는가로 정의하는 것이 더 정확하고 유용할 것이다. 말하자면 화폐는 특정한 사회구조를 지시하고 재생산한다. 화폐는 사회관계를, 더 올바르게는 사회적 생산 및 재생산의 관계들을 제도화한다.[1]

화폐에 대한 정의가 화폐가 사회관계를 어떤 식으로 제도화하는가에 달려 있다고 말하는 것은 "계산-화폐Money-of-Account, 즉 그것으로 부채와 가격, 일반적인 구매력이 表現된다는 것이 화폐 이론의 주된 개념이다"[2] 라는 케인즈의 주장에 이미 함축되어 있다. 여기서 '계산-화폐'는 전 사회적 장에서 통용되는 가치 척도 도식을 화폐가 규정한다는 점을 강조한다. 척도가 모든 것에 참된 가치를 배당하는 정직한 계산의 문제에 불과한 것이라면, 화폐는 중립적 도구로 그럴듯하게 생각될 수도 있을 것이다. 하지만 가치가 어떠한 본래적 · 자연적 · 필연적 척도도 갖고 있지 않기 때문에, 나아가 척도의 표준이나 도식이 모든 일련의 사회관계 및 생산양식을 표현하고 재생산하기 때문에, 계산-화폐는 그것이 지닌 척도 기능을 통해 화폐 이론을 사회적 · 정치적 지형에 개방한다. 우리가 앞에서 살펴봤듯이 오늘날과 같이 다양한 금융 도구들이 자본주의적 가치를 측정하는 데 기여하는 시대에는 불안정성이 점점 더 분명하게 나타나며, 또한 그러한 불안정성을 규정하는 사회적 · 정치적 요소들 역시 점점 더 분명하게 나타난다.

하지만 우리가 거기까지 도달하려면, 화폐가 무엇인지 규정할 필요

어셈블리

가 있으며, 아니 더 올바르게는 화폐가 일반적으로 무엇을 행하는지를 규정할 필요가 있다. 화폐가 규정된^{determinate} 사회구성체에, 특히 특정한 생산양식 및 착취양식에 어떻게 스며들었는지를 파악함으로써만 우리는 화폐를 이해할 수 있다.[3] 이런 점에서 화폐의 본질적 본성이란 무엇인가와 같은 문제를 피하고 대신 화폐의 역사를 설명하면서 시작하는 여러 화폐에 관한 논문들은 올바른 직관에 따라 작업하고 있다. 하지만 그들과는 달리 우리는 고대 세계의 동전이나 중세의 은행으로 돌아가는 대신, 자본주의 생산양식 안에서 화폐의 역사, 즉 어떻게 화폐가 다양한 국면을 거치면서 자본주의 사회관계 및 경제 위계를 제도화하고 재생산하는지를 살펴볼 것이다. 마르크스는 자본주의 사회에서 부를 생산하는 것과 부를 화폐 형태로 축적하는 것이 직접적인 관계를 맺고 있다고 생각했다. 이는 대체로는 사실이다. 왜냐하면 "부르주아 사회의 기본적인 전제조건은 노동이 교환가치 즉 화폐를 직접적으로 생산해야만 하기" 때문이다.[4] 그러나 생산양식을 화폐 생산과 연결하는 특정한 관계는 자본주의적 생산의 다양한 국면이나 시기마다 크게 변동한다.

:: 화폐란 무엇이고, 그것은 어떻게 지배하는가?

화폐란 무엇인가(그리고 더 중요하게는 화폐는 무엇을 행하는가)에 대한 분명한 관점을 얻는 유일한 방법은, 화폐를 둘러싼 사회관계 및 생산관계를 연결하는 상응 형태들의 지도를 그리는 것이다. 이러한 상응 형태들이 생산양식에서의 이행과 나란히 변화하기 때문에 우리는 자본을 세 개의 넓은 국면들로 나누어 개괄하면서 오늘날의 화폐의 역할에 대해 역사적으로 접근하고자 한다. 첫째, 이른바 시초 축적 국면. 우리는 이것을 주로, 유럽에서는 공유지의 수탈과 인클로저를 통해, 유럽이 정복하고 식민화했던 그 밖의 지역에서는 다양한 강탈 형태를 통해 자본이 축적되는 시기로 한정한다. 둘째, 매뉴팩처의 탄생에서 대공업의 지배를 거쳐 전 지구적 경제로 뻗어가는 국면. 셋째, 오늘날의 포스트포드주의 국면. 이 셋째 국면은 세계시장의 실현과 전형적인 금융 추출 형태로 특징지어진다. 카를로 베르첼로네Carlo Vercellone는 이것을 '일반지성의 국면'이라고 부르면서 자본주의 체제 안에서 부의 생산이 이제는 인지노동, 협동노동, 디지털화 그리고 생산의 삶정치적 사회화의 헤게모니로 특징지어진다고 가정한다. 우리는 이 국면을 보다 일반적으로 사회적 생산에 의해 규정되는 것으로 본다. 이 세 개의 국면들은 무한정하게 확장될 수 있는 하나의 지도(실제로는 세 개의 지도들)에 표시되는 최초의 좌표들이다.

다양한 화폐 형태들은 각 시대에서 생산·소비·착취의 특정한 시간성에 상응한다. (1a) 시초 축적 국면에서 노동시간은 대지와 자연세계의 리듬과 연결된다. 어부와 농업생산자의 노동은 밀물과 썰물, 대낮의 빛, 계절 주기, 과업의 시간——암소의 젖을 짜는 시간, 담요의 실을 엮는 시간 등등——으로 측정된다. (2a) 톰슨이 설명했듯이, 산업이 지배하는 시대로의 이행은, 시계의 정확함과 동질적인 단위로 표현되며 노동일에 따라 생산 시기와 재생산 시기로 분할되는 새로운 내부 시간감각을 창출한다.[5] (3a) 새로운 시간감각이 현재의 국면에 나타나는데, 이는 산업적 시간과 시초 축적의 견고한 경계를 없애는 연속적이고 물결치는 시간이다. 오늘날 노동시간과 삶 시간이 점점 더 혼합됨에 따라 노동일의 분할이 무너지고, 우리는 삶의 모든 시간에서 생산적으로 되도록 요구받는다.6 스마트폰을 손에 쥔 당신은 실제로 노동에서 멀어지지 못하거나 시계를 끄지 못한다. 점점 더 많은 사람들이 끊임없이 스마트폰과 접속하면서 일과 여가의 경계를 혼동하며 밤 시간과 잠을 갉아먹는다. 매시간마다 당신은 이메일을 체크하고, 더 싼 신발을 찾고, 업데이트된 뉴스를 읽고, 포르노 사이트를 방문한다. 가치의 포획은 삶의 모든 시간을 감싸는 쪽으로 확대되는 경향이 있다. 우리는 결코 잠들지 않는 전 지구적 체제 안에서 생산하고 소비한다. 조너선 크레리가 말했듯이, 신자유주의의 중단 없는 리듬들 속에서 우리는 계속해서 "시간을 박탈당한다."7 이처럼 변동하는 시간성에 상응해서 오늘날 화폐는, 아마도 1971년 미국의 달러가 금본위제와 분리됨으로써 시작된 '떠다니는' 환율[=변동환율제]로 시작해, 훨씬 더 유동적이게 되었고, 그 척도들은 더 불분명해졌다. 들뢰즈는 이러한 변동을 분석하면서 쓰기를, "아마도 두 사회[훈육사회와 통제사회]의 차이를 최대로 표현하는 것은 화폐일 것이다. 왜냐하면 훈육이 항상 금을 숫자적 표준으로 고정하는 화폐 주조로 되돌아간다면, 통제는 표준적인 일련의 통화에 의해 수립된 비율에 따라 조절되는 떠다니는 환율과 관계되기 때문이다."8 산업적 훈육 국면에서 화폐를 떠받치던 보장 형태들과 단단한 기둥들이 점차 해체되고, 금융 통제 국면에서는 화폐를 붙잡아 두었던 밧줄이 풀린다.

화폐는 각각의 국면에서 상이한 가치 추출 형태들, 즉 상이한 착취 수단들에 상응한다. (1b) 시초 축적 국면에서, 착취물은 공통적인 것의 박탈과 추출을 통해 절대적 잉여가치 형태로 축적되며, 화폐 수준에서는 점유에 기초를 둔 축적에 적합한 표준적인 화폐로서, 즉 권력이 보장하는 고정되고 강력한 척도로서 축적된다. (2b) 매뉴팩처의 탄생에서 부터 산업에 이르는 국면까지 자본이 경제의 주인공이 되며, 착취는 주로 대공업에 집중된 안정적인 노동계급으로부터 상대적 잉여가치를 추출하는 것으로 실행된다. 가족 단위 임금과 복지구조가 노동계급의 재생산을 보장한다. 산업적 관리와 산업사회에 필요한 투자와 신용을 위해 그에 상응하는 화폐가 편성된다. 미국의 뉴딜 시대에는, '연방예금보험'과 같이 투자와 신용에 대한 일련의 국가 보증이 화폐가 산업-계급industrial-class과 타협을 이루는 전형적인 방식이었다.* (3b) 금융자본이 지배하는 포스트포드주의 생산 형태가 출현하는 시기에는 사회적·인지적·삶정치적 착취가 이루어지는데, 이 착취는 불안정한 노동계급뿐만이 아니라 재생산 활동과 새로운 공유지로 규정된 영역으로부터 추출한 삶정치적 잉여가치에 해당하는 것이다. 금융협약에 의해 창출된 화폐는 삶정치적 잉여가치와 지대(금융지대, 소유지대property rent 등)를 연결하고 또한 이전 시기의 모든 보장 형태를 제거한다. 멜린다 쿠퍼는 이를 '그림자 화폐'(즉 그 가치가 형식적으로는 국가에 의해 보증을 받거나 지원받지 못한 화폐)라 부른다. 이전에는 화폐를 보증하는 형태가 고용을 보증하는 형태에 상응한 반면, 이제는 금융과 투기의 화폐적 불안정성이 노동의 불안정에 상응한다.[9]

---

* '연방예금보험(federal deposit insurance)'은 대공황 이후인 1930년대 초 은행들의 도산으로 인한 예금주들의 예치금의 손실분을 보상해 주기 위해 미국 정부에 의해 설립되었으며, 이후 연방준비제도에 가입한 모든 은행들을 대상으로 그들이 보유한 예금 구좌에 대한 보험 가입을 의무화했다. 저자들은 산업자본의 국면에서는 국가가 이렇게 투자와 신용을 보증함으로써 자본(투자와 이윤의 안정성)과 노동(고용과 임금의 안정성) 간의 타협적 절충이 화폐를 통해 이루어졌다고 본다.

또한 이 국면들 각각에서 화폐 형태는 서로 구별되는 가치 추출 양식 및 국면에 상응한다. 따라서 우리는 우리의 지도에 다음을 추가할 수 있다. (1c) 국지적이고 직접적이며, 폭력적인 포획──노동 및 공유지의 박탈──을 포함하는 추출 과정들. (2c) 산업적 착취, 즉 노동일에 비례하여 측정된 가치 추출에 상응하는 추출 형태. (3c) 은행이 만들어낸 금융상품의 유통으로부터의 가치 추출. 이는 생산적인 사회적 협력이 만들어내는 공통적인 부에서 취한 것이다. 착취는 점점 더 그것이 이루어지는 공간적 확장──이 확장은 사회의 모든 곳에서 가치가 추출될 때까지 계속된다──과 나란히 강화된다. 여기서 금융자본은 가치 구성의 물질적 짜임새를 재현한다. 그러나 가치 형성이 전체 사회체계를 함축하는 것과 동일한 정도로, 가치 형태는 삶 형태를 함축한다. 크리스티안 마라치가 말했듯이, 오늘날의 국면에서 화폐는 "하나의 **가치 형태**, 즉 부의 생산과 분배에 기여하는 사회적 활동 형태가 시간이 흐르면서 쌓이게 된 퇴적물이다. …… 따라서 가치 형태로서의 화폐는 관계, 제도, 상징, 아이디어, 경제생활의 산물 등등으로 이루어진 집합이며, 언어적 형태와 물질적 형태 모두에서 '문화'이다. 그 안에는 삶의 끝없는 흐름이 고정되어 있다."[10]

여기서 화폐와 소유의 관계(소유 형태로서의 화폐)가 나타난다. 지배적인 자본주의 소유 형태로의 이행은 화폐 형태를 분명하게 규정하고 또 그에 상응한다. 여러 저자들이 강조하듯이, 자본주의적 화폐는 비인격적이고 이전 가능한 신용이다. 그럼에도 불구하고 우리는 신용-채무 관계의 층위를 넘어서야 하며, 군나르 하인존과 오토 슈타이거가 주장했듯이, 소유로서의 화폐의 일반적 성격을 인식해야 한다. 특히 그들의 용어로 말하자면, 화폐는 '익명화된 재산권'[11]이다. 이러한 정의는 시초 축적 국면의 화폐에서 산업시대의 화폐로의 이행이 지닌 윤곽을 잘 조명해 준다. (1d) 대공업 이전의 지배적인 형태는 부동산, 그중에서 가장 중요한 것은 토지였으며, 이는 최종심급에서는 개인이 주권과 맺은 관계에 기초를 둔다. 이 시대에는 영국의 인클로저 법령과 같은 법 개정과 더불어 토지가 양도 가능해지지만, 장애물이나 저항들도 존재했다. (2d) 그 다음 시대의 소유를 특징짓는 것은 공장 밖으로 흘러넘치는 무수한 상품들과 같은 동산이다. 이와 더불어 화폐는 훨씬 더 비인격적이고, 이동하는 형태를 띤다. (3d) 현재 시대로의 이행은 새로운 지배적 소유 형태를 낳았는데, 이는 익명성과 이동성이라는 특성을 강화한다. 산업 상품의 물질성과 사용의 물리적 제한(즉 희소성의 논리)과는 달리, 코드·이미지·문화생산물·특허·지식 등을 포함하는 오늘날의 지배적 소유 형태는 대체로 비물질적이며 더 중요하게는 무한 복제가 가능하다. 그에 상응하는 화폐의 유동하는 액체적 성격이 (때로는 비트코인과 이더리움과 같은 탈중심화된 실험을 통해) 점점 더 익명화된 디지털 플랫폼 안에서 구현된다.

화폐를 소유 형태로 생각하는 것은 우리로 하여금 정신적 에너지에 대한 착취 양식 및 전유 양식, 그리고 노동자의 두뇌와 같은 인지적 노동력의 전유 양식을 다시 생각하게 한다. 그러나 이러한 노동력 형태는 노동력 구성의 역사적 이행 안에 위치시켜야 한다. (1e) 시초 축적이 일어나는 첫 번째 국면에서는 총 노동력이 공통적인 생존 자원을 수탈당한 뒤에 매뉴팩처와 공장들로 밀어넣어진다. 노동력은 초창기 자본주의의 생산 기계로 흡수되고, 거대한 조련^{dressage}에 복종한다. 이 점에서 노동자의 지성은 에너지를 제공하면서 착취당하는 네발 달린 짐승을 대체하는 '두발 달린 인간'의 단순한 자연적 특성으로 생각되며, 그래서 신체의 조련과 두뇌의 조련이 함께 이루어진다. 물론 우리는 이러한 착취 형태에서 장인 노동자의 노동일이 여전히 여러 가지 측면에서 독립적인 방식으로 관리되고, 그들의 직업에 대한 자부심으로 특징지어진다는 점을 잊어서는 안 된다. 그들의 전문적 독립성은, 산업화가 진전되면서 노동자의 지식이 완전히 기계적인 가치화 과정에 예속될 때까지 제거된다. (2e) 매뉴팩처 노동력의 최초의 대량 결집과 보다 완전한 산업적 대량 결집을 향한 발전(대중노동자의 창출)으로 특징지어지는 다음 국면에서 자본주의 체제는, 노동자의 신체를 더욱 완전하게 예속시킨다. 테일러주의적 방식과 노동의 과학적 조직화는 인지노동을 더욱 전반적으로 흡수한다. 하지만 여기서 착취당하는 노동은 통제에 대립하는 대중으로 나타나기 시작하며, 이 예속된 대중 안에서 새로운 기술적 지식들이 해방된다. 2부에서 살펴봤듯이, 고정자본과 가변자본의 이러한 긴밀한 관계 안에서 대중노동자를 훈육하는 자본가계급의 노력은 허물어지기 시작하며, 특히 노동자의 인지 능력들과 관련해서 보면 더욱 그렇다. (3e) 따라서 포드주의의 사회적 위기, 그리고 더 일반적으로는 선진국에서의 공장 생산의 사회적 위기는 인지노동의 출현에서 야기되는 격변을 드러낸다. 카를로 베르첼로네에 따르면,

이러한 변동에서는 잉여가치 창출 과정의 중심에 놓이는 생산 활동의 조직화가 더 이상 관리자들이 지시하는 기본적 · 반복적인 과업에서 비롯되는 노동생산의 기술적 해체decomposition에 좌우되지 않는다. 대신 생산 활동의 조직화는 갈수록 더 노동의 인지적 조직화에 기반을 두는데, 이 조직화는 노동자들이 생산기획을 실현하면서 연속적인 변화의 동학에 적응하

는 데 집단적으로 동원하는 다양한 지식 블록들의 다가성과 상보성에 기초를 둔다.[12]

여기서 사회관계의 제도화이자 사회적 테크놀로지로서의 화폐는 인지적 노동 양식이 드러내는 추상화와 최대한의 휘발성^{volatility}에 따라야만 한다. (흔히 R&D로 불리는 연구개발의 중심성에 더해) 사회의 '정보화'와 산업의 자동화는 인지노동이 오늘날의 생산시대와 "같은 이름을 갖도록^{eponymous}" 만든다.

또한 화폐는 가치 실현의 다양한 시간성들과 관련해 서술될 수 있다. (1f) 이는 최초의 '공시적' 관계(여기서 가치화는 [부동산의] 점유가 곧바로 화폐로 변형되어 실현된다)에서 출발해, 화폐의 가치화가 점점 더 연장되는 시간 간격 안에서, 그리고 새로운 공유지가 유통되고 점진적으로 가치를 추출하는 과정에서 실현되는 형태로 이동하는 과정을 함축한다. (2f) 점차적으로 공시성은 금융투자에 대한 신용의 시간성으로 대체되며, (3f) 마지막에는 미래 지향적인 금융협약 기획의 시간성으로 대체된다. 다시 말해 포드주의에서 포스트포드주의로의 이행과 관련해 우리는 (포드주의적) 신용 자본이 자본-노동 관계에 입각해 있는──바꿔 말해 물질적 착취관계를 바짝 뒤따르도록 강제되는──반면, 금융 자본은 미래에 투자하는 경향이 있는 기계라는 점을 추가해야 한다. 이 기계는 산업적 가치 실현과 화폐적 가치 실현을 예상하는데, 그에 따라 국가권력이 아니라면 통제 불가능한 더 높은 수준의 위험에 노출된다. 이것은 화폐에 관한 마르크스의 가르침을 입증한다. "말하자면 화폐의 기능적 실존이 화폐의 물질적 실존을 흡수한다."[13]

자본관계와 연결된 화폐가치의 이러한 과정 혹은 흐름과 적대적 관계에 놓여 있기 때문에 계급투쟁 역시 이러한 관계에서 다양하게 형성된다. (1g) 시초 축적 체제에서 대중투쟁은 공유지의 강탈과 대립하며, 프롤레타리아트는 생계 수단과 생존 수단을 찾는다. 대중적 **자크리**[*]이든 소규모의 사보타지 행위이든, 농민문화와 평민문화로부터 출현한 오랜 형태들은 자본주의적 노동의 세계로 도입된다. (2g) 산업생산의 임금체제에서 노동계급은 직접 임금과 간접 임금(즉 복지)의 안전성을 추구하는 '독립변수'로 제시된다. 여기서 파업은 투쟁의 본질적 도구가 되며, 저항의 수단이자 요구를 관철하는 파업의 힘은 노동계급에 의해 지휘되는 정치적 형태를 띤다. 여기서 화폐는 계급투쟁을 매개하는 (케인즈주의적) 기능을 떠맡는다.[**] (3g) 마지막으로 금융자본 체제에서 계급투쟁은 자본주의적 명령이 통일되어 있다는 인식으로부터 생겨나는데, 여기서 자본주의 명령은 사회적이게 되었고, 권력만이 계급투쟁을 매개할 수밖에 없을 정도로 그 명령은 추상된다. 프롤레타리아트——사회적 부를 생산 및 재생산하는 모든 이들——는 순전히 불안정한 역할로 축소되며, 사회적 시민임금을 둘러싼 투쟁에 참여한다. 따라서 사회

---

[*] 한국어 '민란(民亂)'에 가장 가까운 의미인, 자크리(Jacquerie)는 백년전쟁 와중이던 1358년에 프랑스 북부에서 발생한 농민 반란을 말하며, 당시 귀족들이 농민들이나 하인들이 입은 누비로 기운 흰옷을 '자크(jacque)'라고 불렀던 데에서 연원한다. 이후 16-17세기의 농민봉기를 거쳐 19-20세기의 자생적인 노동자 반란들에 이르는 지배자들의 학정에 분노해 일어난 자생적인 폭동을 가리키는 일반명사로 사용되었다. 반란의 계보학의 관점에서 '자크리'의 자생적 조직화에 주목한 것으로, 네그리·하트, 『공통체』, 정남영·윤영광 옮김, 사월의책, 2014, 333-337쪽을 보라.

[**] 케인즈주의의 '완전고용'과 '유효수요 창출'의 약속은 임금상승이나 실업급여, 복지수당과 같은 화폐 형태로 귀결되는데, 그것이 자본에 맞서는 노동자투쟁을 약화시키는 요소로 기능하고 있는 상황을 말하는 것이다.

적 파업은 복지를 유지 및 확대시키기 위해 거대한 사회적 분야들을 동원하는 형태를 띠며, 계급투쟁은 완전히 정치적이게, 더 정확히는 삶정치적이게 된다.[14]

노동의 정치적 형상은, 생디칼리즘[노동조합주의]의 형태에서든 직접적인 정치적 형태에서든 화폐관계 또한 다른 방식으로 규정하는 데 기여한다. (1h) 시초 축적 국면에서 화폐 정책을 주재하는 정부 당국은 노동자 길드와 상호부조 조직들(이 조직들은 봉건영주가 자비와 자선의 행위로 나눠주던 것처럼 잉여를 분배하지 않았다)처럼 국내 시장에 영향을 미쳐, 중상주의 정책과 중농주의적인 자유주의의 정책을 약화시키는 존재들과의 거래를 청산하기 시작했다.* 이 점에서 루이-미셸 르 펠레티에**가 프랑스 혁명 동안 모든 노동조직 형태를 금지한 법은 상징적이다. (2h) 화폐관계의 이러한 동요는 매뉴팩처와 대공업시대로 확장되었다. 노동조합 활동은 이제 의회 수준에서 작용하는 정치조직과 당

---

* 크로포트킨은 중세의 도시들에서 꾸준히 발전한 길드와 상호부조 조직들의 공유지 및 상호부조의 정신이 18세기 중엽부터 어떻게 파괴되기 시작했는지를 분석한 바 있다. "공유지는 계속해서 약탈되었고 농민들은 땅에서 쫓겨나는 신세가 되었다. 다른 곳과 마찬가지로 영국에서도 공동소유의 자취를 철저하게 뿌리뽑는 일이 체계적인 정책의 일환이 되었는데, 시기적으로 특히나 18세기 중엽부터였다. …… 1760년에서 1844년 사이에 통과된 약 4천 개의 법령을 통해 공동 소유제는 철저하게 제거[되었다.]" 이에 대해서는, P. A. 크로포트킨, 『만물은 서로 돕는다』, 김영범 옮김, 르네상스, 2005, 278-279쪽을 보라.

** 파리의 귀족 가문 출신인 루이-미셸 르 펠레티에(Louis-Michel Le Peletier, 1760-1793)는 1789년 파리 의회에 당선되었고, 이후 삼부회의 제2신분을 대표했다. 몽테뉴파(이후 지롱드 당으로 합류)의 일원으로 참여한 프랑스 대혁명 기간 잠시 '제헌국민의회'의 의장을 맡았으며, 루이 16세의 재판을 강행해 사형판결을 받게 했다. 1793년 루이 16세의 사형 전날 암살되었다.

조직들에 구조적으로 연결되어 있어, 산업적 임금구조——직접적으로는 노동자의 임금, 간접적으로는 사회적 소득——에 영향을 미칠 수 있었으며, 그에 따라 자본 자체의 유기적 구성, 즉 불변자본과 가변자본의 관계에 영향을 미칠 수 있었다. 화폐는 제도적 운동에 무관심할 수 없었으며, 케인즈주의적 화폐 정책은 이러한 관계를 규제하려는 시도로 탄생했다. (3h) 마지막으로 화폐 가치가 전 지구적 영역에서 결정됨에 따라 화폐는 다중과 그리고 다양한 사회적 연합체의 끊임없는 운동과 갈등을 겪는다.

일련의 화폐 이론들은 화폐를 창출(발행)하는 권력을 지닌 제도들에 초점을 맞추는데, 자본주의 생산양식의 세 국면 각각에서 이 제도들 간의 조합은 변화하며 그 제도들 가운데 어떤 것이 우선하는지도 변한다. 이러한 관점에서 보면 계급 통치는 지배계급이 대부분의 화폐를 보유할 뿐만 아니라, 주요하게는 그 제도들이 화폐를 창출하는 권력을 갖기 때문에 유지되고 재생산된다. (1i) 시초 축적의 시기에 국가와 은행은 화폐 창출에 대한 독점을 유지한다. 국가는 통화에 대한 통제권을 통해, 더 중요하게는 국가가 세금 채무를 상환하는 것으로 무엇을 허용할 것인지 선언함으로써 화폐를 발행한다. 은행은 처음에는 그들이 보유한 것보다 더 큰 가치를 융자받음으로써 신용 형태로 화폐를 발행한다. 국가와 은행은 가끔씩 경쟁하기도 하지만 또한 화폐를 창출하고 관리하는 과정에서 긴밀히 협력한다. (2i) 시초 축적 국면에서는 국가가 은행에 대한 상대적 통제권을 유지하는 반면, 대공업 국면에서는 이러한 우선권이 역전되는 경향이 있다. 힐퍼딩과 레닌이 인식했듯이, 금융자본의 탄생은 생산을 방향지우고 조정하는 은행의 우위와 상응한다. 또한 이 시기에는 산업 기업이 화폐 창출의 원천이다. 가령 버나드 슈미트는 어떻게 산업이 생산 과정에서 화폐 유통을 통해 화폐를 창출하는지를 설명한다. 피가 순환하면서 영양분을 얻듯이 화폐는 산업 과정을 통해 "풍부해진다." "피는 항상 전과 동일한 피를 순환시키지 않는다. 피는 산소에 의해서 영양분을 얻고, 또 소모된다. 같은 방식으로 사회체 안에서 유통되는 화폐는 통용되는 생산물을 구매할 객관적 힘을 가짐으로써 풍부해지며, 최종적으로 이 제품을 구매함으로써 그 힘을 상실한다."[15] 그러므로 산업 헤게모니 국면에서 화폐의 창출은 국가-은행-기업의 연결에 의해 이뤄진다. (3i) 마지막으로 오늘날의 국면에서 화폐의 창출은 주로 금융 도구들에 의해 규정된다. 금융은 이전의 모든 양태들(국가 보증의 지원을 받는 은행과 기업들)을 총괄하며 더 나아가 그것들에 화폐를 만들어낼 '추출'의 수단을 덧붙인다. 금융 도구는 일정 정도까지는 대출은행들의 방식, 즉 가진 것보다 더 많은 돈을 빌려주는 방식으로 화폐를 산출한다. 불분명한 방식이기는 하지만 어쩌면 더 중요한 점은 금융이 기업의 방식, 즉 사회적으로 생산된 가치를 포획하는 방식으로 화폐를 산출한다는 점이다. 지대 보유 자본에 의한 화폐의 산출은 이윤과 관련된 포획 장치라는 점에서 산업자본과 닮아 있다. 오늘날 금융은 화폐를 창출할 권력을 지닌 다른 자본주의 제도들, 즉 국가, 은행, 기업에 대한 지배를 이뤄냈다.

마지막으로 (비유의 범위를 상당히 넓게 잡아도 괜찮다면) 화폐 형태와 관련해서 상이한 통치 형태들을 제시할 수도 있다. 위에서 얘기한 (h)와 (i)에서 우리는 주로 〔화폐의〕 '내적인' 동학에 집중했는데, 이제 우리는 가능한 한 전 지구적 관점으로 옮겨가야 한다. (1j) 정복과 식민화를 일삼은 군주정은 국가 보증, 폭력적인 화폐 축적에 대한 자본가

어셈블리

계급의 신념, 공유지의 박탈, 그리고 표준 척도로서의 사적 소유에 대한 규정 등에 가장 잘 부합하는 통치 형태였다. 이 국면에서 유럽 열강들의 화폐는 확실히 기니와 포토시의 광산에서 훔쳐온 금과 은에 의지했을 뿐만 아니라, 노예무역, 노예제 생산, 원주민 학살을 통한 토지수탈, 그리고 그 밖의 여러 야만적인 방식들에 의지했다. 이 국면에서 화폐로 쓰였던 금괴에는 금과 피가 같은 비율로 섞여 있었다. (2j) 매뉴팩처 및 산업의 축적 국면에서 제국주의 체제와 결혼한 자본주의 귀족정은 정치적·사회적 매개의 생산적 구축을 위해 기능하는 신용 화폐나 투자 화폐의 통제에 상응한다. 이 국면의 귀족정은 시초 축적의 군주정 못지않게 야만적이고 또 피를 뿌리지만, 그들의 폭력은 다른 형태를 띠는 경향이 있다. 아메리카 지역의 노예 농장은 오랜 기간 동안 유럽의 공장 설립과 공존했다. 여러 가지 점에서 농장은 산업적인 노동조직과 그것의 훈육 장치를 위한 시험대이자 청사진을 제공했다. 제국주의 체제는 세계의 지배 지역에서의 산업적 착취와 종속 지역에서의 다양한 야만적인 방식 사이에 무수한 분리와 상응을 만들어냈다. 선진국의 '건전한 화폐'와 화폐의 품질 보장은 금 보유에 의존할 뿐만 아니라, 산업과 제국주의가 뒤얽혀 있는 훈육 체제가 추출한 가치에 의존한다. (3j) 마지막으로 오늘날 전 지구적 협치 형태, 즉 분산되고 다층적인 제국이 화폐를 하나의 삶형태이자 노동과 착취의 삶정치적 제도로 조직하면서 (그리고 계급사회의 재생산에 필수적인 정치적 통제를 확립하면서) 출현하고 있다. 국민국가, 특히 선진국은 협치 형태의 출현에서 핵심적인 기능을 수행하면서 다자간 협력에 동참하고 있다 해도 자신이 주권 통제를 행사할 수는 없다. 대신 오늘날 금융시장은 세계화폐에 근접하는 어떤 것을 만들어내는 열쇠이자, 사회생활 전체에서 생산된 가치를 창출하는 열쇠이다.

아래의 표가 개괄하는 것은 변화하는 화폐 형태들이 제도화하고 있
는 사회적 관계이다.

자본주의적 화폐의 사회적 관계들

	1. 시초 축적	2. 매뉴팩처와 대공업	3. 사회적 생산
a. 생산의 시간성	자연적 리듬과 과업에 따른 노동시간	노동일의 분할과 시계시간	멈추지 않는 전 지구적 체계의 24/7 시간
b. 가치형태	절대적 잉여가치	상대적 잉여가치	삶정치적 잉여가치
c. 추출양식	정복과 박탈로서의 추출	산업적 착취와 식민지 추출	공통적인 것의 전유로서의 추출
d. 소유형태	부동산	동산	복제 가능한 재산
e. 노동력의 구성	장인노동과 일반적 노동의 조련	매뉴팩처와 산업노동의 과학적 조직화	사회적 노동과 인지노동
f. 실현의 시간성	가치의 공시적 실현	포드주의적 신용 체제의 시간성	미래로 투사된 금융 실현
g. 계급투쟁 형태	대중투쟁 혹은 자크리	노동계급투쟁과 파업	삶정치적 계급투쟁과 사회적 파업
h. 적대적인 정치 조직화 형태	길드와 상호부조 조직들	노동조합과 당	사회적 연합체
I. 화폐 창출의 원천	국립은행의 화폐 창출	국립은행과 기업의 화폐 창출	금융에 의한 화폐 창출
j. 협치 형태	식민지적 군주정과 주권	제국주의적 과두정과 훈육	제국과 삶정치적 통제

:: 객관정신

게오르그 짐멜은 자신의 사회학적인 화폐 분석에서 화폐의 비인격적(즉 객관적) 성격과 화폐의 사회적 일반성을 강조한다. '화폐는 객관정신, 즉 객관적인 영혼이다.' 그것의 헤겔주의적 외피를 벗기면, 이러한 정식은 화폐가 사회관계들의 구조를 제도화한다는 것을 의미한다. 즉 정신은 사회구조를 지시한다. 제도적이고 구조적인 사회구성체를 지시하는 것은 주관정신보다는 오히려 객관정신이다. 따라서 짐멜의 정식은 산업자본 시대의 화폐를 전 사회적 영역을 구조화하는 하나의 제도로 해석하는 전통과 궤를 같이 하며, 그 전통을 훌륭하게 요약한다.[16]

짐멜은 완전히 '물화된' 세계, 즉 상품들의 지평으로 환원된 세계 안에서 자신의 연구를 발전시킨 최초의 철학자일 것이다. 그리고 그는 유물론의 용어로 그것을 해냈다. 항상 정신적인 사회적 흐름을 떠올린 베르그송도, 사물화를 구원될 수 없는 존재와 연결시킨 하이데거도 그렇게 하지 않았다. 짐멜은 화폐가 삶의 지평이 된, 즉 인간적 교류의 체험이 된 당대의 조건을 인식한다. 그래서 그는 화폐의 객관적 형상을 사회적 분업의 척도로, 그리고 사회 전체에 대한 척도로 규정한다. 루카치와 아도르노같이 그를 뒤따른 몇몇 저자들은 이 이미지를 발전시키는데, 그들은 화폐가 사회 전체에 드리운 그림자를 훨씬 넘어서서 사물화 개념을 확대 및 심화시켜 자연의 사물화와 문명의 사물화 모두를 분석한다. 우리는 복잡한 기능으로서의 화폐에 대한 이러한 특정한 규정을 사회적 실재에 대한 분석, 공장과 메트로폴리스에 대한 분석, 시장과 그 국가조직에 대한 분석과 연결시킴으로써 곧 이 문제로 되돌아올 것이다.

짐멜의 돈의 사회학에 대한 한 가지 놀라운 측면은 그가 가치의 흐름 및 그 변형들을 주체성의 동학으로 파악함으로써, 대공업에서 새로운 삶정치적 축적 형태로의 이행이 지닌 핵심적 측면을 예측하려 한 방식에 있다. 루카치, 벤야민, 크라카우어와 같이 20세기 초반 파리와 베를린의 한가운데에 살았던 여러 저자들은 다양한 방식으로 금융자본의 사회적 형태들을 해석할 수 있었으나, 짐멜은 또한 그것의 미래적 변형들의 씨앗을 읽어낼 수 있었다. 그는 비극적으로 상품화된 한 사회에서의 화폐권력을 예상하지만, 그 사회에는 주체성의 생산도 스며들어 있다. "따라서 노동이 상품이 되는 과정은 지대한 영향을 가져오는 분화 과정의 유일한 한 가지 측면이다. 그에 따라 인격성의 특정한 내용들은 그 내용들로 하여금 인격성을 독립적인 특성과 동학을 지닌 대상들로 마주하게 하기 위해 분리된다."[17] 짐멜은 화폐경제의 확장뿐만이 아니라, 그와 나란히 지식생산과 인지적 생산의 늘어나는 사회적 역할도 강조한다. "이러한 삶의 형식은 정신적 과정들의 비상한 확장을 전제할 뿐만 아니라 …… 또한 정신적 과정들의 강화, 즉 문화가 근본적으로 지성으로 전환하는 것을 전제한다. 삶이 본질적으로 지성 능력에 기초하고 있으며, 또한 지적 능력이 우리의 정신적 에너지들 가운데, 실천적 삶에서 가장 가치 있는 것으로 받아들여진다는 생각은 화폐경제의 성장과 보조를 같이 한다." 따라서 경제적 가치는 주체적이면서 지성적으로 발전하는 사회세계를 반영하면서 그것을 변형한다. 즉 경제적 가치는 주체적 가치들을 객체화한다. 화폐는 "일반적인 실존 형식의 사물화이며, 그에 따라 사물들은 자신들의 의미를 그들 서로가 맺는 관계로부터 끌어낸다."[18]

그러나 이러한 객체화와 사물화의 과정들은 사회적 장을 평면으로 만들지 않는다. 대신 사회는 경제적인 것, 상품, 화폐의 압력들, 특이한 주체성들의 출현, 삶의 형태들 간의 지속적인 놀이로 특징지어진다. 도시를 사물화의 지대^{zone}로 인식할 때, 짐멜은 (유사한 방식으로 도시를 연구한 다른 두 명의 저자들인 앙리 르페브르, 데이비드 하비처럼) 도시가 창백하고 생기 없고 혹은 무표정한 콘텍스트가 아니라, 지배의 무게 하에서도 삶이 중단되지 않는 촘촘한 조직으로 인식한다. 물화된 도시는 살아 있고, 복수적이며, 변증법적인 관계들 및 효과들의 세계이며, 그것의 괴물스러운 표면에는 저항하는 삶의 형태들이 활동한다. 프리츠 랑의 〈메트로폴리스〉보다는 테리 길리엄의 〈브라질〉이 이에 더 가까울 것이다.

짐멜은 때로는 금융자본과 그것의 삶의 스타일을 찬양한다. 그의 주장에 따르면, 화폐 지불은 "개인적 자유와 가장 일치하는 형태"이며, 화폐는 "화폐경제와 개인주의 원리들 간의 일반적 관계"를 수립한다.[19] 짐멜이 신비화로 돌아선 것일까? 아마도 그럴 것이다. 그는 자신의 분석적이고 비판적인 관점을 해방의 실천으로 변형할 수 없었다. 루카치는 그를 "진정한 인상주의 철학자"라고 부르면서 정확히 화폐에 대해 그가 넌지시 암시한 견해를 공격한다.[20] 그러나 짐멜이 화폐와 금융을 가끔씩 신비화했다고 해서 그의 분석이 가진 진정한 힘을 못 보아서는 안 된다. 그의 인상주의적 분석은 하나의 직관으로, 아니 더 올바르게는 화폐와 금융이 주체성의 생산으로부터 삶정치적으로 가치를 추출하는 어떤 미래를 예감한 것으로서는 모범적인 것이다.

짐멜이 보기에 화폐는 존재론적 성격을 보유하고 있는데, 이는 어떤 면에서는 화폐가 단지 가치를 계산하거나 저장하기 위한 것만은 아님을 의미한다. 대신 화폐는 노동분업, 사회적 계급들의 분화, 육체성과 지성의 종합, 또는 종속과 자유의 중첩을 다양하게 지시하는 사회적 관계의 현실이다. 거기에는 언제나 존재론적 수준, 즉 역사적으로 규정된 사회적 관계가 존재하며, 화폐는 그로부터 벗어날 수 없다. 사회적 관계를 벗겨낸 화폐란 존재하지 않는다. 화폐는 언제나 사회적 존재라는 옷을 걸치고 있으며, 따라서 언제나 하나의 삶정치적 형상인 것이다.

그러므로 짐멜의 화폐 개념은 사회적 삶의 바깥에서 단지 가치의 전달 수단으로 제시되는 오늘날의 다양한 디지털 통화들에 대한 요구들과 정확히 맞아떨어지지는 않는다. 디지털 통화들이 비록 국가로부터 자율적이고, 알고리즘 기계들에 의해 발생되는 것일지라도, 그것들이 계속해서 지배적인 사회관계를 강화하는 한 오늘날의 다른 화폐 형태들과 내심 다를 게 없을 것이다. 우리가 앞서 논한 정식화에 따르면 새로운 화폐는 새로운 사회관계를 제도화해야 한다. 현재의 디지털 통화들이 이것을 할 수는 없겠지만, 그럼에도 불구하고 우리는 디지털 통화들이 종종 불러일으키는 벼락부자의 꿈과 열광에서 근본적으로 새로운 사회를 지시하고 표현할 수 있는 화폐에 대한 유토피아적 욕망을 읽어내야 한다.[21]

이 지점에서 우리는 짐멜에게 화폐가 권력관계로부터 자유로운가 아닌가를 물어야 한다. 그는 이른바 사회학적 탐구의 중립성에 취해 이 문제를 실제로 제기하진 않았던 것 같다. 그러나 화폐의 세속적 현실을 아주 깊이 연구했던 사람이자 우리로 하여금 (존재론적 관점에서) 이해와 분류의 노력을 강화하게 했던 사람에게서, 길들여지지 않은 비판적 정신이 있었음을 인식하는 일은 쉽다. 그의 비판적 정신은 화폐-물신화 관계를 선명하게 파악했기에 이 문제를 회피하지 않았을 터이니 말이다.

짐멜과 마찬가지로 데이비드 하비도 화폐를 가장 일반적으로 인식되는 사회적 가치로 이해한다.[22] 짐멜의 분석이 객관정신은 구조화되고 제도화된 세계이며, 이런 세계에서 화폐에 의해 해석된 관계는 자연을 메트로폴리스로, 즉 함께 있는 주체들의 생산적 기계라는 객관적 영혼으로 대체했다는 사실에 머물러 있는 반면, 하비는 한 걸음 더 나아가 짐멜이 대면하려 하지 않았던 권력관계의 결과들을 그려낸다. 그의 주장에 따르면, 화폐는 사회적 노동의 가치를 재현한다고 외치지만, 여러 가지 점에서 그러한 사회적 노동의 가치를 왜곡하고 심지어 위조하기까지 한다. "화폐와 그것이 재현하는 가치 사이의 이러한 간극이 자본의 기본적인 모순을 구성한다."[23] 그래서 그에 따르면 이러한 모순은 자본주의적 사회관계에 맞서는 투쟁을 창출하고, 그래서 결국 대안을 창출할 잠재적인 출발점이 된다.

:: 사적 소유와 그 탈물질화에 대하여

오늘날 소유의 지배적 형상들——저작권과 특허권에 의해 보호되곤 하는 코드 · 이미지 · 정보 · 지식 · 문화생산물과 같은——은 대체로 비물질적이며 복제 가능하다. 소유의 이러한 탈물질화^{dematerialization}는 화폐의 탈물질화와 나란히 나아가는 것처럼 보인다. 그렇지만 형태와 관련해서 탈물질화되는 것으로 보이는 것이 관계와 관련해서는 훨씬 덜 탈물질화된다(아니 전혀 탈물질화되지 않는다). 이것들은 사실상 사회질서를 규정하는 실체이다.

군나르 하인존과 오토 슈타이거는 소유관계의 체제가 화폐 형태의 변형 속에서 얼마나 중심적으로 남아 있는지를 강조한다. 그들의 주장에 따르면, 화폐는 신용만으로는 이해될 수 없다. "화폐는 신용계약으로 창출되지만 화폐 자체는 신용이 아니다." 그들은 그 대신 우리가 앞에서 주목했듯이, 화폐 자체는 '익명화된 소유권'이라고 주장한다.[24] 화폐를 소유권으로 인식하는 것은 화폐가 그 형태만을 생각할 때에는 탈물질화되는 것으로 보임에도 불구하고 어떻게 물질화되는지를 밝히기 때문에 중요하다. 하인존과 슈타이거에 따르면, 여기서 화폐 형태는 관계로 흡수된다. 즉 화폐의 역사를 그것의 단순한 형식적인 실존에서 떼어내 그 대신 가치의 해석 및 보증자로 간주하는 것이다. 그와 동시에 화폐와 소유는 (누군가 화폐 소유자에게 있어 소유란 최종심급에서의 피난처라고 생각할 때처럼) 시장 및 그것의 변동과 분리될 수 없다. 사실상 화폐는 어떤 특정한 소유권이 아니다. 그것은 익명화된 권리이며, 이런 식으로 화폐는 전체 소유관계 체제를 지시(그리고 재생산)한다. 화폐는 소유의 물질적 형상을 재생산한다기보다, 사법私法(혹은 사적 소유, 계약, 신용, 그리고 개인의 권리 등)의 사회를 실존하게 하는 일련의 조건들을 재생산한다. 이 사법의 사회는 개인들이 서로 얽히고 설켜 있는 사회질서의 제도적 구조로 이해된다.

질서자유주의 경제학자들과 신자유주의 경제학자들은 대체로 이들과 대립적인 관점을 취하면서 권리로서의 소유에서 관계로서의 소유로 이행할 가능성에 대해 반박한다. (따라서 그들은 소유-제도-화폐 관계에 대한 실체주의적 관점을 유지한다.) 이러한 질서자유주의적 입장은 2차 대전 이후 독일 경제학을 지배했으며, 또한 EU의 구성에서 중심적이었다. 그러나 그들은 서로 충돌하는 주장을 제시하는데, 왜냐하면 한편으로는 시장의 절대적 우위, 능동적인 소유, 호모 에코노미쿠스를 긍정하면서, 다른 한편으로는 국가가 궁극적으로 소유관계를 보증하고 지원한다고 주장하기 때문이다. 소유가 시민권으로 나타나는 반면, 소유관계와 시장질서는 사회관계나 계급들 간의 권력관계와는 독립해서 만들어진다. '독립적인' 중앙은행은 이러한 시장질서의 화폐 척도를 보장한다. 이것이 분명 논쟁적인 이데올로기적 주장이기는 하지만 정치적으로 강력하며, 그래서 우리가 논했듯이 20세기 후반부에 유럽과 세계 곳

어셈블리

곳에서 실현되었다. 이러한 맥락에서 소유——여기에서 질서자유주의는 신자유주의와의 깊은 유대를 드러낸다——는 하나의 '권리'일 뿐만 아니라, 또한 '권리들의 영역', 가치의 일반적 규칙, 사회적 삶의 조직화이기도 하다.[25] 질서자유주의에서 이러한 이데올로기적 명제는 소유와 기업을 지원하는 정치적 기획에 의해 정당화되며, 이는 소규모 농업 소유에 관한 몇몇 반동적 굴절들, 가령 빌헬름 뢰프케가 말한 "정치경제학의 소작농적 마디"와 함께 이뤄진다.[26] 이러한 화폐의 물질화(뢰프케에게는 심지어 자연화)는 오늘날 아주 구식으로 들린다!

훨씬 더 효과적이고 또 오늘날의 관점과 가까운 것은 발터 오이켄 Walter Euken의 소유관이다. 그는 프라이부르크의 질서자유주의 학파의 창시자이며, 그의 철학사상은 에드문트 후설의 '지향 논리'에 기초한다. 오이켄의 제도주의는 소유와 시장이 자연으로부터 발흥되어 안전에 대한 요구와 제도들에 대한 신뢰가 균형을 이루는 '존재론적' 차원에서 구성된다는 전제에 근거한다. (질서자유주의의 또 다른 특징적 요소——특히 프라이부르크 학파에서의——는 철학자들과 경제학자들 및 법학자들의 작업을 한데 결합하여 일관적인 이론적 복합체를 구성한다는 데 있다.) 소유와 시장이라는 입헌적 질서는 극복할 수 없는 지평이 되며, 국가는 '경쟁 질서의 수호자'가 된다. 따라서 질서자유주의는 국가와 화폐가치를 보장하는 독립적인 중앙은행이 제도적으로 지원하는 사적 소유의 이론이 된다. 이 마지막 지점에서 오이켄과 하이에크 사이의 분열이 일어났으며, 결과적으로 질서자유주의와 신자유주의가 분리되었다. (그들은 이후 함께 몽 페를랭 협회*에서 시시덕거렸다.) 하지만 이러한

---

* 몽 페를랭 협회(Mont Pellerin Society)는 1947년, 하이에크가 마르크스주의와 케인즈

분열에도 불구하고 그들은 여전히 공통의 교의, 즉 사적 소유의 절대적 방어를 공유하며, 단지 목표를 실현하는 수단에 차이가 있을 뿐이다.[27]

화폐의 점진적인 '탈물질화'에서 핵심적인 역사적 계기는 1971년 달러를 금본위제로부터 분리시킨 미국의 결정, 이른바 닉슨 쇼크였다. 이것은 자유시장 자유주의와 국제 화폐 질서가 얼마나 환영에 불과했던가를 입증했다. 달러는 전 지구적 표준이 되었고, 달러의 늘어난 권력은 미국의 화폐 통제가 제국적으로 구현되는 것을 도왔다. 이러한 소유와 화폐의 모든 '실재적' 관계의 틀에서는 더 이상 어떤 가면도 없으며, 소유와 화폐의 평형 상태를 유지하기 위한 어떠한 기초도 없고, 정치적 명령의 역사적 발전과 독립된 고정되거나 '자연적인' 규칙도 없다.

이 새로운 시대에는 화폐 위기가 불가피하게 확산될 것이며, 우리는 다음 절에서 이 위기들로 되돌아올 것이다. 그것은 화폐의 사적 소유로부터의 도주일 뿐만 아니라, 국민국가가 화폐 가치와 (소유관계를 포함하는) 사회관계 사이에 확립했던 바로 그 평형 상태들로부터의 도주처럼 보인다. 평형 상태가 사라지면, 명령만이 남게 된다. 오늘날 이러한 명령이 구현된 경제의 금융화는 점점 더 전 지구적이 된다. 화폐 공학은 유체역학을 은행제도에 부과한다. 이러한 토대 위에서 21세기의 첫 10년간 서브프라임 거품의 폭발을 낳았던 부채의 '증권화/유동화 securitization'와 같은 왜곡된 현상들이 발생한다. 지칠 줄 모르는 금융화에 의해 추동된 이러한 사건들은 아주 광범위하고 지속적이어서, 그것들

주의에 맞서 고전적 자유주의의 가치를 옹호하기 위해 만든 국제 단체이다. 하이에크, 루드비히 폰 미제스, 밀턴 프리드먼, 프랭크 나이트와 같은 (신)자유주의 경제학자들과 칼 포퍼 등이 참여했다.

은 화폐와 가치의 안정적 관계를 재배열하고 재확립하려는 모든 시도를 무너뜨리며 어떠한 비상구도 없는 악순환을 낳는다. 크리스티안 마라치가 주장했듯이, 금융화는 더 이상 경제에 기생한다는 식의 일탈적 형태가 아니라, 새로운 가치생산 과정에 맞춰진 경제적 지배적 형태이다. 금융화와 그로부터 비롯된 금융위기들은 사실상 자본축적의 주된 형태가 되었다.[28]

소유의 탈물질화는 또한 학자들이 한 세기 이상 분석했던, '소유자 중심 기업'에서 '경영자 중심 기업'으로의 이행 속에서 인식될 수 있다. 소유권이 한 가문의 손아귀에서 유지되든 여러 주주들 사이에 넓게 퍼져 있든 상관없이, 경영자는 점점 더 많은 통제의 지위를 떠맡는다. 기업가의 기능은 소유와 관련해 자율성을 획득하며, 경영자는 '소유 없는 기업가'로 변형되는데, 이는 기업의 지배적 형상으로 등장한다. 금융의 전 지구화는 이 과정을 더욱 가속화시킨다. 신자유주의적 생산과 축적의 세계는 기업 소유자의 낡은 기능이 아니라 금융의 경영을 필요로 한다. 따라서 기업가 정신은 소유와 모험의 관계를 발전의 핵심으로 여기곤 했던 특징들을 상실한다. 영웅적인 기업 소유자의 전설은, 로크 이래로 이어져온 소유와 모험을 노동과 연결했던 모든 이데올로기적 주장들과 함께 사라져 간다. 금융의 지평에서는 돈이 왕이며, 소유의 탈물질화는 결국 기업을 통제하는 새로운 경영자들에 의해 칭송된다.

사적 소유에 대한 이러한 신자유주의적인(나아가 질서자유주의적인) 정신이 낳은 결과들은 사적 소유가 어느 정도로 그 물질적 토대를 비워 냈는지를 증명한다. 사적 소유가 탈물질화될수록 화폐의 본성은 더욱 더 순수하게 정치적인 것으로 드러난다. 바로 이것이 오늘날 화폐가 어떻게 기능하는지를 이해하려면 더 이상 안정적인 화폐 형태가 아닌, 소유자들과 정치세력 간의 변화하는 관계에 초점을 두어야 하는 이유이다. 그래서 우리는 정치인들과 '존경받는' 경제학자들을 포함하는 미국 우파의 목소리들이 분노에 차서 '연방준비제도*'를 폐지하자고 요구할 때 놀라서는 안 된다. '건전한 화폐'를 방어하자는 그러한 요청들은 이전에 화폐가 제도화되었던 사회질서(그리고 그 질서의 위계들 및 통제 형태들)의 사회적 관계가 자연적이고 필연적이라고 주장하면서 다시 그것으로 돌아가고자 하는 정치적 시도에 불과하다.

:: 위기는 아래로부터 나온다

지금까지 우리는 화폐와 금융의 헤게모니 하에서의 사회적 생산(및 착취)의 자본주의적 변형과 관리를 상대적으로 선형적인 과정으로 분석했다. 그러나 사실 이러한 과정은 스펙터클한 위기들에 의해 중단되는 순환들로 이루어져 있다. 위기는 예측되지 않고 갑작스럽게 시작될지 모르지만, 자본은 항상 재빠르게 그것을 정치적으로 다스리고, 재구조화의 기계를 가동하고자 한다. 위기가 강타한 이후에 자본은 노동자

---

* 연방준비제도(Federal Reserve System)는 미국의 중앙은행 제도로, 1913년 미 의회를 통과한 '연방준비법'에 의해 설립되었다. 대통령이 임명하고 상원이 승인한 이사 7명으로 이루어진 연방준비제도이사회(FRB)에 의해 운영되며, 정부로부터는 독립성을 보장받는다. 가장 중요한 기능은 달러의 발행이며, 그 외에 지급 준비율 변경, 주식 거래에 대한 신용 규제, 가맹 은행의 정기 예금 금리 규제, 연방준비은행의 재할인율을 결정한다. 연방준비은행은 JP모건 등 사립 은행들이 지분 전체를 소유하고 있으며 미국 정부는 관련 지분을 전혀 갖고 있지 않다.

들과 빈자가 돈을 지불하도록 만들기 위해 사회적 · 정치적 지평을 변형한다. 자본은 새로운 자동화를 도입해 생산성과 실업을 증가시킨다. 자본은 직접적이거나 간접적인 형태로 상대적 임금을 낮춤으로써 빈곤을 증가시키며, 빈자의 생존을 위협한다. 자본은 노동자들을 보호했던 법률을 폐지시킨다. 그리고 아마도 가장 중요한 것으로 자본은 공적이거나 공통적인 서비스와 재화를 보다 사유화할 기회로 위기를 이용한다. 재앙 자본주의. 자본은 자신의 사회적 변형에 대한 기획으로 한 걸음 도약하기 위해 위기를 이용한다.[29]

순환과 위기에 대한 신자유주의적 관점은 이전의 자본주의 이론들의 몇몇 요소들을 보존하면서도 새로운 어조를 추가한다. 케인즈가 경기 순환을 사회적 생산의 요소들이 점진적으로 모여드는 과정으로 생각하고, 슘페터가 그러한 집합이 주기적으로 생산구조 및 그 테크놀로지들이 (창조적으로) 파괴되고 재구축되는 조건하에서만 발생한다고 본 반면, 신자유주의적 접근법은 자본주의적 명령이 생산 과정 및 재생산 과정과 더 많이 거리를 두게 할(따라서 추상을 증가시킬) 기회를 추구한다. 불가피하고 연속적인 사회적 갈등의 영역을 특징짓는 생산관계는 자본가들에게는 항상 악몽이었다. 그들은 자신들이 할 수 있는 한, 그러한 갈등들에서 멀리 떨어지기를 소망했다. 그들은 생산이 주식시장의 가치들만을 지시하는 것처럼 꾸며댔으며, 생산 및 재생산 관계가 화폐를 통해서만 그리고 자본가 집단——결국 '독립적인' 중앙은행들!——이 화폐를 통제함으로써만 수립되는 것처럼 꾸며댔다. 역사의 종말이라는 이데올로기와 마찬가지로 이러한 생각이 얼마나 우스꽝스러운가를 이해하기란 쉽다. 그러나 그렇다고 해서 그러한 생각이 반드시 효과적이지 않은 것은 아니다.

신자유주의 이데올로기가 사회적 생산의 영역을 모호하게 만든다 할지라도, 그 위기는 (비록 위로부터 관리되긴 하지만) 항상 아래에서 발생하며, 즉 자본주의 사회 안에 흐르는 적대와 저항 그리고 요구로부터 발생한다는 점을 인식할 필요가 있다. 현재의 위기는 위기가 발생한 방식에 대한 여러 입증 사례 중 하나이다. 지금까지 우리는 단일한 프레임과 장면으로만 신자유주의의 발전을 분석해 왔다. 이제 이 프레임과 장면들이 모여 영화가 완성될 수 있다. 현재의 위기의 기원에 대해 우리는 2007년이 아니라 1970년대까지 거슬러 올라갈 필요가 있는데, 이때가 자본주의 질서를 위협한 오랜 투쟁 순환이 정점에 이른 시기이자 2차 대전 후 케인즈주의적 성장의 평형 상태가 무너진 시기이기 때문이다. 이 시기에 자본은 투쟁에 대응할 방법을 광적으로 탐색하기 시작했다.

1970년대 이미 여러 급진적인 경제학자들(요아힘 히르쉬[Joachim Hirsch], 클라우스 오페, 제임스 오코너, 니코스 풀란차스, 프랑스의 조절학파, 이탈리아의 오페라이스모〔노동자주의자〕들 등)은 위기를 이용하면서 위기에 대응하는 신자유주의의 출현에 대한 비판적 분석을 발전시켰다.[30] 그들은 케인즈주의를 넘어서려고 의도된 일련의 자본주의적 정책들을 검토하고, 경제발전과 대의민주주의를 계속 연결하려는 (헛된) 시도들에 대해 검토했다. 그리고 가장 중요한 것으로 그들은 1960년대와 70년대의 사회적 투쟁들 및 계급투쟁들에 대응하려고 고안된 국가의 조절 메커니즘을 부각시킴으로써 이 위기가 어떻게 탄생했고, 자본가 세력들이 위기를 어떻게 극복하고 관리했는지에 대한 강력한 인식틀을 제공했다. 그들에게 분명했던 것은 위기가 아래로부터 솟아나왔다는 것, 사회적 정의를 위한 요구들(임금과 복지를 늘려달라는 압력을 포함해)의 축적에 의해 추동되었다는 것, 결국 어떠한 해법도 투쟁들의 힘에 근거를 두어야 한다는 것 등이었다.

이 저자들은 특히 화폐 체제에 초점을 두었는데, 자본주의의 대응이 주되게 그것에 집중되었기 때문이다. 예를 들어 1970년대의 인플레이션 전략은 두 가지 주된 결과, 한편에서는 임금을 효과적으로 낮춤으로써 고정 수입에 의존하던 사회 분야들의 빈곤화를, 다른 한편에서는 비지니스와 기업의 채무자 선호를 낳았다. 당시에 라포 베르티가 말했듯이, "자본이 일정한 발전 수준에 도달하면 인플레이션은 발전 과정의 우연적인 동요이거나 비정상적인 현상이 아니라, 자본의 생산 과정 및 재생산 과정 전체의 필수적 양상임이 드러났다."[31] 그리하여 위기는 아래로부터, 투쟁들과 적대적 동학으로부터 발생해 자본주의적 발전을 추동했으며, 그 다음에는 주로 위로부터, 처음에는 인플레이션을 통해, 이후에는 금융화를 통해 통제되었다.

볼프강 슈트렉은 이 저자들의 작업에 기초해서 현재의 위기를 그들과 마찬가지로 아래로부터 발생한 것으로 분석한다. 그는 자본주의적 대응을 시간-구매$^{Zeit-kaufe}$, 즉 시간을 벌어서 위기의 가장 폭력적인 효과들을 지연하려는 시도로 이해한다. 그러나 비록 오늘날의 금융화 과정이 계급투쟁과 사회적 투쟁의 힘을 진정시키려고 도입되었다 할지라도, 결국에는 자본주의라는 배의 방향을 바로잡기보다는 그 위기를 더욱 심화시켰다는 것이다.[32] 슈트렉은 현재의 위기의 발전 및 그에 대한 대응을 다음 3가지 단계로 이해한다. 1970년대 인플레이션 정책들이 지속이 불가능해지고 효과적이지 않게 되었을 때, 그리고 이른바 '재정 국가$^{fiscal state}$'가 세재 수입으로는 노동자운동 및 여러 사회운동들의 요구에 의해 지출을 감당할 수 없을 때, 이 첫 번째 단계는 두 번째 단계로 이행한다. 두 번째 단계에서 국가 부채는 점진적으로 자본주의 체제의 조절 및 재생산을 보장하는 제1의 메커니즘이 된다. 슈트렉이 말했듯, '세금 국가tax state'가 '부채 국가debt state'로 변형되었던 것이다.[33] 국민국가들이 금융시장들에 빚을 지면 질수록, 그들의 주권은 쇠퇴했으며, 그들은 점점 더 채권자들의 국제적 압박과 국제적 통제기관들에 종속되었다. 전 지구적 시장들은 일종의 국제적 '정의'를 국민국가들에게 부과했다. 마지막 단계로 국가들의 부채가 점점 더 늘어나 유지가 불가능해지는 1990년대 초반에 공공 부채가 주로 금융화 과정을 통해 개인의 손으로 이행되었다. 이는 처음에는 위기를 진정시킨 듯이 보였지만 결국 위기를 엄청나게 악화시켰다. 오늘날 전 지구적으로 조직된 금융자본은 그 자신의 주권을 직접적으로 인구들에게 행사할 수 있다. 이 주권은 어떠한 전통적 의미에서도 정당하거나 합법적이지 않지만 그럼에도 불구하고 효과를 발휘하며, 또한 점점 더 경제의 탈정치화와 정치의 탈민주화를 시행한다.

우리는 이 지점까지의 슈트렉의 분석에 폭넓게 동의한다. 인플레이션, 공공 부채, 그리고 사적인 부채 등은 '시간을 벌어' 위기를 지연시키는 여러 메커니즘들이다. 비록 그것들 중 어떤 것도 위기의 토대를 다룰 수는 없다 하더라도 말이다. 그러나 슈트렉은 위기를 일으키는 저항과 반란의 역할을 무게감 있게 분석——그리고 1960년대와 70년대의 계급투쟁과 사회적 투쟁들의 '혁명적' 책임을 인식——해놓고서, 그 뒤로는 저항과 반란을 완전히 추락시킨다. 즉 그의 평가에 따르면 자본주의적 통치에 도전할 수 있는 모든 적대적 주체들은 오늘날 사실상 사라졌다.[34] 노동자 계급이 20세기에 이뤘던 정치적 구성이 아무리 찾아도 발견되지 않는다는 것이 확실하다는 것이다. 그러나 우리는 산노동이

어셈블리

조직화되지 않았고 불안정성으로 축소되었다 할지라도, 여전히 여기에 있고, 나아가 생산이 지성적 · 인지적 · 정동적 · 협동적 관계에서 점점 더 사회적 형태를 취했다는 점을 인식해야 한다. 더욱이 비록 신자유주의가 자신의 통제와 양립가능한 유순한 주체들을 생산하려 애쓴다고는 해도 거기에는 사회적이고 지적인 새로운 주체성들이 계속해서 발생한다. 이 주체성들은 새로운 위기를 생겨나게 할 수 있으며, 궁극적으로는 자본주의적 통제에 도전할 수 있다. 현재의 상황은 새로운 권력관계, 즉 한편에는 사회적 생산에서 발생한 가치를 추출해 축적하는 금융을 통해 조직된 자본주의적 명령이 있고, 다른 편에는 때로는 알아보기가 어렵긴 하지만 그 힘이 실재하는 훨씬 더 사회화된 생산 세력들이 있는 그러한 권력관계에 의해 구성되는 것이다.

자본이 위로부터 위기를 이용하고 관리하는 방식, 그리고 자본이 재앙으로부터 이윤을 얻는 방식을 분석하는 것은 확실히 중요하다. 이러한 분석은 종종 납득할 만한 분노를 일으킨다. 그러나 또한 위기를 아래로부터 읽어내고, 그런 위기를 일으킨 사회세력의 힘을 인식하는 것이 중요하다. 1970년대에서 오늘날에 이르는 위기의 시기 내내 자본은 사회적 대중 및 노동자 투쟁과 싸우거나 그것을 수용하기 위한 새로운 전술들을 발명해 왔으며, 저항세력들 역시 그에 적응해 왔다. 그들 저항세력들은 자신들이 생산하는 가치를 추출하는 모든 메커니즘들에도 불구하고 폭넓은 지식, 사회적 능력, 주체화를 위한 잠재력에 의해 풍부해졌다. 아래로부터 위기를 발생시킨 그와 동일한 세력들은 이제 자본주의의 위기 기계^{crisis machine}를 넘어서 나아갈 수 있어야만 한다. 그들이 이 위기 이야기의 다음 장을 써야 할 것이다.

:: 마르크스주의 논쟁 2: 공황

마르크스주의 저자들은 오랫동안 자본주의 위기(공황)의 본성과 원인에 대해 논쟁해 왔으며, 나아가 위기의 규칙성과 불가피성은 그들이 자본 통제를 비난하는 핵심이었다. 하지만 오늘날의 자본주의 위기는 마르크스 자신이 공식화했으며, 적어도 그들 대다수가 종종 인용했던 초기의 모델과는 잘 맞지 않는다. 사실 마르크스 저작의 다른 측면들이 사회적 생산 및 금융 추출의 시대의 자본의 위기를 해석하는 데 더 유용하다.

위기에 대한 마르크스의 가장 잘 알려진 관점은, 자본주의적 생산과 유통의 무정부적 본성과 그에 따라 생산 과정과 유통 과정을 중단하는 주기적 불균형에 초점을 둔다.[35] 일군의 그의 첫 번째 관찰은 순환의 부분들 중에서, 예를 들어 생산부문과 유통부문에서의 '수평적' 조정 실패들에 주목한다. 어떤 단계에서는 장애물이 전체 체계를 위기에 빠뜨릴 수 있다. 일련의 두 번째 분석은 생산과 소비 간의 '수직적' 불균형에, 즉 과잉생산이나 과소소비로부터 기인한 위기에 초점을 둔다. 이러한 관점에서 보면 자본주의 위기의 궁극적 원인은 끊임없이 생산을 늘리려는 자본의 충동과 결부된 인구(전체 주민)의 빈곤(그리고 그에 따른 소비의 제한된 잠재력)에 있다. 그러한 수평적 붕괴와 수직적 붕괴에 대한 분석은 분명 오늘날 여전히 중요하지만 최근 수십 년간의 위기를 설명하기에는 충분하지 않다. (마르크스주의든 다른 이론이든) 오늘날의 위기 이론은 노동력의 사회화가 확장되는 것과 금융 및 화폐의 통제 증가에 역점을 두어야 한다.

어쩌면 역설적이게도 무수히 비난받았던 이윤율 저하 경향에 대한 마르크스의 이론이 오늘날의 세계에서 일어나는 위기를 더 잘 이해하도록 돕는다. 일반적으로 경제학자들이 이해하고 있는 것처럼, 조야한 객관적 용어들로 보았을 때 위기를 이윤율 저하와 연결하는 것이 특별히 유용한 이론이라고 하기에는 너무 많은 중간 단계들을 전제하는 것은 사실이다. 하지만 우리가 이 법칙을 노동자계급의 관점에서 사회적 적대의 결과로 바라보게 되면, 사태가 조금 다르게 보인다. 이윤율 저하 법칙이 말하고자 한 것은 그 본질상 자본의 발전 과정에서 사회적 평균이윤율이 점진적인 자본 집중에 비례해 저하되는 경향이 있다는 것이다. 즉 생산성을 높이고 노동자의 적대에 노출되는 것을 최소화하기 위해, 기계류와 같은 고정자본에 투하된 가치가 노동에 투하된 가치와 비교해 증가한다는 것이다. 더 높은 수준의 자본 집중이 강제되며, 이는 위기의 조건들을 악화시킨다. 마르크스가 자본주의적 생산의 실질적 한계는 자본 그 자체라고 주장할 때, 그가 의미한 것은 자본주의 위기는 병리적인 것도 우발적인 것도 아닌 자본 발전의 내적 본질이나 내적 경향의 필수적 부분이라는 것이다.

그가 위기를 하나의 법칙으로 생각한다 할지라도, 마르크스는 이 이론에 파국적 함의를 부과하지 않는다. 사실 그는 곧바로 상쇄 경향들을 하나하나 생각하는 쪽으로 나아간다. 그의 관찰이 특별히 유용한 것은 이 법칙에 따른 자본의 중앙집중화가 그와 더불어 생산의 사회화를 야기한다고 보았다는 점이다. 그가 주장하듯이, "생산은 자신의 사적 성격을 상실하며, 하나의 사회적 과정이 된다. 형식적으로가 아니라 실제적인 사실로서. 교환에 종속된 모든 생산이 사회적이라는 점에서 그러한데, 이는 생산자들이 서로에게 의존하고 그들의 노동이 추상적인 사회적 노동으로 나타날 필요성에 기인한다. 왜냐하면 생산수단들이 공동적이고 사회적인 생산수단으로 사용되며, 따라서 그것들이 한 개인의 소유라는 사실에 의해 규정되지 않고, 그것들이 생산과 맺는 관계에 의해 규정되며, 마찬가지로 노동도 사회적 규모로 수행되기 때문이다."[36] 그래서 자본의 중앙집중화는 위기를 키우는 것에 더해 생산의 사회화를 증가시키며, 따라서 사회적 노동력이라는 유령을 불러내는데, 이는 물론 이후에 나타날 위기의 징후이다.

하지만 마르크스의 이윤율 저하론을 오늘날의 위기의 동력에 대한 이론으로 채택하면, 우리는 적어도 두 가지 중요한 난점에 직면하게 된다. 첫번째 난점은 그가 자본(자본은 축적을 함으로써 총이윤율을 창출한다)과 노동력의 전체 대중(즉 사회적 규모에서 착취당하는 다중) 사이에서 가정하는 총체화의 관계이다. 이러한 관점은 전 사회에 대한 착취와 지배의 복수적 형태들뿐 아니라, 이 형태들에 맞서 일어나는 다양한 저항 형태들 역시 가리고 모호하게 하는 경향이 있다. 말하자면 금융자본과 그것의 추출적인 축적 구조들이 사회 전체에 총체화의 망을 드리워서 부자와 빈자, 착취자와 피착취자가 직접적으로 대치하게 만드는 경향이 있으며, 또한 모든 협치의 형태를 예외에 대한 명령으로서 설정하여 끝없는 전쟁과 독재를 낳는다는 점을 인식하는 것은 중요하다. 하지만 금융자본의 총체화 효과를 인식한다고 해서 파국적이거나 종말론적인 예언으로, 그에 따라 극단적 저항 형태로 나아가서는 안 된다. 나아가 우리는 하나의 총체화 과정을 다른 총체화 과정과 만나게 해서도 안 된다. 달리 말해 우리는 획일화된 저항 주체를 창출하기보다는, 오늘날의 상황이 어떻게 금융자본의 통제에 저항하는 다양한 사회적 주체성들이 서로 연합할 수 있는 잠재력을 갖게 하는지를 인식할 필요가 있다.

두 번째 난점은 다중에 의한 고정자본의 재전유와 관련이 있는데, 우리는 앞에서 이것을 분석하고 촉구했던 적이 있다. 그러한 재전유는 그것이 실행될 수 있는 한, 하나의 실재적인 대항 경향을 구성하는데, 이 경향은 생산적인 부를 축적하는 데에 집중하기보다는 오히려 부를 분배한다. 이것은 이윤율 저하 법칙과 모순되지 않고, 오히려 자본주의적 발전(특히 금융 명령의 국면) 안에서 어떻게 저항과 대안 정치의 잠재력이 지속하고 증가하는지를 보여준다. 노동의 구성이 변하고, 또 그것이 기술을 재전유하고, 사회적 협력을 자율적으로 조직할 능력을 가질수록 그것은 또한 윤리적·정치적 수준에서 직접적으로 행동할 잠재력을 획득하며, 또한 사회 창조라는 위엄과 공통적인 것을 생산하는 구성적 즐거움을 제기한다. 다시 말해 이러한 대항 경향은 사회적 투쟁과 계급투쟁의 복수적 실재들을 건드린다.

금융 총체화와 사회적 재전유의 상호교차는 우리가 이전에 언급했던 형식적 포섭과 실질적 포섭 간의 물질적 관계에 새로운 빛을 드리운다. 형식적 포섭은 실질적 포섭의 영역 안에서 그것을 넘어 작용하는 광범위한 현상이다. 즉 그것은 실질적 포섭의 '이전'이기도 하지만 또한 '지속'이자 '이후'이기도 하다. 자본에 의한 사회의 완전한 지배, 즉 실질적 포섭에 맞서 사회적 생산 쪽에서는 재전유 동학을 통해 자유의 생산 및 새로운 사회적 차이들의 출현을 위한 공간을 개방하면서 응수한다. 이것은 정치적 영역에서 새로운 잠재력들을 창출한다. 제도적 자율들, 독립적 주체화의 동학들, 변형적인 창조적 실천들을 통해 발견되는 복잡한 지식들 등등이 그것이다. 이것들은 우리가 3부에서 분석할 잠재력들의 일부이다.

그렇다면 금융자본의 위기는 단지 산업공황의 특징만을 반복하지만은 않는다. 물론 여전히 유통의 위기와 전통적 상품들의 과잉생산의 위기, 그리고 화폐와 금융생산물의 유통의 위기가 있으며, 또 이 모든 위기들은 서로 뒤섞이고 있다. 하지만 오늘날의 위기는 또한 착취와 명령의 관계를 자본이 통제하기 어렵다는 데에서 비롯된다. 사회적·협력적·인지적 생산의 구성적 적대들은 금융자본 내부에서 출현하여 자본의 추출 메커니즘의 심장을 타격한다. 이런 점에서 금융자본은 신경증의 위기가 아니라 편집증의 위기를 겪는다. 사회적·협동적 노동의 기술적 구성이 정치적 몸체를 부여받게 된다면, 금융자본은 아마도 그것을 자신의 절대적 타자로 인식할 것이다.

12장
이음매에서 어긋난 신자유주의적 행정

화폐가 사회관계와 소유관계(그리고 그에 따른 계급 위계)를 제도화하고 재생산한다고 말하는 것은 일종의 편법이다. 화폐와 금융이 스스로의 힘으로 지배하는 것은 아니기 때문이다. 신자유주의적 사회관계와 생산관계는 사회 전체에 퍼져 있는 제도들을 통해 운영되고 관리되어야 한다.

표준적인 설명은 신자유주의적인 행정이 근대 관료제의 위기에서 나왔다고 본다. 일반적으로 받아들여지는 관점에 따르면, 전 지구화 혹은 더 구체적으로 말해 증가하는 자본의 전 지구적 회로들이 국민국가의 주권을 허물어뜨리며, 그로 인해 국가에 기반을 둔 근대 관료제의 행정 제도 및 실천도 불안정하게 만들고 약화시킨다. 금융권력, 사유화 과정, 신자유주의적 행정 제도는 이 공백을 채우며 들어선다. 이를 보완하는 설명은 일국적 주권들 및 근대 행정이 외부에서 공격을 받을 뿐만이 아니라 안에서부터 다양한 형태의 부패를 통해 공동화^{空洞化}되었다고 주장한다. 셸던 월린이 '전도된 전체주의'라 부른 것에 따르면, 기업들은 로비나 기타 합법화된 부패의 형태들을 통해 정부에 대한 통제력을 행사한다. 정부는 은행과 금융을 효과적으로 규제할 수 없을 뿐만 아니라 예산 편성, 공공기반시설 보수, 사회 서비스 제공과 같은 가장 기본적인 행정 조치들조차 취할 수 없다. 요컨대 근대적 행정과 일국적 주권들은 외부로부터 공격을 받았을 수도 있지만, 이미 내부에서 무너지고 있었다는 것이다.[1]

근대적 행정에서 신자유주의적 행정으로의 이행과 관련해 이런 설명들이 유용하긴 하지만, 이들이 전개 과정을 위로부터만 보기 때문에 이들의 시각은 편파적이며, 또한 그 과정에서 일어난 본질적 요소들을 놓치기 쉽다. 8장에서 이미 말했듯이, 근대 행정을 위기에 빠뜨린 진정한 살아 있는 원동력은 아래로부터 나왔다. 그것은 생산적 다중의 창조적이고 협동적인 회로들, 다중의 능력과 지식 및 정보에의 접근성 증가, 그리고 다중의 고정자본의 재전유 등이다. 달리 말해 사람들은 그들 자신의 삶을 함께 경영하는 사회적이고 조직적인 능력을 발전시키기 시작했다. 그렇다면 신자유주의적 행정의 제도들과 실천들을 이해하는 열쇠는 그것을 다중의 저항, 반란, 자유의 기획, 자율 능력에 대한 대응으로 보는 데 있다. 신자유주의적 행정은 근대 관료제를 더 이상 지탱할 수 없게 만드는 에너지와 능력을 봉쇄하고 흡수하기 위해 고안된 무기인 것이다.

:: 신자유주의의 자유

신자유주의 이데올로기는 자유의 찬가를 부르며, 이 점에서 그것은 개인의 자유를 정치적 의제의 중심에 놓는 근대의 보수적이고 자유주의적 전통의 정점에 있다. 이러한 자유에는 사적 소유자의 자유, 정부 통제로부터의 자유, 개별 기업가가 주도권을 행사할 자유 등이 있는데, 이 중 일부는 그저 신비화에 불과하다. 누군가 사적 소유를 자유의 기초로 찬양한다면, 로버트 헤일의 이 말을 기억하라. "정부들이 소유권을 보호한다고 할 때, 그들은 소유에 접근하고 소유를 통제하는 일에서 배제된 모든 자들에게 강제력을 행사하고 있는 중이다." 개인의 수준이 아니라 사회의 수준에서 보면, 일종의 조지 오웰의 역설처럼, 자유는 노예 상태를 의미한다.[2] 마찬가지로 신자유주의자들이 작은 정부라는 설교를 늘어놓을 때, 그 대다수는 재산 보호, 무수한 안보 장치, 국경의 장벽, 군사 프로그램 등에 드는 예산의 증가를 의미하곤 한다. 즉 신자유주의는 자유방임이 아니며 또한 정부 활동이나 강제가 감소되는 것과도 관련이 없다. 푸코에 따르면, "신자유주의 정부의 개입은 다른 체계에서만큼이나 밀도 있고 잦으며 능동적이고 연속적이다."[3] 그래서 정부 활동이나 강제가 결여되고 축소되는 것으로 이해되는 신자유주의의 자유는 대개는 환영이다. 신자유주의의 자유는 다른 방식의 정부 활동이나 강제를 의미할 뿐이다.

하지만 우리는 신자유주의의 신비화된 자유 개념 아래에서 때때로 사회적 자율이라는 실재적 심급이 맥박치고 있음을 감지할 수 있다. 신자유주의는 사막을, 희생양의 바다를 지배하지 않는다는 점을 명심하자. 대신 그것은 역동적인 협동하는 주체성들의 영역을 통제해야 하며,

10장에서 다뤘듯 다양한 추출 형태들을 통해 가치를 포획하는 방식으로 점점 늘어나는 그 주체성들의 자율적인 사회적 생산에 기대서 살아야 한다. 그래서 신자유주의를 이해하려면 이 두 수준 모두를 주시할 필요가 있다.

가령 기업가 정신이라는 신자유주의의 형상들은 신비화로서 이해됨과 동시에 실재적인 자유의 힘들의 징후로서 이해되어야 한다. 푸코의 주장에 따르면, 전통적인 자유주의의 형상인 호모 에코노미쿠스가 신자유주의 하에서는 고전적 자유주의의 교환 파트너가 아니라 기업가로 귀환한다. 즉 호모 에코노미쿠스는 자기의(자기를 경영하는) 기업가이다. 이어서 푸코는 이것이 "사회체나 사회 조직 안에 '기업가' 형태를 일반화하는 것"을 의미한다고 말한다. 개인들이 실제로 고립된 기업가여서가 아니라 "개인의 삶 자체—개인이 자신의 사적 소유와 맺는 관계, 가령 그의 가족, 가정, 보험, 은퇴와 맺는 관계를 포함한—가 그를 일종의 영구적이고 다양한 기업으로 만들어야 하기" 때문이다.[4] 하지만 우리가 보기에 이 기업가 형상은 사실 신자유주의 이데올로그들의 발명품이 아니라 점점 더 자율적으로 되는 사회적 생산 형태들을 굴절된 형태로 해석하고 전유한 것이다. (당신은 푸코의 강의들 전체에 걸쳐 사회를 가로지르는 해방을 위한 저항과 투쟁에 대한 비판적 인식이 때로는 낮은 목소리로 전해지는 것이 들리지 않는가?) 사회조직에서 보이는 기업가 형태의 일반화는 또한 신자유주의와는 정반대방향을, 즉 협동적인 사회적 주체성들의 자유와 자율을 가리킨다. 달리 말하자면, 신자유주의의 호모 에코노미쿠스 이전에 그리고 그 아래에서 우리는 다중의 기업가 정신을 발견한다. 이러한 연결을 인식한다고 해서 결코 자유에 대한 신자유주의의 요구를 정당화하는 것은 아니다. 오히려 이것은 신자유주의에 종속된 저항적 주체성들의 힘을 부각하자는 것이며, 신자유주의적 행정이 어떻게 주체성들을 푸코가 말한 "탁월하게 다스릴 수 있는" 주체들로 만들려 하는지를 강조하자는 것이다.[5]

자기의 기업가가 될 자유 그리고 자신의 삶을 관리할 자유는 실제로는 대부분 불안정성과 가난을 초래한다. 사실 신자유주의 이데올로기의 가장 악질적인 측면은 재산 소유자의 자유나 자본주의적 기업가의 자유에 관한 담론에 있는 것이 아니라, 노동자나 사회 최하층민의 자유를 찬양한다는 점에 있다. 신자유주의의 열광적 신봉자인 피터 드러커는 레이건 행정부가 처음 몇 년간 한 일에 고무되어, 푸코의 강의를 듣고 그의 비판적 목소리를 긍정의 목소리로 오인한 것처럼 이렇게 주장한다. "노동자들이 자기의 기업가가 되는 데 있어 주된 장애는 안정된 평생 보장 직업이다. 따라서 기업가 사회를 만들기 위해서는 노조의 권력이 깨져야 한다. 왜냐하면 노조는 고용을 안정시켜 노동자가 자기 삶을 혁신하고 계속해서 자기를 개조하려는 열정을 위축시킬 테니까." 이와 마찬가지로 그는 계속해서 대학이나 정부기관과 같은 공공 제도들의 영속성도 사회를 안정시켜 자기-혁신의 열정을 위축시키기 때문에 파괴되어야 한다고 주장한다. "이것은 개인들이 점점 더 많이 그들 자신의 끊임없는 교육 및 재교육에, 그들 자신의 자기개발과 커리어에 책임을 져야 한다는 점을 함의한다. …… 개인들이 스스로의 의지로 그들이 노동하는 생애 동안 수많은 '커리어들'을 발견·결정·개발해야 한다는 것이 이제부터는 대전제여야 한다."[6] 신자유주의적 기업가 사회에서 노동자들은 본질적으로 새처럼 자유롭다. 즉 안정된 직업, 복지 서비스, 국가의 지원으로부터 자유롭다. 자신의 불안정한 삶을 최선을 다해 관리할 자유, 그리하여 살아남을 자유라니, 이 얼마나 멋진 위선인가!

일본에서는 점점 늘어나는 불안정 청년 인구를 '프리터[freeter]'(일본어 후리타[furita]는 '자유로운[free]' + '노동자[arbeiter]'의 합성어이다)라 칭하는데, 이 말에는 스스로를 자기의 기업가로 만든 개별 노동자들의 신자유주의적 자유에 대한 씁쓸한 아이러니가 담겨 있다. 일본 언론과 정치인들은 그 어느 때보다도 높은 노동 강도와 사회적 불안정의 책임을 신자유주의적 변형이 아니라 희생자들 자신에게 전가한다. 그들은 청년들이 나쁜 노동 태도를 가지고 있고, 너무 게을러서 안정적인 직장의 고된 노동에 전념하지 못한다고 주장한다. 신자유주의 이데올로기가 제시하는 전도된 현실에서 상상할 수 있는 유일한 자유는 프리터의 자유, 가난과 불안정의 자유이다.[7]

하지만 신자유주의 이데올로기의 조잡한 신비화와 신자유주의 정책의 잔인함에 분노하여 그 아래 놓여 있는 사회적 협동의 동학을 못 보면 안 된다. 자기의 기업가가 되라는 공허한 신자유주의적 훈계로 인해 다중의 기업가 정신을 간과하지는 말자.

신자유주의적 기업가 정신의 특징들은 강박적인 개인들의 자기-관리와 자기-경영에서 다양한 형태로 반복된다. 신자유주의적 행정은 일상생활의 미세한 실천들에서 자기관리를 위한 수단들(셀프 서비스, 셀프 계산대, 셀프 체크인 등)을 제공하고 강제한다. 여러 사례들로 확인되듯이, 회사들은 새로운 테크놀로지들을 통해 소비자들에게 서비스 업무를 위탁시킴으로써 해고할 노동자들의 전체 목록을 만든다. 당신이 직접 가스를 주입하세요! 당신이 직접 비행기표를 구매하세요! 우리 슈퍼마켓은 스스로 체크아웃을 합니다! 당신은 이 모든 것을 스마트폰에 깔린 앱을 통해 할 수 있다. 스팸메일 제거하기, 소프트웨어 업데이트 설치, 셀 수 없이 많은 비밀번호를 만들고 기억하기처럼 단순한 디지털 상호작용조차 지루한 시간을 요구한다. 조너선 크레리에 따르면, "테크놀로지 소비의 리듬은 계속적인 자기경영의 필요와 분리될 수 없다. 모든 새로운 생산물이나 서비스는 그 자체 우리 삶의 관료적 조직화의 본질적 요소로 나타난다. 어느 누구도 실제로 선택한 적이 없는 매일 늘어나는 무수한 루틴들, 필요들이 우리 삶을 구성한다."[8] 당신이 이 모든 것을 원한다는 게 핵심이다. 스스로 하는 게 더 쉽고 빠르기 때문이다.

신자유주의는 가장 낮은 수준에서 '1인 관료제bureaucracy of one'를 창출하는데, 이는 자유와 강제를 구분하기 어려운 개인적 자기관리의 구조이다. 그것은 '액체'처럼 보이며, 아래에서부터 기능하는 보다 탈중심적이고 참여적인 메커니즘에 열려 있다. 하지만 이처럼 참여적이고 유동적인 것으로 보이는 것이 실제로는 위로부터 포획된다. 사회적 생산에서 가치를 추출하는 금융과 자본의 형태들은 생산과 협동의 자주관리와 자기조직화에 의존한다. 베로니카 가고에 따르면, "금융이 읽어내는 것 혹은 포획하려는 것은 기업가적이고 자기관리되는 새로운 노동 형태들의 구조화와 연결된 주체들의 동학으로, 이는 초과 인구나 잉여 인구라는 비난을 받는 가난한 구역들에서 출현한다."[9] 그렇다면 신자유주의의 자유란 부자와 기업들에게는 사회적 책임을 지지 않을 자유이고, 나머지 사람들에게는 당신들의 노예 상태가 실제로는 당신들의 자유 상태라고 설득하는 논리인가? 일정 부분 그렇다. 하지만 보다 실질적인 어떤 것 역시 일어나고 있으며, 이는 아래로부터만 인식될 수 있다. 가고가 제시하듯, 신자유주의 아래에는 자주관리와 협동의 사회적 형태들이 자리하고 있다. 신자유주의는 여기서 나오는 가치를 추출하고자 한다.

물론 우리는 자주관리가 피식민지 민족, 페미니스트, 인종적으로 종속된 이들, 조직된 노동자 등등이 세계 전체에서 벌인 투쟁들의 핵심 요구 중 하나였으며 이것이 1960년대와 1970년대에 정점에 달했다는 점을 기억해야 한다. 이 투쟁들은 사회를 통치 불가능한 것으로 만들고 근대적 행정을 위기에 빠뜨렸을 뿐만 아니라 또한 사회적 조직화와 제도의 대안적 능력을 광범위하게 발전시켰다. 사회적 생산 및 재생산에 대한 공동체 자주관리의 잘 알려진 성공적 실험 사례 몇 가지를 언급하는 것으로 충분할 것이다. 흑표범당의 해방학교와 어린아이들을 위한 무상 아침급식 프로그램,* 가브리엘 콩방디가 창립한 학생과 선생이 교육구조를 함께 관리하는 생-나제르의 실험학교,** 2001년 경제위기 때 소유주에 의해 버려졌다가 노동자들이 되살려 운영한 부에노스아이레스의 바우엔 호텔,*** 『우리 몸, 우리 자신』을 출판한 '보스턴 여성건

---

* 1966년 휴이 뉴튼과 바비 실의 주도로 흑인들에 대한 인종차별과 경찰 폭력, 빈곤 문제 등에 맞서기 위해 설립된 흑표범당은 아이들을 위한 무료 아침급식 프로그램을 포함해, 지역사회의 빈곤한 흑인 계층을 지원하는 '생존 프로그램', 무료 건강진료소, '노년층 보호 기관', 무료 식품 공급 프로그램, '지역 학교' 등을 1970년대 초반까지 운영했다.

** 가브리엘 콩방디(Gabriel Cohn-Bendit, 1936~)—그는 68혁명 당시 독일로 넘어가 운동을 지도했던 다니엘 콩방디(Daniel Cohn-Bendit, 1945~)의 친형이다—는 1960-70년대 사회운동들에서 나타난 실험학교들 및 대학 네트워크들에 영감을 받아 안드레 다니엘(André Daniel)과 함께 1982년 2월 일종의 대안 고등학교인 '생-나제르 실험학교(Lycée experimental de Sainte-Nazaire)'를 설립했다. 학교는 조직구조상 위계를 허용하지 않으며, 그래서 교장, 감독자, 시설관리자 등을 따로 두지 않고 학생과 교사가 학교를 공동운영한다.

*** 아르헨티나 부에노스아이레스에 소재한 '바우엔 호텔(Bauen Hotel)'은 11회 월드컵이 개최되었던 1978년 정부의 보조금을 받아 개장되었다. 이후 군부독재의 정치적 탄압과 경제 정책의 실패로 관광객이 줄어들었고, 주변에 들어선 신규 호텔과의 경쟁에서 밀려났으며, 최종적으로는 2001년 경제위기의 여파(같은 해 12월에는 호텔 내 집단

어셈블리

강 출판부[**] 등. 이 목록은 노동자가 경영하는 공장들, 공동체가 운영하는 진료소 그리고 지난 수십 년간 전 지구 곳곳에서 생겨난 사회생활의 자주관리 및 공동체 조직의 무수한 다른 사례들로 계속 이어진다. 모든 나라, 모든 공동체에 이러한 다중의 기업가 정신의 사례들이 풍부하게 존재한다.

어떤 건 조심스럽고 어떤 건 대담한 이 자율의 기획들을 신자유주의는 직접 공격할 뿐만 아니라 어떤 측면에서는 그들의 원칙들을 왜곡된 형태로 흡수하고 재배치한다. 신자유주의적 전유는 자유와 자주관리 개념을 집단에서 개인의 규모로 축소함으로써, 그리고 다중의 지식과 능력을 포획하고 전유함으로써 발생한다. 여기서도 신자유주의는 추출에 의해 작동한다. 따라서 신자유주의의 자유는 과거의 자유 투쟁들이 남겨놓은, 의미를 잃고 왜곡된 채 되풀이되는 옛 단어 같은 어떤 비밀스런 기호인 것만은 아니다. 그것은 또한 신자유주의적 자유가 포획하고 재배치한 실제로 존재하는 형태의 지식, 자율, 집단적 자주관리를

　총격사건도 벌어졌다)로 문을 닫았다. 2003년 호텔 전 직원이 노동자 자주관리 운동단체인 '전국 사업 회복 운동(Movimiento Nacional de Empresas Recuperadas/MNER)'의 지원을 받아 건물을 점거 및 수리한 후 사업을 재개했다. 협동조합으로 운영되고 있으며, 좌파 활동가들과 노동자 단체들의 회합 장소나 개인 노동자들의 숙식지로 이용되고 있다.

* 　비영리단체인 '보스턴 여성건강 출판부(Boston Women's Health Book Collective)'는 비정기 간행물 『우리 몸, 우리 자신』을 1960년대 후반부터 출판하기 시작했으며, 출판물은 성 건강, 성적 지향, 성 정체성, 피임, 낙태, 임신과 출산, 폭력과 학대, 폐경 등 여성 건강과 성 · 섹슈얼리티 관련 정보를 제공하며, 재생산권, 레즈비언 섹슈얼리티, 성적 독립 등을 다루었다. 재정적 압박으로 인해 2018년 출판물과 웹사이트 업데이트를 중단한다고 발표했다. 관련 내용은 홈페이지 https://www.ourbodiesourselves.org/을 참고하라.

가리키는 지표이기도 하다. 푸코의 말을 명심하라. "권력은 자유로운 주체들에게만, 그리고 그들이 자유로운 한에서만 행사된다."[10] 핵심은 그러한 자유를 찾아내고, 그 자유를 기반으로 다음을 건설하는 것이다.

:: 신자유주의적 행정의 위기 지점들

신자유주의적 행정은 내부 모순들에 의해 쪼개진다. 8장에서 말했듯이, 근대적 행정은 정보에 대한 지식 · 자격 · 접근이 주민/인구에게 일반화되면서 행정 통제의 경계를 넘쳐흐를 때 위기에 처하게 되며, 또한 자신이 계산하는 사회적 요인들이 점점 더 측정 불가능해질 때 무너진다. 행정 조치는 이제 엄밀하게 합리적인 사회적 요인들뿐만이 아니라 정동과 주체성의 생산 및 공통적인 부의 포획에 관여해야 한다. 일국 및 초국적 수준에서 행정 장치와 법 장치들은 점점 더 파편화된다. 안드레아스 피셔-레스카노와 군터 토이브너에 따르면, "법의 파편화는 전 지구적 사회 자체의 보다 근본적이고, 다차원적인 파편화를 순간적으로 반영한 것일 뿐이다."[11] 협치의 한 양태인 신자유주의적 행정이, 흘러넘치고 측정 불가능하고 파편화된 특징들을 부정하지 않으므로, 실제로는 위기가 종식되지 않는다. 정부와 달리 신자유주의적 협치는 복수적이고 유연한 통제 네트워크를 발생시키고 유지하는데, 이는 파편들 사이의 약한 양립 가능성에 의존하는 것이다. 신자유주의적 행정의 핵심은, 그 아래에 있는 생산적인 사회적 장을 궁극적으로 통제하거나 이해하지 못할 때조차, 영속적인 위기의 상태에서 기능하고 명령을 행사하고 가치를 추출하는 능력에 있다.

어셈블리

신자유주의적 행정의 위기 지점들 가운데 첫 번째는 가치 측정을 중심으로 하며, 특히 자본주의 경제에 중심이 되고 있는 사회적·비물질적 생산물과 관련된다. 자본주의 회사들과 근대적 행정이 산업 생산물과 농업 생산물의 가치를 측정하는 데에는 비록 불완전할지라도 간신히 성공하는 반면, 일반적으로 계산에 저항하는 사회적 생산물들에 대해서는 그렇게 하지 못한다. 간호사가 제공하는 돌봄의 가치, 컴퓨터 문제를 해결하는 콜센터 노동자의 지성 가치, 예술가 집단의 문화생산물, 과학 집단이 만들어내는 아이디어 등의 가치를 어떻게 수량화할 수 있겠는가? 공통적인 것의 가치는 일반적으로 계산에 저항하며, 이 모든 사회적 생산의 결과물은 주로 공통적인 것의 특징을 띤다. 이미지·아이디어·지식·코드·음악·정동 등은 다른 사람들이 공유하도록 개방되는 경향이 있고 그것들은 사유재산으로 가둬두기가 어렵다. 오히려 그것들 모두가 사회적 삶의 형태들을 구성한다. 비록 사회적 생산의 산물들을 계산에 넣을 수는 있을지라도, 계산에 넣을 수는 있지만, 그것들의 가치는 책정된 양을 흘러넘친다. 바로 이것이 돌봄 행위나 아이디어에 화폐가치가 책정될 때 당신이 일종의 혐오감을 느끼는 이유이다. 이것은 일하다가 팔을 잃은 것에 대해 보험회사가 화폐 보상을 책정할 때, 기후 회의론자들이 어떤 동물의 멸종이나 해수면 상승을 손익 관계로 계산할 때에도 마찬가지이다. 공통적인 것의 가치는 본성상 측정 너머에 있다.

물론 흘러넘치는 생산적 힘들과 공통적인 것의 측정 불가능한 가치들이 자본의 몰락을 알린다고 말하려는 것이 아니다. 이러한 측정 불가능성을 순화하기 위해 다양한 테크놀로지들이 동원된다. 앞에서 말했듯이, 가령 파생상품들은 미지의 가치에 대한 기준을 제공하고 하나의 자본 형태를 다른 자본 형태로 전환하는 메커니즘을 창출한다. 파생상품들은 측정 불가능한 것에 가치들을 매기고, 그러한 생산물들을 시장에서 거래되게 만든다.

그러나 측정 불가능성을 순화하는 테크놀로지들이 사회적 가치의 추출 및 거래를 용이하게 만들지는 몰라도, 전 지구적 경제의 토대를 성공적으로 안정화시키지 못하며, 오히려 그것을 더욱 휘발성이 강하게 만든다. 매일 아침 신문 경제면에는 잘못된 가치액 산정에 대한 폭로, 집값 거품에 대한 공포, 회계 스캔들, 신용등급 분쟁 등으로 가득하다. 이 불안정은 물론 부분적으로는 은행가, 보험회사, 정치인, 금융업자의 범죄적 행위에 기인하지만, 또한 시스템이 어긋나는 징후이기도 하다. 크리스티안 마라치에 따르면, "새로운 경제는 그 자신의 성공의 열쇠였던 측정 가능성이 위기에 처해 있음을 드러낸다."[12] 경제위기와 금융위기는 예외가 아니라 규칙이 되어가고 있으며, 가치의 불안정성이 그 유발 요인이다. 금융자본의 지배하에서는 사실상 협치와 위기가 모순적이지 않다. 금융은 국가 행정이 더욱 유연하고 가변적으로 되게끔 허용(혹은 강제)하면서 낡은 통치 양식들에게는 낯선 형태의 행정적 조치들을 초래한다. 결과적으로 자본은 위기를 협치의 한 양태로서 채택하는 것이다.

신자유주의적 행정의 두 번째 위기 지점은 정보와 소통에의 접근이다. 권위주의 체제들은 여전히 인터넷 사이트와 소셜미디어에의 접근을 계속해서 통제할 수 있다고 생각한다. 웹사이트의 내용을 차단하고 개인들의 인터넷 접근 및 활동을 감시하려는 중국 정부의 시도가 아마도 가장 규모가 크겠지만, 이란과 사우디아라비아와 같은 다른 여러 나라들도 정부에 위험하다고 간주되는 접근을 차단하려 하며, 언론인들과 블로거들을 감옥에 집어넣거나 그보다 더한 것으로 위협한다.[13] 미국 역시 정부 정보의 방대한 영역을 비밀스럽게 유지하려 하며, 가장 극단적인 것으로는 상시적이고 전면적인 디지털 감시 프로그램들(가령 통화 기록과 웹 검색 조회)이 있다. '계속 소통하시오, 단 우리가 당신을 지켜본다는 걸 아시오.' 비밀유지와 감시는 안보 요구에 의해 정당화된다.

그러나 아무리 댐을 튼튼하게 해도 인터넷 경찰은 항상 새로운 누수에 직면할 것이다. 노트북을 갖고 있는 청소년들은 장애물들을 우회하여 금지된 사이트에 접근하는 방법을 언제나 찾을 것이다. 더욱이 2009년 이란에서 2014년 미국 퍼거슨에 이르는 투쟁들의 순환은 활동가들이 정보와 소통의 도구를 이용하는 새로운 방법을 늘 찾을 것이라는 점을 우리에게 가르쳐줬다. 예를 들어 폴 메이슨은 정보와 소통 도구의 다양한 사용법 몇 가지를 나열한다. "페이스북은 강하지만 유연한 연결을 이루기 위한 비밀 집단이나 공개 집단을 형성하는 데 이용된다. 트위터는 주류 언론의 복잡하고 느린 '뉴스 수집' 활동을 앞질러서 실시간 조직화와 뉴스 전파를 위해 이용된다. 유튜브와 트위터에 연동된 사진 업로드 사이트들(와이프로그, 플리커, 트윗픽 등)은 제기된 주장들에 대한 즉각적인 증거를 제공하는 데 이용된다. 비틀리(bit.ly)와 같은 단축 링크는 트위터를 통해 주요 기사들을 퍼뜨리는 데 이용된다."[14] 물론 이러한 사용법 목록은 이미 구식이 되었고, 우리는 활동가들이 계속해서 통제를 극복하고, 소통과 조직화를 하는 방법을 찾기 위해 새로운 플랫폼들로 실험할 것이라고 확신할 수 있다.

국가 비밀들 역시 가장 강력한 정부들조차 통제가 점점 더 어려워지고 있다. 2013년 첼시 매닝^Chelsea Manning의 군사 기밀문서 유출과 나란히,

에드워드 스노든은 미 국가안보국의 기밀문서를 폭로했는데, 이는 미국의 군대와 안보기관조차 일급 비밀정보를 통제할 수 없음을 보여준다. 미국 정부가 스노든과 매닝에게 가한 무자비한 박해는 통제하는 이들이 자신들이 가진 정보에 대한 장악력이 얼마나 보잘것없다고 느끼는지를 시사한다. 물론 검열을 교란하거나 정보를 유출하는 일이 정보와 소통의 자유에 대립하는 정부 구조를 패퇴시킬 것이라고 가정해서는 안 된다. 신자유주의적 행정은 그러한 폭풍우를 견뎌내기 위해 건설되었다. 또한 이러한 점에서 신자유주의적 행정은 위기관리의 형태로 기능한다.

이주는 신자유주의적 행정의 세 번째 위기 지점을 구성한다. 통제는 충격적이다. 2014년 거의 6천만 명의 사람들——이는 이탈리아나 영국의 인구 규모와 얼추 비슷하다——이 폭력, 박해, 전쟁으로 인해 세계 전역으로 강제로 쫓겨났다.[15] 유엔난민기구의 고등판무관인 안토니오 구레테스^{António Guterres}에 따르면, "지금 분명한 것은 전 지구적인 강제 이주와 그에 요구되는 대응은 이전과 비할 수 없는 규모이다."[16] 물론 수많은 이주민들이 탈주하는 직접적인 원인은 전쟁을 피하는 것이 아닌, 더 나은 경제적·사회적 조건들을 찾는 것에 있다. 오늘날 2억 명이 훌쩍 넘는 사람들이 자신이 출생한 나라의 바깥에서 사는데, 이러한 인구를 포함한다면 그 수는 아예 파악조차 되지 않을 것이다.[17] 심지어 이는 엄청난 수의 국내 이주민들은 제외한 수치이다. 중국에서만 이주 노동자들은 약 2억 3천만 명으로 추산된다.[18] 지구인들 가운데 10분의 1이 이주민들이라고 합리적으로 추산할 수 있다.

상상할 수조차 없는 수의 이주민들과 그들이 겪는 고초의 책임은 각국의 정부와 전 지구적 협치 구조에 있다. 이는 전쟁, 경제적 곤궁, 정

어셈블리

치적 박해가 얼마나 사람들을 살 수 없게 만드는지 보여준다. 대다수 이주민들의 위험하고 고통스러운 여정은 그들이 얼마나 끔찍한 상황에 처해 있는지를 입증한다. 이주민들의 수는 또한 선진국들과 전 지구적 제도들이 어려움에 처한 사람들에게 충분한 정도의 도움을 주는 데 계속해서 실패하고 있음을 보여준다. 이주민들을 사막에서 갈증으로 죽게 내버려두는 미국 국경순찰대의 잔인함은 지중해에서의 이주민의 죽음과 관련해 유럽연합과 그 회원국이 범죄적으로 무대응한 것에 비견된다.

유럽으로의 이주민들의 유입이 2015년에는 대부분 시리아와 아프가니스탄에서 온 백만 명 이상의 사람들이 새롭게 몰려와 홍수를 이루게 되었고, 이는 유럽 대륙이라는 정치적 윤곽을 위협한다. 이주민들은 필사적으로 땅과 바다를 가로질러 위험천만한 길에 오르며, 막을 수 있었던 비극들의 반복——2015년 4월 한 달 동안에만 지중해의 난파선에서 천 명 이상이 사망했다——은 효과적인 구조 임무에 뛰어들 수 없는 유럽 각 국가들 및 유럽연합 전체의 잔인한 무관심을 입증한다. 칼레, 레스보스, 그 밖의 유럽을 가기 위한 다양한 환승지들에 세워진 난민캠프의 불결함과 마케도니아, 슬로베니아, 헝가리의 국경을 넘어서려는 이주민들이 겪는 고초들은 유럽대륙의 양심에 드리운 어두운 그림자이다. 브렉시트 투표 전에도 이미 유럽연합은 외부적 압력과 국가들 사이에서, 그리고 각 국가 내부에서의 갈등으로 인해 무너지고 있었다.[19]

이러한 맥락에서 이주민들이 이동하는 궤적의 다양한 지점들에서 종종 적대적인 사회세력들과 맞서며 이주민들을 돕는 사람들의 용기와 인내는 존경받아야 한다. 가령 남부 애리조나 주에서 이주민들에게 직접 인도주의적 원조를 제공하는 단체인 〈더 이상 죽음은 없다〉*는 사막의 이동로에 마실 물을 놔두고, 미 국경순찰대가 저지른 인권침해를 문서로 기록하는 일을 한다. 2015년 이래로 유럽 전역에는 이주민들을 정착시키고 그들에게 식량, 은신처, 일자리를 찾아주기 위한 자원봉사자 집결이 이례적으로 일어났다. 종종 교회들이 이러한 노력들을 이끌지만, 또한 경험 많은 정치 활동가들과 전에는 한 번도 참여해 본 적이 없던 사람들이 이를 지속시켜 나가기도 한다. 그러한 활동가들의 영웅적인 노력은, 이주민들의 극히 작은 필요도 충족시키지 못할 때조차, 일국의 정부와 초국적 협치 기구들의 무대책과 무능력을 고발하는 데 앞장선다.

하지만 우리가 이주민들을 인구통계학과 인구수의 관점에서만 본다면, 우리는 탈주하는 이들이 지닌 부와 자원은 보지 못하게 될 것이다. 이주민들의 고통은 현실이고 그들의 상황은 종종 비극적이며, 또 수많은 통제에 직면한다 할지라도 이들 이주민들은 자유롭고 유동하는 주체들이다. 산드로 메차드라가 브렛 닐슨과의 대화에서 말했듯이, 이주민들을 지원하고 그들과의 연대를 표명하는 사람들조차, 이주민들을 너무 자주 "희생자로, 그래서 도움·배려·보호가 필요한 사람들로"만 보는 경향이 있다. "이러한 활동이 고귀한 동기에서 출발한 것에는 의

---

* 〈더 이상 죽음은 없다(No More Deaths/No Más Muertes)〉는 가톨릭 주교 제럴드 키카나스(Gerald Kicanas), 존 파이프(John Fife) 목사 및 지역 유대인 공동체 지도자 등이 2004년에 만든 인권단체이다. 애리조나 주 투손과 텍사스에 본사를 두고 있으며, 미국-멕시코 국경 근처에서 인가받지 않은 이민자들이 사막을 건널 때 식량과 식수, 의료 등을 지원하고 있으며, 미국에서 추방된 이민자들에 대해 인도주의적 원조 활동을 벌이고 있다.

어셈블리

심할 여지가 없지만, 어떤 모호함이 있기도 하다. 이주의 주체적 측면을 탐구할 때에야 비로소 우리는 이러한 온정주의적 시각을 넘어서 이주민들을 오늘날 전 지구적 변형 과정의 주인공들로 볼 수 있다."[20] 이주민들을 주인공들로 인식하기 위해서는 그들의 언어 능력, 문화적 지식, 생존 기술, 그리고 그들이 내린 결정에서의 용기와 불굴의 의지를 밝히는 민속지학적인 접근법이 종종 필요하다. 우리에게 주어진 과제는 빈곤과 부의 역설을 함께 엮는 것이다. 한편으로 이주민들은 안정적이고 생산적인 삶을 지지하는 발판, 즉 가족, 공동체, 친숙한 문화적 맥락, 성취된 고용 지위(의사나 간호사로 훈련받은 이들이 결국 택시운전사나 가사도우미로 일하게 되는 상황을 생각해 보라) 등을 빼앗긴다. 이주민들은 분명 이런 점에서 지원을 필요로 한다. 다른 한편으로 탈주는 자유의 행동이며 강함의 표현이다. 이는 박해를 피해 도망치는 이들과 같은 고귀한 사례들이나, 심지어 어머니의 죽음이나 실패한 로맨스에 대처하려는 이들과 같은 평범한 사례들에서도 마찬가지로 진실이다.

국경들로 흘러들어오고 그래서 인구통계학의 관점에서 억제될 수 없을 뿐만 아니라, 주체성과 관련하여 모든 행정적·자본주의적 척도 논리를 초과한다는 점에서 이주민들은 위기를 일으킨다. 여기서도 신자유주의적 행정은 영속적인 위기관리 장치의 형태를 띤다. 매년 UN 사무총장이 분노에 찬 목소리로 혹은 휴머니즘적인 NGO의 대변인들이 몹시 지친 목소리로 새로운 이주 위기를 보고하는 것은 놀랍지도 않다.

신자유주의적 행정의 다른 여러 위기 지점들과 함께 자유와 주체성은 생산, 정보에의 접근, 이주를 특징짓는다. 주체성의 생산은 행정이 기능하는 데 필요한 경계들과 척도의 테크놀로지들을 항상 초과한다. 그러나 다양한 위기들이 존재한다 하더라도 이것이 붕괴가 임박했음을 알리는 신호인 것은 아니다. 대신 위기관리가 있으며, 이는 둑의 누수를 막으려는 셀 수 없는 손가락들을 지닌 신자유주의적 협치의 작동 양태이다. 아니 오히려 신자유주의적 행정은 철저한 유입 차단을 의도하는 둑이라기보다는 조절이 가능한 철망으로 이루어진 체에 가까우며, 이는 유입과 누수를 끊임없이 규제하고 대응하고자 설계된 것이다.

위기가 신자유주의적 행정의 규범이라 할지라도, 이것이 행정의 매끄럽고 성공적인 기능을 의미하는 것은 아니다. 이것은 오히려 규범의 위기를 초래한다. 신자유주의적 행정에 의해 시행된 몇몇 규칙들은 효과적이지만 많은 행정 조치는 긍정적인 협치 규범을 생산하기보다는 임의적이고 때로는 무모한 조치로 축소된다. 신자유주의적 관리의 실패들, 즉 우리가 여기서 인용한 사례들인 사회적 생산의 결과들의 측정 불가능성, 정보와 소통의 통제 불가능성, 이주의 봉쇄 불가능성 등은 행정의 무력함을 증명할 뿐만 아니라, 혼돈과 심지어 재앙의 결과들을 예고할 수 있다. 다가올 해에는 세계의 사건들이 계속해서 우리가 두려워하는 것을 보여줄 것이다. 즉 행정의 실패가 초래한 폭력 상황은 예외 상태를 통제하고 전쟁을 개시할 긴급지휘권의 힘을 강화시켜 줄 수 있다. 위기가 곧 규범으로 기능하는 신자유주의적 행정은 그 안에 많은 병리적인 측면을 지니고 있다.

:: 공공권력을 비우기

신자유주의적 행정은 한 위기 지점에서 다른 위기 지점으로 유동적으로 이동하는 일종의 액체적 협치처럼 보이지만 실상은 전혀 그렇지 않다. 그것은 서로 이질적이고 무질서한 연결들로 짜여진 튼튼한 직물처럼 하나의 통일된 기획으로 효과적으로 정렬된다. 그 기획이란 공공권력을 비워낸 다음 행정 기능들에 경제 논리를 부여하는 것이다. 그러나 신자유주의 사회에 생명을 불어넣는 주체성들은 결코 그 규칙에 따라 기능하지 않는다. 그렇다면 신자유주의 행정을 분석할 때 우리의 과제는 그것의 주된 기능들을 하나하나 설명하는 것에 더해, 저항과 반란의 잠재력이 어떻게 아래로부터 출현하여 신자유주의 너머를 가리키고 있는지를 드러내는 것이다.

먼저 신자유주의적 행정이 공적인 것을 비워낸다는 것은, 물질적으로 공적인 것에서 사적인 것으로 부가 이전되는 것 안에서 인식되어야 한다. 신자유주의 체제들은 석유회사, 열차 시스템, 도시운송 네트워크, 심지어 감옥 등등처럼 근대 국가의 관료제를 구성하던 핵심 요소들이었던 주요 산업 및 서비스를 사유화한다. 국가 부채는 공공 부를 개인의 손에 넘기는 하나의 수단이며, 우리가 앞에서 얘기했던 지속적으로 기능하는 시초 축적의 한 요소이다. 극소수를 부자로 만드는 기획——철도 건설은 그 고전적 사례이다——의 비용은 국가 장부에 국채國債로 기재된다.[21] 주권의 부채는 오늘날 공공 부를 사유화하는 직접적 수단일 뿐만 아니라, 또한 그에 뒤이어 부채를 지불하기 위해 다른 여러 공공 부의 형태들을 사유화하는 몽둥이로 쓰인다. 예를 들어 세계 전역의 나라들에서 긴축정책은 기금을 모으기 위해 국가의 공공 유산——철도 및 통신 시스템뿐만이 아니라 역사적 박물관이나 극장들도——의 판매를 지시한다. 유럽의 채권자들로부터 맹공격을 받은 2015년 그리스의 부채 비극은 공공 금고를 비우고, 공공 재화를 사유화하며, 동시에 공적인 의사결정 권력을 급격히 약화시키는 신자유주의적 기획의 가장 극단적 사례들 중 하나였다.

공공 부를 개인의 손으로 이전하는 것은 종종 불법적 수단을 통해서도 이뤄진다. 공공 기금의 횡령, 공공 자산의 부적절한 판매, 공공 산업 계약 발주 사기, 뇌물 등의 비리들은 너무나 자주 일어나 그것들을 신자유주의적 행정의 예외로 보기가 어렵게 되었다. 그럼에도 불구하고 드러난 비리들은 빙산의 일각이다. 즉 수면 아래에 잠겨 있는 신자유주의적 행정의 부패는 연속적이고 구조적이며, 너무나 넓고 깊게 퍼져있어 이제는 정상적인 행정 활동의 일부가 되었다. 판사들이나 정치인들이 며칠간 헤드라인을 차지하면서 개혁운동을 통해 부정부패를 주기적으로 중단시킬 때, 우리는 이 문제를 조사하고 있는, 그리고 카메라 앞에서 자신을 고결하게 치켜세우는 바로 그 정치인들, 행정가들, 치안판사들이 피고발인의 반대편에 서 있을 때조차 같은 체제를 작동시키는 자들이라는 점에 주목해야 한다. 그들은 영화 「카사블랑카」의 경찰서장 르놀트처럼 이렇게 말한다. "충격받았습니다. 부패가 여기서도 계속되고 있었다는 것을 알고 충격받았습니다!" 부패는 신자유주의 행정의 협치 및 규범적 구조의 구성 요소가 되었다. 물론 비리들의 폭로는 대개 정치적 동기를 가지지만, 구경거리가 사라지자마자 행정제도는 다시 정상 상태로 되돌아간다.

둘째, 공적인 것을 비우는 기획은 다양한 내외부적 압력을 통해 국가 행정 장치의 핵심 기능을 변형하는 것을 목표로 한다. 외부 압력은 예를 들어 다양한 전 지구화 과정에 지원을 받은 자본의 운동들이 저임금 노동이나 세제 혜택 혹은 자원과의 근접성을 쫓으며 여러 가지 전통적인 일국적 통제구조를 회피한다는 것이다. 다국적기업들 쪽에서 자금 투입 경쟁이나 협박을 통해 정부 규제를 종종 회피하곤 하는데, 이는 민주적인 정치적 의사결정의 모든 외양을 반복해서 제거한다. 일터를 다른 곳으로 옮기겠다는 기업의 위협에 직면할 때, 지역 정부와 국가의 정부들은 자신들은 힘이 없다고 반복해서 선언한다. 따라서 전 지구적 금융의 논리(가장 흔하게는 투기의 형태)의 전체 구조는 일국의 정부들 및 다른 모든 정치체들로부터 멀리 떨어져서 정치적 의사결정을 지배한다.

내부 압력도 마찬가지로, 신자유주의적 행정은 개별 국가의 핵심 정부구조의 속을 파내고, 그 자리를 경제적 명령으로 채워넣는다. 외교부 관료들이 조사나 정책 분석이 사적인 싱크탱크에게 외부 위탁될 때 불평을 늘어놓는 일은 흔한 일이다. 로비스트들이 정치인들이 입안할 정책에 직접 세부적인 청사진을 제공하는 게 흔한 일이 되었다. 그리고 합법적인 선거 기부(뿐만 아니라 불법적인 정부의 뇌물수수도)는 정부의 의사결정에 점점 더 강한 영향력을 행사해, (우리가 3장에서 분석했던 대의의 부패와 함께) 행정 능력을 개인의 손으로 이동시킨다.

그런데 이 현상은 보다 더 일반적인 것이다. 행정 권력의 영역이 사유화되고, 시장의 척도가 행정 수행의 기준이 되며, 행정적 의사결정에 경제적 기준들이 침투함으로써 정치적인 것 자체가 공동화空洞化된다. 웬디 브라운에 따르면, 신자유주의는 정치적인 것의 위에서 경제적 합리성이 부과되는 것일 뿐만 아니라, 또한 철저한 경제 논리에 따라 새로운 주체들이 창출되는 것으로 정의되는 통치 합리성이다. 이것이 바로 "호모 에코노미쿠스가 호모 폴리티쿠스를 정복한 신자유주의"[22]이다. 실제로 신자유주의적 행정은 이전에는 경제 논리나 경제적 압력에서 대체로 자유로웠던 사회 영역 및 사회적 실천들에 경제적 합리성을 투여한다. 가령 법 실행과 법 이론은 신자유주의 행정이 휘두르는 무기들 가운데 일부이다. 웬디 브라운은 계속해서, "법과 법적 근거가 경제적인 것에 형태를 제공할 뿐 아니라, 새로운 영역들 및 관행들을 경제화한다"고 말한다.[23] 정치적 합리성들이 경제 영역을 규제하고 통제하는 데 이용된다는 점을 명심하라. 하지만 신자유주의적 행정 하에서는 이전에 사회적 부의 생산과 분배 사이, 그리고 창조와 전유 사이의 매개를 다스리던 정치권력들이 해체되고 있다. 얼마나 많은 폭력이 이 해체의 장에서 발생하는지는 두고 볼 일이다.

그럼에도 불구하고 우리는 어떻게 신자유주의가 공적 권력을 비워내는지에 대해 일반적으로 비통해하는 심정(비록 이것이 정당하다고는 할지라도)에서 한걸음 물러날 필요가 있다. 우리의 욕망은 공적인 것과 정치적인 것을 이전의 행정 권력에서의 지위로 복귀시키고 싶지 않기 때문이다. 그 대신 우리의 신자유주의적 행정에 대한 비판은 저항하고 대안을 창출하는 힘을 가진 생산적인 사회적 주체성들을 드러내야 한다. 우리가 앞에서 말했듯이 신자유주의를 위에서 보는 것은 그것의 기능에 대한 부분적 이해만을 제공할 뿐이며, 또한 더 중요하게는 사회 세계의 생산성과 힘들을 가리게 된다. 대신 신자유주의를 아래에서 보면, 우리는 신자유주의에 대한 저항 행동들과 생산적 활동이 속속들이 스며들어 있음을 알 수 있다. 비록 신자유주의적 행정이 상대적으로 적응력이 높고 유연하다는 것을 입증했다 할지라도, 또 여러 가지 점에서 정치적인 것을 경제적 합리성에 종속시키는 데 성공했다 할지라도, 그것의 규칙은 결코 매끄럽거나 안정적이지 않다. 신자유주의는 일정 부분 하나의 대응으로서 태어나 기능하기 때문에, 또한 그 표면 아래에는 공통적인 것 안에 살면서 그것을 창조하는 생산적 주체성들의 무리가 우글거리기 때문에, 신자유주의는 항상 저항과 투쟁의 무대로 남아있다.

세 개의 상호 연결된 전선인 투명성, 접근, 의사결정은 그러한 투쟁 무대의 초기적 조짐을 보여준다. 투명성을 둘러싼 투쟁은 일정 부분 지배권력을 무장 해제시키는 것을 목표로 한다. 권력자들은 항상 비밀 은폐라는 무기를 준비하고 있으며, 신자유주의적 행정은 해소가 불가능한 자신의 모순들을 은폐하려고 전략적으로 불투명해진다.[24] 행정 및 기업 활동을 투명하게 하면, 비리를 막을 수 있을 뿐만 아니라 생산적 지식과 정보를 사회 일반이 사용할 수 있게 된다. 이러한 노선을 따라 접근을 둘러싼 투쟁은 계속해서 공통적인 것과 사회적 생산을 모두가 자유롭게 사용할 능력에 보다 더 분명히 초점을 맞춘다. 의사결정을 둘러싼 쟁점은 투명성과 접근을 통합하여 우리를 정치적 지형에 확고히 위치시킨다. 그러나 이는 앞에서 말한 것처럼, '정치적인 것의 자율'을 경제적 합리성으로부터 구출하는 문제일 수 없다. 투명성, 접근, 의사결정을 둘러싼 전투들은 정치적인 것과 경제적인 것 모두에 걸쳐 있으며, 우리에게 신자유주의적 종속에 맞서는 주체성들의 잠재적 생산을 제시한다.

이 모든 전투에서 주요 전선은 디지털 테크놀로지의 세계이다. 디지털 감시는 신자유주의적 행정 장치에서 점점 더 중심적인 무기로, 복잡한 알고리즘을 통해 잠재적 위협을 감지하려고 소통 및 활동을 주시한다. 여기에 더해 앞에서 살펴보았듯 온라인 활동을 추적하는 디지털 알고리즘은 이용자들의 다양한 사회적 생산 형태로부터 가치를 추출하기 위해 검색 플랫폼과 소셜미디어에서 사용하는 핵심 도구들이다. 당신의 디지털 기기는 당신의 웹사이트 방문, 온라인 접속, 도시에서의 활동, 쇼핑 목록, 선호하는 오락거리 등을 탐지하고, 당신의 친분 네트워크와 정치적 견해 등을 추적한다. 신자유주의적 안보 장치들과 소셜미디어 기업들에 의한 공통적인 것의 추출 사이에는 강한 연속성이 존재한다. 그러나 우리는 바로 이 동일한 디지털 테크놀로지들이 실제로 이중적인 역할을 한다는 점을 인식할 필요가 있다. 즉 그것들은 사회적 생산의 포획 및 신자유주의적 행정을 위한 조건을 창출하는 동시에, 또한 다중이 지식, 소통, 자기경영 능력에 접근하는 것을 허용한다. 7장에서 우리가 요구한 '고정자본의 재전유'는 이러한 힘들을 해방 기획에 이용하기 위한 수단 중 하나이다.[25]

물론 신자유주의적 무기고 아래에 놓여 있는 무시할 수 없는 혹독하고 폭력적인 차원을 무시할 수는 없다. 공통적인 것 안에 다중이 자리 잡고 있고, 공통적인 것의 생산 및 재생산에 다중이 필수적이라는 사실이 이 모든 전투들 중 어떤 것에서도 우위를 보장해 주지 않는다. 그와 반대로 자본과 신자유주의가 가진 강력한 무기는 종종 우리를 완전히 무기력하게 만드는 것처럼 보인다. 그럼에도 불구하고 우리는 우리가 처한 상황 안에서 주체성과 사회적 삶의 생산을 위한 잠재력이 제기되며, 이것이 신자유주의의 명령과 단절하고 그에 대한 대안을 제공할 수 있음을 (어떠한 낙관론이나 절망에도 빠지지 않으면서) 알고 있다. 그렇다면 우리가 4부에서 풀어야 할 문제는 이러한 지형 위에서 혁명적 활동을 구체화하고 조직할 방법은 무엇인가이다.

:: 다섯 번째 응답: 강력한 주체성들을 생산하자

우리가 앞에서 푸코와 브라운과 더불어 논했던 신자유주의적 협치는 공공 서비스와 공공 산업의 사유화, 시장과 기업의 규제 완화, 노조

어셈블리

의 파괴 등이 일반적인 경제 정책의 관점으로만은 이해될 수 없는 통치 합리성이다. 또한 신자유주의는 주체성의 생산, 즉 사회 모든 수준에서 개인 기업가 주체들인 호모 에코노미쿠스들이 창조되며, 이들이 결국 신자유주의 세계를 계속해서 재생산하는 것으로 이해되어야 한다. 이러한 인식에 의해 쉽게 절망에 빠질 수 있다. '우리 자신의 주체성이 신자유주의에 의해 생산되고 그것의 합리성으로 젖어 있다면 그 대안을 만드는 일은 차치하고서라도, 우리가 어떻게 신자유주의에 저항할 수 있다는 말인가?' 우리가 서 있을 수 있는 신자유주의의 외부는 어디에도 없는 것처럼 보인다.

하지만 권력——신자유주의 권력도 예외가 아니다——은 유기적이거나 단일하지 않으며, 항상 관계와 적대에 의해 규정된다. 푸코는 그것을 이렇게 설명한다. 권력은 "가능한 행위에 힘을 쏟는 행위들"의 구조이다. "권력은 선동하고, 유인하고, 유혹하고, 더 쉽거나 더 어렵게 만든다. 그것은 극도로 억제하거나 절대적으로 금지한다. 그럼에도 불구하고 그것은 항상 행위하는 주체 혹은 주체들의 행위나 행위할 가능성으로 인해 그들에게 작용하는 하나의 방식이다. 일련의 행위들이 다른 행위들 위에서 이뤄진다."[26] 저항은 항상 파열을 위한 잠재력이 그러하듯 처음부터 권력 안에 현존한다. 그래서 종속subjection 과정들과 권력에 기능하는 주체성들의 생산은 그 자체로 불안정하면서도 동시에 저항과 대안적 잠재력들로 가득하다. 달리 말해 주체성은 주어지는 것이 아니라 **투쟁**의 영역이다.

신자유주의에 대한 저항 및 대안의 잠재력은 우리가 앞에서 분석했듯 어쩌면 가장 분명하게 사회적 생산의 맥락에서 출현했다. 자본이 점점 더 공통적인 것의 추출 과정을 통해 기능한다는 사실, 그리고 공장에서와 같이 자본이 생산적 협력을 직접 조직하는 대신 멀찍이 떨어진 과정을 통해 사회 영역에서 생산된 가치를 포획한다는 사실은 사회적 생산의 회로들, 특히 생산적 협력의 조직화가 자본으로부터 상대적으로 자율적이라는 점을 지시한다. 바로 이것이 생산의 무대로부터 항상 멀리 떨어져 있는 금융이 지배적인 포획 장치가 될 수 있었던 하나의 요인이다. 더욱이 사회적 생산의 무대를 벗어나는 이러한 자본의 이주는 가역 불가능하다. 자본은 협력과 소통 안에서 사회적으로 생산하는 복수적인 주체성들의 장을 직접 조직할 수 없다. 이 주체성들과 그들이 생산하는 가치들이 자본의 척도 체계를 초과하기 때문이다. 이러한 현실에 직면해 위계적인 도식에서 주체성들과 가치들을 측정하고, 코드화하고 재생산하려는 자본과 신자유주의적 행정의 능력들은 극도로 허약해진다. 그러나 사회적 주체성들의 협력을 직접 지휘하려는 자본의 모든 시도는, 공통적인 것을 사적 소유로 울타리치려는 시도와 마찬가지로, 생산성을 줄이고 이윤을 감소시킬 위험에 처한다. 자본은 너무 근접해서는 안 되며, 그렇지 않으면 그 자신의 생존이 달려 있는 생명력을 옭죌 것이다. 공통적인 것의 자본주의적 추출과 사회적 생산에서 상대적으로 자율적인 협력 과정들에 대한 이러한 분석이 반^反신자유주의적 주체성들과 비^非신자유주의적 주체성들이 이미 존재하고 있으며 단지 해방되길 기다리고 있음을 의미하려는 것은 아니다. 우리는 그것으로부터 주체성 생산을 둘러싼 전투가 가능하다는 것을 보여주고자 할 뿐이다. 이 전투는 자본주의적 척도의 기술과, 확대된 사회적 생산 및 재생산의 측정 불가능하고 흘러넘치는 힘들——이 힘들은 공통적인 것 안에 거주하면서 공통적인 것을 생산한다——사이에서 벌어지는 비대칭적 전투이다.

어셈블리

신자유주의와 싸우는 것은 우선 해체적^{destituent} 기획을 필요로 한다. 우리는 공적인 것을 비워내는 과정과 공통적인 것을 추출하고 사유화하는 자본가의 권리를 도전해야 할 뿐만 아니라, 신자유주의적인 종속 과정들을 탈신비화하고 그에 맞서 싸워야 한다. 신자유주의적 주체성을 생산하고 재생산하는 기계의 전동장치를 우리는 어떻게 사보타주하고 봉쇄할 수 있을까? 이 전투는 우리가 자본이 지배하는 생산적 기획 내부에 있기 때문에 가능하다. 자본에게 힘이 되는 것——종속——을 해체적 주체화^{subjectivation}를 위한 기회로 삼는 것은 우리에게는 역설적이지 않다. 마르크스주의의 전복 전통의 노선 안에서 이것은 한편으로는 자본주의적 종속이 항상 생산적 주체들의 개별화를 강제한다는 것을, 다른 한편으로는 노동을 떠맡은 주체들이 스스로 활동하면서 그들이 단지 개인들에 불과한 것이 아니라 함께 행동할 잠재력을 가진 이들임을 발견할 수 있음을 의미한다. 이러한 함께-있음을 이해하기 위해 우리는 자본주의적 기획을 사보타지해야만 하는데, 이는 자본주의 기계들을 봉쇄하는 것일 뿐만 아니라, 개인주의적 종속을 수반하는 노동과 사회의 이데올로기적 · 물질적 조직화 메커니즘을 파괴해야 하는 것이다.

이러한 해체적 노력과 더불어 주체화의 구성 기획이, 즉 우리가 이미 앞에서 사용했던 언어로는 대안적 주체성들을 생산하는 기계적 배치들의 구축이 추가될 필요가 있다. 공통적인 것이 어떻게 그것을 생산하는 다중에 의해 재전유될 수 있을까? 복수적 주체성들이 어떻게 그들 자신의 협력적 사회관계를 자율적으로 구축하고 관리할 수 있을까? 이 투쟁은 여기서 사회적 협력을, 직접적 착취뿐만이 아니라 금융 추출의 메커니즘과 분리하는 쪽으로 열려 있다. 이는 협력을 명령과 떼어놓는 문제——말하기는 쉽지만 해내기는 어려운 문제——이다. 통제와 저항, 상품 생산과 혁신의 능력들, 이것들은 종속과 주체화 사이의 비대칭 관계의 요소이면서 또한 해체에서 구성적 행위로 이행하게 하는 요소이다.

이 지점으로 나아가는 한 가지 방법은 현존하는 주체들의 관점을 채택하는 것, 특히 사회적 생산의 행위자들의 안내를 따르는 것이다. 이 행위자들은 금융 자본의 명령에 종속되어 있음에도 불구하고 저항과 심지어 해방 기획을 조직하고자 애쓴다. 사회적 투쟁들의 관점에서 우리는, 전임 아르헨티나 중앙은행장 페드로 비스카이가 주장했듯이 "자본과의 전투장에서 금융 역학을 변형시킬 수 있는 정치적 혁신의 능력"[27]을 배울 필요가 있다. 그리고 그러한 정치적 혁신의 힘은 협력적인 사회적 생산 영역에, 그리고 흘러넘치는 공통적인 것의 생산적 본성에 그 토대를 둔다는 점을 우리는 덧붙여야 한다. 더욱이 자본에 맞서는 전투는 새로운 사회관계를 위한 전투이기도 해야 한다. 9장 끝에서 우리는 오늘날 이미 작동 중인 진행, 즉 사회적 생산에서 사회적 조합주의로, 사회적 조합주의에서 사회적 파업으로의 진행을 추적한 바 있다. 사회적 조합주의는 노동조합의 조직적 구조 및 혁신들을 사회운동들과 결합시킴으로써 사회적 생산에 내재하는 다중의 기업가 정신과 반란의 잠재력에 형태를 부여할 수 있다고 우리는 주장했었다. 투쟁들은 현존하는 주체성들을 가치화할 뿐 아니라 새로운 주체성들을 창조하기도 한다. 주체성들은 정치적 조직화와 정치적 행동에 참여함으로써 근본적으로 변형된다. 투쟁 역시 주체성 생산의 한 지형이다.

하지만 사회적 투쟁들이 사회적 조합주의와 사회적 파업으로 조직된다 해도 그것만으로는 충분하지 않다. 그 투쟁들은 목적지가 아니라 출

어셈블리

발지이며, 강력한 주체성들의 생산을 위한 도약대이다. 주체성의 대안적 생산과 대안적인 사회관계들이 유지되고 제도화되어야 한다. 우리가 앞에서 화폐는 사회관계를 제도화하는 사회적 테크놀로지라고 주장한 바 있으며, 우리는 화폐가 다양한 생산양식의 국면들을 거치며 자본주의적 사회관계를 유지하는 다양한 방식들을 추적했다. 15장에서 우리는 이러한 비판을 통해, 화폐 자체와 대립할 것이 아니라 자본주의적 화폐에 대한 대안의 발명으로, 즉 새로운 사회관계를 제도화하기 위한 대안적인 사회적 테크놀로지인 '공통적인 것의 화폐'로 나아가야 한다고 주장할 것이다.

우리가 공통적인 것의 화폐를 옹호할 때 우리는 겨울 궁전(연방준비은행이나 유럽의 중앙은행)의 습격을 상상하는 것이 아니며, 지배적인 통화의 총체화 권력으로부터 벗어나고자 하는 지역 통화(비록 이것이 고귀한 것이라 할지라도)나 디지털 통화를 생각하는 것도 아니다. 앞서 말했듯이 우리의 화폐에 대한 분석은 그것의 교환수단으로의 기능만을 주로 고려하지는 않는다. 대신에 우리는 자본주의적 화폐가 강제하고 제도화하는 사회관계를 해체하고, 새로운 화폐를 통해 새로운 사회관계를 제도화하는 데 관심이 있다. 공통적인 것의 화폐는 우선 전복적인 화폐여야 한다. 그것은 사회적 생산과 삶형태를 둘러싼 투쟁들의 역량을 (옛 용어로 말하자면) 화폐를 주조하는 자본의 권력을 봉쇄하는 무기로, (새로운 용어로는) 사회의 금융화를 통한 공통적인 것에 대해 점점 커져가는 지배를 봉쇄하는 무기로 변형해야 한다. 그러한 해체적 효과와 함께 공통적인 것의 화폐는 또한 사회적 협력의 자율적 관계를 강화 및 확대하고, 공통적인 것의 가치들을 확고히 하며, 그것의 개방적인 접근 및 민주적인 의사결정의 원리들을 일반화해야 한다. 그래서 공통적인 것의 화폐는 주체화 과정들을 완성해 강력한 주체성들의 생산을 오랫동안 지속시키고 사회적으로 확장하게 만들어야 한다. 4부에서 우리는 변형과 해방의 잠재적 기획에 대한 이러저러한 기둥들을 탐구할 필요가 있을 것이다.

새로운 군주

배워라, 우리는 우리의 모든 지성을 필요로 할 것이기 때문이다.

선동하라, 우리는 우리의 모든 열정을 필요로 할 것이기 때문이다.

조직하라, 우리는 우리의 모든 힘을 필요로 할 것이기 때문이다.

──안토니오 그람시, 『신질서 L'ordine nuovo 』

내 심장은 내가 구할 수 없는 모든 것에 의해 움직이죠.

그들은 너무 많이 파괴되었죠.

나는 내 운명을 저들에게 던져야 해요.

저들은 시간이 지날수록 고집스럽게 특출난 힘은 없어도

세계를 재구성하죠.

──에이드리언 리치, 「천연 자원」

내 어린 시절에 볼티모어에서 흑인으로 산다는 건 이 세상의 모진 풍파 앞에, 그 모든 총·주먹·칼·강도·강간·질병 앞에 알몸으로 버텨내야 한다는 뜻이었다. 우리가 벌거벗은 알몸이었던 것은 실수도 아니고 병도 아니었다.

그 벌거벗음은 정치가 의도했던 정확한 결과였고 수세기 동안

두려움 아래 살도록 강요받았던 사람들에게는 예측할 수 있는 결말이었다.

──타네하시 코츠, 『세상과 나 사이』

4부
새로운 군주

우리가 처음에 얘기했듯이 오늘날의 사회운동과 정치운동은 비효율적인 수평성이냐 원치 않는 리더십이냐를 두고 선택할 필요가 없으며, 또한 자생성과 중앙집중주의, 민주주의와 권위에서 균형을 잡으려는 고전적 정치 모델들 중에서 고를 필요도 없다. 대신에 운동들은 전략과 전술을 전도해야 한다. 즉 전략은 출현하는 사회세력들의 자율을 표현하는 것이 되어야 하며, 전술은 기존 제도들에 (적대적으로) 참여하면서 특정한 경우에는 리더십 구조를 활용하는 것이 되어야 한다.

다중의 힘이 사회 지형 위에서 구성된다는 사실로 인해 다중의 정치적 능력이 제한되는 것은 아니다. 그와는 달리 사회적 생산 및 재생산에 굳건히 근거할 때에만, 즉 우리가 공유하는 삶형태를 공통적인 것 안에서 유지하고 발전시킬 때에만, 우리는 오늘날 적절하게 말하고, 정치적으로 행동할 수 있다. 다중은 권력을 잡아야 한다. 하지만 다르게,

민주주의 제도를 근본적으로 혁신함으로써, 사회적 삶이 기입된 공통적인 것을 함께 관리할 수 있는 능력을 발전시킴으로써 잡아야 한다. 이것은 전위의 기획이 아니라 전복적·적대적 형태로 사회의 복수적 존재론을 표현하는 연합의 기획이다. 다중의 힘이 새로운 군주를 요청한다.

이 책 도처에서 우리는 마키아벨리로부터 영감을 끌어왔다. 그러나 새로운 군주는 일개 개인도, 중앙 위원회나 당도 아닐 것이다. 다중이라는 군주는 이미 떠다니고 있는 화학적 촉매제 같은 것으로 사회 전체에 분산되어 있어 적당한 조건 하에서는 고체 형태로 응집할 것이다. 다중 군주는 또한 음악 작품 같은 것으로서 다중의 복수적 존재론은 하나로 수렴하는 것이 아니라 특이성들(즉 서로의 차이를 계속해서 표출하는 상이한 사회적 힘들)이 화음, 불협화음, 공통 리듬, 당김음^{syncopation}을 드러낸다. 그들이 하나의 군주를 이룬다. 또한 그것은 춤추는 몸의 무게중심 같은 것이다. 하인리히 폰 클라이스트는 살아 움직이는 듯한 마리오네트들[꼭두각시 인형]에 매료돼, 그들이 지구 중력에서 해방되어 중력이 아닌 자기의 무게 중심을 돌며 춤춘다고 말한다. "마리오네트들은 댄서들을 가장 방해하는 요인인 물체의 관성을 전혀 알지 못한다. 그들을 공중으로 들어 올리는 힘이 그들을 지구에 묶어두는 힘보다 크기 때문이다."[1] 이 군주는 우리의 자발적 복종을 거부하면서 오늘날의 삶의 관성에서 우리를 해방시키고 동시에 새로운 중력의 장인 해방의 힘을 창출할 것이다. 아니 결국 새로운 군주는 마가렛 애트우드가 상상한 벌레 무리^{the multitude of worms} 같은 것이다. 구두 밑창에 채이고 뭉개지며 짓밟히는 자들이지만, 이내 일어나 고요히 아래로부터 나와 모든 곳에 스며드는 벌레들의 무리 말이다.

우리가 먼지를 먹고 잠든 사이,

우리는 너의 발밑에서 기다리는 중이지.

우리가 '공격'이라고 외칠 때

너는 처음엔 아무것도 듣지 못하겠지.[2]

때가 오면 벌레 군단은 구두의 세계를 무너뜨리리라. 새로운 군주는 또한 하나의 위협인 것이다.

13장
정치적 현실주의

우리가 앞서 말했듯이 정치적 현실주의의 토대는 실존하는 다중의 잠재적 능력이어야만 한다. 해방을 위한 저항과 투쟁에 대한 하나의 반응으로서, 권력은 둘째로 온다. 우리는 3부에서 현재의 지배관계와 생산관계를 유지하는 물질적·이데올로기적·제도적인 힘들 및 구조들을 분석했는데, 여기에는 신자유주의적 협치와 행정이 사회적 삶을 구조화하는 화폐와 그 밖의 다른 수단들이 포함되었다. 이제 2부의 결과들로 돌아가 그 위를 건설할 시간이다. 즉 어떻게 소유에서 공통적인 것으로의 이행이 새로운 사회관계를 창출하는지, 어떻게 고정자본을 회수하여 인간과 기계 간에 새로운 관계를 수립함으로써 새로운 기계적 주체성을 생성시킬 수 있는지, 다중의 기업가 정신, 다중의 자기 조직화 및 자기경영이 오래 지속되는 민주적 제도들을 발명할 수 있는지를 설명할 시간이다. 다시 말해 새로운 군주의 병기고에 무기를 모을 시간인 것이다.

:: 권력은 둘째로 온다

우리가 앞서 발전시켰던 여러 과정들 및 개념들은 새롭게 등장한 노동력 구성이 어떻게 계급 간 권력관계를 변화시켰는지를 보여준다. 첫째, 협력적 네트워크에서 생산할 때 노동력은 생산수단을 전유할 잠재력을 갖는다. 생산구조는 점점 더 관계적이게 되고 그럴수록 생산력이 증가하는데, 이 구조 속에서 작업할 때 노동력은 생산도구들을 육화하고 그와 합체함으로써 그 구조를 장악할 수 있다. 생산자들의 형상이 기계적으로 되고 그 구성체가 (자본 구조 안에서) 사회적으로 되며 생산물은 공통적이게 된다. 여러 저자들은 이 새로운 단계의 자본주의 사회로 이행하는 것을 노동과 사회적 삶 전체의 상품화가 심화되는 것으로 읽었다. 실제로 이 이행에는 강력한 상품화 요소들이 있다. 그럼에도 불구하고 이 요소들은 새로운 힘으로 변형될 수 있고, 노동력은 생산도구를 재전유함으로써, 그리고 생산관계를 통제함으로써 더 강력하게 나타날 수 있다.

둘째, 새로운 노동력은 노동의 사회적 성격이 점점 더 증가하는 것으로 설명된다. 노동의 사회적 성격은 인지적 능력(언어 · 코드 · 상징체계 · 알고리즘 등을 창출 · 이용 · 조작할 수 있는 능력), 정동 능력(타자를 돌보고 사회문화적 차이를 가지고 일하며 관계 맺을 수 있는 힘을 포함하는 능력), 문화적 능력(미학적 · 구상적 생산 능력), 교육 능력 등의 형태를 띤다. 따라서 노동의 사회적 성격은 몸의 생성이자 주체성 생산이라는 삶 형태의 생산 및 재생산 쪽으로 경제적 생산이 이루어지는 방식을 보여준다. 이 경우에서도 일부 저자들은 노동의 사회적 성격이 특히 일관작업대에서 조직되는 신테일러주의적 합리화에 복속되면 더 심각한 형태의 새로운 소외와 종속을 낳는다고 주장한다. 이 주장들에도 일부 진실은 있다. 그러나 노동자들이 겪는 고통과 사회적인 돌봄 생산 및 지식 생산에 대한 새로운 농노제로 인해 그들의 협동 능력 및 대중지성이 지닌 존엄과 잠재력을 못 보아서는 안 된다. 자본주의적 생산이 인간의 삶과 주체성의 발생 및 재생산에 집중하는 인간생성적 생산이 되면 노동력은 더 큰 자율의 잠재력을 갖는다. 게다가 일정한 조건하에서 사회적·인지적 생산자들의 저항과 적대는 (이윤을 직접 공격하므로) 더 효과적이고 (자본주의적 명령을 약화시키므로) 더 전복적일 수 있다. 자본주의적 생산에서 노동의 사회적·인지적 힘의 헤게모니적 출현은 자본주의 발전을 그 한계로 밀어붙일 잠재력을 가진다.

오늘날의 생산적 주체성들의 새로운 잠재력을 알리는 셋째 계기는 그들의 기업가 정신이라는 특징에 있다. 우리는 앞에서 다중의 기업가 정신의 성장이 자본가의 기업가 정신의 쇠퇴와 교차비교된다고 묘사했다. 금융의 지배하에서 자본가들이 혁신 능력을 상실하고 지식의 생산적 사회화에서 점차 배제될수록, 다중은 점점 더 자신만의 협력 형태를 만들어내는 혁신 능력을 갖게 된다. 자본은 가치를 창출하고 생산적 협력을 조직할 수 있는 능력을 기업가 정신을 가진 다중에게 넘길 수밖에 없다. 그러나 다중은 자본가의 기업가 정신이 맡은 과제를 단순히 넘겨받아 반복하지 않는다. 다중은 사회적 생산 및 재생산을 소유에서 떼어내 공통적인 것을 향하게 만든다. 다중의 기업가 정신은 공통화의 과정이다. 따라서 가능한 한 많이 축적하려는 이기적 개인들이라는 슬픈 이미지는 낡은 것이 되고, 이 천박한 인간은 사라져버린 근대의 잔여일 뿐이다. 그래서 자본주의적 명령의 장소가 생산의 장소에서 점점 더 멀리 떨어져 은행과 전 지구적 금융시장 쪽으로 옮겨가는 것은 우연이 아니다. 물론 자본은 여전히 전보다 훨씬 더 세차게 진압의 무기를 휘두르지만, 협동의 힘을 파괴해 생산성을 떨어뜨릴까 두려워 아래로부터 나온 기업가 정신에 감히 직접 맞서지 못한다. 여기서 다중의 노동력은 강력한 괴물이 되어 그것을 처단하고 싶어하는 모든 성 게오르기우스*를 쫓아낸다.

이처럼 새롭게 등장하는 생산의 사회적 힘이 우리의 정치적 현실주의관의 토대를 이룬다. 정치적 현실주의는 권력을 일련의 사회관계들로 간주하고 정치 행위의 잠재력을 실존하는 사회적 힘들의 지성과 능력 위에 기초짓는 것을 의미한다. 이때 사회적 힘들은 서로를 구성하고 갈등하면서 저항 및 창조를 해낸다. 정치적 현실주의가 사회적 관계망들에 근거를 둔 정치적 사유를 수반한다는 것은 또한 사회적인 것이 정치적인 것이 되고, 더 정확히는 사회적 과정들이 이미 정치적이라는 것을 의미한다. 정치적 현실주의에 대한 이 첫 번째 정의는 이미 빈자 다중, 즉 생산자들과 재생산자들로 이루어진 다중이 조직화로 이행하고 있음을 함축한다. 조직화 없이는, 더욱이 일정한 목표를 향한 조직화 없이는 정치적 현실주의란 없다. 정치적 현실주의는 텔로스^{telos}의 초월적·이데올로기적·신학적 전제 일체, 즉 외부로부터 부과된 목적을 거부한다. 대신 아래로부터, 다중의 욕망 내부로부터 구성된 텔로스, 즉 내재적 목적론을 수용한다. 마지막으로 현실주의적인 정치 분석은

---

* 성 게오르기우스(Saint George, ?-303년)는 긴 창으로 용을 물리치고 마을 사람들을 그리스도교도로 개종시킨 전설을 가진 초기 기독교의 순교자이자, 기사단, 군인의 수호성인이다. 르네상스 시기 도나텔로나 라파엘로의 작품에서 용을 물리치는 기사의 이미지로 재현되기도 했다.

제도들과 관련되어야 한다. 이 점에서 제도의 계보학을 구축하려는 푸코의 노력은 근본적이다. 그의 제도의 계보학은 현재에 대한 비판에서 출발하여 (그의 마지막 강의들에서는) 새로운 실천의 발명, 즉 삶권력에 맞서는 삶의 힘의 구성으로 나아간다. 여기서 지배제도를 해체하는 것만큼 중요하고 결정적인 문제는 정치적 현실주의의 구성적 기능을 발전시키는 것이다. 이러한 구성적 기획은 다중의 존재론적 조건인 '함께 있음'이 다중의 지식, 욕망, 습관, 실천과 더불어 성장할 때에만 정당할 수 있다.

　너무나 많은 공산주의 운동들이 이 지점에서 좌초되었다. 이들은 다수^{majority}를 대의할 수 있고 그래서 자기-의식과 총체성을 일치하게 만들 수 있다는 잘못된 가정에 따라 움직였다. 이러한 (관념론적?) 환상은 루카치와 코르쉬를 포함하는 1920-30년대 유럽의 '좌익 공산주의'에서 뻗어 나와 1970년대 일부 마오주의적 전위들에 이른다. 그러나 다수를 '마치 개념과 행위의 창시자라도 되는 것처럼' 이론화하기보다는, 다중을 실제로 새로운 제도를 창조하는 것을 목표로 하는 구성적 과정과 관련시켜야 한다. 물론 공산주의 운동들은 패배할 수 있고 그림자로 축소될 수 있지만, 그것이 현재의 존재론인 다중의 '함께 있음'에 뿌리내리고 있는 한, 언제든 다시 태어날 것이다.

　정치적 현실주의가 말하는 저항과 조직화에서 제도로의 이행 가능성은 따라서 내부에서 사회적 현실에 효과적으로 스며드는 것과, 자본주의의 현실과 다중의 잠재력을 가로막는 명령 형태들에 맞서는 것을 수반한다. 삶정치는 이 관계가 가장 발전되는 장^{場}이다. 즉 삶정치는 삶의 현실 내부로부터 종속^{subjection}의 슬픈 형상들을 뒤흔들면서, 현실에 대한 자본주의적 침략의 동력인 삶권력에 맞서는 것이다. 삶정치적 장에서의 힘들이 초과를 생산하지 않는다면, 또한 권력관계의 균형을 깨는 존재와 창조성의 흘러넘침을 생산하지 않는다면, 이 갈등은 결코 해소되지 않을 것이다. 이러한 흘러넘침은 저항들의 구성, 조직화된 결정에서 나온다. 정치적 현실주의의 주체적 측면은 정치적 의사결정, 전략적 사고, 구성적 발의initiative의 능력에 있다. 앞서 우리는 일반의지, 구성권력, 그리고 권력 장악과 같은 개념들이 주권 형상을 반복하고, 다중의 다원성을 축소하며, 다중으로부터 권력을 빼앗는 방식이라고 비판한 바 있다. 하지만 이 각각의 개념들이 현실과 맞닥뜨리게 되면 주체성을 생산하는 발의, 조직을 창출하는 사건, 전복하는 이들의 손에 실재를 돌려주는 권력이라는 앞으로 나아갈 경로의 면모들을 지시할 수 있다.

이로써 우리는 '권력은 둘째로 온다'는 생각으로 돌아왔다. 왜냐하면 여기에는 저항, 사회적 투쟁, 정치적 운동이 있기 때문이다. 우리가 앞서 말했듯, 이것은 권력이 실체가 아니라 관계임을 의미한다. 베버는 이 사실을 인식했으며, 푸코는 이 관계를 주체화했다. 이 관계를 주체적 용어로 제기하는 것은 작용하는 힘들의 비대칭성을 드러낸다. 권력의 제도들은 언제나 비대칭적이다. 창조성과 혁신이 저항의 편에 있는 반면, 권력은 자신과 맞서는 힘들의 혁신들을 억누르고 전유하려 하기에 근본적으로 보수적이다. 오늘날 우리는 저항하는 힘들의 헤게모니가 늘어나는 시대에 살고 있다. 이 힘들에 새로운 척도를 생산할 능력을 맡길 것이다. 우리는 이 척도가 조직화와 제도의 척도, 정의의 모델을 제공하는 척도이기를 바란다.

:: 공통적인 것이 첫째로 온다

　의사결정과 지속하는 구조를 구축하기 위한 열쇠를 찾고 있는 오늘날의 사회운동과 정치운동들은 두 개의 상반된 경로들에 직면한 것처럼 보인다. 한편에는 기존의 사회 제도들로부터 탈주하려는 유혹이 있는데, 이는 어떤 경우는 분리된 공동체를 만드는 기획으로, 다른 경우는 소규모 행동집단을 형성하는 **포코주의***의 형태로 구상되기도 한다. 그 반대편에는 기존 제도들을 통해 대장정을 시작하려는 이끌림이 있는데, 이는 제도 내부에서 제도를 개혁하려는 목표를 가지며 공적인 것에서 공통적인 것으로 나아갈 수 있다는 환상에 의해 강화된다. 그와는 달리 우리는 이 두 경로 모두 막다른 길에 이를 것이라고 본다. 투쟁들의 삶정치에 대한 찬란한 '외부'도, 삶권력의 구조 안에서의 해방된 '내부'도 있을 수 없다. 우리는 삶정치 및 삶권력의 발전 '안에서 그에 맞서는' 새로운 제도들을 발명해야 한다. 따라서 우리는 기존 제도들로의 적대적 개입과 새로운 제도들을 창출할 기획을 결합하는 이중 전략을 채택해야 한다.[1]

　어떤 독자들은 이러한 이중 전략에 대한 유토피아적 제안들이 실패

---

*　포코주의(foquismo)는 소규모의 자율적 게릴라 부대를 통한 혁명전술을 지시한다. 1960년대에 쿠바 혁명을 포함한 라틴 아메리카에서 유행했는데, 전통적인 공산당과 사회당의 권위와 통제를 벗어나 자율적인 형태로 혁명적인 군사 활동을 전개할 수 있도록 소규모 단위로 구성되며, 그만큼 각 게릴라 부대의 구성원들 간의 다중심적이고 수평적인 관계를 수립하기 용이하다는 특징을 갖고 있다. 이에 대해서는 마이클 하트 · 안토니오 네그리, 『다중』, 조정환 · 정남영 · 서창현 옮김, 세종서적, 2008, 109-111쪽을 참고하라.

했던 것을 기억할 것이다. 그것들은 오랜 문제, 즉 사회적 장과 정치행위가 제도 구축에서는 달라진다는 문제에 대한 유효하지 않은 해법이었다. 실제로 1968년의 운동으로부터 출현한 여러 기획들은 행위에서 제도로의 이행에 실패했다. 이 중에서도 특히 카스토리아디스는 과거에서 전승된 유물론적(그에게는 마르크스주의적) 개념들을 채택할 때에만 이 문제를 구성적인 방식으로 제기할 수 있다고 주장했다. 그에 따르면 상상적이고 (정신분석학적인) 분석적인 관점에서는 사회의 자기-제도화와 투쟁의 혁명적 존재론이 '국가를 넘어서는' 민주주의를 드러낸다. 그래서 카스토리아디스는 진보적 정치 행위에 대한 현실주의적 개념에 대항해 상상적인 것의 작업을 긍정했다. 그에 따르면 "내가 말하는 상상적인 것이란 어떤 것의 이미지가 아니다. 그것은 부단한 창조이자 본질적으로는 (사회-역사적이고 심리적으로) 규정되지 않은 형상들/형태들/이미지들이다. 그리고 이것들에 기초해서만 '어떤 것'에 대해 질문할 수 있다. 우리가 '실재'나 '합리성'이라 일컫는 것은 이것들에 의해서 생산된다."[2] 그러나 이러한 입장은 주체와 명령의 등가성, 삶정치와 삶권력의 등가성을 순진하게도 자신의 토대로 채택하면서 문제를 구성하지는 않는가? 카스토리아디스의 해법은 문제에 앞서 해법을 제시하기 때문에 우리에게는 충분하지 않은 것 같다. 그 대신 우리는 존재론(사회적 존재 안에 쌓이고 축적되어 온 우리의 역사적 유산)이 해석과 행위를 가능하게 하는 적대적 토대인 이유를 발견하는 모순 속에서 살아야만 한다. 다른 순간들처럼 1968년의 문제가 해결되지 않은 것은 분명하다. 그러나 매번 문제는 반복되는 것이 아니라 새로운 방식으로 제기되며, 오늘날 문제의 주요 조건들은 1968년과는 다르다. 우리는 제도적인 것과 정치적인 것이라는 두 가지 관점으로부터 우리 현재의 문제를 탐구할 것이다.

제도의 문제를 고려할 때 우리의 전제는 오늘날에는 **공통적인 것이 첫째로 온다**는 것, 그것이 다른 모든 사회적 행위의 배치보다 선행한다는 것이다. 그런데 공통적인 것을 인식하기 위해서 우리는 근대 정치철학과 법사상에 의해 지속적으로 반복된 사적 소유인가 공적 소유인가, 시장인가 국가인가 사이의 양자택일만 있는 것이 아님을 알아야 한다. 6장에서 다뤘던 미국의 법 현실주의자들은 '사법과 공법, 소유와 주권이 실제로 분리되지 않는다'는 주장을 역설적이게도 소련의 위대한법 이론가인 에브게니 파슈카니스와 공유하고 있다. 그러나 그들은 서로 반대편에서 이러한 연결에 접근한다. 법 현실주의자인 모리스 코헨 Morris Cohen 은 어떻게 사적 소유가 주권의 특성을 갖는지를 설명하는 반면, 파슈카니스는 주권이 사적 소유에 기초하고 사적 소유를 표현한다고, 즉 근대 공법과 헌법은 자본주의적 소유와 상품 형태로부터 유래한다고 주장한다.[3] 법률 구조의 전제는 국가권력이 아니라 생산의 물질적관계에 근거하며, 따라서 공적인 것은 사적 소유의 투영이자 보장에 불과하다는 것이다. 그래서 한스 켈젠이 파슈카니스가 모든 법을 사법으로 간주한다고 비난할 때 그는 요점에서 멀리 떨어져 있지 않았다.[4]

따라서 우리는 앞서 언급한 두 입장인 제도로부터의 탈주와 제도 내부에서의 변형 시도 모두가 어떤 이유로 공적인 것을 (전자는 공적인 것을 거부하고 후자는 그것에 특권을 부여함으로써) 제도적 지시 대상으로배타적으로 다루는지를 알 수 있다. 두 입장 모두 실체론적인 권력관과독재정치적 제도관을 공유하고 있다. 둘 다 법과 제도를 주권적 특권으로만 인식하는 근대적 전통에 기초한 낡은 관념들이다. 그러나 이제는조건이 완전히 바뀌었다. 이미 20세기의 사회주의 운동들, 노동조합주의, 노동자운동의 혁명적 분파는 자본주의적 권력과 국가에게 새로운 권력관계를 부여했다. 그들은 공적인 것을 재정의하고 그것이 더 이상 주권이 누리는 특권이 아니라 투쟁과 합의의 무대, 집단적 협상의 영역임을 보여주었다. 따라서 권력의 실체적 지위와 공적 권력에 대한 앞서의 정의는 축소되고 무미건조해진다. 발터 벤야민이 "국가와 분리된 조직된 노동은 폭력을 행사할 자격을 가진 오늘날의 유일한 법적 주체일 것이다"[5]라고 썼을 때, 그는 자본주의적 국가 주권의 유일무이함^{unicum}을 파괴할 수 있는 노동자운동의 '공적' 기능을 넌지시 강조하면서 두 개의 적대적 권력을 동등한 것으로 제기한다.

20세기의 마지막 몇 십 년간 신자유주의의 공격은 노동자 운동들에 반격을 가했을 뿐만 아니라 몇 십 년간의 복지 정책과 케인즈주의적 협치가 만들어낸 '민주주의적 공공'이라는 형상에 타격을 가했다. 이제 사적인 것이 공적인 것을 지배하고 공적인 것의 내용물을 텅 비운다. 공적인 것은 더 이상 피종속 계급들의 편을 들어 새로운 사회적 권력 관계와 부의 분배에 대한 새로운 형상을 통합하는 지렛대로 기여할 수 없다. 따라서 자본과 노동력, 신자유주의적인 자본주의와 사회적 생산의 '공통 몸〔기구〕'들(이것들을 무엇이라 불러야 할까?)은 서로 직접적이고 적대적으로 마주선다. 한편에서 사유화의 행진이 계속되고 정부에 대한 기업과 금융의 지배가 확실해지며, 남아 있는 공적 권력이 자본의 '좋은 삶'을 위해 기능하는 동안, 다른 한편에서 사회적 힘들은 암묵적이든 명시적이든 모든 제도적 종속관계를 파괴하려 하며, '함께 있음', 생산에서의 협력, 새로운 제도 구축이라는 새로운 구성 논리에의 필요성을 제기한다. 바로 이것이 '공통적인 것이 첫째로 온다'가 제도화에 대해 의미하는 바이다.

또한 정치적 관점에서 보아도 공통적인 것이 첫째로 온다. 이 주장은 우리가 '공통적인 것의 화폐'를 구축하는 몇몇 메커니즘들을 12장 끝에서 간략히 언급할 때 추상적으로 암시한 바 있다. 우리는 또한 이 주장을 역사적인 맥락에 놓아야 한다. 즉 가로줄은 불굴의 저항들로, 세로줄은 공통적 기반 위에서 아래로부터 구축된 새로운 제도성으로 특징지어지는, 전 지구화되는 세계의 표면을 가로지르는 1968년의 투쟁들로 되돌아가야 한다. 다중의 평등과 자유를 공통적인 것 안에 제도적으로 배치하려고 시도하는 (그리고 때때로 성공하는) 새로운 사회관계들이 오늘날의 사회에서 출현하고 있다.

예컨대 치아파스 라캉도나 정글에서의 사파티스타의 경험, 21세기 초반의 대안지구화 운동, 2011년에 시작된 운동들의 순환 등은 모두 오래 지속되는 제도들을 설립하는 데 성공하지 못했을 때조차 새로운 제도성의 논리에 따라 운영된다. 역설적으로 그들의 행동들은 나치 이론가인 칼 슈미트가 규정한 (하지만 의미론적으로는 상당한 개념 전도를 통해) 사회경제적인 질서화의 근본 범주를 따라 요약될 수 있다. 슈미트에 따르면 사회경제적 질서를 구성하는 운동들은 사회적 공간을 '전유하고, 분리하고, 생산해야$^{Nehmen, Telien, Weiden}$' 한다.[6] 오늘날 종속된 자들의 운동들은 그들이 살아가고 그들이 원하는 부를 생산하는 공간들을 전유하려 한다. 하지만 이들은 개인주의적이거나 조합주의적인 이해관계로 분리되는 성향을 갖고 있지 않으며(이것이야말로 사회투쟁과 계급투쟁의 진정 새로운 특징이다), 오히려 다양한 집단적 욕망들을 축적하고자 한다. 이러한 욕망의 축적을 통해 새로운 제도성이 나타나며 새로운 권리 개념이 표현된다. 아랍의 봄, 스페인의 인디그나도스, 월가 점거, [터키의] 게지 공원 및 무수한 여러 운동들이 가끔은 순진하기도

어셈블리

했지만, 항상 다중적인 규모로 이러한 요소들을 실험하였다.

노동력의 기술적 구성이라 불리곤 했던 이 운동들이 이제는 청년 세대의 기술적 구성이라고 명명되어야 하며, 이때 우리가 첫 번째로 주목해야 할 것은 이러한 운동들이 불안정성뿐만 아니라, 그 심대한 사회적·협력적 성격으로도 규정된다는 점이다. 우리가 앞서 말했듯 이러한 기술적 구성은 정치적 구성과의 전통적 비대칭성에서 벗어나 (사회적·생산적·재생산적 협동에서 체험되는) 공통적인 것을 새로운 제도들의 정치적 모델로 직접적이고도 분명하게 제안함으로써 정치 경험들에 근접해 간다. 역설적으로 이러한 협력 경험들, 즉 공통적인 것에 대한 직접적 표현들이 종종 '비정치적인 것'으로 묘사되기도 하지만 사실 무척이나 정치적이라는 점이다. 근대 주권 및 근대적 대의라는 평형추 일체를 배 밖으로 내던지고, 그에 따라 사회를 구축하기 위한 기반으로 공통적인 것을 발견함으로써 새로운 기술적 구성과 정치적 구성은 서로 접근할 수 있다.

두 번째로 우리가 주목해야 할 것은 슈미트의 '분리'를 거부하고 따라서 개인주의와 조합주의 모두를 넘어서는 것이 그저 이데올로기적인 것이 아니라, 이 새로운 세대들에게는 제도들의 유일하게 정당한 토대인 공통적인 것으로 표현되는 집단적 욕망과 일치한다는 점이다. 이는 공통적인 것의 존재론에 대한 인식에서 출발하여 공통적인 것을 정치적으로 긍정하는 기획으로 나아가는 공동체적 인간 생성이다. 따라서 공통적인 것이 인식되고 내부화될 때에는 '분리'가 아니라 '분배'가 관건이 된다. 아우구스티누스의 유명한 구절 '인간 안에 진리가 자리잡고 있다'를 수정해 다음과 같이 말할 수 있다. "인간 안에 공통적인 것이 자리잡고 있다^{in interiore homine habitat comuni}." 공통적인 것은 투쟁들 속에서 새로운 자연적 빛과 같은 즐거운 민주주의적 열정이 된다.

셋째, 생산 역시 공통적인 것을 향하는 경향이 있다. 우리가 앞에서 주장했듯이 '인간들에 의한 인간들의 생산'은 자본주의 경제에서 가장 광범위하고 가장 생산적인 요소가 되고 있다. 그래서 우리는 오늘날의 생산 및 재생산이 사회적 삶 자체를 둘러쌀수록 특히 건강, 교육, 다양한 형태의 서비스 분야들의 성장 속에서 돌봄, 정동, 소통의 활동들이 더 중심적으로 되는 방식을 보아왔다. 가타리가 언급했듯이, 이 새로운 인류의 시대에는 생태적 의식의 발전 속에서, 아니 그보다는 인간들 간의 그리고 인간과 지구 간의 돌봄과 상호작용의 의식 속에서 자생성과 생산이 합치된다.[7]

이 세 가지 고찰들은 우리가 어떻게 다중 내부로부터 공통적인 것의 제도를 구성해야 하는지를 보여준다. 물론 이 과정은 자동적인 것도 아니고 성공이 보장된 것도 아니다. 우리는 '사회주의에서 공산주의로의' 중단 없는 이행이라는 낡은 관념을 거부해야 한다. 이로 인해 우리는 오랫동안 고통스런 경험을 했고 또한 너무 자주 사회주의적 국가 권력 국면에서 시간을 지체했다. 그 대신 우리를 겨냥해 축적된 권력의 모든 무기들을 분명히 인식해야 하며, 사실 그 모든 기획도 권력과 저항, 삶권력과 삶정치의 근본적 이원론과 대면해야 한다는 점을 이해해야 한다. 제도들은 투쟁들에서 형성되며 투쟁들의 적대를 표현한다. 레닌과 트로츠키는 계급투쟁의 긴 역사를 분석할 때뿐만 아니라 또한 무엇보다도 권력을 향해 볼셰비키가 전투하는 동안 단기적인 '이중권력'을 전략적으로 촉구할 때에도 이 점을 주장하였다. 이것은 하나의 사례에 불과하지만 우리의 정치적 상황을 해석하는 데 있어 매우 유용하다. 투쟁의 관점을 채택하는 것만으로는 우리에게 드리워진 자본주의 국가의 현존재가 즉각 제거되지 않는다. 그러나 이원론을 인식하고 우리 자신을 저항의 편에 놓음으로써 우리는 세계에 대한 지식을 조직하고 우리 자신을 정치적으로 위치시킬 수 있으며, '세계 안에 있으면서' 확신을 갖고 세계의 통치·척도·신비를 발견할 수 있다. 오직 우리 자신이 저항의 편에 서서 현재의 경험을 흡수할 때만, 우리의 관점은 대안적인 것을 표현하고 공통적인 것에 의지해 전복을 일으킬 수 있다.

비록 우리가 이 장의 도입에서 제기한 조직화의 문제를 아직까지 충분히 다루지 못했지만 몇 가지 요소들은 분명해졌다. 첫째, 투쟁들 속에서 조직화가 이루어지며, 조직화는 저항과 적대를 가속화한다. 둘째, 조직화는 공통적인 것을 자신의 토대로 채택해야 한다(우리는 뒤에서 여기로 돌아올 것이다). 셋째, 조직화는 또한 공통적인 것을 자신의 텔로스로, 또는 실제로는 하나의 기획이자 프로그램으로 간주해야 한다. 넷째, 조직화는 처음부터 정치적이면서 동시에 생산적이다. 따라서 조직화는 다중의 기업가 정신을 해석하고 또 그 안에서 살아간다. 다섯째, 자본주의적 생산제도들과 정치적 명령에 대한 근본적 이원론이 조직화의 두 항들을 규정한다. 생산적 자율과 정치적 독립이 다중의 조직화의 전제들이다.

:: 총파업

'사회적 파업'은 언제나 총파업이며, 과거의 총파업들과 마찬가지로 권력의 구조들을 직접 공략한다. 그것이 총파업인 것은 전 사회에 자본주의 권력에 대한 거부를 일반화하거나 확산시키고 경제적·문화적·

정치적 저항들을 권력에의 요구로 전환시킨다는 의미에서이다. 그래서 사회적 파업에서는 해체적 계기와 구성적 계기가 실제로는 분리될 수 없다. 파업은 착취와 지배에 맞서 일어나지만 그 자체로는 새로운 사회 관계를 창출하려는 절박함을 담고 있다. 물론 어떤 경우 사회적 파업은 주로 해체적이며, 권력의 구조들을 공격하는 데 집중된다. 그러나 그때 조차도 구성적 요소가 함축되어 있다. 다른 경우 사회적 파업들은 유토피아적 전망을 가지며 그래서 해체적 과제를 고려하지 않는 듯 보인다. 하지만 이때에도 적대의 필요성을 밝히기 위한 열정과 고통이 등장한다. 예를 들어 청년 헤겔은 프랑스 혁명의 맥락에서 생사를 건 투쟁을 잘 묘사한 바 있다.[8] 누군가는 헤겔을 따라 사회적 파업에서는 이런 변증법에 구현된 '정신의 비극'이 구체화된다고 말할 것이다. 또는 옛 아나키스트들이 말하곤 했던 '자본에게는 죽음을, 인민에게는 자유를!'이라 말할 것이다.

의심하는 이들을 위하여, 사회적 파업과 총파업에 대한 우리의 관점이 조르주 소렐이 이론화한 총파업grève générale과 공통점이 거의 없다는 점을 강조하고자 한다.[9] 소렐에게 있어 프롤레타리아의 폭력은 자본주의적 폭력 및 국가 폭력과는 근본적이면서도 구조적으로 다르다. 그가 주장하기를 노동계급은 부르주아적 권력 장악의 경로를 반복해서는 안 된다. 그런 권력 장악은 결국 '구성권력'의 창조적 심급들에서 '구성된 권력'의 억압적 행위들로 이행할 것이다. 그리하여 권력 개념 자체는 둘로 쪼개진다. 프롤레타리아의 권력 장악은 부르주아적 국가권력 형태와 근본적으로 다르기 때문이다. 소렐의 프롤레타리아의 폭력과 공산주의적 봉기가 그 물질적 내용을 상실하지 않았더라면, 그리고 개인주의와 반지성주의에 의해 규정되지 않았더라면, 이 모두가 유용했을지 모른다. 소렐의 총파업은 실제로는 계급투쟁에 대한 것이 아니다. 사실 소렐(그리고 그를 따른 아나키스트들)의 주요한 문제는 폭력과 파괴로부터 새로운 사회가 자생적으로 출현할 것이라고 믿는다는 점에 있다. 프롤레타리아들이 날개를 가지고 있는 것이 사실일 수는 있지만 그 날개는 종속과 비참에 의해 짓눌려 있다. 날기 위해서 그들은 스스로를 해방하고 새로운 사회의 토대를 함께 구성할 필요가 있다. 어찌되었든 우리는 총파업을 소렐과는 완전히 다르게 이해하며, 그것을 공통적인 것의 구축을 위한 다중들의 투쟁의 도구로 이해한다.

그러나 분명히 소렐만이 19세기 후반과 20세기 초반에 파업 개념에서 사회적 변형을 위한 급진적 욕망을 읽어냈던 것은 아니다. 듀 보이스는 미국의 남북전쟁 기간 동안의 반란, 폭동, 저항, 거부, 노예 도망 등을 '노예제에 맞선 총파업'(그리고 전쟁의 결과를 규정하는 요소)으로 해석한다.[10] 유럽에서 파업들과 사회 봉기는 파리 코뮌 이후에 종종 대중적 인식 안에 혼합되곤 했다. 빅토르 위고, 귀스타브 플로베르, 에밀 졸라, 그리고 윌리엄 모리스 등은 모두 급진 사회운동과 노동자 파업――굶주릴 정도로 적은 임금, 견딜 수 없는 학대를 끝내기 위한 파업들, 모두 함께 모여 소통하는 투쟁들, 빈민과 노동계급 모두가 너무 잘 아는 고통과 괴로움의 맛을 사장들에게 느끼게 해준 봉기들――을 묘사할 때, 반란의 숨결souffle에 대해 썼다. 파괴적 힘은 모든 파업의 일부분이자, 예속의 사슬로부터 해방되려는 욕망으로 변형될 수 있는 하나의 예로부터의 폭력이었다. 물론 시간이 지나면 파업들은 변화하지만 이러한 요소들은 남아 있다. 그리고 실제로 우리는 이러한 요소들을 20세기 내내 모든 사회적 투쟁 형태들――알제리 혁명에서 흑인민권운동까지, 페미니즘 투쟁에서 학생 봉기까지――에서 발견한다. 이것은 1960년대 내내 왜 그토록 많은 운동들이 파리 코뮌과 세계산업노동자연맹에 매료되었는지를 설명해 준다.

반란적이고 구성적인 열정은 총파업의 역사에 생기를 불어넣는다. 이 열정은 카리스마적이거나 기적적인 사건이라는 의미에서의 열정이 아니라, 정치적 윤리가 최고조에 이른 순간에, 저항과 연대가 교차할 때, 자생성과 조직화, 반란과 구성권력이 아주 밀접히 함께 묶일 때 살아난 열정이다. 윤리철학의 용어를 사용하자면 이것은 합리성과 사랑이 함께 승리하였을 때의 행동이다. '파업'의 열정에서는 이성이 공통적인 자유의 동학을 창출하고, 사랑이 평등의 행동을 확대한다. 연합, '모두 모이기tous ensemble'의 요청은 이성과 자유의 언어로 말한다. 콤파네라스companeras, 즉 자매들 · 형제들과 같은 동지애의 표현들은 사랑과 평등의 언어이다. 따라서 총파업은 인권의 언어라는 헐벗은 뼈대에 살을 붙인다.

그런데 오늘날에도 총파업 개념이 여전히 유의미할 수 있으려면 새로운 형태를 취해야만 한다. 과거에 노동 파업은 주로 제한되고 억압적인 공간인 공장에서 발전했으며, 산업노동 계급과 강하게 얽혀 있었다. 물론 오늘날 이런 형태의 파업은 상대적으로 미약하다. 총파업을 전복과 구성을 위한 무기로 갱신하기 위해서는, 첫째 (3부에서 다뤘던) 자본의 추출 권력과 그것의 새로운 착취 형태와, 둘째 (2부에서 다뤘던) 사회적 생산 및 재생산이 가진 힘의 잠재적 자율과 마주할 필요가 있다.

우리가 앞서 주장했듯이 오늘날 자본은 지구로부터 그리고 사회적 삶의 협력적 동학으로부터 주로 가치를 추출함으로써 기능한다. 신자유주의적 행정이 추출 권력을 보완하며, 이는 순수 명령의 요소들——주로 금융시장을 통해 작동하지만 국가의 힘과도 협력한다——을 다원적이고 파편화된 형태의 통치성과 뒤섞는다. 즉 미시권력의 네트워크를 통해 기능하는 명령의 '참여적' 형태들이 사회적 욕구와 욕망을 등록시키고 그에 관여할 수 있다. 따라서 이러한 신자유주의적인 자본의 구성은 사회적 생산 및 재생산으로부터 가치를 추출할 뿐만 아니라 소비와 오락을 관리하고, 자본의 재생산에 복무하게 만든다. 화폐, 금융 그리고 채무는 주로 생산과 소비 간의, 사회적 욕구와 자본주의적 재생산 요구 간의 주된 매개로 복무한다. 오늘날 이런 복잡한 자본주의 기계에 맞서 파업을 하는 것이 의미하는 바는 무엇인가? 우리는 추출 과정들을 억제하고, '사장들에게 손해를 끼치고' 그들에게 효과적인 물질적 힘을 행사함으로써 자본주의적 가치화의 흐름을 중단시키는 거부의 실천들을 어떻게 구상할 수 있을까? 이 질문들은 모든 노동자 투쟁 전통의 파괴적인 실천들인 노동 규율을 거부하기, 결근하기, 사보타주, 탈주 등을 떠올리게 한다.

이런 거부와 전복의 실천들이 어떻게 오늘날의 조건들로 번역될 수 있는지를 인식하기 위해서는 우선, 생산의 사회적 성격이 증가하는 것이 양날을 가진 현상임을 이해할 필요가 있다. 협력적 생산이 사회적 삶 일체에 투여될 때, 노동일이 깨어 있는 모든 시간(심지어 잠자는 시간)을 포함하는 쪽으로 확대될 때, 그리고 모든 노동자들의 생산 능력이 명령의 네트워크 안으로 포획되는 것처럼 보일 때, 한편으로는 '파업에 돌입'하기 위해 요구되는 독립적 행위 공간을 마련하기가 불가능해 보인다. 그러나 다른 한편으로 사회적 생산 및 재생산에 참여하는 이들은 모든 장치를 직접 다룰 줄 안다. 메트로폴리스(이것은 그 자체로 생산 시스템의 일부가 되고 있다)를 점거하고 봉쇄하는 기획 또는 사회적 네트워크들의 생산적 흐름을 차단하고 웹사이트들을 과부하 걸리게 하는 기획을 생각해 보자. 둘째 이러한 사회적 매트릭스에서 생산과 재생산을 가르는 경계가 허물어지고 있음을 이해할 필요가 있다.

과거에 마르크스주의 정당들, 노동조합들, 이론가들은, 사회적 재생산 과정 안에서 그에 맞서는 투쟁들로는 자본주의 권력의 심장을 강타할 수 없다면서 줄곧 '생산적' 노동의 중심성을 주장했다. 그러한 주장들은 종종 백인 남성 공장 노동자들이 아닌 모든 이들을 '주요' 투쟁들에서 배제할 구실로 작용했다. 여성들, 학생들, 빈민들과 이민자들, 유색인종과 농민들은 모두 이러한 관점에 기초한 정치적 전략의 희생자였다. 오늘날 산업 생산의 중심성을 사회적 생산의 중심성이 대체하는 한, 생산에 대한 투쟁과 재생산에 대한 투쟁은 직접적으로 서로 연루되어 불가분하게 연결된다. 오늘날 노동 투쟁 일체는 (성별적, 인종적, 전지구적) 노동 분업에 대해 비판해야 하며, 반대로 노동 분업에 대한 비판은 가치 추출의 다양한 형태를 거부해야 한다. 생산의 사회적 성격도 생산과 소비의 전통적 구분이 허물어지고 있음을 함축한다. 분명한 것은 부채에 의해 통치되는 생산과 소비의 자본주의적 관계가 파괴되어야 하며, 건강, 교육, 주거, 서비스, 다양한 소비 형태 등을 포함하는 복지 지형은 저항과 대안적 기획을 통한 투쟁 지형으로 전환되어야 한다는 점이다. 그러나 소비 자체가 문제인 것은 아니다. 소비를 가장 넓게 고려한 재생산과, 즉 사회, 인류, 다른 종, 지구의 지속가능성과 연결한다면 그때 소비는 하나의 사회적 선이다. 여기서 우리는 사회적 파업의 해체적 기능과 구성적 작업을 모두 알 수 있다. 그리고 이러한 사회적 규정을 구체화함으로써 우리는 소비에 대한 자본주의적 명령의 해체를 인식할 수 있으며, 또한 그러한 사회적 지형 위에서 이윤 추구가 아닌 인간에 의한 인간 생산의 구성을 인식할 수 있다.

따라서 사회적 파업은 자본에 의해 작동되는 추상과 추출에 개입해 그것을 변형시킬 수 있어야 한다. 다시 말해 사회적 파업은 금융이 지배하는 넓은 사회적 영역을 포괄하면서 추상을 일반성으로 변형해야 한다. 즉 전 사회를 가로질러 확장되는 광범위한 힘들을 협력적으로 포용해야 한다. 또한 사회적 파업은 추출을 자율로 변형하고, 가치를 포획하는 자본주의적 장치들을 억제하며, 사회적 생산 및 재생산의 협력적 관계를 강화할 수 있어야 한다. 어쨌든 이 두 영역은 연속적이며 중첩되어 있다. 비록 추상에 맞선 투쟁은 (사회적 확장을 이뤄내면서) 수평적이고, 추출에 맞선 투쟁이 (사회적 협력의 강도를 증가시키면서) 수직적이라 할지라도, 이 투쟁들은 공통적인 것의 구축을 위한 강력한 기계를 함께 형성한다.

산업 시대의 초창기에 마르크스는 노동자 투쟁이 '총자본'으로 하여금 노동일을 줄이도록 강제했던 방식을 분석하면서, 노동자들이 어떻게 자본에 새로운 권력관계를 부과하고 또 스스로를 재창조할 수 있는지를 인식했다. 그는 "우리의 노동자는 그가 그것에 진입할 때와는 다른 모습으로 생산 과정으로부터 나온다는 점을 인정하지 않으면 안 된다"라고 쓴다.[11] 오늘날 '총자본'(주로 금융의 형태를 띠는)과 사회적으로 착취되는 '총 산노동' 사이에서 벌어지는 투쟁 관계에서도 마르크스의 개념이 되풀이된다. 즉 노동일을 재조직하는 공장 파업과 유사하게 사회적 파업은 이른바 사회적 노동일의 배치에 역점을 둔다. 예를 들어 이것은 무조건적이고 모두에게 평등한, 보장된 기본소득을 위한 전투와 같은 형태를 띨 수 있는데, 이는 어느 정도는 오늘날의 사회의 불안정성에 역점을 두고 창조를 위한 자율적 공간을 제공할 것이다. 오늘날의 투쟁은 사회적 삶에 대한 자본주의 지배를 파괴하고 자율적 대안을 창출할 때에만 결정적인 것이 될 수 있다.

그러므로 우리의 분석은 낯설면서도 역설적일 수 있는 지점에 도달했다. 한편에는 총파업의 긴 역사가 있다. 이 기초 위에서 노동자운동의 힘이, 더 일반적으로는 좌파의 힘이 구축되었다. 총파업은 한 세기 이상 사회주의적 투쟁들의 정치를 규정하는 데 있어 중심적이었다. 다른 한편에는 계급투쟁의 면모를 변형하는 사회적 투쟁들이 있다. 오늘날 생산과 착취가 사회적인 것이 되었지만, 대체로 좌파 쪽에서는 어떠한 현실적 응답이 없다. '공식적 좌파'나 '역사적 좌파'의 제도들은 이 영역을 포기하고 의회라는 무대를 협상의 배타적 공간으로 선택했다. 협상은 (더 이상 서발턴 계급들과 권력 간에 일어나지 않고 그 대신) 이데올로기적 장막 뒤에서 서로 뒤섞여 버린 권력 집단들 간에 일어나고 있다. 그래서 정직과 용기를 가지고 신자유주의를 비판하는 사람이 '좌파를 재건하자'고 말할 때, 우리가 보기에는 한때는 좌파의 정치적 힘이라고 불렸던 추론과 실천에서 사회적 파업이 중심적으로 되지 않는 한, 그 말은 실현이 불가능하다.

여기서 우리의 짧은 분석은 세 가지 결론에 도달한다. 첫째, 모든 전복적 행위 및 사회적 투쟁은 삶정치적 지형, 사회적 삶의 지형에 스며들어 공통적인 것을 지향해야 한다. 권력의 문제는 둘째로 온다. 예컨대 우리가 나아가야 할 길은 생산적인 사회적 과정에서 사용되는 고정자본을 재전유하고, 따라서 금융자본이 발전시킨 가치화–포획–사유화 작용의 증식을 막는 것을 필요로 한다. 고정자본의 재전유는 공통적인 것을 구축하는 것을 의미하며, 이때 공통적인 것은 사회적 삶에 대한 자본주의적 전유에 맞서, 사적 소유와 시장에 맞서 조직되며, 아래로부터의 민주주의적 관리와 자율적 운영 능력으로 규정된다. 이 과정은 산업 노동자들이 상대적 임금의 감소에 맞서 한 세기 전에 벌였던 투쟁과 유사하다. 로자 룩셈부르크에 따르면 필요한 것은 "노동력이라는 상품의 성격에 맞서는 투쟁", 즉 그 근본적 핵심에서 자본주의적 생산에 맞서는 투쟁이다. 그녀는 계속해서 "따라서 상대적 임금의 하락에 맞서는 투쟁은 더 이상 상품 경제의 토대 위에서 벌이는 투쟁이 아니라 이 경제의 존립에 맞서는 혁명적이고 전복적인 돌진이며, 프롤레타리아트의 사회주의 운동이다"라고 말한다.[12] 우리에게는 바로 이것이 공통화 과정이다.

둘째, 공통적인 것을 구축하려면 사회적 파업 역시 정치적인 것이 되어야 한다. 사회적 파업은 신자유주의적 협치와 단절하고 대항권력의 실천들을 발전시키는 '이중권력'을 생산해야 한다. 그것은 함께 있고 함께 생산하며 '다중의 기업가 정신'이 되는 제도들을 창출해야 한다. 20세기 후반과 21세기 초반의 점거 농성을 포함한 모든 위대한 다중 운동들의 살아 있는 열정은 오늘날 사회적 파업이 무엇을 의미하는지뿐만이 아니라, 그것이 어떻게 직접적으로 조직화와 제도를 창출하는 도구로 복무할 수 있는지를 입증한다. 아주 짧게 지속했을 때조차 이 운동들은 제도적 욕망을 생산했고, 멈추기 어려운 구성적 기계를 작동시켰다.

셋째, 이 정치적 지형을 중심 무대 위로 올려야 한다. 바로 이 정치적인 것에 대한 생각이 갱신되어야 하기 때문이다. 우리가 말했듯이, 공통적인 것은 정치적인 것에 앞서 첫째로 온다. 왜냐하면 오로지 공통적인 것과 공통적인 것의 지형 위에서의 기업가 정신만이 세계를 물질적으로 변형시킬 수 있고 자유로운 주체성들의 생산 및 재생산을 통제할 수 있기 때문이다. 다중의 기업가 정신이 우리 실존의 존재론적 토대를 역사적으로 형성하고 있다. 이 논의가 존재의 문제로 제기된다고 걱정하지는 말자. 공통적인 것에서 생산되고 끊임없이 재생산되는 역사적 존재의 토대가 아니라면 자유와 평등을 구축할 다른 방도는 없으며, 모든 것이 이 기업가 정신의 주위에서 재구성될 것이기 때문이다.

:: 중심의 극단주의

과학 중에서 정치학만큼 '현실주의'를 강하게 붙잡고 있는 것도 없을 것이다. 투키디데스, 마키아벨리, 몽테스키외, 그리고 기타 유럽 전통에서의 여러 권위자들이 이 주장에 실체를 제공한다. 정치 분석의 지배적 흐름들은 지난 수세기 동안 발전하면서 정치 과정에 대한 산더미 같은 데이터와 무수한 서술들을 축적해 왔으며, 행동주의적이고 사회학적인 접근을 사용해 통계적 방법과 예측 모델을 발전시켜 왔다. 그러나 그것들 중 어떤 것도 과학적이라거나 심지어 현실주의적이라고 불릴 만한 것은 없다. 오히려 정치학은 대부분 지배권력의 충복이 되었다. 우리가 생각하는 것은 학술 분야만이 아니다. 오히려 일상적으로 이른바 정치적 이성이라는 공통 감각을 표명하는 다방면의 언론인, 정치인, 여러 유형의 분석가들(물론 여러 학계를 포함하여)을 염두에 두고 있다.

이들 속물적이고 영향력 있는 정치학자들의 교리는 본질적으로 세 가지 요소를 맴돈다. 첫째, 그들 대부분은 명시적이든 아니든 '정치적인 것의 자율'을 긍정한다. 3장에서 논의했듯이, 이것은 국가 행위를 변호하고, 배타적이고 반론의 여지가 없는 정치적 삶의 중심으로 간주한다. 둘째, 그들은 대체로 몰가치적인 지식을 제공한다고 주장한다. 젠더와 인종 연구자들이 아주 설득력 있게 입증하듯이, 자연과학에서의 객관적 지식과 실천에 대한 주장조차 도전받아야 하기 때문에, 우리 자신의 정치적 가치를 가리거나 은폐하는 경우가 아니라면 정치체계 및 행위 연구에서의 객관성 주장은 어떠한 토대도 있을 수 없다.

하지만 가장 흥미로운 것은 세 번째 요소로, 정치학자들은 '중심', 즉 모든 합리적인 정치적 논의가 맴도는 균형과 중용의 지점을 확인하자고 주장한다는 점이다. 그들이 우리에게 끊임없이 설파하기를, 중심만이 민주주의 정치와 그 제도를 급진적이고 비합리적인 도전들에서 구출할 수 있기 때문에 엘리트와 민중, 우파와 좌파는 가운데로 이동해야 한다는 것이다. 정치 시스템의 최정점과 토대의 관계를 Y축에, 우파와 좌파의 갈등을 X축에 둔다면, 우리는 두 축이 만나는 기원에서만 균형과 안정, 정의와 중용을 찾을 수 있다는 것이다. 아리스토텔레스와 폴리비우스는 세 가지 통치 형태(군주정·귀족정·민주정)를 함께 엮는 것만이 폴리테이아^{politeia}, 즉 정의로운 정치사회를 보장할 수 있다고 주장했으며, 베버는 세 가지 정당화 형태(전통적, 합리적-법적, 그리고 카리스마적)를 함께 섞을 때 권력이 생명을 얻는다고 생각했다. 정치적인 것(그리고 특히 '민주주의' 정치)에 대한 이러한 고대와 근대의 규정은 역동성이라는 미덕을 지녔다. 이 규정들은 정치에 대한 신뢰할 수 없는 확언으로 대체되는데, 여기서 정치는 시간적으로는 고정되고 공간적으로는 움직이지 않는 하나의 중심으로 축소된다. 그 결과 정치 전문가들의 최근 조류는 '중도주의적 포퓰리즘'이라는 형상 안에서 민주주의적 갈등을 위한 공간을 제거하는 놀라운 결과를 산출했다. '우리는 좌파도 우파도 아니다'라는 확언이 '우리는 엘리트이면서도 인민이다'로 귀결되는 것이다![13]

첫째, 이러한 결과는 정치과학자들이 주장하는 몰가치적 분석과는 동떨어진 완전히 이데올로기적인 효과로 인한 것이다. '중심'은 정치를 움직이지 않게 만든다. 중심이 움직이지 않는다는 의미에서가 아니라, 거기에서는 모든 변형이 중심에 의해 지배된 채로 있다는 의미에서 그렇다. 예를 들어 오늘날 언론인, 정치인, 관료들 사이에서 혁명이라는 말의 과잉된 사용이 얼마나 유행하고 있는가를 주목해 보라. 이것은 혁명이라는 말의 의미를 텅 비우고 그들의 바람대로 현재에서 그 실재적 가능성을 제거할 뿐만 아니라 또한 지난 세기들에서의 역사적 발전에 대한 기억을 지워내는 데 기여한다. 파올로 프로디가 그 누구보다도 주목했듯이, 이 모든 것의 기저에는 또한 훨씬 광범위한 현상이 존재한다. 오늘날 역사적 시간은 압축되고 욕망들의 미래적 시간성은 삭제된 것처럼 보인다. 즉 현재는 영원하고 변하지 않으며 필연적인 것처럼 보인다. 이 모든 것이 주권적 지배권력에 의해 표명되고 위로부터 결정된다. 따라서 이전에는 근대 역사가 사회적 갈등의 연속적인 출현과 입헌 구조의 반복된 수정으로 묘사되었지만, 이제는 균형이라는 에덴동산으로 칭송되는 정치적 중심 주변에서 마비되어 있음이 틀림없다.[14]

'중심'에 대한 강조는 공간에 대해서도 유사한 결과를 낳았다. 일반적인 생각은 스스로를 중심화하는 정치 시스템들이 공고화된 가치와 불변의 위계 주변에 자리 잡는다는 것이다. 중심의 신봉자들이 변화에 대한 두려움과 새로운 것에 대한 공포를 선동하고 안정의 필요를 주장하는 경고음을 울려댄다. 가령 게오르고스 카참베키스와 야니스 스타브라카키스는 그리스 위기의 한복판에서 이렇게 쓴다. "오늘날 위기에 시달리는 유럽에서 '중도 정치'의 제도적 방어자들은 마니교적인 사회관을 구축하고 사실상 의견 불일치를 비합리적이고 포퓰리즘적인 것으로 묵살하며, 그래서 점점 더 근본화되고 배타적이게 된다."[15] 정당성은 합의와 참여의 요소들을 통해 구

어셈블리

축되는 것이 아니라 우리 모두를 둘러싼 위험을 척결하라는 과업을 부여받은 권위에 위임되는데, 이는 토마스 홉스에서 칼 슈미트로 이어지는 공포의 정치적 사용이라는 오랜 전통을 되살린다.

정치적 '중심'에 대한 강조는 신자유주의적 경제 이론이 규정한 평형 상태와 결합될 때 훨씬 더 강력해진다. 국가와 인구의 관계에 적용되는 평형 상태와 안정이라는 반동적인 생각 또한 오랜 역사를 가지고 있다. 가령 하이에크가 그렇듯 관방학官房學이라는 독일의 행정 개념은 평형 상태를 칭송한다. 그러나 오늘날 중심과 평형 상태의 힘은 점점 더 유연성을 잃어가고 있다. 경제학과 정치학은 개인주의라는 일종의 무정부주의적 가치평가 transvaluation 속에서 혼합되는데, 이는 역설적으로 상당히 결정론적인 사회 질서의 이미지를 생산한다. 그리하여 '중심'은 위·아래, 좌·우 어느 쪽으로도 열릴 수 있는 모든 남아 있는 가능성을 상실한다. 사태가 다르게 돌아간다면 재앙이 올 것이다!

안정적이고 '중도적인' 중심에 대한 이러한 정당화 과정은 이를 발생시킨 공포와 폭력의 이미지와 거리를 두는데, 심지어 이 이미지를 사용할 때조차 그러하다. 이전에는 두려움과 공포를 경험했지만, 이제는 평온하고 균형 있게 존재하는 것보다 더 '중심적'이고 더 평화를 사랑하는 것처럼 보이는 것이 있겠는가? 중도주의적·정치적 현실주의에 생명을 불어넣는 냉소주의는 공포와 평온 사이에서의 춤춘다. 우리는 아마도 여기에서 신자유주의적 '중심'과 중심의 '극단주의'의 척도를 해석하기 위한 핵심을 얻어낼 수 있을 것이다. 모든 정치적 입장들이 중심에 있는 정부로 함께 모여야 한다. 즉 〔중심 외에는〕 '대안이 없다.' 이 경구보다 더 냉소적인 것이 있을까? '중심'으로 환원되지 않는 모든 가치는 틀림없이 배제되고 추방된다.

이러한 '비폭력적인' 중심은 신이 보장하는 혹은 종종 끔찍한 폭력을 통해 수립되어야 했던 군주제가 보장하는 안정과 평형 상태라는 생각과는 거리가 있다. 이는 반란을 일으킨 농민들을 프로테스탄티즘의 이름으로 잔혹하게 진압한 것과는 거리가 있다. 마르틴 루터는 대학살의 이유를 묻는 이들에게 이렇게 답한다. "우리가 이 불쌍한 자들에게 그토록 잔인하게 굴었던 것은 유감스럽지만 그게 아니면 우리가 무엇을 할 수 있겠는가? 그것은 필연이며, 공포가 사람들에게 초래되길 바랐던 신의 뜻이다." 오늘날 공포는 근대의 시작과는 다른 방식으로 사람들에게 다가오는데, 주로 화폐가 용병들을 대체한다. 그러나 어쩌겠는가, 루터가 말하듯이 "그렇지 않다면 사탄이 해악을 퍼트릴 테니."[16]

'중심의 극단주의'를 넘어, 역사 내부에서 움직이면서 역사를 변형할 기획을 취하여 모든 '중심의 극단주의'를 넘어서는 것이 오늘날의 정치적 지식에게 여전히 가능할까? 루터가 자신의 용병들에게 농민들을 학살하라고 선동하던 그 즈음에 마키아벨리는 정치적인 것을 공통적인 것의 열정과 상상으로 만들었다. 그가 가르쳐준 것은 가령 피렌체의 양털 다듬는 노동자들이 시장의 소유자들에 맞서 투쟁했던 치옴피 반란*의 경우처럼 정치적인 것이 다중의 욕망에 의해 구성된다는 점이다.[17] 그들이 정치적인 것을 '전유한다'고 말하는 것이 더 나을 것이다. 실제로 이 반란에는 '몫 없는 자들'이 정치의 공간을 요구하는 일이 포함되어 있기 때문이다. 그들은 비참과 예속에서 해방되기 위해 공포와 두려움 없이 목숨을 건 투쟁을 벌였다.[18]

---

* 치옴피(ciompi)는 14세기 당시 이탈리아에서 '양털 다듬는 노동자(wool worker)'를 지시하는 말이며, 그들은 실을 잣기 위하여 양털을 빗질하여 다듬는 일을 했다. 치옴피 반란은 이들이 피렌체의 부자들인 '포폴로 그라소(popolo grasso)'에 맞서 일으킨 것이다.

어셈블리

이것이 의미하는 바는, 자유와 공통적인 것이 언제나 투쟁 안에서 물질적으로 실험되고 구축된다는 확신이 있기에 그들은 투쟁 안에서 욕망을 제기하고, 권력관계와 그 불확실성 속에서 투쟁하는 위험을 감수한다는 것이다. 오직 이러한 정치만이 루터가 우리를 위협했던 사탄의 손아귀에서 빠져나오게 할 것이다.

14장
불가능한 개혁주의

공인된 사회주의 좌파의 이른바 정치적 현실주의에 의하면, 지금의 개혁주의는 한 세기 이상 유일하게 합리적이고 효과적인 경로로 제기된 것이다. 그들에 따르면 현실주의는 자본주의적 지배에 순응할 것을, 즉 정부에 참여하고 자본주의적 훈육을 존중하며 노동과 기업에 협력할 수 있는 구조를 만들어, 임금, 노동 조건, 사회 복지가 느리지만 분명하게 향상될 수 있도록 만드는 것을 의미한다. 이러한 현실주의는 완전히 비현실적인 것으로 판명되었다. 이런 식의 개혁주의는 불가능한 것으로 증명되었으며, 그것이 약속한 사회적 혜택은 환상일 뿐이다.

오늘날 좌파는 개혁의 지형을 완전히 상실한 것처럼 보인다. 그런 이유 중 하나는 '개혁'이 신자유주의적 정치 어휘에서 가장 자주 언급되는 용어라는 데 있다. 실제로 개혁은 '중심'에 대한 신자유주의적 강박 관념을 떠받치는 기둥이 되었다. 신자유주의의 손아귀에서, 개혁은 주되게는 통제가 국가에서 금융시장으로 이동하는 것을 의미하게 되었으며, 이때 금융시장은 간혹 은폐되는 경우도 있지만 대체로는 노골적인 형태의 폭력을 수반한다. 가령 제프리 삭스Jeffrey Sachs와 같은 이들이 옹호한 동유럽의 탈사회주의적 시장 개혁은 '충격 요법'의 형태를 취했다. 이는 분명 19세기와 20세기의 진보 세력들에서 통용되던 개혁의 의미와는 아무 상관이 없다. 개혁이라는 용어는 강탈당했고 때때로 그 결과는 사회주의적 개혁주의가 과거에 추구했던 것과 거의 정반대이다.

진보주의적 개혁주의가 오늘날 불가능한 것처럼 보이는 또 다른 이유는 옛 사회주의적 관점에서 개혁을 지지하는 주체인 조직된 산업노동계급이 쇠퇴했다는 데 있다. 아래에서 다루겠지만 일단 노동계급 주체성과 분리된 사회주의적 개혁주의는 자본주의적 발전을 관리하는 메커니즘에 불과하며, 신자유주의와 거의 구별할 수 없게 된다.

그런데 개혁주의에 대해 비판한다고 해서, 우리의 조부모 세대를 뜨겁게 불타오르게 했던 오랜 논쟁거리인 개혁이냐 혁명이냐를 반복할 필요는 없다. 우리에게 필요한 것은 사회적 생산 조건이 얼마나 많이 변했고, 따라서 정치적 행위의 잠재성이 얼마나 많이 변했는지 가늠해 보는 것이다. 여전히 모든 유형의 개혁주의를 욕하는 '급진주의자들'은 낡은 개혁관만큼이나 불가능한 (그리고 바람직하지도 않은) 혁명관에 몰두하고 있다. 우리의 주장은 오늘날 생산과 재생산을 담당하는 사회적 주체성들에 기반해 개혁 개념과 혁명 개념 모두 다시 사고되어야 하며, 개혁과 혁명 두 과정은 함께 나아갈 수 있고 또 그래야만 한다는 것이다. 그것이 정치적 현실주의의 과정이다.

:: 시스템을 고쳐 쓰기

오늘날 개혁이 어떤 의미를 갖는지를 탐구하기 전에, 사회주의적 개혁주의의 역사에서 몇몇 핵심적 측면을 간략히 개괄해 보자. 이미 19세기 후반에 수정주의적 사회주의자들은 마르크스주의와 혁명 세력에 맞서 경제 개혁을 위한 타협이라는 '현실주의'의 길을 택했다. 이 이후로 사회민주주의 전략들은 완전히 실패했음이 증명되었고 사회주의를 불치병에 걸리게 만들었다. 실패한 20세기 개혁주의의 세 가지 장면을 떠올려보자.

장면 1: 20세기 초 국가주의적 수정주의. 국가의 산업적 숙명에 참여하고 심지어 옹호하는 데에서 오는 경제적 이권에 눈이 멀어 독일·프랑스·영국·이탈리아의 사회민주주의자들은 1차 세계대전 참전을 지지했다. 이는 조합주의적 이해관계를 옹호하는 노조의 행동을 뛰어넘어 노동의 이해관계를 소위 '국익'과 혼동하는 것을 수반했다. 이 사회민주주의자들은 노동자 투쟁의 국제주의적 정신을 보류하고 제국주의와 식민주의로 점철된 자국의 모험을 열광적으로 응원했다. 그들은 군사주의적 규율을 껴안고 억압자의 외투를 걸쳐 입으면서 연대와 투쟁의 유산에 등을 돌렸다. 그들이 승전국에 속했든 패전국에 속했든 이전 반세기 동안의 노동운동의 투쟁을 배신한 것은 범죄적이었다. 이 경우 국가 개념과 그 정체성에의 헌신이 사회주의적 개혁주의를 실패로 돌아가게 만들었다.

장면 2: 2차 대전 이후 사회민주주의적 개혁주의. 독일 사회민주당이

어셈블리

자본과의 대립을 포기하고 협조 정책을 채택한 1959년 '바트 고데스베르크' 전당대회는 개혁주의 관점에서 가능한 유일한 '현실주의' 노선이란, 자본주의적 경제생산 관리에 완전히 협조하는 것임을 상징적으로 보여주었다.* 사회민주당의 노조들은 스스로를 자본주의의 경제적·정치적 세계의 신뢰할 만한 파트너로 제시하였다. 이 개혁주의가 공장과 사회에서 노동계급의 예속과 착취의 수준을 끌어올리는 동안 사회민주주의 지도부는 과장된 노동생산성 증가(이는 훨씬 더 견디기 힘든 고통을 초래했다)와 노동자 생활에서의 규율 향상을 찬양했다. 이 과정에서 사회민주주의자들 역시 공격적 제국주의에 참여하고 식민지 지배(알제리에서 베트남까지)를 옹호했는데, 이는 보수주의적이고 파시즘적인 옛 문화와의 연속성을 무심코 드러내는 흔적이었다. 이 시기 반식민주의·반제국주의 투쟁들이 결국 승리했지만 유럽 및 북미의 사회민주당의 원조는 없었다. 사회민주당은 신식민주의 사무국을 직접 개설했다.

장면 3: 냉전 이후 신자유주의. 1989년 이후 사회민주주의자들은 영국의 노동당과 미국의 민주당 지도자회의를 시작으로, 가장 흉포한 신자유주의적 정책들을 합법화하면서 전 지구적 금융자본의 힘에 편승했

---

* 　독일 사회민주당은 1959년 11월 바트 고데스베르크 시에서 개최된 임시 당대회에서 '고데스베르크 강령(Godesberger Programm)'을 발표하고, 1989년까지 베를린 강령을 선포하기 전까지 그 기조를 유지했다. 이 강령은 법치국가와 자유 시장경제의 요구를 골자로 한 자유민주주의의 기본 입장을 포함하면서, '사회주의 노동자당'에서 '실용주의적 국민정당'으로 전환을 선언한 것으로, 이를 통해 사회민주당은 계급투쟁, 산업의 사회화, 계획경제 등의 노선을 공식적으로 포기했으며, 대외정책 역시 냉전체제의 대립 안에서 이전의 중립국의 지위를 유지하던 통일정책에서 친서방 중심의 외교노선을 채택하는 것으로 변경되었다.

다. 이 새로운 사회민주주의자들은 국내에서는 복지구조를 해체하고 해외에서는 '워싱턴 합의'*를 부과하는 일에 품질 보증의 인장을 찍어주었다. 신자유주의 모델을 승인하고 보장한 그들의 결정이 얼마나 큰일이었는지는 오늘날에도 분명히 확인된다. 사회민주주의는 신자유주의적 협치의 직접적 도구가 되었고 열악한 노동조건과 임금 삭감의 책임을 노동자에게 전가했다. 사회를 잔인하고 부패한 시장에 넘기면서 그들은 복지 제도를 파괴하고 노동과 사회의 불안정성을 확산시킬 뿐만 아니라 노동자의 이해관계를 대의하는 척 꾸며대는 것조차 포기했다.

그러나 20세기 동안 개혁주의의 실패는 사회민주주의의 책임만은 아니다. 그것은 또한 이른바 '혁명적 개혁주의'가 낳은 재앙에도 기인한다. 가령 볼셰비키 혁명은 결국 개혁 실행을 사회주의를 자칭한 국가에게 떠넘겼는데, 이 개혁은 서유럽의 사회민주주의들만큼이나 극적으로 실패했다. 아니 도리어 이 개혁은 근대화의 원동기로 기능했고 결국 자본주의적 발전, 처음에는 산업 자본주의의 발전을 나중에는 금융 자본주의의 발전을 이끈 '계획된 통제'에 따랐다. 성공한 혁명이 실패한 개혁주의를 우리에게 물려준 것이다. 이는 그들의 개혁이 서유럽의 자본

---

* 1980년대 후반 냉전시대가 붕괴된 이후 미 행정부와 국제통화기금, 세계은행 등을 포함하는 워싱턴의 정책 결정자들 사이에서는 '위기에 처한 국가' 또는 '체제 이행 중인 국가'에 대해 미국식 시장경제를 이식하자는 모종의 합의가 이뤄졌는데, 미국의 정치경제학자 존 윌리엄슨은 1989년 이것에 '워싱턴 합의(Washington consensus)'라는 이름을 붙였다. 여기에는 사적 소유권 보호, 정부 규제 축소, 국가 기간산업 민영화, 외국 자본에 대한 제한 철폐, 무역 자유화와 시장경제, 경쟁력 있는 환율제도 채용, 관세 인하와 과세 영역 확대, 정부 예산 삭감 등이 포함되어 있다.

축적이라는 후렴구를 반복하는 데 그쳤기 때문이다. 이 경우 우리는 노동계급을 이롭게 한다고 주장하는 개혁의 과정이 실패했고 독재적 명령 체계가 그 자리를 차지했음을 알 수 있다. 사회주의 혁명은 역설적이게도 자본주의를 개혁하려는 자신의 시도로 인해 무너졌다.

사회주의적 개혁주의(이른바 '혁명적 개혁주의'와 나란히)의 재앙적 결말은 중국의 사회주의가 모택동 시대 이후에 취했던 경로에서도 확인된다. 1989년 천안문에서 민주적인 학생들과 노동자들은 혁명의 길이 이데올로기적인 형태가 아니라 다중의 민주주의의 형태로 다시 시작되길 요구했다. 물론 권력자들의 대응은 진압에 그치지 않고 산업적 발전과 금융자본의 통제를 혼합한 자본주의적 발전 국면으로 더 나아갔다. 학생들과 노동자들이 패배하자 중국의 사회주의 체제는 신자유주의적 지구화라는 거대한 게임에 들어섰다.[1]

따라서 다양한 사회주의적 개혁주의들은 종종 자본의 정치적·경제적 힘과 동맹하여 내부로부터 시스템을 고쳐, 노동자들의 삶을 점진적으로 개선하고 최악의 지배 형태를 둔화시키며 모두에게 사회적 전망을 고취하고자 했다. 하지만 이러한 경험들이 증명한 것은 자본이 스스로는 개혁할 수 없다는 것을 증명한다. 즉 시스템은 카지노의 룰렛 테이블처럼 고쳐졌다. 그리고 하우스가 늘 승리한다.

:: 대항권력을 제도화하기

그렇다면 개혁은 불가능한가? 우리가 앞서 선별적으로 묘사한 20세기 사회주의적 개혁주의들로는 분명 불가능해 보인다. 실제로 개혁은 민주주의 · 자유 · 계급투쟁과 같은 다른 일련의 정치적 개념들처럼 의미가 텅 비어버린 것처럼 보인다. 참된 개혁주의(혁명적 맥락과 사회민주주의의 맥락 모두에서)가 대항권력의 제도를 필요로 한다는 것을 밝히려면 역사에서 몇몇 성공적이고 현실주의적인 경험들로 돌아갈 필요가 있다.

소비에트와 중국의 사회주의자들이 국가 독재를 통해 자본주의 발전을 관리한 경험의 결과들이 처음부터 혁명 경험들을 특징지은 것은 아니다. 가령 레닌은 국가와 자본 모두를 실질적으로 변형시킬 대항권력—국가에 맞선 소비에트, 자본에 맞선 노동자들—으로 조직된 협치 체계를 상상했다. 이중권력, 더 올바르게는 힘들의 복수성이 노동대중을 예속과 비참에서 해방시키는 과정을 개시할 것이었다. 다양한 시기의 중국의 경험, 특히 문화혁명기 동안 대항권력의 설립과 제도화는, 즉 국가 안에서 국가에 맞선 적대적 구성체들은 실질적인 사회 · 정치적인 개혁의 과정을 추진했다. 물론 두 나라에서의 연이은 사회주의적 발전은 점점 더 늘어난 독재에 굴복해 민주주의적 개혁의 희망을 산산조각 냈지만, 이것이 이전 시기의 대항권력의 실제적 효과를 부정하는 것은 아니다.[2]

능동적 대항권력은 또한 사회민주주의적인 개혁주의가 거둔 약간의 성공에 기여했다. 가령 미국에서의 뉴딜 시기와 20세기 동안의 유럽에서의 복지 정책의 발전은 정치적 참여 수단과 사회적 복지 수준의 증가를 가져왔다는 점에서 (비록 제한적이고 모호한 형태이긴 했지만) 성공적인 개혁주의적 실험으로 볼 수 있다. 뉴딜은 1929년 월스트리트에서 폭발해 버린 유통의 위기, 수요와 공급의 불균형 또는 그 밖의 다른 객관적인 기준에 대한 대응이었다기보다는, 조직된 노동의 힘, 특히 가장 전투적인 노동조합이 창출한 정치 위기에 대한 대응이었다. 러시아 혁명의 승리는 노동조합이 초래할 위협에 섬광을 비추었다. (어떤 측면에서는, 그리고 제한된 시간 동안) 노동의 전투성이 창출한 '이중권력'은 이윤의 생산뿐만 아니라 자본주의 사회를 재생산하는 주요 조건들의 유지도 위협했다. 따라서 대항권력의 설립은 정치적 참여의 확대, 일부 사회적 위계의 개선, 사회적 부의 분배 방식의 변화(이 모두는 제한적이고 일시적이었지만, 그럼에도 불구하고 실질적인 방식으로 이루어졌다)를 통해 경제·사회·정치에서의 물질적 구성을 변형하는 과정을 지시한다. 또한 유럽과 20세기 세계 각국에서 복지 국가가 형성되는 과정도 대체로 전투적이고, 조직된 노동의 대항권력 형성이 추동시켰다. 이러한 사례들이 보여주듯이 실제로 스스로를 개혁하지 못하며, 대항권력에 의해 내부로부터 압박되고 위협될 때 비로소 개혁될 수 있다.

이러한 예들이 대항권력의 개혁주의적 효과들을 보여주긴 하지만, 그것들 역시 왜곡된 거울로 나타난다는 점에 주의해야 한다. 이 경험들에서는 새로운 삶형태와 새로운 생산양식에서의 민주주의적이고 공통적이었던 모든 것이, 그리고 저항과 혁명으로 경험된 모든 것이 공적인 것, 즉 주로 국가의 행위인 것으로 일반적으로 재현된다. 그러나 우리가 살펴보았듯이, 실질적인 개혁주의가 있는 곳에는 사적인 것에 대한 적대뿐 아니라 자본의 사적 권력을 보장하는 공적인 것에 대한 투쟁, 국가에 대한 저항이 있었다. '현존 사회주의'와 '자유주의' 정치는 모두 공적인 것과 사적인 것의 변증법에 휘말려 들어가 그로부터 탈출할 수 없었고, 그래서 '공적인 것의 비극'을 반복했다. 즉 주권적 특권이 된 공적인 것이 계속해서 공통적인 것으로 오도되거나 생산·재생산하는 사회적 주체성들의 대리자나 해석자로 혼동되곤 했다.

대항권력의 제도를 강조할 때 우리는 이것이 저항과 해방의 유구한 역사의 특징이며, 이 역사가 근대의 지배적 역사에 맞서는 '대안근대'를 규정하는 것임을 인식해야 한다.[3] 예컨대 13-14세기에 독일 황제에 맞서 싸운 이탈리아의 도시국가들에서 17세기에 가톨릭 군주에 대항한 네덜란드 도시들에 이르는 유럽 인본주의의 긴 포물선은 권력을 사회로 되돌려주는 개혁주의의 효과를 입증한다. 이 궤적은 프랑스에 맞서 싸운 아이티의 노예반란과 영국 왕실에 맞서 싸운 미국 식민지들의 봉기에서 영국혁명과 프랑스혁명에 이르는 근대적 혁명으로 계속 이어진다.[4] 승리했든 패배했든, 이들 각각의 주요한 특징은 대항권력의 제도를 창출한다는 점이다.

우리 시대 가까이에는 폴란드의 자유연대노조, 멕시코 치아파스의 사파티스타, 볼리비아의 코칼레로스,* 그리고 2011년의 운동들(카이로의 타흐리흐 광장에서 마드리드의 솔 광장과 뉴욕의 주코티 공원까지), 그리고 대항권력의 제도화의 경로를 따르는 다른 무수한 선도적 투쟁들을 추가해야 한다. 오늘날의 투쟁들은 한 가지 결정적 요소를 덧붙여, 대항권력이 항상 다원적이어야 하고 연합과 연결되어야 한다고 주장한다. 대항권력의 제도들은 3장에서 설명했듯이 비-주권적 권력을 요구한다. 물론 이것이 의미하는 것은 주권적 지배권력을 전혀 손대지 않고 놔둔 채 대항권력이 분리된 사회적 영역을 차지한다는 것이 아니라, 주

---

* 코칼레로스(cocaleros)는 페루와 볼리비아 지역에서 코카 잎을 재배하는 농민들을 일컫는다. 미국에게 자금지원을 받아 차파레(Chapare) 지역의 코카 잎 재배를 뿌리 뽑으려는 정부의 시도에 맞서, 코칼레로스는 광산노동자들과 농민들과 같은 원주민 풀뿌리 조직들과 연합해 투쟁했다. 2006년에 당선된 에보 모랄레스는 이 운동의 지도자 중 한 명이었다.

권 자체를 작동되지 않게 하거나 파괴한다는 것이다. 게다가 이 기나긴 역사에서 대항권력의 창출은 새롭고 비주권적인 제도들의 발명과 나란히 나아간다.

개혁(개량)이냐 혁명이냐의 오랜 논쟁을 가장 효과적으로 일축하는 것은 비주권적인 권력의 잠재력이다. 한편으로 우리는 앞에서 자본주의적 지배에 순응한 낡은 현실주의적 개혁관이 환상이며, 유일하게 효과적인 개혁은 지배권력을 위협하고 그것을 변형시킬 수 있는 대항권력의 제도로부터 나온다고 주장한 바 있다. 이제 다른 측면을 살펴볼 필요가 있다. 개혁의 반대편에 서 있는 혁명 개념은 대체로는 주권권력이라는 전제에 근거한다. 이 전제에 따르면 새로운 주권권력만이 지배질서에 도전할 수 있다. 즉 주권에는 주권만이 맞설 수 있으며, 나아가 주권권력만이 현재와 단절하고 새로운 것을 도입할 수 있는 것이다. 실제로 이 주장을 신학적으로 제기하는 일이 오늘날 유행하고 있다. 여러 학자들이 주장하는 것은 우리가 한 번도 세속적이었던 적이 없으며, 근대 정치사상 자체가 신학적 토대를 가진다는 것이다.[5] 우리는 근대 정치 개념들——이 중 가장 중요한 것은 주권 개념이다——중 다수가 신학적 토대를 갖는다는 데 동의하지만 정치신학을 주장하는 저자들은 너무 자주 '이다'와 '해야 한다'를, 즉 서술과 당위를 혼동한다. 다시 말해 우리는 주권이 신학적 개념이라는 점을 인정하지만 바로 그 점이 주권을 파괴해야 하는 이유이다! 우리의 논점으로 돌아오자. 주권에 기초한 혁명 개념은 텅 비어 있으며, 이는 마찬가지로 텅 비어 있는 개혁 개념의 맞짝이다.

대신 우리는 비주권 혁명을 구축할 필요가 있으며, 개혁이 대항권력을 제도화하는 것을 의미할 때 혁명은 개혁주의 행동과 중첩되고 혼합된다. 구성을 다원적인 대항권력의 작용으로 정의하는 것은 초월적이고, 군주적이며, 개별적인 권력의 성격을 파괴하는 것, 주권이 사회와 국가에 대해 '최종 심급으로' 작용할 일체의 가능성을 제거하는 것을 의미한다. 오히려 구성은 사회적 생산·재생산의 지형에 열려 있고, 대항권력이라는 동학은 사회활동과 생산활동의 구성에 부합한다. 따라서 우리는 신자유주의적 의미나 이전의 사회주의적 의미에서의 개혁주의자가 아니라는 것을 분명히 해야 한다. 또한 우리는 자본주의의 최악의 초과를 둔화시키는 것, 정치인들이 유권자들을 더 잘 대의하게 만드는 것, 전통적인 당들을 다시 세우는 것 등을 위해 애쓰려는 것이 아니다. 오히려 우리의 개혁이 목적한 바는 이미 존재하는 사회적 주체성들을, 그 모든 차이들과 함께 새로운 군주로 만드는 것, 즉 개혁의 선도적 발의 및 실천을 실행하는 전략의 당사자로 만드는 것이다.

다중의 구성이 대항권력을 구축할 것이라는 점을 긍정한 뒤에 우리는 현재의 투쟁 상태로 되돌아가야 한다. 이 상황에서는 대항권력들의 작용이 조화롭거나 선형적인 것으로는 인식될 수 없다. 대신 대항권력은 자본주의적 주권을 전복하려고 노력하면서 항상 적대적으로 기능해야 한다. 이때의 전복은 투쟁과 변형의 관점을 사회투쟁들의 수평축에서부터 권력투쟁의 수직축으로 옮기는 것이다. 따라서 생산하고 재생산하는 (결국 새로운 군주로 행위하는) 다중이 표현하는 대항권력은 기획을 발전시키며, 지배의 장ⁱ 안에서 그에 맞서 자신의 힘을 표현한다. 그 힘은 사회 전체로 수평적으로 확대되고 명령의 형태로 수직적으로 뛰어오른다. 새로운 군주는 (1) 수직축을 공략해 억압적 권력을 비워야 한다. (2) 수직축에 맞서 사회적 생산·재생산의 수평축에서 형성되는 대항권력을 구축해야 한다. (3) 대항권력의 구축이 성취되었을 때에만 새로운 군주는 구성권력의 과정을 시작할 수 있다.

변형 과정을 기획하는 것, 아니 실제로는 기존의 출현하는 사회적 주체성들에 기반해 새로운 사회관계의 구성 경향을 기획하는 것은 유토피아적인 것처럼 보일 것이다. 실제로 이 과정에서 보장된 것은 아무것도 없다. 이것을 파스칼의 말을 빌려, 내기^{parie}나 도박이라고 하자. 부르디외는 이것을 해방을 향한 저항·투쟁·욕망의 축적에 기반한 정치적 의사결정 과정으로 번역했는데, 이는 우리가 오늘날의 세계에서 목도했던 바이다.[6] 이러한 의미에서 우리는 오늘날 전복적 개혁주의를 정치적 현실주의의 심급 중 하나로 제시한다.

:: 전쟁의 안개 속의 분노

모든 개혁주의의 과제 중 하나는 지배권력에 의해 초래된 폭력과 파괴를 제한하고 사회보호를 위한 효과적 메커니즘을 창출하는 것이다. 그러나 자기방어의 무기와 효과적인 대항권력을 구성하기에 앞서, 즉 무력에 호소하기에 앞서 우리는 오늘날의 폭력 형태를 분명히 하고, 어떻게 사람들이 이미 폭력에 맞서 싸우고 있는지를 인식할 필요가 있다.

클라우제비츠가 '전쟁의 안개'*에 대해 쓸 때, 그는 군사적 계획의 불

---

* '전쟁의 안개(fog of war)'는 사전적인 의미로 '전운(戰雲)'으로 번역되는 경우도 있으나, 클라우제비츠가 이 말을 쓸 때는 '임박한 전쟁'이나 '전쟁의 조짐'보다는, 전쟁 시에 '적에 대한 정보의 불확실성'을 의미한다. 본문의 내용과 관련해 클라우제비츠의 말을 인용하면, "정보는 아군의 모든 생각과 행동의 기초가 된다. 그런데 이 기초의 불확실성과 가변성이라는 성질을 한번 살펴보면, 전쟁이라는 건물이 얼마나 위험

분명함을 그리고 전장에 선 지휘관과 전투원들이 힘의 관계를 분명히 가늠하지 못하는 무능력을 파악하려 애쓴다.[7] 나아가 다른 전쟁의 안개, 이데올로기적인 전쟁의 안개도 있는데, 이 폭력 형태는 다양한 폭력 형태들 위로 드리워져 있어 외부 관찰자들의 눈에는 거의 보이지 않으며, 때로는 폭력을 겪는 사람들에게조차 보이지 않는다. 물론 일부 극단적 폭력 형태, 스펙터클한 잔혹 행위가 안개 위로 높이 솟아오르는데, 의심의 여지 없이 우리는 그런 폭력을 거부해야 한다. 그러나 예외적 사건들에 너무 집중해서는 안 되며, 모든 폭력 형태에 맞설 필요가 있다. 내전, 제국적 전쟁, 인종 전쟁, 군대와 민병대의 폭력, 경찰과 인종주의자들의 폭행, 여성들에 대한 전쟁, LGBTQ에 대한 공격, 백인 우월주의와 이슬람 근본주의의 테러리즘적 공격, 자본주의적 금융 폭력, 감금, 생태적 파괴 등 폭력 형태의 목록은 계속 늘어난다. 일상적이고 체계적이며 조직적인 스펙터클하지 않은 형태의 폭력, 지젝이 지배적 권력체제의 객관적 폭력이라 불렀던 때로는 가해자 없는 범죄처럼 보이는 폭력을 드러내기 위해서, 특히 안개 속까지 들여다보기 위해서 우리의 시야를 훈련할 필요가 있다.[8] 진짜 전투가 벌어지는 곳은 안개 속이기 때문이다.[9]

한지 그리고 그 건물이 얼마나 쉽게 무너져 우리를 그 폐허 속에 묻어버릴 수 있는지 금방 느낄 수 있을 것이다. …… 대부분의 정보는 거짓이며, 인간의 두려움은 거짓 정보를 만들어내는 새로운 힘이 된다. 누구든지 대개 좋은 것보다는 나쁜 것을 믿는 경향이 있으며 나쁜 것은 약간 확대하는 경향이 있다. …… 운명이 만들어낸 전쟁 장면과 진하게 분장한 위험인물들을 무대에서 끌어내려 시야가 트이게 되면, 시간이 지나면서 본래의 신념이 옳았다는 것이 증명될 것이다." 카알 폰 클라우제비츠, 『전쟁론 1권』, 김만수 옮김, 갈무리, 2016, 155-157쪽.

어셈블리

분노는 적실한 저항 방식을 찾기 위한 첫걸음이다. 예술과 행동주의는 종종 폭력과 전쟁을 폭로하고 그에 항의하기 위해 함께한다. 피카소의 「게르니카」 중앙에는 한 여성이 창문 밖으로 목을 내밀어 손에 든 램프로 파괴와 고통을 비춘다. 오늘날 어떤 경우에는 다큐멘터리 영화가 분노를 표현하는 중요한 예술 형식이 되었다. 그러나 분노는 그저 희생자의 울부짖음이나 약자의 무기가 아니다. 권력이 항상 둘째로 온다는 우리의 가설이 의미하는 것은 권력은 자유로운 주체성의 발전을 막으려고 행동한다는 것이다. 권력의 폭력은 자유를 위해 저항하고 투쟁하는 이들의 잠재력을 억누르고 침식하는 것을 겨냥한다. 분노는 강함의 첫 번째 표현이다.[10]

그러나 분노로는 충분하지 않다. 가해자들을 무장해제하기 위해 우리는 새로운 무기를 구축할 필요가 있다. 다시 말해 폭력 비판은 새로운 대항권력을 창출할 것을 요구한다. 그러나 이것으로도 충분하지 않다. 저항은 새로운 주체성을 구성하고, 주체성의 해방 기획에 기여해야 한다. 우리는 이 주장을 15장에서 다룰 것이며, 여기서는 우리 사회를 괴롭히는, 보이면서도 보이지 않는 폭력의 축과 그에 맞서 등장한 투쟁의 축의 목록(인정하건대 이는 부분적이고 도식적이다) 일부를 작성하고자 한다.[11] 투쟁의 관점에서 보면 연합의 횡단선이 나타나기 시작하는데, 우리는 다양한 영역들 및 국가적 경계를 넘어 연합의 횡단선을 구축할 수 있다. 교차적이고 국제적인 틀에서 연합을 건설하는 일은 대항권력을 창출하기 위한 첫걸음이다.[12]

미국에서 마이클 브라운, 에릭 가드너, 프레디 그레이, 타미르 라이스, 필란도 카스틸 등 여러 수많은 흑인을 대상으로 한 경찰의 잔혹한 범죄 행위가 최근 주목받기 시작했다. 미국에서 흑인 남녀를 대상으로

한 경찰의 잔혹 행위는 물론 새로운 일은 아니다. 새로운 것은 휴대폰에 설치된 비디오카메라와 같이 널리 보급된 기술들이 경찰의 잔혹 행위를 가시화시키고, 격렬한 항의를 통해 그것을 대중적 분노의 대상으로 만든 것이다. 유색인종에 대한 경찰 폭력은 북미에만 한정되어 있지 않다. 이그나시오 카노는 브라질 빈민가에서 경찰이 흑인 남성들을 살해한 것을 언급하며 "우리는 매일 한 명의 퍼거슨이 나옵니다"고 말했다.[13] 이 모든 죽음의 가해자들에게 책임을 물어야 하는 것은 분명하다. 그러나 안개 속에도 마찬가지로 중요한 전투가 벌어진다. 우리는 경찰의 잔혹 행위만을 (예외적인 사건으로서) 주시하거나, 그러한 잔혹행위를 가능하게 한 경찰의 면책 특권의 문화만 주시할 게 아니라, 또한 경찰의 정상적·일상적 폭력을 법원과 감금 체계와 함께 보는 눈을 길러낼 필요가 있다.[14] 차량 검문, 마약 체포, 불공정한 판결, 감옥의 일상적 폭력, 주거 정책, 인종분리적 교육 제도, 이 모두가 인종 폭력의 장면이며, 이로부터 우리는 안개를 거둬낼 필요가 있다. 무언의 제도화된 인종주의에 맞서 분노를 일으키는 것이 오늘날의 반인종주의 활동가들의 중요한 목표 중 하나이다. '블랙라이브스매터', '블랙아웃 집단행동', '흑인 생명운동' 등은 미국에서 이미 이러한 방향의 길을 구축하는 활동가 조직들이다.[15]

성폭력도 마찬가지다. 2012년 전 세계에 보도된 델리의 한 버스에서 일어난 '집단 강간 사건'*처럼 스펙터클한 잔혹 행위의 사례들이 종종

---

*　'델리 집단 강간'으로 알려진 이 사건은 2012년 12월, 남델리 근교 무니르카에서 23세의 인턴 물리치료사 여성 죠티 징 판데이(Jyoti Singh Pandey)가 집단강간, 폭행을 당하고 살해당한 사건이다. 가해자들은 운전사 람 싱을 포함한 여섯 명의 남성들이었다.

가시화된다. 이 범죄의 가해자들은 반드시 처벌되어야 하며 때로는 그런 공포가 더 강력한 법을 통과시키라고 입법자에게 촉구할 수 있다. 그러나 대부분의 성폭력은 안개 속에서 일어나며 심지어 멕시코 후아레스에서 가난한 수백 명의 여성과 소녀를 대상으로 한 여성학살femicide과 같이 성폭력이 집단살인과 관련될 때조차 그러하다. 로베르토 볼라뇨가 자신의 소설에 썼듯이 "누구도 이 학살에 관심이 없다. 하지만 세계의 비밀은 거기에 숨어 있다."[16] 실제로 면식범에 의해 자행된 "대부분의 신체폭행과 성폭행이 사적 공간에서 일어남에도 불구하고", 스펙터클한 사례들의 가시성은 여성들로 하여금 "공공장소를 위험과 연결시키게" 만든다고 크리스틴 부밀러는 말한다.[17] 매일의 일상적 성폭력과 싸우는 것—대학 캠퍼스에서 벌어지는 강간, 집 안에서의 남편과 아버지에 의한 학대, 소녀들에게 위협적인 환경, 또한 물론 재생산권reproductive rights에 대한 제한을 포함해—은 스펙터클한 폭력 사건에 항의하는 것만큼이나 중요하다. 우리는 국제적 투쟁순환이 발생하는 선들을 추적할 수 있다. 2016년 10월 폴란드에서의 재생산권 시위, 같은 달 성폭력에 반대하는 아르헨티나 '니우나메노스 시위'*가 이탈리아를

여성은 싱가포르로 후송되어 응급 치료를 받았으나 13일 만에 숨졌다. 뉴델리와 인도 전역의 대도시에서 대규모 규탄시위가 있었으며, 이후 가해자들은 모두 검거되어, 운전사 람 싱은 유치장에서 시체로 발견되고, 나머지 가해자들은 사형을 선고받았다.

* '더 이상 아무도 안 된다'는 의미의 니우나메노스(NiUnaMenos)는 2015년 이후로 아르헨티나를 비롯한 라틴아메리카 전역에서 일어난 시위 및 캠페인을 말한다. 공식 홈페이지에는 자신들을 '마초 남성 폭력에 맞서는 집단적 비명'으로 소개한다. 운동은 주로 여성학살에 항의하는 것이지만, 성역할, 성희롱, 성별 임금격차, 성적 대상화, 낙태 합법화, 성노동자의 권리, 트랜스젠더의 권리 등을 주제로 다룬다.

포함한 여러 나라들로 확산되고 있으며, 그들은 2017년 1월에 일어난 '워싱턴 여성행진'*과 강력한 공명을 일으킨다.[18]

빈자들만 불균형하게 당하는 생태적 폭력은 거의 언제나 조용히 발생하며, 안개 속에 있어 보이지 않는다. 카슨은 그것이 '그림자'를 형성하며 "형태가 없고 모호하기 때문에 불길하다"고 말한다.[19] 유니언 카바이드 사의 '보팔 가스 유출 사고'**나 BP 사의 '딥워터 호라이즌 기름 유출 사고'***가 전 세계 언론의 관심을 독점하기 때문에 수백만의 산업 재앙은 대개 눈에 띄지 않는다. 이 재앙들은 조금씩 지구와 생태계를 오염 및 파괴하며, 강과 호수에는 독극물을, 해양에는 다량의 폐플라스틱

---

* '워싱턴 여성행진(Women's March on Washington)'은 미국 45대 대통령 도널드 트럼프 취임 다음 날인 2017년 1월 21일 미국 워싱턴 D.C.를 중심으로 세계 각지에서 일어난 시위이다. 시위는 여성 인권과 성소수자 인권 증진, 이민자 정책 개혁 그리고 인종 차별·노동·환경의 문제를 제기했다. 워싱턴의 시위 상황은 SNS를 통해 생중계되었으며, 미국 역사상 단일 시위로는 가장 규모가 큰 시위였으며, 미국 전역에서 동원된 인원이 290만 명에서 420만 명에 달하는 것으로 추산된다.

** '보팔 가스 유출 사고'는 1984년 12월 2·3일 인도 보팔에 있는 다국적기업 유니언 카바이드(이후 다우케미컬이 인수)의 현지 화학 공장에서 일어난 사고이다. 이 사고는 농약의 원료로 사용되는 42톤의 아이소사이안화메틸(MIC)이라는 유독가스가 누출되면서 시작되었고, 사고가 발생된 지 2시간 동안 저장 탱크로부터 유독가스 36톤이 누출되었다. 공장을 관리하던 유니온카바이드 사의 책임 문제나 소송은 30여 년이 지금도 해결되지 않고 있다.

*** '딥워터 호라이즌 기름 유출 사고'는 2010년 4월 20일 미국 멕시코만에서 석유 시추 시설이 폭발하고, 이후 5개월 동안 약 7억 7천만 리터의 원유가 유출된 사고이다. 해저 5000m 이하의 유정에서 석유를 끌어내는 과정에서 유정에 가스가 유입되고 폭발이 일어났다. 유출되는 곳의 깊이가 너무 깊어 정확한 유출 속도를 잴 수 있는 장비가 설치되기까지 오랜 시간이 걸렸으며, 원유 유출로 인한 기름띠는 적어도 $6,500km^2$ 넓이의 바다를 뒤덮었다.

을, 그리고 숨쉬기 어려운 공기와 발암물질로 가득한 토양을 남겨놓는다. 보이지 않은 이 다양한 형태의 생태적 폭력을 가시화시키려는 도전은 이중의 어려움을 겪는데, 그 효과가 대체로 지연되며 천천히 느껴질 뿐이기 때문이다. 롭 닉슨의 말을 인용하면, 이것은 느린 폭력으로, 그 시간적 지연으로 인해 (아마도 상당히) 위험하다.[20] 기후변화는 생태적 폭력의 복잡한 시간성의 상징이다. 왜냐하면 그 효과가 결국 가시적으로 드러나는 순간 싸울 수 있는 선택지는 (거의 완전히) 없어지기 때문이다. 여러 저자들이 주장하듯이 생태파괴와 생태변화의 폭력은 가장 먼저 그리고 가장 강력하게 빈자와 원주민들에게 영향을 미친다. 그들은 땅에 가장 직접적으로 기대어 살지만 방어력은 거의 없기 때문이다. '다코타 액세스' 송유관 건설을 막으려는 2016년 '스탠딩 락'Standing Rock' 시위는 최근의 환경운동에서 고무적인 한 순간이었다. 북아메리카 부족들의 역사적 회합이 있었다는 것에 더해 환경운동가들이 운동의 방향과 조직화에서 원주민 활동가들의 지휘를 따랐다는 점에서 의미심장했기 때문이다.[21]

노동계급과 빈자에 대한 자본주의적 관계의 체계적 폭력도 상처를 남기지만, 그 상처는 종종 숨겨진다. 2010년 애플 사의 컴퓨터 부품을 공급하는 중국 폭스콘 사의 노동자 18명이 자살을 시도했다는 사실이 보도되자 전 지구적인 분노가 일어났다. 일본에서 청년들이 때때로 집 밖으로 나가기를 거부하며 고독한 삶으로 후퇴하는 '히키코모리' 현상은 사회적 가치가 아주 강력하게 노동과 연계되는 한 사회에서 불안정 및 실업의 폭력이 드러난 징후이다.[22] 금융의 무기들은 다른 무기들이 그렇듯 심각한 손상을 주는 상처를 남긴다. 부채는 성장을 저해당한 삶 형태를 만들어내는데, 이러한 삶형태는 모든 방식의 사회 발전 및 번영에서 배제된다. 이런 폭력 형태에 대응하는 가장 전도유망한 발전 중 하나는 9장에서 논의했던 사회적 조합주의의 전략이다. 이 전략은 노조와 사회운동의 전통을 결합해 전일제 노동자들, 실업자, 채무자, 그리고 급증하는 불안정 노동자 계층의 문제를 다룬다.[23]

우리가 여기에서 작성하기 시작한 폭력 목록은 분명 불충분한 것이다. 폭력의 축들을 충분히 언급했다고 하기에는 너무 적게 말했으며, 동성애혐오 폭력, 트랜스젠더 혐오 폭력, 장애인에 대한 폭력, 종교에 기반한 폭력 등에 대해서는 전혀 아무 말도 안 했기 때문이다. 그럼에도 불구하고 이런 부분적 고찰들은 폭력이 있는 곳에 저항 역시 있을 것이며, 저항이 결국 조직화된 강력한 운동들로 출현할 것이라는 점을 분명히 밝혀준다. 바로 이 점이 우리 주장의 다음 단계로 나갈 핵심적 인식이다.

하지만 폭력의 문제에서 넘어가기에 앞서, 우리는 짧게나마 우리의 관심을 전쟁으로 돌릴 필요가 있다. 군사작전 역시 그것이 지닌 스펙터클하고 치명적인 효과에도 불구하고 적어도 어떤 관찰자의 시야에는 그것이 지닌 폭력이 가려질 수 있다. 이것은 예를 들어 '군사에서의 혁명'과 '국방 변혁'으로 알려진 미군의 재구조화가 의도한 결과 중 하나이다. 그 결과는 새로운 기술력을 이용해 전투력을 더 유동적이고 유연하게 만들고 이전의 원거리 살상 기술을 더 진전시켜 위험에 처한 미국의 주둔군의 수를 줄여서 결국 미군의 사상자 수를 줄이는 것이다. 이 변화의 이면에 숨어있는 꿈은 (전투 당사자의 관점에서는) 기술적 측면에서는 가상적이고 군사적 측면에서는 비-신체적인 반면 당하는 사람에게는 매우 실재적이고 신체적인 전쟁 방식을 창출하는 것이다. 가상적이고 비신체적이라는 외관은 폭력을 (적어도 부분적으로는) 구름에

어셈블리

가려지게 한다. 이 군사적 사고방식의 상징이 바로 드론이다. 치명적인 무인 유도 발사체들은 살상자들이 누굴 죽이는지 보지 못하게 하는 것처럼 여러 가지 면에서 장거리 미사일과 폭탄의 연장선상에 있다.[24]

전략적 계획과 무기기술이 이미 준비되어 있다고 하더라도, 아프가니스탄과 이라크에 대한 침략을 동반한 부시 행정부의 테러와의 전쟁은 여러 가지 의미로 성능 실험장이었다. 그렇지만 10년 이상이 지난 뒤 이 전쟁이 극적으로 실패했다고 널리 알려지게 되었어도 이 전쟁 이면의 군사적 논리는 현저하게 계속 이용되고 있다. 예를 들어 오바마 대통령의 지시에 따라 미군이 이라크와 아프가니스탄에서 철수하기 시작했지만 드론의 군사적 이용은 증가일로에 있다. 베트남에서의 폭격 작전처럼 드론 전쟁은 실패했음이 빠르게 입증됐다. 드론은 표적이 된 적을 죽이는 데는 때때로 성공하지만, 특히 광범위한 2차 사상과 피해로 말미암아 물리치고자 했던 적들의 의지를 강화시켜 그들의 군사모집을 확대하기 때문이다. 그러나 이러한 실패가 드론이 사용 중단을 의미하지 않는다. 조직화된 분노로서의 반전운동은 드론과 폭격작전의 체계적 폭력(드론 공격을 겪은 이들은 이것을 매우 잘 안다)을 미국·유럽·러시아의 주민들에게도 가시적이게 만들 필요가 있다.[25]

이민자들은 전쟁의 폭력을 다른 여러 폭력 형태들과 함께 증언할 수 있다. 전쟁과 경제적 파멸은 수많은 주민들을 도주할 수밖에 없게 만들며, 이주자들은 이동 과정에서나 목적지에 도착해서도 인종주의로 고통받는다. 가령 2015년 전쟁을 피해 도망친 시리아인들에게는 무수한 폭력 장면들이 따라다녔다. 스웨덴에서의 난민 센터 방화, 이주민들의 입국을 금지하려는 미국의 정치인들, 세르비아와의 국경에 장벽을 설치한 헝가리, 칼레의 난민 캠프를 공격한 프랑스의 전투경찰 등 폭력 장면의 목록은 계속 이어진다. 그러나 거기에는 난민을 환영하고 주거·의류·식량을 제공하며 반이민주의 폭력의 유해한 기류에 맞서기 위해 유럽과 세계 각지의 나라들에서 모인 특별하고 영웅적인 사람들도 있었다.

오늘날의 폭력 목록은, 비록 우리가 나열한 것이 겉 표면만 훑는 것이었을지라도, 우리를 진저리치게 만든다! 신이시여, 당신이 존재한다면 이 모든 숨어 있고 은폐된 폭력 형태를 저지른 저 지독한 가해자들을 저주하고 병들게 하소서! 인종주의자들, 여성 혐오자들, 동성애 혐오자들, 트랜스젠더 혐오자들, 지구를 파괴하는 자들, 전쟁 광들——이 모든 이들의 썩어문드러진 영혼이 스스로 내부를 갉아먹게 하소서!

물론 비난과 분노는 특히 저항의 운동으로 조직되었을 때에는 필수적이며, 다행히도 그러한 운동이 우리의 도처에서 일어나고 있다. 그러나 이런 운동은 건축물의 첫 번째 벽돌일 뿐이다. 우리는 이 운동들을 교차적이면서 국제적인 틀 안에서 횡단적인 연합을 창출하도록 연결할 필요가 있다. 나아가 이 연결들은 효과적인 대항 권력을 창출하기 위해서 정체성을 변형하고, 우리가 앞서 번역 과정에서 얘기했듯, 일종의 주체적 변형을 생산해야 한다. 결국 대항권력은 해방 기획으로 형성되고, 실질적인 사회적 대안의 구성되어야 할 것이다. 15장에서 우리는 이러한 구성과정의 필요성으로 다시 돌아올 것이다.

:: 오늘날의 제국

전 지구적 세계가 통제를 벗어나고 있는 사태에 직면하여, 많은 정치인·분석가·학자, 그리고 좌·우파가 모두 국민국가로 돌아가야 한다고 주장했다. 아니 오히려 그들은 국민국가가 회귀하길 바랐다. 어떤 이들은 특히 지속적인 위기가 전 지구로 확산되는 '장기 침체'의 위협을 막거나 또는 금융시장의 약탈에 맞서 노동자와 시민들을 보호하기 위해 주권국가가 경제를 통제해야 한다고 주장한다. 다른 이들은 지배적인 국가들을 가난한 이민자들로부터 방어하여 국가 정체성을 보호하기 위해서는 확고한 국경이 필요하다고 주장한다. 끝으로 분주하게 테러리스트의 위협에 대응하는 국가의 안보기구들이 종종 가장 중요한 혹은 유일한 방어막으로 거론된다. 국민국가를 다시 새롭게 소환하는 것을 고려해 볼 때, 전 지구화는 이익보다는 재앙을 더 많이 가져오는 것처럼 보인다.[26]

그러나 이런 식으로는 문제가 빈약하게 제기될 수밖에 없다. 전 지구화의 미덕인가 국민국가의 통제인가의 논쟁은 막다른 길에 이를 뿐이다. 더욱이 국가 주권이 오늘날의 모든 문제들을 해결할 수 있다는 믿음은 완전히 환상이다. 우리가 실제로 오늘날 직면한 과제들을 분명하게 알기 전에 먼저 문제를 잘 정립할 필요가 있다.

20년 전쯤에 우리는 제국이 형성 중에 있다고, 즉 제국이 전 지구적 정치 관계를 재조직하고 국민국가 주권의 우선성을 변경시키고 있다고 제시한 바 있다. 하나의 길잡이 가설은 소련이 붕괴하고 중국 사회주의가 변형되고 있는 그 순간에 미국의 초강대국 지위 역시 변하고 있었다는 것이다. 우리가 주장했듯이 미 제국주의는 무너졌기에 미국은 더 이상 일방적으로 전 지구적 관계를 성공적으로 지휘할 수 없다. 아리기의 말을 빌리자면 미국의 전 지구적 헤게모니는 최후의 위기에 빠졌다.[27] 게다가 제국의 형성에서는 어떤 국가의 주권권력도 옛 제국주의 방식으로는 통제력을 행사할 수 없다. 우리가 내세운 또 다른 가설은 전 지구적 자본주의 시장은 점점 더 질서와 일관성 있는 규칙을 부여할 전 지구적 권력을 필요로 한다는 것이었다. 자본주의적 생산 및 축적의 회로가 완전하게 전 지구적 범위까지 도달하면, 국민국가는 더 이상 자본의 이익을 보장하고 규제하기에는 충분하지 않게 된다. 그 결과 우리는 혼합된 제국 구성의 형태를 예측하였다. 제국은 국민국가들, 초국적 기구들(IMF와 세계은행 등), 지배적인 기업들, 비국가적 권력 등을 포함하는 불균등한 권력의 변화하는 층으로 구성된다.

누군가는 제국이 불완전하다고 말할 것이다. 실제로 제국은 불완전하다. 자본주의 사회가 내부에 사회 · 경제적인 기존 형태들의 다양한 배열을 포함한다는 점에서 불완전한 것처럼 말이다. 자본주의와 제국이 어떤 순수한 상태의 완전함에 도달할 수 있을 것이라고 예상해서는 안 된다. 그렇기에 자본주의와 제국의 불완전함과 혼합된 구성은 지금 당장 그것들의 현재 형태를 공격하는 방해물도 아니다.

최근에 이와 같은 노선을 따라 작업하는 무수한 저자들은 우리로 하여금 제국의 문제를 훨씬 더 분명하게 보게 돕는다. 예를 들어 사스키아 사센은 국민국가와 전 지구화를 서로 배타적으로 대립하는 것으로 제기하는 주장은 쓸모가 없다고 말한다. 대신 그녀는 국민국가와 국가의 내부 체계는 중요한 역할을 유지하지만, 전 지구적인 정치적 · 제도적 질서의 출현의 힘에 의해 내부로부터 변형되고 있다고 주장한다. 우리가 말했듯 제국은 화합하고 충돌하는 국가적이고 비국가적인 다양한 권위들의 배치이다.[28] 또 다른 예로 산드로 메차드라와 브렛 닐슨은 전 지구화로 인해 경계 없는 세계가 도래하는 것이 아니라, 오히려 제국의 지리학은 모든 수준에서 경계들이 확장하고 변동하는 것에 의해 규정되며, 이 경계들이 각 도시의 영토와 대륙의 분할선을 가로지른다는 점을 분명히 한다. 실제로 그들이 주장하듯이 경계의 관점, 포용과 배제의 관점은 전 지구적 권력의 동학을 분명하게 보이게 하는 특권화된 장이다.[29] 마지막으로 켈러 이스터링은 (10장에서 살펴보았듯이) 세계시장의 공간은 동질적인 구球나 국경선을 따라 분할되는 것이 아니라 국가적 또는 탈국가적 협치 모두에 종속된 무수하게 다양한 '지구들'(산업지구, 자유무역지구, 수출가공지구 등)로 이해되어야 한다는 점을 보여준다.[30] 이 저자들 및 기타 여러 사람들이 분명하게 보여준 것은 지구화를 따를 것이냐 국민 국가로 돌아갈 것이냐 중 하나를 결정하는 것이 문제가 아니라, 출현하는 제국의 혼합된 구성을 이해하고 그에 개입해 그 지배와 싸울 적실한 정치적 수단을 발명하는 것이 문제라는 점이다.

그럼에도 불구하고 최근 수십 년간 좌·우파 모두에게서 국가로 돌아가자는 선언이 자주 나오곤 한다. 미국의 '테러와의 전쟁' 및 아프가니스탄과 이라크 점령은 우파가 선언한 새로운 국민국가 권력의 가장 극적이고 오만한 사례였다. 부시 행정부는 옛 제국주의 권력의 스타일로 행동하여 중동에서 시작해 일방적으로 전 지구적 환경을 다시 만들 수 있다고 믿었다. 몇몇 이들은 2003년 바그다드로 진입한 미군이 전 지구적──물론 지배적 국민 국가들의──사안에서 국민국가의 중심성을 증명한다고 보았다. 그러나 불과 몇 년 뒤 군사·경제·정치에서 미국의 일방주의적인 모험의 완전한 실패는 그 정반대(즉 미국도, 어떤 다른 국민국가도 제국주의적으로는 지배에 성공할 수 없다)를 분명하게 입증해주었다.[31] 좌파 쪽에서 나온 '국가로의 회귀'와 국가 주권에 대한 주장은 라틴 아메리카에서 가장 우세했다. 라틴아메리카의 진보 정부들은 신자유주의 정책과 세계시장의 지배에 맞서는 정치 기획의 일환으로 권력에 다가갔다.[32] 브라질, 아르헨티나, 베네수엘라, 에콰도르, 볼리비아, 그리고 라틴아메리카의 여러 곳의 주민들에게 이 경험은 아주 중요하며, 다양한 수준에서 다양한 방식으로 상당히 유익한 효과를 냈다. 그러나 신자유주의를 일시적으로 차단하는 데 성공한 것은 개별 주권국가가 아니라 대륙간 국가연합과 그들 간의 상호의존에 주되게 기인한 것이었다. 실제로 이 상호의존이 이제 무너지게 되자, 개별 국가들은 '포스트–신자유주의적인' 경제적 · 정치적 질서를 이루는 데 무능력하다는 것, 혹은 전 지구적 위기의 확산에 맞서 자신을 보호하거나 심지어 자본주의적 전 지구화의 최악의 악행을 둔화시키는 데 무능력하다는 것이 점점 더 분명해지고 있다.

국가로의 회귀는 환상이다. 오늘날 국민국가의 위엄은 사회복지의 제공, 서비스 · 교육 · 건강 · 주거의 질, 임금 수준, 그리고 사회적 이동의 잠재력에 달려 있다. 그러나 사회적 · 정치적 개혁주의의 위기는 경제위기와 나란히 나아가며, 국민국가는 스스로는 사회 복지와 사회 발전의 전망을 재구축할 수 없음이 증명되었다. 더욱이 국민국가들이 군사 · 안보기구에 아낌없이 돈을 지출할 때조차 시민들에게는 실제적 안보 비슷한 어떤 것도 제공할 수 없다는 것이 빠르게 증명된다. 우리는 국민국가의 부활이 환상이 아니었더라면, 그래서 국민국가가 부활했더라면, 이는 위기를 심화시키고 빈곤을 악화시키며 전쟁을 발발시키고, 축출된 줄로 알았던 악마를 깨우는 비극을 초래할 뿐이라고 정말로 확신한다. 제국의 총명한 반동적 신하인 헨리 키신저는 이렇게 외친다. "역사를 비웃는 자들은 국가 주권의 법적 교리와 비간섭 원칙——어찌 되었든 UN 헌장에 명시된——이 30년 전쟁의 파국적 결과를 초래했다는 것을 잊은 것이 분명하다." 이때 30년 전쟁은 1914-1945년의 두 차례의 세계대전을 말한다. 그는 이어서 이렇게 말한다. 새로운 국제법 규약이 추구하는 것은 "17세기의 약탈행위가 반복되는 것을 금지하는 것이다. 그 기간 중유럽 인구의 40퍼센트 정도가 보편적 진리를 서로 다투며, 그 이름으로 죽어갔다. 보편적 개입이라는 교리가 퍼지고 진리가 경쟁적으로 다투면 우리는 체스터턴^{G. K. Chesterton}이 말한 대로 미덕이 미쳐 날뛰는 세계로 진입할 위험이 있다."[33] 물론 우리는 국가 주권으로의 회귀가 환상이고 바람직하지 않으니까 신자유주의적 지구화와 금융 자본의 파괴적 지배에 만족하자고 주장하는 것이 아니다. 그것은 선택지가 아니다. 앞서 말했듯, 우리는 문제를 적절하게 제기할 필요가 있다.

첫 번째 과제는 제국을 위로부터 해석하는 것이다. 즉 제국은 내적 위계 변화를 추적하는 것이다. 제국의 혼합된 구성은 수많은 불균등한 힘들이 계속해서 변화하면서 구성된다. 이것은 여전히 국제 관계에 대한 낡은 방식의 현실주의적 분석을 어느 정도 수반한다. 이 분석은 가령 러시아가 중동이나 동유럽에서 작동하는 권력을 교체하는 데 어느 정도 성공했는지를 가늠하거나 '브릭^{BRIC}'(브라질 · 러시아 · 인도 · 중국)의 전망을 평가한다. 마찬가지로 우리는 미국의 '아시아 중시 전략^{pivot to Asia}'이 제국 권력의 중심축을 대서양에서 태평양으로 얼마나 중대하게 이동시켰는지를 이해해야만 한다. 하지만 또한 제국 분석은 여러 비국가적 행위자들을 고려해야 한다. 문명의 충돌이라는 개념은, 비록 완전히 공허하고 거짓된 것이긴 하지만, 중동에서 새로운 칼리프를 세우려고 싸우는 이들과 북미와 유럽의 보수적인 이데올로그들에게 똑같이 활기를 불어넣었다. 나아가 물질적 기반과 디지털 기반, 미디어 환경, 생산 연쇄, 국제적 · 지구적 법 관습, 금융시장 등은 위로부터의 분석에 의해 밝혀져야 하는 제국 권력의 구조들이다.

반대로 두 번째이자 결정적인 과제는 제국을 아래로부터 해석하는 것이다. 즉 저항과 반란의 기존 힘들을 포착하고 길러내는 것이다. 물론 저항은 특정 지역에서 표출되지만 또한 전국적 규모 너머로 확대될 수 있다. 이 관점은 계급투쟁을 국가 자본과 국민국가의 한계 너머로 옮기려고 한 프롤레타리아 국제주의의 전통을 계승한다. 그러나 또한 우리는 이 책 여러 곳에서 탐구했던 사회적 생산 및 재생산의 힘을 부여받은 다른 모든 투쟁들을 분석해야 한다. 결국 여러 다양한 형태의 공통적인 것을 위한 투쟁은 화폐권력과 그것이 제도화한 사회적 관계, 소유의 권력과 마주보고 서 있다. 다음 장에서 우리는 제국 안에서 제국에 맞서 공통적인 것의 효과적 투쟁을 위한 플랫폼의 구성요소를 개괄할 것이다.

15장
그리고 이제 무엇을?

　새로운 군주, 전략의 창시자는 오늘날의 생산적 주체들과 비생산적 주체들의 행동에서 이미 출현하고 있다. 그러나 이러한 출현을 감시하기 위해서는, 즉 주체들의 목소리에서 군주의 냄새를 맡고, 주체들의 이미지에서 군주의 소리를 듣고, 주체의 욕망에서 군주를 느끼기 위해서는 공감의 능력이 필요한 것처럼 보인다. 2부와 3부의 연구 결과로 우리는 이제 적어도 출현하는 다중의 힘의 윤곽을 확인할 위치에 서 있다. 우리는 특히 다중이 어떻게 오늘날의 정치적 장에서 전략을 발생시킬 수 있는지—멀리 내다보고, 기존의 지배 형태들과 싸울 수 있는 대항권력을 구축하며, 오래 지속되는 제도들 안에 사회세력들을 배치하고, 새로운 삶형태를 창출할 수 있는 방식—를 분명하게 설명할 준비가 되어 있다. 우리가 1부에서 결론지었듯이, 핵심은 수평주의와 수직성의 퍼즐을 푸는 데 있다. 그 목적은 리더십을 없애는 게 아니라 오히려 전략과 전술의 역할을 전도해 리더십을 전술적 역할로 낮추고 그것을 기회가 왔을 때 사용하거나 기각하는 데 있다. 하지만 다중의 전략적 능력이 확립될 때에만 리더십의 이러한 전술적 역할은 성취되고 보장될 수 있다.

:: 다중을 무장시키는 헤파이스토스

무장한 자기방어의 두 가지 고전적인 장면을 생각해 보자. 1871년 3월 파리의 여성들과 남성들은 프랑스 군대가 몽마르트 언덕 위의 대포를 가져가지 못하게 했고, 코뮌을 방어하기 위해 대포를 사용할 것이라고 선언한다. 마르크스가 런던에서 썼듯이, "무장한 파리는 무장 혁명이다."[1] 대략 한 세기가 지난 1967년 5월에는 26명의 흑표범당원들이 장전된 총을 들고 새크라멘토에 있는 캘리포니아 주 의회 의사당에 진입해 경찰의 폭력으로부터 흑인 공동체들을 방어할 권리와 의도를 선언한다.

다중이 스스로를 보호하기 위해서 필요로 하는 무기는 무엇인가? 오늘날 대부분의 상황에서, 특히 지배적인 나라들에서는 총알과 포탄이 당신을 보호하지 못한다는 것은 누구에게나 분명하다. 사실 무기를 사용하는 것 자체가 종종 패배를 불러오고 심지어는 자살 행위가 된다. 그렇다면 우리 자신을 보호하기 위해 어떤 무기를 쓸 것인가? 그러나 이 질문은 잘못된 것으로 판명 났다. 방어적 무기의 문제를 제기하기 시작하면 곧 막다른 골목에 이르게 될 것이다. 우리는 정치적 투사들이 그 무기로 인해서 한갓 범죄자들로 바뀌는 모습을 많이 보았다. 이러한 난제를 제기하는 것이 무기의 사용을 포기하자는 말이 아니다. 그 반대이다. 우리는 게르니카와 같은 일,* 수치스러운 패배들, 잔학 행위들같이, 그것을 재현하는 것으로도 어느 곳에서나 고결한 개인들의 심금을 울리는 일들이 또 일어나기를 바라지 않는다. 우리는 안전을 원한다. 우리는 승리를 원한다. 우리는 무기 사용을 포기하자는 것이 아니라, 무기의 문제를 다른 식으로 제기해야 한다고 주장할 뿐이다.

무기의 사용은 항상 두 가지 방향, 적에 맞서는 외부를 향한 방향과 우리 자신의 변형을 위한 내부를 향한 방향을 가리킨다. 당연히 우리의 무기는 폭력 형태들, 즉 전쟁의 '거시적 폭력'과 금융 · 가난 · 인종 · 젠더 억압 · 환경오염의 '미시적 폭력'에 방어적으로 맞서야 한다. 우리는 우리 자신을 보호하고 가해자들을 무장 해제해야 한다. 그러나 우리의 무기는 또한 내부에서는 자율을 구축하고 새로운 삶형태를 발명하고 새로운 사회적 관계를 창출하는 데 복무해야 한다.

이 두 기능의 우선순위를 전도하는 것이 열쇠이다. 무기의 생산적 사용이 우선하고, 방어적 적용이 그 뒤를 따라야 한다. 진정한 방어는 무기의 효율성에 좌우될 뿐만 아니라 주되게는 공동체의 힘에 좌우된다. "정치적 힘은 총구에서 나온다"라는 유명한 말은 우선순위를 잘못 잡은 것이다.[2] 진정한 무기는 사회적 · 정치적 힘, 우리의 집단적 주체성의 힘에서 나온다.

---

*   1937년 4월에 있었던 게르니카 폭격을 말한다. 스페인 내전 당시 인민 전선의 세력권에 있던 바스크 지방의 소도시 게르니카가 나치 독일의 공군에게 폭격을 받은 사건으로, 도시 인구의 1/3에 달하는 1654명의 사망자, 889명의 부상자가 발생했던 참사였다. 독일의 폭탄과 전투기의 성능을 시험하기 위해 단행된 이 사건에 분노한 피카소는 「게르니카」라는 작품을 남겼다.

이러한 전도는 우리가 앞에서 인용한 두 가지 사례에 관해 다른 관점을 제공한다. 코뮌의 진정한 힘은 대포에 있었던 것이 아니라 코뮌의 일상 활동, 민주적 협치에 있었다. 크리스틴 로스가 훌륭하게 기록했듯이, 정치 혁신은 코뮌 수립 이전에 파리 인근 지역들의 친목 모임들과 클럽 모임들에서 준비되었다.[3] 마찬가지로 흑표범당의 힘도 총의 과시에 있지 않고 무료 아침식사나 무료 건강진료소과 같은 사회적 프로그램들의 구축에 있었다.[4] 사파티스타는 그들의 힘이 '사파티스타 민족해방군^{EZLN}'의 무기와 군사적 명령 구조에 있지 않고, 공동체 평의회들과 거기서 일어나는 정의와 민주주의의 실험들에 있다는 점을 분명히 밝힌다. 우선순위가 중요하다. 우선 우리를 방어하기 위해서 전투를 해야 하고, 일단 이렇게 평화와 안전을 수립한 다음 새로운 사회를 구축하는 자유 공간을 가지게 될 것이라고 말할 수는 없다. 전쟁으로 시작하면 전쟁으로 끝날 것이다. 우리는 현재의 폐허에서, 현재의 혼돈과 폭력에서, 우리의 방어를 무시하는 것이 아니라 방어를 하위로 두면서 건설을 해야 한다. 그렇다면 자기방어를 위한 무기의 효율성은 무엇보다도 구성적 투쟁에 어떻게 복무하느냐를 두고 판단되어야 할 것이다. 역사가들은 몽마르트 언덕의 대포나 흑표범당의 총이나 심지어 EZLN의 방어적 무기들을 이 기준으로, 즉 무기가 새로운 사회의 건설에 복무했느냐 방해했느냐를 기준으로 판단할지 모른다. 그러나 이것이 우리의 관심사는 아니다. 우리가 말하는 요점은, 우리가 오늘날 다중에게 적합한 무기를 찾을 때 무기의 주체적 능력에, 새로운 삶형태를 창출·유지(혹은 파괴)하는 무기의 효과에 초점을 두어야 한다는 것이다.

맥락에 따라 무기와 군사적 행동에 우선권이 주어져야 하지 않느냐

어셈블리

는 이의제기가 가능하다. 그런데 이는 부분적으로만 옳다. 영감을 고취시키는 무장투쟁의 사례들은 처참한 환경에서조차 민주적 형식들을 발명하는 일을 동시에 해낸다. 예를 들어 쿠르드족 운동은 2014년에 IS 전투원들의 공세에 맞서서 (시리아령 쿠르드족 거주 지역인) 로자바의 코바니를 방어하기 위해 총과 폭탄을 필요로 했다. 쿠르드족은 미국으로부터 산발적이고 제한적인 도움을 받고 터키의 빈번한 방해를 받으면서도 전통적인 군사적 무기로 전투에서 승리했다. 이 전투에서 쿠르드족 전투원들의 군사적 기량과 용기는 우리의 감탄을 자아낸다.* 하지만 이 사례에서조차 승리를 전장의 관점에서만 보는 것은 잘못이다. 로자바의 쿠르드 공동체들은 전쟁의 와중에도 새로운 사회적 관계들을 창출하고 있었으며 '민주적 자율'의 형태를 발명하였는데, 가령 각 주둔지마다 두 명(남성 한 사람, 여성 한 사람)의 대표들로 이루어진 협치 평의회들을 수립했다. 이렇듯 극단적인 혼돈과 폭력의 경우에서도 진정한 힘이란 낡은 사회질서를 변형하고 새로운 민주적 삶형태를 창출하

---

*   로자바(Rojava) 또는 정식 명칭으로 '북동시리아 자치행정부'는 시리아 북부에 있는 쿠르드인의 자치구이다. 로자바는 쿠르드어로 서쪽이라는 뜻이다. 이 지역은 2013년 11월의 '로자바 혁명'으로 시리아 정부로부터 사실상의 자치(아직 공식적으로 인정받은 것은 아니다)를 얻었다. 그에 따라 직접 민주주의, 양성 평등과 지속 가능한 발전 원칙에 기반을 둔 사회를 성립하였다. 2016년 3월 로자바는 북시리아 로자바 연방을 선포하였고, 같은 해 12월 정식 명칭을 '북시리아 민주연방체제'로 개정하였다. '이라크 레반트 이슬람국가(ISIL)'는 2014년 9월 로자바의 코바니(Kobane) 지역의 마을들을 공격하고 점령했다. 30만 명의 쿠르드인들이 피신했으며, 대부분 시리아-터키 국경을 넘어 터키의 샨리우르파 주로 도주했다. 쿠르드 인민수호부대와 자유 시리아군 일부가 연합해, 미국과 연합군의 공습에 발맞춰 역공을 펼쳐 2015년 1월경에는 ISIL로부터 상당수의 마을을 되찾았다.

는 공동체의 능력에 있는 것이다.[5] 이 경우들에서 주체성의 생산은 단순히 의식 고양의 문제가 아니라 일종의 존재론적 퇴적물로서 사회적 존재를 지질학적인 퇴적의 방식으로 층층이 구축하는 것이다. 이것이 삶정치적 변형이다.

쿠르드의 사례는 해방된 지역에서 민주적인 사회조직(종종은 직접 민주주의의 사회조직)의 구축을 무장투쟁과 병행했던 반파시즘 저항의 사례들을 떠올리게 한다. 알렉산더 대장이라는 전투명을 가진 시인 르네 샤르는 프롤레타리아 부대를 이끌고 나치 함대와 프랑스의 파시즘 협력자들을 저지한 바 있다. 그는 어떻게 게릴라 잡색부대가 그 차이에도 불구하고 민주적 동학을 창출했는지를 설명한다. 그가 말하길, "놀라운 일은 제멋대로이고 훈련되지 않은 아이들, 전통에 의해 발탁된 노동자들, 순진한 신봉자들, 고향에서 추방당한 겁먹은 소년들, 외인부대와 나란히 말 등에 올라타 때 이른 모험을 떠나는 것으로 애국주의를 모호하게 상상하며 행동하는 농민들, 그리고 스페인 내전에 매혹된 이들 등으로 이루어진 이 이질적인 집성부대가 아주 기이하게도 프랑스가 이전에 알고 있었던 비옥한 정치적 온상의 대략 1/4~1/5에 이를 정도였다는 점이다."[6] 또 다른 시인 프랑코 포르티니도 마찬가지로 1943년 8월 이탈리아 게릴라들이 발도솔라에서 공화국을 창립하여 그 지역을 무장투쟁의 기지로 활용하는 동시에 민주적으로 조직했던 방식을 회상한다.[7] 이들은 짧은 시간 동안만 성공했으며 곧바로 압도적인 적군에게 진압되었다. 그러나 그 경험은 발명의 환상적인 도가니였다. 포르티니는 이렇게 쓴다.

레지스탕스의 끔찍하면서도 진실한 양상을 나타낼 말이 없다. 이런 양

어셈블리

상은 혼란스럽기는 했지만 깊은 영향을 미쳤다. 이를 나타낼 유일한 말은 시의 말이다. 시의 말은 단테부터 지금까지 '이해할 수 없는 것'으로부터 만들어졌다. …… 역사학은 그 투쟁의 가장 끔찍하지만 또한 동시에 가장 인간적인 면들을 허용한다. 당신의 마음에 절절하게 다가간 유일한 진짜 게릴라 노래의 가사인 '중위도, 대위도, 대령도, 장군도 없었네'라는 것을 역사학은 누락한다. 이는 강렬한 아나키의 외침으로서 저 순간들에는 완전한 진실이었다.[8]

이 노래가 공화국을 창립했다. 이탈리아와 스위스 사이에 있는 프랑스 알프스 저지대와 발도솔라의 해방된 지역들에서 게릴라들이 무기를 들고 민주주의의 경험을 이뤄낸 것이다. 우리는 이를 한참 뒤 미래를 끌어와 '코바니의 경험들'이라고 부를 수 있을 것이다.

알제리 독립전쟁 동안 프랑스로 이주한 알제리 노동자들의 저항은 이와 유사한 사례를 제공한다. 프랑스 국가의 테러(1961년 10월 파리에서 시위하던 알제리 민간인들 수백 명이 학살되었다[*])에 대한 저항과 비밀 모의 활동들은 정치적 공동체들을 구축했는데, 이는 해방된 알제리의

---

[*]   1961년 10월 17일 파리 생-미셸 다리에서 프랑스 경찰이 알제리 이민자들의 시위를 강제진압하고 학살한 사건을 말한다. 시위는 파리경찰국장 모리스 파퐁(Maurice Papon)이 알제리 민족해방전선(FLN)의 폭탄 공격으로 10여 명의 경찰이 사망한 것에 대한 대응으로 '알제리 무슬림 노동자', '프랑스 무슬림', '알제리의 프랑스 무슬림' 등의 야간 통행금지령을 발표한 것에 항의하는 것이었는데, 이는 프랑스 시민권을 획득한 알제리 무슬림까지도 모두 포함하는 조치였다. 시위를 조직한 것은 FLN이었으나 철저히 비폭력 시위로 준비되었음에도 불구하고, 파퐁은 만여 명의 경찰과 헌병대에게 강제 진압을 명령했다. 최소 200여 명 이상이 곤봉에 맞아죽거나 센 강으로 밀려나 익사했다.

윤리적 · 정치적 심장부를 구성했다. 여기서도 무장전위들을 산출하는 다중의 저항과 다중들을 고취시키는 무장 전위들이라는 두 벡터가 동등하게 교차하고 혼합된다. 그리하여 민주적 다중의 구성과 전투적 주체성들의 산출 사이에서 서로를 키우고 먹여 살리는 견고하고 효과적인 관계가 창출된다.[9]

그러나 반反파시즘 저항의 영웅주의에 너무 빠지지는 말자! 이 사례들이 증명하듯이 아무리 극심한 조건에서도 우리가 새로운 민주적 형태들을 발명해 낼 수 있는 것은 맞지만, 오늘날 우리들 대부분은 파시즘 체제와 대면하고 있는 것이 아니다. 그리고 우리의 상황에서 전통적인 무기에의 호소는 반反생산적이고 자살적이다. 우리가 앞서 언급했듯이 무기를 포기해야 한다는 말이 아니다. 무력과 무기의 문제를 새로운 방식으로 제기해야 한다는 말이다.

달리 말해 무기의 '내적' 효과와 그것들이 생산하는 주체성의 측면에 초점을 맞추면 무기에 대한 전통적인 이해를 수정하게 된다. 우리가 이전 장에서 발견했던 것처럼 폭력에 대한 표준적인 이해를 넓히고, 또한 폭력의 객관적 형태와 미시적인 공격의 깊은 상처를 인식할 필요가 있다. 여기서 우리는 무기를 구성하는 것에 대한 이해를 넓혀야 한다. 예를 들어 기계와 견고하게 결합된 지식, 정보와 같은 고정자본이 오랫동안 자본에 효과적 무기로서 복무해 왔다. 마르크스에 따르면, "노동계급의 반란에 대응할 무기를 자본에 공급하는 유일한 목적으로 1830년 이래 이루어진 발명의 온전한 역사를 쓰는 것이 가능할 것이다."[10] 예를 들어 우리가 앞서 주목했듯이 1970년대에 도입된 표준 선박 컨테이너가 어떻게 조직된 부두 노동자들(전통적으로 가장 반란적인 노동 부문)의 힘을 근본적으로 무너뜨렸는지를 생각해 보라.[11] 혹은 보다 도전적인 사례로서 구글이나 페이스북 같은 거대 기업들이 채택하는 알고리즘들이 어떻게 지성과 사회적 연결망을 강탈함으로써 사용자들에게 일종의 폭력을 가하는지를 생각해 보라. 우리가 7장에서 살펴보았듯이 구글의 페이지랭크 알고리즘은 사용자들이 구축한 링크를 추적하고 그 기초 위에 웹 검색을 위한 위계를 창출한다. 각각의 링크는 소규모의 지성의 표현이며, 알고리즘은 사용자들이 모르는 사이에 지성을 고정자본의 형태로 추출하고 축적한다. 그렇지만 기계적^{machinic} 고정자본은 단지 중립적인 힘이 아니다. 산 노동을 통제하고 산 노동에 명령을 내리기 위한 수단으로 재산 소유자들이 행사하는 힘이다. 만일 우리가 고정자본을 재전유하고 우리에게서 빼앗아 간 것을 되찾는다면, 우리는 지식과 지성을 축적한 이 기계를 산 노동의 손에 쥐여줘서 죽은 자본의 명령으로부터 해방할 수 있을 것이다. 이런 식으로 우리는 이 무기들을 쥐어서 중립화시킬 수 있으며, 그보다 더 좋은 것은 이 무기들을 새로운 목표를 위해 작동하도록 하는 것이다. 훨씬 더 좋은 것은 그 무기들을 공통적이고 모두의 사용에 열린 것으로 만드는 것이다. 디지털 알고리즘과 같은 삶정치적 무기들은 사실상 현대의 투쟁에서 가장 중요한 급소들일 것이다.

헤파이스토스는 그가 아킬레스에게 만들어주었던 것과 같은, 다중을 위한 방패를 만들어야 한다. 지배권력의 폭력에 맞서는 안전장치이면서도 또한 마술적 힘을 부여한 도구로서 말이다. 아킬레스의 방패의 전면에는 공동체 전체와 그 세계의 구성이 동심원들의 모양으로 그려진 복잡하고 정밀한 도안들로 채워져 있다. 아킬레스는 사실 공동체 전체에 의해 보호된다. 다중의 방패에서 나타나는 동심원은 새로운 문명, 새로운 삶의 양식, 새로운 인류의 형상, 그리고 생명종, 지구, 더 나아가 우주를 아우르는 새로운 돌봄 관계를 표현해야 한다.

:: 공통적인 것을 다스리는 세 얼굴의 디오니소스

군주의 역할은 무엇보다도 사회적 삶의 조직화에 대한 결정을 내리는 것이다. 물론 우리는 통치의 구조를 그대로 유지하면서 단지 한 명의 통치자를 다른 통치자로 교체하는 데에는 관심이 없다. 진정으로 새로운 군주는 왕좌 위에 앉아 있는 존재일 수 없다. 그 대신 우리가 할 일은 지배의 구조를 변형하는 것, 즉 그것을 완전히 뿌리까지 뽑고 그 자리에 새로운 사회조직 형태들을 개발하는 것이다. 다중은 새로운 군주를 민주적 구조로서 구성해야 한다.

각자 가능성과 함정을 지닌, 세 개의 경로가 새로운 협치 형태로 향한다. 탈주의 전략은 기존의 제도들로부터 빠져나와 작은 규모로 새로운 사회적 관계를 수립하려는 시도이다. 적대적 개혁주의의 전략은 기존의 사회적·정치적 제도들을 그 내부로부터 변형하기 위하여 그 제도들에 참여한다. 마지막으로 헤게모니 전략은 권력을 잡고 새로운 사회의 제도들을 창출하고자 한다. 이 가운데 어느 것이 옳으냐를 놓고 논쟁할 것이 아니라 이 경로들을 함께 실로 엮을 방식을 발견하는 것이 관건이다.

탈주의 전략은 어떤 점에서는 유토피아적 공동체 전략을 계승한다. 지배적인 사회에서 운영되는 제도들이 기존의 사회관계를 재생산하는 데 복무하기 때문에, 이 논리가 밀어붙이는 것은 기존 사회관계를 전복하고 변형할 수단이 외부에서 창출되어야 한다는 것이다. 우리는 분리된 사회 영역에 기초해 새로운 행동방식, 새로운 삶형태를 창출하고, 새로운 주체성을 생산 및 재생산할 수 있다는 것이다. 의도적이고 유토피아적인 공동체들(여기에는 수도회들과 도시 스콰이 포함된다)과 샤를 푸리에부터 SF소설 작가들에 이르는 이론적 탐구의 풍요로운 역사가 대안적 외부를 창출하는 힘을 입증한다.

오늘날 가장 영감을 주는 탈주의 실천은 예시적 정치—지배적 사회 구조 내부에 새로운 외부를 창출하는 정치—의 형태를 띤다. 활동가들은 그들 사이에 민주적이고 평등주의적인 관계를 창출하기 위해 지배적인 사회질서가 그들 안에 각인시킨 지배관계를 제거하고자 한다. 따라서 예시적 정치는 수단과 목적을 일치시키는 도덕적·정치적 권고에 기초한다. 이 논리에 따르면, 비민주적 조직 형태를 통해서 민주적 사회를 향해 노력하는 것은 위선적이고 자기 패배적이다. 활동가들은 자신들이 세계에서 보고 싶은 변화 그대로 변해야 한다. 따라서 활동가들의 공동체 창출 및 재생산이 정치적 행동의 초점이 된다. 사회운동 내부에 창출된 작은 규모의 사회는 미래의 더 나은 사회를 미리 구현하는 것으로 의도되었을 뿐만이 아니라 그 현실적 가능성과 욕망하는 바의 입증으로서 의도된 것이기도 하다.

예시적 정치가 번성한 곳은 신좌파의 여러 부문들, 특히 페미니즘과 학생운동이다. 여기서 참여민주주의는 운동 자체의 내부 조직화의 으뜸가는 기준으로 제시되었다.[12] 1970년대부터 유럽 전역에서, 특히 이탈리아에서 발전된 사회 센터들의 점거에서는 자율적 협치 구조에 대한 실험이, 그리고 지배적 사회 내부에서 그에 맞서는 공동체들을 창출하는 실험이 행해졌다. 예시적 정치의 경험은 최근에 들어와서 다양화되고 확장되었다. 2011-2013년에 타흐리흐 광장, 솔 광장에서 주코티 공원 및 게지 공원에 이르는 다양한 점거 캠프들은 모두 무료 도서관, 무상급식, 무료 의료서비스의 체계를 세웠을 뿐만 아니라 비교적 대규모 집회assembly들에서 민주적 의사결정의 실험을 한 감격적인 사례들이다.[13] 예시적 정치의 가장 위대한 성취 가운데 하나는 민주주의와 평등에 관한 광범한 사회적 논쟁을 개시하는 능력이었다. 이 운동들은 다양한 사회질서를 위한 욕망뿐만 아니라, 더 큰 사회에서의 실험을 위한 열린 거리를 실례로 보여주었다.

하지만 예시적 접근법의 단점은 그 내적 동학과 사회적 효과에서 자명하게 나타난다. 더 큰 지배적인 사회의 일부를 이루면서 동시에 예시적 공동체에서 사는 것은 힘들다. (일국 사회주의를 자본주의 세계에 포위된 채 유지하려 애쓰는 것과 같은 모순이 있기 때문이다.) 게다가 공동체에서 남과 다르게 살라는 권고는 대체로 도덕의 수준에서 작동하며 지배적인 사회에서의 주체성 생산과 모순을 일으키기도 한다. 그 결과 도덕주의와 내적 치안이 그런 활동가 공동체들에서의 삶의 경험을 망치는 경우가 잦다.

그런 공동체 내부의 힘든 경험들보다 더 중요한 것은 그 경험이 외부에 영향을 미치는 힘이 제한되어 있다는 것에, 즉 더 넓은 사회질서를 변형하지 못하는 예시적 경험들의 무능력에 있다. 새로운 세계에 대한 욕망을 생성하고 그 하나의 사례를 제시하는 것은 이미 커다란 성취지만, 예시적 경험은 그 자체로는 지배적 제도들에 관여할 수단을 결여하고 있으며 지배 질서를 전복하고 사회적 대안을 생성하는 것에 크게 못 미침은 말할 것도 없다.

새로운 협치 형태의 두 번째 길은 적대적 개혁주의의 전략을 통해 기존 제도들에 참여해 안에서부터 변형하려고 시도하는 것으로 나아간다. 적대적 개혁주의는 단지 현 체제의 병폐를 보정하고 그 피해를 개선하는 데 복무하는 협조적 개혁주의와는 다르다. 적대적 개혁주의는 근본적인 사회변화를 조준한다. 루디 두치케의 적대적 개혁주의의 어구 '제도들을 통한 대장정$^{Der\ lange\ Marsch\ durch\ die\ Institutionen}$'은 일정 부분 마오의 항일 유격전 이미지를 지배질서에 대한 내부 투쟁으로 전환하기 때문에 적절하다. 이는 기존 권력 제도 내부에서의 유격전의 일종이다. 또한 두치케의 어구는 그람시의 진지전의 핵심—문화, 사상의 영역 그리고 현재의 권력구조의 영역에서의 정치투쟁 수행—을 표현한다. 두치케에게 목표는 운동의 자율을 향하도록, 즉 운동의 전략적 힘을 긍정하고 운동이 대항권력의 구축을 향하도록 하는 것이다. 팔미로 톨리아티$^{Palmiro\ Togliatti}$도 그람시를 해석하여 '제도들을 통한 대장정'을 제안하지만 반대 경로, 즉 운동을 관리하고, 감옥에 가두고 당의 명령에 종속시키는 경로를 생각했다. 적대적 개혁주의와 사회민주주의적인 개혁주의를 구분하기 위해서는, 강한 개혁주의와 약한 개혁주의를 구분하기 위해서는 전략적 자율성의 정도를 가늠해야 한다. 두치케의 경우에는 그 정도가 최고였고 톨리아티의 경우에는 최소였다.[14]

선거 과정은 적대적 개혁주의의 장 가운데 하나이다. 물론 당신이 뽑아준 사람이 권력구조를 실질적으로, 심지어 근본적으로 변화시킬 수 있다는 전제 위에서이다. 최근에 버락 오바마, 아다 콜라우$^{Ada\ Colau}$ 등 여러 진보적 정치가들이 실질적 변화를 약속하며 선출되었고 이들의 성공의 대차대조표를 작성할 수 있을 것이다. 공직의 타성이 변화를 위한 정치적 기획보다 더 강력했던 경우도 있고 반면에 실질적인 변화들이 성취된 경우도 있다. 6장에서 다뤘듯이 적대적 개혁주의의 또 다른 장場에서는, 기존 소유법의 틀 안에서 어떤 경우에는 자본주의적 위계의 힘을 상쇄하고 다른 경우에는 가난과 배제를 완화하는 식의 법적 기획들을 포함한다. 예를 들어 빈자를 위한 주택계획과 노동자를 위한 권리 등을 소유의 권리 내부로부터 얻어질 수 있다. 이 외에도 오늘날 적대적 개혁주의가 발휘될 수 있는 다른 여러 법적·제도적 장들이 있다. 환경 문제, 성폭력 방지, 노동자 권리 확정, 이주민 돕기 등등. 앞에서 얘기한 바 있듯이 이 기획들을 적대적 개혁주의로 가늠하는 최우선 기준은 실행되는 개혁이 기존의 체제를 뒷받침하는가 아니면 권력구조의 실질적 변형을 가동하는가이다.

적대적 개혁주의의 일부 기획들이 중요한 기여를 한다는 데는 의문의 여지가 없다. 그 기획들 대다수가 종종 그랬듯이 단기적으로는 실패로 끝나는 것처럼 보일지라도 길게 보면 의미심장한 효과를 낼 수 있다. 대장정은 인내를 필요로 한다. 그러나 적대적 개혁주의의 한계들 역시 명백하다. 제도들을 통한 대장정은 너무 자주 길을 잃으며 바라던 사회 변화는 일어나지 않는다. 이는 일정 부분 주체성의 생산에 의해 설명된다. 즉 제도를 내부에서 바꾸겠다고 그 속에 들어가지만, 제도가 그들을 바꾸는 경우가 잦은 것이다. 그렇다고 해서 우리의 관점에서는 이것이 적대적 개혁주의의 기획들을 버려야 한다는 것은 아니다. 대신 그 기획들이 스스로를 어떻게 제약했는지를 부각하자는 것이다.

마지막으로 세 번째 길은 권력을 장악하고 헤게모니를 잡는 것이다. 예시적 전략과 달리 이 길은 지배적인 사회로부터 (그 외부이든 내부이든) 상대적으로 분리된 소규모 공동체들의 구축을 목표로 하지 않는다. 대신 그 목표는 사회 전체를 직접 변형하는 것이다. 개혁주의적 기획과 달리, 기존 제도들은 행동의 장이 아니라 '탈구성적destituent'인 해체적 사업의 대상이다. 기존의 제도를 전복하고 새로운 제도를 창출하는 것

어셈블리

이 주된 과제이다.

이 세 경로들 각각이 상이한 시간성을 함축한다는 점에 주목하자. 예시적 전략은 비록 활동가 공동체의 변형 안에서 현재적으로 살아가지만, 사회변형을 미래——소규모의 민주적 공동체와 닮은 공동체가 대규모로 달성되는 날——로 미룬다. 개혁주의적 전략은 한 번에 벽돌 하나씩을 쌓아 미래를 구축하는 점진적 변화라는 느린 시간성을 살아간다. 그와는 달리 권력 장악은 사건의 시간성에서 살며 사회적 수준에서의 신속한 변형을 가져온다.

권력 장악이 직접적인 만족과 정치적 선명함을 가져다주는 것은 분명하다. 그럼에도 마찬가지로 분명한 것은 많은 함정들이 있다는 점이다. 권력 장악을 의도하는 사람들의 첫 번째 관심사는 새로운 체제가 낡은 체제의 주된 특징을 반복하지 말아야 한다는 점이다. 3장에서 주권과 구성권력에 대한 우리의 논의는 그것을 행사하는 자가 누구든 상관없이 주권에 내재하는 지배의 실천 및 구조를 강조한다.[15] 따라서 권력 장악은 현재 그대로의 권력을 잡는 것을 의미해서는 안 된다. 권력 장악은 권력을 변형하는 것을 필요로 한다. 우리가 앞서 설명했던 마르크스의 말을 빌리자면, '국가를 분쇄하는 것'이 필요하다. 즉 다른 말로는 우리는 비국가적인 공적 권력을 창출해야 한다. 둘째, 권력 장악은 (가령 일국적 수준에서는) 환경에 의해 극히 제한된다. 전 지구적 자본의 압박, 지배적인 국민국가들의 반응, 미디어와 같은 다양한 비국가적 외부 세력들이 가하는 제한 등은 모두 권력을 잡은 이들을 포위하고, 계획을 변경할 여지를 최소한으로 줄이는 데 복무한다. 2015년 여름의 그리스 시리자 정부의 비극 그리고 그들이 이용할 수 있는 극도로 강제된 선택지는 이러한 제한의 일부를 보여주며, 지난 20년 동안 권력에 다가갔던 라틴아메리카의 진보정부들이 겪은 고통들은 외부와 내부 세력들에 의한 훨씬 더한 강제의 장면을 제공한다. 달리 말해 권력을 장악하는 데 성공한 이들조차 결국 해내는 것은 거의 없게 되는 것이다.

우리는 어디서 출발해야 하는가? 세 선택지 모두의 함정들을 확인하는 것이 우리가 갈 곳은 어디에도 없다는 것을 의미하는가? 첫 번째 응답(이것은 부분적이지만 중요하다)은 이 세 전략들을 갈라서 보지 말고 그것들을 (잠재적으로) 상호 보완적인 것으로 인식해야 한다는 것이다. 이는 단지 관점만 달리 하는 것뿐만 아니라 또한 훨씬 더 중요하게는 실천을 변형하는 것을 포함한다. 선거를 통해서든 다른 수단을 통해서든 권력을 장악하는 것은 자율적이고 예시적인 실천들이 더 큰 규모로 이루어질 공간을 여는 데 복무하고, 장기적으로 계속될 제도들의 변형을 천천히 양성하는 데 힘써야 한다. 이와 유사하게 탈주의 실천들도 적대적 개혁과 권력 장악의 기획 모두를 보완하고 촉진하는 방식들을 발견해야 한다. 이 세 얼굴의 디오니소스는 연계를 통해 대항권력을 형성하며 기존의 지배체제 안에서 그 체제에 맞서는 '권력의 이원주의^a dualism of power'를 실질적으로 창조한다. 바로 이것이 마키아벨리가 우리에게 가르쳐주는 현실주의이다.

더 심층적인 두 번째 응답은 우리의 문제를 정치적 지형에서 사회적 지형으로 확대할 것을 요구한다. 우리는 이 책에서 줄곧 정치를 자율적인 지형으로 보는 것은 재앙에 이른다고 주장했다. 민주적 협치의 퍼즐은 사회적 관계의 변형을 통해서만 풀 수 있다. 우리는 예컨대 2부에서 어떻게 소유가 공통적인 것에 개방될 수 있는지를 인식하면서 이 길을 둘러보았다. 사회적 불평등을 유지하고 사회적 삶에의 평등한 참여를

어셈블리

가로막는 주된 메커니즘은 바로 사적 소유의 지배이다. 공통적인 것의 수립은 사적 소유의 장벽을 제거할 뿐만 아니라 자유와 평등에 입각한 새로운 민주적인 사회적 관계를 창출하고 제도화한다. 나아가 정치적 지형에서 사회적 지형으로 초점을 확대하면 사회적 협력을 조직하는 광범위하게 퍼진 능력을 포착하게 된다. 9장에서 설명했듯이 다중의 기업가 정신은 이 확대된 사회적·정치적 조직화 능력이 띠는 하나의 얼굴이다. 생산적인 삶을 함께 조직하고 협동의 미래 형태들을 계획하고 실현하는 민중의 능력이 바로 필요한 정치적 능력인 것이다. 그리고 삶정치적 맥락에서 사회적 조직화는 항상 흘러넘쳐 정치적 조직화로 확대된다.

그람시의 헤게모니 개념이 여기서 우리가 서술하는 경로와 같은 것을 규정한다. 그람시의 헤게모니는 순전한 정치적 범주(마치 그것이 레닌의 '프롤레타리아 독재' 개념의 번역이라도 되는 양)도, 순전한 사회학적 범주(마치 그람시의 헤게모니＝헤겔의 '시민 사회'인 것처럼)도 아니다.[16] 그와는 달리 그람시의 헤게모니는 당 계기(더 정확하게는 주체성의 생산과 그것에 살을 부여하는 구성권력)와 사회를 변형하는 계급투쟁과 사회적 투쟁의 동학(여기에는 예를 들어 노동조합의 대항권력을 통한 법질서의 수정과 기계적 지식의 전유가 있다)을 모두 포함하며, 구성적 힘들이 이 둘과 뒤섞인다. 그람시가 그의 글 「미국주의와 포드주의」에서 미국에서 합리화가 새로운 유형의 노동과 새로운 생산과정에 상응하여 새로운 인간 유형을 창출할 필요성을 낳았다고 썼을 때, 우리는 이로부터 이 새로운 인간 유형 즉 포드주의적 노동자는 경제적 위기와 기술의 변형에서 그가 배운 것을 되돌려 투쟁으로 전용하고 배치할 수 있다는 결론을 내릴 수 있다. 그리하여 저항과 투쟁의 존재론적 축적은 공통적인 것의 사회적 형상에 접근하여 우리가 뒤에서 다룰 '일반지성'의 패러다임을 해석하게 될수록 혁명적 실천에 더 본질적인 것이 된다. 정치적인 것과 사회적인 것의 이 중첩, 적대적 개혁과 권력 장악의 이 중첩에서 우리는 어떻게 오늘날 공통적인 것에 기반을 둔 다중의 민주주의의 구축이 이해될 수 있는지에 대한 명확한 상을 얻는다.

이 점에서 이제 우리는 2장에서 옹호한 바 있는 전략과 전술을 전도시킬 가능성과 중요성을 인식할 수 있다. 결정적인 것은 다중의 전략 능력의 수립이다. 전략 능력이란 억압의 구조들을 샅샅이 해석하고 효과적인 대항권력을 형성하며 신중하게 미래를 위해 계획하고 새로운 사회적 관계를 조직화하는 능력이다. 다중은 정치적 기업가가 될 능력을 획득하고 있다. 지도부의 전술적 배치로의 좌천은 다중의 전략적 능력들로부터 나온다. 지도부 행동의 유용성과 필요성은 긴급한 상황에서는 특히 분명하다. 수립되어야 할 것은 지도부가 자신들이 받는 환대에 오래 머물지 않게 할 방비책이다. 다중의 전략적 힘이 유일한 보증이다.

:: 공통적인 것의 주화를 만드는 헤르메스

금융의 지배하에 있는 오늘날의 사회에서 화폐가 발휘하는 힘과 폭력에 대해 비판하는 이들 중 다수는 우리가 그러했듯 화폐의 힘을 제한하는 것을 주된 과제라고 주장한다. 선거에서 돈이 영향을 미치지 못하게 하고 부유층의 금융 권력을 제한하고 은행의 권력을 축소하고 심지어는 화폐를 각각의 사회 및 지구 전체에서 더 공정하게 분배하는

어셈블리

것─이 모든 것은 물론 매우 중요하다. 그러나 이는 첫걸음일 뿐이다.

화폐를 모조리 폐지하자는 더 급진적인 주장은 자본주의적 화폐를 화폐 자체와 혼동하고 있다. 화폐 자체는 문제가 아니다. 11장에서 주장했듯이 화폐는 사회적 관계를 제도화한다. 화폐는 강력한 사회적 테크놀로지이다. 다른 테크놀로지의 경우가 그런 것처럼 문제는 화폐가 아니라 그것이 지탱하는 사회적 관계이다.

우리에게 필요한 것은 공통적인 것에서의 평등과 자유에 기반을 둔 새로운 사회관계를 수립하는 것이며, 그래야 (그리고 오로지 그럴 때에만) 그러한 사회관계를 공고히 하고 제도화하는 새로운 화폐가 창출될 수 있다. 지역 화폐가 분명 어떤 역할은 할 수 있지만, 우리는 오늘날의 자본주의적인 사회적 관계만큼이나 일반적이고 강력한 새로운 사회적 관계를 원한다.[17] 어떻게 우리는 소유관계에 기반을 두지 않고 공통적인 것에 기반을 둔 화폐를 상상할 수 있는가? 이 화폐는 '익명화된 재산권'(하인존과 슈타이거가 자본주의적 화폐라고 올바르게 묘사했듯이)이 되지 않고, 공통적인 것에서의 다원적이고 특이한 사회적 유대가 될 것이다. 그렇다면 새로운 화폐의 창출은 소유에서 공통적인 것으로의 이행과 병행되어야 한다.

우리는 화폐 정책 및 사회 정책의 구체적 전환을 통해 '공통적인 것의 화폐'에 대한 상상을 시작할 수 있다. 이러한 방향에 초점을 맞춘 온건한 제안은 '민중을 위한 양적 완화quantitative easing for the people'이다. 전통적으로 양적 완화란 중앙은행이 소비와 생산을 자극하려는 희망에서 국채, 상업채권, 주택저당증권, 금융시장에서 나온 여러 자산 등을 대량 구매하는 것을 통해 화폐공급을 증가시키고 화폐를 효과적으로 찍어내는 화폐 정책이다. 밀턴 프리드먼이 '헬리콥터가 뿌리는 돈'이라고 부른 이 돈은 화폐 소비의 욕구에 따라 분배되지만 대개는 기업들로 들어간다. 크리스티안 마라치나 야니스 바루파키스$^{Yanis\ Varoufakis}$ 같은 오늘날의 몇몇 급진 경제학자들은 새로운 목적으로 화폐를 공급하는 것을 제안하였는데 이것이 '민중을 위한 양적 완화'이다. 이 아이디어는 (양적 완화의 현재의 형태가 그렇듯) 화폐를 찍어내되 민중에게 나눠주자는 것이며, 특히 가장 급진적인 경우에는 사회적 생산과 재생산의 자율적 기획들과 실험들(규모가 작든 크든)에 제공하자는 것이다.[18] 이 제안은 진정한 대항권력의 구축을 정치적으로 훈련하고 운영하는 유용한 플랫폼을 창출하지만, 이는 그저 작은 걸음일 뿐이다.

보장된 기본소득에 대한 제안이 우리를 공통적인 것의 화폐에 더 가까이 데려간다. 카를로 베르첼로네는 보장된 기본소득을 소득의 일차적 원천으로 만든다면, 소득을 임금노동으로부터 분리하고 공유된 부를 사회적 생산과 재생산의 협력적 회로들과 연결시킴으로써 공통적인 것의 화폐를 주조하는 데 있어 초석이 될 것이라고 제안한다. 기본소득은 임금을 받지 않는 사회적 생산 및 재생산의 가치를 인정할 것이다. 베르첼로네는 기존의 공통적인 것 안에서 공통적인 것이 해내는 사회적 생산 형태에 대한 자본주의적 명령으로부터의 (일정한) 자율성을 부여하기 때문에 이것을 '공통적인 것의 화폐'라고 부른다. 기본소득이 사회적 삶을 생산 및 재생산할 수 있는 자유와 시간을 주는 것이다. 노동과 소득의 연결을 약화시키면 부와 소유의 관계가 무너지고 '사회적 삶에서 공유된 부'를 위한 공간이 열린다.[19] 더 나아가 기본소득은 임금체제 외부에 새로운 형태의 사회적 협동의 가능성을 열며 자본을 넘어선 사회적 삶의 상상을 촉진한다. 케이시 웍스는 기본소득을 요구하는 것이 어떻게 반^{反}금욕적 효과를 갖는지를 강조한다. "기본소득을 요구하는 것은 검소와 저축의 윤리학, 양보의 정치학, 희생의 경제학을 설교하기보다 우리의 욕구와 욕망의 확장을 요청하고, …… 더 이상 노동에 종속되지 않는 삶의 방향에 초점을 맞춘다."[20] 보장된 기본소득은 비록 성취된다 하더라도, 그 자체로는 자본주의적 화폐를 변형하고 사적 소유를 제거하며 공통적인 것에 기반을 둔 새로운 사회적 관계를 수립하는 데에는 충분하지 않을 것이다. 그러나 분명 그것은 그 방향을 향한 강한 몸짓이다.

이런 정책 제안들의 중요성을 파악하고 그것들을 공통적인 것의 화폐 쪽으로 끌고 가려면 11장에서 다룬 화폐의 성격에 대한 연구의 결과를 채택하고 그것을 더 업데이트해야 한다. 이는 생산과 재생산의 새로운 관계들을 역동적으로 포착하고, 그것을 관통하는 욕구를 해석하며(스피노자라면 이를 윤리학이라 부를 것이다), 자본주의적 발전의 경향에 대한 분석을 그것을 가로지르고 변조하는 힘들에 대한 인식과 결합시키는 화폐의 정치를 구축하는 것을 의미한다. 우리가 확인할 필요가 있는 것은 첫째, 금융자본과 사회적 생산의 체제에서 일어나는 것으로, 생산자들 및 재생산자들이 맺는 관계의 화폐적 형태, 둘째, 이 생산양식의 발전에 상응하는 (아니 상응해야 하는) 다양한 소득의 형태들, 셋째, 각각의 화폐 형태에 상응하는 '미덕의 체제'이다. 우리의 문제틀은 산업자본의 명령에서 금융자본의 명령으로의 이행이 지닌 주요한 사회적 변형을 포착하면서 소유를 공통적인 것으로 변형하는 것이다.

10장에서 주장했듯이 현재 자본주의적 생산과 그 추출 양태들은 사회적 협동에 의존한다. 잉여 가치는 사회적 가치의 추출을 조직하는 금융 테크놀로지를 통해 전유된다. 어떤 면에서는 '총자본collective capital' 자신이 역설적이게도 사적 소유의 해체와 공통적인 것의 인정을 현재의 생산양식의 토대로 인식한다. 이런 맥락에서 사회적 투쟁과 계급투쟁의 직접적 목표는 불평등을 줄이고 긴축의 체제와 단절하는 것이다. 그런데 오늘날 이는 특히 극적인 방식으로 제시되고 있다. 자본의 권력에 저항하는 다중에게는 낡은 것과 새로운 것——해체 중인 정치적 구성과 새로이 출현하는 기술적 구성——이 일종의 공위기^{interregnum}를 이루며 공존하기 때문이다. 생디칼리즘의 전통과 사회운동들을 결합하는 '사회적 파업'이 이 지형에서 투쟁의 특권적 형태이다. 궁극적으로 긴축과 불평등의 거부는 '협동의 화폐$^{a\ money\ of\ cooperation}$'에 대한 요구를 표현해야 하며 따라서 사회적 협동의 생산성에 상응하는 소득, 즉 임금의 요소와 복지의 요소를 모두 가진 소득의 형태들에 대한 요구를 표현해야 한다. 협동의 화폐는 보장된 기본소득을 넘어서 사회적 생산과 재생산의 새로운 연합이 '정치적 소득', 즉 자본주의적 발전과 계급관계들의 매개가 양립 불가능하게 되는 소득을 부과할 수 있는 지형을 창출해야 한다. 여기서 긍정되는 미덕은 사회적 생산자들 및 재생산자들의 투쟁의 관점을 취하는 평등이다. 오랜 슬로건으로 말하자면 '모두에게는 그 욕구에 따라'는 모두가 사회적 생산과 재생산에 관여하고 활용된다는 사실에 상응한다.

공통의 생산은 또한 다중적이기 때문에 즉 일단의 특이성들로 구성되기 때문에, 노동력의 재생산은 대량화되는 형태로는 성취될 수 없다. 사회적 차이들과 그 혁신의 힘이 사회적 생산 및 재생산에 필수가 되었다. 따라서 협동의 화폐에 '특이화의 화폐$^{money\ of\ singularization}$'와 우리가 특이화의 소득이라고 불렀던 것이 동반되어야 한다. 이는 차이에 대한 권리를 지원하며 아래로부터의 다중의 다원적 표현을 뒷받침한다. "모두에게 그 능력에 따라"는 따라서 특이성의 덕을 긍정하는 "모두에게 그 차이에 따라"로 바꿀 수 있다. 특이화의 소득은 사회적 생산자들과 재생산자들의 자기-가치화를 증진해야 할 것이다. 신케인즈적 협치 구조와 '위로부터의' 유효수요 창출(그 척도가 무엇이든)을 다시 제안하는 것으로는 충분하지 않다. 그보다는 사회적인 파열의 힘들을 주체화하는 것이 필요하다. 이 지형에서 우리는 파스칼 N. 스트라가 '공통적인 것의 노동labor of the common'이라고 부르는 것의 널찍한 전선戰線을 창출할 수 있다. 이는 생산과 서비스의 협동적·민주적 플랫폼들을 가리킨다. 또한 지역 공동체들을 위한 실험적 통화들을 창출할 수도 있다.[21] 더 나아가, 출현하는 다중이 가진, 사회적 관계를 자율적으로 생산 및 재생산하는 경제적 능력은 그 자체가 바로 정치적 능력이다. 자기가치화는 정치적 자율과 자치의 능력을 함축한다. 마지막으로 파슈카니스가 주장했듯이 근대 부르주아 헌법들이 사적 소유의 관계에 토대를 두고 그 관계를 보장하는 반면에, 자율적인 사회적 생산의 헌법은 공통적인 것에 토대를 두며 공통적인 것을 보장해야 한다. 이것이 우리가 6장에서 말한 심연 너머로의 도약, 사적 소유의 지배 너머로의 도약이며, 이는 평등의 체제에서도 자신의 힘을 유지할 수 있다.

화폐의 첫 두 형상〔협동의 화폐와 특이화의 화폐〕은 사회적 생산과 일반 지성의 시대에 새로이 출현하는 기업가적 다중이 가진 자질과 능력을 해석한다. 그러나 이것으로는 충분하지 않다. 우리는 또한 '사회적이고 전 지구적인 투자 화폐a money of social and planetary investment'를 필요로 한다. 늘어나는 자율의 과정에서 우리는 한편으로는 교육·연구·수송·건강·통신을 통해 사회의 확대를 보장할 화폐와, 다른 한편으로는 지구와 모든 생명체들 및 생태계들에 대한 돌봄의 관계들을 통해 삶을 보존할 화폐를 필요로 한다. 여기서 문제는 소득이 아니라 사회 자원을 미래를 위한 민주적 계획에 바치는 것이다. 자본은 지구에서의 사회적 삶의 번영은 물론이거니와 심지어는 생존을 위한 계획을 짤 능력이 없다는 것이 판명되었다. 국가도 더 나을 것이 없다. 사적인 것과 공적인 것의 통치는 실패했다.[22] '실천적 지혜prudence'의 미덕을 표현하는 공통적인 것이 지속 가능한 미래로 가는 유일한 경로이다.

11장에서 우리는 자본주의적 화폐가 맺는 사회적 관계의 특징들 가운데 일부를 세 가지 국면(시초 축적, 매뉴팩처와 대공업, 사회적 생산)으로 나누어 스케치했다. 공통적인 것의 화폐가 산출할 잠재적인 사회적 관계에 살을 붙이기 위해서 우리의 표에 넷째 단을 추가하여 공통적인 것에 의해 특징지어지는 사회에서 시간성, 가치 형태들, 협치 구조 등이 어떻게 변할 것인가를 서술하는 것이 논리적일 듯하다. 공통적인 것의 화폐는 비자본주의적 화폐이기 때문에, 또한 그 사회적 관계가 비소유적 관계이기 때문에, 그 표에 속하지 않는다는 점을 염두에 두는 한에서 이것이 도움이 될 수 있을 듯하다. 새로운 사회적 관계를 제도화하기 위해서는 공통적인 것의 화폐에 실질적인 역사적 파열이 동반되어야 할 것이며 따라서 그것을 이해하려면 새로운 분석틀이 필요할 것이다.

평등, 차이, 실천적 지혜를 증진하는 공통적인 것의 화폐를 제안하는 것이 유토피아적인가? 협동, 특이화, 사회적·전 지구적 투자 화폐를? 그럴지도 모른다. 그러나 정치적 현실주의는 현대 사회의 운동들에 의해 활성화되는 경향을 인식하는 데 있으며, 또 그 안에 담겨 있는 욕망을 조명하는 데 있으며, 그런 다음에는 미래를 현재로 가지고 오는 데 있다. 결국 공통적인 것의 화폐는 공통적인 것의 사회적 관계(공통적인

어셈블리

것의 화폐는 이 관계를 수립하는 데 복무한다)가 실제로 온전하게 구현될 때에만 대세가 될 것이다.

16장
포르톨라노

이 책의 리듬을 중단시키면서 삽입된 요구들과 응답들은 우리가 맨 처음 설명했듯이 응답이 요구를 잠재울 수 있다는 듯이 질문과 대답으로 의도된 것이 아니다. 요구와 응답을 지도 위의 좌표나 포르톨라노 해도*의 경로로 생각하라. 포르톨라노 해도는 일찍이 13세기에 지중해를 횡단하는 항해지도로 제공되었다. 이제 우리는 이 좌표들을 되돌아보고 모아볼 수 있다. 우리의 절차는 우리가 이미 가진 사회적 부에서 시작해, 지속적인 제도들에서 우리의 성과물을 견고히 하고, 새로운 주

---

* 포르톨라노(Portolano)는 중세에 사용된 해도다. 주요 지점들 사이에 나침반의 32방위와 항해사들이 바다에서 관측한 거리에 따라 선을 그어 표시한 것이 특징이다. 13세기 이탈리아에서 처음 만들어졌으며, 15-16세기 스페인과 포르투갈에서도 높은 정확성을 보이며 애용되었다. 대항해시대 당시 포르투갈과 스페인은 각자 자국의 포르톨라노를 국가 기밀로 간주하기도 했다.

어셈블리

체성과 사회적 관계를 조직할 수단을 발견하는 데 있다. 개편된 요구와 응답이 이 계획을 지시한다.

:: 부

듀 보이스가 노예제가 종식된 이후 시기의 미국 역사를 연구하면서, 흑인과 백인이 동등하게 참여할 수 있는 '노예제가 폐지된 민주주의'의 잠재력을 인식하고자 할 때, 그는 해방된 노예들이 대개 교육받지 못한 빈민이기 때문에 정치적 참여를 허용해서는 안 된다는 주장과 맞서야 했다. 그는 무식한 백인들도 오랫동안 미국의 정치에 참여해 왔다는 분명한 응답에 만족하지 않았다. 대신 그는 더 일반적인 정치적 도전을 제기할 기회로 여겼다. 그가 설명하길, 민주주의는 "영원한 역설과 대면한다. 모든 시기에 대다수의 사람들은 무식하고 가난했다. 그래서 그런 계급들을 정치권력으로 무장시키려는 일체의 시도는 의문을 자아낸다. 무지와 가난이 지배할 수 있는가?라고." 그러나 이어서 듀 보이스는 그러한 주장은 흑인이든 백인이든 무지한 자가 지성적인 자가 될 수 있고, 빈민이 충분한 부를 획득할 수 있다는 사실을 고려하지 않았다고 말한다. '노예제가 폐지된 민주주의'에서 그는 이렇게 모두가 지성적으로 되고 부자가 되는 과정에 희망을 기댄다.[1]

듀 보이스가 사람들은 집단적 자치를 선천적으로 할 수 있는 것이 아니며, 민주주의는 자생적이지 않고 또 그럴 수도 없다고 본 것은 분명 옳다. 민주주의를 주장하기 위해 우리는 우선 다중이 협동과 집단적인 정치적 행동에 필요한 능력을 가진다는 점을 확인해야 한다. 또한 민주주의의 필요조건이 협소한 정치적 용어만으로(심지어 주된 것일지라도) 생각되어서는 안 되고, 경제적인 것과 정치적인 것을 동등하게 사회적 삶의 자원으로 생각되어야 한다고 본다는 점에서 그는 옳았다.

하지만 오늘날 다중을 가난하고 무식한 자로 보는 것은 잘못일 것이다. 우리가 이것으로 의미하고자 하는 바는 다양한 신학적 전통에서 보이는 전형적인 의미 전도 즉 "당신의 세속적 부는 실제로는 빈곤의 한 형태, 빈민의 삶이다. 비록 지금은 물질적으로 가진 게 없다 할지라도 언젠가는 천국에서 부를 보상받을 것이다"가 아니다. 부와 가난에 대한 이해방식을 변경할 필요가 있다는 것이 우리가 말하려는 바다. 즉 "돈의 비축은 실제로는 부가 아니다. 당신의 사회적 관계망, 당신의 협동 회로들이 부이다." 그러나 우리는 자본주의 사회가 어떻게 부를 표현하는가에서 시작해야 한다. 왜냐하면 현시점에서도 우리는 다중이 얼마나 풍요로운지를 알 수 있기 때문이다.

우리 책의 「첫 번째 응답」에서 주장했듯이 우리가 새로운 민주주의 형태를 찾으려면 사회적 삶의 생산 및 재생산에 생명을 불어넣는 협동 네트워크들을 검토함으로써 시작해야 한다. 바로 거기에서 우리는 민주주의 기획을 위한 토대로 제공될 수 있는 기존의 부의 형태를 (또 다른 부의 형태인 지성과 나란히) 인식할 것이다.

다중의 부와 생산성을 인식하는 한 가지 방법은 다중이 빼앗긴 것을 강조하는 것이다. 당신이 아주 많이 강탈당하려면 그만큼의 부를 가져야 한다. 우리의 산 노동, 살아 있는 지성, 살아 있는 관계, 살아 있는 협동은 기계들, 즉 과학적 지식, 사회적 지식, 메트로폴리스의 물질적·문화적 구조 등에 끊임없이 흡수되고 있다. 이러한 축적 형태들이 그 자체로 나쁜 것은 아니다. 반대로 축적된 과학적 지식들은 우리를

어셈블리

더 강력하게 생각을 하도록 만든다. 마치 축적된 사회적 지식들이 우리를 더 높은 수준에서 행동·협력·생산하게 만드는 것처럼 말이다. 하지만 자본주의적 생산양식의 명시적 특징은 사회적으로 생산되고 축적된 그러한 부가 사적 소유의 형태로 전유된다는 점에 있다.

때로는 이러한 강탈이 일종의 도둑질로 경험된다. 왜 공장문을 나서는 상품들은 그것을 만드는 노동자들에게 속하지 않는가? 하지만 우리는 우리가 생산하는 부와 그 부를 포획하는 메커니즘에 대해 의식조차 못하기 일쑤이다. 구글의 페이지랭크 알고리즘으로 돌아가 보자. 당신의 한 번의 클릭이 한 번의 링크가 되는 지성의 표현들은 알고리즘에 의해 흡수되고 고정자본으로 변형된다. 유저들이 검색엔진을 사용해 즐거움과 관심을 경험한다는 사실은, 알고리즘이 그들이 생산한 것을 구글이 축적하도록 효과적으로 흡수한다는 사실을 약화하지 않는다. 디지털과 소셜미디어 기업들의 저 천문학적인 주식 가치는 그저 허구가 아니다. 이 기업들은 사회적 지성과 사회적 부의 방대한 저장고를 고정자본으로 빨아먹었다.

우리는 엄청난 사회적 부가 끊임없이 강탈당한다고 인식하면서 「네 번째 요구」에서 고정자본을 재전유하는 기획을 제시했다. 관건은 기계들이나 알고리즘 혹은 우리의 과거 생산물이 축적되는 다른 형태들에 맞서 투쟁하거나 그것들을 파괴하는 데 있지 않고, 오히려 그것들을 자본으로부터 다시 돌려받는 데, 강탈자들을 강탈하고 그 부를 사회에 개방하는 데 있다.

다중의 기존의 부를 인식하는 다른 방법은 오늘날 부가 점점 더 사적 소유가 아니라 공통적인 것의 형태로 나타난다는 점을 강조하는 것이다. 이는 일정 부분 자본주의적 발전에 내재하는 운동이다. 문화, 지식,

정서적 관계, 여러 다른 유사한 부의 생산 형태들은 사적 소유 형태로 울타리 치고 단속하기가 어렵다. 자본은 생산수단으로서 공통적인 것에 더욱 많이 의존하며, 역으로 생산물들은 점점 더 공통적인 것의 형태를 취한다. 하지만 더욱 중요한 것은 사람들이 사적 소유와 공적 소유에 맞서 공통적인 것을 방어하려고 투쟁하는 방식이다. 이 투쟁은 단지 사적 소유의 축적이 불공정하다거나 정치인들이 부패했다는 것에만 맞서지 않는다. 사적 소유의 지배 및 공적 소유의 지배는 점점 더 사회적 발전에 족쇄를 채울 뿐만 아니라, 또한 엄청난 재앙을 일으킨 장본인이기도 하다. 가령 사람들은 지구와 생태계를 공통적인 것으로 간주한다. 그들이 지구를 오염시킨 결과뿐만이 아니라 지구를 이용할 기회를 공유하기 때문이며, 그래서 전 지구화 사회가 우리가 지구와 맺는 관계를 관리하고 지구를 돌보기 위한 민주적 구조를 발전시키길 요구하고 있기 때문이다. 그것을 대기업들이나 국가 통치자들에게 맡기는 것은 기존의 재앙들을 더 악화할 뿐이다. 다른 현장의 사례로는 과학적 지식과 문화생산물을 공유하는 것이 있는데, 여기에서는 부를 개방적이고 민주적으로 공유하기 위해서 이미 관리 메커니즘들이 수립되고 있다. 모든 사회적 부의 형태들은 사적 소유의 지배와 국가 통제로부터 분리될 수 있고 그래서 공통적인 것의 형태에 개방될 수 있다. 우리가 「세 번째 응답」에서 주장했듯이, 공통적인 것을 더 많이 공유하면 할수록 우리 모두는 더욱더 풍요로워진다.

공유된 사회적 부, 즉 공통적인 것에 담겨 있는 부의 존재는 민주적인 정치적 대안을 조직할 필수적 토대일 뿐만 아니라, 또한 더 중요하게는 정치적인 것의 개념을 재규정해 그 중심기둥에 부를 놓게 한다. 정치적인 것을 부로 규정하는 것, 부를 정치적인 것의 내용으로 규정하는 것은 역설적인 것처럼 보일 것이다. 왜냐하면 근대 정치사상의 지배적인 노선이 우리에게 부와 권력을 상당히 다르게 생각하도록, 그래서 경제적 압력과 사회적 욕구로부터의 '정치적인 것의 자율'을 유지하도록 가르쳤기 때문이다. 그리고 설사 부와 권력, 경제적인 것과 정치적인 것을 함께 제기한다고 하더라도 윤리학까지 그 수준으로 끌고 들어온다면 물의를 일으킬 만하다. 그러나 부를 공통적인 것으로 생각한다면 부와 권력, 경제적인 것과 정치적인 것을 함께 제기하는 것은 역설적이지 않다(또한 물의를 일으키는 일도 아니다). 사회적 생산의 공통적 부는 생산적 힘들과 정치적 역량의 직접적 연결을 함축한다. 생산과 재생산이 주체성의 생산 쪽으로 향할 뿐만 아니라 사회적 관계를 유지하고 확장하는 쪽으로 향할 것이기 때문이다. 삶을 부여하고 삶에 의해 부여된 윤리학은 생산의 가치화와 정치적 주체성들의 역량을 증진하는 기준이 된다.

:: 제도

저항과 시위는 권력자들로 하여금 정책을 변화시키고 심지어 어떤 경우에는 체제를 무너뜨리도록 강제할 것이다. 하지만 이것으로는 충분하지 않다. 저항과 시위는 피해를 줄일 수 있고, 마치 바울의 복음서에 나오는 악의 접근을 막는 카테콘의 힘처럼 우리를 최악의 상황으로부터 보호할 수 있다.[2] 하지만 우리에게는 구성 기획도 필요하다. 2011년 이래로 확산된 도시 광장에서의 다양한 텐트농성과 점거 시위와 같은 예시적 실험들이 이 점에서 매우 중요하다. 그것들은 가능한 민주적 사회관계를 맛보게 하고, 다르고 더 좋은 세상에 대한 욕망을 길러낸다. 그러나 그것들도 충분하지 않다.

「세 번째 요구」에서 제안했듯이 우리는 권력을 잡을 필요성을 피할 수 없다. 우리는 새로운 주권권력의 수립에서 야기된 모든 재앙들을 심지어 혁명적 형태에서조차 통렬히 인식하고 있다. 그러나 그로 인해 권력을 피하고 대립과 저항으로만 움직여서도 안 된다. 그것은 현재의 통치자들의 자리를 인정하는 것으로, 그들이 겪는 피해를 일부 누그러뜨리거나 완화시킬 뿐이다. 권력 장악이 우리를 탈주와 철회의 길로 현혹시켜, 사회 전체를 변형하지 않고 분리된 소규모 공동체를 창조하도록 이끌게 해서도 안 된다. 하지만 우리의 선택지는 이것들만 있는 것은 아니다. 우리는 권력을 다르게 잡을 수 있고, 사회 전체의 변형을 가동시킬 수 있다.

권력을 다르게 잡을 첫 번째 열쇠는 주권이 자유, 자율, 자기결정과 같지 않음을 이해하는 것이다. 반대로 주권은 항상 다른 계급을 지배하는 하나의 계급을 위한 메커니즘이다. 그것은 늘 자신의 심장에 식민지배적인 관계를 지닌다. 「네 번째 응답」에서 제안했듯이 국가를 분쇄하자는 것은 결국 주권을 끝장내자는 것을 의미한다. 예를 들어 근대 법전통과 정치 전통이 그랬듯 구성권력이 주권으로 제기될 때, 구성권력은 그것을 구성하고 창출한 다원적인 사회적 힘들을 정치적 통일체에 가둔다. 이러한 형태의 구성권력은 새로운 입헌권력의 길을 열어주며 구성 과정을 종결시킨다. 주권을 끝장내는 것은 또한 대의와 민주주의의 관계를 재평가할 것을 요구한다. 물론 가장 고결한 국가들에서조차 오늘날의 대의 구조들은 끔찍하게 부패한 것이 사실이다. 노동조합과 같은 민중을 대의하는 여러 전통적인 구조들은 가파르게 감소하며, 대의의 선거 메커니즘들은 돈, 언론, 정당 구조 및 여타 메커니즘을 통해 엘리트에게 강하게 영향을 받는다. 그러나 '제대로' 기능할 때조차 대의는 지배자와 피지배자 간의 분리에 의해 규정되는 주권 장치이다. 우리에게 필요한 것은 지배자와 피지배자 간의 분리를 최소한으로 줄임으로써 대의를 완성하는 것——혹은 (보는 관점에 따라서는) 대의를 파괴하는 것——이다. 그리고 이런 일이 결코 완전하게 달성될 수 없다면, 우리 모두가 평등하게 참여하고 우리 자신을 집단적으로 통치하는 절대적 민주주의를 제도화할 수 없다면, 우리는 적어도 점근선漸近線처럼 지배자와 피지배자의 거리를 아주 가까이 붙이도록 애쓸 수 있다.

주권과 통치 단위를 끝장내자는 것이 곧 무질서를 의미하는 것은 아니다. 「두 번째 요구」에서 제안했듯이, 반드시 필요한 것은 다양한 주체성들 간의 민주적 사회관계를 수립 및 강화하는 비주권적 제도를 발명하는 것이다. 제도란 무엇인가? 들뢰즈에 따르면, "모든 제도는 심지어 비자발적인 구조들에서조차 일련의 모델들을 우리 몸에 부과하며, 우리의 지성에 일종의 지식을 제공하며, 또 미래를 투사投射하는 예견의 가능성을 제공한다."[3] 민주적이고 비주권적인 제도란 우리로 하여금 생산적이고 기쁨이 넘치는 습관과 마주침을 반복하게 하고 장려하는 구조일 것이다. 우리의 실천들 및 마주침들을 반복하는 것은 우리를 미래의 연속적인 정치적 기획으로 확장하는 것이다. 자유로운 노동자의 제도들——노동조합과 정치제도들——이 어떻게 포드주의 사회에서 대항권력을 때때로 창출할 수 있었는지를 기억하라. 오늘날도 마찬가지로 민주적인 제도들이 대항권력을 조직하고 구성권력의 발전을 개방적이고 복수적으로 유지해야 한다.

보다 구체적인 용어로 제도들을 발명한다는 것은 비관료주의적 형태의 행정을 창출하는 것을 의미할 수 있다. 근대 관료제는 위기에 처해 있으며, 그 자리를 대신해 해방을 위한 투쟁들을 일부 흡수하고 그 투쟁들을 왜곡 및 전도하는 형태로 재생산하는 신자유주의적 행정 형태가 들어섰다. 가령 신자유주의적 '자유'의 얼굴 중 하나는 당신이 당신 자신의 삶을 관리할 것—물론 경직된 한계 안에서—을 지속적으로 요청한다는 것이다. 그래서 이러한 외관상의 참여 및 개인적인 자기 관리는 위로부터 포획되고 강탈될 수 있다. 그러나 이러한 신자유주의적 행정도 오늘날 위기에 처해 있다. 그것은 항구적인 위기 상태에서 기능한다. 우리의 과제는 집단적인 자주관리를 위한 수단을, 즉 우리의 사회적 관계와 자원 사용의 민주적 관리를 위한 수단을 창출하는 데 있다. 바로 그것이 실질적인 자유일 것이며, 신자유주의가 부패하고 왜곡된 형태로서 제공했을 뿐인 자유의 약속일 것이다.

물론 자유를 제도화하는 것은 힘을 필요로 하며, 특히 비자유의 권력으로 가득 찬 세계에서는 더욱 그렇다. 그래서 마키아벨리가 말했을 법하게도 자유의 방어는 신성시된 행동이다. "무력에 호소하는 것 이외에는 어떠한 희망이 없을 때, 무력은 신성시된다."[4] 하지만 오늘날 거의 모든 곳에서 전통적인 무기들은 유효하지 않을 뿐만 아니라 자기 파괴적이기까지 하다. 다중은 대신 사회적 생산 및 재생산을 위한 능력, 그 지성 및 협동 수단을 위한 능력을 자유와 해방의 무기로 구축해야 한다.

:: 조직화

오늘날 활동가들이 현실주의와 효율성의 이름으로 카리스마적 지도자들을 따르거나 중앙집중화된 리더십 구조를 받아들이라는 압력에 저항하는 것은 옳다. 그들은 정치적 효율성의 약속들이 환상이고 나아가 민주주의로의 길은 다른 노선을 취한다는 것을 안다. 그러나 수평주의를 물신화하고 더 중요하게는 중앙집중화된 리더십에 대한 비판을 조직화의 부재와 동일시하는 자들은 옳지 않다. 민주주의는 다소간 조직화에 집중할 것을 필요로 하는데, 특히 적실하고 효과적인 형태의 조직이 오늘날 발명될 필요가 있기 때문이다.

전통적인 중앙집중주의와 절대적 수평주의가 고맙게도 우리의 유일한 선택지들은 아니다. 우리는 「첫 번째 요구」에서 리더십의 역할을 전략과 전술을 전도시킴으로써 변형시킬 것을 제안한 바 있다. 전략, 즉 멀리 내다보고 결정을 내리며 포괄적인 장기간의 정치적 기획을 실행할 수 있는 능력은 더 이상 지도자들이나 당 혹은 심지어 정치인들의 책임도 아니다. 대신 그것은 다중에게 위임되어야 한다. 이때 민주주의에 대해 회의적인 목소리가 당신의 머리로 기어들어 온다. 그리고 당신은 그 목소리를 들어야 할 것이다. 그 목소리가 속삭이길, "사람들은 민주주의를 망쳐버릴 거야." "그들은 의사결정에 필요한 동의에 도달하지 못할 거야." "설사 그들이 결정할 수 있다 하더라도, 엄청난 시간이 걸리겠지." "그들은 좋은 의사결정을 내릴 정보와 지성조차 갖고 있지 않잖아."

우리는 이러한 공포에 대해 두 가지 응답을 갖고 있다. 첫째, 리더십은 여전히 어떤 역할을 하지만 그것은 전술 영역으로 내려가야 한다. 리더십은 특별한 경우가 발생할 때, 가령 특정한 전문가들이 요구되거나 특히나 재빠른 행동이 필요할 때 한시적으로 제한된 권한을 지닌 채 배치되어야 한다. 리더십의 그러한 전략적 배치는 항상 다중의 전략적 결정에 엄격하게 종속되게 해야 한다. 정치 지도자들은 (심지어 가장 권위주의적인 지도자들조차) 스스로를 '민중의 하인'이라고 오랫동안 천명해 왔다. 그럼에도 근대 내내 다중은 국민으로 변형되었고, 주권에 종속되었다. 결국 우리는 지도자들이 진정으로 하인인 그러한 민주적 구조와 제도적 기틀을 창출할 필요가 있다. 다시 말해 이 전도──전략적 방향은 다중이, 전술적 실행은 지도부가──는 정부의 통제를 지속적으로 다중의 수중에 두도록 입법화되어야 한다.

둘째, 전략을 짜고 정치적 의사결정을 실행하는 다중의 능력을 가늠하는 것은, 우리를 기존의 다중의 부와 지성을 확증할 필요로 되돌려 놓는다. 다중이 효과적인 의사결정을 내리도록 하기 위해서 그 부와 지성은 협력 회로를 통해 가동되어야 한다. 이를 위해 우리는 어떻게 정치 능력이 사회적 · 경제적 지형 위에서 발전되고, 실험되는지를 살펴보아야 한다. 「다섯 번째 요구」에서 우리는 다중의 기업가 정신의 중요성에 대해 분명하게 밝힌 바 있다. 그것은 사회적 삶의 생산 및 재생산을 유지하는 협동 형태로부터 나온다. 슘페터에 따르면 기업가 정신은 새로운 결합을 창출하는 기획을 지시하는데, 더 올바르게는 그것은 새롭고 보다 강력한 협동 형태를 창출하는 기획을 부르는 이름이다. 물론 협동은 자본주의적 생산 안에서 발전하지만 항상 그 한계와 싸우면서 자본주의적 통제를 벗어난다. 마르크스는 이미 대공업에서 이러한 사실을 인식했는데, 대공업에서 협동하는 노동자들의 결합된 노동일은 새로운 힘, 즉 개별 노동자의 힘을 훨씬 능가하는 사회적 힘을 창출한다. "노동자가 다른 노동자들과 계획된 방식으로 협동할 때, 그는 자신의 개별성의 족쇄를 벗어나며, 그의 유적 능력을 발전시킨다."[5] 협동을 통해 우리는 유적 능력을 실현하는데, 이는 우리가 더 이상 우리의 개인적 선과 인류의 선, 이기주의와 이타주의 중에 하나를 선택하도록 강

어셈블리

요받지 않는 대신, 그것들을 하나이자 동일한 기획으로 추구할 수 있는 세계를 창조한다는 의미에서 그렇다. 그러한 기획이 가장 높은 형태의 기업가 정신이다.

하지만 자본주의적 산업에서 협동이 그 이상을 지시하는 것일지라도 항상 자본주의적 통제의 손아귀에 잡혀 있다. 노동자들은 함께 생산의 수단을 제공받는 공장에서 결합되지만, 또한 협동을 규제하는 훈육에 복종하도록 강제된다. 그와는 반대로 오늘날의 사회적 생산의 회로에서 협동은 점점 더 자본주의적 통제를 직접 부과하지 않고도 형성된다. 협동적·사회적 네트워크들에서 생산자 스스로가 점점 더 늘어나는 생산적 협동과 재생산적 협동의 구조를 발명하고 규제한다. 바로 이것이 다중이 기업가로 출현할 수 있는 조건들이다.

'기업가 다중'이라는 생각은 하나의 역설을 제기하는 것처럼 보인다. 즉 생산자들이 노동에 의해 소모되지만 동시에 그들은 자신들의 생산적 '함께 있음'을 자랑스러워한다는 점에서 그렇다. 근대 공장에서 그러한 긴장은 오로지 노동자들이 (노동에 맞서 서로 함께하는) 투쟁에 나설 때에만 해소될 수 있다. 오늘날의 사회에서 사회적 파업(그리고 특히 복지를 위한 삶정치적 투쟁들)은 잠재적인 해법을 지시한다. 새로운 생산양식이 산출하는 삶 형태들에서 '노동의 소진'과 '함께 있는 힘의 인식' 간의 모순은 사라지거나 적어도 약화된다. 샤를 푸리에와 폴 라파르그는 이 가능성을 이해했고 그래서 그것을 유토피아의 비전으로 변형했다. "모두에게 그들의 필요에 따라"는 더 이상 이데올로기적이고 환상적인 슬로건이 아니다. 그것은 사회적 부의 생산 및 재생산에의 공통 참여에 따른 공통적인 가능성들의 재분배를 위한 정치적 지령이다. 산업노동자들에 의해 반복되는 계급투쟁의 슬로건인 노동 거부가 여기해방의 공통 조직화에서 자신의 힘을 회복한다.

다중이 결정한다고 말할 때 우리는 다중이 동질적이거나 획일화된 주체라고 말하는 것이 아니다. 우리는 다중이라는 말이 유용하다고 생각하는데 바로 그것이 환원 불가능한 내적 다양성을 지시하기 때문이다. 다중은 항상 다수이며, 떼이다. 「두 번째 응답」에서 우리는 사회적 존재의 다원적 존재론을 강조한 바 있는데, 이는 정치적 과정이 주체성들의 그러한 다원성을 단일한 주체로 환원하는 대신, 다중이 그의 모든 다양성 안에서 정치적으로 행동하고 정치적 의사결정을 하게 만드는 접합의 메커니즘을 창출해야 한다는 것이다. 다중의 정치는 자신의 발을 연합정치의 지형 위에 굳건히 내딛지만, 결코 동일성들의 집합으로 있는 것이 아니다. 다중의 정치는 접합의 과정을 통해 변형의 여행을 떠난다. 때로는 이러한 접합이 투쟁 순환의 형성을 통해 시공간을 가로질러 뻗어나간다. 순환은 상이한 주체성들 혹은 세계의 다른 부분들이 동일한 투쟁을 단순히 반복하는 것으로 형성되지 않는다. 새로운 맥락에서 보면 투쟁은 항상 다르다. 순환은 활동가들이 정치적 번역을 이뤄낼 수 있을 때 형성되며, 이 번역을 통해 그들은 세계 곳곳에서 발전되는 시위 레퍼토리, 행동 양식, 조직화 형태, 슬로건, 열망 등을 채택하면서도 그것들을 변형한다. 바로 이것이 2011년 이래로 정의와 민주주의를 요구하는 오랜 투쟁 순환——아랍의 봄에서 블랙라이브스매터 운동까지, 게지 공원에서 브라질의 운송투쟁, 스페인의 인디그나도스, 월가 점령까지——이 전개된 방식이다. (그들의 지성은 이 책 전체를 이끄는 안내서 중 하나였다.) 연합으로서 시작하는 것은 틀림없이 접합과 번역의 과정을 통해 거대한 변화를 이뤄내면서 새로운 강력한 주체성들의 다중으로 모일 것이다.

어셈블리

:: 권고

집회의 자유와 결사의 자유——거의 모든 국가들의 헌법뿐만 아니라 세계인권선언에도 헌정된——는 국가권력에 맞서 본질적인 보호를 확립한다. 사람들은 정부의 개입 없이 모이고 결사체를 이룰 수 있는 권리를 갖는다. 하지만 오늘날 집회의 자유는 더 실질적인 의미를 띠고 있다.

근래에 텐트농성과 점거에서 사회운동들에 의해 시작된 일반적인 집회는 모두에게 참여를 개방하려고 노력하고 전통적으로 혜택받지 못한 이들에게 먼저 말하도록 권장하는 원칙을 세우는데, 이는 오늘날 어떠한 집회/모이기가 생성되고 있는지에 관한 첫 번째 지표를 제공한다. 이 집회들은 모델로서가 아니라 새로운 방식의 민주적 참여와 의사결정에 대한 점증하는 정치적 욕망의 징후로서 이해해야 한다. 하지만 이러한 사회운동의 요구와 실천들은 정치적 권리의 전통적인 틀을 계속해서 흘러넘친다. 그들의 행동들은 분명 모일 권리——거리, 광장, 그리고 도시 전체에서 모일 권리——를 선언하지만 이 권리를 새로운 사회적 내용으로 채운다. 이 운동들의 중요성은 근대 노동운동들의 핵심적인 결사의 자유를 풍요롭게 하는 것으로 볼 때 사실상 가장 잘 이해할 수 있다. 작업장에서의 파업 전통으로부터 점점 더 늘어나는 생산의 사회적 성격에 기반을 둔 사회적 파업의 형태들이 출현하고 있다.

더 풍부하고 더 민주적인 모일 권리에 대한 요청은 정치적으로만 이해되면 주권권력 앞에서 약하게 보일 수 있지만, 집회가 사회적 지형 위에 놓일 때에는 힘의 균형이 바뀐다. 여기서 집회의 자유는 사회적 협동에의 권리, 새로운 결합과 새로운 생산적 배치^{assemblage}를 형성할 권리를 의미한다. 집회의 이러한 사회적 권리는 협동의 회로들이 점점 더 사회적 생산의 주된 원동기가 되고 있기 때문에, 따라서 자본주의 경제 전체의 주된 원동기가 되고 있기 때문에 쉽게 부정되지 않는다.

오늘날 널리 보급된 일부 구체적 요구들은 이미 집회의 확대된 사회적 권리를 가리키고 있다. 가령 모두에게 무조건적으로 화폐가 지급되는 기본소득은 더 이상 급진 좌파에만 한정되지 않는 세계 전역의 여러 나라들에서 주되게 논의되는 주제이다. 기본소득은 사회적 생산의 결과들을 더 정당하게 분배하는 것을 제도화할 뿐만 아니라, 극단적인 형태의 가난과 혹사 노동으로부터 우리를 보호해 줄 것이다. 정치적으로 참여하고 사회적으로 창조하기 위해서는 최소한의 부와 시간이 필요하다. 이것이 없으면 그 어떤 집회의 권리도 불가피하게 공허한 것으로 남는다. 또한 기본소득은 우리가 앞에서 말한 공통적인 것의 화폐와 새로운 민주적인 사회관계들의 더 실질적인 제도화를 이미 암시하고 있다.

개방적 접근과 공통적인 것의 민주적 관리에 대한 요구도 점점 더 확대되고 있다. 오늘날 사적 소유는 지구와 그 생태계를 보호하기는커녕 그 파괴를 촉진하고 있음이 분명하다. 사적 소유는 지식, 문화적 생산물과 같은, 우리가 공유하는 사회적 형태의 부를 효율적이고 생산적으로 사용하는 것을 촉진하지도 못한다. 신자유주의적인 추출 경제는 극소수의 사람들에게는 이윤을 성공적으로 창출하는 것일지 모르지만 진정한 사회 발전에는 족쇄를 채운다. 모이고 협동하고 사회적 삶을 같이 생산할 자유에는, 모든 형태의 공통적인 것을 지속가능하게 돌보고 사용할 수 있는 관계를 수립하는 것이 필요하다. 공통적인 것에의 접근은 사회적 생산의 필수적 조건이며 그 미래는 민주적 의사결정 구조에 의해서만 보장될 수 있다. 일단 우리가 생산을 삶형태의 창출로서 사회적으로 이해한다면, 공통적인 것에의 권리는 사회적 생산과 재생산의 수단을 재전유할 권리와 중첩된다. 모일 자유가 없이는 사회적으로 생산할 수가 없는 상황이 점점 더 되어가고 있다.

집회/모이기의 자유는 또한 우리가 무엇을 하고 우리가 누구인지를 특징짓는 대안적인 주체성 생산양식을 나타낸다. 신자유주의는 경제적 측면과 국가 정책의 측면뿐만 아니라 신자유주의적 주체의 생산, 즉 호모 에코노미쿠스의 생산도 포함한다. 이 주체성이 경제와 국가 정책을 뒷받침하고 활성화한다. 신자유주의를 넘어서는 사회도 그 사회를 담당할 대안적 주체성이 창출되기 전에는 출현하지 않을 것이다. 오늘날 주체성은 사실 점점 더 배치의 논리에 따라 작동한다. 재산이 아니라 연결 관계에 의해 규정되는 것이다. 협동이 사회적 생산에서 지배적이게 되었다는 사실은 생산적 주체성들이 확대된 관계망으로 구성되어야 함을 의미한다. 여기서 망을 구성하는 요소들은 인간에게만 국한되지 않는다. 배치의 논리는 물질적·비물질적 기계들뿐만 아니라 자연 및 다른 비인간적 존재 모두를 협동적 주체성 안에 통합한다. 풍요로워진 집회의 자유가 협동적 네트워크들과 사회적 생산으로 구성된 새로운 세계를 활성화하는 주체성 배치를 생성한다.

따라서 집회의 자유는 개인의 자유의 옹호이기만 한 것도 아니고, 정부의 폭정에 대한 보호이기만 한 것도 아니며, 심지어는 국가권력에 대한 균형추이기만 한 것도 아니다. 그것은 지고의 주권자나 대표자들이 양도하는 권리가 아니라, 정치 체제의 구성원 스스로가 성취하는 것이다. 집회/모이기는 **구성적 권리**가 되어가고 있다. 사회적 대안을 구성하는, 권력을 장악하되 다르게 즉 사회적 생산에서의 협동을 통해 장악하는 메커니즘이 되고 있다. 모이라는 요청은 마키아벨리라면 '덕에의 권고'라고 부를 그러한 요청이다. 이 덕은 규범적 정언명령이 아니라 능동적 윤리이다. 이것은 우리의 사회적 부에 기반을 두고 오래 지속하는 제도들을 창출하고 새로운 사회적 관계를 조직하는 구성적 과정으로, 그 관계들을 유지하는 데 필요한 힘에 의해 성취된다. 다중이 모이면 무엇이 가능할지 우리는 아직 보지 못했다.

어셈블리

주석

서문

1 G. W. F. Hegel, *Phenomenology of Spirit*, trans. A. V. Miller, Oxford University Press, 1977, p. 10. [한글본] G. W. F. 헤겔, 『정신현상학 1』, 임석진 옮김, 한길사, 2005, 51쪽.

2 Ranajit Guha, preface to *Selected Subaltern Studies*, ed. Ranajit Guha and Gayatri Spivak, Oxford University Press, 1988, p. 35.

3 '모이기' 개념에 우리와 유사하게 광의의 관심을 다룬 탁월한 연구로는 Judith Butler, *Notes toward a Performative Theory of Assembly*, Harvard University Press, 2015를 보라.

1부 1장

1 Niccolò Machiavelli, *The Prince*, trans. Peter Bonadella, Oxford University Press, 2005, p. 24. [한글본] 니콜로 마키아벨리, 『군주론』, 강정인·문지영 옮김, 까치, 2003, 46쪽. [옮긴이주] 본문에서 언급된 내용은 다음과 같다. "태어나서 급속하게 성장한 모든 자연물들처럼, 빨리 성장한 국가는 충분히 뿌리를 내리고 가지를 뻗을 여유가 없기 때문에, 최초로 맞이한 악천후와 같은 역경에 의해서 파괴되고 만다."

2 코뮈나르의 두 가지 오류에 대한 마르크스의 판단에 대해서는, Karl Marx, *The Civil*

War in France, International, 1998, pp. 50-51. [한글본] 카를 마르크스, 『프랑스 혁명사 3부작』, 임지현·이종훈 옮김, 소나무, 1993, 335-337쪽(『프랑스 내전』, 최갑수 해제·안효상 옮김, 박종철출판사, 1993, 76-78쪽)과 "Letter to Kugelmann", April 12, 1871, in *The Civil War in France*, p. 86. [한글본] 「마르크스가 쿠겔만에게 보낸 편지」, 『칼 마르크스·프리드리히 엥겔스 저작선집 4』, 김세균 감수, 박종철출판사, 2003, 425-426쪽을 보라. 코뮈나르의 오류들에 대한 레닌의 해석과 관련해서는, *The Civil War in France*, pp. 91-95을 참고하라. 파리 코뮌과 그것이 문화혁명기 동안 1967년 상하이 코뮌에 준 영감에 대한 중국식 해석으로는 Hongsheng Jiang, *La commune de Shanghai et la commune de Paris*, La fabrique, 2014을 참고하라.

3   이에 대해서는 Marcello Musto, ed., *Workers Unite!*, Bloomsbury, 2014과 Kristin Ross, *Communal Luxury*, Verso, 2015를 참고하라.

4   Jacques Rancière, *Hatred of Democracy*, trans. Steve Corcoran, Verso, 2014, p. 53. [한글본] 자크 랑시에르, 『민주주의는 왜 증오의 대상인가』, 허경 옮김, 인간사랑, 2011, 120쪽.

5   지난 수십 년간 사회운동에서의 지도자의 형상에 대한 진보적 거부는 주류 제도들(기업 문화와 관리 문화, 대학, 지배적인 정치 문화 등)에서 리더십에 대한 점점 늘어나는 강박적 긍정과 전도된 관계에 있다. 이 과정은 역으로 교차되는 형태처럼 보인다. 20세기 초 혁명 전통이 리더십에 초점을 두고, 부르주아 이데올로기가 중앙집중화된 리더십을 대체했던 관료주의적 제도 형태를 발전시켰던 반면에 지금은 두 극이 전도되어 있다. 그런데 (뒤에서 살펴보겠지만) 실제로 리더십 형태와 그 거부는 맥락에 따라서 완전히 다르다.

6   주류 언론의 파괴적 효과는 특별히 주목할 만하다. 언론이 지도자를 선택하고 그들을 유명인사로 변신시킬 때, 다니엘 콩방디나 요슈카 피셔와 같은 운동에서 핵심 역할을 했던 활동가들은 운동과 분리되고 지배적인 권력구조에 통합된다. 진정한 지도자가 없다면 선의의 언론인들조차 그들 자신의 기준에 따라 지도자(일반적으로 그 일에 적격으로 보이는 자)를 만들어낼 수밖에 없다고 느낀다. 가장 총명한 활동가들은 언론에 의해 추대된 지도자의 감투를 거부하지만, 거부하지 않는 이들은 빠르게 운동과 무관한 유명인사가 된다. 최근에 활동가들은 독립미디어 그리고 이후에는 소셜미디어를 사용해 파괴적인 언론 기계를 피하거나 통제하려고 애쓴다. 그리고 부분적으로 성공했다. 언론의 파괴적 효과와 언론에 의한 지도자의 유명인사로의 변형을 다룬 필수적 자료로는 Todd Gitlin, *The Whole World Is Watching*, University of California Press, 1980이 있다. 운동들에 통합된 대안미디어를 창출하려는 시도에 대해서는 특히 필라델피아에서의 경험에 주목하여 독립언론의 발전을 분석하는

토드 울프슨의 글을 보라. Todd Wolfson, *Digital Rebellion: The Birth of the Cyber Left*, University of Illinois Press, 2014.

7 미국 페미니즘 그룹의 민주적 조직화에 대한 대표적 설명으로는, Gainesville Women's Liberation, "What We Do at Meetings", in Rosalyn Baxandall and Linda Gordon, eds., *Dear Sisters: Dispatches from the Women's Liberation Movement*, Basic Books, 2000, pp. 70-72과 Carol Hanisch, "The Liberal Takeover of Women's Liberation", in Redstockings, *Feminist Revolution*, Random House, 1975, pp. 163-167을 보라. 조 프리먼(Jo Freeman)은 언론인에게 자신을 운동의 지도자로 묘사하게 놔둔 여성을 다른 페미니스트들이 어떻게 비판하고 따돌렸는지를 설명한다. Jo Freeman, "Trashing: The Dark Side of Sisterhood", *Ms. Magazine*, April 1976, pp. 49-51, 92-98. 이탈리아 경험의 역사에 대한 사례로는, Milan Women's Bookstore Collective, *Sexual Difference*, ed. Teresa De Lauretis, Indiana University Press, 1990(orig. *Non credere di avere dei diritti*, 1987)과 an analysis of the Milan Collective by Linda Zerilli, *The Abyss of Freedom*, University of Chicago Press, 2005, pp. 93-124을 보라. 프랑스에서 리더십에 대한 주장들 간의 갈등에 대해서는 Christine Delphy, "Les origines du Mouvement de Libération des Femmes en France", *Nouvelles questions féministes*, no. 16-18, 1991, pp. 137-148를 보라. 이러한 여성주의적 경험들은 대안지구화운동과 점거운동들에서의 조직적 실천들 및 지도부를 금지하는 데 있어서 아마도 아나키스트 전통보다 더 중요한 핵심 문헌이 될 것이다.

8 1960-70년대 미국의 사회운동들에는 대의 비판과 참여 증진과 관련한 방대한 문헌이 있다. 탁월한 두 사례로는 Francesca Polletta, *Freedom Is an Endless Meeting*, University of Chicago Press, 2002, pp. 12-13와 Tom Hayden, ed., *Inspiring Participatory Democracy*, Paradigm, 2013을 보라.

9 Erica Edwards, *Charisma*, University of Minnesota Press, 2012, p. 12. 3가지 유형의 폭력에 대한 설명은, 같은 책, pp. 20-21를 보라.

10 Marcia Chatelain, "Women and Black Lives Matter: An Interview with Marcia Chatelain", *Dissent*, Summer 2015, pp. 54-61, quote on p. 60.

11 Frederick C. Harris, "The Next Civil Rights Movement?", *Dissent*, Summer 2015, pp. 34-40, quote on p. 36. 글렌 포드(Glen Ford)도 이와 유사한 주장을 한다. "This Ain't Your Grandfather's Civil Rights Movement", http://reurl.kr/E16A676MT '블랙라이브스매터'와 '전미 흑인지위향상 협회(NAACP)'의 관계에 대해서는 Jamiles Lartey, "NAACP Considers Role alongside Black Lives Matter at Annual Convention", *Guardian*, July 18, 2016, http://reurl.kr/E16A677MU을 보라.

12 '블랙라이브스매터'에서 소셜미디어 활동가들의 역할에 대한 설명으로는 다음을 보라. Jay Caspan Kang, "Our Demand Is Simple: Stop Killing Us", *New York Times Magazine*, May 4, 2015, https://www.nytimes.com/2015/05/10/magazine/our-demand-issimple-stop-killing-us.html. '안무가'로서의 소셜미디어 활동가들의 역할에 대해서는, Paolo Gerbaudo, *Tweets and Streets: Social Media and Contemporary Activism*, Pluto Press, 2012를 보라.

13 Juliet Hooker, "Black Lives Matter and the Paradoxes of U.S. Black Politics: From Democratic Sacrifice to Democratic Repair", *Political Theory*, 44:4, 2016, pp. 448–469, quote on p. 456.

14 이에 대해서는 https://policy.m4bl.org를 보라.

15 Alicia Garza, "A Herstory of the #BlackLivesMatter Movement", *Feminist Wire*, October 7, 2014, http://reurl.kr/E16A682TU 블랙라이브스매터와 흑인해방운동의 퀴어화에 대해서는 또한 Cathy Cohen's acceptance speech of the Kessler Award, http://reurl.kr/E16A684OA를 보라.

16 Chatelain, "Women and Black Lives Matter", p. 60.

17 세르토의 1968년에 관한 글에 대해서는 Michel De Certeau, *The Capture of Speech and Other Political Writings*, trans. Tom Conley, University of Minnesota Press, 1997, pp. 1–76를 보라.

18 루디 두치케를 위시한 '민주사회를 위한 학생연합' 및 1967-69년의 학생 시위대와 갈등을 겪은 하버마스의 관점에 대한 설명으로는, Matthew Specter, *Habermas: An Intellectual Biography*, Cambridge University Press, 2010, pp. 101–116를 보라.

19 "당에서 지식인의 기능은 결정적으로 끝났다." Mario Tronti, *Operai e capitale*, 4th edition, DeriveApprodi, 2013, p. 111.

20 어나니머스의 경험은 오늘날의 활동가에게는 가면의 역할에 대한 또 다른 복잡한 사례이다. 이에 대해서는 Gabriella Coleman, *Hacker, Hoaxer, Whistleblower, Spy: The Many Faces of Anonymous*, Verso, 2014. [한글본] 가브리엘라 콜맨, 『어나니머스의 여러 가지 얼굴: 트롤에서부터 액티비스트까지』, 이연주 옮김, 에이콘출판, 2016을 보라.

21 Subcomandante Marcos, Ejército Zapatista de Liberación Nacional(EZLN) communiqué of May 28, 1994, reprinted in *Zapatistas! Documents of the New Mexican Revolution*, Autonomedia, 1995, pp. 310–311.

22 Beatriz Preciado, "Marcos Forever", *Libération*, June 6, 2014. 같은 노선에서 실험된 '가면 예술'에 대해서는 Zach Blas, "Facial Weaponization Suite", http://reurl.kr/E16A6AARF.

23   Subcomandante Marcos, "Entre la luz y la sombra", May 2014, http://reurl.kr/
     E16A6ABTZ.

24   Sandro Chignola, "Che cos'è un governo?", http://reurl.kr/E16A6ACXE. 치뇰라는
     타원의 이미지를 베르너 내프(Werner Näf)에게서 가져온다.

2장

1   루카치는 이러한 형태의 켄타우로스를 기술하는 데 있어서 아마도 가장 과장된 형태
    의 몸과 마음의 구분을 표현했다. "당이 유발시킬 수도 회피할 수도 없는 이 과정에
    서 당은 프롤레타리아트의 계급의식의 담지자 또는 그들의 역사적 사명의 양심의 담
    지자라는 숭고한 역할을 부여받는다." Georg Lukács, *History and Class Consciousness*,
    trans. Rodney Livingstone, MIT Press, 1971, p. 41. [한글본] 게오르크 루카치, 『역
    사와 계급의식』, 박정호 · 조만영 옮김, 거름, 1999, 119쪽.

2   Leon Trotsky, *The History of the Russian Revolution*, trans. Max Eastman, University of
    Michigan Press, 1957, p. 170. [한글본] 레온 트로츠키, 『러시아 혁명사(下): 노동자
    국가의 수립』, 최규진 옮김, 풀무질, 2004, 217쪽. 트로츠키는 여기에 더해 "음모를
    통해 대중봉기를 조정하고, 음모를 봉기에 복종시키고, 음모를 통해 봉기를 조직하
    는 것을 마르크스와 엥겔스는 '봉기의 기예'라고 불렀다. 이것은 혁명정치의 복합적
    이고 책임이 따르는 부분이다"(p. 169. [한글본] 215쪽)라고 말한다.

3   Rosa Luxemburg, *Mass Strike*, Harper Books, 1971, pp. 30 and 44. [한글본] 로자 룩
    셈부르크, 『룩셈부르크주의』, 편집부 옮김, 풀무질, 2002, 172쪽, 188쪽.

4   루카치의 룩셈부르크 비판에 대해서는 Georg Lukács, *History and Class Consciousness*, p.
    279. [한글본] 게오르크 루카치, 『역사와 계급의식』, 434쪽을 보라.

5   Luxemburg, *Mass Strike*, p. 68. [한글본] 로자 룩셈부르크, 『룩셈부르크주의』, 199 –
    200쪽과 215쪽.

6   비록 마르크스가 이런 식으로 표현한 것은 아니지만, 그는 자기 작업의 여러 곳에서
    기술적 구성과 정치적 구성이 맺는 이러한 관계에 대한 논리를 제시한다. 예를 들어
    마르크스는 19세기 중반 프랑스 도시 프롤레타리아트가 프랑스 사회의 '건강한 요
    소들'을 모조리 대의하거나 농민들을 이끌어야 한다고 주장한다. 이에 대해서는 *The
    Eighteenth Brumaire of Louis Bonaparte*, International, 1963, p. 128과 *The Civil War in
    France*, International, 1998, p. 64를 보라. [한글본] 카를 마르크스, 『프랑스 혁명사 3
    부작』, 임지현 · 이종훈 옮김, 소나무, 1993, 271쪽과 314쪽(『프랑스 내전』, 최갑수 해

제·안효상 옮김, 박종철출판사, 2003, 50쪽).

7   Antonio Gramsci, *Quaderni del carcere*, volume 3, ed. Valentino Garratana, Einaudi, 1975, p. 1634. [한글본] 안토니오 그람시, 『그람시의 옥중수고 1: 정치편』, 이상훈 옮김, 거름, 2004, 214쪽. [옮긴이주] 한글본의 해당 번역 내용은 다음과 같다. "'유기성'은 오직 민주적 집중주의, 말하자면 운동하는 집중주의 속에서만 발견된다. 곧 조직을 실제의 운동에 부단히 재적응시키고, 밑으로부터의 요구를 위로부터의 명령과 화합시키며, 대중의 밑바닥으로부터 떠오르는 인자들을 경험의 정규적인 축적과 연속성을 확보하는 견고한 지도기구의 틀 속으로 끊임없이 투입시키는 집중주의에서만이 '유기성'이 발견된다."

8   1960년대 초 마리오 트론티는 노동자운동과 이탈리아 공산당의 관계를 다시 상상해보려는 노력의 일환으로 전략과 전술의 전도를 제기한 바 있다. 이에 대해서는 Mario Tronti, *Operai e capitale*, 4th edition, DeriveApprodi, 2013, p. 260를 보라. 트론티의 전술과 전략의 전도를 오늘날의 투쟁에 적용하는 것과 관련해서는 Pablo Ortellado, "Os protestos de junio entre o processo e o resultado", in *Vinte centavos: A luta contra o aumento*, pp. 227‒239, 특히 p. 228과 Bruno Cava, "14 dias", http://reurl.kr/E16A70DXK를 보라.

9   이에 대해서는 Friedrich Meinecke, *Das Zeitalter, der Deutschen Erhebung(1795–1825)*, Vandenhoeck & Ruprecht, 1963를 보라.

10 이에 대해서는 Carl Schmitt, *Theory of the Partisan*, trans. G. L. Ulmen, Telos Press, 2007를 보라. [한글본] 칼 슈미트, 『파르티잔: 그 존재와 의미』, 김효전 옮김, 문학과지성사, 1998.

11 Aldon Morris, "Black Southern Sit-in Movement: An Analysis of Internal Organization", *American Sociological Review*, 46, December 1981, pp. 744‒767.

12 로마노 알콰티는 '자생적' 노동자 봉기와 관련해 "우리는 반란을 예측하지 못했다. 하지만 우리는 그것을 조직했다"고 설명한다. Romano Alquati, "Interview with Romano Alquati", in Giuseppe Trotta and Fabio Milana, eds., *L'operaismo degli anni sessanta: Dai "Quaderni Rossi" a "Classe Operaia,"* DeriveApprodi, 2008, p. 738. 투린에서의 자율적 노동자 투쟁에 대한 탁월한 분석으로는 Romano Alquati, *Sulla FIAT ed altri scritti*, Feltrinelli, 1975를 보라.

13 우리는 알랭 바디우가 조직화의 필요에 대해 초점을 두는 것에 입장을 같이 하지만, 그가 오늘날의 반란에 대한 자신의 분류법에 따라 2008년의 그리스와 2011년 런던에서와 같은 '즉각적인 폭동들'을 자생적 봉기로 특징짓는 것과는 갈라선다. 보다 일반적인 원인에 대한 무지에 대해서는 Baruch Spinoza, *Ethics*, book 1 appendix. [한

글본] 바뤼흐 스피노자, 『에티카』, 황태연 옮김, 도서출판 피앤비, 2011, 92-100쪽을 보라.

14 에르네스토 라클라우의 *On Populist Reason*(Verso, 2007)는 포퓰리즘과 권력에 대한 오늘날의 이론들에 큰 영향력을 가진 저작이다.

3장

1 "주권자는 예외를 결정하는 자이다." Carl Schmitt, *Political Theology: Four Chapters on the Concept of Sovereignty*, trans. George Schwab, University of Chicago Press, 2005, p. 5. [한글본] 칼 슈미트, 『정치신학: 주권론에 관한 네 개의 장』, 김항 옮김, 그린비, 2010. 16쪽.

2 이 주제에 대한 방대한 문헌 중 특히 Harold Laski, *The Foundations of Sovereignty*, Harcourt, Brace, 1921과 Hans Kelsen, *Das Problem der Souveränität und die Theorie des Völkerrechts*, Mohr, 1920, 그리고 Bertrand de Jouvenel, *Sovereignty*, University of Chicago Press, 1957를 참고하라.

3 Alvaro Reyes and Mara Kaufman, "Sovereignty, Indigeneity, Territory: Zapatista Autonomy and the New Practices of Decolonization", *South Atlantic Quarterly*, 110:2, Spring 2011, pp. 505-525, especially pp. 506-512. 식민지들의 정치적 모델이 어떻게 유럽으로 역수출되었는지를 다룬 글로는 Michel Foucault, *Society Must Be Defended*, trans. David Macey, Picador, 2003, p. 103.(lecture of February 4, 1976) [한글본] 미셸 푸코, 『사회를 보호해야 한다』, 김상운 옮김, 난장, 2015, 132-133쪽을 보라.

4 "주권은 양도될 수 없는 것과 마찬가지 이유로 대의될 수 없다. 주권은 본질상 일반 의지로 이루어져 있고, 의지는 대의되는 일을 허용하지 않는다. 의지는 동일하거나 다르거나 둘 중 하나다. 중간 지대는 없다." Jean-Jacques Rousseau, *Of the Social Contract*, in *The Social Contract and Other Later Political Writings*, ed. and trans. Victor Gourevitch, Cambridge University Press, 1997, p. 114. [한글본] 장 자크 루소, 『사회계약론』, 박은수 옮김, 올재, 2014, 116쪽. 리처드 프랠린(Richard Fralin)의 책 『루소와 대의(*Rousseau and Representation*, Columbia University Press, 1978)』는 이 주제에 관한 고전적인 텍스트이다. 보다 최근의 여러 관점들에 대해서는 Joshua Cohen, *Rousseau: A Free Community of Equals*, Oxford University Press, 2010과 Kevin Inston, "Representing the Unrepresentable: Rousseau's Legislator and the Impossible

Object of the People", *Contemporary Political Theory*, 9:4, November 2010, pp. 393-413, 그리고 Robin Douglass, "Rousseau's Critique of Representative Sovereignty", *American Journal of Political Science*, 57:3, July 2013, pp. 735-747를 보라.

5   *Rousseau, Of the Social Contract*, p. 61. [한글본] 장 자크 루소, 『사회계약론』, 박은수 옮김, 올재, 2014, 45쪽.

6   "그러니 일반의지의 표명을 제대로 가지려면, 국가 안에 부분적인 사회가 없어야 하고, '시민'은 저마다가 자기 생각대로만 발언해야 한다." Rousseau, *Of the Social Contract*, p. 60. [한글본] 장 자크 루소, 『사회계약론』, 박은수 옮김, 올재, 2014, 45쪽.

7   Rousseau, *Discourse on the Origin and Foundations of Inequality among Men*, in *The Discourses and Other Early Political Writings*, ed. and trans. Victor Gourevitch, Cambridge University Press, 1997, p. 161. [한글본] 장 자크 루소, 『인간 불평등 기원론/사회계약론』, 최현 옮김, 집문당, 2015, p. 89.

8   Robert Michels, *Political Parties*, trans. Eden Paul and Cedar Paul, Free Press, 1915(German orig. 1911). [한글본] 로베르트 미헬스, 『정당론』, 김학이, 한길사, 2015. 그가 그 당시에는 보수 정당들에 도전하지 않았다고 누군가는 추측할 수 있을 것이다. 당시의 보수 정당들은 민주주의적인 척하지 않았기 때문이다. 게다가 1차 대전이 끝나고 미헬스는 이탈리아 파시스트 정당에 가입하였다.

9   Marty Cohen, David Karol, Hans Noel, and John Zaller, *The Party Decides*, University of Chicago Press, 2008. 도널드 트럼프가 2016년에 대통령 후보로 지명되는 것을 막지 못한 공화당 기득권층의 무능함은 주목할 만한 예외이다.

10   Citizens United v. Federal Elections Commission, 558 U.S. 310(2010). 티치아웃은 이와 같은 구절이 "일부 법관들은 민주주의 정치에 대한 신념을 버렸다"는 사실을 무심코 드러낸 것은 아닌지 의문을 제기한다. Zephyr Teachout, *Corruption in America*, Harvard University Press, 2014, p. 267. '시티즌스 유나이티드' 판결이 명시적으로 정당-언론 체제에 반대하는 것이라고 보는 보수주의적 주장의 예로는 Glenn Hubbard and Tim Kane, "In Defense of Citizens United," *Foreign Affairs*, 92:4, 2013, pp. 126-133를 보라. 허버드와 케인은 1971년 선거자금법이 결과적으로 선거를 두 정당과 지배언론에 넘겨주었던 반면 '시티즌스 유나이티드'는 '정치적 경쟁력'을 회복시킨다고 주장한다. 그들의 논거의 주요 초점은 부유한 자들이 더 많은 정치권력을 가져야 된다는 것이 아니라 정당과 언론 엘리트들이 정치권력을 독점해서는 안 된다는 것이다.

11   공화당 예비선거에서 도널드 트럼프가 당선될 위험이 감지되자 많은 보수 논평가들은 정당 체제의 비대의적 본성을 찬양하는 데 고무되었다. 로스 두탓이 주장하기를

"정당 후보지명의 덜 민주주의적인 측면은 우리의 체제의 미덕이지 결함이 아니며, 그것은 종종 대중민주주의(mass democracy)가 끊임없이 위협적으로 촉발하는 열정들(트럼프 쪽이든 그렇지 않든)을 제어하는 데 필요하다." Ross Douthat, "The Party Still Decides," *New York Times*, March 13, 2016.

12 미카 화이트는 시위운동들의 관점에서 이와 유사한 관점을 제기하였다. "시위 전술의 레퍼토리는 …… 유권자들의 말에 경청해야만 하는 선출된 대표들에게 영향력을 행사하도록 고안[되었다]. 그러나 그와 같은 패러다임의 붕괴가 일어나고 있다." Micah White, *The End of Protest*, Knopf Canada, 2016, p. 36.

13 제헌권력에 대해서는 Antonio Negri, *Insurgencies*, University of Minnesota Press, 1999를 보라. 아렌트는 제헌권력의 정치적 성격을 *On Revolution*, Viking, 1963. [한글본] 한나 아렌트, 『혁명론』, 홍원표, 한길사, 2004에서 강조한 바 있다.

14 가령 칼 슈미트의 제헌권력 개념은 국민국가의 주권과 그 법질서를 전제하는 유럽의 공법 구조에 의존한다. Carl Schmitt, *Constitutional Theory*, trans. Jeffrey Seitzer, Duke University Press, 2008를 보라.

15 Giorgio Agamben, *The Use of Bodies*, trans. Adam Kotsko, Stanford University Press, 2016, p. 266. 또한 Agamben, *Homo Sacer*, trans. Daniel Heller-Roazen, Stanford University Press, 1998, pp. 43-44. [한글본] 조르조 아감벤, 『호모 사케르: 주권권력과 벌거벗은 생명』, 박진우 옮김, 새물결, 2008, 107-110쪽을 보라.

16 Jacques Derrida, "Force of Law", in Drucilla Cornell, Michel Rosenfeld, and David Gray Carlson, eds., *Deconstruction and the Possibility of Justice*, Routledge, 1992, pp. 3-67, quote on p. 38. (For the French original text, see *Force de loi*, Galilee, 1994, pp. 93-94.) [한글본] 자크 데리다, 『법의 힘』, 진태원 옮김, 문학과지성사, 2004, 88쪽.

17 '블랙라이브스매터'를 2011년에 시작한 투쟁순환의 다른 투쟁과 연관시켜 설명하는 것으로 Khaled Beydoun and Pricilla Ocen, "Baltimore and the Emergence of a Black Spring", *Al Jazeera*, May 5, 2015, http://reurl.kr/E26A7F9FE를 보라.

18 Alexander Weheliye, *Habeas Viscus: Racializing Assemblages, Biopolitics, and Black Feminist Theories of the Human*, Duke University Press, 2014, p. 4.

19 가령 Gunther Teubner, "Societal Constitutionalism: Alternatives to State-Centered Constitutional Theory?", in Christian Jeorges, Inger-Johanne Sand, and Teubner, eds., *Transnational Governance and Constitutionalism*, Bloomsbury, 2004, pp. 3-28를 보라.

20 Gary Wilder, *Freedom Time*, Duke University Press, 2015, p. 2.

21 Nazan Üstündag, "Self-Defense as a Revolutionary Practice in Rojava, or How to Unmake the State", *South Atlantic Quarterly*, 115:1, January 2016, pp. 197-210,

quote on p. 198. 또한 Bülent Küçük and Ceren Özselçuk, "Rojava Experience: Possibilities and Challenges of Building a Democratic Life", in the same issue, pp. 184–196과, Ali B., "Eroding the State in Rojava," *Theory and Event*, 19:1 supplement, January 2016, https://muse.jhu.edu/article/610227, Wes Enzinna, "The Rojava Experiment", *New York Times Magazine*, November 29, 2015, pp. 38–49를 보라.

22 "코뮤니즘은 소비에트 권력 더하기 전 국가의 전력화이다. 산업은 전력화 없이는 발전될 수 없기 때문이다." Vladimir Lenin, "Our Foreign and Domestic Position and Party Tasks", speech delivered on November 21, 1920, in *Collected Works*, Progress, 1965, volume 31, pp. 408–426.

23 마르크스의 수공예-매뉴팩처-대공업의 시대구분에 대해서는 *Capital*, volume 1, trans. Ben Fowkes, Penguin, 1976, pp. 492–508 and 544–553. [한글본] 칼 마르크스, 『자본론 1(하)』, 김수행 옮김, 비봉출판사, 2002, 499–518쪽과 562–573쪽을 보라. 베르첼로네의 확장된 시대구분에 대해서는 *Connaissance et division du travail dans la dynamique longue du capitalisme*, thèse d'habilitation à diriger des recherches, Université Paris 1 Pantheon Sorbonne, 2014를 보라.

24 Wendy Brown, *Edgework*, Princeton University Press, 2005, p. 46.

25 Brown, *Edgework*, p. 44.

26 예를 들어 Kenneth Arrow, *Social Choice and Individual Values*, 2nd edition, John Wiley and Sons, 1963를 보라.

27 Étienne Balibar, *Equaliberty*, trans. James Ingram, Duke University Press, 2014.

28 케인즈주의의 조건들이 더 이상 존재하지 않는다는 사실에 대해서는, Giovanni Arrighi, *The Long Twentieth Century*, Verso, 1994. [한글본] 조반니 아리기, 『장기 20세기』, 백승욱 옮김, 그린비, 2014를 보라.

29 Slavoj Žižek, "The Simple Courage of Decision: A Leftist Tribute to Thatcher", *New Statesman*, April 17, 2013, http://reurl.kr/E26A80EQJ. 지젝은 '주인'에 대한 바디우의 관점을 인용한다. 이에 대해서는 Alain Badiou and Elisabeth Roudinesco, "Appel aux psychanalystes: Entretien avec Eric Aeschimann", *Le Nouvel Observateur*, April 19, 2012를 보라. 지도자의 필요성을, 아버지 상의 형태로 자아-이상과의 동일시를 통한 사회 조직화로 설명하는 정신분석학적 독단에 대해서는, Sigmund Freud, *Group Psychology and the Analysis of the Ego*, trans. James Strachey, Norton, 1921. [한글본] 지크문트 프로이트, 『집단심리학과 자아분석』, 이상률 옮김, 이책, 2015를 보라.

30 Jodi Dean, *The Communist Horizon*, Verso, 2012. [한글본] 조디 딘, 『공산주의의 지

평』, 염인수 옮김, 현실문화, 2019. 딘의 논거에 대한 유용한 비판으로는, Sandro Mezzadra and Brett Neilson, "The Materiality of Communism: Politics beyond Representation and the State", *South Atlantic Quarterly*, 113:4, Fall 2013, pp. 777–790를 보라.

4장

1 코리 로빈은 우파 사상의 반동적 본성을 Corey Robin, *The Reactionary Mind*, Oxford University Press, 2011. [한글본] 코리 로빈, 『보수주의자들은 왜?』, 천태화 옮김, 모요사, 2012에서 올바르게 확인한다.

2 Carl Schmitt, *State, Movement, People: The Triadic Structure of the Political Unity*, trans. Simona Draghici, Plutarch Press, 2001. 아감벤은 진보운동과 해방운동을 비판하기 위해 슈미트의 이 글을 참조한다. 그러나 우리가 보기에 그는 우익운동들을 구분짓는 본질적 특징을 놓치고 있다. 이에 대해서는 그의 강의 "Movement", trans. Arianna Bove, http://reurl.kr/E36AC79PP을 보라.

3 슈미트의 분석에서 파시스트 리더십은 해방운동과 혁명운동들에서 발전된 리더십의 특징 일부를 반복하지만 『국가, 운동, 국민』에서는 그것이 위계와 민주주의 사이에서 가해지는 일정한 압박을 벗어나 있다. 이 점에서 슈미트가 레닌, 볼셰비키, 모택동의 정치적 리더십을 찬양한 것은 놀라운 일이 아니다. 이에 대해서는 Carl Schmitt, *Theory of the Partisan*, trans. G. L. Ulmen, Telos Press, 2007, pp. 48–60. [한글본] 카를 슈미트, 『파르티잔』, 김효전 옮김, 문학과지성사, 1998, 83–111쪽을 보라.

4 Schmitt, *State, Movement, People*, p. 37.

5 슈미트가 주장하기를, 운동은 국가(정치적이긴 하지만, 국민에 관여할 수 없고 국민의 필요를 해석할 수 없다는 의미에서 정적인)와 국민(역동적이긴 하지만, 자신의 필요를 표현할 수 없고 필요를 충족시키는 사회구조를 조직할 수 없으며 무엇보다도 의사결정을 할 수 없다는 의미에서 비정치적인) 사이를 정치적으로 통합하려는 모든 기획의 중심요소이다. 운동은 국가와 국민 모두에 '스며들어', 둘 사이를 왕래하고, 그 둘을 함께 엮는다. 슈미트에 따르면 "(정치적 통일체라는 의미에서) 현재의 국가('독일제국(German Reich)'라는 정치적 독립체의 주체인)도 오늘날의 독일 국민도 운동 없이는 상상이 불가능하다."(*State, Movement, People*, p. 12) 그러나 우익운동들은 이 매개적 기능을 국민이 특정한 배열을 가질 때에만, 즉 통일체로 유지되고, 민족적·종교적·인종적 정체성에 구속된 경우에만 수행할 수 있다. 우익운동들의 대상인 국민은 반

드시 하나여야 한다.

6 Schmitt, *State, Movement, People*, p. 51.

7 Christopher Parker and Matt Barreto, *Change They Can't Believe In*, Princeton University Press, 2013.

8 Schmitt, *State, Movement, People*, p. 48. 슈미트 사상의 인종주의적이고 파시즘적인 속살을 고려했을 때 역설적으로 그는 지도자와 국민 사이에서 정체성의 필요성을 반식민주의적 논거를 들어 제시했다. 슈미트에 따르면, 정체성은 리더십을 명령 및 지배로부터 구별하는데, 가령 '외부로부터 유입된 의지'로 특징지어지는 이집트와 인도에서의 영국 통치가 그렇다.

9 Corey Robin, *The Reactionary Mind*, p. 55. [한글본] 코리 로빈, 『보수주의자들은 왜?』, 79쪽.

10 Hannah Arendt, *Origins of Totalitarianism*, Harcourt, 1966, p. 72. [한글본] 한나 아렌트, 『전체주의의 기원 1』, 박미애 · 이진우 옮김, 한길사, 2006. 190쪽.

11 이에 대해서는 David Roediger, *The Wages of Whiteness*, Verso, 1991과 W.E.B. Du Bois, *Black Reconstruction in America*, Oxford University Press, 2014를 보라.

12 이에 대해서는 Cheryl Harris, "Whiteness as Property", *Harvard Law Review*, 106:8, June 1993, pp. 1707–1791, quote on p. 1758를 보라.

13 페미니스트 학자들이 오랫동안 증명해 왔듯이, 소유가 인종화되는 것과 마찬가지 방식으로 소유는 젠더화되기도 한다. 가족 이데올로기들과 법적 관행들은 종종 종교 담론과 교차한다. 예를 들어, 낙태권, LGBTQ의 낙태권, 그리고 인공수정권 등은 복잡한 틀을 함께 구성하는데, 여기서는 공법이 소유권, 상속권, 그리고 정체성 주장에 대한 방어와 뒤얽혀 있다.

14 Ernst Troeltsch, *The Social Teaching of the Christian Churches*, 2 volumes, trans. Olive Wyon, Macmillan, 1931.

15 Gershom Sholem, *Sabbatai Sevi: The Mystic Messiah*, trans. R. J. Zwi Werblowsky, Princeton University Press, 1976.

16 Werner Sombart, *Der modern Kapitalismus*, 2 volumes, Duncker & Humblot, 1902, Max Weber, *The Protestant Ethic and the Spirit of Capitalism*, trans. Talcott Parsons, Routledge, 2nd edition, 2001. [한글본] 막스 베버, 『프로테스탄트 윤리와 자본주의 정신』, 박문재 옮김, 현대지성, 2018. Ernst Bloch, *Thomas Muntzer als Theologe der Revolution*, Wolff, 1921. [한글본] 에른스트 블로흐, 『마르크스, 뮌처, 혹은 악마의 궁둥이』, 박설호 엮음, 울력, 2012. Vittorio Lanternari, *The Religions of the Oppressed*, New American Library, 1965, 그리고 Ranajit Guha, *Elementary Aspects of Peasant Insurgency*

in Colonial India, Duke University Press, 1999. [한글본] 라나지트 구하, 『서발턴과 봉기』, 김택현 옮김, 박종철출판사, 2008.

17 Alain Bertho, *Les enfants du chaos*, La decouverte, 2016, p. 13.

18 순교와 자살폭탄에 대한 보다 자세한 분석으로는 우리의 책, *Multitude*, Penguin Press, 2004, pp. 45, 54, and 346–347. [한글본] 네그리 · 하트, 『다중』, 정남영 · 서창현 · 조정환 옮김, 세종서적, 2008, 76쪽, 86–87쪽, 411–412쪽을 보라.

19 Voltaire, "The ABC", in *Political Writings*, David Williams, ed., Cambridge University Press, 1994, pp. 85–194, quote on p. 147.

20 Erik Peterson, *Der Monotheismus als politisches Problem*, Hegner, 1935.

21 이에 대해서는 Fred Dallmyr, "Gandhi and Islam: A Heart-and-Mind Unity?", in Douglas Allen, ed., *The Philosophy of Mahatma Gandhi for the Twenty-First Century*, Lexington Books, 2008, pp. 143–162를 보라.

22 진보적 포퓰리즘의 좌파에서 우파로의 이행에 대해서는 Zeev Sternhell, *Ni droite ni gauche*, Seuil, 1983과 *Les anti-Lumières: Du XVIIIe siècle à la Guerre Froide*, Gallimard, 2010를 보라.

23 이에 대해서는 Giovanni Tarello, *Profili giuridici della questione della povertà nel francescanesimo prima di Ockham*, Giuffre, 1964과 Malcolm Lambert, *Franciscan Poverty*, Church Historical Society, 1961를 보라.

24 이에 대해서는 Herbert Grundmann, *Religious Movements in the Middle Ages*, trans. Steven Rowan, University of Notre Dame Press, 1995를 보라.

25 프란체스코회 교인들은 소유에 반대하는 논거에서 줄곧 에덴동산으로 거슬러 올라간다. 에덴동산에서는 소유에 대한 '사용권(usus juris)'이 없었으며, 부와 풍요의 상황에서의 재화에 대한 현실적 사용, 즉 우수스 팍티(usus facti)만 있었다는 것이다. 비록 에덴동산에서 쫓겨난 후에 현실적 사용이라는 것도 함께 상실되었지만, 그 사용이 예수의 열정과 함께 다시 획득된다는 것이다.

26 Giorgio Agamben, *The Highest Poverty*, Stanford University Press, 2013에서 아감벤은 '우수스 파우퍼'가 갖는 근대의 이론적 혁명의 중요성을 아름답게 포착했다. 그는 '우수스 파우퍼'가 통치에 의해 제한받지 않는 '벌거벗은 삶의 형태'를 해방하려 하지 않는다고 주장하면서 그것이 기존 질서를 전복할 수 있는 방식에는 한계가 있음을 인식한다. 그가 주장하기를, 프란체스코의 가난 개념에는 강제된 질서가 남아 있으며, 삶이 스스로를 해방하지 못하고 '금욕적 형태'를 생산한다는 것이다. 우리가 그의 해석을 받아들일 수 없는 것——프란체스코의 논쟁에서 우수스 파우퍼가 '압디카티오 유리스(abdicatio iuris, 법의 중단)'를 명시적으로 요구한다는 주장을 넘어서——

은 그가 이것을 주체성, '오페라(opera, 실천)', 그리고 모든 공통적이고 협력적이며 미덕을 지닌 우수스[사용]에 대한 개념 규정을 결여한다고 해석한다는 점이다. 사실, 일단 프란체스코주의가 (삶의 형태로서의) 가난과, 사물과의 덕이 있는 관계로서의 '우수스 팍티[현실적 사용]'의 관계를 그 한계까지 밀어붙이면, 우리는 공통적인 것이 생산양식을 구성하기에 이를 때에는 다음 단계로 나아가서 가난과 사용 간의 긍정적 관계를 수립할 수 있게 된다.

27   Karl Marx, *Grundrisse*, trans. Martin Nicolaus, Penguin, 1973, p. 296. [한글본] 카를 마르크스, 『정치경제학 비판 요강 1』, 김호균 옮김, 백의, 2000, 299쪽.

28   Judith Butler, *Precarious Life*, Verso, 2006. [한글본] 주디스 버틀러, 『불확실한 삶』, 양효실 옮김, 경성대학교출판부, 2008(또는 같은 책의 다른 번역본인 『위태로운 삶』, 윤조원 옮김, 필로소픽, 2018)과 *Frames of War*, Verso, 2010과 *Notes toward a Performative Theory of Assembly*, Harvard University Press, 2015를 보라.

29   스피노자는 신성한 것에 정체화하는 속성을 부여하려는 시도들을 조롱했다. "만약 삼각형이 말을 할 수 있다면, 삼각형은 …… 신은 분명히 삼각형 모양일 것이라고 주장할 것이다. 반면에 원은 신의 본능은 분명 원의 모양일 것이라고 말할 것이다. 따라서 각각은 신에게 자신들의 속성을 부여할 것이고, 스스로를 신과 같은 것이라고 가정할 것이며, 다른 모든 것은 병든 모양이라고 생각할 것이다." Spinoza, letter 56 to Hugo Boxel, 1674 in *Complete Works*, trans. Samuel Shirley, Hackett, 2002, p. 904, 일부 내용을 수정했음. [한글본] 스피노자, 『스피노자 서간집』, 이근세 옮김, 아카넷, 2018, 321쪽. [옮긴이주] 인용된 부분의 한글 번역은 다음과 같다. "삼각형이 만일 말을 할 줄 알았다면 마찬가지로 신이 우월한 방식으로 삼각형의 속성이 있다고 말할 것이며, 원은 신이 우월한 방식으로 원의 속성이 있다고 말할 것이라고 저는 생각하기 때문입니다. 마찬가지로 아무 존재나 신에 대해 자기 자신 고유의 속성들을 인정할 것이고 신과 유사하게 될 것이며, 다른 모든 존재 방식은 그 존재가 보기에 추해 보일 것입니다."

5장

1   여기서 근대를 비판하는 데 있어 우리의 기획과 연결되었다고 생각하는 학계의 동향에 주목해야 한다. 예를 들어 개인주의의 자기비판을 통해 근대적 사회과학의 역사를 분석하는 글로 Bruno Karsenti, *D'une philosophie à l'autre*, Gallimard, 2013를 보라. 사실 부르주아적 관점에 따르면 개인주의의 정당성은 더 이상 계몽적 개인주의나

이른바 '유기체적 반혁명 이론'으로 제시될 수 없다. 오늘날 이 과제가 근대를 넘어서 있다고 생각하는 카센티는 사회과학의 고고학을 통해 개인주의적인 인간학의 몰락과 대면하는 것이다. 근대 비판의 다른 중요한 조류는 미뇰로의 작업으로 대표되는데, 그는 근대가 본질적으로 식민성과 관계된다는 점을 인식한다. 이에 대해서는 Walter Mignolo, *The Darker Side of Western Modernity*, Duke University Press, 2011. [한글본] 월터 D. 미뇰로, 『서구 근대성의 어두운 이면』, 김영주 · 배윤기 · 하상복 옮김, 현암사, 2018를 보라.

2 Niccolò Machiavelli, *The Prince*, trans. Peter Bonadella, Oxford University Press, 2005, p. 84. [한글본], 니콜로 마키아벨리, 『군주론』, 강정인 · 문지영 옮김, 까치, 2003, 171쪽. [옮긴이주] 본문의 내용을 보다 자세히 인용하면, "나는 운명의 여신을 위험한 강에 비유한다. 이 강은 노하면 평야를 덮치고, 나무나 집을 파괴하고, 이쪽 땅을 저쪽으로 옮겨놓기도 한다. 모든 사람들이 그 격류 앞에는 도망가며, 어떤 방법으로든 제지하지 못하고 굴복하고 만다. 그러나 그렇다고 해서 강이 평온할 때 인간이 제방과 둑을 쌓아 예방 조치를 취함으로써, 다음에 강물이 불더라도 제방을 넘어오지 못하게 하거나, 아니면 제방을 넘어와도 그 힘을 통제하지 못하거나 약화시킬 수 없다는 것을 의미하지 않는다."

3 다양한 강조점에도 불구하고 1970년대 초 자본주의 발전에서의 이행을 기록하는 몇몇 주요 주장들로, Giovanni Arrighi, *The Long Twentieth Century*, Verso, 1994. [한글본] 조반니 아리기, 『장기 20세기』, 백승욱 옮김, 그린비, 2004와 David Harvey, *A Brief History of Neoliberalism*, Verso, 2007. [한글본] 데이비드 하비, 『신자유주의』, 최병두 옮김, 한울, 2009, 그리고 Wolfgang Streeck, *Buying Time*, Verso, 2014. [한글본] 볼프강 슈트렉, 『시간 벌기』, 김희상 옮김, 돌베개, 2015를 보라.

4 Antonio Gramsci, *Further Selections from the Prison Notebooks*, ed. and trans. Derek Boothman, University of Minnesota Press, 1995, p. 347. (cited in Peter Thomas, The Gramscian Moment, Brill, 2009, p. 275).

5 Louis Althusser, *Essays in Self-criticism*, trans. Grahame Lock, New Left Books, 1976, p. 155.

6 Wilhelm Dilthey and Paul Yorck von Wartenburg, *Briefwechsel zwischen Wilhelm Dilthey und dem Graf Paul Yorck von Wartenburg*, Niemeyer, 1923.

7 2011년에 시작된 운동들의 순환에 대해서는 우리의 글 *Declaration*, Argo Navis, 2012. [한글본] 하트 · 네그리, 『선언』, 조정환 옮김, 갈무리, 2012에 더해 Alain Badiou, *The Rebirth of History: Times of Riots and Uprisings*, trans. Gregory Elliott, Verso, 2012과 Paul Mason, *Why It's Still Kicking Off Everywhere*, Verso, 2013. [한글본] 폴 메이슨, 『혁

명을 리트윗하라』, 이지선·심혜리 옮김, 명랑한 지성, 2012를 참고하라.

8   다중 개념을 정치적 기획으로 설명하고, 다중 개념에 대한 일부 비판에 대해 응답하
    는 것으로 Michael Hardt and Antonio Negri, *Multitude*, Penguin Press, 2004, pp.
    219-227. [한글본] 마이클 하트·안토니오 네그리, 『다중』, 정남영·서창현·조정
    환 옮김, 세종서적, 2008, 269-278쪽과 *Commonwealth*, Harvard University Press,
    2009, pp. 165-178. [한글본] 『공통체』, 윤영광·정남영 옮김, 사월의책, 2014,
    242-259쪽을 보라.

9   이에 대해서는, Michael Hardt, "Translator's Foreword: The Anatomy of Power",
    in Antonio Negri, *The Savage Anomaly: The Power of Spinoza's Metaphysics and Politics*,
    University of Minnesota Press, 1991, pp. 11-16. [한글본] 마이클 하트, 「영역
    자 서문: 권력의 해부」, 안토니오 네그리, 『야만적 별종』, 푸른숲, 1997, 36-45쪽
    을 보라. 이 구별의 철학적 뿌리에 관심 있는 이들은 중세의 라틴어 전통을 일정하
    게 대표하는 보에티우스의 『철학의 위안』([한글본] 보에티우스, 『철학의 위안』, 박문
    재 옮김, 현대지성사, 2018)에서의 포테스타스(potestas)와 포텐샤(potentia)의 용법
    을 생각할 수 있다. 이에 대해서는 Clifford Robinson, "The Longest Transference:
    Self-Consolation and Politics in Latin Philosophical Literature", PhD dissertation,
    Duke University, 2014와 Joseph Dane, "Potestas/potentia: Note on Boethius's De
    Consolatione Philosophiae", Vivarium, 17:2, 1979, pp. 81-89를 보라. 독일어에서
    는 활력을 지시하는 다양한 용어(die Macht, das Potential)가 라틴어 포텐샤에 대응된
    다. 철학적 맥락에서 우리는 일반적인 번역어로 명사 das Vermögen[힘, 능력]이나
    동사 vermögen[~을 할 수 있다]을 선호하는데, 이는 다음과 같이 잘 알려진 스피노
    자의 독일어 번역에서 확인된다. "Was freilich der Körper alles vermag, hat bis jetzt
    noch niemand festgestellt"("물론 신체가 무엇을 할 수 있는지에 대해 아직껏 아무도
    결정짓지 않았다.") Spinoza, *Ethik*, trans. Jakob Stern, Holzinger, p. 97. [한글본] 스
    피노자, 『에티카』, 황태연 옮김, 도서출판 피앤비, 2011, 3부 정리 2, 주석, 162쪽.

10 Michel Foucault, "The Subject and Power", *Critical Inquiry*, 8:4, Summer 1982, pp.
    777-795, quote on p. 790. [한글본] 미셸 푸코, 「주체와 권력」, 『미셸 푸코의 권력이
    론』, 정일준 옮김, 새물결, 1995, 85-98쪽, 인용된 부분은 92쪽. 마키아벨리의 힘에
    대한 규정으로 우리는 주로 『군주론』을 염두하고 있다.

11 서구 마르크스주의에 대한 탁월한 설명으로는 Perry Anderson, *Considerations on
    Western Marxism*, Verso, 1976. [한글본] 페리 앤더슨, 『서구 마르크스주의 읽기』, 류
    현 옮김, 이매진, 2003과 Fredric Jameson, *Marxism and Form*, Princeton University
    Press, 1974. [한글본] 프레드릭 제임슨, 『마르크스주의와 형식』, 여홍상·김영희 옮

김, 창비, 2014를 보라.

12   Georg Lukács, *History and Class Consciousness*, trans. Rodney Livingstone, MIT Press, 1971, p. 258. [한글본] 게오르그 루카치, 『역사와 계급의식』, 박정호 · 조만영 옮김, 거름, 1999, 402쪽.

13   Maurice Merleau-Ponty, "'Western' Marxism", in *Adventures of the Dialectic*, trans. Joseph Bien, Northwestern University Press, 1973, pp. 30–58, quotes on pp. 30–31 and 41.

14   Hans-Jürgen Krahl, *Konstitution und Klassenkampf*, Neue Kritik, 1971.

15   Merleau-Ponty, "'Western' Marxism", p. 222.

16   Gilles Deleuze, *Foucault*, trans. Sean Hand, University of Minnesota Press, 1988, p. 27. [한글본] 질 들뢰즈, 『푸코』, 허경 옮김, 동문선, 2003. 52쪽.

17   Deleuze, *Foucault*, p. 144. [한글본] 질 들뢰즈, 『푸코』, 76쪽.

2부 사회적 생산

1   Niccolò Machiavelli, *The Prince*, trans. Peter Bonadella, Oxford University Press, 2005, p. 53. [한글본] 니콜로 마키아벨리, 『군주론』, 강정인 · 김경희 옮김, 까치, 2003, 107–108쪽. [옮긴이주] "많은 사람들이 현실 속에 결코 존재한 것으로 알려지거나 목격된 적이 없는 공화국이나 군주국을 상상해 왔기 때문이다 그러나 '인간이 어떻게 사는가'는 '인간이 어떻게 살아야 하는가'와는 너무나 다르기 때문에, 일반적으로 행해지는 바를 행하지 않고 마땅히 해야 하는 바를 고집하는 군주는 권력을 유지하기보다는 잃기 십상이다."

2   이에 대해서는, 예를 들어 E. P. Thompson, "History from Below", *Times Literary Supplement*, April 7, 1966, pp. 279–280를 보라.

3   W. E. B. Du Bois, *The Souls of Black Folks*, Dover, 1994, p. 2.

4   James Baldwin, "Encounter on the Seine", *Notes of a Native Son*, Beacon Press, 1955, pp. 119–167, quote on pp. 122–123.

5   페미니즘적인 관점 이론에 대해서는, 예를 들어 Patricia Hill Collins, *Black Feminist Thought*, Routledge, 1991. [한글본] 패트리샤 힐 콜린스, 『흑인 페미니즘 사상』, 박미선 · 주해연 옮김, 여성문화이론연구소, 2009와 Sandra Harding, ed., *The Standpoint Theory Reader*, Routledge, 2004를 보라.

6   Max Weber, *Economy and Society*, 2 volumes, ed. Guenther Roth and Claus Wittich,

University of California Press, 1978, volume 1, p. 53. [한글본] 막스 베버, 『경제와 사회 Ⅰ』, 박성환 옮김, 문학과지성사, 1997, 187-188쪽.

7   Weber, *Economy and Society*, volume 2, p. 946. [한글본] 막스 베버, 『지배의 사회학』, 금 종우 · 전남석 옮김, 한길사, 1981을 보라.

8   Hannah Arendt, *On Revolution*, Viking, 1963, p. 193. [한글본] 한나 아렌트, 『혁명론』, 홍원표 옮김, 한길사, 2004, 320-321쪽. [옮긴이주] 한글 번역본의 해당 인용 부분 의 전체 내용은 다음과 같다. "어의적으로 'augere'(늘리고 증대시키다)에서 유래된 용어인 auctoritas(권위)는 [미국의] 건국정신의 생명력에 의존했기 때문에 선조들이 수립했던 기초를 건국정신에 입각해 증대, 확장하는 것이 가능했다."

9   레이몽 아롱은 마르크스가 마키아벨리와는 달리 스스로를 "섭리의 친구"로 생각한 다고 주장한다. 이에 대해서는 "Machiavelli and Marx" in *Politics and History*, trans. Miriam Conant, Transaction, 1984, pp. 87-101, especially, pp. 92-93를 보라. 베버 의 정동의 추방에 대해서는 *Economy and Society*, volume 2, p. 975. [한글본] 막스 베버, 『관료제』, 이상률 옮김, 문예출판사, 2018, 41쪽을 보라. "관료제의 미덕이란 사랑, 미 움, 일체의 순전히 개인적인 감정 요소, 일반적으로 계산할 수 없는 모든 비합리적인 감정 요소를 직무 처리에서 배제하는 것을 의미한다."

10   Michel Foucault, *The Birth of Biopolitics*, ed. Michel Senellart, trans. Graham Burchell, Picador, 2004, pp. 2-3. [한글본] 미셸 푸코, 『생명관리정치의 탄생』, 오트르망 옮김, 난장, 2012, 22쪽.

11   Michel Foucault and Noam Chomsky, *The Chomsky-Foucault Debate: On Human Nature*, New Press, 2006, p. 51. [한글본] 노엄 촘스키 · 미셸 푸코, 『촘스키와 푸코, 인간의 본성을 말하다』, 이종인 옮김, 시대의창, 2010, 76쪽.

6장

1   Hugo Grotius, *Commentary on the Law of Prize and Booty*, trans. Gwladys Williams and Walter Zeydel, Clarendon, 1950, p. 227. 그로티우스의 원문, 그중에서도 특히 근대 세계체제의 식민지 관계와 자본주의적 관계를 세심하게 다룬 부분을 읽으려면, Eric Wilson, *The Savage Republic: De Indis of Hugo Grotius, Republicanism and Dutch Hegemony within the Early Modern World-System (1600–1619)*, Martinus Nijhoff, 2008을 보라.

2   William Blackstone, *Commentaries on the Laws of England*, 4 volumes, Clarendon, 1765, volume 2, p. 2.

3 존 커먼스(John Commons)가 썼듯이, 소유는 "단 하나의 절대적 권리가 아니라 한 다발의 권리들이다." 한 다발의 권리 개념에 대한 유익한 역사들로는, Daniel Klein and John Robinson, "Property: A Bundle of Rights? Prologue to the Property Symposium", *Econ Journal Watch*, 8:30, September 2011, pp. 193－204과 Fabienne Orsi, "Elinor Ostrom et le faisceaux de droits", *Revue de la régulation*, Autumn 2013, https://regulation.revues.org/10471를 보라.

4 Felix Cohen, "Dialogue on Private Property", *Rutgers Law Review*, 9:2, Winter 1954, pp. 357－387, quote on p. 362.

5 Morris Cohen, "Property and Sovereignty", *Cornell Law Review*, 13:1, December 1927, pp. 8－30, quote on p. 29.

6 M. Cohen, "Property and Sovereignty", p. 13.

7 유럽의 정치사상과 법사상의 역사에서 이러한 연결의 개요를 말해 주는 최근의 주장으로는, 우고 마테이(Ugo Mattei)의 글을 보라. "주권 이론들과 소유 이론들 간의 강력한 연결은 이해하기 쉽다." Ugo Mattei, *Beni comuni: Un manifesto*, Laterza, 2011, p. 43.

8 Robert Hale, "Coercion and Distribution in a Supposedly Non-coercive State", *Political Science Quarterly*, 38:3, September 1923, pp. 470－494, quote on p. 472.

9 이에 대해서는 Duncan Kennedy, "The Stakes of Law, or Hale and Foucault!", *Legal Studies Forum*, 15:4, 1991, pp. 327－366와 Stephen Munzer, "Property as Social Relations", in Munzer, ed., *New Essays in the Legal and Political Theory of Property*, Cambridge University Press, 2001, pp. 36－75를 보라.

10 이에 대해서는 Duncan Kennedy, "The Limited Equity Coop as a Vehicle for Affordable Housing in a Race and Class Divided Society", *Harvard Law Journal*, 46:1, 2002, pp. 85－125와, "10 Years of Creative Commons: An Interview with Co-Founder Lawrence Lessig", http://governancexborders.com/2012/12/18/10-years-of-creative-commonsan-interview-with-co-founder-lawrence-lessig/ 그리고 Anna di Robilant, "Common Ownership and Equality of Autonomy", *McGill Law Journal*, 58:2, 2012, pp. 263－320, especially pp. 301－319를 보라.

11 이에 대해서는 Harold Demsetz, "Toward a Theory of Property Rights", *American Economic Review*, 57:2, May 1967, pp. 347－359과 Armen Alchien and Harold Demsetz, "The Property Right Paradigm", *Journal of Economic History*, 33:1, March 1973, pp. 16－27를 보라. '권리 다발' 개념의 신자유주의적 이용에 대해서는 Orsi, "Elinor Ostrom et le faisceaux de droits"를 보라.

12 Kaiser Aetna v. United States, 444 U.S. 164(1979).

13 어떻게 진보적 소유 이론이 신자유주의적 경제학의 접근법과 만나게 되는지에 대해서는 Timothy Mulvaney, "Progressive Property Moving Forward", *California Law Review*, 5, September 2014, pp. 349–373, especially p. 352를 보라.

14 Joseph William Singer, "Property as the Law of Democracy", *Duke Law Journal*, 63, 2014, pp. 1287–1335, quote on pp. 1334–1335.

15 Gregory Alexander, Eduardo Peñalver, Joseph Singer, and Laura Underkuffler, "A Statement of Progressive Property", *Cornell Law Review*, 94, 2009, pp. 743–744, quote on p. 744.

16 "소유는 복수적이고 측정 불가능한 가치들을 함축한다." Alexander, Peñalver, Singer, and Underkuffler, "A Statement of Progressive Property", p. 743. 에즈라 로저(Ezra Rosser)는 진보적 소유 학파가 인종적 위계 및 부정의를 문제삼을 수 없는 한에서는 소유에 의해 창출된 사회관계의 방향을 근본적으로 다시 설정할 수 없다고 주장한다. 이에 대해서는 Ezra Rosser, "The Ambition and Transformative Potential of Progressive Property", *California Law Review*, 101, 2013, pp. 107–171를 보라.

17 예를 들어 Yochai Benkler, *The Wealth of Networks*, Yale University Press, 2006. [한글본] 요하이 벤클러, 『네트워크의 부』, 최은창 옮김, 커뮤니케이션북스, 2015, Lawrence Lessig, *Free Culture*, Penguin, 2004. [한글본] 로런스 레식, 『자유 문화』, 이주명 옮김, 필맥, 2005을 보라. 또한 Michele Surdi, "Lo spettro di Blanco: Una nota ad Ugo Mattei", *Scienza & Politica*, 24:46, 2012, pp. 69–75를 보라. 수디(Michele Surdi)는 사적 소유가 더 이상 물질적 재화의 점유가 아니라, 어떤 서비스를 점유하는 척하게 되는 만큼 점점 더 모순적이 된다고 주장한다. 그러한 재화는 더 이상 고립되고 개별화될 수 없기 때문이다. 달리 말해 오늘날 사회화된 상품 형태와 마주함에 따라 개인의 사유재산은 단지 이전 시대의 잔여물로만 나타난다.

18 John Locke, *Second Treatise*, chapter 5, section 27. [한글본] 존 로크, 『통치론』, 강정인·문지영 옮김, 까치, 1996, 35쪽.

19 예를 들어 미국 법전 제35장 101절을 보라.

20 Karl Marx, *Capital*, volume 1, trans. Ben Fowkes, Penguin, 1976, p. 928. [한글본] 카를 마르크스, 『자본론 1(하)』, 김수행 옮김, 비봉출판사, 2002, 1050쪽.

21 Karl Marx, "Draft of an Article on Friedrich List's Book, Das Nationale System der Politischen Oekonomie", in *Karl Marx and Frederick Engels, Collected Works*, International, 1975, volume 4, 265. 또한 Roman Szporluk, *Communism and Nationalism: Karl Marx versus Friedrich List*, Oxford University Press, 1988를 보라.

22 Jean-Marie Harribey, "André Orléan, *L'empire de la valeur*", book review, *Revue de la*

régulation, Fall 2011, http://regulation.revues.org/9483.

23   이에 대해서는 Antonio Negri, "Labor in the Constitution", in Michael Hardt and
Antonio Negri, *Labor of Dionysus*, University of Minnesota Press, 1994, pp. 53 – 138.
[한글본] 안토니오 네그리 · 마이클 하트, 『디오니소스의 노동 I』, 이원영 옮김, 갈무
리, 1996, 109 – 237쪽을 보라. 뉴딜과 케인즈주의 국가가 어떻게 급진적 노동 조직의
전투성에 대응했는지에 대해서는 Antonio Negri, "Keynes and the Capitalist Theory
of the State", in Hardt and Negri, *Labor of Dionysus*, pp. 23 – 51. [한글본] 안토니오
네그리 · 마이클 하트, 『디오니소스의 노동 I』, 이원영 옮김, 갈무리, 1996, 59 – 107
쪽과 Richard Hurd, "New Deal Labor Policy and the Containment of Radical
Union Activity," *Review of Radical Political Economists*, 8:3, 1976, pp. 32 – 43를 보라.

24   이에 대해서는 다른 여러 저자들 중에서도 특히 Alain Supiot, *The Spirit of
Philadelphia: Social Justice versus the Total Market*, Verso, 2012. [한글본] 알랭 쉬피오, 『필
라델피아 정신: 시장 전체주의를 넘어 사회적 정의로』, 한국노동연구원 옮김, 2012를
보라.

25   이에 대해서는 Stefano Rodotà, *Il diritto di avere diritti*, Laterza, 2012과 Ugo
Mattei, *Beni comuni: Un manifesto*, Laterza, 2011, 또한 Ugo Mattei, "Protecting the
Commons", *South Atlantic Quarterly*, 112:2, Spring 2013, pp. 366 – 376를 보라.

26   이에 대해서는 Stefano Rodotà, "La grande trasformazione sociale", *Alfabeta2*,
29, May 2013, p. 20과 Giso Amendola, "Per un costituzionalismo dei bisogni",
Alfabeta2, 29, May 2013, p. 23를 보라.

27   이에 대해서는 Karl Marx, *The Eighteenth Brumaire of Louis Bonaparte*, International,
1963, pp. 65 – 66 and 118. [한글본] 카를 마르크스, 『프랑스 혁명사 3부작』, 임지
현 · 이종훈 옮김, 소나무, 1993, 212 – 213쪽과 262 – 263쪽을 보라.

28   우리는 각 나라와 지역에서의 공통적인 형태의 토지보유권을 파괴하고 토지를 사
적 소유로 전환한 특수한 역사를 적어내야 한다. 유럽과 관련해 이 역사의 기나긴
목록을 담고 있는 몇 가지 사례들로는, 마르크스의 시초 축적 분석, Marx, *Capital*,
volume 1, pp. 871 – 940. [한글본] 카를 마르크스, 『자본론 1(하)』, 김수행 옮김, 비봉
출판사, 2002, 979 – 1066쪽과 Peter Linebaugh, *The Magna Carta Manifesto*, University
of California Press, 2008. [한글본] 피터 라인보우, 『마그나카르타 선언』, 정남영
옮김, 갈무리, 2012를 보라. 라틴아메리카 원주민의 토지보유권에 대해서는, José
Maria Maríategui, *Seven Interpretive Essays on Peruvian Reality*, trans. Marjory Urquidi,
University of Texas Press, 1971을, 동남아시아에 대해서는, Ranajit Guha, *A Rule of
Property for Bengal*, Duke University Press, 1996을 보라.

29 마렐라(Maria Rosaria Marella)는 공통적인 것을 법적으로 사고하는 데 있어 유용한 분류법을 제공한다. Maria Rosaria Marella, "I beni comuni", *Libro del anno del diritto*, 2013, pp. 13 – 16. 제3종으로서의 공통적인 것에 대해서는 Maria Rosaria Marella, "Beni comuni: Oltre l'opposizione natura/cultura", *Lettera internazionale*, 113:3, 2012, pp. 9 – 14를 보라. 공통적인 것을 일반적으로 다루는 것으로는, Antonio Negri and Michael Hardt, *Commonwealth*, Harvard University Press, 2009. [한글본] 안토니오 네그리 · 마이클 하트, 『공통체』, 윤영광 · 정남영 옮김, 사월의책, 2014를. 공통적인 것으로서의 메트로폴리스에 특별히 초점을 두는 것으로는 앞의 책, pp. 249 – 260([한글본] 349 – 363쪽)을 보라. 공통적인 것으로서의 지구의 제한된 본성과 비물질적인 공통 부의 복제 가능한 성격을 비교하는 것으로는 Michael Hardt, "Two Faces of Apocalypse", *Polygraph*, 22, 2010, pp. 264 – 274. [한글본] 연구공간L 엮음, 「묵시록의 두 얼굴」, 『자본의 코뮤니즘, 우리의 코뮤니즘』, 난장, 2012, 139 – 158쪽을 보라.

30 Elinor Ostrom, *Governing the Commons: The Evolution of Institutions for Collective Action*, Cambridge University Press, 1990, p. 20. [한글본] 엘리너 오스트롬, 『공유의 비극을 넘어』, 윤홍근 · 안도경 옮김, 랜덤하우스, 2010, 52쪽.

31 Albert O. Hirschman, *The Passions and the Interests*, Princeton University Press, 1977, p. 101. [한글본] 앨버트 O. 허시먼, 『열정과 이해관계』, 나남출판, 1994. 77쪽.

32 토마스 홉스가 주장하길, "한 인간에 대한 가치 혹은 값은 다른 모든 사물들과 마찬가지로 그의 가격이다. 즉 그가 사용하는 힘의 양에 상응하는 것이다." Thomas Hobbes, *Leviathan*, Oxford University Press, 1998, p. 51. [한글본] 토마스 홉스, 『리바이어던 1』, 진석용 옮김, 나남출판, 2008. 123 – 124쪽.

33 Baruch Spinoza, *Ethics*, part III, proposition 18, scolium 2, in *Complete Works*, ed. Samuel Shirley, Hackett, 2002, pp. 188 – 189. [한글본] B. 스피노자, 『에티카』, 황태연 옮김, 도서출판 피앤비, 2011, 177 – 178쪽. [옮긴이주] "희망은 우리가 그 결과에 대하여 의심하는 미래 또는 과거의 사물의 심상으로부터 생기는 변하기 쉬운 기쁨일 뿐이다. 이에 반하여 공포는 의심스러운 사물의 심상으로부터 생기는 변하기 쉬운 슬픔이다. 그런데 만일 이들 감정에 수반된 의심이 제거되면, 희망은 안도가 …… 된다."

34 Rebecca Solnit, *A Paradise Built in Hell: The Extraordinary Communities That Arise in Disaster*, Penguin, 2009, p. 6. [한글본] 리베카 솔닛, 『이 폐허를 응시하라』, 정해영 옮김, 펜타그램, 2012, 17쪽. 사회 · 경제적 위기의 시기에 공통적인 것에서 창출된 상대적 안전에 대한 여러 사례 중 몇 가지로는, Anne Alison, *Precarious Japan*, Duke University Press, 2013, pp. 180 – 206. (후쿠시마 재난 이후의 삶에 대한 것임), Naomi Klein, *The Shock Doctrine*, Metropolitan Books, 2007, pp. 533 – 561. [한글본] 나오

미 클라인, 『쇼크 독트린』, 김소희 옮김, 살림Biz, 2008, 563 - 592쪽과 Naomi Klein, *This Changes Everything*, Simon & Schuster, 2014, pp. 291 - 448[291 - 334를 잘못 기록한 것임] [한글본] 나오미 클라인, 『이것이 모든 것을 바꾼다』, 이순희 옮김, 열린책들, 2016, 471 - 511쪽을 보라.

35 Joseph Schumpeter, *Capitalism, Socialism, and Democracy*, Harper, 1942, p. 142. [한글본] 조지프 슘페터, 「무너지는 성벽」, 『자본주의, 사회주의, 민주주의』, 이상구 옮김, 삼성출판사, 1994. 202쪽.

36 Karl Marx, *Economic and Philosophical Manuscripts*, in *Early Writings*, trans. Rodney Livingstone, Penguin Classics, 1974, pp. 297 - 400, quote on p. 361. [한글본] 카를 마르크스, 『경제학-철학 수고』, 강유원 옮김, 이론과실천, 2006. 117 - 181쪽 인용된 곳은 149 - 150쪽을 보라.

37 "향유의 능력(Die Fähigkeit des Genusses)이 향유의 조건이며, 따라서 그 주된 수단이며, 이 능력은 개인의 잠재력, 생산의 힘의 발전이다." Karl Marx, *Grundrisse*, trans. Martin Nicolaus, Penguin, 1973, p. 711, translation modified. Original text: "Die Fähigkeit des Genusses ist Bedingung für denselben, als erstes Mittel desselben, und diese Fähigkeit ist Entwicklung einer individuellen Anlage, Produktivkraft." [한글본] 카를 마르크스, 『정치경제학 비판 요강 2』, 김호균 옮김, 백의, 2000, 388쪽.

38 유럽(그리고 그보다는 덜하지만 북아메리카와 일본)의 불안정 노동에 관한 문헌은 엄청나게 많다. 남아프리카의 불안정 노동에 대한 탁월한 분석으로는 Franco Barchiesi, *Precarious Liberation*, SUNY Press, 2011를 보라.

39 Judith Butler, *Notes toward a Performative Theory of Assembly*, Harvard University Press, 2015, p. 150.

40 공통적인 것의 제도들의 구축에 관한 여러 탁월한 분석들 중에서도 특히, Pascal Nicolas-Le Strat, "Agir en commun / agir le commun", May 1, 2014, http://blog.le-commun.fr/?p=738를 보라.

41 Duncan Kennedy, "The Stakes of Law, or Hale and Foucault", in *Sexy Dressing Etc.*, Harvard University Press, 1993, pp. 83 - 125, quote on p. 85.

42 C. B. Macpherson, *The Political Theory of Possessive Individualism*, Oxford University Press, 1969. [한글본] C.B 맥퍼슨, 『홉스와 로크의 사회철학』, 황경식 · 강유원 옮김, 박영사, 2010.

43 Alexandra Kollontai, "Sexual Relations and the Class Struggle", in Alix Holt, ed., *Selected Writings of Alexandra Kollontai*, Allison & Busby, 1977, pp. 237 - 249.

44 Mattei, *Beni comuni*, p. 99.

1 Max Horkheimer and Theodor Adorno, *The Dialectic of Enlightenment*, trans. John Cumming, Continuum, 1972, p. xvi. [한글본] 테오도르 W. 아도르노, M. 호르크하이머, 『계몽의 변증법』, 주경식 · 이상훈 · 김유동 옮김, 문예출판사, 1995, 17쪽.

2 Martin Heidegger, "The Question concerning Technology", in *The Question Concerning Technology and Other Essays*, trans. William Lovitt, Garland, 1977, pp. 3–35, quote on p. 14. [한글본] 마르틴 하이데거, 『강연과 논문』, 이기상 · 신상희 · 박찬국 옮김, 이학사, 2008, 9–49쪽, 인용된 부분은 21쪽.

3 Heidegger, "The Question concerning Technology", p. 28. [한글본] 마르틴 하이데거, 위의 책, 38쪽.

4 그 역시 나치당원이었던 아르놀트 겔렌(Arnold Gehlen)의 염세주의적 인류학은 어떤 점에서는 인간과 기술의 관계에 대한 하이데거의 관점의 변종이다. 겔렌이 주장하길, 기술은 그 기원에서부터 인류와 동행했으며, 스스로는 존재할 수 없는 인간들의 근본적 결여나 불충분함을 해결하려는 것이다. 예컨대 Arnold Gehlen, *Man in the Age of Technology*, trans. Patrice Lipscomb, Columbia University Press, 1980를 보라. [옮긴이주] [관련 내용을 참고할 수 있는 유일한 한글 번역서로, 아르놀트 겔렌, 「인간학의 견지에서 본 기술」, 『인간학적 탐구』, 이문출판사, 2001, 150–166쪽이 있다.] 그리고 독일의 다른 인류학자들이 겔렌의 인류학적 염세주의에 이의를 제기할 때에도, 그들은 좀처럼 기능주의를 넘어서지 못했는데, 이때의 기능주의는 인간의 기술을 단지 결여와 불충분함을 넘어설 뿐인 어떤 유기적 성향을 지시한다. 가령 Heinrich Popitz in *Der Aufbruch Zur Artifiziellen Gesellschaft: Zur Anthropologie Der Technik*, Mohr Siebeck, 1995를 보라. 포피츠는 인류와 세계의 관계가 어떤 의미에서는 물질적 · 생리적 기질들에 의해 이미 자연적으로 규정된다는 사실을 주장하는 "낙관주의적"[원문 그대로!] 관점을 구축한다. 겔렌과 인류학에서의 이러한 발전에 관한 탁월한 해석으로는 Ubaldo Fadini, *Configurazioni antropologiche*, Liguori, 1991과 *Sviluppo tecnologico e identità personali*, Dedalo, 2000를 보라.

5 Gunther Anders, *Die Antiquiertheit des Menschen*, 3rd edition, C. H. Beck, 2009.

6 "그러나 인간들은 태어날 때부터 가지고 있는 도구들로 비록 힘들고 불완전하지만 아주 쉬운 것들을 만들 수 있었다. 그리고 이것들이 만들어졌을 때 그들은 노력을 덜 들이면서 더 완전하게, 한층 더 복잡한 다른 것들을 만들었다. 그렇게 해서 그들은 가장 단순한 작업들로부터 도구 제작으로 그리고 도구들로부터 다른 작업들과 다른 도구들로 점진적으로 진행하면서, 힘을 덜 들여 매우 어려운 것들을 많이 만들 수 있

는 수준까지 도달하였다. 또한 지성도 그렇게 해서 자신이 타고난 힘으로 자기를 위한 지성적 도구를 만든다. 이 지성적 도구들에 의해서 지성은 또 다른 지성적 작품들을 위한 다른 힘들을 획득하여 지혜의 정점에 도달할 때까지 점진적으로 진행한다." Baruch Spinoza, *The Emendation of the Intellect*, in *The Collected Works of Spinoza*, ed. Edwin Curley, volume 1, Princeton University Press, 1985, p. 17. [한글본] 베네딕트 데 스피노자, 『지성개선론』, 강영계 옮김, 서광사, 2015, 38쪽.

7 N. Katherine Hayles, *How We Became Postmodern*, University of Chicago Press, 1999, p. 7. [한글본] N. 캐서린 헤일스, 『우리는 어떻게 포스트휴먼이 되었는가』, 허진 옮김, 플래닛, 2013. 32쪽.

8 Hayles, *How We Became Postmodern*, pp. 283 – 291. [한글본] 캐서린 헤일스, 『우리는 어떻게 포스트휴먼이 되었는가』, 497 – 510쪽.

9 Gilbert Simondon, *Du mode d'existence des objets techniques*, Aubier, 1958, p. 12. [한글본] 질베르 시몽동, 『기술적 대상들의 존재양식에 대하여』, 김재희 옮김, 그린비, 2011. 14쪽. 이러한 노선을 따르는 발전에 대해서는 또한 Bernard Stiegler, *Technics and Time 1: The Fault of Epimetheus*, trans. Richard Beardsworth and George Collins, Stanford University Press, 1998를 보라.

10 Gilles Deleuze and Félix Guattari, "Balance-Sheet for 'Desiring Machines'", in *Guattari, Chaosophy: Texts and Interviews, 1972–1977*, ed. Sylvère Lotringer, trans. David L. Sweet, Jarred Becker, and Taylor Adkins, Semiotext(e), 2009, p. 91. Original French, *L'anti-oedipe*, 2nd edition, Minuit, 1972, p. 464. [한글본] 질 들뢰즈, 펠릭스 가타리, 『안티 오이디푸스』, 김재인 옮김, 민음사, 2014, 632쪽.

11 Walter Benjamin, "One Way Street", in *One Way Street and Other Writings*, trans. Edmund Jeffcott and Kingsley Shorter, New Left Books, 1979, pp. 45 – 104, quote on p. 104. [한글본] 발터 벤야민, 「천문관 가는 길」, 『일방통행로/사유이미지』, 최성만, 김영옥, 윤미애 옮김, 길, 2007, 163 – 164쪽.

12 Popitz, *Der Aufbruch*.

13 Karl Marx, *Capital*, trans. Ben Fowkes, Penguin, 1976, volume 1, p. 773. [한글본] 카를 마르크스, 『자본론 1(하)』, 김수행 옮김, 2002, 850쪽.

14 Marx, *Capital*, volume 2, p. 187. [한글본] 카를 마르크스, 『자본론 Ⅱ』, 김수행 옮김, 2006, 124쪽.

15 Marx, *Capital*, volume 3, p. 373. [한글본] 카를 마르크스, 『자본론 Ⅲ(상)』, 김수행 옮김, 2004, 317쪽.

16 예를 들어, Marx, *Capital*, volume 3, p. 322. [한글본] 카를 마르크스, 『자본론 Ⅲ(상)』,

258-259쪽을 보라.

17 상쇄 요인들에 대한 일반적 논의는 Marx, *Capital*, volume 3, chapter 14. [한글본] 카를 마르크스, 『자본론 Ⅲ(상)』, 277-288쪽를 보라.

18 Karl Marx, *Grundrisse*, trans. Matin Nicolaus, Penguin, 1973, p. 749. [한글본] 카를 마르크스, 『정치경제학 비판 요강 Ⅲ』, 김호균 옮김, 백의, 2000, 16쪽.

19 Carlo Vercellone, "Composizione organica di capitale e composizione di classe", in *La crisi messa a valore*, CW Press and Sfumature, 2015, pp. 103-118, quote on p. 114.

20 "직접적 생산과정의 관점에서 보면 그것[생산]은 고정자본의 생산으로 간주될 수 있다. 이 고정자본은 곧 인간 자신이다." Marx, *Grundrisse*, p. 712. [한글본] 카를 마르크스, 『정치경제학 비판요강 Ⅱ』, 김호균 옮김, 백의, 2000, 388쪽.

21 이에 대해서는 Emmanuel Renault, *L'expérience de l'injustice: Reconnaissance et clinique de l'injustice*, La découverte, 2004를 보라.

22 감정노동에 더해진 소외에 대해서는 Arlie Hochschild, *The Managed Heart*, University of California Press, 1983. [한글본] 엘리 러셀 혹실드, 『감정노동』, 이가람 옮김, 이매진, 2009를 보라.

23 Christophe Dejours, *Souffrance en France: La banalisation de l'injustice sociale*, Seuil, 1998, p. 115.

24 Paolo Virno, "Virtuosity and Revolution", in Virno and Michael Hardt, eds., *Radical Thought in Italy*, University of Minnesota Press, 1994, pp. 13-37. [한글본] 파올로 비르노, 「탁월한 기예와 혁명, 엑소도스의 정치이론」, 『다중』, 김상운 옮김, 갈무리, 2004, 199-239쪽.

25 Luc Boltanski and Eve Chiapello, *The New Spirit of Capitalism*, Verso, 2006.

26 Matteo Pasquinelli, "Google's PageRank Algorithm", in Konrad Becker and Felix Stalder, eds., *Deep Search: The Politics of Search beyond Google*, Studien Verlag, 2009, pp. 152-162, quote on p. 155. 또한 Sergey Brin and Lawrence Page, "The Anatomy of a Large-Scale Hypertextual Web Search Engine", http://infolab.stanford.edu/~backrub/google.html과 Christian Fuchs, "A Contribution to the Critique of the Political Economy of Google", *Fast Capitalism*, 8:1, 2011, http://www.fastcapitalism.com/을 보라.

27 Marx, *Capital*, volume 3, p. 927. [한글본] 카를 마르크스, 『자본론 Ⅲ(하)』, 김수행 옮김, 비봉출판사, 2004, 961쪽.

28 예를 들어 Christian Fuchs, "Labor in Informational Capitalism and on the

Internet", *Information Society*, 26:3, 2010, pp. 179 – 196를 보라.

29 Félix Guattari, "On Machines", trans. Vivian Constantinopoulos, "Complexity", ed.,
    Andrew Benjamin, special issue, *Journal of Philosophy and Visual Arts*, no. 6, 1995 pp.
    8 – 12. (Originally published as "A propos des machines" in Chimères, no 19, Spring
    1993, pp. 85 – 96.) 가타리의 기계 개념에 대한 탁월한 분석으로는 Gerald Raunig,
    "A Few Fragments on Machines", http://eipcp.net/transversal/1106/raunig/en/#_
    ftnref39과 *Tausend Maschinen*, Klappen, 2008를 보라.

30 Louis Althusser, "Ideology and State Ideological Apparatuses", in *On Ideology*,
    Verso, 1971, pp. 1 – 60, quote on p. 56. [한글본] 루이 알튀세르, 「이데올로기와 이
    데올로기적 국가장치」, 『재생산에 대하여』, 김웅권 옮김, 동문선, 2007, 406 – 407쪽.

31 이 딜레마는 에티엔 발리바르와 같은 계승자들이 다음과 같은 알튀세르의 진술을
    수정할 때에는 해소되지 않는다. "[오로지] 역사적 과정으로서 주체 없는 과정에서
    만 '주체의 구성'이 의미를 가질 수 있다." "L'objet d'Althusser", in Sylvain Lazarus,
    ed., *Politique et philosophie dans l'œuvre d'Althusser*, Presses Universitaire de France,
    1993, pp. 81 – 116, quote on p. 98. [한글본] 에티엔 발리바르, 『알튀세르와 마르크
    스주의의 전화』, 윤소영 옮김, 이론, 1993, 191 – 237쪽. 인용된 곳은 213쪽.

32 Donna Haraway, "A Cyborg Manifesto", in *Simians, Cyborgs, and Women*, Routledge,
    1991, pp. 149 – 182. [한글본] 다나 J. 해러웨이, 『유인원, 사이보그, 그리고 여자』,
    민경숙 옮김, 동문선, 2002, 265 – 325쪽과 더 최근에 쓰인 글로 "Anthropocene,
    Capitalocene, Plantationoscene, Chthulucene: Making Kin", *Environmental
    Humanities*, 6, 2015, pp. 159 – 165를 보라.

33 인간생성적 모델에 대해서는 Robert Boyer, *La croissance, début de siècle,* Albin Michel,
    2002과 Christian Marazzi, "Capitalismo digitale e modello antropogenetico del
    lavoro", in Jean-Louis Laville, Christian Marazzi, Michele La Rosa, and Federico
    Chicchi, eds., *Reinventare il lavoro*, Sapere, 2000, pp. 107 – 126를 보라.

8장

1 James Scott, *Seeing Like a State*, Yale University Press, 1998. [한글본] 제임스 C. 스콧,
   『국가처럼 보기: 왜 국가는 계획에 실패하는가』, 전상인 옮김, 에코리브르, 2010.

2 이에 대해서는 Antonio Negri, *The Political Descartes*, trans. Matteo Mandarini and
   Alberto Toscano, Verso, 2006를 보라.

3   한 명의 지도자를 가진 조직화의 필요성에 대해서는 Max Weber, *Economy and Society*, 2 volumes, ed. Guenther Roth and Claus Wittich, University of California Press, 1978, p. 48. [한글본] 막스 베버, 『경제와 사회 I』, 박성환 옮김, 문학과지성사, 1997, 181－182쪽을 보라. [옮긴이주] "단체의 '생존'은 전적으로 지휘자의 현존에 좌우되며, 경우에 따라서는 행정 간부의 '현존'에 좌우된다. 즉 보다 정확하게 표현하자면 그 의미상 단체의 질서를 시행하려고 하는 특정한 사람들의 행위가 일어날 가망성의 존속에 좌우된다. 그러니까 필요한 경우에는 질서의 시행이라는 의미로 행위할 '태세를 갖추고' 있는 사람들이 현존한다는 사실에 좌우된다. …… 어느 특정한 인간 간부(혹은 어느 특정한 개별적인 사람)에 의한 이 같은 행위의 가망성이 결여되어 있으면, 우리가 사용하는 전문용어로서는 바로 하나의 '사회적 관계'만 존속할 뿐이고, '단체'는 존속하지 않게 된다."

4   헤어샤프트(Herrschaft)의 번역에 대해서는 p. 61, note 31를 보라. [옮긴이주] "탤컷 파슨스(Talcott Parsons)는 자신의 번역에서 "헤어샤프트(Herrschaft)에 해당하는 만족할 만한 영어 단어가 없지만, 티마셰프(N. S. Timashef)가 자신의 책 『법 사회학』 서문에서 사용했던 '명령적 통제'는 베버의 의미에 가깝다"고 지적했다. 따라서 그는 그 말을 "가장 일반적인 목적을 위해" 차용해서 쓴다. 훗날 파슨스는 이제는 '리더십'이라는 말을 선호한다고 말했지만 좀 더 특수한 목적을 위해서는 '권위(authority)'라는 용어를 사용했다. (베네딕이나 라인슈타인이 사용했던 말인) '지배(domination)'라는 용어에 이의를 제기하면서, 파슨스는 다음과 같이 말한 바 있다. "내가 가장 일반적인 의미에서 '리더십'으로 번역하는 헤어샤프트라는 말이 '한 명의 리더가 자신의 추종자들에 대해 권력을 가진다'를 의미하는 것은 분명 사실이다. 그러나 '지배'는, 이러한 사실이 집단성의 통합이 아니라 효과적 기능작용(특히 비판 집단이나 기업 집단의 통합)의 이해관계에서 이루어진다고 보면서 그것이 베버의 관점에서 결정적인 요소라고 제시하는데, 나는 그러한 해석이 베버의 주된 경향을 나타낸다고 생각하지 않는다. 비록 베버가 어떤 점에선 권력을 분석하는 데 있어 '현실주의자'의 입장을 취했다고는 하더라도 말이다. 내가 생각하기에 그보다 더 좋은 번역은 베버가 특히나 정당화의 중요성을 엄청나게 강조했다는 점을 나타내야 한다. 그래서 나는 베버가 일반적인 구조 분석의 중요한 사례로 압도적으로 많이 언급한 '정당한 헤어샤프트'(legitimate Herrschaft)를 '권위'로 번역하기로 한 나의 결정에 충실하고 싶다." …… 나(『경제와 사회』의 영역자인 Roth Guenther)는 번역에서 '지배'라는 말을 선호했는데, 베버가 사람들이 정당성의 신념으로, 혹은 이익 추구를 고려해서 어떤 명령을 습관적으로 준수한다는 사실을 강조하기 때문이다. 하지만 베버는 이후에는 명령을 준수하는 주체들의 의지에 덧붙여, 대개는 다시금 습관, 정당성 혹

은 자기이익의 토대로 작용하는 어떤 상급자[간부]가 있다는 점을 강조한다. 사회학적으로 헤어샤프트는 상급자와 종속, 리더와 추종자, 통치자와 피통치자로 이루어진 구조로, 그것은 다양한 동기들과 강제의 수단들에 기초를 둔다. 3장(「정당한 지배의 유형들」)에서 베버는 정당한 헤어샤프트의 유형학을 제시하는데, 거기에서는 '권위'라는 말이 적합하다. 하지만 10장(「지배와 정당성」)에서는 헤어샤프트의 여러 측면, 즉 정당성과 힘의 측면을 광범위하게 다룬다. 분명한 것은 '지배'와 '권위'가 비록 각각 헤어샤프트의 다른 요소를 강조하긴 하지만, 둘 다 정확하다는 점이다. 더욱이 2부(「경제행위의 사회학적 기본범주」)에서 헤어샤프트는 자세하게는 중세의 성주나 영주 혹은 그와 유사한 모든 세습제 구조를 지시한다. 이것은 또한 헤어샤프트의 역사적 유래이기도 하다."——언급한 내용은 독일어 원본을 번역한 『경제와 사회』 한글어판에서는 확인할 수 없어 그 전체 내용을 불가피하게 옮겼다.

5   Weber, *Economy and Society*, p. 225. [한글본] 막스 베버, 『경제와 사회 Ⅰ』, 박성환 옮김, 문학과지성사, 1997, 424쪽.

6   생산수단과 행정수단으로부터의 행정직의 분리에 대해서는 pp. 218-219, [한글본] 『경제와 사회 Ⅰ』, 417쪽을 보라. 직업으로서의 행정에 대해서는 p. 220. [한글본] 『경제와 사회 Ⅰ』, 418-419쪽을 보라. 관료의 '사생활 영역으로부터 공직 활동'의 분리에 대해서는 p. 957. [한글본] 막스 베버, 『관료제』, 이상률 옮김, 문예출판사, 2018, 9-10쪽을 보라. '교양적인' 행정가의 전문가로의 대체에 대해서는 p. 1001. [한글본] 『관료제』, 이상률 옮김, 문예출판사, 2018, 86쪽을 보라.

7   Franz Kafka, "Before the Law", in *The Complete Stories*, ed. Nahum Glatzer, Schocken Books, 1946, pp. 3-4. [한글본] 프란츠 카프카, 『변신』, 이주동 옮김, 솔출판사, 2017. 그리고 *The Castle*, trans. Anthea Bell, Oxford University Press, 2009. [한글본] 프란츠 카프카, 『성』, 오용록 옮김, 솔출판사, 2017. 들뢰즈와 가타리의 카프카 독해의 혁신적 측면 중 하나는 근대 권력의 음울하고 비인격적인 지배에 맞서 그들이 카프카의 사상에서 창조적인 소수자적 힘을 인식한다는 점이다. 이에 대해서는 Gilles Deleuze and Felix Guattari, *Kafka: Toward a Minor Literature*, trans. Dana Polan, University of Minnesota Press, 1986. [한글본] 질 들뢰즈, 펠릭스 가타리, 『카프카』, 이진경 옮김, 동문선, 2001를 보라.

8   Weber, *Economy and Society*, p. 225. [한글본] 막스 베버, 『경제와 사회 Ⅰ』, 425쪽.

9   권위의 합리적 형태, 전통적 형태, 카리스마적 형태 등에 대해서는 Weber, *Economy and Society*, pp. 212-302. [한글본] 막스 베버, 『경제와 사회 Ⅰ』, 408-534쪽과 pp. 1111-1157. [한글본] 막스 베버, 『지배의 사회학』, 금종우 · 전남석 옮김, 한길사, 1981을 보라.

10   Weber, *Economy and Society*, p. 972. [한글본]『관료제』, 이상률 옮김, 문예출판사, 2018, 41쪽을 보라.

11   베버는 분명히 정동의 힘을 이해하고 있었으며, 심지어 정동을 행정과 정치에 연관시킬 필요성을 이해하고 있었다. 그의 카리스마 연구는 이를 탐구하기 위한 하나의 장이다. 더욱 흥미로운 것은 1905년 및 1917년 러시아 혁명의 중요성에 대한 그의 평가일 것이다. 이에 대해서는 Max Weber, *The Russian Revolutions*, trans. Gordon Wells and Peter Baehr, Cornell University Press, 1995를 보라.

12   정치적 이성과 완전히 불가분한 정치적 정동의 중요성에 대한 훌륭한 연구이자 정동되어지는 우리의 힘들과 철저하게 얽혀 있는 정치적 행동의 탐구에 대해서는 Lauren Berlant, *Cruel Optimism*, Duke University Press, 2001를 보라. ([옮긴이주] 관련 내용을 간략히 이해할 수 있는 글로, 로렌 벌렌트, 「잔혹한 낙관주의」,『정동이론』, 최성희 · 김지영 · 박혜정 옮김, 갈무리, 2015, 161 - 205쪽을 보라.) 감정과 이성을 사회운동 안에서 함께 이해할 필요에 대해서는 Deborah Gould, *Moving Politics: Emotion and ACT UP's Fight against AIDS*, University of Chicago Press, 2009를 보라.

13   Weber, *Economy and Society*, p. 973. [한글본]『관료제』, 이상률 옮김, 문예출판사, 2018, 38쪽을 보라.

14   Karl Marx, *Capital*, trans. Ben Fowkes, Penguin, 1976, volume 1, pp. 546 - 548. [한글본] 카를 마르크스,『자본론 1(하)』, 김수행 옮김, 비봉출판사, 2002, 566 - 568쪽.

15   이에 대해서는 Ursula Huws, *The Making of a Cybertariat*, Monthly Review Press, 2003. [한글본] 어슐러 휴즈, 『싸이버타리아트』, 신기섭 옮김, 갈무리, 2004를 보라. 디지털 테일러주의에 대해서는 Hugh Lauder, Phillip Brown, and Gerbrand Tholen, "The Global Auction Model, Skill Bias Theory and Graduate Incomes", in *Educating for the Knowledge Economy?*, Routledge, 2012, pp. 43 - 65과 "Digital Taylorism", *Economist*, September 12, 2015, http://www.economist.com/news/business/21664190-modern-version-scientific-management-threatens-dehumanise-workplace-digital를 보라. 아마존 사의 일상적으로 반복되는 디지털 작업의 외주화 메커니즘인 메커니컬 터크(Mechanical Turk)에 대한 분석에 대해서는 Lilly Irani, "Difference and Dependence among Digital Workers: The Case of Amazon Mechanical Turk", *South Atlantic Quarterly*, 114:1, January 2014, pp. 225 - 234를 보라.

16   '베버를 전도하기'에 관한 우리의 주장은 또한 많은 정치 이론가들이 베버와 슈미트를 동일시하는 방식에 도전하기 위함이었다. 그들은 마치 국가폭력과 주권적 의사결정의 절대적 본성이 권력과 행정이 유일하게 의존할 수 있는 토대인 것인 양 '유럽공법(Jus publicum europeum)'에서의 베버와 슈미트의 의견 일치를 인용한다. 오늘날

사실상 슈미트의 주권관은 해체되고 있는데, 그것이 과거에 전체주의 체제를 지탱했기 때문만이 아니라, 특히나 사회가 점점 더 주권의 명령구조를 떨쳐버릴 수 있게 되었기 때문이다. 이러한 맥락에서 비주권적 행정이라는 대항기획, 즉 "베버를 전도하기"가 분명하게 나타난다. 베버와 슈미트를 함께 묶는 주장에 대해서는 Massimo Cacciari, *Walther Rathenau e il suo ambiente*, De Donato, 1979와 Carlo Galli, *Genealogia della politica*, Il mulino, 1996를 보라.

17 Karl Marx, *The Civil War in France*, International, 1998, pp. 54-55과 "Letter to Kugelmann," April 12, 1871, in the same volume, p. 86. [한글본] 카를 마르크스, 『프랑스 혁명사 3부작』, 임지현·이종훈 옮김, 소나무, 1993, 340쪽과, '마르크스가 쿠겔만에게 보낸 편지'는 『칼 마르크스·프리드리히 엥겔스 저작선집 4』, 김세균 감수, 박종철출판사, 2003, 425-426쪽을 보라.

18 물론 유럽은 18세기와 19세기에 예를 들어 아일랜드와 남부 이탈리아에서 내부 식민지 관계를 추구했다. 중부유럽의 식민 기획은 불분명한 민족성과 고대 문화가 혼합된 동유럽의 영토들에 초점을 맞추었다. 오스트리아-헝가리 부르주아지와 프러시아 귀족의 용병대 모집과 더불어, 대토지 소유지 농업과 거대한 광산들로 이루어진 경제 기획 등이 그것이다. 로자 룩셈부르크와 청년 막스 베버는 이러한 무자비한 형태의 착취와 축적을 맹렬히 비난했다.

19 Thomas Mann, "Goethe as a Representative of the Bourgeois Age", cited in Franco Moretti, *The Bourgeois*, Verso, 2013, p. 20.

20 Moretti, *The Bourgeois*, p. 20.

9장

1 Imre Szeman, "Entrepreneurship as the New Common Sense", *South Atlantic Quarterly*, 114:3, July 2015, pp. 471-490, quote on pp. 472-473.

2 Joseph Schumpeter, "The Creative Response in Economic History", in *Essays*, ed. Richard Clemence, Addison-Wesley Press, 1951, pp. 216-226, quote on p. 219.

3 Schumpeter, "The Creative Response in Economic History", p. 217.

4 Karl Marx, *Capital*, trans. Ben Fowkes, Penguin, 1976, volume 1, p. 447. [한글본] 카를 마르크스, 『자본론 1(상)』, 김수행 옮김, 비봉출판사, 1995, 13장 '협업', 420쪽.

5 Joseph Schumpeter, "Theorie der wirtschaftlichen Entwicklung", trans. Markus Becker and Thorbjørn Knudsen (of selection from 1911 edition of Theory of

Economic Development), *American Journal of Economics and Sociology*, 61:2, April 2002, pp. 405-437, quote on p. 415. [한국어 판본인 조지프 슘페터, 『경제발전의 이론』, 박영호 옮김, 박영률출판사, 2005는 1934년 이후에 출판된 4판을 번역한 것이다.—옮긴이]

6   Marx, *Capital*, volume 1, p. 450. [한글본] 카를 마르크스, 『자본론 1(상)』, 423쪽.

7   Schumpeter, "Theorie der wirtschaftlichen Entwicklung", p. 413.

8   1911년 초판에 기술된 슘페터의 '행동인'에 대해서는, Richard Swedberg, "Rebuilding Schumpeter's Theory of Entrepreneurship", in Yuichi Shionoya and Tamotsu Nishizawa, eds., *Marshall and Schumpeter on Evolution*, Edward Elgar, 2008, pp. 188-203, especially pp. 190-191를 보라. 기업가의 '인격의 중요성'에 대해서는 "Theorie der wirtschaftlichen Entwicklung", p. 414를 보라.

9   Joseph Schumpeter, *Theory of Economic Development*, Harvard University Press, 1934, p. 89.

10   Joseph Schumpeter, *Capitalism, Socialism, and Democracy*, Harper, 1942, p. 142. [한글본] 조지프 슘페터, 「무너지는 성벽」, 『자본주의, 사회주의, 민주주의』, 이상구 옮김, 삼성출판사, 1994. 202쪽.

11   마르크스가 비록 『독일 이데올로기』와 『요강』에서 그러한 단계적 관점과 불장난을 벌이긴 하지만, 그 스스로는 역사적인 생산관계를 영원한 범주로 만드는 것을 비판한다. Marx, *Grundrisse*, trans. Martin Nicolaus, Penguin, 1973, p. 85. [한글본] 카를 마르크스, 『정치경제학 비판요강 I』, 김호균 옮김, 백의, 2002, 53쪽.

12   사회적 기업가 정신의 결과가 궁극적으로는 신자유주의와 구별되지 않으며, 특히 호주에서는 고용 없는 노동과 관련해 그렇다고 주장하는 것으로 Beth Cook, Chris Dodds, and William Mitchell, "Social Entrepreneurship: False Premises and Dangerous Forebodings", *Australian Journal of Social Issues*, 38:1, February 2003, pp. 57-72를 보라.

13   Charles Leadbeater, *The Rise of the Social Entrepreneur*, Demos, 1997, p. 23.

14   소액대출에 대한 페미니즘적 비판으로는 Christine Keating, Claire Rasmussen, and Pooja Rishi, "The Rationality of Empowerment: Microcredit, Accumulation by Dispossession, and the Gendered Economy", *Signs*, 36:1, Autumn 2010, pp. 153-176. '아래로부터의 신자유주의'에 대해서는 이 책 12장에서 베로니카 가고의 작업에 대한 우리의 논의를 참고하라.

15   밀레니엄 빌리지에 대해서는, Lia Haro, "The End(s) of the End of Poverty", PhD dissertation, Duke University, 2014를 보라. 에콰도르의 관계수로 프로젝트의 신

자유주의적 발전 논리를 분석한 것으로 Roberto Adolina, "The Values of Water: Development Cultures and Indigenous Cultures in Highland Ecuador", *Latin American Research Review*, 47:2, 2012, pp. 3-36f를 보라.

16 공통적인 것의 이름으로 일어난 볼리비아의 물과 가스를 위한 사회운동에 대한 우리의 분석으로는 *Commonwealth*, Harvard University Press, 2009, pp. 107-112. [한글본] 마이클 하트·안토니오 네그리, 『공통체』, 윤영광·정남영 옮김, 사월의책, 2014, 166-173쪽을 참고하라. 우리는 『선언』([한글본] 마이클 하트·안토니오 네그리, 『선언』, 조정환 옮김, 갈무리, 2012)에서 2011년에 시작된 아랍의 봄에서 오큐파이에 이르는 투쟁의 순환이 만들어낸 텐트농성을 공통적인 것을 위한 투쟁으로 해석한다.

17 Alberto De Nicola and Biagio Quattrocchi, "La torsione neoliberale del sindicato tradizionale e l'imagginazione del 'sindicalismo sociale': Appunti per una discussione", http://www.euronomade.info/?p=2482. 이에 대해서는 Alberto De Nicola and Biagio Quattrocchi, eds, *Sindacalismo sociale*, DeriveApprodi, 2016 중에서 특히 「서문」을 보라.

18 킴 무디는 정치적 조합주의에서 사회운동 조합주의로의 이행을 위한 논증을 놀랍도록 간결하게 요약한다. 이에 대해서는 Kim Moody, "Towards an International Social-Movement Unionism", *New Left Review*, September 1997, pp. 52-72를 보라. 또한 Peter Waterman, "Social-Movement Unionism: A New Union Model for a New World Order?" *Review (Fernand Braudel Center)*, 16:3, Summer 1993, pp. 245-278, Stephanie Ross, "Varieties of Social Unionism: Towards a Framework for Comparison", *Just Labour*, 11, Autumn 2007, pp. 16-34, Anthony Ince, "Beyond 'Social Movement Unionism?' Understanding and Assessing New Wave Labour Movement Organising", June 5, 2010, http://reurl.kr/DF69E6CAR 등을 참고하라.

19 3자 동맹은 1994년에 아프리카 민족위원회(ANC)가 권력을 인수한 이후에도 계속되었다. 하지만 노동조합이 더 이상 사회운동을 지향하지 않고 정부를 통치하는 방향을 취하게 되자 그 성격이 중대하게 변화했다. 최근에 새로운 사회적 조합주의의 동맹들이 ANC과 노조위원회에 반대하기 시작했으며, 광부들의 파업을 대량학살한 2012년 마리카나 사건으로 끓어오른 분노를 이끈 것으로 발전되었다. 2014년 초반에는 전국 금속노조가 ANC와 공산당이 노동조합에 충성할 것을 요구하는 소비에트 모델을 갖고 있다고 비판하면서 그들과의 관계를 끊었다. 이러한 노조 탈퇴가 선언하는 것은 지배 정당에 충성하는 대신, 적어도 일시적으로는 사회운동을 하는 방향으로 활동을 하겠다는 것이고, 그들 중 일부는 2000년대 초반의 ANC 정책들에 도

전하며 신자유주의와 사유화에 반대하는 활동을 이어가겠다는 것이다. ANC에 도전하는 노동운동과 사회운동의 발전에 대해서는 the group of essays edited by Ahmed Veriava, "Reconfigurations on the Left in South Africa", *South Atlantic Quarterly*, 114:2, April 2015, pp. 426–466를 보라.

20 예를 들어 '국제 서비스업 노조'의 경험에 대해서는 Valery Alzaga, "Justice for Janitors Campaign: Open-Sourcing Labour Conflicts against Global Neoliberalism", *Open Democracy*, February 7, 2011, https://bit.ly/39KQrx2를 보라.

21 Frances Fox Piven and Richard Cloward, *Poor People's Movements*, Vintage, 1977, p. 25.

22 Paolo Donadio, "La nuova lingua del New Labour", PhD disseration, Università Federico II, Naples, 2001.

23 이에 대해서는 Naoki Sakai, *Translation and Subjectivity*, University of Minnesota Press, 1997; Sandro Mezzadra, "Living in Transition: Toward a Heterolingual Theory of the Multitude", http://eipcp.net/transversal/1107/mezzadra/en과 Sandro Mezzadra and Brett Neilson, *Border as Method*, Duke University Press, 2013를 보라.

24 James C. Scott, *The Art of Not Being Governed*, Yale University Press, 2009. [한글본] 제임스 C. 스콧, 『조미아, 지배받지 않는 사람들』, 이상국 옮김, 삼천리, 2015.

25 아돌포 뮈노즈(Adolfo Muñoz)의 비디오 설치미술 '미다스(Midas)'는 홉스의 『리바이어던』의 속표지를 변형하는 그러한 애니메이션 시각 효과를 보여준다. http://reurl.kr/DF69F00VG

3부

1 미셸 푸코는 케인즈와 케인즈주의 국가를 향한 혐오감이 독일과 미국의 신자유주의의 변종들을 통일시킨다고 주장한다. Michel Foucault, *The Birth of Biopolitics*, Picador, 2004, p. 79. [한글본] 미셸 푸코, 『생명관리정치의 탄생』, 오트르망 옮김, 난장, 2012, 118–119쪽. 케인즈주의 국가의 창출은 그 자체로는 좀 더 이전에 자본 측에서 보인 반작용의 열매이다. 20세기의 첫 반세기 동안, 그것은 소비에트 혁명의 시대에 전 세계에서 일어난 공산주의 운동의 궤도로부터 출현했던 노동자 투쟁과 경제적·정치적 기획들을 봉쇄하고 내부화하고자 했다. 달리 말해 케인즈주의 기획은 혁명 운동들의 도전을 인식했지만, 그들의 요구(민주주의, 노동자 통제, 평등주의적인 부의 재분배 등등) 중 일부를 왜곡된 형태로 전유함으로써 정치적으로 그 운동들을 중립화하고자 했다. 이에 대해서는, Antonio Negri, "Keynes and the Capitalist Theory

of the State," in Michael Hardt and Antonio Negri, *Labor of Dionysus*, University of Minnesota Press, 1994, pp. 23-52. [한글본] 안토니오 네그리 · 마이클 하트, 『디오니소스의 노동 Ⅰ』, 이원영 옮김, 갈무리, 1996, 59-107쪽을 참고하라.

2 Samuel Huntington, "The Democratic Distemper", *Public Interest*, no. 41, Fall 1975, pp. 9-38, quote on p. 10. 삼극위원회(Trilateral Commission)의 보고서에 실린 헌팅턴의 글 전체는 다음을 참고하라. Michel Crozier, Samuel Huntington, and Joji Watanuki, *The Crisis of Democracy*, New York University Press, 1975.

3 자카리아(Fareed Zakaria)는 헌팅턴이 진단했던 민주주의의 위기가 결코 사라지지 않았다고 주장한다. 그 문제는 더 심각해졌고, 위기는 그저 지연되었을 뿐이라는 것이다. 이에 대해서는 "Can America Be Fixed? The New Crisis of Democracy", *Foreign Affairs*, 92:1, 2013, pp. 22-33를 보라.

4 이에 대해서는 Joseph Schumpeter, *Capitalism, Socialism, and Democracy*, Harper & Row, 3rd edition, 1950. [한글본] 조지프 슘페터, 「무너지는 성벽」, 『자본주의, 사회주의, 민주주의』, 이상구 옮김, 삼성출판사, 1994와 Karl Polanyi, *The Great Transformation*, Farrar & Rinehart, 1944. [한글본] 칼 폴라니, 『거대한 전환』, 홍기빈 옮김, 길, 2009를 보라.

5 Nancy Fraser, "Feminism's Two Legacies: A Tale of Ambivalence", *South Atlantic Quarterly*, 114:4, October 2015, pp. 699-712, quote on p. 707. 또한 Nancy Fraser, "Feminism, Capitalism, and the Cunning of History", *New Left Review*, no. 56, March-April 2009, pp. 97-117. [한글본] 낸시 프레이저, 「페미니즘과 자본주의, 역사의 간계」, 『전진하는 페미니즘』, 임옥희 옮김, 돌베개, 2017, 289-314쪽을 참고하라.

6 신자유주의 특유의 호전적 폭력에 대해서는 여러 저자들 중에서도 특히 Naomi Klein, *The Shock Doctrine*, Metropolitan Books, 2007. [한글본] 나오미 클라인, 『쇼크 독트린』, 김소희 옮김, 살림Biz, 2008과 Retort, *Afflicted Powers*, Verso, 2005를, 우리의 글로는 *Multitude*, Penguin, 2004. [한글본] 마이클 하트 · 안토니오 네그리, 『다중』, 세종서적, 2008을 참고하라.

10장

1 Christian Marazzi, *Il comunismo del capitale*, Ombre corte, 2010, p. 64.

2   우리는 『제국』에서 이와 유사한 논증을 제시했다. Antonio Negri and Michael Hardt, *Empire*, Harvard University Press, 2000, chapters 3.3 and 3.4. [한글본] 안토니오 네그리 · 마이클 하트, 『제국』, 윤수종 옮김, 이학사, 2001, 346–369쪽, 370–396쪽. 또한 Luc Boltanski and Eve Chiapello, *The New Spirit of Capitalism*, Verso, 2006를 보라.

3   David Harvey, *A Brief History of Neoliberalism*, Oxford University Press, 2007, p. 48. [한글본] 데이비드 하비, 『신자유주의: 간략한 역사』, 최병두 옮김, 한울, 2007, 69쪽. 또한 Roger E. Alcaly and David Mermelstein, eds., *The Fiscal Crisis of American Cities: Essays on the Political Economy of Urban America with Special Reference to New York*, Vintage Books, 1977을 보라.

4   사회적 투쟁들에 대한 정치적 응답으로서의 디트로이트의 지속적인 재정 위기에 관해서는, Scott Kurashige, *The Fifty-Year Rebellion: How the U.S. Political Crisis Began in Detroit*, University of California Press, 2017을 보라.

5   Rudolf Hilferding, *Finance Capital*, ed. Tom Bottomore, trans. Morris Watnick and Sam Gordon, Routledge & Kegan Paul, 1981, pp. 107 and 225. [한글본] 루돌프 힐퍼딩, 『금융자본』, 김수행 · 김진엽 옮김, 새날, 1994, 144쪽과 322–323쪽.

6   Vladimir Lenin, *Imperialism: The Highest Stage of Capitalism*, International, 1939, p. 59. [한글본] V.I. 레닌, 『제국주의론』, 남상일 옮김, 백산서당, 1986, 90쪽.

7   은행들로의 집중과 중앙집중화에 대해서는 Hilferding, *Finance Capital*, p. 180. [한글본] 힐퍼딩, 『금융자본』, 252쪽을 참고하라. 레닌은 힐퍼딩이 독점이 이 과정의 결과라는 점을 인식하지 못했다고 비판한다. 이에 대해서는 *Imperialism*, p. 47를 보라. [한글본] V. I. 레닌, 『제국주의론』, 77쪽.

8   Karl Marx, *Capital*, trans. David Fernbach, Penguin, 1981, volume 3, p. 275. [한글본] 카를 마르크스, 『자본론 Ⅲ(상)』, 김수행 옮김, 2004, 207쪽.

9   Marx, *Capital*, volume 3, p. 275. [한글본] 카를 마르크스, 『자본론 Ⅲ(상)』, 206–207쪽. "그러나 그것은 단지 해외 무역이며, 세계시장을 향한 시장의 발전일 뿐이다. 이러한 발전은 화폐를 세계화폐로, 추상적 노동을 사회적 노동으로 발전시키는 원인이다. 추상적인 부, 가치, 화폐, 그에 따라 추상적 노동은 구체적 노동이 세계시장일 이루는 다양한 노동양식의 총체성이 되는 척도 안에서 발전한다." Marx, *Theories of Surplus Value*, volume 3, chapter 21. "(리카도 이론에 기초한) 경제학자들에 반대하며" 원문은 1968년 프로그레스 출판사본(Marxists.org를 통해 확인할 수 있다)을 보라. 인용된 부분은 수정된 번역이다. http://reurl.kr/E069F70UK

10 시카고 선물시장의 기원에 관해서는, Marco d'Eramo, *The Pig and the Skyscraper*, trans. Graeme Thomson, Verso, 2002, pp. 41–51을 참고하라. 마르코 데라모는 선

물거래는 획일적인 상품 척도를 필요로 한다고 설명한다. "표준화 없이는 선물시장은 존재할 수 없다."(p. 45).

11 가치측정 법칙의 위기에 관해서는 Antonio Negri, "Twenty Theses on Marx", in Saree Makdisi, Cesare Casarino, and Rebecca Karl, eds., *Marxism beyond Marxism*, Routledge, 1996, pp. 149–180. [한글본] 안토니오 네그리, 「마르크스에 관한 20가지 테제」, 『지배와 사보타지』, 윤수종 편역, 새길, 1996, 125–167쪽과 Negri, *Marx beyond Marx*, Autonomedia, 1992. [한글본] 안토니오 네그리, 『마르크스를 넘어선 마르크스』, 윤수종 옮김, 새길, 1994를 참고하라. 사회학적 관점에서 척도와 가치에 관해 좀 더 폭넓은 다룬 것으로는, Lisa Adkins and Celia Lury, eds., *Measure and Value*, Blackwell, 2012를 참고하라.

12 Dick Bryan and Michael Rafferty, *Capitalism with Derivatives*, Palgrave Macmillan, 2006, p. 37.

13 Dick Bryan and Michael Rafferty, "Financial Derivatives and the Theory of Money", *Economy and Society*, 36:1, pp. 134–158, 인용된 부분은 p. 141.

14 Randy Martin, "After Economy? Social Logics of the Derivative", *Social Text*, 31:1, Spring 2013, p. 88. 또한 Lawrence Grossberg, "Modernity and Commensuration", *Cultural Studies*, 24:3, 2010, pp. 295–332 참고하라.

15 이 두 가지 공통적인 것의 형태에 대한 다양한 특성들에 대한 분석으로는 Michael Hardt, "Two Faces of Apocalypse: A Letter from Copenhagen", *Polygraph*, no. 22, 2010, pp. 265–274. [한글본] 연구공간L 엮음, 「묵시록의 두 얼굴」, 『자본의 코뮤니즘, 우리의 코뮤니즘』, 난장, 2012, 139–158쪽을 보라.

16 라틴아메리카에서의 경제의 '재시초화'에 관해서는, Maristella Svampa, "Commodities Consensus", *South Atlantic Quarterly*, 114:1, January 2015, pp. 65–82.을 참고하라. 인용된 부분은 p. 66.

17 Bill McKibben, "Global Warming's Terrifying Math", *Rolling Stone*, July 19, 2012, http://reurl.kr/E069F95PP

18 Sandro Mezzadra and Brett Neilson, "On the Multiple Frontiers of Extraction", *Cultural Studies*, 근간. 메차드라와 닐슨은 근래 여러 편의 논문을 통해 추출에 대한 풍부한 개념화를 발전시켰다. 여기에 더해 또한 "Operations of Capital", *South Atlantic Quarterly*, 114:1, January 2015, pp. 1–9와 "Extraction, Logistics, Finance", *Radical Philosophy*, no. 178, March-April 2013, pp. 8–18을 참고하라.

19 Vandana Shiva, *Biopiracy*, South End, 1999. [한글본] 반다나 시바, 『자연과 지식의 약탈자들』, 배기윤·원재광·이혜경·장윤정·한재각·허남혁 옮김, 당대, 2000.

20 메차드라와 닐슨은 데이터 채굴과 데이터 추출이라는 은유를 "On the Multiple Frontiers of Extraction", pp. 13-14에서 분석한다.

21 공통적인 것의 장으로서의 메트로폴리스에 대해서는 Hardt and Negri, *Commonwealth*, Harvard University Press, 2009, pp. 249-260. [한글본] 하트 · 네그리, 『공통체』, 윤영광 · 정남영 옮김, 사월의책, 2014, 349-363쪽을 참고하라.

22 Anna Tsing, *The Mushroom at the End of the World*, Princeton University Press, 2015, p. 63. [옮긴이주] 애너 칭은 이 책의 한 대목에서 다음과 같이 썼다. "전 지구적 공급망은 진보에 대한 기대를 종식시켰다. 선도적 기업들로 하여금 노동을 통제하는 일에 집중하지 않아도 되도록 허용했기 때문이다. 노동을 표준화하는 것은 교육과 정규직 일자리를 필요로 했다. 그래서 이윤과 진보가 연결되었다. 이와 달리 공급망에서는 여러 경로로 모아들인 재화가 선도적 회사를 위한 이윤을 낳을 수 있다. 직장에의 헌신, 교육, 복지는 더 이상 수사적으로라도 필요하지 않다. 공급망은 특정 종류의 상품 수집(salvage)의 축적을 필요로 한다. 여기에는 한 구획에서 다른 구획으로 넘어오는 과정이 포함된다. 미국-일본 관계의 근대적 역사는 이러한 관행을 세계 전역으로 퍼뜨리는 요청과 응답의 대위법이다."

23 메차드라와 닐슨에 따르면 금융은 "경제활동과 사회적 삶 일반에 침투 및 포섭하기 위해서 계속적이고 폭력적인 경향을" 가동한다. "Operations of Capital", p. 2.

24 Matthew Desmond, *Evicted: Poverty and Profit in the American City*, Crown, 2016, p. 306. [한글본] 매튜 데스몬드, 『쫓겨난 사람들』, 황성원 옮김, 동녘, 2016, 415쪽.

25 Verónica Gago, "Financialization of Popular Life and the Extractive Operations of Capital", *South Atlantic Quarterly*, 114:1, January 2015, pp. 11-28, quote on p. 16. 또한 Verónica Gago and Sandro Mezzadra, "Para una critica de las operaciones estractivas del capital", *Nueva sociedad*, no. 255, January–February 2015, pp. 38-52 를 보라.

26 포드주의에서 포스트포드주의로의 이행과 점차 늘어나는 지식, 협동, 생산에서의 주체성의 중심적인 역할에 대해서는, Antonio Negri and Carlo Vercellone, "Le rapport capital/travail dans le capitalisme cognitif", *Multitudes*, Spring 2008, pp. 39-50, especially pp. 40-41을 참조하라.

27 마르크스에 따르면, "한편으로 일반적인 과학적 노동, 자연과학들의 기술적 적용 그리고 …… 다른 한편으로 총생산에서의 사회적 구조(Gliederung)에서 발생한 일반적인 생산력"의 결과들은 "(비록 그것이 역사적 산물이긴 하지만) 사회적 노동의 천부적 재질로" 나타난다. Marx, *Grundrisse*, trans. Martin Nicolaus, Penguin, 1973, p. 700. [한글본] 카를 마르크스, 『정치경제학 비판요강 Ⅱ』, 김호균 옮김, 백의, 2000, 374쪽.

28 인지자본주의 개념에 대한 탁월한 설명으로는 Carlo Vercellone, "The Hypothesis of Cognitive capitalism", paper presented at SOAS conference, Birkbeck College, November 4, 2005. 디지털 혁명에 관한 표준적인 이론들은 자본주의적 혁신을, 정보 및 의사소통 기술의 발전을 활성화하는 주된 창조력으로 생각하는데, 그러다 보니 이 과정의 실제적인 동력인 살아 있는 지식, 지성, 주체성 등을 잘 보지 못한다. 통상 자본이 노동 없이는 아무것도 산출하지 못하는 것처럼, 정보와 소통은 이것들 없이는 어떤 것도 산출하지 못하기 때문이다.

29 Carla Freeman, *High Tech and High Heels in the Global Economy*, Duke University Press, 2000과 Andrew Ross, *No Collar*, Basic Books, 2003를 보라.

30 Marx, *Grundrisse*, p. 297. [한글본] 카를 마르크스, 『정치경제학 비판요강 I』, 김호균 옮김, 백의, 2002, 300쪽.

31 일부 마르크스주의자들은 추상을 완전히 부정적인 용어로 보며, 그것을 그들의 자본 비판의 초석으로 만든다. 예를 들어 John Holloway, *Crack Capitalism*, Pluto Press, 2010. [한글본] 존 홀로웨이, 『크랙 캐피털리즘』, 조정환 옮김, 갈무리, 2013를 보라.

32 Marx, *Grundrisse*, p. 296. [한글본] 카를 마르크스, 『정치경제학 비판요강 I』, 299 - 300쪽.

33 Marx, *Grundrisse*, p. 172. [한글본] 카를 마르크스, 『정치경제학 비판요강 I』, 155쪽.

34 Marx, *Grundrisse*, p. 296. [한글본] 카를 마르크스, 『정치경제학 비판요강 I』, 300쪽.

35 Marx, *Grundrisse*, p. 706. [한글본] 카를 마르크스, 『정치경제학 비판요강 II』, 381 - 382쪽.

36 Deborah Cowen, *The Deadly Life of Logistic*, University of Minnesota Press, 2014. [한글본] 데보라 코웬, 『로지스틱스』, 권범철 옮김, 갈무리, 2017.

37 Marx, *Capital*, volume 2, p. 135. [한글본] 카를 마르크스, 『자본론 II』, 63쪽.

38 이에 대해서는 Marx, *Capital*, volume 2, p. 229. [한글본] 카를 마르크스, 『자본론 II』, 175쪽을 보라.

39 "소통수단의 생산, 즉 유통의 물리적 조건의 생산은 고정자본의 생산이라는 범주에 들어가며, 그에 따라 특수한 사례가 아니다. 그 사이, 그리고 우연적으로 우리에게는 자본이 사회적 생산의 공동적이고 일반적인 조건들과 맺는 특정한 관계……라는 관점이 열린다. 이 일반적 조건은 특수한 자본 및 그것의 특수한 생산과정이라는 조건들과는 구별된다." Marx, *Grundrisse*, p. 533. [한글본] 카를 마르크스, 『정치경제학 비판요강 II』, 169쪽. 또한 *Capital*, volume 2, p. 429. [한글본] 카를 마르크스, 『자본론 II』, 423 - 424쪽을 참조하라.

40 Brett Neilson and Ned Rossiter, "Logistical Worlds: Territorial Governance in

Piraeus and the New Silk Road", *Logistical Worlds*, no. Ⅰ, November 2014, pp. 4-10.

41   Keller Easterling, *Extrastatecraft: The Power of Infrastructure*, Verso, 2014, p. 27.

42   Cowen, *The Deadly Life of Logistic*, p. 41. [한글본] 데보라 코웬, 『로지스틱스』, 권범철 옮김, 갈무리, 2017, 69쪽.

43   Stefano Harney and Fred Morten, *The Undercommons*, Autonomia, 2013, p. 92. [옮긴이주] 스테파노 하니와 프레드 모튼은 근대의 로지스틱스가 노예무역, 즉 노예를 상품으로 삼아 유통시키는 데에서 시작되었고, 나아가 노동자들처럼 생산과정에 특정한 위치를 점하지 않게 하는 것, 따라서 저항의 조직화가 불가능하게 만드는 과정에서 더욱 촉진되고 발전하게 되었다고 본다. "프롤레타리아트가 자본 회로의 한 지점에 위치지어지고, 그래서 생산 과정의 한 지점에 있음으로 인해서 자본주의적 총체성에 대한 고유한 관점을 갖는 것이라면, 모든 지점에 놓여 있는 자들, 말하자면 생산 과정에서 어떤 지점에도 있지 않은 자들은 무엇인가? 일을 할 뿐만 아니라 상품이기도 한 자들, 생산에도 있지만 유통에도 있는 자들, 유통에도 있지만 재산으로서 분배에도 있는 자들, 재산이기도 하지만 또한 스스로를 재생산하고 실현한다는 의미의 재산인 자들은 무엇인가? 어떠한 입지(standpoint)도 없음이라는 입지, 모든 곳에 있으며 어디에도 없는 것, 결코 있었던 적이 없지만 도래할 것, 사물이자 동시에 아무것도 아닌 것. 프롤레타리아트가 그 토대를 하늘 높이 날려버릴 능력이 있다고 생각되었다면 배에 실린 물건과 같은 것, 컨테이너가 된 이 물건은 무엇인가? 그러한 살덩어리(fresh)는 무엇을 할 수 있는가? …… 하나의 사회적 능력이 있다. 그것은 로지스틱스가 알 수 없는 것이라고 인식하는, 가질 수 없지만 항상 가지길 갈망하는, 있지만 아니 주변에 있거나 사방에 있는, 하지만 부재하는 것으로 계산하는 근거로서의 '아래의 공통적인 것(undercommon)'으로서 매번 다시 입지의 소멸을 예화한다. 로지스틱스는 이 능력이 전에는 있었던 적이 없다는 것을 알고 있다. 배에 실려 있는 이 능력은 역사적 반란의 유산이자, 역사성이며, 로지스틱스의 능력(logisticality)인 것이다." *The Undercommons*, p. 93.

44   예를 들어 Niccolò Cuppini, Mattia Frapporti, and Maurilio Pirone, "Logistics Struggles in the Po Valley Region: Territorial Transformations and Processes of Antagonistic Subjectivation", *South Atlantic Quarterly*, 114:1, January 2015, pp. 119-134 참조.

45   Harry Harootunian, *Marx After Marx: History and Time in the Expansion of Capitalism*, Columbia University Press, 2015, p. 2.

46   마르크스의 시초 축적에 대한 분석으로는 *Capital*, volume 1, pp. 873-931. [한글본] 『자본론 1(하)』, 979-1051쪽을 참조하라.

47 박탈로서의 축적에 대해서는 Harvey, *A Brief History of Neoliberalism.* [한글본] 데이비드 하비, 『신자유주의: 간략한 역사』, 최병두 옮김, 한울, 2007를 보라. 마르크스의 시초 축적 개념을 오늘날의 자본주의적 생산에 비춰서 탁월하게 평가한 것으로는 Sandro Mezzadra, "The Topicality of Prehistory: A New Reading of Marx's Analysis of 'So-called Primitive Accumulation'", *Rethinking Marxism* 23:3, 2011, pp. 302-321을 참고하라.

48 이에 대해서는 Christopher Arthus, *The New Dialectic and Marx' Capital*, Brill, 2002를 참조. 또한 17세기 영국에 대한 여러 탁월한 마르크스주의 역사서들을 주목하라. 이들은 마르크스가 시초 축적이라 부른 근본적인 사회경제적 변형이 다양한 소유 형태 및 노동조직화 방식을 지닌 평탄하지 않은 방식으로 전개된다는 점을 증명한다. 이에 대해서는 Maurice Dobb, *Studies in the Development of Capitalism*, Routledge, 1947와 E. P. Thompson, *The Making of the English Working Class*, revised edition, Penguin, 1991. [한글본] 에드워드 파머 톰슨, 『영국 노동계급의 형성 (上)』, 『영국 노동계급의 형성 (下)』, 나종일·김인중·한정숙·노서경·김경옥·유재건 옮김, 창비, 2000를 참고하라. 이들과는 대조되는 입장으로는 Ellen Meiksins Wood, *The Origins of Capitalism: A Longer View*, Verso, 2002를 보라.

49 형식적 포섭과 실질적 포섭에 대한 마르크스의 설명에 대해서는 『자본론』 영어판 부록 「직접적 생산과정의 제결과」([한글본] 카를 마르크스, 「직접적 생산과정의 제결과」, 『경제학노트』, 김호균 옮김, 이론과실천, 1988, 45-194쪽)를 보라. 형식적 포섭과 실질적 포섭에 대한 우리의 이전의 분석으로는 Negri, *Marx beyond Marx*, pp. xvi, 113-123, 142. [한글본] 네그리, 『마르크스를 넘어선 마르크스』, 윤수종 옮김, 새길, 1994, 20-22쪽, 223-237쪽, 263-264쪽과 Hardt and Negri, *Empire*, pp. 254-256. [한글본] 네그리·하트, 『제국』, 340-342쪽을 보라.

50 Praful Bidwai, *The Phoenix Moment: Challenges Confronting the Indian Left*, HarperCollins India, 2015, p. 365. 인도에서의 '생산양식 논쟁'에 대한 탁월한 개괄로는 이 책 pp. 353-365를 보라.

51 Jairus Banaji, *Theory and History*, Brill, 2010, p. 282. 인용된 부분은 원래 1977년에 출판된 글에서 가져온 것이다. 또한 바나지에 대한 하루투니언의 탁월한 해석인 *Marx after Marx*, pp. 210-225를 참고.

52 중국 지식인들 사이에서 있었던 반(半)봉건주의 및 반(半)식민주의 논쟁의 역사에 대해서는, Rebecca Karl, "On Comparability and Continuity: China, circa 1930s and 1990s", *boundary 2*, 32:2, 2005, pp. 169-200을 보라. 칼의 주장에 따르면 1930년대 논쟁의 반(反)제국주의적 내용은 이 개념들이 1990년대에 "반(半)식민주의의 변천

을 거쳐, 영구 이행의 이론으로 들어가 자본주의의 불가피성"(p. 187)을 나타내게 됨에 따라 삭제된다.

53 Álvaro García Linera, *Nueve tesis sobre el capitalismo y la communidad universal*, Ministerio de trabajo, empleo, y previsión social, 2015, 특히 p. 8쪽을 참고. 원주민 공동체의 맥락에서 형식적 포섭과 실질적 포섭을 바라보는 리네라의 확장된 분석으로는, *Forma valor y forma comunidad*, 2nd edition, Muela del Diablo, 2009를 참조하라.

54 Harry Harootunian, *Marx After Marx*, 자본주의적 발전의 일반적 규칙으로서의 형식적 포섭에 대해서는 특히 p. 9와 p. 38를 참조하라.

11장

1 마이클 니어리와 그래햄 테일러가 주장했듯이, "화폐는 사회적 존재의 최상위 형태이다. 하지만 부르주아 과학은 그 사회적 삶에 대한 어떠한 연구도 하지 않는다.", Michael Neary, Graham Taylor, *Money and the Human Condition*, Macmillan, 1998, p. 1. 사회적 관계로서의 화폐에 대해서는 Geoffrey Ingham, *The Nature of Money*, Polity, 2004, p. 12을 보라.

2 John Maynard Keynes, *A Treatise on Money*, Harcourt, Brace, 1930, p. 3. [한글본] J. M. 케인즈, 『화폐론 (상권)』, 신태환·이석륜 옮김, 비봉출판사, 1992, 3쪽.

3 존 케네스 겔브레이스에 따르면, "화폐의 역사는 많은 것을 가르치거나 많은 것을 가르치게 만들 수 있다. 실제로 화폐에 관해 지속하는 많은 것이 어떤 다른 방식으로 배워질 수 있는지는 대단히 의심스럽다." J. K. Galbraith, *Money*, rev. ed., Houghton Mifflin, 1995[orig. 1975], p. 1. 이에 대해서는 또한 Carlo Boffito, *Teoria della moneta: Ricardo, Wicksell, Marx*, Einaudi, 1973과 Antonio Negri, *Libri del rogo*, Derive Approdi, 2006, pp. 42, 52, and 53을 참고하라.

4 Karl Marx, *Grundrisse*, trans. Martin Nicolaus, Penguin, 1973, p. 225. [한글본] 카를 마르크스, 『정치경제학 비판요강 Ⅰ』, 김호균 옮김, 백의, 2000, 217쪽.

5 E. P. Thompson, "Time, Work-Discipline, and Industrial Capitalism," *Past and Present*, no. 38, December 1967, pp. 56–97.

6 이에 대해서는 Steffen Böhm and Chris Land, "The New 'Hidden Abode': Reflections on Value and Labour in the New Economy," *Sociological Review*, 60:2, May 2012, pp. 217–240를 보라.

7 Jonathan Crary, *24/7*, Verso, 2013, p. 88. [한글본] 조너선 크레리, 『24/7: 잠의 종말』,

김성호 옮김, 문학동네, 2014, 139쪽.

8   Gilles Deleuze, "Postscript on the Societies of Control," *October*, Winter 1992, pp. 3–7, quote on p. 5. [한글본] 질 들뢰즈, 『대담 1972-1990』, 김종호 옮김, 솔, 1993, 201쪽.

9   Melinda Cooper, "Shadow Money and the Shadow Workforce", *South Atlantic Quarterly*, 114:2, April 2015, pp. 395–423. 딕 브라이언, 마이클 래퍼티, 크리스 제프리스도 이와 유사한 지적을 한다. "2차 대전 이후 통화 안정이 보다 유동적인 금융 형태들로 무너져 내리고, 뒤이어 '변동환율제'가 도입되고 '블랙-숄즈 옵션가격 모델'이 발명(이것들은 금융 리스크가 중요해짐에 따라 나타난 상이한 두 차원에 붙여진 이름이다)되었던 것과 똑같이 그리고 대체로 같은 이유로 전일제 정규직 고용은 줄어들고, 형태가 없고 임시직인 불안정 노동 형태가 점점 더 그 자리를 채웠다." Dick Bryan, Michael Rafferty, Chris Jefferis, "Risk and Value: Risk, Labor, and Production," *South Atlantic Quarterly*, 114:2, April 2015, pp. 307–329, quote on pp. 308–309). [옮긴이주] 블랙-숄즈 옵션가격 모델은 1970년 초에 피셔 블랙(Fischer Black)과 마이런 숄즈(Myron Scholes)에 의해 개발된 가격결정모형으로서 옵션의 이론가격을 계산하기 위하여 개발되었다. 이 모델에 일부 수정이 가해져 현재 널리 이용되고 있다. 대상자산가격, 행사가격, 가격변동성, 잔존기간 및 금리 등이 변수로 적용된다.

10 Christian Marazzi, *E il denaro va*, Bollati Borighieri, 1998, p. 64.

11 Gunnar Heinsohn and Otto Steiger, "The Property Theory of Interest and Money", in John Smithin, ed., *What Is Money?*, Routledge, 2000, pp. 67–100, quote on p. 67.

12 Carlo Vercellone, "Composizione organica del capitale e composizione di classe," in Commonware, Effimera, Unipop, eds., *La crisi messa a valore*, CW Press & Edizioni Sfumature, 2015, pp. 104–119, quote on p. 112.

13 Karl Marx, *Capital*, trans. Ben Fowkes, Penguin, 1976, volume 1, p. 226. [한글본] 카를 마르크스, 『자본론 1(상)』, 김수행 옮김, 비봉출판사, 1995, 160쪽.

14 이에 대해서는 *Proletari e stato*, thesis 2 and thesis 8 in Negri, *Libri del rogo*, pp. 146–150 and 169를 보라.

15 Bernard Schmitt, *Monnaie, salaires et profits*, Presses universitaires de France, 1966, p. 11. 또한 Negri, *Libri del rogo*, p. 210를 보라.

16 짐멜은 "제도로서의 화폐를 명확히 개념화한다." Gianfranco Poggi, *Money and the Modern Mind: Georg Simmel's Philosophy of Money*, University of California Press, 1983, p. 132.

17　Georg Simmel, *The Philosophy of Money*, trans. Charles Lemert, Routledge Classics, reprint edition, 2011, p. 461. [한글본] 게오르그 짐멜, 『돈의 철학』, 김덕영 옮김, 길, 2013, 801쪽.

18　Simmel, *The Philosophy of Money*, pp. 150, 62‒70, and 127. [한글본] 게오르그 짐멜, 『돈의 철학』, 211-212쪽, 95-111쪽, 164쪽.

19　Simmel, *The Philosophy of Money*, pp. 285 and 348. [한글본] 게오르그 짐멜, 『돈의 철학』, 211-212쪽, 95-111쪽, 481쪽, 597쪽.

20　Georg Lukács, *Notes on Georg Simmel's Lessons*, Documenta, 2011. [옮긴이주] 같은 글은 아니지만 루카치가 짐멜의 철학에 대해 전체적으로 평가한 것으로, 게오르그 루카치, 「전전(前戰) 시기의 생철학(짐멜), 『이성의 파괴 II』, 변상출 옮김, 백의, 1996, 504-521쪽이 있다.

21　이에 대해서는 Jerome Roos, "In Each Other We Trust: Coining Alternatives to Capitalism", March 31, 2014, https://roarmag.org/essays/moneylab-conference-alternativecurrencies/.을 참고하라.

22　데이비드 하비의 주장에 따르면, 가치는 "전 세계 수백만 사람들의 노동활동들 사이에서 확립된 사회적 관계이다. 사회적 관계로서의 가치는 비물질적이고 비가시적이다." 그리고 "비물질적이고 비가시적이기 때문에 가치는 일정한 물질적 재현물을 필요로 한다. 이러한 물질적 재현물이 화폐이다. 화폐는 사회적 가치의 비물질성의 상징이자 재현일 뿐 아니라 만질 수 있는 외형이다." David Harvey, *Seventeen Contradictions*, Oxford University Press, 2014, pp. 26‒27. [한글본] 데이비드 하비, 『자본의 17가지 모순』, 황성원 옮김, 동녘, 2015, 62-63쪽.

23　Harvey, *Seventeen Contradictions*, p. 27. [한글본] 데이비드 하비, 『자본의 17가지 모순』, 63쪽.

24　Heinsohn and Steiger, "The Property Theory of Interest and Money," p. 86. 또한 Gunnar Heinsohn and Otto Steiger, *Ownership Economics*, trans. Frank Decker, Routledge, 2012을 보라. 하인존과 슈타이거의 책을 읽을 때, 우리는 그것이 마르셀 모스, 칼 폴라니, 마샬 살린스(Marshall Sahlins)과 같은 제도주의적 사회학자들의 작업임을 명심해야 한다.

25　이에 대해서는 Serge Audier, *Neoliberalisme(s): Une archéologie intellectuelle*, Grasset, 2012를 참고하라. 권리 영역으로서의 소유 개념은 하이에크의 작업과 강하게 공명한다.

26　Wilhelm Röpke, *A Humane Economy*, Intercollegiate Studies Institute, 1998.

27　발터 오이켄에 대해서는 Stephan Kuhnert, "The Man Who Heated Up Economic Discussion with a Stove: Walter Euken's Challenge to the Social Sciences", in

Mark Sproule-Jones, Barbara Allen, 그리고 Filippo Sabetti, eds., *The Struggle to Constitute and Sustain Productive Orders*, Lexington Books, 2008, pp. 111–123와 Viktor Vanberg, "The Freiburg School: Walter Euken and Ordoliberalism", *Freiburg Discussion Papers in Constitutional Economics*, 4:11, 2004를 참고하라.

28   Christian Marazzi, *The Violence of Financial Capitalism*, trans. Kristina Lebedeva and Jason McGimsey, Semiotext(e), 2010, pp. 48, 64, and 106. [한글본] 크리스티안 마라치, 『금융자본주의의 폭력』, 심성보 옮김, 갈무리, 2013, 64쪽, 83-84쪽, 211-212쪽.

29   재앙 자본주의에 대해서는, Naomi Klein, *The Shock Doctrine*, Metropolitan Books, 2007. [한글본] 나오미 클라인, 『쇼크 독트린』, 김소희 옮김, 살림Biz, 2008을 보라.

30   이에 대해서는 다음을 참고하라. Nicos Poulantzas, *Political Power and Social Classes*, Verso, 1975. [한글본] 니코스 풀란차스, 『정치권력과 사회계급』, 홍순권 옮김, 풀빛, 1986. Claus Offe, *Strukturprobleme des kapitalistischen Staates*, Suhrkamp, 1972. Joachim Hirsch, *Wissenschaftlich-technischer Fortschritt und politisches System*, Suhrkamp, 1970. James O'Connor, *The Fiscal Crisis of the State*, St. Martin's Press, 1973.

31   Lapo Berti, *Moneta, crisi e stato capitalistico*, Feltrinelli, 1978, p. 33.

32   Wolfgang Streeck, *Buying Time*, Verso, 2014. [한글본] 볼프강 슈트렉, 『시간 벌기』, 김희상 옮김, 돌베개, 2015.

33   Streeck, Buying Time, p. 72. [한글본] 볼프강 슈트렉, 『시간 벌기』, 114쪽.

34   슈트렉은 자립적 대안을 구축할 수 있는 어떠한 사회적 주체(혁명적 주체나 그 밖의 주체)도 없는 자본주의의 종말을 예언한다. 이에 대해서는 "How Will Capitalism End?," *New Left Review*, 87, May–June 2014, pp. 35–64. [한글본] 「자본은 어떻게 종언에 이를까?」, 『뉴레프트리뷰 6』, 변광배·진태원·정병선 등 옮김, 길, 2015, 25-62쪽.

35   마르크스의 공황 이론에 대한 보다 자세한 분석으로는, Antonio Negri, "Marx on Cycle and Crisis", in *Revolution Retrieved*, Red Notes, 1988, pp. 43–90. [한글본] 안토니오 네그리, 「마르크스의 순환론과 위기론」, 『혁명의 만회』, 윤영광 옮김, 갈무리, 2005, 83-161쪽을 참고하라.

36   Marx, *Theories of Surplus Value*, volume 3, p. 447, 프로그레스 출판사본은 현재 www.Marxists.org에서 이용할 수 있다. http://reurl.kr/12F6BFACTP

1   Sheldon Wolin, *Democracy Inc.*, Princeton University Press, 2008. [한글본] 셸던 월린, 『이것을 민주주의라고 말할 수 있을까?』, 우석영 옮김, 후마니타스, 2013. 미국이 지속적으로 부패되는 다양한 양상에 대해서는 Bruce Ackermann, *The Decline and Fall of the American Republic*, Harvard University Press, 2010과 Zephyr Teachout, *Corruption in American*, Harvard University Press, 2014를 보라.

2   Robert Hale, "Coercion and Distribution in a Supposedly Non-Coercive State", *Political Science Quarterly*, 38:3, September 1923, pp. 470-494. 재산법에 관한 우리의 주장은 6장을 보라.

3   Michel Foucault, *The Birth of Biopolitics*, Picador, 2004, p. 145. [한글본] 미셸 푸코, 『생명관리정치의 탄생』, 오트르망 옮김, 난장, 2012, 218쪽.

4   Foucault, *The Birth of Biopolitics*, pp. 226 and 241. [한글본] 미셸 푸코, 『생명관리정치의 탄생』, 319-320쪽, 335쪽.

5   Foucault, *The Birth of Biopolitics*, p. 270. [한글본] 미셸 푸코, 『생명관리정치의 탄생』, 372쪽.

6   Peter Drucker, *Innovation and Entrepreneurship*, Harper & Row, 1985, p. 264. [한글본] 피터 드러커, 『미래사회를 이끌어가는 기업가 정신』, 이재규 옮김, 한국경제신문, 2004, 361쪽을 보라. 노동조합에 대해서는 pp. 257-259. [한글본] 352-354쪽을, 공공 제도에 대해서는 pp. 259-260. [한글본] 354-356쪽을 보라.

7   David Slater, "The Making of Japan's New Working Class: 'Freeters' and the progression from Middle School to the Labor Market", *Asis-Pacific Journal*, 8:1, January 2010, pp. 1-37; and Anne Allison, *Precarious Japan*, Duke University Press, 2013, especially pp. 64-71 참조.

8   Jonathan Crary, *24/7*, Verso, 2013, p. 46. [한글본] 조너선 크레리, 『24/7: 잠의 종말』, 문학동네, 2014, 80쪽.

9   Verónica Gago, "Financilaization of Popular Life and the Extractive Operations of Capital", *South Atlantic Quarterly* 114:1, January 2015, pp. 11-28, quote on p. 15.

10 Michel Foucault, "The Subject and Power", *Critical Inquiry*, 8:4, Summer 1982, pp. 777-795, quote on p. 790. [한글본] 미셸 푸코, 『미셸 푸코의 권력이론』, 정일준 옮김, 새물결, 1995, 82쪽.

11 Andreas Fischer-Lescano and Gunther Teubner, "Regime-Collisions: The Vain Search for Legal Unity in the Fragmentation of Global Law", *Michigan Journal*

of International Law, 25:4, 2004, pp. 999-1046, quote on p. 1004. 신자유주의적 협치에 대해서는 우리의 책 『공통체』([한글본] 『공통체』, 정남영·윤영광 옮김, 사월의책, 2014, 316-322쪽, 381-387쪽, 475-477쪽)의 분석을 참고하라. Sandro Mezzadra, "Seizing Europe—Crisis Management, Constitutional Transformation, Constituent Movements", in Óscar García Agustín and Christian Ydesen, eds., *Post-Crisis Perspectives*, Peter Lang, 2013, pp. 99-118, 그리고 Marco Fioravanti, "Costituzionalismo dei beni comuni", *Storica*, no. 55, 2013, pp. 103-137.

12   Christian Marazzi, *Il communismo del capitale*, Ombre corte, 2010, p. 66.

13   국가별 정보의 자유 및 언론 자유의 탄압 상황에 대해서는, Reporters without Borders website, en.rsf.org.를 참조.

14   Paul Mason, *Why It's Kicking Off Everywhere*, Verso, 2012, p. 75. [한글본] 폴 메이슨, 『혁명을 리트윗하라』, 이지선·심혜리 옮김, 명랑한지성, 2012, 131쪽. 소셜미디어와 사회운동에 관해서는 Paolo Gerbaudo, *Tweets and Streets*, Pluto, 2012; and Todd Wolfson, *Digital Rebellion: The Birth of the Cyber Left*, University of Illinois Press, 2014를 참조.

15   United Nations High Commissioner for Refugees, *World at War: Grobal Trends 2014*, http://www.unhcr.org/556725e69.html.

16   United Nations High Commissioner for Refugees, "Worldwide Displacement Hits All-time High as War and Persecution Increase", June 18 2015, http://www.unhcr.org/558193896.html.

17   UNPF(유엔 인구기금)에 따르면 2013년 현재 자신이 태어난 곳 바깥에서 사는 사람은 총 2억 3천 2백만명이다. http://www.unfpa.org/migration.

18   이 수치는 국제노동기구(ILO)가 2009년 중국 국가 통계원 자료에 기초해 보고한 것이다. "Labour Migration in Chian and Mongolia", http://reurl.kr/1326C8DCZS. 참조.

19   Marco Bascetta and Sandro Mezzadra, "L'Europa: Ce la facciamo?", *Il manifesto*, November 7, 2015; and Martina Tazzioli, "Da Calais a Marsiglia", *Tutmondo*, November 7, 2015를 참고하라.

20   Sandro Mezzadra and Brett Neilson, "Né qui, né altrove—Migration, Detention, Desertion: A Dialogue", *Borderlands*, 2:1, 2003, http://reurl.kr/1326C8D9UT. 또한 Sandro Mezzadra, *Diritto di fuga*, Ombre corte, 2001를 참고하라.

21   마르크스에 따르면, "이른바 국부(國富) 중 현실적으로 근대적 국민이 집단적으로 점유하는 유일한 부분이 바로 국채이다. …… 공공 부채는 시초 축적의 가장 강력한 지렛대의 하나가 된다." Karl Marx, *Capital*, trans. Ben Fowkes, Penguin, 1976,

volume Ⅰ, p. 919. [한글본] 카를 마르크스, 『자본론 1(하)』, 김수행 옮김, 비봉출판사, 2002, 1037-1038쪽.

22 Wendy Brown, *Undoing the Demos*, Zone Books, 2015, p. 108. [한글본] 웬디 브라운, 『민주주의 살해하기』, 배충효 · 방진이 옮김, 내인생의책, 2017, 112쪽.

23 Brown, *Undoing the Demos*, p. 151. [한글본] 웬디 브라운, 『민주주의 살해하기』, 203쪽. 신자유주의와 법에 관해서는 Corinne Blalock, "Neoliberalism and the Crisis of Legal Theory", *Law and Contemporary Problems*, 77:4, 2014, pp. 71-103; and David Grewal and Jedediah Purdy, "Law and Neoliberalism", *Law and Contemporary Problems*, 77:4, 2014, pp. 1 – 24 참조하라.

24 미셸 푸코의 주장에 따르면, "권력은 그것이 그 자신의 실질적 부분을 가리는 조건 위에서만 견딜 수 있다. 권력의 성공은 그 자신의 메커니즘을 숨기는 능력에 비례한다." Michel Foucault, *History of Sexuality*, trans. Robert Hurley, Vintage, 1980, volume Ⅰ, p. 86. [한글본] 미셸 푸코, 『성의 역사 1권: 앎의 의지』, 이규현 옮김, 나남출판, 1997, 101쪽.

25 이에 대해서는 Antonio Negri, "Reflections on the 'Manifesto for an Accelerationist Politics'", trans. Matteo Pasquinelli, https://bit.ly/2v2LvVA [한글본] 안토니오 네그리, 「『가속주의자 정치를 위한 선언』에 대한 성찰」, 이승준 옮김, https://bit.ly/38JGXCa를 참조.

26 Foucault, "The subject and Power", p. 789. [한글본] 미셸 푸코, 「주체와 권력」, 『미셸 푸코의 권력이론』, 정일준 옮김, 새물결, 1995, 90-93쪽.

27 Pedro Biscay, "Ipotesi d'inchieta", 2015, https://www.euronomade.info/?p=4712.

4부 새로운 군주

1 Heinrich von Kleist, "The Puppet Theatre", in *Selected Writings*, ed. and trans. David Constantine, Hackett, 2004, p. 414.

2 Margaret Atwood, "Song of the Worms", in *You Are Happy*, Harper & Row, 1974. 이 시를 다중의 성특성으로 제안한 수밋 팟와르드한(Sumeet Patwardhan)에게 감사드린다.

13장

1   우리처럼 라클라우와 바디우도 근대 정치학의 위기와, 대안적인 정치적 프레임을 발견하려는 운동들의 절박함을 포착한다. 그러나 그들은 우리와는 일정 정도 대립하는 다른 결론에 도달한다.

라클라우의 인민주의[포퓰리즘]관은 우리의 다중 개념이 그렇듯 사회적 장의 이질성에 대한 인식, 즉 투쟁하는 모든 이들을 통합해야만 하거나 통합할 수 있는 단일한 주체는 없다는 사실에 대한 인식에서 출발한다. 그러나 그가 내재성의 지형을 거부할 때, 즉 투쟁하는 사회적 주체성의 다양성이 스스로를 효과적으로 조직하고 또한 지속하는 제도들을 창출하며 그 결과 새로운 사회적 관계를 구성할 수 있다는 전망을 거부할 때 그는 우리와는 멀어진다. 대신에 라클라우는 초월적인 동력이, 말하자면 헤게모니적 힘이 위로부터 복수적인 사회적 주체성들을 '인민'으로 조직하는 것이 필요하다고 주장하는데, 이 인민은 그가 강조하듯이 정말로 텅 빈 기표이다. 그의 주장에 따르면 이러한 인민의 창출이야말로 전형적인 정치적 행위이다. 우리의 주요한 반론은 사회적 주체성들인 다중은 헤게모니 권력에 의해서 위로부터 통일된 하나의 주체로 조직되어서는 안 된다(그리고 궁극적으로는 다중은 오늘날 그렇게 조직될 수 없다)는 것이다. 그와는 달리 우리의 주장은 사회적 주체성들은 스스로를 하나의 다중(하나의 인민이 아니라)으로 조직하고, 지속하는 제도들을 창출할 잠재력을 가진다는 것이다. 결론적으로 우리는 라클라우가 근대적 정치학과 근대적 주권의 범주들에 매달리다 보니 그것들을 충분히 변형시킬 수가 없다는 점을 지적하고자 한다. 이에 대해서는 Laclau, *On Populist Reason*, Verso, 2005을 보라.

라클라우처럼 바디우도 오늘날 통일적인 정치적 심급의 부재에 초점을 두지만 그는 그 부분을 재구성하는 힘이 사건의 섬광에 달려 있다고 본다. 바디우에게 혁명적 사건은 그것의 순수성——저항과 투쟁의 축적이 텅 빈 또 다른 의미의 '텅 빈 기표'——에서만 생각될 수 있다. 바디우에게 사건이란 그 본질상 외부로부터 나오는데, 이는 노예제의 고통이나 제국적 명령하에서 겪은 고통의 거부에 의해 구성된 예수도, 구체제에 대한 환멸을 정의로 탈바꿈시킨 로베스피에르도, 빵을 위한 계급투쟁의 시대, 전쟁에 환멸을 느낀 대중의 시대의 산물인 레닌도 아니다. 그것은 지상에 강령한 신과 같다. 우리가 보기에 사건은 기이한 일이 아니라 투쟁하는 이들의 일상적인 생산물이다. 혁명적 힘은 전복적 실천들을 통해, 주체성들과 부를 생산하는 사회적 생산 및 사회적 투쟁의 내장을 뚫고 들어가는 끈기 있는 발굴을 통해 비판적으로 구성된다. 우리가 앞서 다양한 곳에서 기술했듯이 근대국가의 위기는 바로 그러한 지속적인 저항의 운동으로부터 나온다. 라클라우처럼 바디우에게 있어서도 국가, 정치, 주권에 대한 근대적 개념의 도식이 온전히 남아 있다. 이에 대해서는 Badiou, *Being and Event*, trans. Oliver Feltham, Continuum, 2005. [한글본] 알랭 바디우, 『존재와 사건』, 조형준 옮김, 새물결, 2013과 *Logic of Worlds*, trans. Alberto Toscano, Continuum, 2009를 참고하라.

2 Cornelius Castoriadis, *L'institution imaginaire de la société*, Seuil, 1975, pp. 7–8. [한글본] C. 카스토리아디스, 『사회의 상상적 제도』, 양운덕 옮김, 문예출판사, 1994, 10-11쪽. '분석적' 토대가 아니라 '역사-기술적' 토대에 기초한 이와 유사한 주장으로는 Claude Lefort, *L'invention démocratique*, Fayard, 1981을 참고하라.

3 나아가 공적인 것과 사적인 것의 중첩과 혼합에 대한 인식은 법 실재론자들에게 타자들의 권리와 합법적인 국가 행위를 인식할 수단을 제공하는 반면, 파슈카니스에게는 이 연결이 사적 소유의 폐지가 국가의 폐지 역시 요구한다고 주장하게 만드는데, 이러한 입장은 그를 스탈린과 그 내부 집단에 어떠한 우호적 태도도 갖지 않게 이끌었다. 법 실재론자들에게 반대 입장을 취하게 했던 소비에트 국가의 정통성이 파슈카니스에게 적대적이었으며, 결국 그가 1937년 스탈린의 명령에 의해 처형되었음을 상기해 볼 때 코헨과 파슈카니스가 기층에서 연결된다는 것이 그다지 모순적인 것도 아닐 것이다.

4 이에 대해서는 Evgeny Pashukanis, *The General Theory of Law and Marxism*, Transaction, 2007, 그중에서도 특히 4장 "상품과 주체"[한글본] 오이겐 파슈카니스, 『법의 일반이론과 마르크스주의』, 박대원 옮김, 신서원, 2008, 105-137쪽을 보라. 파슈카니스에 대한 체계적 독해와 부르주아 법률의 일반적 개념들에 있어 사적 소유의 중요성을 다룬 것으로 Antonio Negri, "Rileggendo Pasukanis", in *La forma stato*, Feltrinelli, 1977, pp. 161–193를 보라. 파슈카니스에 대한 한스 켈젠의 관점에 관해서는 Hans Kelsen, *The Communist Theory of Law*, Stevens & Sons, 1955, pp. 93–94. [한글본] 한스 켈젠, 『공산주의 법이론』, 장강학 옮김, 명지사, 1983, 145-147쪽을 보라. [옮긴이주] 켈젠은 같은 부분에서 파슈카니스의 논의를 다음과 같이 평가한다. "법을 특수 경제 관계와 동일시하기 위하여, 파슈카니스는 사법만이 ……진정한 의미의 법이라고 주장한다. 국가와 사적 개인 사이의 관계로서, 이른바 공법은 진실한 의미에서의 법일 수 없다. 왜냐하면 국가는 법주체로서는 생각할 수 없는 초법적 현상이기 때문이다. …… 공법이 아니라 사법만을 진정한 의미의 법으로 생각하는 학설은, 가령 정부가 자기에게 어떤 종류의 의미를 지우는 현존의 법을 정치적 이유에서 적용하지 아니하고, 자기를 이러한 의무를 면하게 하는 새 법을 제정하는 경우에, 그러한 정부의 행위를 정당화한다고 하는 정치적 목적을 위하여 주장된다는 사실이다."

5   Walter Benjamin, "Critique of Violence", in *Reflections*, trans. Edmund Jephcott, Schocken Books, 1986, p. 281. [한글본] 발터 벤야민, 『역사의 개념에 대하여/폭력 비판을 위하여/초현실주의 외』, 최성만 옮김, 길, 2008, 86쪽.

6   Carl Schmitt, "Nehmen, Teilen, Weiden", in Ernst Forsthoff, ed., *Rechtsstaatlichkeit und Sozialstaatlichkeit*, Wissenschaftliche Buchgesellschaft, 1953, pp. 95–113.

7   Félix Guattari, *The Three Ecologies*, trans. Ian Pindar and Paul Sutton, Athlone, 2000. [한글본] 펠릭스 가타리, 『세 가지 생태학』, 윤수종 옮김, 동문선, 2003.

8   이에 대해서는 Georg Lukács, *The Young Hegel*, trans. Rodney Livingston, MIT Press, 1976. [한글본] G. 루카치, 『청년헤겔』, 김재기 · 서유석 · 이춘길 옮김, 동녘, 1987과 Antonio Negri, *Stato e diritto nel giovane Hegel*, CEDAM, 1958를 보라.

9   Georges Sorel, *Reflections on Violence*, ed. Jeremy Jennings, Cambridge University Press, 1999. [한글본] 조르주 소렐, 『폭력에 대한 성찰』, 이용재 옮김, 나남, 2007.

10 W. E. B. Du Bois, *Black Reconstruction in America*, Oxford University Press, 2014, p. 51.

11 Karl Marx, *Capital*, trans. Ben Fowkes, Penguin, 1976, volume 1, p. 415. [한글본] 카를 마르크스, 『자본론 1(상)』, 김수행 옮김, 비봉출판사, 1995, 383쪽.

12 Rosa Luxemburg, "Introduction to Political Economy", in *The Complete Works of Rosa Luxemburg*, volume 1, ed. Peter Hudis, trans. David Fernbach, Joseph Fracchia, and George Shriver, Verso, 2013, pp. 89–300, quote on p. 286. [한글본] 로자 룩셈 부르크, 『정치경제학 입문』, 황선길 옮김, 박종철출판사, 2015. 359쪽.

13 '중심의 극단주의'에 관한 유사한 주장으로는 Tariq Ali, *The Extreme Centre: A Warning*, Verso, 2015. [한글본] 타리크 알리, 『극단적 중도파』, 장석준 옮김, 오월의 봄, 2017을 보라. 그리고 발리바르는 Carl Schmitt, *Le léviathan dans la doctrine de l'état de Thomas Hobbes*, Seuil, 2002, p. 11의 서문을 포함해 여러 저작에서 이 말을 썼다. Étienne Balibar, *Politics and the Other Scene*, Verso, 2002, pp. 44–45. 이 말은 좀 더 앞선 시기에 세이모어 립셋과 테오도르 가이저가 파시즘의 뿌리를 분석할 때 사용 한 바 있다. 이에 대해서는 Lipset, *Political Man*, Doubleday, 1960, Geiger, "Panik im Mittelstand", *Die Arbeit*, 7, 1930, pp. 637–639를 보라.

14 이에 대해서는 Paolo Prodi, *Il tramonto della rivoluzione*, Il Mulino, 2015를 보라.

15 Giorgos Katsambekis and Yannis Stavrakakis, "Populism, Anti-populism and European Democracy: A View from the South", July 23, 2013, https://bit. ly/39TZyvp

16 Martin Luther, "To John Rühel at Mansfeld", May 23, 1525, in Preserved Smith, *The Life and Letters of Martin Luther*, Houghton Mifflin, 1914, pp. 163–164.

17 치옴피 반란을 다룬 마키아벨리에 대해서 우리는 *Commonwealth*, Harvard University Press, 2009, pp. 51 – 53. [한글본] 『공통체』, 정남영 · 윤영광 옮김, 사월의책, 2014, 94-96쪽에서 독해한 바 있다. 또한 이러한 주제를 일반적으로 다룬 것으로 이 책 2부 도입부 「'아래로부터'는 무엇을 의미하는가」를 참고하라.

18 '몫 없는 자들의 몫'에 관해서는 Jacques Rancière, *Disagreement*, trans. Julie Rose, University of Minnesota Press, 1999. [한글본] 자크 랑시에르, 『불화』, 진태원 옮김, 길, 2015를 보라.

14장

1 중국에서 신자유주의에 맞선 투쟁에 대한 대응으로서의 천안문 진압에 대해서는 Wang Hui, *China's New Order*, trans. Theodore Huters and Rebecca Karl, Harvard University Press, 2006를 보라. [옮긴이주] 언급된 책과 동일한 것은 아니지만, 본문에 해당하는 내용이 수록된 한글 번역으로, 왕후이, 「1989년 사회운동과 중국 '신자유주의'의 기원: 중국 사상계의 현황과 현대성 문제 재론」, 『새로운 아시아를 상상한다』, 이욱연 · 차태근 · 최정섭 옮김, 창비, 2003, 91-170쪽이 있다.

2 레닌의 이중권력 개념에 대해서는 Antonio Negri, *The Factory of Strategy: Thirty-Three Lessons on Lenin*, trans. Arianna Bove, Columbia University Press, 2015를 보라. 1967년 상하이 코뮌은 중국 맥락에서 등장한 대항권력의 한 예이다. 이에 대해서는 Hongsheng Jiang, *La commune de Shanghai et la commune de Paris*, trans. Eric Hazan, La fabrique, 2014를 보라.

3 대안근대에 대한 좀 더 자세한 논의로는 우리의 글 *Commonwealth*, pp. 101 – 118. [한글본] 『공통체』, 158-180쪽을 참고하라.

4 Antonio Negri, *Insurgencies*, trans. Maurizia Boscagli, University of Minnesota Press, 1999를 보라.

5 아감벤과 카시아리와 같은 여러 중요 저자들이 근대 정치사상의 신학적 토대를 분석하긴 했으나 정치신학 옹호자(특히 주권과 관련해) 중 가장 중요한 이는 역시나 칼 슈미트이다. 『정치신학』(*Political Theology*, trans. George Schwab, University of Chicago Press, 2006. [한글본] 칼 슈미트, 『정치신학』, 김항 옮김, 그린비, 2010)과 더불어 그가 긍정하는 기독교적 카테콘 개념도 참고하라. "어떤 억제자[Aufhalter]가 세계의 종말을 저지한다는 믿음은 모든 인간 사건들에 대한 종말신학적인 마비 개념과 게르만 왕들의 기독교 제국과 같은 거대한 역사적 단일체 사이에 유일한 다리를 제공한

다."(*Nomos of the Earth*, trans. G. L. Ulmen, Telos Press, 2006, p. 60. [한글본] 칼 슈미트, 『대지의 노모스』, 최재훈 옮김, 민음사, 1995, 37쪽) 악을 억누르는 카테콘은 필연적으로 주권권력이다. 현대적으로 전용된 카테콘에 대한 우리의 비판은 *Commonwealth*, Harvard University Press, 2009, pp. 197-198. [한글본] 『공통체』, 윤영광·정남영 옮김, 사월의책, 2014, 285-287쪽을 보라.

6 Pierre Bourdieu, *Pascalian Meditations*, trans. Richard Nice, Stanford University Press, 2000. [한글본] 피에르 부르디외, 『파스칼적 명상』, 김웅권 옮김, 동문선, 2001.

7 Carl von Clausewitz, On War, Princeton University Press, 1976, p. 101 [한글본] 카알 폰 클라우제비츠, 『전쟁론 1권』, 김만수 옮김, 갈무리, 2016, 155-157쪽.

8 Slavoj Žižek, Violence, Picador, 2008 [한글본] 슬라보예 지젝, 『폭력이란 무엇인가』, 정일권, 김희진, 이현우 옮김, 난장이, 2011.

9 『공통체』에서 우리는 오늘날의 몇몇 저자들이 예외 상태(그리고 주권 권력의 행위)에 대해 과도한 관심을 두는 것에 유사한 비판을 한 바 있다. 그보다는 법 비판과 자본 비판을 통해 일상적이고 예외적이지 않은 권력 행위들에 대해 더 주목해야 한다. 이에 대해서는 *Commonwealth*, pp. 3-8. [한글본] 『공통체』, 29-37쪽을 보라.

10 에셀은 "분노가 저항의 동기"라고 말한다. Stephane Hessel, *Indignez-vous*, Ce qui marche contre le vent, 2010, p. 11. [한글본] 스테판 에셀, 『분노하라』, 임희근 옮김, 돌베개, 2011, 15쪽.

11 오늘날의 다양한 폭력 형태의 목록을 작성하고 분석한 인상적인 능력을 보인 브래드 에반스(Brad Evans)가 조직한 '폭력의 역사 프로젝트'를 보라. www.historiesofviolence.com.

12 안젤라 데이비스는 국제적이고 교차적인 틀에서 연합을 창출해 내는 것에 대한 지성적이고 일관된 옹호자이다. 이에 대해서는 Angela Davis, *Freedom Is a Constant Struggle*, ed. Frank Barat, Haymarket, 2016, 그리고 Angela Davis and Elizabeth Martinez, "Coalition Building among People of Color", in *The Angela Davis Reader*, ed. Joy James, Blackwell, 1998, pp. 297-306를 보라.

13 Ignacio Cano quoted in Justin Salhani, "Police Brutality in Brazil Is Out of Control", August 4, 2015, http://reurl.kr/1366D87BRI.

14 예를 들어 Dylan Rodriguez, "Beyond 'Police Brutality': Racist State Violence and the University of California", *American Quarterly*, 64:2, June 2012, pp. 303-313를 보라.

15 이 점에서 경찰 폭력에 맞선 시위들은 감옥 폐지 운동과 같은 제도화된 인종 폭력에 맞선 다양한 투쟁들의 작업과 부합한다. Angela Davis, *Are Prisons Obsolete?*, Seven Stories Press, 2003. 감옥 시스템의 폭력에 대한 국제적 관점에 대해서는 "Prison

Realities", ed. Leonidas Cheliotis, special issue, *South Atlantic Quarterly*, 113:3, Summer 2014를 보라.

16 Roberto Bolaño, *2666*, trans. Natasha Wimmer, Farrar, Straus, and Giroux, 2004, p. 348. [한글본] 로베르토 볼라뇨, 『2666』, 송병선 옮김, 열린책들, 2013, 652쪽. 볼라뇨 소설의 이 구절을 알려준 제이미 곤잘레즈에게 감사드린다. 앨리스 드라이버는 이런 살해를 '여성 학살(femicide)'이 아닌 '여성성 학살(feminicide)'로 부르는데, 그것이 개인들의 살해 그 이상으로 여성 젠더에 대한 혐오 범죄이기 때문이다. 이에 대해서 는 Alice Driver, *More or Less Dead: Feminicide, Hauntings, and the Ethics of Representation in Mexico*, University of Arizona Press, 2nd edition, 2015를 보라.

17 Kristin Bumiller, *In an Abusive State*, Duke University Press, 2008, p. 19.

18 폴란드의 재생산권 시위에 대해서는 Mark Bergfeld, Aleksandra Wolke, and Mikolaj Ratajczak, "The #czarnyprotest and Monday's Women Strike Might Be a Turning Point in Polish Politics", https://bit.ly/39TCayu를 보라. 아르헨티나의 성폭력 반대 운동에 대해서는 http://niunamenos.com.ar/를 보라.

19 Rachel Carson, *Silent Spring*, Houghton Mifflin, 1992, p. 32. [한글본] 레이첼 카 슨, 『침묵의 봄』, 김은령 옮김, 에코리브스, 2011, 40쪽. quoted in Rob Nixon, *Slow Violence and the Environmentalism of the Poor*, Harvard University Press, 2011, p. 10.

20 Nixon, *Slow Violence and the Environmentalism of the Poor*.

21 이에 대해서는 http://standwithstandingrock.net/를 보라. 환경 위협에 맞선 원주 민 운동이 전 세계로 확산된다. 가령 2012년 캐나다에서 출발한 '아이들 노 모어 (Idle No More)' 운동은 타르 모래 석유 추출, 송유관 건설, 수질 오염, 여러 형태의 토양 오염의 위험과 파괴에 항의한다. '아이들 노 모어' 관련 기록은 ed. Dina Gilio-Whitaker, *South Atlantic Quarterly*, 114:4, October 2015, pp. 862–906를 보라. 태평 양에서의 원주민 환경운동의 사례로는 "Environmental Activism across the Pacific", ed. Teresa Shewry, *South Atlantic Quarterly*, 116:1, January 2017, pp. 170–217를 보라. 환경 파괴에 맞선 저항운동을 훌륭하게 종합한 것으로는 Naomi Klein, *This Changes Everything*, Simon and Schuster, 2014, pp. 293–336. [한글본] 나오미 클라인, 『이것 이 모든 것을 바꾼다』, 이순희 옮김, 열린책들, 2016, 471-511쪽을 보라.

22 폭시콘 자살 사태에 대해서는 Jenny Chan, "A Suicide Survivor: The Life of a Chinese Worker", *New Technology, Work and Employment*, 28:2, July 2013, pp. 84–99, 그리고 Ralph Litzinger, "The Labor Question in China: Apple and Beyond", *South Atlantic Quarterly*, 112:1, Winter 2013, pp. 172–178를 보라. 히키코모리에 대해서는 Anne Allison, *Precarious Japan*, Duke University Press, 2013, pp. 71–76를 보라.

23 수동적이고 성장을 저해당한 주체성을 생산하는 부채의 힘에 대해서는 우리의 책 *Declaration*, Argo Navis, 2012, pp. 10 – 14. [한글본] 안토니오 네그리·마이클 하트, 『선언』, 조정환 옮김, 갈무리, 2012, 50-55쪽과 Maurizio Lazzarato, *The Making of Indebted Man*, trans. Joshua David Jordan, Semiotext(e), 2012. [한글본] 마우리치오 랏자라또, 『부채인간』, 허경·양진성 옮김, 메디치미디어, 2012를 보라. 학비 채무, 주택 채무, 병원비 채무에 맞서는 미국의 운동에 대해서는 "Dossier from Strike Debt", ed. Andrew Ross, *South Atlantic Quarterly*, 112:4, Fall 2013, pp. 782 – 838를 보라. '공연예술가 실업급여(Intermittents du spectacle)'와 같은 일본과 프랑스의 불안정 노동자들의 노조, 그리고 아르헨티나의 '해직노동자 운동(Movimientos de trabajadores disocupados)'의 전통은 특정 직군의 불안정 노동자나 해직 노동자의 권리를 획득하는 데에 있어서뿐 아니라 노동하는 계급 전체의 증가하는 불안정성을 폭로하는 교육적 가치의 측면에서도 중요하다. Antonella Corsani and Maurizio Lazzarato, *Intermittents et precaires*, Editions Amsterdam, 2008를 보라.

24 이에 대해서는 Jeremy Scahill, *Dirty Wars*, Nation Books, 2013과 Grégoire Chamayou, *Théorie du drone*, La fabrique, 2013를 보라.

25 군사 전략가들과 정치인들은 마키아벨리를, 즉 그들에게 무기의 성공적 사용은 죽이는 것 이상을 해야 한다는 것을 상기시켜 주는 마키아벨리를 필요로 하지 않는다. 마키아벨리에 따르면 그들은 군주를 위협하는 적의 주체성을 변형해야 한다. 그들이 새로운 형태의 삶을 받아들이고 심지어 그것을 욕망하게 하고 군주가 다스리는 주민의 주체성에도 관여해야 한다. 다시 말해 무기는 사람을 죽이지만 그것은 그들의 진짜 목적인 삶을 변화시킬 도구일 뿐이다. 미국의 침략과 그에 뒤이은 드론 전쟁의 확대 전략은 적을 죽이는 데는 성공하지만 삶과 관련해서는 전혀 생산적인 것이 아님이 입증되었다. 이것은 놀라운 일이 아니다. 당시 많은 이들이 조지 부시, 토니 블레어, 딕 체니, 도널드 럼스펠드, 폴 월포비츠 및 그 밖의 전쟁 찬성론자들이 꾸며낸 평화롭고 개조되는 중동이라는 전망이 곧 악몽으로 드러날 것임을 인식하고 있었기 때문이다. '군사에서의 혁명'과 미국이 벌인 테러와의 전쟁 초반 그와 관련된 전략을 분석한 것으로 우리의 글 *Multitude*, Penguin, 2004, pp. 41 – 51. [한글본] 『다중』, 조정환·정남영·서창현 옮김, 세종서적, 2008, 71-80쪽을 보라.

26 "우리는 오늘날 하트와 네그리가 2000년에 기술한 제국의 해체를 목도하고 있다. 제국은 고전적 제국주의를 넘어서는 형태로 중심과 주변의 변증법을 넘어서버린 (지난 30년 동안의) 자본 축적의 양상과 연결되어 있다. 그것은 금융시장과 지구적 규모로 움직이는 거대한 다국적 기업들이 이익을 중심으로 서로 결합되는 위계적인 명령 하에서 주변을 중심으로, 중심을 주변으로 확대했다." Christian Marazzi, "Dentro

e contro la normalita della guerra", interview with Antonio Alia and Anna Curcio, December 9, 2015, https://bit.ly/38OfJdC

27　Giovanni Arrighi, *Adam Smith in Beijing*, Verso, 2007, p. 185. [한글본] 조반니 아리기, 『베이징의 애덤 스미스』, 강진아 옮김, 길, 2009, 259쪽.

28　Saskia Sassen, *Territory, Authority, Rights*, Princeton University Press, 2006.

29　Sandro Mezzadra and Brett Neilson, *Border as Method*, Duke University Press, 2013.

30　Keller Easterling, *Extrastatecraft*, Verso, 2014.

31　제국주의적 지배를 되돌리려는 미국의 실패한 시도에 대한 분석으로는 *Commonwealth*, Harvard University Press, 2009, pp. 203–218. [한글본] 『공통체』, 윤영광 · 정남영 옮김, 사월의책, 2014, 291-310쪽을 보라. 미국의 전 지구적 헤게모니의 쇠퇴에 대한 일부 주류적 주장들에 대한 탁월한 평가로는 Robert Keohane, "Hegemony and After", *Foreign Affairs*, 91:4, July–August 2012, pp. 114–118를 보라. [옮긴이주] 해당 글의 논지를 참고할 수 있는 글로, 로버트 O. 코헤인, 『헤게모니 이후』, 홍원표 · 이상환 · 김석수 · 설규상 옮김, 인간사랑, 2012이 있다.

32　예컨대 Alberto Acosta, "El retorno del estado", *La Tendencia*, April–May 2012, pp. 62–72를 보라.

33　Henry Kissinger, "The End of NATO as We Know It?", *Washington Post*, August 15, 1999, https://wapo.st/39OrK2N

15장

1　Karl Marx, *The Civil War in France*, International, 1998, p. 36. [한글본] 카를 마르크스, 『프랑스 혁명사 3부작』, 임지현 · 이종훈 옮김, 소나무, 1993, 317쪽, 『프랑스 내전』, 최갑수 해제 · 안효상 옮김, 박종철출판사, 1993, 55쪽.

2　Mao Zedong, *Problems of War and Strategy*, 2nd edition, Foreign Languages Press, 1960, p. 13. [한글본] 모택동, 「전쟁과 전략문제」, 『모택동 선집 2』, 김승일 옮김, 범우사, 2002, 249쪽. 모택동은 재빨리 당이 총을 통제하되, 총이 당을 통제하도록 허용되지 않을 것이라고 덧붙인다.

3　Kristin Ross, *Communal Luxury*, Verso, 2015, pp. 11–29.

4　흑표범당의 무료 건강진료소에 대해서는 Alondra Nelson, *Body and Soul: The Black Panther Party and the Fights against Medical Discrimination*, University of Minnesota Press, 2013을 보라.

5   전쟁 중에 이뤄진 로자바의 민주적 자율의 실험에 대해서는 다음을 보라. The dossier of essays edited by Bülent Küçük and Ceren Özselçuk, "Struggling for Democratic Autonomy in Kurdistan", *South Atlantic Quarterly*, 115:1, January 2016, pp. 184-196.

6   René Char, *Dans l'atelier du poète*, ed. Marie-Claude Char, Quarto Gallimard, 2007, pp. 373-374.

7   발도솔라(Val d'Ossola)와 그 밖의 '게릴라 공화국'에 대한 역사적 분석으로는 Carlo Vallauri, ed., *Le repubbliche partigiane: Esperienze di autogoverno democratico*, Laterza, 2013 을 보라.

8   Franco Fortini, *Un dialogo ininterotto*, Bollati Borighieri, 2009, pp. 63-64.

9   장폴 사르트르는 자기 저작의 여러 곳에서 주체성의 형상들과, 그 형상의 실존론적인 생산, 즉 특정한 상황에 처한 역사적으로 규정된 생산 간의 관계—일반적으로는 주체성과 혁명운동의 조직화 과정이 지닌 역사성 간의 관계—의 문제를 제기한다. 사르트르에게 너무나 소중한 '총체화'라는 주제가 이 변증법에서의 가능한 차이들을 종합할 열쇠로 제기된다. 많은 이들이 주목했듯이 개인의 실천 및 그 총체화의 변형에 대한 분석은 사르트르의 문제의 핵심을 이룬다. 그러나 적어도 우리에게는 이 과정을 교란하고 파괴할 수 있는 소외의 잔여물이나 생산물을 발견할 때의 그의 추론이 훨씬 더 흥미롭다. 타성태(Inertia)는 총체화를 약화시키고, 테러는 그것을 파괴할 수 있다. 여기서 우리는 어려움에 빠져 허우적거리고 있는 불행한 결말로 나아가는 하나의 과정에 직면하게 된다. 하지만 이것은 우리가 항상 직면하는 실재적 상황이 아닌가? 총체화 과정에서 우리는 불가피한 아포리아를 포착하고, 그 과정을 실현할 수 있는 어떤 주체도 없다는 것을 인식하지 않는가? 그것은 투쟁만이 해법에 이를 수 있다는 것을 의미한다. 사르트르가 알제리 혁명에서 '계열에서 융합으로' 나아가는 억압 과정이나 억압과 싸우는 과정의 실패를 분석할 때, 그는 주체성의 생산과 그것의 사회적 구성 간의 관계는 열려 있다는 식으로 결론 맺는다. 이에 대해서는 Jean-Paul Sartre, *Critique of Dialectical Reason*, volume 1, trans. Alan Sheridan-Smith, ed. Jonathan Rée, New Left Books, 1976. [한글본] 장폴 사르트르, 『변증법적 이성비판 1』, 『변증법적 이성비판 2』 박정자·변광배·윤정임·장근상 옮김, 나남, 2009를 참고하고, 개인적 실천과 총체화에 대해서는 pp. 79-94. [한글본] 『변증법적 이성비판 1』, 291-312쪽을, 소외와 타성태에 대해서는 pp. 228-252. [한글본] 『변증법적 이성비판 1』, 501-536쪽을, 알제리 혁명에 대해서는 pp. 721-734. [한글본] 『변증법적 이성비판 2』, 536-554쪽을 참고하라.

10   Karl Marx, *Capital*, trans. Ben Fowkes, Penguin, volume 1, p. 563. [한글본] 카를 마르크스, 『자본론 1(하)』, 김수행 옮김, 비봉출판사, 2002, 584쪽.

11 표준 선박 컨테이너의 도입에 대해서는 Deborah Cowen, *The Deadly Life of Logistics*, University of Minnesota Press, 2014, pp. 31 and 40–42. [한글본] 데보라 코웬, 『로지스틱스』, 권범철 옮김, 갈무리, 2017, 55쪽, 68-72쪽을 보라.

12 신좌파의 예시적 정치에 대해서는 Wini Breines, *Community and Organization in the New Left, 1962–1968*, 2nd edition, Rutgers University Press, 1989. 그중에서도 특히 pp. 46–66를 보라.

13 월가 점령의 예시적 정치에 대해서는 David Graeber, *The Democracy Project*, Penguin, 2013. [한글본] 데이비드 그레이버, 『우리만 모르는 민주주의』, 정호영 옮김, 이책, 2015을 보라.

14 누군가는 이 두 경우의 역사적 상황이 너무 달라서 이런 식으로 비교될 수 없다고 이의를 제기할 것이다. 실제로 '톨리아티주의자들'이 매번 주장했던 것은 그들이 자율적인 전략적 기획들에 기초한 투쟁들과 정면으로 대치하게 되었다는 것이다. 예를 들어 그들은 극복할 수 없는 국제적 조건들――(프랑스도 마찬가지지만) 이탈리아 공산당을 나토군(NATO)의 자비에 맡겨두었던 얄타 비극과 같은――에 기초해 입헌민주주의의 형식적 규칙들에 굴복했던 일을 정당화했다. 그것을 어떻게 부인할 수 있겠는가? 하지만 그것은 문제가 아니다. 문제는 톨리아티주의자들이 담대함과 진실함으로 이러한 필요성과 대면하기를 거부한다는 점에 있다. 부르주아적 통치와 그것의 경제적 협약에 종속되지 않고 공산주의적 주체성을 계속해서 생산하려는 담대함과, 실천에 대한 그러한 장애물의 근거를 비판적으로 드러내는 진실함 대신 그들은 미신과 허위의 영구적 체제에 진실함을 종속시켰다. 톨리아티주의자들이 담대하게 행동했었더라면, 그들은 아마도 운동의 사회적 형성과 주체성 생산 간의 관계를 (비록 허약한 방식일지라도) 합치시킬 수 있었을 것이다. 그리고 그 다음 시절에 유럽의 혁명 운동의 역사에서 지속적으로 이어지는 노선을 창출하면서 자신들의 반파시즘적이고 민주적인 유산을 다음 세대의 활동가들에게 물려줄 수 있었을 것이다.

15 우리는 권력 장악의 실천에 대한 존 홀로웨이의 비판 중 일부가 (그의 결론을 지지하지는 않지만) 타당하다는 점을 인정한다. John Holloway, *Change the World without Taking Power*, Pluto Press, 2002. [한글본] 존 홀로웨이, 『권력으로 세상을 바꿀 수 있는가』, 조정환 옮김, 갈무리, 2002.

16 피터 토마스는 그람시의 헤게모니 개념에 대한 지배적 해석, 특히 라클라우와 무페의 해석과, 페리 앤더슨의 해석에 대한 탁월한 비판을 제공한다. 이에 대해서는 Peter Thomas, *The Gramscian Moment*, Brill, 2009을 보라.

17 지역통화에 대한 제안 중 중요한 것으로 Eduardo Garzón Espinosa, "Ventajas y riesgos de la moneda local qua propone crear Barcelona en Comú", *El diario*, June

13, 2016를 보라.

18 예를 들어 Christian Marazzi, *Che cos'è il plusvalore*, Casagrande, 2016, pp. 81-83와 Marie Charrel, "Da la monnaie pour le peuple", *Le monde*, February 20, 2016를 보라.

19 예를 들어 Laurent Baronian and Carlo Vercellone, "Monnaie du commun et revenue social garanti", *Terrains/Théories*, 1, 2015, http://teth.revues.org/377, doi: 10.4000/teth.377. 보장된 기본소득에 대한 우리의 이전의 제안에 대해서는 *Empire*, Harvard University Press, 2000, pp. 401-403. [한글본] 안토니오 네그리 · 마이클 하트, 『제국』, 윤수종 옮김, 이학사, 2001, 506-509쪽을 보라.

20 Kathi Weeks, *The Problem with Work*, Duke University Press, 2011, p. 146. [한글본] 케이시 웍스, 『우리는 왜 이렇게 오래, 열심히 일하는가?』, 제현주 옮김, 동녘, 2016, 228쪽.

21 이에 대해서는 Pascal Nicolas-Le Strat, *Le travail du comun*, Éditions du commun, 2016를 보라. 공통적인 것의 화폐에 대한 다양하고 탁월한 논의들로는 Emanuele Braga and Andrea Fumagalli, eds., *La moneta del comune*, DeriveApprodi, 2015를 보라.

22 마르크스가 주장했듯이 사회적 욕구를 계획하는 자본의 무능력은 지속적으로 재앙에 이르렀다. "예컨대 철도의 부설과 같이 1년 또는 그 이상의 긴 시간 동안 생산수단도 생활수단도 제공하지 않으며 또 어떤 유용한 효과도 제공하지 않으면서, 연간 총생산물 중에서 노동과 생산수단과 생활수단을 끌어내는 사업부문에 대하여, 사회가 아무런 혼란도 없이 얼마만한 노동과 생산수단과 생활수단을 돌릴 수 있는가를 미리 계산하지 않으면 안 된다는 점이다. 이와는 반대로 사회적 합리성이 언제나 사후에야 비로소 자신을 관철하는 자본주의 사회에서는 끊임없이 대혼란이 일어날 수 있으며 또 일어나지 않을 수 없다." Marx, *Capital*, volume 2, p. 390. [한글본] 카를 마르크스, 『자본론 II』, 김수행 옮김, 비봉출판사, 2006, 375쪽.

16장

1 W. E. B. Du Bois, *Black Reconstruction*, Oxford University Press, 2014, p. 169.

2 Paul, 2 Thessalonians 2:6-7.

3 Gilles Deleuze, "Instincts and Institutions", in *Desert Islands and Other Texts, 1953–1974*, Semiotext(e), 2004, pp. 19-21, quote on p. 21.

4 "Pia arma ubi nulla nisi in armis spes est." Niccolò Machiavelli, *Prince*, trans. Peter Bonadella, Oxford University Press, 2005, p. 88. [한글본] 니콜로 마키아벨리, 『군주

론』, 강영인 · 문지영 옮김, 까치, 2003, 178쪽.

5   Karl Marx, *Capital*, trans. Ben Fowkes, Penguin, volume 1, p. 447. [한글본] 카를 마
    르크스, 『자본론 1(상)』, 김수행 옮김, 비봉출판사, 1995, 420쪽.

감사의 말

이 책의 초고를 읽고 논증을 구성하도록 도와준 여러 친구들에게 사의를 표하고 싶다. 코린 블락록^{Corinne Blalock}, 안젤라 차나프코^{Angela Chnapko}, 그랜트 파레드^{Grant Farred}, 마이클 개프니^{Michael Gaffney}, 리즐 햄튼^{Lisl Hampton}, 마크 한센^{Mark Hansen}, 멜라니 잭슨^{Melanie Jackson}, 프레드 제임슨^{Fred Jameson}, 나오미 클라인^{Naomi Klein}, 크리스티안 마라치^{Christian Marazzi}, 산드로 메차드라^{Sandro Mezzadra}, 루스 오브라이언^{Ruth O'Brien}, 제드 퍼디^{Jed Purdy}, 주디스 레벨^{Judith Revel}, 카를로 베르첼로네^{Carlo Vercellone}, 케이시 윅스^{Kathi Weeks}, 그리고 유로노마드^{Euronomade} 편집부에게 감사드린다.

21세기 절대민주주의의 구성 기획

이승준(연구공간L)

1 4+1, 미완의 사업

　마이클 하트와 안토니오 네그리의 『어셈블리』(2017)는 2000년부터 3-5년 주기로 출간된 『제국』(2000〔한국어판 2001〕), 『다중』(2004〔2008〕), 『공통체』(2009〔2014〕))의 작업을 반복 · 계승하면서도 그것을 새로운 현실에 맞게 진화시킨다. '아랍의 봄'과 '월가 점거'라는 급박한 정세에 맞게 소책자로 발표한 『선언』(2012〔2012〕))을 포함하는 5부작 혹은 4＋1부의 전체(하지만 완료되지 않는) 저작은 공통의 기획에서 발간되어 왔다. 여기서 우리는 마키아벨리, 스피노자, 마르크스의 개념을 빌려 이 저작들에 '아래로부터 본 제국의 역사', '21세기 절대민주주의의 구성 기획', '탈근대 코뮤니스트 선언' 같은 이름을 부여할 수도 있겠다. 이렇게 볼 수 있는 것은 5편의 저작 모두 근대의 별종들인 마키아벨리, 스피노자, 마르크스의 유물론과 그 개념들을 밑바탕으로 공유하기 때문이다. 또한 이 저작 안에는 이 별종들 모두가 가진 공통 관심사를 우리 시대에 계승해, 권력 및 이데올로기 비판, 새롭게 구성되는 주체성, 대안적인 제도의 수립 기획, 위기와 저항에 대한 현실주의적 개입, 사회변혁을 제도적으로 구체화시키는 실천 방안 등을 분산하여 다루기 때문이다.

4＋1부작은 각각 독립된 주제를 다루는 듯하지만, 자세히 보면 바로 이전 저작에서 제기한 문제를 새로운 정세 속에서 반복, 변형, 추가시킴을 알 수 있다. 다시 말해 4＋1부작은 앞선 저작들의 내용을 포함하면서도 또한 글을 쓰는 당시의 변화하는 상황에 맞게 권력과 저항의 관계를 배열하고 그 속에서 다시 새로운 주제를 추가하는 방식으로 기술되어 있다. 예를 들어 권력 형태의 변화와 관련해서 보면,『제국』에서 제국은 제국주의를 대체하면서 새롭게 등장한 혼합된 전 지구적 주권 질서이지만,『다중』에서는 이라크전을 통해 제국주의로 복귀하려는 미국의 일방주의적 쿠데타 시도로 다뤄지며,『공통체』에서는 쿠데타의 실패로 다시 제국적 질서가 '전 지구적 협치'의 형태로 회복된다.『선언』에서 제국은 다중의 반란으로 인해 결정적 위기에 직면하고, 마지막으로『어셈블리』에서는 그런 위기를 관리하는 시스템인 '전 지구적 협치'가, 국민국가의 주권을 약화시켜 국지적 위기에 대한 기존의 국민국가 단위의 대응책을 허물었기 때문에 보다 블록화된 형태로 변형되었음을 밝힌다.

5권의 저작에서의 서술은 모두 이러한 권력에 대한 비판에서 시작해 주체성의 구성으로, 제국의 형태에서 시작해 다중의 운동으로, 자본의 구조에서 시작해 노동의 조직화로 나아간다. 여기서 주의해야 할 것은 이들의 이런 서술의 순서가 실재적 힘의 방향과 일치하는 것은 아니라는 점이다. 그와는 달리 저자들은 이러한 제국 형태의 변형의 근본적 요인에는 늘 그 권력 형태에 저항하면서도 새로운 미래를 준비하고 그것을 실천하는 다중의 운동과 그들이 지닌 생산적이고 구성적인 잠재력이 있음을 강조하는데, 이는 마르크스가 자본을 비판하면서도 늘 그 힘의 배후에 노동계급의 저항과 산 노동의 힘이 있음을 강조하는 것과 같은 방법론을 취하는 것이다. 제국 권력과 전 지구적 자본주의가 우리의 삶을 지배하고 있는 만큼, 우리의 눈에는 이러한 삶의 현실이 더 부각되어 나타나고 실재하는 힘들의 운동은 손쉽게 은폐되곤 하는데, 이 4+1의 기획에서 가장 주요하게 읽어내야 할 것은 바로 그러한 실재하는 구성적 힘들의 운동이 어떻게 현재 가시적으로 드러난 지배질서를 규정하고 또한 다시 그 지배질서를 넘어설 잠재력이 어떤 형태로 켜켜이 쌓여 가는지를 파악하는 일일 것이다.

4+1부의 저작들은 또한 이러한 두 연구의 계기, 즉 (제국) 비판적 계기와 (다중) 구성적 계기를 이론적 · 객관적으로 풀어내는 데에만 머물지 않는다. 그들은 지구 곳곳에서 일어나는 다중의 투쟁 안에 자신의 관점을 위치시키고 그 안에서 함께 더 앞으로 나아갈 방법을 현재의 조건 안에서 제시하고자 하는데, 이러한 '현실주의적'이고 '실천적' 계기는 그들이 전 지구적 투쟁 순환의 일정 국면에 맞춰 자신들의 저작들을 발표해 왔다는 데에서도 확인될 수 있다. 가령 『제국』이 새로운 제국 질서에 맞서는 '다중'을 1990년대 후반 시애틀에서의 반세계화 투쟁이나 프랑스의 상 파피에 시위, 멕시코 치아파스의 원주민 운동 안에서 확인하고 있다면, 『다중』은 2001년 9 · 11 이후 미국의 일방주의와 '전 지구적 내전', 그리고 자본의 착취 구조에 맞서는 다중의 형상을, 시애틀 · 제노바 · 포르토 알레그레 · 뭄바이로 이어진 세계사회포럼의 전쟁 반대의 목소리, 2002~2003년 동안 스페인 · 영국 · 일본 · 한국 등 전 세계 반전운동, 노동조합과 사회운동이 결합된 삐께떼로, 2003년 프랑스에서의 오락 · 미디어 · 예술 분야 임시직 노동자들의 파업, 미국의

ACT-UP과 퀴어 네이션의 연대 등에서 확인한다. 『공통체』가 한편으로는 이라크에서의 퇴각과 2007년 미국의 주택담보대출 위기 및 그에 뒤이은 전 지구적 금융위기를 경과하면서 미국의 일방주의로의 회귀 시도가 실패로 드러나자 제국의 권력 구성이 가변적인 대응책으로서의 '전 지구적 협치체제'로 전환되고 있음을 분석하면서도, 다른 한편으로는 2005년 프랑스 방리유에서의 반란, 2003년 이후의 볼리비아의 물과 가스를 방어하는 사회운동들, 빈부격차에 항의하는 라틴아메리카 지역의 대규모 시위들을 묶는 '공통적인 것의 방어'와 '투쟁의 제도화'로 다중 운동의 흐름을 읽어낸다면, 『선언』은 신자유주의가 야기한 위기의 주체적 형상을 빚진 사람, 미디어된 사람, 보안된 사람, 대의된 사람과 같은 수동적 이미지로 그려내면서도 또한 바로 이들이 자신의 현실에 분노하여 일어선 '아랍의 봄'과 '월가 점거 시위', 스페인의 인디그나도스, 터키의 탁심 광장 점거에서 새로운 투쟁 주기를 읽어낸다. 마지막으로 『어셈블리』는 앞서의 저작들처럼 『선언』이후의 투쟁 순환, 즉 미국의 블랙라이브스매터, 스페인의 사회적 불평등에 반대한 텐트 농성인 '15M 운동', 의료와 교육 및 기타 부문들에서의 예산삭감에 항의한 '시민들의 파도', 전 세계 곳곳에서 일어나는 퇴거 반대 운동인 '주택담보대출로 고통받은 이들의 플랫폼', 2014년 홍콩의 반정부 시위, 2016-2017년 한국의 대통령 탄핵 촛불집회, 2010년대 중반 이후 다시 점화된 남미의 카세롤라소 시위와 2015년 여성들의 니우나메노스 운동 등에서 다중의 형상을 읽어내고 그들과 함께 풀어야 할 민주적 과제인 제도화의 문제를 제기한다.

이렇게 '비판적 계기'가 제국의 지형 변화를, '구성적 계기'가 주체성과 계급 구성의 형태 변화를, '실천적 계기'가 현실의 다중운동에 개입하고 그것을 활성화시키는 데 할애된다면, '제도화의 계기'는 현실의 다중운동 안에서 분출된 욕구와 욕망을 오래 지속할 수 있는 제도의 형태로 구현하고 이후 형성될 주체화를 어떻게 다중이 주도하에 둘 것인가의 문제를 다룬다.『제국』에서 다중의 운동 안에서 드러난 대안적 제도화로서의 '전 지구적 시민권', '보장된 기본소득', '재전유권'은 지난 20여 년 동안 전 세계 곳곳에서 다양한 형태로 요구되고 표출되어 왔다.『공통체』에서는 여기에 '시민교육의 확대'와 '공통적인 것의 방어', '사회적 기반시설의 확충'과 같은 의제를 추가시켰으며,『어셈블리』에서는 이것을 더 구체적으로 실현할 수 있는 방안으로, '공공 권력의 공통화'와 '공통권'의 수립 그리고 '공통적인 것의 화폐'와 같은『공통체』에서 제기된 개념들을 참조한 대안적 제도화가 제시된다. '공통체'나 '공통적인 것'과 같은 개념을 가다듬고 전 지구적 화두로 만든 것은 네그리·하트의 공로일지 모르지만, 이것은 한편으로 마키아벨리, 스피노자, 마르크스와 같은 이들의 연구 속에서, 다른 한편으로 지난 20여 년 동안 다중의 운동에서 확인되었던 인류의 '공통 관념' '공통 유산'이기도 하다. '공통적인 것'은 무수한 변형과 우여곡절을 겪으면서도 우리 안에서 계속해서 살아가고 진화하는 우리 삶과 생산의 조건이며, 또한 오늘날의 사회가 더욱 가속적으로 생산하는 생산물이기도 하다. 제도화는 바로 이 공통적인 것을 방어할 뿐만 아니라, 더 나아가 '공통적인 것의 생산'을 다중에 의해 민주적으로 관리하고 다중 모두에게 그 몫이 돌아가게 만들 방안을 제안하는 것으로, 네그리·하트에게 이는 다중과 전 지구인 모두가 '행복'한 삶을 영유하기 위해서 거쳐야 할 주제인 것이다.

하지만 많은 장벽이 있다. 비록 제국적 질서 안에서 약화되고 있긴 하지만, 각 개별 국민국가의 주권은 자신의 물리적·이데올로기적 도구들(군대, 경찰, 언론, 검찰)을 이용해 이러한 '공통적인 것에의 요구'에 낡은 이미지(한국이라면 '북한식 사회주의'와 '빨갱이' 담론)를 덧씌우고, 그것을 단속하고 있으며, 전 지구적 자본 권력은 공통적인 것을 사적 소유의 형태로 전환하는 온갖 모험적 시도를 단행하고 있으며, 전 세계 곳곳의 극우주의자들은 기존의 권력질서인 백인성, 남성성, 이성애주의, 정상성의 헤게모니를 고정된 자연성으로 만들면서 다중의 신체가 가진 집단적이고 구성적이며 그래서 또한 괴물스러운 성격에 '사적'이고 순종적인 성격을 부과함으로써 다중의 연결과 연합을 갈가리 찢어놓고는 한다. 그래서 다중의 전 지구적 투쟁 순환은 한 국가 내에서 독재자를 무너뜨리거나, 심지어 권력을 잡은 경우에서도, 더 나아가지 못한 채 지체되고, 좌절되기 일쑤이며, 그래서 다시 일어설 수 있는 힘을 상실하기라도 한 것처럼 도시의 거리와 사이버 공간에서 자취를 감추는 일이 반복된다. 네그리·하트는 제도화가 좌절되고 도리어 권력의 반작용이 다중의 운동을 짓누르는 듯 보여지는 형국에서도, 그것은 다중운동의 실패가 아닌(전 세계의 많은 이데올로기들, 심지어 운동에 참여한 진보적 학자들조차 정작 운동이 일어날 때에는 가만히 앉아서 혹은 운동과 거리를 두며 잔뜩 경계의 눈초리를 보내다가도 운동이 잠시 주춤거릴 때면 '거봐, 다중들이 하는 일이 그렇게 엉망진창이지'라며 득달같이 달려들어 운동의 힘, 운동의 주체성을 깎아내리곤 한다. '다중의 양가성'을 말하는 자들은 다중과 거리를 두며 자신을 운동과 분리시키곤 하는데, 이들은 자기의 말이 옳았음을 우리에게 입증시키기 위해서라도 모든 사회운동, 다중의 운동을 '실패했다' '실패할 수밖에 없었다'고 규정할 것이다.) '다중의 힘'의 부족에 기인한 '패배'로 보아야 한다면서, 다시 도약할 힘을 비축하고 내일을 준비하자고 말한다. 이것이 바로 그들이 「한국어판 서문」에서 다중의 투쟁을 '미완의 사업'이라고 부른 이유이며, 또한 이들의 4+1부의 기획이 종료될 수 없는 이유이다. 투쟁은 계속될 것이며, 투쟁이 계속되는 한 4+1의 기획도 4+n의 형태로 계속될 것이다.

2 요구와 응답, 보론

『어셈블리』는 4+1부 기획의 다른 저작들처럼 중간에 삽입된 여러 편의 보론, 요구와 응답이 간주곡으로 실려 있다. 『선언』을 제외한 이 전체 기획의 각 저작들에서 때로는 책의 리듬을 중단시키면서 새로운 이야기를 추가하거나 이론적 논쟁에 불쑥 끼어드는 방식으로 기술된 보론들은 네그리·하트가 계획된 방식으로 글을 쓰는 당시에서조차 다시 치열하게 현실을 돌아보고 그로부터 나오는 다중의 요구를 파악하며 그에 응답하고자 하는 실천적 노력을 엿볼 수 있게 한다. 그들의 철학적 스승인 스피노자의 책, 그중에서도 특히 『에티카』가 그렇듯, 전체 체계를 끌고 가기 위해서 정제된 언어를 사용하며 일관된 진술을 유지하는 가운데 중간중간 격정적이고 다급한 목소리로 외쳐지는 정동이 요동치는 주석, 보론, 삽입절이 추가되는 것은 그들이 연구와 서술, 추상과 구체, 이론과 현실을 구별할 수 없는 우리 자신의 삶의 관점을 견지하는 데에서, 또한 그런 점에서 서술 상에서도 역사적 유물론이 반영되는 데에서 기인한다.

「요구」와 「응답」은 "서로 열려진 대화의 형태로" 주고받는 방식으로 기술되어 있다. 세계를 전복시키고, 우리의 삶을 비참하고 빈곤하고 공포스럽게 만드는 지배와 억압을 어떻게 중단시키고 파괴할 것인가? 혁명과 반란, 봉기가 거대하게 일어났다가 언론의 스포트라이트를 잠시 받고는 다시 아무 일도 없었던 것처럼 변함없는 일상이 전개되는 상황에서 다중은 어떻게 해방의 사건을 일으키고 다시 내일을 준비할 수 있을까? 권력을 잡았지만 그래서 야심차게 새로운 세상이 열리게 되었음을 각국의 정치적 리더들이 선포하지만 다시 권력은 고위직들의 부패와 스캔들에 사로잡히거나 그게 아니라면 제대로 뭔가를 해낼 수 없는 무능력에 빠지는 상황을 우리는 어떻게 타개할 것인가? 5편의「요구」와「응답」이 기술하고자 하는 내용은 바로 이런 현실적 질문에 대한 네그리 · 하트의 대답이다.

또한 각 장이 끝날 때(일관된 것은 아니다) 삽입되어 있는 11개의「보론」들은 현재 지구 곳곳에서 진행되는 이론적 논쟁이나 현실 정치의 흐름에 개입하기 위해, 아니면 본문의 내용을 풍부하게 만들어줄 수 있는 역사적 경험을 사례로 제시하기 위해 작성되었다. 유럽과 미국 내에서 진행되는 좌파 지식인들 간의 논쟁에 뛰어들어 '정치적인 것의 자율'을 반박하거나, 마르크스주의 지형 내에서 정통 노선을 내세우는 독단적 · 변증법적 마르크스주의와 논쟁을 벌일 수 있는 메를로-퐁티나 푸코, 들뢰즈 · 가타리와 같은 개방적이고 비변증법적 마르크스주의를 제시한다거나, 다른 한편『자본론』과 '이윤율 저하 경향'에 대한 견고한 경제주의적 해석에 맞서 정치적 해석이나 현실주의적 해석을 통해 마르크스의 이론을 역사화시키는 것이「보론」이 행하는 일이다. 또한 제국의 현재 상황을 진단한다거나, 아니면 유럽 내에서(하지만 그 밖의 모든 지역에서도) 일고 있는 '극단적 중도주의'(한국 사회에서라면 '극중주의', '좌파도 우파도 아니고 상식파이다'와 같은 말로 통용되는)가 그 말 자체의 모순적 성격과는 별개로 어떻게 사회를 통계학이나 신자유주의적 균형 이론에 귀속시켜 보수화시키는지를 폭로하고, 또한 미국의 일방주의에 맞서고 문명의 위기를 극복하기 위해 유럽을 강화시키자는 기획인 '중부유럽 신드롬'이 대안적 주체성이나 계급투쟁의 요소를 보지 않거나 삭제시킴으로써 현재 유럽이 겪고 있는 다양한 사회 위기(EU의 분열, 군사와 경제 위기, 관료제의 위기 그리고 아마도 '난민 문제' 등)를 극복할 수 있으리라는 낡고 허황된 환상임을 폭로하기도 한다.

　하지만 이 모든 격정적인 현실적 개입과 새로운 이론적 서술은 「보론」 중에서 특히 4+1부 전체 기획을 이끄는 방법론적 관점에 대한 짧은 글인 「'아래로부터'가 의미하는 것은 무엇인가?」를 통해 이해될 때에만 올바로 읽을 수 있다. 마키아벨리가 『군주론』에서 했던 말, 그리고 알튀세르가 마키아벨리에 대한 자신의 저술에서 자주 인용했던 말이 『어셈블리』에서도 중요한 한 자리를 차지한다. "지도를 그리는 이들이 산과 고원의 본성을 고려하기 위해서 낮은 평지에 자기를 위치시키고, 평지를 연구하기 위해서 산 정상의 높은 곳에 자기를 위치시키는 것처럼, 같은 식으로 인민의 본성을 잘 알기 위해 우리는 군주가 되어야 하며, 군주의 본성을 잘 알기 위해 우리는 인민이 되어야 한다." 네그리·하트는 마키아벨리가 말하듯 시민들의 관점으로부터만 군주의 성격을 올바로 이해할 수 있는 것처럼, 적을 알고 적의 심장을 타격하기 위해서라도 우리를 지배하는 제국적 주권과 전 지구적 자본주의의 성격을 아래에서부터 파악하는 것이 중요하다고 말한다. 이 '아래'의 관점이 없다면, 세상은 언제나 파국적으로 보일 것이다. 미국의 일방주의적 쿠데타 기도가 실패로 돌아갔다지만, 전쟁과 군사적 위협은 늘 가까이에 존재하며, 오늘날 신자유주의가 형성하고자 하는 주체성인 호모 에코노미쿠스[경제인]는 우리의 친구들뿐 아니라 우리 자신에게도 적용되고 확인되는 바이기 때문이다. 우리는 자기를 스스로 지배하는 것, 이른바 '자기-관리'에 실패해서는 안 되며, 스마트폰과 태블릿

PC를 손에 쥔 채로 끊임없는 정보 취득을 강제당하고 '밤과 잠이 사라진' 24/7시간의 세계 안에서 그것도 모자라 각종 각성제와 수면제 등의 약물을 일상적으로 투여하기를 반복한다. 생명체는 이해타산이 맞지 않으면 버려지거나 방관되고, 소수자들은 스펙터클한 폭력(집단강간과 성노예, 경찰에 의한 흑인 폭력, 빈민·노숙자들에 대한 혐오와 무시의 사건들, 노인폭행, 아동에 대한 성착취)뿐만이 아니라, 보이지 않게 때로는 대수롭지 않게 일어나는 일상적인 폭력─아이리스 영이 여성에게 가해지는 폭력은 법과 제도에 따른 배제도 있지만, 더 적은 기회, 더 적은 임금, 더 많은 무시와 더불어 눈살 찌푸림, 비웃음, 말의 뉘앙스와 같은 사소한 무의식적인 제스처에도 있다고 할 때의 그런 일상적인 배제와 폭력─에도 노출되어 있는데, 이러 현상만을 본다면 우리의 세계는 지옥과 다르지 않을 것이다. 지옥에 떨어진 이들에게 내일의 희망이나, 의욕적인 도전, 사랑, 믿음, 덕을 기대할 수 있을까? 아래로부터의 관점에서 볼 때에만, 즉 자본과 주권권력 그리고 그 밖의 여러 지배의 축들은 다중과 빈자의 힘과 부를 흡수할 때에만 강력할 수 있으며, 따라서 우리가 어떤 조직화를 이뤄내고 어떤 투쟁을 전개하며, 어떤 제도화로 나아갈 수 있느냐에 따라 권력을 무너뜨리고 변경시킬 수 있고 심지어 권력으로 하여금 우리를 바라보고 움직일 수밖에 없게 만들 것이라는 관점에서만 가능하다. 그렇게 함으로써 현실은 올바로 관찰되고 그에 덧씌워진 모든 이데올로기를 벗겨낼 수 있으며, 거기서 더 나아가 '대안 사회'를 건설할 '제도적 기획'으로 이어질 수 있다고 저자들은 말한다. 우리는 강하고 권력은 우리의 강함과 우리의 욕망을 흡수할 때에만 강력할 수 있다. 그것이 아닌 권력을 우리가 권력이라고 부를 수나 있을까? 푸코가 말했던 것을 『어셈블리』가 재차 인용하듯이, 권력은 그런 점에서 '오로지 자유로운 주체들에게만' 그래서 자기의 삶을 자본의 요구나 강제가 아닌, 그리고 개인주의적으로 고립된 자아가 아닌 공통적인 것과 스스로를 개방적으로 결합시킬 수 있는 존재들에게만 행사된다. 『어셈블리』의 전체 틀을 좌우하는 인식론적 입장은 바로 이 지점에 놓여 있다.

3 다중의 리더십과 다중의 기업가 정신

『어셈블리』는 네그리 · 하트가 이전에는 다룬 바 없었던 새로운 주제에서 시작한다. 바로 오늘날의 많은 사회운동가들, 다중들이 스스로 경계하며 의심의 눈초리를 보내는 오랜 개념인 '리더십' 문제가 그것이다. 저자들은 지난 세기 동안 계급투쟁과 사회운동을 이끌었던 프레임인 '당과 전위가 리더십을 담당하고, 대중이 그들을 따라 혁명과 운동을 일으키는' 전형적인 사회운동 지형을 '아래로부터' 세계를 바라봄으로써 전도시키고자 했다. 그들은 그러한 과거의 관계를 완전히 전도시키는 아래로부터의 요구를 "운동이 전략을, 리더십이 전술을"로 요약한다. 그리고 이런 요구를 제도화할 방법으로 리더십이 행하려는 '정치적 기획'의 근거를 '사회적 삶' 속에서 찾을 필요가 있다고 응답한다.

자본권력이든 제국주권이든, 아니면 지배의 다른 축인 가부장주의, 인종주의, 장애인차별주의, 퀴어 배제의 권력 형태든 오늘날의 권력은 모두 정치, 경제, 사회, 문화 영역 전체에서 활동하는 다중의 삶에 영향받고 또 영향을 미치는 그러한 방식의 상호침투 안에서만 권력 형태를 유지할 수 있다. 가부장주의는 문화적 · 이데올로기적인 성격 그 이상으로 경제적이고 정치적인 성격을 띤다. 퀴어를 포함할 것인가 배제할 것인가를 두고 정치권은 갈등(그리고 갈등이 있는 그 자리에서 곧바로 퀴어는 '불필요한 논쟁을 야기하기에' 배제하는 것으로 귀결)하지만, 이는 기업 경영자나 군대의 지휘관, 언론의 편집 데스크에게도 마찬가지의 갈등과 고민을 안기는 문제이다. 그렇다면 정치적 기획도 법과 규범적 제도를 결정하는 문제만이 아니라 생산 활동과 문화 생활의 제도 역시 민주적으로 결정될 수 있는 방안으로 나아가게 만들 필요가 있다. 이런 점에서 신자유주의자들과 우파들이 '문제는 경제다'라고 외칠 때 그에 맞서서 좌파 지식인들과 사회민주주의적이거나 자유주의적인 정치인들이 '정치만이 해답이다', '정치적인 것의 자율을 보장하자'라고 대응하는 것은 우리 시대에 맞지도 않을뿐더러, 실제로도 어떤 변화도 이끌어내지 못하는 전술이 된다. 신자유주의적 자본권력이 정치를 이용해 자신들의 사유재산을 부풀릴 것이 두려워 경제로부터의 정치의 자율을 내세울 때 놓치게 되는 것은 다중의 빈곤화이며, 또한 종교 세력의 압력이 두려워 퀴어 문제로부터 정치의 자율을 내세울 때 놓치게 되는 것은 삶의 다양성의 축소이다. 결국 민주주의는 법치국가나 대의적 기구의 절차적 민주주의만으로는 결코 실현될 수 없으며, 생태 민주주의, 경제 민주주의, 문화 민주주의, 젠더 민주주의, 섹슈얼리티 민주주의, 정보 민주주의, 건강 민주주의, 소통 민주주의와 같은 무수하게 많은 n개의 민주주의들을 공동으로 실현할 수 있을 때에만 달성될 수 있다.

하지만 저자들은 이러한 아래로부터의 다양한 민주주의를 공동으로 실현하는 과제를 위해 다시금 진보정당이나 혁명적 전위정당으로 회귀할 필요는 없다는 말을 덧붙인다. 그 이유는 첫째, 선출된 정당의 잠재력은 특히나 국가가 자본권력에 의해 훨씬 더 장악되어 있고(혹은 식민화되고) 그래서 정당들의 영향력에 개방되어 있지 않은 경우에는 극히 제한되어 있기 때문이며, 둘째로 다양한 형태의 정당은 오늘날 그들이 대의를 하겠다는 애초의 주장을 지킬 수 없는 상황에 놓여 있기 때문이다. 선출된 진보정당들은 여당이든 야당이든 운동을 대신하지 않고 보완할 때에만 전술적으로 긍정적인 효과를 가진다. 그렇다면 당이나 관료조직이 아니라면 어떤 조직화가 전략을 실행할 수 있는가? 이러한 전략은 무수한 네트워크들(인터넷의 네트워크뿐만이 아니라 사회운동의 네트워크, 마을운동, 협동조합, 시민운동의 풀뿌리 조직들의 네트워크, 그리고 더욱 중요하게는 다중 자신이 생산에 참여할 때 만나고 사랑하고 싸우고 배우는 일상의 생산 네트워크)의 민주적 의사결정 안에서만 그 효과를 발휘하며, 당이나 관료조직은 오로지 이러한 다중의 협치의 명령에 복종할 때에만 민주주의를 훼손하지 않은 채 다중의 전술을 현실의 제도로 구현할 수 있다. 당이나 관료조직이 명령을 순순히 따를까? 아마도 그렇지는 않을 것이다. 좌파 정당을 포함해 모든 정당들에는 기존부터 유지되어 온 리더십 구조가 있고, 또한 그런 구조 안의 리더들은 민주주의를 피곤하고 심지어 위험하고 그래서 거리를 둬야 한다고 생각할 수 있기 때문이다. 오늘날 다중의 전술은 바로 이 난관을 극복할 때에만 발휘될 수 있는데, 실제로 다중들은 일부 정치권력, 종교세력, 자본가 집단, 금융지배자들이 장악한 국가와 기업, 은행, 이데올로기의 영역을 이미 지난 수년간 여러 운동을 통해 다중의 민주주의에 개방시켜 나가는 성과를 내었고, 다중은 그러한 성과들에 기초해 더 많은 것을 다중의 민주주의 쪽으로 끌어오고 있다. 이 힘은 너무나 강력해서 가장 반대편에 있는 극우주의자들의 시위나 그들만의 카르텔 속에서도 간혹 그 모습을 드러낼 정도이다.

하지만 "다중이 전략을, 리더십은 전술을"의 전도가 가능할 수 있는 것은 관료조직이나 정당 조직에서의 변화만이 아니라, 다중과 사회운동 내부에서의 변화에 기초를 둔다는 점에 주목할 필요가 있다. 대규모 시위의 주체자나 사회운동의 지도자들은 지금도 계속해서 운동 내부의 비판으로 인해 권위를 침식당하며, 그 결과 운동 내부에는 반권위주의와 민주주의가 일반적인 정서로 뿌리내리고 있다. 더 나아가 운동 내부에서의 변화에는 지도자의 젠더와 섹슈얼리티 그리고 지적 능력의 자격(성인/남성/정상가족/엘리트)에 대한 전통적인 사고방식의 변화도 있다. 운동 리더의 얼굴은 과거에 비해 훨씬 더 여성적이거나 퀴어적으로, 덜 학벌적이거나 더 장애인적이 되고 더 어려지고 더 늙어지는 경향이 있으며, 이는 대규모 시위가 있을 때 무대 위에 올라 발언하는(네그리 · 하트의 표현으로는 '말을 잡는') 이들의 얼굴에서도 확인되는 바이다. 이런 점에서 오늘날 다중의 해방운동은 더 이상 유명 인사나 지도자에 의존하거나 아니면 소수의 영웅적인 활약에 기댈 수 없다. 하지만 그렇다고 이것이 '리더십' 개념의 포기, 나아가 조직화의 포기나 어셈블리[모으기/모이기]의 포기와 같은 것은 아니다. 운동들은 바로 자신들 전체를 리더로 만들기 위해 "머리를 스스로 베어냈다." 아니 더 정확히 말하자면 다중의 몸 전체가 생각할 수 있는 머리가 되었다고 말하는 것이 더 정확할 것이다.

이렇게 다중을 리더십으로 만들 수 있는 밑바탕에는 오늘날의 생산적 힘, '삶정치적'이고 '비물질적인' 생산 능력이 있다. 오늘날의 생산자들은 과거 어느 시대와도 비교될 수 없는 지성 능력과 정동 능력의 사용을 요구받고 또 스스로 그런 능력을 발휘한다. 스마트폰과 노트북, SNS로 무장한 이들은 단번에 가장 추상적이라고 얘기되는 지식을 소화하기도 하고, 기계와 결합되어 순식간에 전 세계의 다른 생산자와 소통을 이뤄내기도 하며, 스스로가 인공위성이 되어 전 세계에서 일어나는 폭력(생태폭력, 젠더폭력, 인종폭력 등)을 감시하기도 하고, 또한 스스로가 예술가가 되어 동영상으로, 사진으로, 음악으로 자신을 표현하고 있다. 이들에 대해 전 세계 그 어떤 지도자가 일방향의 지도를 할 수 있겠는가? 그들의 능력은 타인들과, 기계와, 자연과, 네트워크와 결합할 때, 다시 말해 공통적인 것과 결합할 때에만 최고의 생산성을 발휘할 수 있는데, 그만큼 공통적인 것을 방어하고 다스리고 관리할 주체는 바로 다중 자신, 다중의 민주주의이며, 바로 여기에서 하트 · 네그리가 '다중의 기업가 정신'을 말하는 근거가 자리한다.

하지만 다중의 기업가 정신을 이해하기 위해 저자들은 우리의 시야를 가로막는 잡초부터 제거해야 한다고 말한다. 신자유주의 이데올로기가 모두에게 자기의 기업가가 되라고, 국가의 지원을 스스로 끊고 프론티어 정신을 발휘하라고 장려하기 때문이다. 이런 식으로 기업가가 된다는 것은 우리 모두가 각자 개별적으로 스스로의 생계, 복지, 재생산 등을 책임져야 한다는 것을 의미한다. 하지만 이러한 신자유주의 기업가 정신이 놓치고 있고 신비화하는 것은 사회적 생산과 재생산을 활성화하는 협력 메커니즘 및 그 안에서 이루어지는 다중에 의한 자율적인 삶형태의 생산이다. 어떤 의미에서 다중의 기업가 정신은 신자유주의 기업가 정신을 모방한 것이 아니라 그 반대, 즉 신자유주의 기업가 정신이 다중이 이미 1970년대 이래로 방향을 잡은 자율로의 운동을 억제하면서도 그것을 권력의 언어로 수용한 결과로 나타난 것이다. 다시 말해 개인에게 자기 삶의 기업가가 되라고 하는 신자유주의 명령은 이미 아래로부터 나오고 있는 다중의 기업가 정신이 가하는 위협을 내화하고 순치하려는 시도에 불과하다.

기업가 정신에 대한 이러한 신자유주의적 관점을 걷어낼 수 있다면,

어셈블리

우리는 잠재적인(혹은 이미 훨씬 더 전에 존재하고 있던) 기업가 다중의 몇 가지 특성을 읽어낼 수 있다고 저자들은 말한다. 다중의 기업가 정신은, '첫째, 자본주의 생산 내외부에서 출현하는 협력 형태로부터 직접 나온다. 전에는 훈육을 반복하여 생산적 협력을 산출할 것을 자본가에게 요구했다면, 오늘날 협력은 점점 더 사회적으로, 즉 자본주의 명령으로부터 자율적으로 발생한다. 둘째, 다중은 생산수단에 접근할 수 있는 권리를 갖고 고정자본을 되찾아 그 자신의 자유로운 기계와의 결합을 창출할 수 있을 때, 즉 스스로 사이보그나 포스트휴먼이 될 때 비로소 창의력을 발휘하는 기업가가 될 수 있다. 셋째, 다중에 의해 결합된 기계·지식·자원·노동은 사적 소유의 영역에서 빠져나와 공통적인 것이 되어야 한다. 사회적 부가 함께 공유되고 관리될 때에만 사회적 협력의 생산성은 그 잠재력을 실현할 수 있기 때문이다.'

4 구성권력과 권력 장악

'기업가 정신'의 창안자 슘페터는 비록 자본의 안정된 이윤 체계를 마련하기 위해 이 개념을 창안했지만, 하트·네그리는 그것을 '아래로부터' 바라봄으로써 그 의미를 전도시킬 수 있었다. 슘페터에게 기업가는 자본가와는 다르게 생산조직, 소비시장, 유통방식, 그리고 상품 자체를 스스로 조직해야 하는데, 그러한 조직화 과정에서 기업가는 "기존의 노동자, 아이디어, 기술, 자원, 기계 사이에 새로운 결합을 창출하는 것이다. 기업가는 새로운 기계적 배치를 창출한다." 그리고 이러한 결합의 본질에는 노동자들이 함께 일해야 한다는 것, 즉 생산자들의 협력이 있다. 저자들이 '기업가 정신'의 의미를 전도시키고자 한 것은 바로 이렇게 '협동을 통한 배치의 창출'에 주목한 데에서 기인한다. 이때 협동을 아래에서부터 본다면, 그것은 이윤생산을 위한 협동이 아니라, 세계를 공통적인 것에 기반해 민주적으로 조직하기 위한 협동이어야 할 것이다. 저자들은 이렇게 말한다. "공통적인 것에 대한 권리를 천명하고 방어하기 위해서는 지속적인 행동 기획이 필요하다. 특히 사회적 생산이 창출한 잠재력은 사회운동과 노동투쟁의 결합이 이루어질 것을 필요로 한다. 이것이 다중의 기업가 정신의 핵심적 형태이다."

그렇지만 이러한 다중의 기업가 정신을 어떤 식으로 현실에서 발휘할 수 있는 것인가? 자신의 잠재력을 구체적으로 실현시킬 기회가 다중에게 있기는 한가? 바로 이러한 문제의식이 『어셈블리』에서 저자들이 지금까지와는 다른 입장을 취하는 듯 보이는 관점, '구성권력 비판'과 '권력을 잡기take the power' 라는 두 가지 주제로 나타난다.

구성권력constituent power 은 근대 헌법 이론의 전통에서 나온 개념으로, 보통은 '헌법을 제정하는 힘'을 지시하는 '제헌권력', '헌법제정권력'으로 번역되어왔으며, 입헌권력constitutional power 이나 구성된 권력constituted power 과는 구별되는 혁명적 사건, 법질서로부터의 예외를 지시한다. 한국의 촛불집회에서 헌법 1조 "대한민국은 민주공화국이다. 대한민국의 모든 권력은 국민으로부터 나온다"가 외쳐지고, 노래로 불릴 때, 그것은 기존에 존재하는 예컨대 1987년에 개정된 헌법을 의미하는 '제정된 권력'이나 의회가 법을 제정하는 힘을 갖고 있다는 의미의 '입헌권력'을 말하는 것이 아니라, 법을 만든 것은 '국민people'이고 그들이 외치는 함성과 목소리가 국가의 모든 법적 원리나 구성적 원리를 갖고 있다는 선언이었을 것이다. 하지만 시위자들이 외치는 이러한 구호로서의 '제

어셈블리

헌권력'은 오늘날의 사회적 상황과 생산적 조건에 비춰봤을 때에는 분명한 한계를 가진 것도 사실이다. 첫째, 오늘날 자본주의적 전지구화는 근대의 법 전통에 따라 근원적이고 무제약적인 권력으로 규정된 일국적 틀에서의 제헌권력 개념을 손쉽게 무너뜨린다. 전 지구적 시장의 구축이 국민국가의 권력을 약화시키고 헌법적 자율성을 위축시키기 때문에, 오늘날의 국민국가는 더 이상 제헌권력의 무대를 제공할 수 없다. 그런 점에서 저자들은 "법 개념으로서의 제헌권력에서 작동 중에 있는 정치적 장치로서의 제헌권력[구성권력]으로 나아갈 필요가 있다"고 말한다. 둘째, 제헌권력은 오늘날의 생산적 조건을 고려했을 때, 단일한 대오로 권력을 장악하고 동일한 주체성의 이름으로 행동할 수 없다는 점에서, 그 주체성을 더 이상 '국민'의 이름으로는 이해할 수 없다. 국민은 국가 내부의 주민들의 단일한 통일성을 지향하지만, 오늘날의 생산자들은 사회적 이질성과 복수적 생산 능력을 발휘한다는 점에서 제헌권력은 '복수적 존재론'을 표현할 수 있어야 하기 때문이며, 또한 그 잠재력의 차원까지 고려하면 훨씬 더 강한 다양성을 담보한 주체성의 차원, 즉 다중의 힘의 발현으로 이해되어야 하기 때문이다. 다중은 오늘날의 삶정치적 생산의 과정에서 다양한 삶형태를 형성하고 매번 자신 안에 특이성을 합성시킴으로써 국민국가의 틀이나 '국민'의 주체성을 훨씬 더 뛰어넘는 힘을 발현하는 것이다. 그런 만큼 "제헌권력을 다시 생각하기 위해서는, 주권권력의 예외가 초과로, 즉 사회적 생산 및 협동이 흘러넘치는 성격으로 대체되어야 한다."

그렇지만 이렇게 구성권력을 국민국가를 넘어서는 힘, 복수적 존재론을 담지하는 힘으로 이해한다는 것이 현실의 권력 형태를 무시하고 그것과 상관없는 힘을 발휘하는 것으로 이해될 수는 없다. 사회운동과 다중은 봉기와 반란을 통해 자신을 위한 제도를 수립해야 하고 그러한 제도를 통해 더 나은 미래 사회를 구축할 수 있어야 한다. 그런 점에서 저자들은 "다중이 권력을 잡아야 하고 그것을 중요한 목표로 삼아야 한다"고 말한다. 물론 이때 '권력을 잡는다는 것'이 기존의 관료기구와 국민국가 권력을 그 형태 그대로, 기존의 전통적인 모습으로 잡자는 것은 아니다. "권력을 다르게 잡자"가 말하는 것은 권력을 잡아 타자를 지배하고, 결국 통치자의 얼굴만을 바꾸고 주권권력은 그대로 유지하는 것이 아니라, 권력을 잡은 이들이 자신의 주체성을 보존하고 또 그에 부합하는 새로운 제도인 중앙집중적이지 않은 복수적 존재론의 제도, "새로운 비주권적 제도"를 발명하자는 것, 즉 "권력을 잡되 기존의 지배의 자리를 더 나은 지도자들로 채우는 것이 아니라 권력이 지칭하는 관계를 근본적으로 바꾸어 권력 자체를 변형시키자는 것"이다.

5 신자유주의적 협치와 비주권적 제도

그렇다면 어떤 '비주권적 제도'를 수립할 수 있는가? 국민국가의 주권이 약해졌고, 국가의 관료제나 국가 기구 안에서 작동하는 리더십이 오늘날 기능 정지 상태에 빠졌다고는 해도, 그것의 연합 체제로서의 제국, 더 구체적으로 말하면 자본의 구조와 완전히 결합된 전 지구적 협치체제가 우리의 삶을 지배하는 상황에서 다중은 어떤 대응을 할 수 있는가? 어떤 제도화가 이러한 신자유주의적 협치 체제를 극복하는 다른 권력, 다른 제도화, 다른 질서가 될 수 있는가?

신자유주의를 이해하기 위해서 저자들은 다중에서 시작해야 한다고 말한다. 자본의 천재성과 그것의 신자유주의적 혁신은 자본의 내적 발전일 수 없으며, 그 대신 저항과 반란에 대한 반작용으로, 즉 점점 더 늘어나는 사회적 생산 및 재생산의 힘을 억누르려는 시도라고 파악할 수 있어야 한다는 것이다. 그런 점에서 저자들은 신자유주의는 자신의 적인 다중을 단순히 억누르고 물리치는 것이 아니라 적으로서의 다중의 힘을 전유하려는 복수적이고 다양한 발전을 통해서 시장의 힘을 가동시킨다고 말한다. 그와는 달리 다중은 자신의 자원, 부, 지성을 가지는데, 이것들은 완전히 새로운 사회적이고 생산적인 영역 위에서 발전했다. 그들은 자신의 부를 '공통적인 것' 안에서 생산하면서도 다시 공통적인 것을 자신의 신체로 통합해 왔다. 이 강력한 신체, 떼지성, 기계적 주체성을 견제하고 단속하면서도 그 힘을 포섭 및 흡수하는 것이 신자유주의의 과업인 것이다.

신자유주의는 자본주의적 통제와 사회적 요구 간의 매개를 파괴함으로써, 사회적 투쟁이 일어나는 구조를 분쇄한다. 경제 위기가 이 전투에서 근본적인 무기가 되었다. 투자를 약화시키고, 케인즈주의 정부의 정책에서의 정치적 신념을 부정하면서 말이다. 이 기획은 신자유주의가 초래했던 정치적 위기와 협력하여 화폐와 금융권력의 새로운 사용법을 통해 강탈 경제를 일반화시켰다. 이제 부채의 추출 과정 및 부채의 메커니즘은 전 사회에 대한 착취를 확산시킨다. 그런 점에서 국가적 조치를 통해 사회적 요구 및 계급투쟁의 평형 상태를 창출하고자 했던 이전의 케인즈주의나 그 밖의 해법으로 되돌아가는 것이 오늘날에는 불가능하다.

이렇게 형성된 신자유주의 행정과 금융 통제의 창출은 사실 '아래에서 보면' 사회와 자연 세계로부터 가치를 포획하는 장치로 기능한다는 것을 알 수 있다. 즉 신자유주의와 금융자본의 통제는 과거의 자본이 노동자의 노동력을 착취하는 것과는 근본적으로 다른 '가치 추출'의 메커니즘을 통해 기능한다. 오늘날 자본주의 생산양식의 무게중심은 '공통적인 것의 추출'로 옮아가고 있다. 오늘날 금융이 자본에서 헤게모니 역할을 할 수 있는 것은 오로지 공통적인 것이 탁월한 생산력으로서 그리고 가치의 주요한 형태로서 출현하고 있기 때문이다.

공통적인 것의 추출은 여러 얼굴들을 가지고 있다. 대략적으로 정리하면 다음과 같다. 〔1〕 자연의 공통적인 것의 추출: (1) 석유와 광물과 같은 자원 (2) 대규모 농업생산물 (3) 수자원과 대기 (4) 관광업. 〔2〕 인공적인 공통적인 것의 추출: (1) 인간신체로부터의 추출―DNA (2) 데이터 추출―디지털 골드러시 (3) 사회영토 자체의 추출―젠트리피케이션 (4) 협력추출―상품수집.

금융은 이러한 현대의 추출메커니즘들과 이중의 관계를 맺는다. 한편으로 금융(그리고 금융 투기)은 언제나 추출 사업에서 중요한 역할을 맡는데, 이는 추출 사업이 토지와 장비를 구입하기 위해 엄청난 액수의 초기지출을 필요로 한다는 데서 일정 부분 기인한다. 추출 회사들과 그들의 프로젝트가 점점 더 커짐에 따라 금융의 통제력도 점점 더 커진다. 금융은 또한 사회적 장과 생물학적 장을 '채굴'하는 다양한 기업을 후원하고 통제한다. 그렇지만 다른 한편으로 금융은 직접 추출하기도 한다. 금융은 사회적 생산의 결과로부터 가치추출을 다양한 방식으로 관리한다. 그런 점에서 금융은 그 자체가 추출 산업이다. 금융은 추상과 중앙집중화의 힘일 뿐만이 아니라 사회적 생산으로부터 가치를 직접 포획하고 추출하는 장치이다. 아래로부터 보면 이 과정은 사회전역에 걸친 수많은 상호작용 및 협력 형태에 의해 구성되는 공통적인 것을 가리킨다.

어셈블리

이렇게 금융을 아래에서부터 보면 이중적 의미에서 사회적 생산을 인식할 수 있다. 즉 금융은 사회적 상호작용의 결과이면서 또한 사회를 생산한다. 또 우리는 금융의 우세가 사회적 생산의 점증하는 중심성에 대한 반작용으로 생겼다는 것, 궁극적으로 금융은 산업체제 및 훈육체제의 기반을 파괴한 저항과 봉기의 축적에 대한 대응이라는 점을 알 수 있다.

결국 중요한 것은 사회적 생산의 일반성과 그것을 활성화하는 노동형상을 인식하는 것이다. 현대의 노동은 종종 지식 및 지성 능력, 인지 능력으로 특징지어지곤 한다. 금융이 부를 추출하고 축적할 수 있게 하는 사회적 생산의 특징이 또한 저항과 봉기의 씨앗과 토대를 제공한다는 점을 인식하는 것이다.

하지만 금융통제는 그것이 가상적 공간 안에서 생산되고 소비되고 유통되는 한 늘 불안정성을 그 자신의 내적 특징으로 가질 수밖에 없다. 오늘날 화폐는 빠르게 이동하고, 주어진 장소에서 철수하며 또한 그만큼 추출을 용이하게 만들기도 하지만, 그것이 공통적인 것과 인간의 협동 노동에 의존해 추출을 이뤄내는 한에서는 그만큼 공통적인 것 안에서의 우연한 계기나 사건에도 쉽게 흔들리고 순식간에 연기처럼 사라질 수 있는 가능성을 내포한다. 비물질적·인지적·협동적·사회적인 생산양식의 복수적 차원이 일정한 휘발성을 함의하는 한, 이런 형태의 노동력이 사회영역 전체에 퍼져 생산에서 헤게모니적이게 되는 경향이 있는 한, 그리고 이 생산과정의 추상화가 공통적인 것의 형태의 발생을 함의하는 한, 그리하여 공통적인 것의 발생이 한편으로는 자본가에게는 생산자의 종속subjection을 요구하도록 하면서도 다른 한편으로는 주체화subjectivation를 위한 잠재력을 열어젖히는 한, 자본은 딜레마에 처하게 된다. 만일 자본이 사회에 뛰어들어 사회적 생산의 삶에 긴밀하게 관여한다면, 이는 생산과정을 완전히 가로막게 될 것이다. 따라서 자본은 어쩔 수 없이 극단적이고 폭력적인 화폐 형태로 '멀리서' 자신의 명령을 부과해야 한다. 가치를 금융적 추상으로 구현하는 이러한 사태전개는 전복적 주체의 투쟁이라는 관점에서 본다면 확실한 계급 분할을 나타내며, 이는 계급적대의 원천이 된다. 한쪽에는 금융시장에서 생성되는 이자로 먹고 살며 자신들이 축적한 사유재산에 대한 배타적 접근을 지키려는 사람들이 있다. 다른 쪽에는 집단적 지식과 지성 및 사회적 소통 능력, 돌봄 능력, 협력 능력을 통해 사회적 부를 생산하며, 또한 자신들이 생산한 공통적인 것에 대한 자유롭고 열려있는 접근을 통해 안전을 추구하려는 사람들이 있다.

오늘날 제국은 구획된 지구들(EU, 경제특구들, 국가 간 자유무역지구)을 구성함으로써 국민국가 단위에서 자본을 통제할 수 있는 범위를 이미 넘어선 상태에서 협치를 이뤄내고 있다. 구획된 지구들은 통상적으로 법적 예외로 생각하지만, 실제 그것의 위상은 국민국가의 관점으로 볼 때만 예외적이다. 이 지구들은 제국을 형성하는 징후이자 제국의 전 지구적 협치가 출현하는 징후로, 전 지구적 협치는 일군의 다양한 법적 구조와 경제적 구조를 지배한다.

이런 상황에서 다중이 스스로를 보호하기 위해서 필요로 하는 무기는 무엇인가? 다중의 무기는 폭탄이나 총은 아닐 것이다. 그러한 무기의 사용도 도덕적이거나 이데올로기적인 이유로 원천적으로 배제할 이유는 없으나, 그 사용의 적실함이나 효과의 차원에서는 오늘날 더 나은 무기를 개발할 필요가 있을지 모른다. 파리의 코뮈나르들이 강력했던 것은 그들이 위력적인 무기를 사용해서가 아니라 파리 코뮌 이전의 무수한 친목 모임과 클럽 모임을 통해 민주적 협치의 능력을 배양했기 때문이었다. 흑표범당의 힘도 총의 과시보다는 그들이 행한 무료 아침식 사나 건강 클리닉과 같은 사회적 프로그램들의 구축에서 나왔다. 사파 티스타의 보잘 것 없는 무기, 심지어 나무총이 전 세계인들에게 승리의 기억을 안겨주었던 것은 그들이 무기와 군사적 명령 구조에 의존하기 보다 원주민 평의회를 통해 민주적으로 의사결정을 한 데에서 기인한 다. 오늘날의 우리 역시 마찬가지이다. 우리에게 필요한 것은 바로 이 러한 역사적인 다중의 운동에서 확인되는 아래로부터의 협치가 가진 민주적이고 구성적인 조직화에 있다. 신자유주의적 협치는 우리의 아 래로부터 협치를 모방하고 반작용한 결과일 뿐이다.

다중이 만들어갈 비주권적 제도의 형태는 바로 이러한 조직화에 기 초해서만 발생될 수 있을 것이다. 함께 노동하고, 함께 모이고, 함께 의 사결정을 내리고, 함께 결단하는 이들의 제도, 위로부터 명령하고 위로 부터 힘을 추출해서 사적 소유를 강화시키는 힘과의 대결은 이런 의미 에서 비대칭적일 수밖에 없다. 우리는 그들에게 어떤 도움도, 어떤 의 존성도 없지만, 제국권력과 화폐자본은 우리의 생산적 조직, 구성적 힘 이 없으면 어떤 권력 행위도 성사시킬 수 없다. 우리에게는 이제 이러 한 어셈블리의 주도권과 결정권, 발의권을 우리 내부의 민주주의로 가 져오는 과정, 절대민주주의의 구성 기획을 구체화하는 실천적 활동만 이 남아 있을 뿐이다.

『어셈블리』의 번역에는 많은 분들이 도움을 주었다. 정남영 선생님 의 발췌문을 읽고 본격적으로 책을 읽고 내용 요약을 하기 시작한 것이 2018년 겨울이었다. 새로운 내용, 까다로운 문장을 마주할 때마다 정 남영 선생님의 발췌문과 해설을 참고해 번역을 진행할 수 있었다. 선생님께 깊은 감사의 마음을 전한다. 생태적지혜연구소의 신승철, 이윤경 님을 비롯한 여러 구성원들의 독려로 초벌 번역을 완성할 수 있었으며, 또한 그 과정에서 지적 교류와 함께 번역 용어를 선택하는 데 있어 직·간접적인 도움을 주었던 한국철학사상연구회 여성과철학 분과와 비판철학 분과 구성원들에게도 감사의 마음을 전한다. 연구공간 L의 『어셈블리』 세미나에 참여한 김연주, 김종성, 박성진, 류정인은 초벌 번역을 읽어주고 교정을 도왔는데, 이들의 도움이 아니었다면 번역 출판에는 훨씬 더 많은 시간이 들었을 것이다. 또한 당시부터 지금까지 네그리·하트의 책을 함께 읽거나 여러 세미나를 진행해 준 김세정, 한민영, 김영용, 이민우, 윤종범, 나준성, 박수민, 임원균, 홍다예, 한은석에게도 감사의 마음을 전한다. 번거로울 수 있는 교정·교열에 대한 부탁에 흔쾌히 응해준 주현, 2008년 촛불집회 이후 늘 함께하면서 네그리·하트를 비롯한 자율주의 사상 전반을 연구하고 또 책의 출판 과정에서도 기획, 독서, 교정, 편집을 함께해 준 조소진에게도 깊은 감사의 마음을 전한다. 또한 재정적 지원을 해준 이중헌, 김성자 님, 재생산노동을 공유하는 윤영광, 번역의 최종 마무리 단계에서 결정적인 조언과 원고의 교정·교열을 도와주신 윤수종 선생님, 책의 전체 편집과 기획을 담당하신 알렙 출판사의 조영남 님에게도 감사의 마음을 전한다. 책을 처음 번역하는 순간부터 출판되어 나오는 마지막 순간까지 함께 번역하고, 싸우고, 위로하고, 비난하고, 격려하기를 끝없이 반복한 공동번역자인 정유진과 함께 이 모든 분들에게 다시 한번 깊은 감사의 인사를 드린다.

찾아보기

볼리비아 사회주의운동 73, 424

볼셰비키 152, 400, 420

볼탕스키, 뤽 219

볼테르 128

봉기 28-29, 57, 63-66, 68, 72, 76-77, 89, 93, 138, 146, 247, 275, 282-283, 299, 302, 310, 402-404

부르디외, 피에르 427

부밀러, 크리스틴 431

부시, 조지 W, 435, 439

부아예, 로베르 227

부패 8, 33, 85, 87-88, 139, 233, 354, 372-373, 420, 472,3 474, 476

분노(의분) 33, 56, 74, 85, 123, 125-126, 235-237, 342, 347, 358, 369, 427, 429-430, 433, 435-436

불안정 노동 9, 108, 265, 267, 322, 434

브라운, 마이클 429

브라운, 웬디 105, 373-374, 376

브라이언, 딕 289

브레즈네프, 레오니트 45

브레튼우즈 국제통화체제 281

브렉시트 367

브릭(BRIC) 441

블랑키, 루이 오귀스트 64

블랙라이브스매터 7, 55-57, 96, 430, 480

블랙스톤, 윌리엄 169

블랙아웃 430

블레어, 토니 138, 259, 269-270

블로흐, 에른스트 124

비드와이, 프라풀 314

비르노, 파올로 219

비물질적 생산 363

비물질적 소유 177-178

비스카이, 페드로 380

비주권적 제도 32, 61, 98-99, 101, 109, 425, 475

비코, 스티브 40

비트코인 324

비판법학연구(CLS) 173-175, 177

빈자 27-28, 120, 124, 127, 130-134, 174, 198, 229, 265, 267, 343, 350, 391, 403, 406, 432-433, 456, 469-470

사

사도 바울 473

사랑 119, 128, 201, 236, 404

사보타주 327, 379, 405

사비니, 프레드릭 카를 폰 98

사유재산 25-26, 178, 291, 363, 180

사카이, 나오키 271

사파티스타 59, 131, 398, 424, 446

사회민주주의 138, 259-260, 418-420, 422, 455

사회적 유대 182, 199, 461

사회적 조합주의 264-268, 380, 434

사회적 파업 179, 262, 268, 328, 332, 380, 401, 402, 406, 407-409, 413, 464, 479, 481

사회적 협동/협력 26, 28, 30, 32, 83, 94, 97, 101, 103, 134, 197, 201, 211, 216, 223, 234, 257, 262-263, 272, 285, 287, 298, 313, 316, 351, 358, 379, 380, 407, 459, 462, 464, 481

ㅌ

어셈블리

1판 1쇄 발행 2020년 4월 1일

지은이 | 안토니오 네그리, 마이클 하트
옮긴이 | 이승준, 정유진

디자인 | 디자인호야
펴낸이 | 조영남
펴낸곳 | 알렙

출판등록 | 2009년 11월 19일 제313-2010-132호
주소 | 경기도 고양시 일산서구 중앙로 1455 대우시티프라자 715호

전자우편 | alephbook@naver.com
전화 | 031-913-2018, 팩스 | 02-913-2019

ISBN 979-11-89333-22-5 03300